中传精品教材·融媒体传播与数据新闻系列

CONVERGENCE JOURNALISM

融合新闻学

曾祥敏 ◎ 著

 中国传媒大学 出版社

·北京·

目　录

CHAPTER 1

第一章
理解融合新闻

　　融合是时代的潮流，也是社会发展的命题，它意味着旧有的边界被打破，新的要素在重新组合。教育的学科"交叉融合"、时尚界的"混搭"潮流、行业的"跨界"发展、节目的"杂糅"创新，乃至媒体的"融合"转型，无不体现了突破边界、重组要素的发展趋向。

　　我们不妨来看看这些传媒变革以来的重组词汇：在广播电视领域，真人秀（Reality Show）突破非虚构的新闻、纪录片与虚构的综艺、电视剧之间的界限，形成了近年来最流行的节目类型；此外，还有依据真人真事扮演的剧情纪录片（Docudrama）；也有更多在互联网语境下体现融合与破界的新词汇：经济领域中的产销合一（Produsage）①引申出"参与文化"中的产消者（Prosumer），他们是互联网中的信息生产者，也是消费者；受众成为专业余者（Pro-am），他们由最初互联网中出现的志愿者、兴趣爱好者以及理想主义者组成，是一群富有创造力、忠实、网络化但工作成果符合专业标准的业余者，他们在业余时间"工作"，在生产的同时"消费"，非职业但很专业②；此外，还有平台型媒体（Platisher，平台和发布者的混合体）、娱信（Infotainment，突破信息与娱乐的边界）等混搭词汇。旧赋组新词，原有词汇的组合，构成产生新的方式和形态。"融合"是当今人类新闻活动的总体特征，也是人类新闻活动的总趋势。③

　　新闻液态化，原有的边界逐渐模糊，由此创新出民众新闻（Citizen Journalism）、传感器新

---

① BRUNS A. Towards produsage: futures for user-led content production [C] //School of Information Technology. Proceeding of the 5th international conference on cultural attitudes towards technology and communication, 2006: 275-284.

② LEADBEATER C, MILLER P. The pro-am revolution: how enthusiasts are changing our society and economy [M]. London: Demos, 2004.

③ 杨保军."融合新闻学"：符合时代特征的总名称——关于"后新闻业时代"开启后新闻学命名问题的初步思考 [J].新闻界，2022（1）：100-117.

闻、数据新闻（Data Journalism）、感官新闻（Sensory Journalism）等，融合新闻也正是在这样的背景下呈现出破界与变革。融合是新闻现象、新闻活动的典型特征、突出特质、根本特点与变革方向。为此，我们需要在守正中创新，把握本质，探寻变与不变的根本规律。

第一节　融合新闻溯源与演变

融合新闻源于媒介融合的发展趋势，媒介融合是融合新闻产生的前提和基础，理解融合新闻要从认识媒介融合和媒体融合开始。

一、媒介融合的概念与范畴

"媒介融合"的概念源自西方，更具学理性，在学术界被普遍使用。而我国传媒业更多使用"媒体融合"来表达媒体组织变革、内容创新和记者转型，更具实践发展的意义。

1. 媒介融合或媒体融合

媒介融合这一概念源自英语Media Convergence，在新闻传播领域，Media被翻译成媒介或媒体，多数情况下，二者可以互换，但存在差异。媒介的含义更广泛，包括传播介质和产业组织；而媒体则主要指进行大众传播活动的组织。

Convergence译成中文一般为汇流、融合、聚合、整合等。据研究，Convergence一词进入大众传播领域源于20世纪70年代计算机和网络的发展。1977年，法悖（Farber）和巴冉（Baran）发表了"计算和通信系统的聚合"（the Convergence of Computing and Telecommunication Systems）一文。[①]1978年，麻省理工学院的尼古拉·尼葛洛庞蒂（Nicolas Negroponte）用一个图例演示了三个相互交叉的圆环趋于重叠的聚合过程，这三个圆环分别代表"计算机工业""出版印刷工业"和"广播电视电影工业"，这个图例显示了不同工业即将和正在趋于融合。[②]1983年，美国传播学者伊契尔·索勒·普尔（Ithiel De Sola Pool）在其著作《自由的科技》（*Technology of Freedom*）中提出了"传播方式融合"（the Convergence of Modes），他认为，数码电子科技把历来所有的传播方式都整合到了一个大系统中。1994年，《圣荷西水星报》（*San Jose Mercury News*）与美国在线（AOL）共同推出名为《水星中心新闻》（*Mercury Center News*）的电子报服务，《纽约时报》为此撰文报道，并以副标题称之为"一次媒介融合"（A Media Convergence），技术变革把所有媒介

① 宋昭勋. 新闻传播学中Convergence一词溯源及内涵［J］. 现代传播（中国传媒大学学报），2006（1）：51-53.
② Brand S, Crandall R E. The media lab: inventing the future at MIT［J］. Computers in physics, 1988, 2（1）：91-92.

形式聚合在了一起。①自此,"媒介融合"这一词语作为传媒变革的显著概念开始进入新闻传播实践和研究领域。

媒介融合或媒体融合是一个宏观的概念,从起源到成熟,都体现出媒介技术、媒体组织、产业经营、学科理念等的发展。总体而言,媒介融合的主要范畴应该包括以下几方面:

第一,技术融合。多元媒介技术、传播渠道、传播终端都融合到互联网平台中,赋能融合生产、传播和用户连接。

第二,组织融合。不同媒介组织或媒介生产团队融合在一起,形成跨媒介的生产团队、组织或多媒介、多生产主体融合的平台型媒体(Platisher)。平台型媒体是"既拥有媒体的专业编辑权威性,又拥有面向用户平台所特有开放性的数字内容实体"②。平台型媒体以开放、共享的原则融合内容和服务提供者。

第三,内容融合。内容生产方式产生变革——内容生产流程再造,形成了一次采集、多元生成、多端分发的"中央厨房"生产模式;记者的采编技能融合——背包记者(Backpack Journalist)熟悉并掌握文字写作编辑、音频制作编辑、静态摄影编辑、动态拍摄编辑等全媒体技能;内容的报道形态融合——文字、图片、音频、视频等不同媒介的新闻叙事形态形成交融。

第四,运维融合。由于多媒介产品出现,不同产品所针对的渠道、终端和用户的运营和维护需要一体化策划与设计,以获得精准推送和高效运营。

2. 我国的媒体融合及其发展阶段

与学理上的媒介融合略有差异,我国的媒体融合主要指媒体组织的转型和创新,形成新型主流媒体。在实践中,2014年是我国推进媒体融合战略发展的元年,《关于推动传统媒体和新兴媒体融合发展的指导意见》开启了我国主流媒体的全面创新转型,要"推动传统媒体和新兴媒体在内容、渠道、平台、经营、管理等方面的深度融合"③。这里的传统媒体指传统的报纸、广播、电视等媒体,新兴媒体指互联网新媒体平台。二者的融合要从最初的"你是你、我是我",向"你中有我、我中有你"转型,进而成为"你就是我、我就是你"的合而为一、融为一体的全媒体。因此,媒体融合是作为国家战略,在做大做强主流媒体、壮大主流舆论这一语境下发展的。2020年9月,中共中央办公厅、国务院办公厅印发了《关于加快推进媒体深度融合发展的意见》,明确指出"建立以内容建设为根本、先进技术为支撑、创新管理为保障的全媒体传播体系",从2014年的"推动"到2020年的"加快推进",不仅为媒体融合

---

① KAWAMOTO K. Digital journalism: emerging media and the changing horizons of journalism[M]. Lanham: Rowman & Littlefield Publishers, 2003.

② 喻国明. 互联网是一种"高维"媒介——兼论"平台型媒体"是未来媒介发展的主流模式[J]. 新闻与写作, 2015 (2): 41-44.

③ 习近平主持召开中央全面深化改革领导小组第四次会议[EB/OL]. (2014-08-18)[2020-12-22]. http://www.gov.cn/xinwen/2014-08/18/content_2736451.htm.

向纵深推进提供了重要引领与根本遵循，也指出了任务的紧迫性。

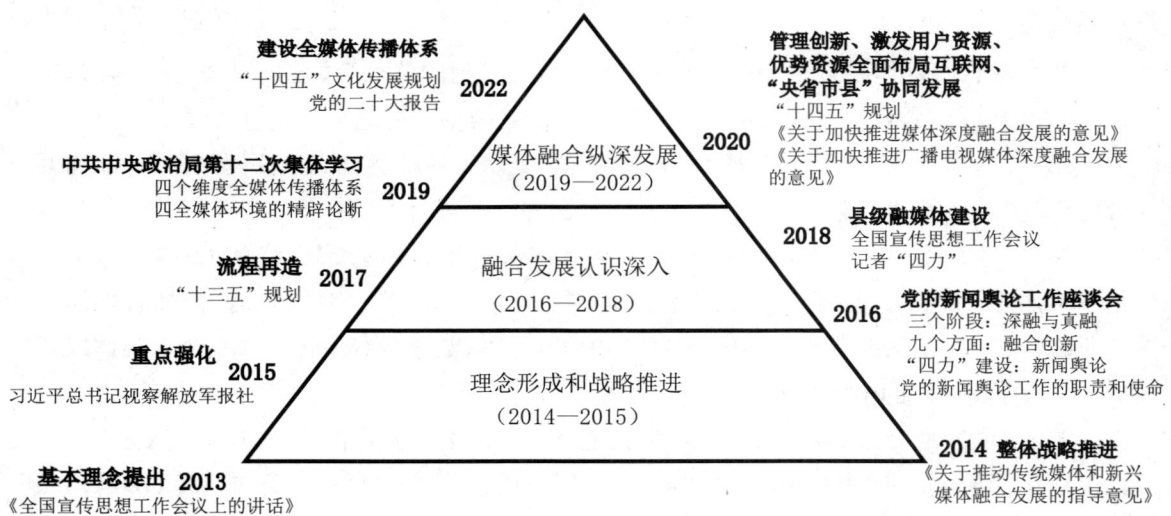

图1-1-1　我国媒体融合发展的历程

总体而言，从2014年媒体融合上升为国家战略开始至2021年，我国媒体融合发展经历了理念形成和整体战略启动、融合发展认识深入、媒体融合纵深发展等三个阶段：

（1）理念形成和整体战略推进（2013—2015年）

在社会信息化发展的背景下，媒体融合具有战略必要性和现实紧迫性。这一时期，媒体格局、舆论生态、受众对象和传播技术都在发生深刻变化，用户已经从传统媒体向网络平台迁移，互联网催发媒体产生前所未有的变革。互联网成为舆论斗争的主战场，直接关系我国意识形态安全和政权安全。[1]截至2013年6月，中国微博用户规模达到3.31亿；到2013年9月，中国网民数量已达6.04亿；到2013年11月，微信用户规模突破3亿。[2]信息传播重心迅速向即时通信和移动社交平台迁移，主流媒体尤其是纸质媒体面临着受众流失、广告断崖式下滑的局面。如何把"意识形态工作的领导权、管理权、话语权牢牢掌握在手中"[3]，对主流媒体提出了极为紧迫的融合转型命题。我国政府因势而谋、应势而动、顺势而为，具有中国特色的媒体融合创新理念逐渐成形，并作为国家战略开始整体推进。

2013年8月19日，习近平总书记在全国宣传思想工作会议上提出了媒体融合发展的基本理念，在手段创新方面提出"特别是要适应社会信息化持续推进的新情况，加快传统媒体和新兴媒体融合发展，充分运用新技术新应用创新媒体传播方式，占领信息传播制高点"[4]。2014年8月，中央全面深化改革领导小组第四次会议通过《关于推动传统媒体和新

①　刘奇葆.加快推动传统媒体和新兴媒体融合发展［N］.人民日报，2014-04-23（06）.

②　蒋彦鑫.政务微博认证账号超24万个［N/OL］.新京报，2013-11-29［2020-12-22］.http://epaper.bjnews.com.cn/html/2013-11/29/content_480918.htm?div=-1.

③　习近平论宣传思想工作（2012年11月8日至2013年12月31日）［EB/OL］.（2018-11-16）［2020-12-22］.https://www.xuexi.cn/lgpage/detail/index.html?id=12170986314016890175&item_id=12170986314016890175.

④　刘奇葆.加快推动传统媒体和新兴媒体融合发展［N］.人民日报，2014-04-23（06）.

兴媒体融合发展的指导意见》，把媒体融合发展上升到国家战略规划层面，进行顶层设计，明确具体目标。按照要求，"要遵循新闻传播规律和新兴媒体发展规律，强化互联网思维，坚持传统媒体和新兴媒体优势互补、一体发展，坚持先进技术为支撑、内容建设为根本，推动传统媒体和新兴媒体在内容、渠道、平台、经营、管理等方面的深度融合，着力打造一批形态多样、手段先进、具有竞争力的新型主流媒体，建成几家拥有强大实力和传播力、公信力、影响力的新型媒体集团，形成立体多样、融合发展的现代传播体系。要一手抓融合，一手抓管理，确保融合发展沿着正确方向推进"①。其中，要以"先进技术为支撑，内容建设为根本"推动"在内容、渠道、平台、经营、管理等方面的深度融合"，打造"新型主流媒体"，建成"新型主流媒体集团"，形成"现代传播体系"，从微观层面的媒体机构到中观层面的融合平台，进而到宏观层面的现代传播体系，由实到虚，由具体到宏观，明确提出了媒体融合发展的方向和路径。②

（2）融合发展认识深入（2016—2018年）

在媒体融合整体战略推进两年之后，主流媒体在技术、产品、渠道、平台等方面发力创新，形成两微一端乃至多端出口，但仍然是简单的相加，即"+互联网"。另外，媒体发展总体不平衡，纸质媒体由于挑战巨大，转型改革的决心和力度很大，而广播电视媒体压力并不紧迫，创新动力仍然不足，改革的步伐相对迟缓。从各层级媒体而言，央级媒体改革步伐大，地方媒体虽有紧迫感，但在技术、人才上捉襟见肘，媒体融合具体发展方向仍然不明确。

2016年2月19日，习近平总书记主持召开党的新闻舆论工作座谈会，并先后到人民日报社、新华社、中央电视台三家中央媒体单位调研。他在讲话中明确了媒体融合发展的三个阶段，着重强调技术赋能是方法，内容才是方向和根本，"融合发展关键在融为一体、合而为一。要尽快从相'加'阶段迈向相'融'阶段，从'你是你、我是我'变成'你中有我、我中有你'，进而变成'你就是我、我就是你'，着力打造一批新型主流媒体。需要强调的是，内容永远是根本，融合发展必须坚持内容为王，以内容优势赢得发展优势"③。

2018年11月，中央全面深化改革委员会第五次会议通过了《关于加强县级融媒体中心建设的意见》，其中提出"组建县级融媒体中心，有利于整合县级媒体资源、巩固壮大主流思想舆论""调整优化媒体布局，推进融合发展，不断提高县级媒体传播力、引导力、影响力"④。2018年9月，中宣部召开县级融媒体中心现场推进会，部署在全国范围内推进县级融

---

① 习近平主持召开中央全面深化改革领导小组第四次会议［EB/OL］.（2014-08-18）［2020-12-22］. http://www.gov.cn/xinwen/2014-08/18/content_2736451.htm.

② 三中全会《决定》：健全网络突发事件处置机制 重视新型媒介运用和管理［EB/OL］.（2013-11-15）［2020-12-22］. http://politics.people.com.cn/ywkx/n/2013/1115/c363767-23559183.html.

③ 中共中央文献研究室. 习近平关于社会主义文化建设论述摘编［G］. 北京：中央文献出版社，2017：46.

④ 习近平主持召开中央全面深化改革委员会第五次会议［EB/OL］.（2018-11-14）［2020-12-26］. http://www.xinhuanet.com/politics/leaders/2018-11/14/c_1123714393.htm.

媒体中心建设，2018年先行启动600个县级融媒体中心建设，到2020年基本实现在全国的覆盖。

（3）媒体融合纵深发展（2019—2022年）

在媒体融合战略整体推进、县级融媒体中心建设全面布局之后，融合发展进入深水期和攻坚期，在各级主流媒体进行产品创新、平台创新等基础上，真正啃硬骨头的阶段已经到来，从增量改革到存量改革，从散点创新到系统的体制机制和组织结构改革，主力军亟须进入主战场，进行全面转型。正是在这样的背景下，政策的战略推进到了新阶段。

2019年1月25日，中共中央政治局在人民日报社就全媒体时代和媒体融合发展举行第十二次集体学习，习近平总书记作了重要讲话，强调媒体融合要迈向新阶段，向纵深发展，"推动媒体融合发展、建设全媒体成为我们面临的一项紧迫课题。要运用信息革命成果，推动媒体融合向纵深发展"①，并点明媒体融合发展的现实意义，"做大做强主流舆论，巩固全党全国人民团结奋斗的共同思想基础"。同时，他精辟概括出了当前媒体发展信息传播的现实环境，以及主流价值引导的复杂性和挑战性，"全媒体不断发展，出现了全程媒体、全息媒体、全员媒体、全效媒体，信息无处不在、无所不及、无人不用，导致舆论生态、媒体格局、传播方式发生深刻变化，新闻舆论工作面临新的挑战"。

"1·25讲话"再次强调打造新型主流媒体的具体方向，同时进一步把现代传播体系明确为全媒体传播体系，首次提出构建全媒体传播体系的四个维度的媒体（平台）及其相互关系，尤其是把商业平台纳入全媒体传播体系。"推动媒体融合发展，要坚持一体化发展方向，通过流程优化、平台再造，实现各种媒介资源、生产要素有效整合，实现信息内容、技术应用、平台终端、管理手段共融互通，催化融合质变，放大一体效能，打造一批具有强大影响力、竞争力的新型主流媒体"；"要统筹处理好传统媒体和新兴媒体、中央媒体和地方媒体、主流媒体和商业平台、大众化媒体和专业性媒体的关系，形成资源集约、结构合理、差异发展、协同高效的全媒体传播体系"。②

2020年，中共中央办公厅、国务院办公厅印发的《关于加快推进媒体深度融合发展的意见》，提出了媒体深入融合发展的总体要求；"推进媒体深度融合"被纳入《中共中央关于制定国民经济和社会发展第十四个五年规划和二〇三五年远景目标的建议》。《"十四五"文化发展规划》也明确提出全媒体传播体系建设，特别指出建设视听融合传播基础平台，打造统一的视听节目传播信息大数据体系。③该规划进一步明确央、省、市、县各层级媒体的建设重点，有实力的中央媒体建成新型主流媒体"航母"和"旗舰"，省级媒体重点建设区域性传播平台，市地级媒体因地制宜打造市地级融媒体中心，县级融媒体要进

①　习近平主持中共中央政治局第十二次集体学习并发表重要讲话［EB/OL］．（2018−08−22）［2020−12−26］．http：//www.gov.cn/xinwen/2019−01/25/content_5361197.htm.

②　习近平：推动媒体融合向纵深发展 巩固全党全国人民共同思想基础［EB/OL］．（2019−01−25）［2020−12−26］．http://www.xinhuanet.com/politics/leaders/2019−01/25/c_1124044208.htm.

③　中办国办印发《"十四五"文化发展规划》［N］．人民日报，2022−08−17（1）．

一步建强用好,实现可持续发展。[①]

梳理媒体融合作为国家战略整体推进的历史脉络,可以发现大致经历了三个时期,无论在哪个时期,媒体融合都是手段,是动态的过程,融合发展的目的十分明确,即打造新型主流媒体和主流媒体集团,做大做强主流舆论,巩固全党全国人民团结奋斗的共同思想基础,融合发展的根本始终是内容创新。而在发展过程中,融合方向、方法、手段进一步清晰,从现代传播体系到全媒体传播体系,从内容根本、技术支撑到管理创新一体,从央级媒体改革,到央、省、市、县的协同发展,从主流媒体到商业平台等,体系架构和重点层次越来越明晰。党的二十大报告强调"加强全媒体传播体系建设,塑造主流舆论新格局"[②],为主流媒体的融合发展指出了明确方向。

二、融合媒体的功能演变

在传统媒体与新兴媒体融合发展的过程中,媒体适应互联网"连接""共享"的本质与特点,其信息触达用户的方式、满足用户需求的路径都在不断演进,从传统的内容媒体向社交媒体,进而向场景媒体进行深刻的转型。

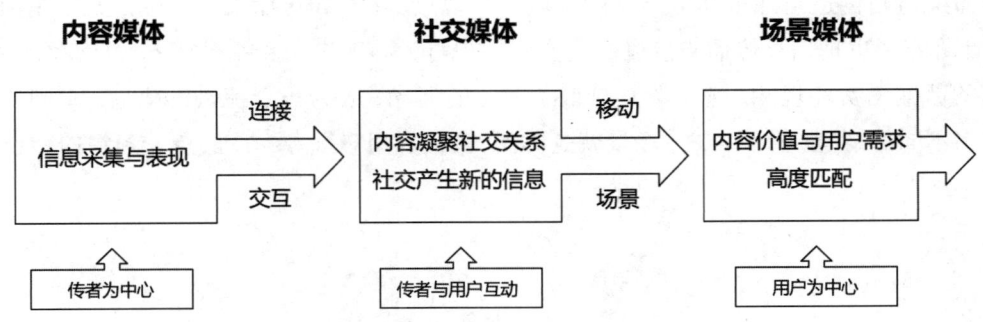

图1-1-2 融合媒体功能演变的三个阶段

1. 内容媒体

传统大众传播媒体主要集中在新闻信息的生产、整合和传播,其着眼点在新闻信息如何被讲述、报道出来。单向的传播技术基础和以传者为中心的定位,决定了其核心是新闻信息的采集与表现,内容是媒体的核心,内容生产与整合是媒体主要的功能。报纸、杂志、电影、广播、电视根据各自的技术特性,不断开发出适合各自媒介特性的报道体裁和表现方式,采用具有共性的讲故事、共情共鸣的手段和方式。

① 中办国办印发《"十四五"文化发展规划》[N].人民日报,2022-08-17(1).
② 习近平. 高举中国特色社会主义伟大旗帜 为全面建设社会主义现代化国家而团结奋斗——在中国共产党第二十次全国代表大会上的报告[EB/OL]. (2022-10-16)[2022-11-12]. http://www.gov.cn/xinwen/2022/10/25/content_5721685.htm.

2. 社交媒体

随着互联网交互功能的深入、社交平台的发展，媒体信息的触达并非单向的传播，而是以内容为基础的社交传播。内容的传播也非单一的传统路径，而是通过社交平台或社交圈层到达用户。通过内容建立社交关系成为媒体获取用户黏性的重要方式，所谓"无媒体不社交，无社交不新闻"。通过内容产生社交关系，又通过社交关系获得新的信息，这就是适应互联网"连接"本质的内容传播逻辑。

3. 场景媒体

随着移动互联网通信技术的发展，新闻信息和服务的"场景"越来越凸显。场景对应的英文是Situation、Context、Field、Settings等词汇，这其中，Context被认为更对应中文"场景"的内涵。[①]Context既有上下文的关系，也有情境的含义。早期的场景主义者欧文·戈夫曼（Erving Goffman）把"场景"当作"任何受到可感知边界某种程度限定的地方"[②]，如大厅、诊室、咖啡馆、教堂、会议室等物理隔离地点的空间概念。同时，场景还有时间的限制，身处同一时空的人才会在场景的指引下发生某种互动。媒介环境学派代表人物梅罗维茨（Joshua Meyrowitz）把场景同情境结合起来，"地点创造的是现场交往的信息系统，而其他传播渠道则创造出许多其他类型的情境"[③]，地点、场景和传播媒介都创造出了不同的情境。有研究者也把信息传播与接受的时空同用户行为心理进一步结合起来。[④]因此，与传统媒体的新闻消费环境相对应，场景打破了固定的概念，成为一个流动的概念，不同的场景创造出不同的情境。简而言之，**场景就是时间、空间和用户行为、心理、需求习惯的结合**。

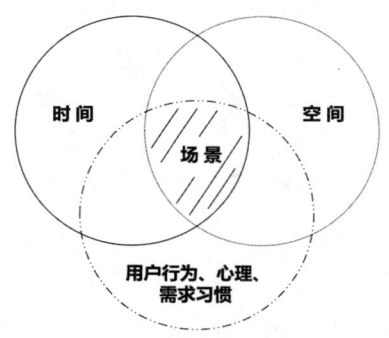

图1-1-3　场景的含义

相对于传统媒体固定时间、固定环境下的新闻信息接收，移动社交语境下的信息触达更趋于不同的场景，从客厅到书房、地铁、商场、教室、办公室，移动促使信息传播和接受的

① 彭兰.场景：移动时代媒体的新要素［J］.新闻记者，2015（3）：20–27.
② 喻国明，马慧.互联网时代的新权力范式："关系赋权"——"连接一切"场景下的社会关系的重组与权力格局的变迁［J］.国际新闻界，2016，38（10）：6–27.
③ 肖志军.消失的地域：电子媒介对社会行为的影响［M］.北京：清华大学出版社，2002：7.
④ 彭兰.场景：移动时代媒体的新要素［J］.新闻记者，2015（3）：20–27.

场景不断变换,用户需求也成为一个"变量"。因此,基于"大数据、移动设备、社交媒体、传感器和定位系统"等"场景五力",媒体能够"理解你是谁、你正在做什么以及你接下来可能做什么等场景"①。由此,在终端随人走、信息围人转的传播语境下,媒体演变为内容价值与用户需求高度匹配的场景媒体,借助人工智能和算法推荐分发,预测评估用户的需求并与之匹配。比如,今日头条作为算法分发的资讯社交平台,其推荐系统结合内容(图文、视频、UGC小视频、问答、微头条)、用户特征(年龄、性别、职业、兴趣标签)、环境特征(工作、家居、通勤、旅游等移动场景)等三个方面的维度,算法模型形成预估,推测所推荐的内容是否匹配用户在某一场景下的需求。②

三、融合新闻学起源

新闻学作为研究新闻现象、新闻活动领域之学科的总名称,在形式上是稳定的,但不是绝对不变的……而表达新闻学历史变化的主要方式之一,就是对不同历史阶段的新闻学给出不同的命名。③融合新闻学即把握变化的新闻现象、新闻活动所凝练出的观念、方法和学理性知识。

1. 起源研究

融合新闻学来源于英文"Convergence Journalism",该词被翻译成中文既可以对应"融合新闻"也可对应"融合新闻学"。将其译为"融合新闻"时,偏重于应用层面的新闻发展,是指包括新闻理念、操作方法和新闻产品形态在内的泛称。比如,美国艾奥瓦大学的大卫·多明戈(David Domingo)等人在对西班牙报纸考察的基础上,提出了融合新闻的四个维度:整合的新闻产品、多才多艺的专业人士、多平台的传送方式和积极的受众。而把"Convergence Journalism"译为"融合新闻学"时,是指在媒介融合的背景下,研究融合新闻理论与业务的一门新兴课程,是"融合新闻"实践的理论化。2005年,密苏里大学新闻学院开设的融合新闻学课程,使用的就是该词。④与融合新闻(学)相类似的称谓还有"多媒介平台新闻学"(Multi-platform Journalism)、"多媒体新闻学"(Multimedia Journalism)、"数字新闻学"(Digital Journalism)等。对此,有研究者认为"融合新闻学"可能是用来命名"后新闻业时代"开启以来新闻学新阶段的一个比较好的总体名称。⑤在媒体变革的交汇期,融合新闻学不仅具有变革的过程性,更具有开放性,反映了新闻学学理基础上的变革与

①　斯考伯,伊斯雷尔.即将到来的场景时代[M].赵乾坤,周宝曜,译.北京:北京联合出版公司,2014:11,15.

②　今日头条算法原理[EB/OL].(2018-02-13)[2018-02-13].https://zhuanlan.zhihu.com/p/33803387.

③　杨保军."融合新闻学":符合时代特征的总名称——关于"后新闻业时代"开启后新闻学命名问题的初步思考[J].新闻界,2022(1):100-117.

④　王君超.融合新闻的定义、实践与改进途径[J].中国报业,2014(9):1.

⑤　杨保军."融合新闻学":符合时代特征的总名称——关于"后新闻业时代"开启后新闻学命名问题的初步思考[J].新闻界,2022(1):100-117.

创新。

从实践发展来看,融合新闻的实践尝试来源于媒体行业的转型与创新。最初的融合实践,首先是从数字化转型,继而是从集合空间、融合不同介质媒体的采编制作流程以及不同渠道分发信息开始的。

(1)数字化转型

传统媒体适应网络和移动网络等多种数字平台需求,对内容进行数据转型处理,并实行数字优先战略。比如,我国《人民日报》1997年推出了网络版,2000年开启了报网融合阶段;美国《纽约时报》1996年推出了网络版,2011年全面实施数字发行,并创立了"收费墙"盈利模式;英国《卫报》2006年宣布了"网络优先"的报道策略,要求所有稿件优先发布于网络端,然后刊出纸质版,随后网络优先又被改造成"数字优先"。

(2)媒体融合转型

1993年,美国芝加哥论坛(Chicago Tribune)公司开设了24小时有线电视频道,频道利用了《芝加哥论坛报》的记者和采编资源。21世纪初,较早进行这项尝试的是佛罗里达州的论坛公司(The Tribune Company)和媒介综合集团(Media General Inc.)。媒介综合集团于2000年建造了"坦帕新闻中心"(Tampa's News Center),把下属的《坦帕论坛报》及其网站Tampa Bay Online、电视台WFLA-TV、集团网站 TMO. com的编辑部门集合在一起进行采编整合,[①]通过联合采访报道、共同利用素材资源、多元渠道分发信息等方式,促进报道影响力的提升。英国广播公司(BBC)也通过"腾笼换鸟"的方式开始实践中的融合,2007年在位于伦敦的电视中心大楼创建了多媒体编辑部,把BBC的电视、广播、网站的节目组人员以及新闻采编人员集合起来统一办公,2012年多媒体编辑部集体搬迁到新广播大厦,并融合了BBC国际台的采编人员,他们共同服务于BBC的所有新闻平台。BBC还提出了360度的概念,即在内容生产时做到360度全方位考虑广播、电视和网站各个平台的需求、传统媒体和移动端口的需要,由此实现资源共享、多元分发。

我国《人民日报》从2015年开始试用"中央厨房机制",2016年正式上线,通过创建全媒体大厅,新闻采编融合,对重大报道"一体策划、一次采集、多种生成、多元传播、全天滚动、全球覆盖"[②],实现融合创新实验。中央广播电视总台在2018年整合中央电视台(中国国际电视台)、中央人民广播电台、中国国际广播电台的基础上成立,促进三台人员和业务的融合,确立了台网联动、先网后台、移动优先的体制框架。

---

① 蔡雯.媒介大汇流下的"融合新闻"[J].传媒观察,2006(10):28-30;蔡雯.新闻传播的变化融合了什么——从美国新闻传播的变化谈起[J].中国记者,2005(9):74-76;Digital journalism: emerging media and the changing horizons of journalism[M]. Rowman & Littlefield Publishers, 2003: 60; KAWAMOTO K. Digital journalism: emerging media and the changing horizons of journalism[M]. Lanham: Rowman & Littlefield Publishers, 2003.

② 徐蕾,常晓洲,姚雯雯.媒介融合背景下《人民日报》数字化转型研究[J].新闻爱好者,2018(1):88-93.

2. 融合新闻研究的流变

对于融合新闻学的理解，国际国内的研究者和从业者都给出了许多不同的定义和表述。

从广义的融合组织和过程而言，美国西北大学教授李奇·高登（Rich Gordon）于2003年提出美国存在五种类型的"融合新闻"，分别是所有权融合、策略性融合、结构性融合、信息采集融合和新闻表达的融合。[①]前面三种是宏观性融合，而"融合新闻"就是指后面两种，即媒介融合过程中的新闻生产与呈现方式。

从具体的融合方式与形态而言，美国新闻传播学者达里尔·莫恩（Daryl Moen）把"融合新闻"称为"多样化新闻"（multiple-journalism），就是采用多媒体手段进行的新闻传播活动。不同媒体如报纸、电台、电视台和网站及手机等，集中在一个信息操作平台上，统一策划、互相协调、优劣互补，根据各自媒体和受众特点对信息分类进行加工，发挥各自传播优势，有针对性地对特定受众传播。[②]美国"背包记者"先驱人物简·史蒂文斯（Jane Stevens）则从内容融合的角度定义融合新闻，他认为融合新闻即文本、照片、视频段落、音响、图表和互动性的集合体以非线性结构呈现在网站上，不同媒介的内容相互补充且不重复。媒体在制作融合新闻时要充分利用网络新闻的两大特征提供背景并保持传播的延续性，以便于提供充分的背景资料。[③]

从用户需求角度和讲好故事而言，文森特（Vincent F. Filak）在《融合新闻导论》中认为，融合新闻是为了满足受众各自的需求，以他们喜欢的模式、接受的方式，整合多媒介平台的力量讲好故事，[④]即用合适的工具和手段为不同的用户讲好故事。斯蒂芬·奎恩（Stephen Quinn）强调，融合新闻学的一个关键组成部分是在多平台上用不同方式讲述新闻的能力。[⑤]也有学者认为，融合新闻应呈现出"多媒体化呈现新闻信息""媒介元素运用具有交融性""注重互动、服务和用户体验"三大特征属性。[⑥]

从创新实践的流变而言，我国学者王辰瑶认为，"新闻融合"本质上是新闻领域的行动者尤其是传统媒体采取的一种策略或者行动，旨在主动促成不同媒介形态、媒体组织、从业者以及使用者在技术、经济、文化、生产过程、产品等方面的联合与合作。简言之，"新闻融合"是新闻领域的行动者在面对变动的媒介环境时采取的一种新闻创新方式。[⑦]

① JUN I G, RYU W, KIM J. An efficient mobility management scheme for convergence mobile media multicast services in NGN [J]. Multimedia tools and applications, 2015, 74 (7) : 2201–2217.

② 蔡雯. "融合新闻"：应用新闻学研究的新视野 [J]. 淮海工学院学报（社会科学版），2007 (3) : 68–71.

③ 方洁. 美国融合新闻的内容与形态特征研究 [J]. 国际新闻界，2011, 33 (5) : 28–34+46.

④ QUINN S, FILAK V. Convergent journalism an introduction: writing and producing across media [M]. London: Routledge, 2005.

⑤ 奎恩. 融合新闻报道 [M]. 张龙，侯娟，曾嵘，译. 北京：北京大学出版社，2015：100.

⑥ 刘冰. 融合新闻：互联网时代新闻样式重塑 [J]. 中国出版，2017 (22) : 22–25.

⑦ 王辰瑶. 新闻融合的创新困境——对中外77个新闻业融合案例研究的再考察 [J]. 南京社会科学，2018 (11) : 99–108.

从以上界定而言，尽管在阐释的对象范围和具体表述上存有差异，但可以看到它们的共同之处，即都把重点聚焦在"融合"上，但在此基础上我们更应有辩证的认识，即融合也有"分化"的指向，聚焦在新闻活动的变化与创新上。

第一，强调"合"。信息表达与呈现的"合"——融合新闻是信息呈现的集合体，集合了多样化的介质信息和形态；采编的"合"——不同介质的生产者协同合作，或使用多媒体手段进行新闻传播活动。

第二，强调"分"。信息生产与传播的"分"——信息的呈现和传播要通过多种媒介形式和多种渠道端口去触达特定用户。

理解融合新闻的"合"与"分"，就能在实践中辩证地使用生产、传播和运维的方法与技能，从而能够以更宽广的视角来审视融合创新中的技术运用、内容创新和用户连接。

记 住

媒体适应互联网"连接""共享"的本质与特点，从传统的内容媒体向社交媒体，进而向场景媒体进行深刻转型。

第二节　融合新闻的概念、内涵与外延

对融合新闻或融合新闻学加以界定，是围绕其与传统新闻学的变化为基点进行定义描述。恩格斯说：在科学上，一切定义都只有微小的价值。[①]虽然如此，在传媒大变局之交，融合新闻的内涵和边界与过去呈现出极大的不同，因此，提供一个基础而清晰的界定十分必要。随着技术的变革，融合新闻的内涵和外延虽然也在不断地变化发展，但其方向却已经明晰。

一、融合新闻的界定

融合新闻的核心是新闻，从新闻的本身界定而言，陆定一先生提出的"新闻是新近发生的事实的报道"被公认为是比较恰当的定义。这个定义概括了新闻的四个特点：陈述事实、具有新意、报道及时、公开传播。[②]而从媒介史发展的角度而言，报纸、广播、电视等不同媒介的新闻围绕事实的报道，在新闻报道共性的基础上，在采编手段上呈现出差异性表述。比如，电视新闻"是以现代电子技术为传播手段，以声音、画面为传播符号，对新近或正

① 马克思，恩格斯.马克思恩格斯选集：第三卷[M].3版.北京：人民出版社，2012:459.
② 童兵.理论新闻传播学导论[M].北京：中国人民大学出版社，2000：25.

在发生、发现的事实的报道"①。

但是,在此基础上,需要重点强调的是,融合新闻与以往媒介最大的不同,不仅仅是生产和传播手段的变化,更重要的是,依赖于互联网的交互性,融合新闻不仅是单向的事实报道和传播活动,还包括与用户的互动交流,共同推动一条报道的建构。在媒介发展史上,一种媒介往往成为另一种媒介的"内容"②。而互联网作为融汇万媒的"母媒介",将一切媒介作为自身的内容,成为一切媒介的媒介。③更重要的是,"不仅过去一切的媒介是互联网的内容,而且使用互联网的人也是其内容"④。由此,融合新闻呈现出与以往各种媒介新闻传播活动的最大不同——与用户交互中的信息重构,而且这种重构在持续不断发生,新闻报道的发布意味着信息重构的开始。因此,有研究者从功能的角度定义新闻,即新闻是沟通人与事实世界最新变动情况的中介。⑤

概念是反映对象的本质属性的思维形式。⑥因此,综上各种分析,在传统的报纸、广播、电视等信息媒介形成汇流,依照互联网这一"母媒介"的呈现、表达和传播逻辑这一重要变化,围绕"新近或正在发生的事实的报道"这一不变的新闻活动,**融合新闻可以被界定为:运用多媒介技术手段,集合文字、图片、声音、图像等多元传播符号,对新近或正在发生的事实的报道,并以此与用户进行交流互动的新闻传播活动。**

从广义的角度而言,融合新闻绝对不是对传统媒介新闻报道的摒弃,而是融合构成更复杂、多元的传播链条。从这个角度而言,融合新闻概括了所有的媒介传播内容和形式。

二、融合新闻的内涵

概念的内涵,是概念所反映的对象的本质属性⑦,以上定义基本概括了融合新闻内涵的三个要点:

第一,运用多媒介技术手段和传播符号,综合文字媒介、图片媒介、音频媒介、视频媒介等各种媒介技术和手段,汇集过去媒介所有的信息形态进行融合表达。融合新闻具有交融性,各媒介元素和媒介技术产生化学反应,"文字的深度价值、音视频的形象亲和力,互动设置的沟通便捷优势"⑧,充分结合在一起。

第二,新近或正在发生的事实的报道。融合新闻是建立在事实基础上的新闻活动,是客观事实的主观反映,这是融合新闻不变的核心。融合新闻仍然坚守真实、客观、公正等新

① 杨伟光. 电视新闻分类与界定[M]. 北京:中国广播电视出版社,1994:3.
② 麦克卢汉. 理解媒介——论人的延伸[M]. 何道宽,译. 北京:商务印书馆,2000:46.
③ 莱文森. 数字麦克卢汉:信息化新千纪指南[M]. 何道宽,译. 北京:北京师范大学出版社,2014.
④ 麦克卢汉. 理解媒介——论人的延伸[M]. 何道宽,译. 北京:商务印书馆,2000:16.
⑤ 杨保军. 再论作为"中介"的新闻[J]. 新闻记者,2020(8):3-11.
⑥ 中国人民大学哲学系逻辑教研室. 逻辑学[M]. 北京:中国人民大学出版社,2002:10.
⑦ 中国人民大学哲学系逻辑教研室. 逻辑学[M]. 北京:中国人民大学出版社,2002:11.
⑧ 刘冰. 融合新闻:互联网时代新闻样式重塑[J]. 中国出版,2017(22):22-25.

闻原则，把握事实真实和总体真实的统一。

第三，与用户进行互动交流。这是融合新闻与以往所有媒介的新闻活动最大的不同，借助于互联网的交互技术和"连接"本质，融合新闻从线性、单向的新闻报道扩展为在内容报道基础上的非线性的双向互动，传统的"训话式"新闻转变为"对话式"新闻。融合新闻的报道者不仅要考虑事件是如何被报道出来的，同样要考虑报道是如何与用户产生连接的，传统报道的"内容+形态"模式扩展为新闻产品的"内容+形态+关系+场景"模式。而且，用户在互动过程中不仅使信息产生增值，也能创造内容。"媒体单独生产内容、创造价值变为媒体与用户共同生产内容、创造价值，且用户创造价值的占比越来越大。"[1]

三、融合新闻的外延

概念的外延，是概念所反映的某种对象类。具有概念内涵的所有对象构成的类，就构成该概念的外延。[2]由于媒体融合不断演进，确立融合新闻的外延具有一定的难度。从现有的融合新闻发展而言，基本是根据技术、形态和功能所确立的融合新闻类别。

在中国新闻奖设置的奖项中，我们可以看到，按照固定互联网端和移动新媒体端传播的作品，给出了一部分区别于传统媒介的新闻分类：网络新闻专题类、短视频新闻类、短视频专题类、移动直播类、创意互动类、融合创新类。[3]这些新闻有的是按照传播端口区分的，比如网络专题类、短视频类，有的是按照技术形态区分的，比如短视频现场新闻类、短视频专题类、移动直播类，也有按照功能重点区分的，比如创意互动类和融合创新类。显然，这样的分类并没有概括全部现有的融合新闻体裁和类型，也并非按照技术形态进行区分，比如数据类新闻、VR沉浸式新闻、H5新闻等。同时，我们也看到，近年来中国新闻奖也在随着融合实践的变化不断地调整奖项，增补、取消、合并，这折射出新闻实践中融合创新的不断发展。

的确，在互联网融合新闻学的框架下，各种技术和形态本身就在发生交融汇聚，对这样一个技术形态不断融合、边界不断拓展的事物进行科学的分门别类，具有相当大的难度。因此，可以从不同的维度来理解融合新闻的外延。

从最基本的技术和形态维度来看，可以分为短视频新闻、移动直播新闻、数据新闻、全景视频新闻、H5新闻、无人机新闻、长图新闻、漫画新闻……技术日新月异，互联网囊括了过去所有的媒介体裁和表现形式，加之某些技术融合和创新在持续发展，从技术和形态进行区分，显然难以完全穷尽。

从功能的维度来看，可以分为可视化新闻、交互新闻、沉浸式新闻等。功能区分也存在边界模糊、难以分门别类地形成不同区别的问题。

---

① 国秋华. 价值链重构：媒体中央厨房建设路径与模式创新［J］. 现代传播（中国传媒大学学报），2019, 41（9）：136–140.
② 中国人民大学哲学系逻辑教研室. 逻辑学［M］. 北京：中国人民大学出版社，2002：11.
③ 此分类为第三十一届中国新闻奖媒体融合奖项的类别。

由此,在融合创新的语境下,如果还像传统报纸、广播、电视那样,单纯从某个单一的媒介技术维度或者某个表现维度去区分,显然已经不科学。况且在传统媒介的划分中,也存在交叉划分类别,以电视为例,有的是按照时间长度分为消息类电视新闻,连续、系列报道,新闻专题;有的是按照形态分为新闻访谈、现场直播;有的是按照内容来分,又有新闻评论。因此,融合新闻的分类应当从全新的融合思维出发,综合不同维度和显著特征来进行,具有一定的参考意义。

四、融合新闻体裁类别初探

媒体融合进程仍在进行中,一方面,新闻传播传统的标准被打破,界限逐渐模糊,传统新闻的整体边界、技术形态、内容表达都呈现出交融共生的状态;另一方面,新媒体技术日新月异,产品形态丰富,许多形式和样态都在发展之中,而且不断地把过去已有的媒介表达形态纳入其中。

融合新闻不是与传统媒体的完全割裂,并是通过融合来适应很长一段时间都会有的一种状态——新旧媒介形态共存。在这种共存和互构的媒介环境里,融合新闻的生产者需要重点把握几个在互联网和媒体融合语境下具有鲜明特征和代表性且界限清晰的融合新闻类别。通过剖析这几个类别,可以更好地探索融合新闻生产传播的逻辑,理解不同的融合样态所侧重的不同表达和审美价值。尽管随着融合的发展和技术的革新,这些类别将会具有时间的局限性,但至少可以帮助我们理解融合新闻学,厘清复杂的现象,把握其特点,探寻其规律。基于这样的原则和方法,参照中国新闻奖媒体融合奖项的划分,我们大致把融合新闻划分为以下几大类:

1. 网络新闻专题

由于网络页面的融合形态和超链接的功能,其综合性高,表现形态复杂,难以对其作更细致的区分。《中国新闻奖评选办法》[①]把网络媒体作品也列为网络新闻专题类。**网络新闻专题是针对同一新闻事件或同一新闻主题,综合运用多媒体手段和多种新闻体裁,从不同角度全面报道的融合新闻体裁**,要求主题突出、结构清晰、形态丰富、交互性强。网络新闻专题在技术、新闻体裁和表达形态上都体现出了高度的融合性,按照视频、文字、图片设计等形态或者传统的新闻体裁类别作更细致的区分,并无意义。

2. 短视频新闻

短视频新闻是基于移动互联网平台,以短视频为载体迅速报道事实的融合新闻体裁。短视频新闻是媒体融合时代适应可视化、移动性和社交性传播特点的重要新闻形态。短视频新闻表现综合,时效性强,现场感强,信息量大。同消息类是传统媒体的主力军一样,短视

---

① 第三十一届中国新闻奖评选办法[EB/OL].(2021-04-02)[2021-04-03].http://www.zgjx.cn/2021-04/02/c_139854653.htm.

频成为媒体融合语境下新闻报道的主要形态。第二十八届中国新闻奖在媒体融合奖项中首次设立短视频新闻，进而在第三十届中国新闻奖中将短视频奖项又作了更为细致的划分，分为"短视频现场新闻"和"短视频专题报道"两个板块，更加突出短视频在现场新闻领域的应用，其中"短视频现场新闻"时长不超过3分钟，"短视频专题报道"时长不超过8分钟。但是，短视频新闻在形态表达、传播渠道上与传统的电视消息存在着巨大的不同。

3. 移动直播新闻

移动直播新闻是在移动互联网端对新闻事件进行持续同步现场报道的融合新闻体裁。《中国新闻奖评选办法》对移动直播的作品规定是"移动端首发对重大新闻事件或突发事件的新闻直播"，对直播的主题题材作了一定的限制。移动直播新闻强调移动端对正在发生发展的事件的报道，现场感、即时性强，从这个角度而言，它与电视直播并无二致。但移动直播报道体现了融合新闻的最大增量，即用户的同场感、参与性和交互性。

应当说，在移动直播的发展中，俗称"慢直播"的直播形态逐渐丰富，"慢直播"的题材虽然未必是重大或突发新闻事件，但选取的报道点也有新闻性，体现了记者的发现能力。比如，2020年新冠肺炎疫情期间，1月24日央视频对火神山医院和雷神山医院建造过程的慢直播；3月13日人民日报社新媒体中心武汉东湖樱花的慢直播报道。这种与用户陪伴式的慢直播无疑成为移动直播中一个非常重要的类型。

4. 交互类新闻

交互类新闻是通过事实报道与用户形成完整交互传播链条的融合新闻体裁。这类新闻利用H5、虚拟现实（VR）等互动新技术，让用户通过点击、虚拟对话、多向选择等方式主动参与新闻叙事，在交互中深度体验新闻主题。目前，开发日渐深入的新闻游戏等都属于交互类新闻。中国新闻奖在最初的媒体融合奖项中设立了"新媒体创意互动"类奖项，以用户交互为主要特征，发布方与用户方形成完整的新闻传播链条的新媒体作品。要求主题鲜明，特点突出；应用互动新技术、交互性强；体现新闻性、互动性、技术性的高度统一。

5. 数据新闻

数据新闻（Data Journalism），又称数据驱动新闻（Data Driven Journalism），**是基于数据的收集、挖掘、分析，结合可视化（Visualization）、可听化（Sonification）的呈现方式和交互设计来报道事件和现象、讲述故事的融合新闻体裁**。数据新闻反映的是信息时代的新闻变革，其背后倚靠的是大数据给社会生活、新闻生产等带来的改变。大数据是支撑新闻报道叙事的关键因素，数据背后的结构性联系应该是驱动报道叙事逻辑的核心，由这种联系得出的结论构成数据新闻的主题，这是数据新闻与其他新闻报道相区别的核心特征。

以上类别中，网络专题类是包含基于固定互联网宽带端口和移动端口的融合新闻作品类别；其余类别是以数字移动通信技术为基础，适应移动传播，基于移动互联网端口的融合新闻作品。

五、融合新闻的特征

把握融合新闻的特征，一定要理解"合"与"分"的辩证关系。在媒体融合语境下，与传统新闻进行比较，融合新闻可以是高度综合的形态和样态，也可以是诉诸特定表达、从而通过特定渠道触达用户的形态。因此，它的"合"在于内容渠道的整合运维，更在于内容渠道的"分"而治之，不局限于单一传播渠道，而是高度利用多元矩阵传播渠道。

1. 本质特征

对融合新闻作历史的纵向比较以及横向对比，其特征十分明晰，尤其是当它与历史或当代其他媒介新闻类型进行比较时，无论是从概念表述还是内涵上都能呈现出清晰的特征。主要表现在：**技术交融性、呈现多样态、传播多渠道、全时开放性和使用交互性。**

（1）技术交融性

在媒体融合发展中，技术赋能新闻变革。这其中，5G、大数据、云计算、物联网、人工智能等信息技术革命创新了新闻生产、传播与分发。而手机拍摄、无人机航拍、传感器技术、H5场景、3D动画、虚拟现实（VR）、增强现实（AR）、混合现实（MR）、扩展现实（XR）、互联网音频等技术为融合新闻的内容和形态创新带来了技术基础。更重要的是，随着变革的深入，不是某类单一的技术，而是技术产生交融，在生产、传播、运维中深度连接用户，共同促进融合新闻的发展，这也是"全效媒体"的要义。因此，没有任何一个时代的新闻报道比今天的融合新闻更依赖技术交融，从而促进内容融合，形成新闻内容与用户的全新连接。

（2）呈现多样态

融合新闻打破了单一媒介的表达形式，既能形成丰富多元、高度融合的新闻形态，也能针对事件性质、特定平台和用户形成简洁、高效的报道样态。为了追求传播效益的最大化，同一事件的新闻素材可以被制作成不同形态的产品。这充分体现了融合新闻"合"中有"分"、"分"中有"合"的辩证思维，这就是"全息媒体"的要义。比如，在短视频新闻中，视频本身就融入了"纪实+创意""虚拟+现实"的多种媒介表现元素。运用HTML5技术的融合产品中，可以嵌入视频、音频、文字、图片、动漫，它们聚合起来共同推动新闻叙事的发展，让用户移步换景，充分体验报道呈现的丰富性。而简洁、高效的条漫长图、海报组图把可视化元素和平面文字的元素有机结合起来，让信息一目了然。

需要重点关注的是，在融合的多样态中，围绕"可视化"为核心展开的融合创新更成为融合新闻的重点。短视频、VR全景视频、H5场景、无人机航拍、Vlog、条漫长图、海报组图、3D动画、可视化交互、移动直播等融合形态，都是围绕可视化展开的。综观近五年来中国新闻奖媒体融合类获奖作品，无不是以可视化为核心的融合创新成果。

表1-2-1　第二十八至三十二届中国新闻奖媒体融合类特别奖、一等奖作品（部分）

序号	获奖作品	获奖届次	奖项	主要可视化呈现形式/技术
1	"天舟一号"发射任务VR全景直播	第二十八届	融媒直播一等奖	全景VR直播
2	长幅互动连环画|天渠：遵义老村支书黄大发36年引水修渠记	第二十八届	融媒界面一等奖	下拉式长幅连环画、渐进式动画、360度全景照片、音视频交互体验等
3	"央广主播的朋友圈"系列H5报道	第二十八届	融媒创新一等奖	虚拟朋友圈与主播实拍视频抠像结合、音视频交互体验等
4	"中国一分钟"系列微视频	第二十九届	短视频新闻特别奖	数据视频化系列短视频、航拍等
5	膙子书记	第二十九届	短视频新闻一等奖	实景航拍、视频动画、人物抠像等
6	新中国密码：15665，611612！	第三十届	融合创新特别奖	微电影、三维动画、人物抠像、航拍等
7	十八洞村龙金彪的Vlog|脱贫之后	第三十届	短视频专题报道一等奖	Vlog第一视角、手绘、动画等
8	6397公里的守护	第三十届	创意互动一等奖	手绘长卷H5、音视频交互体验等
9	2019对话1949：时代变了 初心未变	第三十届	融合创新一等奖	"单双机"互动视频H5、手绘动画、人物抠像等
10	"数说70年"数据新闻可视化系列短视频	第三十届	融合创新一等奖	数据可视化、短视频
11	"最美逆行者"系列融媒报道	第三十一届	融合创新一等奖	海报、长图、H5
12	听·见小康	第三十一届	融合创新一等奖	音频、视频、H5
13	复兴大道100号	第三十二届	融合报道一等奖	音频、AI交互动画、H5

（3）传播多渠道

建立在技术融合、内容融合基础上，融合传播渠道也呈现出矩阵式的多元渠道。传统媒体在媒介传播渠道和新闻报道介质形态上都呈现出单一性，而融合新闻是在传播平台化的语境下展开的。在互联网平台下，融合新闻通过固定网络渠道和终端、移动网络渠道和终端，通过不同的社交平台端口进行传播。

从广义的角度来说，传统的报纸、广播、电视等渠道都可以成为事件报道的渠道，从而构成一个融合传播的矩阵。但是，在融合思维的统摄下，即便是传统渠道的产品也已经不等同于传统的报道，而是在融合策划下服务于各个用户群体的融合产品。

（4）全时开放性

融合新闻的全时开放性体现在，新闻的第一次发布并不是报道的终结，而是能够即时修正、不断更新。从与用户连接的角度而言，新闻发布才是报道与用户关系的开始，新闻更能够在与用户全时交互中形成报道的开放和全时延展。因此，信息无时无刻不处在传播的链条中,"全程媒体"的要义即在于此。

（5）使用交互性

融合新闻的交互特征体现在通过新闻报道与用户产生交流互动,新闻信息建构是传播者与用户共同完成的,这是"全员媒体"的要义。具体而言,使用交互性有如下呈现方式:一是用户与信息的互动,通过物理的点击,选择展开阅读、观看;也能通过虚拟的互动体验叙事的发展。二是通过对话交流,推进报道向纵深发展,用户通过留言、评论等方式共同建构新闻内容。三是通过传感器搜集用户的数据信息、舆论反馈形成新闻报道的内容。四是通过更复杂的用户内容,形成新闻报道的融合化生产。

2. 融合新闻和信息

数字化进程让内容无限拓展,在新闻实践中,新闻的边界在不断延展。融合新闻中,"新近或正在发生的事实的报道"与越来越多元的信息产生交融。换言之,融合新闻内容边界在不断拓展,政治、经济、消费、生活、娱乐等信息浸入新闻报道。

（1）新闻与信息交融

准确地说,信息比新闻更加宽泛。信息论奠基者香农（Claude Elwood Shannon）定义"信息是不确定性的减少",物理学家约翰·阿奇博尔德·惠勒（John Archibald Wheeler）更提出"万物源自比特"（It from Bit）[①]。信息是万事万物存在的本质,是最基本的,是物质的核心。从更具体的形态而言,信息（Information）涉及所有种类的传播,包括数据、声音和视频等,即涵盖会话、数字、文字、图形、音乐、电影和游戏等内容。[②]从这个角度而言,新闻是信息的一种,是有新闻价值的信息,新闻学上把新闻信息也称为讯息（Message）。而在互联网新媒体时代,新闻与信息的界限越来越模糊,体现出交融的趋势。新闻信息化、信息新闻化,成为一种发展趋向。而媒体的功能在不断地扩展,从过去的新闻媒体转向意义媒体和参与社会治理的公共服务传播体。

在媒介化社会中,媒介无时无刻不渗透到社会的方方面面、人们生活的点点滴滴。传媒不仅为用户提供新闻信息服务,更能提供消费、服务、商务等方面的综合服务。有研究者提出"新闻认识、新闻关注不再限于传统新闻价值论所言的有新闻价值的那些事实,而是更为广泛地关注各种大大小小的新闻事实,特别是关注那些日常生活世界中的新闻事实"[③]。随着媒体融合的发展,借助于媒介对社会生活的渗透,媒体的功能和边界也在不断拓展,从单纯的新闻提供者,到探索"新闻+政务服务商务"。通过对我国主流媒体自有平台功能定位调查结果的统计,超过54%的被调查媒体拥有除新闻资讯外的延伸功能,"新闻+政务"或"新闻+政务+服务"成为最普遍的平台定位。在媒体与政府部门的政务内容共享和功能入口共建上,除新闻发布外,政策项目、便民服务、交通信息是普及率最高的三项共享

① 格雷克. 信息简史［M］. 高博,译. 北京:人民邮电出版社,2013:引子.
② 鲍德温,麦克沃依,斯坦菲尔德. 大汇流:整合媒介、信息与传播［M］. 龙耘,官希明,译. 北京:华夏出版社,2000:2.
③ 杨保军. 再论作为"中介"的新闻［J］. 新闻记者,2020（8）:3–11.

内容,分别达到74.51%、73.32%和72.73%,其他与社会生活息息相关的内容普及率也不低。[1]

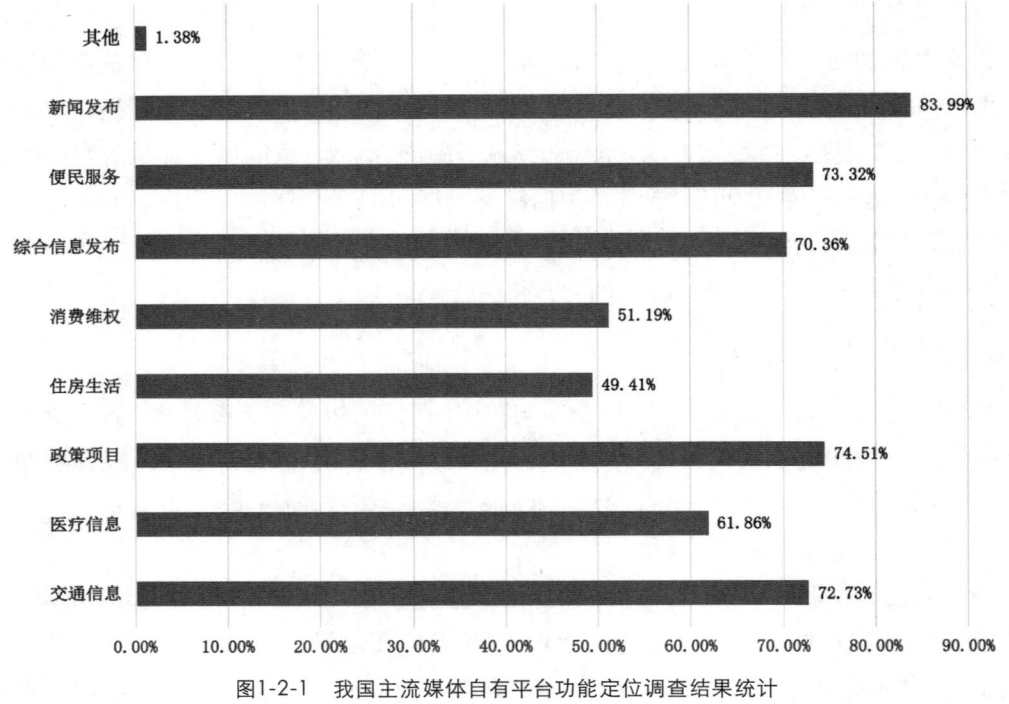

图1-2-1　我国主流媒体自有平台功能定位调查结果统计

（2）新闻的垂直化

互联网把后仰式被动消费媒介信息的观众,变为前倾式主动使用信息的用户。"媒介对人们做了些什么"转向"人们用媒介做了什么"。用户的主动使用和参与的行为,使垂直圈层越来越明显,大数据的精准推送更加剧了这一圈层的固化,新闻也逐渐出现圈层化和定制化的倾向。时政、经济、文化、娱乐、教育、健康、科技等各类领域的新闻被垂直区隔,新闻信息和其他信息的边界变得越来越模糊,共同成为用户消费的内容信息。

（3）个性化和情感化

从报纸到广播电视,客观、理性的新闻原则本身就在被故事化、观点性和娱乐化所改变,互联网时代网络情绪和个人化观点更让客观、理性的新闻原则受到挑战。2016年,牛津词典把"后真相"评为年度词汇,其初始含义是指"当真相被披露后"。"后真相"一词最早源于美国剧作家史蒂夫·特西奇(Steve Tesich)1992年在《国家》(*Nation*)发表的《谎言政府》(*A government of lies*)一文。特西奇梳理了从水门事件、伊朗门事件到波斯湾战争期间美国政府制造的谎言,指出"真相是次要的",人民已经"自由地决定生活在后真相时代了"[2],并赋予该词"情绪的影响力超过事实"的语义。2016年,特朗普当选总统、英

---

① 为了解当前全国各级主流媒体的融合建设发展状况和现存问题,本书研究团队采取定量研究中的调查法和定性研究中的半结构化访谈,于2020年5—7月针对我国各层级主流媒体融媒体中心或新媒体部门展开网络问卷和线上一对一访谈。本研究所调查的从业者岗位类型包括管理、采编、经营、技术等领域。

② TESICH S. A government of lies[J]. Nation, 1992, 254（1）: 12-14.

国退欧公投等政治事件让"后真相"一词成为公众热议的话题。"后真相"时代，诉诸情感（Emotional）和个人信念（Personal Belief）的传播方式比陈述客观事实更为有效。[1]同时，也有研究者认为，情绪思维是Web3.0个体交互特点下的关系连接，是一种"非理性"逻辑，但作为互联网舆论特征的"非理性"不是反理性[2]，而是强调情绪共振、共情体验等心理连接和社会认同。有研究选择了我国十家省级媒体集团主办的报纸及其新闻客户端发现，客户端新闻在标题上，显著的行数更多、字数更多、情感符号更多、情感用词更多。[3]在这个意义上，如何处理客观理性原则与个人化、情感化的互联网书写与表达，也是融合新闻亟待探索的重要命题。

　　融合新闻的特征在于技术交融性、呈现多样性、传播多渠道、全时开放性和使用交互性。

第三节　融合新闻的变与不变

　　我们谈及融合新闻的时候，更多的关注点在它的"融合"上，即它的变。实际上，我们同样需要注意的是它作为"新闻"的本质，即它的不变。作为新闻本质的原则和特征是融合新闻守正的核心，融合是它在本质基础上的创新。事件是无意的，报道是有意的，融合创新是为了新近发生的事实的报道而服务的。融合只是手段，新闻事实的传播和价值引导才是根本目的。在融合新闻报道中，我国新闻工作者应该坚持马克思主义新闻观的报道立场、原则与方法这一价值取向没有变。围绕这一命题，我们将探讨融合新闻在新闻的功能、新闻党性原则、新闻真实性原则、新闻价值上的变与不变（对于新闻客观性和透明性，我们将在第十一章中着重探讨）。

一、新闻的基本功能

　　新闻传播信息、服务社会的基本功能没有变。从宏观角度而言，拉斯韦尔（Lasswell，1948）认为，新闻使公众获得其他渠道无法获得的信息，发挥在复杂社会内协调各种活动的功能。盖伊·塔奇曼（Gaye Tuchman）认为，新闻能促使各个机构协调行动，新闻使

① Oxford Dictionary. Word of the Year 2016[EB/OL].(2016–11–16)[2017–05–16]. https://languages.oup.com/word–of–the–year/.
② 喻国明."破圈"：未来社会发展中至为关键的重大命题[J].新闻与写作，2021(6)：1.
③ 王海燕.数字新闻创新的变与不变——基于十家媒体客户端新闻与纸媒报道的对比分析[J].新闻记者，2020(9)：3–13.

政府官员能预测人们对未来预案的不同反应。[①]从微观的层面而言,新闻不仅告知信息(Inform),还承担着对人启迪(Enlighten)、教育(Education)、娱乐(Entertainment)的功能。我国新闻事业的基本功能为:传播信息、报道新闻,反映舆论、引导舆论,服务受众、服务社会。[②]而在服务受众和社会中,具体的形式有传播知识、普及教育;倡导文明、弘扬美德;发布信息、服务生活;提供娱乐、丰富生活。

在融合创新发展中,媒体与用户连接的方式发生了深刻的改变,信息爆炸改变了传受关系,互联网"去中心化"的方式改变了媒体把关人的角色,个性化算法和精准推送改变了信息传播的模式,动态交互转换了用户的角色,但这一切改变不了新闻的底色,其基本功能没有变,其对用户的**引领永远大于迎合,启迪永远大于娱乐**。

二、新闻舆论工作的党性原则

党性是指一定的政党所固有的属性,也是新闻媒体的一种客观属性。在我国的新闻事业中,党性原则是社会主义新闻工作的根本原则,也是马克思主义新闻观的核心。尽管技术变革、内容创新,但党性始终是新闻舆论工作必须坚持的原则。因此,在媒体融合的发展转型中,新闻舆论工作要把握两个坚持。

1. 坚持党性和人民性的统一

党的新闻舆论工作"都要坚持党性和人民性相统一,把党的理论和路线方针变成人民群众的自觉行动,及时把人民群众创造的经验和面临的实际情况反映出来,丰富人民精神世界,增强人民精神力量"[③]。在融合创新发展中,新闻舆论工作既创新宣传党的政治主张,又积极回应社会关切,强化媒体参与社会治理的功能,既上接天线,又下接地气。同时,也要创新实践党"开门办报""群众办报"的优良传统,走好全媒体时代的群众路线,在创新连接用户手段的同时,积极吸引用户参与新闻信息的生产与传播,这也是新时代以人民为中心的治国理念在新闻传播中的具体体现。

2. 坚持党性原则下的新闻工作创新

一方面,坚持新闻党性原则,为媒体融合创新、打造新型主流媒体提供了正确的政治方向、舆论导向、新闻志向和工作取向,为守正创新提供了根本遵循;另一方面,新闻工作也要创新理念,发挥创造性和主动性,推动技术、内容、渠道、平台、经营、管理等变革与创新,从而做大做强主流舆论,巩固全党全国人民团结奋斗的共同思想基础。

① 塔奇曼. 做新闻[M]. 麻争旗,刘笑盈,徐扬,译. 北京:华夏出版社,2008:32.
② 《新闻学概论》编写组. 新闻学概论[M]. 2版. 北京:高等教育出版社,2020:96.
③ 习近平. 习近平谈治国理政:第二卷[M]. 北京:外文出版社,2017:332.

三、融合新闻的真实性原则

真实是新闻的基本属性,也是整个新闻报道的原则。[①]真实不等同于事实,从哲学的角度理解真实,一是客观真实,即不以人的意志为转移的客观事实真实;二是主观认知的真实,即主观认知符合客观事实的程度,是主观见之于客观的一致性;三是再现的真实,即通过符号表达还原现实。新闻工作者首先要对真实负责……无论是新媒体还是传统的新闻工作者,都应主动将"发现真相"作为自己的首要使命。[②]无论融合与创新如何发展,融合新闻首要坚持的是真实性原则,这和过去任何媒介形式的新闻并无不同。在新闻报道中,文学性和艺术性应该给真实性让位,真实性是新闻报道的第一原则。[③]因此,融合新闻在故事讲述、可视化呈现、创意与设计上的发展也必须建立在真实性原则的基础之上。

1. 新闻真实

新闻是新近或正在发生的事实报道,新闻真实是指"新闻报道要与客观事实相一致,能够真实反映客观现实需要"[④]。虽然新闻是主观见之于客观的活动,但是新闻报道要尽量反映客观事实,记者要不断追求报道与客观事实相符。具体而言,融合新闻的真实要做到两点:

第一,具体真实。即微观的真实,每一个具体报道的事实都准确无误。

新闻要素齐备——传统新闻要素的"五个W"和"一个H",即时间、地点、人物、事件、原因以及深度的背景和发展要全部呈现,尽量还原事件的原貌。

细节事实真实——细节是新闻事实的细微之处,细节的刻画要做到有根有据,符合事实,杜绝合理想象。

背景事实真实——围绕核心事实的背景资料要严格核对,具有明确可信的信源。

第二,整体真实。即宏观的真实,不仅单个新闻报道符合事实本身,把事实放在宏观大背景中,也要符合客观世界的整体。这是马克思主义新闻观对于新闻真实的历史唯物主义和辩证唯物主义认识,也是对新闻报道真实性的具体要求。

全局意识——把单个事实的报道放在全局的视野中去考察,衡量其价值。新闻报道本身就是记者的选择活动,选择什么或不选择什么进行报道,必须依据宏观真实的把握,这就要求记者具备全局意识,深入调查。

公正平衡——在认识全局的基础上,新闻报道中的选择和聚焦要体现出客观世界发展的总体面貌,注意平衡,避免以偏概全,落入局部真实或片面真实的误区。

---

① 刘明华, 徐泓, 张征. 新闻写作教程[M]. 北京: 中国人民大学出版社, 2002: 15.
② 科瓦奇, 罗森斯蒂尔. 新闻的十大基本原则[M]. 刘海龙, 连晓东, 译. 北京: 北京大学出版社, 2011: 32.
③ 《新闻学概论》编写组. 新闻学概论[M]. 2版. 北京: 高等教育出版社, 2020: 36.
④ 《新闻学概论》编写组. 新闻学概论[M]. 2版. 北京: 高等教育出版社, 2020: 36.

2. 新闻真实面临的挑战

以上新闻真实原则在融合新闻发展的语境下仍然是报道的首要原则, 而在互联网尤其是移动互联网发展的背景下, 传统的真实性原则的确受到了挑战。

（1）新媒体语境挑战真实

新媒体碎片化、全员化、去中心化的信息发布与传播现实不断挑战着传统的新闻真实。

第一, 碎片化信息。在移动互联网碎片化语境下, 新闻信息呈现出高度碎片、短小、凝练的发展趋势。尤其是在移动社交应用里的文字、图片和视频信息, 不仅单个事实呈现出的各要素不完整, 缺乏背景信息, 而且对事实的聚焦与放大也缺乏整体的背景和解释, 这样的新闻往往会误导用户和受众。

第二, 全员化发布。互联网激活了比机构更为基本的社会基本要素——个人, 使每个个人都成为这个传播系统当中的一个元素、一个基本单位。[①]在全员媒体时代, 人人都有麦克风, 用户成为信息的发布者, 他们是生产者和消费者的集合——产消者。2022年的"俄罗斯和乌克兰的冲突"就是全民参与的社交短视频和直播分享的战争。但是, 一方面, 用户普遍缺乏新闻专业素养, 信息的发布并未遵循新闻真实原则, 也无信源核实的意识, 所发布的信息片面甚至虚假; 另一方面, 代表各种利益、各种诉求的传播主体入场, "竞争性真相"[②]被有意识或无意识地选择和聚焦。一些群体或个体根据自己的利益诉求, 有意识放大事件局部, 突出一面, 失去了整体真实。正因如此, 新闻反转现象成为互联网信息传播的突出问题。

第三, 去中心化传播。传统媒体的把关人角色被"去中心化"的互联网信息场逐步消解, 先审核后发布的信息发布机制受到挑战, 先发后证的发布现实成为互联网常态。许多用户信息和零碎的新闻线索未经核实和证实即被发布, 呈现出"两岸猿声啼不住, 轻舟已过万重山"的信息报道格局。有研究者指出, 在持续变化的新闻文化中, 新闻工作者只顾把最新信息发布出去, 几乎不会花时间去核对事实。断言式的新闻（Journalism of Assertion）推翻了传统的确证式新闻（Journalism of Verification）; 肯定式新闻（Journalism of Affirmation）不以质疑精神去核对事实, 而是肯定和迎合受众已有的理念; 聚合式新闻（Journalism of Aggregation）不负责区分流言、事实和猜想, 而去伪存真的工作完全靠使用者来完成。[③]

第四, 情绪化。网络社会进入了"后真相"时代, 情绪、立场、观点成为衡量新闻的客观现实, 追求"流量""爆款"成为信息传播的重要目标, 这都给传统的新闻真实带来了巨大

① 喻国明. 互联网是一种"高维"媒介——兼论"平台型媒体"是未来媒介发展的主流模式［J］. 新闻与写作, 2015（2）: 41-44.

② 麦克唐纳. 后真相时代［M］. 刘清山, 译. 北京: 民主与建设出版社, 2018.

③ 科瓦奇, 罗森斯蒂尔. 新闻的十大基本原则［M］. 刘海龙, 连晓东, 译. 北京: 北京大学出版社, 2011: 41-42.

的挑战。

基于以上诸多挑战，新闻真实这一原则在融合新闻的语境下，在"后真相"时代具有更加重要的意义，记者应该成为真实的坚守者、真相的揭示者和真理的捍卫者。

（2）新技术变革解构真实

新媒体技术尤其是基于可视化的短视频、虚拟现实（VR）、增强现实（AR）、混合现实（MR）以及扩展现实（XR）等带来了虚拟建构的真实对现实真实的解构。从媒介发展史来看，新闻传播发展历经文字、图片、影像视听，进而到虚拟现实甚至全息影像，媒介符号从抽象到具象，对物质现实的复原和再现越来越逼真，新闻的呈现越来越具象直观，越来越接近现实。从上文提及的真实的第三个层面而言，再现真实的逼真性或逼真感使新闻越来越"真"。对于虚拟现实技术等构成的沉浸性新闻而言，用户视觉、听觉、触觉等感官被调动，仿佛置身于事件现场，从"旁观者"转向"见证者"[1]，从"目击者"转为"体验者"。

由此，真实既有新闻生产者所创造的直观现实场景，即用户具身性的在场，也有用户作为第一人称的直接体验感受。但无论是感官体验的逼真性还是逼真感，都是虚拟现实技术建构的真实，并不等同于现实，也不等同于新闻真实，更没有颠覆真实的本质内涵。其实，这样的"真实"之辨在纪录片的"真实再现"中已经开始出现，真实再现是通过扮演去反映未被记录的史实，再逼真也是再现的结果，而不是直接记录现实。

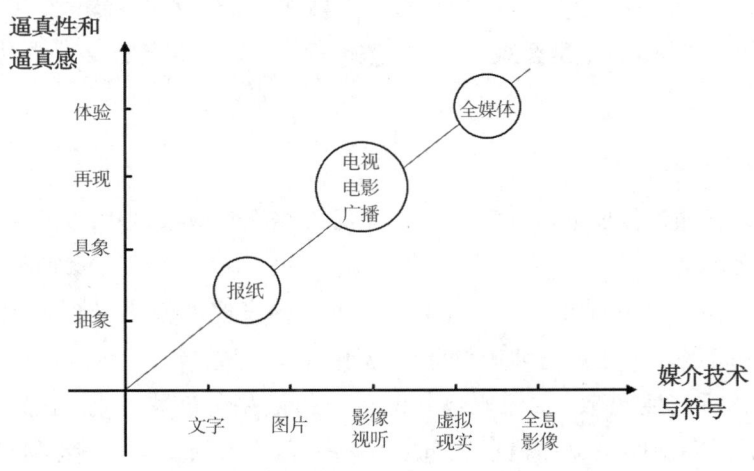

图1-3-1　媒体发展的进程特点

因此，从真实的三层含义而言，融合新闻尽管在真实的第三层面发生了变化，但从本质上而言，融合新闻的真实内涵并没有改变，而是在真实的呈现上不断发展。真实仍然是新闻的生命，追求客观真实和主观认识的统一仍然是新闻报道的原则。不能因为技术变革带来的现实复原的逼真性和逼真感，就混淆了新闻真实的概念。此外，虚拟现实等沉浸性技术所带来的体验比现实场景更具有冲击力，但它终归是复杂技术合成的场景，如果新闻生产

---

[1]　刘泽溪，余跃洪. "新闻真实"概念变迁与"新闻求真"路径演化［J］. 中国记者，2021（10）：69–73.

者操控"黑箱",其以假乱真带来的误导会更为严重。因此,在融合新闻的发展中,事实之真与价值之善应始终先于受众的体验之真。[①]

四、新闻价值

新闻价值是新闻事实满足社会需求的特殊要素的总和。[②]在新闻实践中,新闻价值要素表述并不统一,但约定俗成的新闻价值要素为五要素[③]:

第一,新鲜性。新闻报道无限接近于新闻事实发生的时间以及事实内容的新鲜。

第二,重要性。新闻事实所具有的社会意义和重要价值。

第三,显著性。新闻事实的显要程度以及新闻人物的知名度。

第四,接近性。新闻事实同新闻受众在地理和心理上的接近程度。

第五,趣味性。新闻事实蕴含的人情味和积极的生活情趣,引起受众注意的有趣程度。

在新闻报道中,以上新闻价值要素的选取成为新闻报道的重要依据,而五要素在新闻报道中也有所侧重,面对不同的受众,特定的价值要素发挥不同的作用。因此,传统的新闻价值判断本身就兼顾了公共需求和受众诉求,一方面是以新闻事实和公共价值为原则,体现在新鲜性、重要性、显著性上,另一方面以受众关切为依据,体现在接近性和趣味性上。当然,这二者不是截然分开的。而从新闻的价值判断而言,它本身就包含了客观性与主观性,新闻事实是一切的基础,是客观存在的,这也构成了媒体履行社会监视功能、满足公众知情权的社会基础。

1. 新闻价值之变

融合新闻的新闻价值要素基础没有变化,但在实际的新闻实践中,也面临着新的挑战,出现了新的变化。

第一,从新闻的时新性而言。主流媒体对于新的事实的报道受到挑战,尤其是突发动态新闻的第一落点,往往首先被用户手机视频、行车记录仪、交通监控摄像头等采集。掌握新闻价值之手高度离散,主流媒体新闻在场的把关角色被弱化。主流媒体如何做到新闻现场不缺失,在新闻报道和信息发布上既"快"又"准",是融合新闻必须应对的重要命题。

第二,从新闻的重要性而言。大数据、云计算让新闻信息高度匹配用户的利益诉求,甚至为了迎合用户口味实现精准推送。但由此也造成了生产传播过程由"有的放矢"滑向"投其所好",市场逻辑凌驾于公共利益之上。利益相关程度越来越深,由此带来的"信息茧房"和"回音室"效应让用户的视野越来越狭窄,使用户在同质信息"自动投喂"的不断重复中强化固有喜

① 华维慧.边界突破与真实重构:论VR新闻的真实性逻辑[J].编辑之友,2021(2):71–75.

② 童兵.理论新闻传播学导论[M].北京:中国人民大学出版社,2000:51.

③ 《新闻学概论》编写组.新闻学概论[M].2版.北京:高等教育出版社,2020:54.

好与偏见，媒体新闻报道的公共性也越来越弱。

第三，从新闻的显著性而言。由于用户的传播节点被激发、社交网络的非理性传播，受关注的事件和人在互联网上迅速出现几何级数增长。但为追求流量，形成爆款和刷屏效应，新闻的"眼球效应"变得更加极致，追求浅薄与浮夸，以获得影响力迅速最大化，形成互联网引爆点。

第四，从新闻的接近性而言。针对用户的本地新闻同信息、生活等服务联系越来越紧密，而互联网交互的特质使新闻与用户的关系更加紧密。同样，接近性也排斥了其他与用户自身无关的信息，一定程度上使传播的公共性受到侵害。

第五，从新闻的趣味性而言。互联网的情感和情绪化的特征，使新闻诉诸情感、情绪的特点越来越突出。从媒介发展史来看，新闻历经报纸、广播、电视，到今天的互联网，其诉诸趣味性和吸引力的程度逐渐加深。总体而言，新闻从文字的理性，到声音、画面的感性，进而到互联网的情绪性，无论是内容题材还是形态表现，都越来越呈现出远离精英审美、契合大众兴趣和品位的趋势。而某条新闻是否成为热点，也逐渐被社交平台的热搜来定位，这不得不说是对新闻理性价值的挑战。

2. 新闻报道之变

在新媒体语境下，更要处理好**"快"和"准"**、**"快"和"深"**、**"专"和"浅"**这几组新闻报道中的矛盾关系，做到鱼和熊掌兼得，把握好时、度、效原则。

第一，在"快"和"准"上切中公众关注点。

传统媒体报道的快速、准确仍然是媒体竞争的利器。但"快"和"准"在全媒体语境下已经发生新的变化。传统媒体"中心制"的传播方式是先筛选、甄别信息，再发布传播。而互联网"去中心化"的信息场往往是先发布传播信息，再筛选和甄别。在这样的语境下，媒体对信息的筛选和甄别就成为一个至关重要的环节。面对突发事件后互联网自媒体信息的抢发，在普遍追求第一时间的诉求下，主流媒体能否平衡快速与准确地把握第一时间与第一效果，这是新媒体语境下一个不断探索的难点。

舆论引导的时、度、效是我们把握新闻报道的原则。这其中的"时"，是"及时"，快速准确地报道事件。能否第一时间运用自身积累的资源呈现专业解读，去伪存真，满足公众需求，这是专业媒体融合创新中的价值回归与坚守，是实现差异化竞争的基础。比如，新冠肺炎疫情期间，《第一财经》《中国新闻周刊》《财新》等传统杂志媒体运用多年积累的行业专业性，依靠轻量化新媒体产品提供及时、专业的解读，迅速获得传播力和影响力。"时"也是"时机"，把握发布时机，核实多种信息源，作出有效预判，不能抢发，也不能晚发，这是媒体权威性的体现。比如，2019年7月22日9点50分，外交部官网"组织机构"栏目刚刚完成更新；3分钟之后，长安街知事《卸任外交部发言人后，陆慷新职务公开，华春莹接棒》2000字的稿件即向百万用户推送完毕，报道了两人"均已获正式任命"的消息，引起了舆论广泛关注。关于陆慷调任美大司和华春莹从中青班归来接棒的消息，此前已经传了半个多月，前者甚至在7月18日（周四）亲自宣布卸任。此时，关于陆慷新去向的猜测被推向了高潮，但在没有正式公布前，一切猜测都只是线索。而根据惯例，新的任命，不是在当周周五，就是在下周一。在几乎没有可能采访当事人并获得更多独家材料的前提下，各家只剩一个"抢"字。周五一天"风平浪静"后，周一一早，长安街知事的编辑守在电脑前"等官宣"，于是就发生了开头的一幕。①

与此同时，我们不得不看到，传统媒体遵循先筛选、甄别后传播的机制强调可靠信源和平衡，虽然具有后发优势，但其时效性和先发优势正受到极大的挑战。俗语说："真相还在穿鞋子的时候，谎言都环游世界一周了。"全媒体语境下，媒体不仅要加强对信息的筛选和甄别，还要努力使甄别和传播同步进行。社交平台诸如微博和微信的传播特点是"相同的内容不会转第二次"，努力掌握"首发"是把握舆论主导权的关键所在。

那么，如何兼顾"快"和"准"？目前看来，信息甄别和求证的透明化与过程化成为趋势。比如，美国福克斯新闻台（Fox News）原《谢帕德·史密斯报告》（*Shepard Smith Reporting*）设计的全媒体演播室"新闻甲板"（News Deck）能带给我们启示，其中的推特墙通过大屏幕呈现出三栏内容：社交媒体上的热点事件、正在验证的信息、经过验证的信息。通过这样的设计，利用直播技术、社交媒体技术，媒体把信息甄别的过程完全透明化、过程化，同步呈现在观众面前。其核心理念正符合比尔·科瓦奇（Bill Kovach）等所言：客观性并非中立性。它真正的含义是，媒体应该使用客观、透明的新闻采编和信息核实方法。

第二，在"快"和"深"上回应公众关切点。

碎片化、移动化传播语境必然带来信息浅表化，如何把碎片化信息形成深度拼图，最大化地呈现"快"与"深"的平衡与融合，这是融合语境下要解决的问题。从认识论的角度，信息增量还体现在对事实内容由点及面、由碎片至全景的呈现过程。对复杂事物的认识不是一蹴而就的，由事实报道的碎片，最终形成对某一事物完整、深刻的报道，这体现了马克思主义新闻观"有机的报刊运动"思想。正如《中国新闻周刊》副总编辑陈晓萍所言："在突发事件的最开始，不需要报道角度，需要的是具体的点。点越多越好，把一个个点了解清楚，把碎片化的点组成一个个拼图，再尽可能地去扩大这张拼图。只有拼图足够大的时候，才需要角度。"②全景式的长篇报道需要碎片化的积累，对每一个事件进行深度解析，就离事实真相更近了一步，也正是分与合的辩证统一。

第三，在"专"和"浅"上为公众释疑解惑。

媒体的专业性并非使用佶屈聱牙的专业术语，而是对专业领域问题作大众化解读，尤其是在"浅阅读"盛行的时代，报道者能用专业知识、专业表达去帮助用户进行权威信息的筛选处理，对事件给出独特的切入视角，从而带来"深思考"。比如，2020年新冠肺炎疫情

① 郭涛. 走好新时代新闻舆论工作的长征路——新媒体正确把握时度效的四组关系［EB/OL］.（2021-11-25）［2021-12-05］. http://www.zgjx.cn/2021-11/25/c_1310330143.html.

② 《中国新闻周刊》副总编辑陈晓萍：找到那个"一针见血"的问题，为历史留下一份底稿丨传媒前线［EB/OL］.（2020-03-09）［2022-03-17］. https://mp.weixin.qq.com/s/jUNVIbL7X-1nKPqmfR6BbQ.

期间,对于"病毒、蛋白、细菌、核酸检测、血清抗体检测、新冠病毒命名、核减、输入性病例、超级传播者"等专业术语的理解和解读,以及疫情的发展情况、病毒传播机制、疫苗研制进展等,都是公众关注的焦点,同时涉及医疗卫生领域的专业知识。此时,新闻记者不仅要熟练掌握采写编评的新闻专业技能,同时要具备医疗健康领域的专业知识,并向大众准确地解读专业信息。

五、融合新闻与融合新闻学

在媒体融合发展进程中,实践远远超前于理论的发展。有人认为,传统新闻传播的理论已经跟不上甚至落后于实践的发展,不能回答现实问题,更无从对传媒实践进行指导。其实,它本就符合认识与实践的规律。毛泽东同志在《实践论》中论及,人们从社会实践中看到现象(事物的片面和各方的联系),进而通过社会实践的继续,产生了概念(认识到事物的本质、全体和内部联系)。理性认识依赖于感性认识,认识的感性阶段有赖于发展到理性阶段。[1]这是马克思主义的认识论和辩证法。媒体融合的丰富实践为融合新闻的经验梳理和规律总结提供了丰富的感性认识,为理性的创造奠定了基础。

时代是思想之母,实践是理论之源,实践发展永无止境,我们认识真理、进行理论创新就永无止境。[2]在媒体融合发展中,技术、内容、管理的丰富实践和创新,为融合新闻学的建设提供了丰富的经验和成果。因此,遵循实践创新基础上的现象观察与梳理、经验总结和规律梳理,问题回答基础上的技巧归纳、方法凝练,理念提升基础上的理论创新突破这一研究路径,融合新闻学必将获得创新,并对实践形成方法指导和理论的提升,进而再经过实践检验,从而以中国理论阐释中国实践,以中国实践升华中国理论。

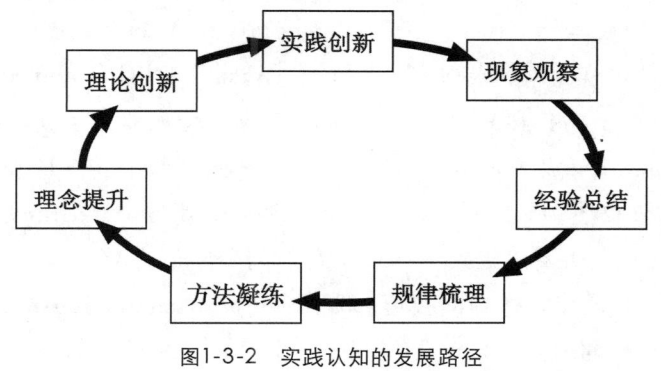

图1-3-2 实践认知的发展路径

1. 融合新闻

融合新闻是移动传播语境下的新闻理念、新闻生产操作方法和新闻产品形态的总称,它

---

[1] 毛泽东. 毛泽东选集:第一卷[M]. 北京:人民出版社, 1952:273-279.

[2] 习近平. 论中国共产党历史[M]. 北京:中央文献出版社, 2021:122-123.

是从应用实践角度对新闻报道的认知，是对实际应用的经验和规律总结，在对新闻转型实践大量现象和案例分析的基础上，归纳提炼出指导实践的理念、方法与技能。因此，它更多是在"术"上作出判断和发展，让从业者学习和借鉴，是知其然的阶段，即"我怎么做"的阶段。

2. 融合新闻学

从实践与理论的关系而言，融合新闻学是在实践经验归纳基础上做学理性和研究性的提升，并试图形成研究新闻传播规律的科学。融合新闻学是在媒介融合的背景下研究融合新闻理论与业务的一门新兴课程，是"融合新闻"实践的理论化。[①]因此，**融合新闻学可以被概括为，在媒体融合实践基础上，系统研究新闻业务和新闻理论创新发展的知识体系。**它提升出"道"和"学"的层面，从而以"道"驭"术"，以"学"事"术"，是知其所以然的阶段，即"我为什么要这样做"的阶段，让理论研究者得出新闻传播学的基本规律，从应用走向学理，从实践创新迈向理论突破。

融合新闻学是一门学科交叉知识体系，它不是依据传统媒介的分野去做专业和课程设计，而是文字、视频、图片素养与技能的综合学习与训练。随着技术赋能的发展，它也把计算机编程、数据分析纳入其中。随着新媒体运维的发展，它还把管理营销的思维纳入其中。融合新闻学是融计算机科学、新闻传播学、艺术学、管理学、营销学等学科和专业理论与实务知识的交叉型教学课程和理论方法，是新闻学在互联网尤其是移动互联网语境下的创新发展。

从综合与细分而言，融合新闻学是因应技术赋能，整体梳理新闻业转向与变革，在理论范式、理念思维、方法技巧等多维层面探索新闻学基础、新闻现象、新闻生产、新闻报道内容和形态、传播方式以及新闻伦理与道德的变与不变。如果依托该课程和教材，可以再作细分与侧重精专，比如一些国际高校新闻学院的课程，如美国密苏里新闻学院的"视觉新闻与策略传播基础（本科）"（Fundamentals of Visual Journalism and Strategic Communication）、"可视化编辑与管理（本科）"（Visual Editing and Management）、"参与式新闻（硕士）"（Participatory Journalism）；美国哥伦比亚大学新闻学院的"计算新闻学（硕士）"（Computational Journalism）、"数据可视化（硕士）"（Data Visualization）、"多媒体设计与故事叙述（硕士）"（Multimedia Design & Storytelling）；英国威斯敏斯特大学新闻学院的"故事、更新、提要——多平台新闻（本科）"（Stories, Updates, Feeds—Multiplatform News）、"多媒体新闻技巧（硕士）"（Multimedia Journalism Skills）；美国马里兰州立大学的"新闻写作与报道Ⅱ：多平台（本科）"（News Writing and Reporting II: Multiplatform）、"在线新闻（硕士）"（Online Journalism）；等等。

融合新闻学正是在整体创新中，不断细分更为深入、更为专项的创新课程，从不同维度诠释融合新闻现象、融合新闻活动，创新融合新闻方法，建构融合新闻理论，探寻新闻学辩证发展的总体规律。

---

① 雷跃捷,何晓菡,古丽尼歌尔·伊力哈木."融合报道"的概念、内涵、特征及发展趋势——基于中国新闻奖与普利策新闻奖"融合报道"作品的比较分析［J］.新闻战线,2019（13）：40-47.

表1-3-1 国外部分院校新闻学院融合新闻学相关课程

国外院校	课程名称	课程简介
美国密苏里新闻学院	Fundamentals of Visual Journalism and Strategic Communication 视觉新闻与策略传播基础（本科）	/
	Social Media Foundations and Practice 社交媒体基础与实践（本科）	/
	Digital Strategy 数字化策略（本科）	/
	Innovation and Technology 创新与科技（本科）	/
	Visual Editing and Management 可视化编辑与管理（本科）	/
	Participatory Journalism 参与式新闻（硕士）	/
哥伦比亚大学新闻学院	City Newsroom 城市新闻编辑室（硕士）	本课程旨在为学生提供动手操作新闻网站的经验，并磨炼他们讲故事、报道和制作各种形式的故事的叙事技巧。课程目标是：让学生用最适合的媒介形式进行报道。我们希望新闻编辑室中的每个人都能产生特定数量的故事：八个文字故事或五个视频，或是这些报道形式的组合。每个学生作为团队成员，还将负责在指定的几周内报道突发新闻。此外，学生可以选择团队合作制作一份特别报道。
	Computational Journalism 计算新闻学（硕士）	本课程介绍了数据、代码和算法如何重塑世界各方力量，旨在将学生培养成更好的记者，并使这些系统背后的人员和机构更好地承担责任。课程中使用的主要编程语言是Python。学生将在每周进行阅读和分析新闻业中数据和计算的示例。此外，我们每周还将布置故事和技术结合的小型编码任务，以期对此类故事背后的技术技能进行更深入的研究。本课程最终的结课作业可以是一个故事、数据可视化或新的数据集合及算法。
	Data Visualization 数据可视化（硕士）	本课程培养学生有关数据新闻和信息可视化的动手技能。课程以项目为基础，学生们以团队合作的方式开发数据新闻报道故事以及相关的信息可视化。在此过程中，我们将涵盖一系列数据检索和分析工具，以及当前来自各个学科的信息可视化方法。
	Data, Computation, Innovation Workshop I 数据、计算、创新研讨会I（硕士）	学生将探索尖端计算和数据导向的故事形式。通过课堂讨论、在新闻领域有所创新的客座演讲者以及对新应用和新技术的实验，学生们将提高他们的技能，从而创作出在专业新闻领域的前沿作品。研讨会也将作为一个供学生讨论和进一步发展他们硕士毕业作品的空间。
	Data, Computation, Innovation Workshop II 数据、计算、创新研讨会II（硕士）	本课程以秋季学期工作坊的资料为基础，重点培养学生运用数据、计算和新技术讲述新闻故事的能力。整个课程鼓励同学们磨炼基本技能，如数据分析和可视化，但也将通过研讨会和客座讲座，探索传感器、无人机和虚拟/增强现实等新兴工具的潜力。本学期学生们将以更快的速度完成作业，但作业的严谨性和精细度也将不逊色。

国外院校	课程名称	课程简介
	Foundations of Computing 计算机基础（硕士）	本课程介绍使用Python编程语言的编程和数据分析的来龙去脉，学生将为未来的编码密集型课程和新闻工作奠定基础。本课程结束后，学生们将能够找到并执行他们在新闻编辑室遇到的大多数编码或数据相关问题的解决方案。本课程的重点是使用Python编程语言、命令行、Jupyter Notebooks和数据包进行数据清洗和分析。
	Multimedia Design & Storytelling 多媒体设计与故事叙述（硕士）	读者从多个平台获得新闻，因此，今天的记者必须学会在这些平台上讲述故事。本课程将课程和每周的实际工作结合起来，讨论故事可以采用的多种呈现形式，以及这些形式如何在不同的设备上展现。课程将强调移动设备的视觉故事讲述：记者/视觉编辑如何协同工作，在智能手机上呈现易于消费的信息。学生将学习将编辑设计要素（网格、颜色、类型、故事结构、动作、用户体验）与现代工具相结合，构建数字故事。
	Multimedia Storytelling: Data, Design and Animation 多媒体讲故事：数据、设计与动画（硕士）	本课程结合了数据来源、动作设计和视频制作，探索数字可视化方法在新闻业中的强大潜力。学生将学习如何研究、报告、源数据、故事板、设计、制作、编辑和制作深入的新闻视频内容，以获得先进的行业标准的故事讲述技术。
	Visual Storytelling 视觉叙事（硕士）	本课程以社会纪录片传统中的议题驱动摄影新闻和多媒体为重点，学生们将制作两个多媒体故事，重点关注人权或社会正义问题。学生将观看一些产生重大影响的作品，批判采用美学策略并了解非政府组织和基金会的合作。学生将把文字、视频和音频融入他们的故事，最终制作出一个具有专业水准的网站。最终的作品既可以用来参赛，也可以用来获取一些资助。学生将学习故事叙事、后期制作、归档实践以及商业和定价标准，包括日费率、使用费和版权。
英国威斯敏斯特大学	Working in Digital Media 1 & 2 数字媒体工作1 & 2（本科）	/
	Content and Communications: Launching a Digital Publication 内容与通信：推出数字出版物（本科）	/
	Stories, Updates, Feeds—Multiplatform News 故事、更新、提要——多平台新闻（本科）	/
	Mobile First 移动优先（本科）	/
	Transforming Audiences 转型受众（本科）	/
	Polices in Digital Convergence 数字融合中的策略（硕士）	本课程研究数字融合以及政策法规在促进和调控数字融合过程中的作用。课程重点关注与互联网有关的政策辩论和概念，主要借鉴美国、欧盟和英国的发展，并批判性地看待发展中国家、转型期国家和小国面临的问题。该课程批判性地评估了有关政策和技术之间的相互作用以及对市场结构和商业模式的影响的争论。
	Multimedia Journalism Skills 多媒体新闻技巧（硕士）	本课程包括理论和数字实践，旨在教学生理解和应用数字环境下支撑当代新闻业的概念和技术。

续表

国外院校	课程名称	课程简介
	News and Feature Writing 新闻与特稿写作 (硕士)	本课程将写作与数字媒体和视频相结合,教学生撰写新闻故事、人物简介、特写、评论和脚本的技能和技巧,以及如何将书面内容转换为数字故事。
	Digital Journalism Production 数字新闻制作 (硕士)	本课程教学生编写和制作较长的多媒体作品,包括视频和音频内容,以及如何在社交媒体上接触观众。
	Media Audience in Digital Age 数字时代的媒体受众 (硕士)	本课程首先概述媒体受众,然后分析受众和媒体机构、被动/主动受众、媒体影响和效果以及民族志和媒体受众。课程的第二部分专门讨论媒体与身份、粉丝、侨民和新媒体受众。
	Social Media 社交媒体 (硕士)	本课程让学生从理论上理解社交媒体的发展、意义和当代用途,在网络数字媒体环境中培养批判性分析和反思性实践。学生将批判性地参与创造、分享和可视化社交媒体中的关键理念,并将使用领先的社交媒体工具和平台参与创造性和反思性实践。这涉及使用社交媒体工具探索课程概念和理论材料,例如通过博客发布课程阅读资料、制作在线视频文章介绍每周的研讨会讨论,或针对关键模块概念制作图片文章。
美国马里兰大学	News Writing and Reporting II: Multiplatform 新闻写作与报道Ⅱ:多平台 (本科)	/
	Interactive Design and Development 交互式设计与开发 (本科)	/
	Advanced Online News Bureau 高级在线新闻局 (硕士)	本课程为高级在线新闻培训。学生将在一家在线新闻杂志担任在线记者、编辑和制片人,还可以打包印刷和广播媒体内容的副本。
	Introduction to Multimedia Skills 多媒体技能概论 (硕士)	本课程教授研究制作和编辑数码照片、视频和音频的基础知识。主题包括:画面镜头、灯光和其他组成部分;运用sequence叙事,使用大、中、小景别;以及收集声音和图像时的道德考量。
	Online Journalism 在线新闻 (硕士)	本课程教授在线编辑和写作,使用基本的Web编码技能和工具为互联网创作新闻和特稿。同时还讨论新媒体问题,包括互动性和个性化。
	Advanced Kaiser Health Multimedia Reporting 高级Kaiser健康多媒体报告 (硕士)	本课程教授使用传统和多媒体报道工具对健康主题进行高级报告。

注:"/"表示课程简介未公开。

 记 住

　　融合是手段,新闻事实的传播和价值引导是目的。新闻承担着报道事实、传播信息,反映舆论、引导舆论,服务受众、服务社会的重要功能。其对用户的引领永远大于迎合,启迪永远大于娱乐。

❷ 思　考：

1. 融合媒体的功能发生了何种演变？其与用户的连接有哪些变化？

2. 融合新闻具有哪些特征？同传统新闻相比，存在哪些变与不变？

3. 如何理解融合新闻的真实性原则？

4. 如何理解融合新闻的新闻价值？

第二章
融合新闻理念变革与方法创新

CHAPTER

融合新闻以媒体融合为核心，以用户迁移、新闻内容生产、传播分发、终端触达等新闻传播各环节的变革为指向，实现理念与方法的转型变革。

从辩证角度思考，融合是与分化相反相成的，从图书到报纸媒介，进而到广播、电影电视媒介，新闻前端生产、渠道传播、终端触达不断分化，在媒体融合时代又融合汇流。**先分后合，合中有分**。传统媒体和新兴媒体走向融合，相互渗透，彼此交融。这种信息变革的状态前所未有，技术、组织、内容、渠道、终端都出现了融合，呈现出全媒体传播体系发展的态势。全媒体是"一种业务运作的整体模式与策略，即运用所有媒体手段和平台来构建大的报道体系。总体上看，全媒体不再是单落点、单形态、单平台的，而是在多平台上进行多落点、多形态的传播。报纸、广播、电视与网络是这个报道体系的共同组成部分"[①]。一方面，信息不再单纯按介质划分，突破边界、重组要素成为内容创新的重点；另一方面，单向度的观看变为多向的互动、分享与社交。正如BBC的新闻报道理念，"看（See）""分享（Share）""连接（Connect）""无处不在（Be Everywhere）"。正是基于此，融合新闻着眼于融合之变，围绕生产和传播链的各个环节展开。

第一节　融合新闻理念变革

在融合语境下，传统的新闻报道和生产的一些准则和价值仍然有效，有的要素甚至变得更加珍贵，比如专业性、现场性。但是，为了适应新的语境，很多生产方式和理念的确发生了变革。生产平台、生产机制、产品形态、生产主体、传播方式、传播渠道、传播载体、服

---

① 彭兰. 媒介融合方向下的四个关键变革［J］. 青年记者，2009（6）：22-24.

务对象等诸要素都在发生全新的变革。

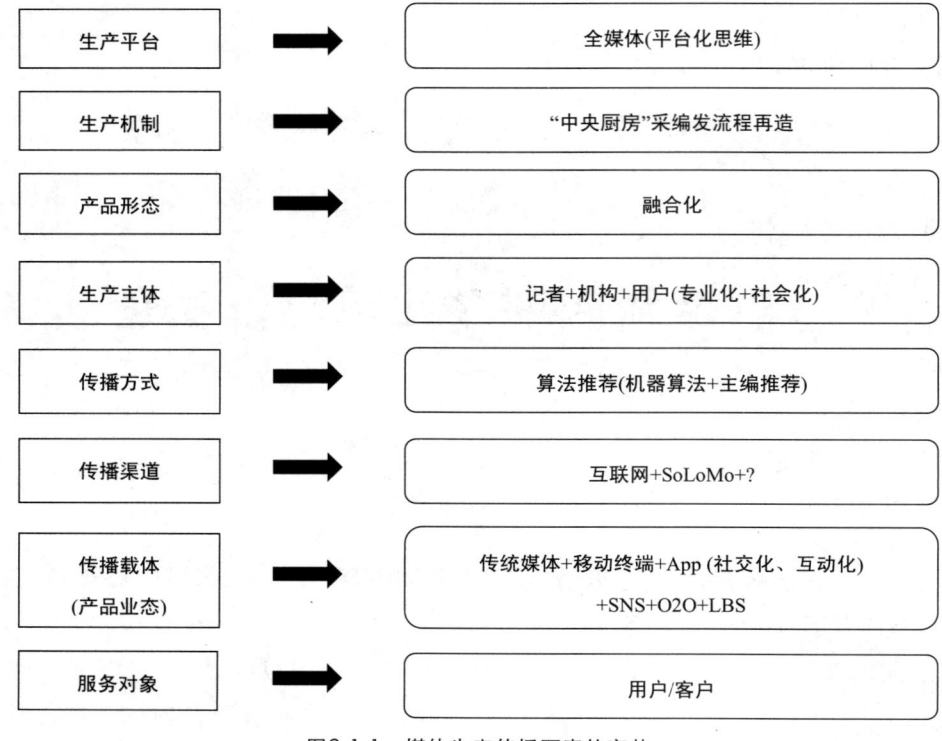

图2-1-1　媒体生产传播要素的变革

一、全媒体生产平台

　　媒体融合发展促进单一媒体内容生产融合为全媒体生产平台,平台型媒体应运而生。信息传播不再由单一介质承载,平台成为信息集成与发布的综合体。更重要的是,平台型媒体不仅能够用多样的方式呈现丰富的新闻内容,还能够沉淀用户信息,进一步开发用户资源,成为搭建社会关系网络的枢纽。乔纳森·格里克(Jonathan Glick)提出了Platisher这个合成词,指平台和发布者的混合体。[①]平台型媒体具有内容生产、编辑整合以及把关的功能,也具有容纳用户数字内容的实体。其背后逻辑是生态的聚合——力图一站式满足用户尽可能多的需求。[②]

　　1.平台功能

　　对于主流媒体而言,平台首先是一个媒体技术架构或生态系统,作为实体载体,提供存

①　南瑞琴.从"独家新闻"到"标准生产"——人工智能时代新闻生产模式的"价值位移"[J].郑州大学学报(哲学社会科学版),2019,52(2):109.

②　南瑞琴.从"独家新闻"到"标准生产"——人工智能时代新闻生产模式的"价值位移"[J].郑州大学学报(哲学社会科学版),2019,52(2):110.

储能力的云平台、新闻客户端。平台集成并呈现信息,收集并整合数据,同时也是社会关系网络搭建的枢纽。其次,平台是一种体制变革、机制重构,是大脑和枢纽。最后,平台是整合、融合、开放和共享的一种思维方式。

2.平台分类

按平台性质划分,可分为主流媒体平台和商业平台,商业平台如今日头条移动资讯平台、微博、微信等社交平台。主流媒体平台按照平台所属媒体的资源规模进行划分,可分为中央级、省级、地市级、县级,不同级别影响平台的定位和功能选择,包括内容生产、商业模式的构建等多方面。按平台的功能进行划分,可分为综合型、内容主导型、政务主导型和服务主导型。

综合型平台——开展多种经营,在平台功能上涵盖资讯、服务、娱乐等多个板块,传统媒体单一的信息服务转变为信息服务基础上的价值挖掘、提升与开发,从而形成精准的社群和个人服务,比如"浙江新闻"移动客户端主要提供新闻资讯以及浙江省政府独家授权的信息。通过优质内容吸引用户,是数字娱乐平台和智慧服务平台实现用户价值变现的重要基础。

内容主导型平台——专注于内容生产、聚合和分发,在内容领域深耕,生产优质内容,以内容型端口为切入点吸引用户。内容主导型平台对于采编流程的革新明显,再造程度更大,主题的选择更严格,内容的生产更专业。典型代表为央级、省级媒体和部分商业平台,如人民日报社的"党媒信息平台"和"人民号",中央广播电视总台的"央视频",湖南广播电视台的芒果TV,南方报业集团的"南方+"和爱奇艺平台。

政务主导型平台——将政务作为入口,各级党政部门入驻,打通多个民生服务窗口,实现网络政务公开和移动政务办理,通过政务服务吸引用户,通过优质政务内容留住用户。比如湖北广电以新媒体客户端"长江云"为基础,建设覆盖全省、功能完备、互联互通、运行通畅的长江云移动政务新媒体平台。

服务主导型平台——提供与城市居民生活密切相关的、基于当地的民生服务,如公共缴费、挂号预约、票务预定、理财购物等一系列多元化的便民服务。地市级媒体,如湖南长沙的一站式"互联网+"城市综合服务平台"我的长沙",汇集政务、公共和社会服务、融媒体资讯于一体,形成"城市服务+融媒体"深度融合平台。

二、新闻生产流程再造

传统新闻生产是单一媒介的内容生产,融合媒介的新闻生产必定会打破过去的生产模式,形成流程再造。

1.全媒体"中央厨房"内容生产机制

由于媒体组织旗下多产品和多个平台终端的出现,为了统一协调资源,提升效率,传统的单一信息生产方式与流程也发生了巨大的变化,全媒体"中央厨房"内容生产机制应运而生。"中央厨房"最初源于连锁餐饮企业的中央厨房的管理和运作方式，也是工业化、标准化的生成模式。它主要是指在规模化与标准化的餐饮业中，实现原料采购、加工和配送统一，通过集中规模采购，实行集约化生产，从而降低成本，提高效率和效益，通过标准化、专业化的工序，能够保证质量。全媒体借助"中央厨房"的理念，将工业化、标准化、集约化的生产与分发模式应用于新闻传播领域，但其"内涵、外延、流程以及具体细节都被重新设计和定义"[①]，从而建设符合多种介质特点的全媒体信息处理平台，其核心内容就是一体策划、一次采集、多元生成、多平台发布，打破了按照介质区隔、各自为政的采编发模式，从而有利于实现"管理的扁平化、功能集成化、产品全媒体化"[②]。"中央厨房"不仅仅是跨部门、跨媒介、跨终端的新闻生产、发布和监测的融合平台，更是一种生产传播机制。在这里，我们可以简洁地用三个词来概括：整合、融通、多元。

整合，即统一技术平台支撑。首先要在媒体层面建立一个共享技术平台，形成一个策采编发的大脑和神经中枢，对报纸、杂志、广播、电视、网络、电信等媒介形式进行融合集成。比如人民日报社的"中央厨房"全媒体平台、新华社的"全媒体报道平台"、BBC的"未来媒体与技术部"等。

融通，即统一采制。传统媒体与新媒体混编，成立大编辑部，创新采编流程，对新闻素材进行多层级、多层次开发，实现一次采集、多形态生产、多（全）时段展示、多介质传播。

多元，即多元呈现。整合加工所有传统产品与新媒体产品的生产线与生产能力，生成报纸端、广播端、电视终端、互联网页端、移动新媒体端等多元产品，最终在媒体组织拥有的所有媒体平台上发布，实现生产环节的集约化和多样化。这一生产方式的理论基础最初来源于"水波纹"理论，即一个新闻事件的发生犹如石落深潭，媒体报道恰似波纹荡漾，由里而外，不同形式的报道逐渐散开，这是对新闻事件最大的开发。比如，美国道琼斯集团旗下的《华尔街日报》、CNBC电视频道和网站等不同媒介以此方式对一个事件形成不同层次的报道。在这样的基础上，"中央厨房"的生产方式延伸到了新媒体的不同产品。

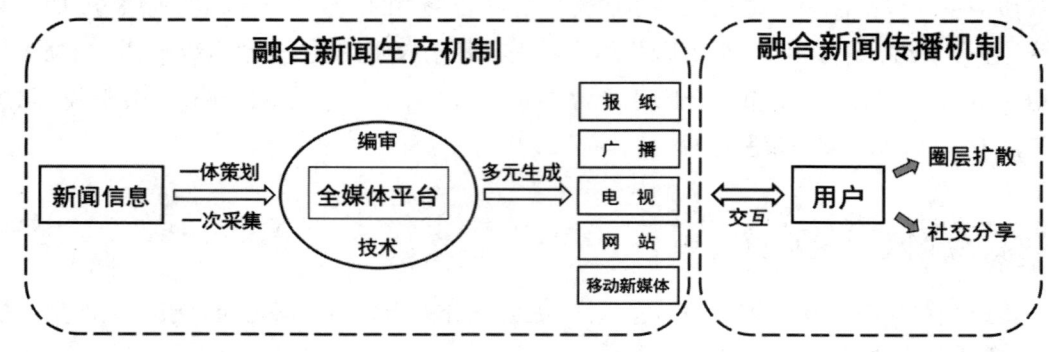

图2-1-2　全媒体内容生产传播流程

①　国秋华. 价值链重构：媒体中央厨房建设路径与模式创新[J]. 现代传播（中国传媒大学学报），2019, 41（9）：136–140.

②　刘奇葆. 推进媒体深度融合，打造新型主流媒体[N]. 人民日报，2017–01–11（6）.

在目前的实践中,融合新闻生产流程再造具有多种模式,主要根据媒体的规模和资源体量来做切合自身的生产融合与流程再造。目前主要有以下三个层次的流程再造与融合:

第一,全媒体中心。采用灵活多样的统分结合的方式,把媒体组织内的各个采编发部门集中起来,成立统一的指挥调度中心,对于重要的事件和主题进行统一策划,统一管理、指挥、调度采编力量,各子系统各取所需,对内容进行不同形态的加工以及各渠道终端的传播。

第二,全媒体平台制。依靠大数据和物联网,建立统一的物理空间和信息空间,形成平台中枢,把媒体组织的传统媒体与新媒体资源进行整合,系统重构。

第三,全媒体行业建设。从内部的融合建设扩展到行业融合建设,建设跨区域、跨行业的生态型平台系统。如人民日报社的"全国党媒信息公共平台"、新华社的"现场云"。省级媒体的融合平台如"长江云""赣鄱云"等,形成三种类型功能的融合平台:建构本省"报网端微"汇聚、服务、管控的区域融合型媒体网络;建构媒体、政府部门和其他社会结构联合互动、协同共享的传播体系;建构省、市、县三级媒体在内容、用户、技术、终端纵向共享的传播体系。①

2.融合生产流程再造的审视

流程再造为融合新闻的集约化生产、多平台传播,从而为推动媒体融合发展开辟了新的路径,但新生事物也出现了与之对应的问题,有着诸多期待被解决的困惑。不能简单地把"中央厨房"式的生产流程再造理解为"一锅烩"式的混合工作,这也是融合新闻生产流程再造不断要调适的方面。

第一,一体策划问题。一方面,作为神经中枢和大脑的"中央厨房"生产模式,对指挥、调度和管理提出了很高的要求,指挥的"厨师长"在全媒体意识、针对性的报道产品策划、人员的调配方面都要有很高的艺术;另一方面,这样的一体策划多出现在重大主题报道或突发事件中,而日常的新闻采集还是以前采记者的自主选择、后方编辑根据上传的素材进行二次编辑和整合为主。

第二,内容同质化问题。首先是一次采集的问题。前方人员的一次采集虽然尽量兼顾文字、图片、视听影像等不同媒介的需求,但由于采访现场的客观原因,素材的采集未足够丰富,或者记者的全媒体思维和采集能力受限,一次采集的素材并不能满足多种媒介的需求。其次是多元生成的问题。一次采集的素材进入后台以备各取所需,但移动端要求快捷高效、视频追求形象生动、音频追求现场感染力、报纸追求深度、网站追求综合,差异化不同层次的诉求,需要建立在丰富而完备的素材基础之上,这对一体策划和前期采集都提出了巨大的挑战。面对相同的素材,后期编辑若没有全媒体思维和编辑能力,则容易产出同质化内容。

---

① 国秋华.价值链重构:媒体中央厨房建设路径与模式创新[J].现代传播(中国传媒大学学报),2019,41(9):136–140.

三、新闻报道产品分化与融合

新闻报道产品突破媒介介质，在分化与融合中突破边界，重新组合，形成新的适应各种场景的产品。

1.创意突破与要素重组

这是一个突破边界、重组要素的时代，从内容角度而言，媒体融合作品表现出对传统叙事、表达、呈现、传播的突破，这一方面基于技术提供的可能，另一方面也在于我们根据用户的体验和观感而对技术的深度挖掘。一切的创意表达建立在技术基础之上，一切的创意表达也都是为信息的呈现和体验的友好服务的。在可视化呈现上，人像抠图、一镜到底、虚拟动画与实景结合等要素重组的创意表达，为视听语言丰富、表现力强的短视频锦上添花。短视频新闻《老外看中国：英国小哥细数"两会"关键词》[1]，采用人像抠图和虚拟动画技术，将英国小哥方丹的形象缩小后置于办公桌上，通过与办公用品、虚拟人手的萌态互动和一镜到底的动画制作，带用户回顾几十年全国"两会"热词，简洁明快地梳理讲述了中国社会经济发展的脉络。

《老外看中国：英国小哥细数"两会"关键词》二维码[2]

2.融合创新

在此过程中，我们看到了过去的连环画、漫画、插画、版画、沙画等形式在新媒体中的创新运用，如《长幅互动连环画|天渠：遵义老支书黄大发36年引水修渠记》《H5|改革开放40年·长沙有多"长"》《震撼！一张长图带你领略港珠澳大桥》等；看到了动画、无人机航拍、信息与数据可视化、虚拟现实（VR）、增强现实（MR）、混合现实（AR）等技术叠加与融合的创新，如《公仆之路》《无人机航拍 换个姿势看报告》《全息交互看报告》；也看到了文字、图片、视频、音频等各种媒介形式的融合创新，如《ofo迷途》《海拔四千米之上》等。从内容本身而言，媒介边界、技术边界、类型边界、形态边界都在突破、融合、重构。因此，创作者的融合思维是形成创新创优的重要思维方式。反观一些作品，过于简单，单纯套用某种技术，把传统的文字或视频进行转换，缺乏整体的设计与创意，缺乏化学效应的融合，只得躯壳而无实质。

四、内容生产主体

新闻内容生产由传统的媒体自采自播的专业生产，演变为专业化和社会化协同的融合生产，原创内容结合用户生产内容，以及发现与整合的其他内容，内容来源越来越多元化。随着技术的变革，传统媒体的定位由原有的内容生产向整合型媒体平台发展，平台的开放

---

[1]　获得第二十八届中国新闻奖媒体融合奖项短视频新闻二等奖（2018）。

[2]　书中所有所涉新闻报道内容仅供教学使用，不再逐一说明。

性和整合性使原有的内容生产者由单一的专业媒体转向多元化的生产者,新闻生产形成了职业机构生产(Occupationally-generated Content, OGC)、专业生产(Professionally-produced Content, PGC)、用户生产(User-generated Content, UGC)、机器生产(Machine-generated Content, MGC)的模式,极大地释放了新闻的生产力。

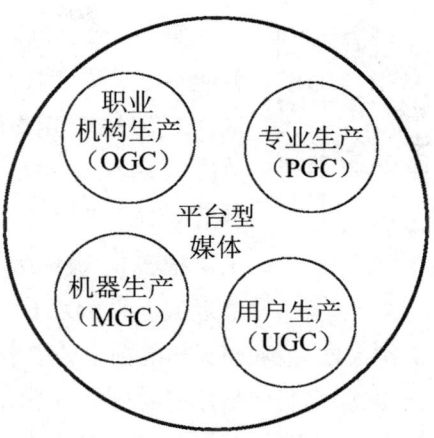

图2-1-3 多元化的新闻生产

1.职业机构生产

职业机构生产指媒体组织和政府机构媒体生产的内容。移动新媒体平台的建立,也促使我国各级政府开设、运维社交账号,生产发布微信公众号推送、微博、短视频等内容。因此,职业机构生产演变为各级主流媒体和各级政府机构媒体,如"阳光天平""共青团中央""国资小新"等多元化内容生产和传播的格局。

2.专业生产

专业生产指具有专业媒介素养的个体或团体借助社交平台生产传播信息。他们借助现在或曾经的媒体经历和所受到的专业训练,进行多元垂直化的生产,如"梨视频""一条""二更"等生产机构。

3.用户生产

用户生产指互联网上的每一个用户借助大众化的媒介工具如手机、行车记录仪、无人机、城市和交通监控摄像头,通过社交平台发布信息。他们往往是突发事件现场的第一记录者,也是许多新闻线索和信息的披露者,如新冠肺炎疫情期间"蜘蛛猴面包"等众多在武汉的拍客等。

4.机器生产

机器生产是指通过人工智能和大数据技术,机器辅助内容生产和机器自动生产,主要包括机器新闻采集和内容生产两大方面。

第一,机器新闻写作。基于大数据和算法的全自动化新闻生产,依靠网络爬虫和社交机器人,搜集分析数据到生成新闻仅需几秒钟,对于财经等数据导向型新闻成效较显著。2016年,《华盛顿邮报》推出自动写稿机器人Heliograf,通过对海量的数据进行分析和整合,将信息与事先置入的报道模板进行对应,自动生成新闻稿。[①]2015年9月,我国腾讯公司开发了Dreamwriter写作机器人,推出了首篇机器写作稿件《8月CPI同比上涨2.0%创12个月新高》。

---

① 自动化新闻案例集结:国际媒体新闻编辑室如何利用?[EB/OL].(2019-09-18)[2019-09-19]. https:// 36kr.com/p/1724373598209.

《新华社2018
两会MGC——
政府工作报告》
二维码

第二，综合机器新闻。以全国两会为例，新华社2017年年底推出的人工智能平台媒体大脑，集2410（智能媒体生产平台）、新闻分发、采集、版权监测、人脸核查、用户画像、智能会话、语音合成八大功能于一身。2018年3月6日，新华社媒体大脑从5亿网页中梳理出两会热词，用15秒生产出第一条两会MGC（机器生产内容）视频新闻——《新华社2018两会MGC——政府工作报告》，媒体大脑通过词云、数据、图表、图片的呈现和分析，不仅对比最近五年的《政府工作报告》，解读新热词、新亮点、新趋势，还列出了《政府工作报告》发布当天排名前十的舆情热词，在100,746张关于《政府工作报告》的图片中，精选出100张并展示最热门的1张。2019年全国两会期间，新华社与搜狗合作的AI新闻男女主播通过人脸合成技术、语音生成技术以及表情合成技术形成具有真人感的虚拟主播，降低了新闻后期制作成本，同时在新闻现场采用语音转文字的技术，大大节省了新闻制作的时间，提升了新闻报道效率。2020年全国两会期间，人民日报社"智能创作机器人"亮相。该机器人基于AI+5G技术，虽然没有实体形象，但5G智能采访、AI辅助创作、两会新闻追踪、全媒体智能工具箱、智能生成视频等功能一应俱全，为"策采编发"全程提供智能支持。[1]

第三，机器辅助内容生产。比如，今日头条资讯平台通过大数据算法辅助用户，自动生成建议的视频封面，以及机器剪辑体育赛事集锦等。此外，还有人工智能审核，依靠算法核实真伪，剔除敏感信息和不良信息。新闻对话机器人通过深度学习、自然语言处理、语音识别技术等以文本或语音的方式与用户自动交流，会话界面和人格化表达模拟对话场景，形成用户的交流体验感。

五、传播方式

传播方式从传统的大众传播向分众化传播、个性化传播演变。互联网信息传播方式的发展分为三个阶段：媒体型、关系型、算法型。[2]媒体型是传统的传者为中心的内容分类，关系型是社交关系基础上的信息共享，而"算法转向"是基于用户兴趣、行为和场景的传播，形成算法基础上的多元化生产以及个性化匹配，依靠智能生产、智能分发，通过产品定制、精准推送满足用户喜好和场景需求。现有的推荐算法主要有：

第一，根据用户需求的个性化精准推荐，包括基于用户数据建模，为用户模型推荐新闻产品的协同过滤推荐算法；基于用户的历史消费数据，推荐相似产品的内容推荐算法；基于数据推导出的用户偏好，推荐产品的关联规则推荐算法。[3]

第二，基于关键词（标签）的搜索量进行排名推荐、平台实时显示搜索热度。用户获取

① AI+5G! 人民日报"智能创作机器人"亮相两会［N/OL］. 人民日报，2020-03-06［2020-05-03］. https://mp.weixin.qq.com/s/gSUyA2Xt8_JcLG3O0lDyPA.

② 方师师. 什么决定你的新闻：平台媒体新闻业务算法机制比较研究［EB/OL］.（2016-11-04）［2016-11-06］. http://mp.weixin.qq.com/s/Yrvx9UuDtsvvWc1VX0CXMg.

③ 塔娜，唐铮. 算法新闻［M］.北京：中国人民大学出版社，2019：15-16；涂凌波，田芯荷. 中国新媒体研究报告2020：算法新闻的推荐机制、影响及其伦理问题探究［M］.北京：人民日报出版社，2020：125.

信息的行为被信息化,从而使搜索行为具备信息生产属性。

第三,社交型推荐基础上的信息分发,通过用户在社交圈层中的分享、转发,形成信息推荐。

从以上三种类型的算法推荐可以看出,单纯依靠技术推荐,缺乏"把关人"和"主流价值"导向,虽能满足个性推送,但却无法实现价值引领。因此,媒体也在积极探索在方法上将价值判断、人文关怀注入人工智能的基础架构,在方式上采取主编推荐和算法推送相结合,以期达到三个统一:一是主流价值引领与个性需求满足相统一,二是娱乐互动与公共价值相统一[1],三是内容精品意识与算法推荐机制相统一。比如,人民日报社"人民号"的"党媒算法",积极探索主流价值,纾解"算法焦虑"。

六、传播渠道

传播渠道从传统的报纸发行、广播无线电波传输、有线电视传输等变革为宽带互联网、移动通信网络和卫星互联网。更重要的是,基于此技术渠道的变化是适应社交、本地、移动(SoLoMo)的传播诉求,进行内容传播和用户社交,基于地理位置的应用服务(LBS)、线上到线下的多元化传播(OTO)等定位技术和传播手段,满足用户随时随地的信息和服务需求。

七、传播载体

传播载体从传统媒体的纸质、广播收音机和电视机终端扩展到固定和移动网络端,如电脑和手机,通过社交化、互动化的社交网站(SNS)、移动应用(App)等触达用户,将发行量和收听率、收视率新闻转向为流量新闻。

八、服务对象

从传统的观众(Viewer)、受众(Audience)演变为用户(User),对媒体产品的消费从"后仰式"被动观看变为"前倾式"主动使用。回顾大众传播效果理论发展史,从传统的"魔弹论"到"有限效果论",乃至"使用与满足理论",大众传媒对受众的控制越来越稀释,而用户的主动权越来越大。因此,传统的"我播你看"的格局完全被颠覆。以用户为中心,如何满足用户需求,甚至主动获取用户信息并预测用户需求成为媒介变革时期媒体的出发点。

互联网传播的市场逻辑和商业模式也发生了巨大变革,传统以产品为主导逻辑的市场转变为以用户为主导逻辑的市场。通过对用户大数据的搜集与分析,为用户进行精准画像,从而提供更为垂直和细分的内容和服务。新闻信息的个人化定制成为新时期信息消费的模式,但由此带来的个人化的信息消费与公共利益信息缺失的矛盾、知识沟的问题是否愈加明显,值得探讨。

---

[1]　董向慧,张丽红.给算法推荐装上主流价值的"方向盘"[J].中国记者,2019(7):77-79.

> **记住**
>
> 融合新闻中，生产平台、生产机制、产品形态、生产主体、传播方式、传播渠道、传播载体、服务对象等诸要素都在发生全新的变革。

第二节　融合新闻内容生产创新

媒体融合发展进程中，有人认为，新闻业正在进入一个技术导向的时代。[①]的确，没有一个时代如今天这个时代，传媒获得技术赋能所取得的广泛而深刻的变革。正是在技术引领融合的前提下，媒体融合和融合新闻的定义和要素不断成形，传感器新闻、定制新闻、分布式新闻、沉浸式新闻、感官新闻等多元样态层出不穷。

一、技术融合

1. 内容生产技术变革的基础

网络信息技术变革促进媒体全要素和全产业链发生深刻的变革，量子通信、未来网络、全息显示、虚拟现实、人工智能、类脑计算、大数据认知分析、脑神经科学、基因编辑、无人驾驶、区块链、云计算等新技术不断发展，由此变革了新闻生产与传播的方式，极大地拓展了传媒的边界。

其中，在内容生产层面，人工智能技术催生了自动写作与音视频自动化生产，将新闻工作者从简单重复的劳动中解放出来，转而投入具有创造力的内容生产工作；大数据分析可获取实时、准确的全样本信息，辅助新闻工作者对信息进行有效加工与处理，并对事件进行深度剖析；H5融合了图文、音视频、动画、互动游戏等形式，为用户营造沉浸感，并提供场景化的内容获取途径。VR、AR、MR技术突破了单一感官参与的限制，实现了多感官参与和联动，重塑用户对新闻信息传播的理解和认知模式。VR技术全称为虚拟现实技术，是利用计算机生成一种虚拟空间，实现多源信息融合的交互式三维动态视景和实体行为的系统仿真，能够使用户沉浸到这种虚拟空间环境[②]；AR技术全称为增强现实技术，是透过摄影机影像的位置及角度精算并加上图像分析技术，让计算机生成的虚拟对象与现实世界场景进行结合与交互的技术[③]。VR/AR技术具有"3I"的技术特征：沉浸感（Immersion）、交互性

---

① 白红义. 新闻创新研究的视角与路径［J］. 新闻与写作, 2018（1）：24–32.

② 邹湘军, 孙健, 何汉武, 等. 虚拟现实技术的演变发展与展望［J］. 系统仿真学报, 2004（9）：1905–1909.

③ 杨青, 钟书华. 国外"虚拟现实技术发展及演化趋势"研究综述［J］. 自然辩证法通讯, 2021, 43（3）：97–106.

（Interaction）和想象性（Imagination）；MR则是VR与AR的结合。全息影像运用三维扫描与动态重建等技术，突破了时空地域，实现人与人隔空同屏，增强内容表现力与感染力。

在传播分发层面，5G技术帮助媒体实时掌握全局情况，提高对周围环境的反应能力，并自动、实时采集传输，为媒体提供实时、全面、准确的信息素材，创新信息采集生产模式与流程。智能推荐算法技术通过对用户偏好的精确匹配，从海量的信息洪流中将用户最关心、最适合用户接收的信息甄选出来，实现信息与人的精准匹配。区块链技术以去中心化和难以篡改的特性，为内容生产者提供作品原创性证明，有效保护内容产品版权。

下面，试以我国媒体融合战略实施以来全国两会报道的技术发展为例，一窥融合发展中的内容创新。每年全国两会中，媒体融合报道成为检验各家媒体时政新闻传播力、技术应用力、多元呈现力、报道创新力的一个重要参照。

表2-2-1　近年涌现的新媒体技术及表现形式

年份	新媒体技术	具体表现形式
2015	HTML5技术	可视化H5、动态信息图表、动画视频、网页交互等，如人民网《总理记者会最走心的十句话》。
2016	VR沉浸式报道、移动直播	利用VR眼镜"沉浸"到模拟环境中，或通过转动手机体验360度全景视频和图片，如新华网《探访金色大厅：总理记者会前一天》。 移动直播突破了传统新闻直播在时空交互上的局限，变"独白"为"实时对话"，如新华社《巅峰见证——2020珠峰高程登顶测量》。
2017	短视频	时长3—5分钟，包括系列专题策划短视频、动画短视频、代表委员短视频等，如新华网《一本书的重生》。
2018	人工智能、竖视频	AI、AR等黑科技迅猛发展，如人民网机器人"汪仔"。 竖视频在积极探索中，如央视新闻的"部长之声"、新华社的代表通道AI延展等。
2019	Vlog、人工智能AI主播	视频内容多样化，出现人格化微视频、"博客+视频"等形式，如中国日报《小姐姐两会初体验》系列Vlog、新华社AI主播等。
2020	人工智能采访、剪辑、播报，全息技术	智能化技术助力新闻生产效率提升，如新华社"5G全息异地同屏系列访谈"、3D版AI合成主播"新小微"、人民日报社的"智能云剪辑师"、5G+AR采访眼镜等。
2021	5G+XR+AI、5G+8K+AI技术叠加	搭建融媒体技术矩阵，如总台央视、新华社搭建沉浸演播馆、央视网数字虚拟小编"小C"、新华网短视频《【创意MR艺术舞台秀】舞动"十四五"》、人民日报社"智能创作机器人"等。
2022	5G+4K/8K+XR+AI技术"X"变量	新华社5G+XR+AI《2022年全国两会融屏访谈》《XR热点播报：两会"议事界"》、总台AI超仿真主播《冠察两会》5G+8K+AI融媒体展示平台、《龙洋说两会》。

2. 技术适配内容

技术赋能融合新闻的发展。新技术突破各种原有边界，适配于不同的场景，不同技术的融合产生新的内容形态，创新叙事方式，重塑产品类型，促进用户连接。

（1）技术赋能内容

技术赋能成为新媒体发展的利器，新技术产生新内容，新技术促进连接——人与人的连接、人与物的连接。短视频、移动直播、无人机、虚拟现实（VR）、增强现实（AR）、混合现实（MR）、H5、人工智能、三维特效、数据可视化等最新技术应用大规模地呈现在作品中，充分利用新技术，创新表达，增强交互，加强沉浸。《"央广主播的朋友圈"系列H5报道》和《铁血铸军魂》①极大地拓展了H5的技术应用可能，前者融合了H5的技术载体、传统视频抠像技术、微信虚拟朋友圈形态，将两会信息以朋友圈的方式呈现出；后者以H5技术形成一镜到底的互动呈现，把文字、图片、视频、音频包裹在H5之中，可视化信息流顺畅、信息层次丰富，体现出了较强的交互性、沉浸性和体验的友好性。《公仆之路》②利用当前流行的三维动画、场景动画等可视化技术，对老照片进行拆图、抠像等处理，将虚拟和现实场景无缝衔接，信息呈现一气呵成，是近年来利用新技术创新时政和主题报道的代表性作品。

《公仆之路》二维码

（2）技术创造融合

需要指出的是，在技术变革的当下，因为技术的包容性，技术本身也在突破边界，形成融合创新，而非单一技术独打天下。这也促进报道者不断突破思维，尝试各种技术融合创新的可能。比如《无人机航拍 换个姿势看报告》，全国两会中，如何让年轻用户直观迅速地理解李克强总理的《政府工作报告》内容？记者首先对报告进行了碎片化处理，发挥记者选择与提炼的能力，选取与民生最相关的最新数据进行可视化。为了让形态更加生动丰富，记者配之以与民生数据密切相关的无人机航拍的场景画面，再配上李克强总理的两会报告现场同期声。

《无人机航拍换个姿势看报告》二维码

"无人机航拍+数据可视化+李克强总理现场同期声"不仅增强了报告的信息量和吸引力，更创新了融合表达。

记者应当把技术进行多维度融合，形成突破。随着媒体融合深度发展，主流媒体不断尝试智媒技术融合，实现场景化的沉浸体验。比如，新华网短视频《【创意MR艺术舞台秀】舞动"十四五"》，通过运用混合现实（MR）实时渲染虚拟引擎、动态捕捉、Motion Control运动控制系统、分身克隆等技术，使舞蹈演员和数据在音乐声中翩翩起舞，开创了数字视觉呈现的新表达；在《三星堆新发现》直播特别节目中，中央广播电视总台利用虚拟伸缩摇臂和现实场景结合，在三星堆遗址公园立体还原3000多年前古蜀先民的生活基址、祭祀场景，呈现古蜀城邦的地理位置等，同时还推出《青铜立人的"秘密"》等短视频，视频中融合采用实时动作采集捕捉系统、斯坦尼康红外跟踪数据设备、虚拟现实技术、人工智能实时抠像技术，混合呈现青铜立人与记者的实时互动，实现混合现实虚拟技术新的突破应用。

《【创意MR艺术舞台秀】舞动"十四五"》二维码

《三星堆新发现》二维码

（3）技术促进连接

无论是技术的开发与应用还是技术赋型内容，**都要契合"连接"作为互**

---

① 分别获得第二十八届中国新闻奖媒体融合奖项融合创新一等奖、新媒体创意互动二等奖（2018）。

② 获得第二十八届中国新闻奖媒体融合奖项短视频新闻一等奖（2018）。

联网本质的特征。技术的应用要促进内容与用户的连接、用户与用户的连接，而不是单向的展示与炫技，从而能够真正为内容赋予社交动力，创造更多连接的可能性。例如，《"军装照"H5》①聚焦建军90周年主题，通过对"换脸"技术的创新应用，吸引各年龄、区域、行业的用户积极晒出自己的"军装照"，展现了用户对党和国家、人民军队的拥护和爱戴。

（4）技术为人服务

技术以人为本、服务于人，技术适配人的使用场景，要从用户获取信息的便利、获取信息的接受度去应用技术。内容生产者不仅要理解技术开发的可能性，更要在新闻价值挖掘、主题提炼、内容叙事的连贯性、体验的友好性等方面深入挖掘，构成作品的统一性和整体性。新技术产生新内容，但需要明确的是，新技术是为人服务、为内容服务的，越是在技术赋能的新媒体时代，越不能落入技术决定论的误区，也不能让技术成为"一招鲜"的手段，失去了优质内容主题的作品，即便有炫技的苍白躯壳，也难以形成持续的影响力。

技术是方法，内容是方向，作品的主题凝练、人性挖掘、价值引领和故事讲述永远高于技术本身。

二、融合新闻创新的六大方向

新技术创新报道理念和方法，体现出了**融合**、**可视**、**垂直**、**沉浸**、**社交**、**场景**等重要特征。

1. 融合创新

融合无界，创新有法。随着媒体深度融合过程中内容生产各个环节的分解与重塑，内容制作的原有边界被逐渐打破，而新的边界还远没有清晰的轮廓。传统制作模式面临着重大调整与重组，这使得原有的产品形态逐渐被颠覆。与此同时，一批杂糅着各式元素并难以被界定的全新形态正在萌发与生长。媒体融合作品表现出对传统叙事、表达、呈现、传播的突破。

（1）内容体裁融合

以电视媒介为例，电视媒介内部节目边界被打破。在传统电视媒体生产活动中，根据时长、题材、拍摄方式等多种技术标准，电视剧、文艺、新闻、纪录片等每种节目形态都有着严格的界定，虚构表现和非虚构创作泾渭分明，艺术表现和纪实记录恪守成规。而如今，艺术化表现手法与数据可视化技术逐步渗入新闻、纪录片，使得新形态下的媒体产品在信息量与现场感的基础上更具观赏性和体验性。新闻、纪录片这一类纪实作品与电视剧泾渭分明的界限正在逐渐瓦解，真人秀、剧情纪录片等混搭的节目形态日益风行。《我是歌手》《中国新歌声》《中国诗词大会》等选秀节目不仅注重前期设计与艺术创造，更讲究现场真实的捕捉和抓取。《客从何处来》《奔跑吧兄弟》等真人秀节目把纪录片的手法与导演

---

① 获得第二十八届中国新闻奖媒体融合类奖项创意互动一等奖（2018）。

设计融合起来。而2016年北京电视台纪实栏目《档案》推出的系列纪录片《红军不怕远征难》，大量运用情景再现的形式还原所讲述的历史现场，节目主持人不仅以第三人称视角进行旁白讲解，更以红军战士的角色参与其中，以情景再现剧中人的视角同观众进行交流。与此同时，新闻报道、纪录片、公益、文化类节目的创作也融合了两级发展，一方面越来越借鉴艺术创作中情节、情绪、讲故事的表现手法，另一方面大数据的精确性报道手法也融入其中。

在新媒体产品中，内容边界被完全打破，呈现出液态化融合，原有的表达无缝连接。比如，2022年全国两会中，中国日报的短视频《小彭Vlog：活起来的文化遗产》，聚焦两会关注的文化遗产保护话题，把记者对河南博物院院长的访谈、国家级非物质文化遗产豫剧的体验式采访，同国风扮演、动画特效结合起来。尤其是短视频开头，根据唐代真实女俑模型的照片，用三维特效软件建模形成记者扮演的女俑与古代女俑的互动，为了实现记者和女俑的互动效果，用布料解算特效技术做出女俑身上微风吹过的效果，构造成唐代泥俑在春风中幻化成小彭，进而奔赴两会的趣味情节。新闻报道与虚拟扮演和杂耍式的蒙太奇融合，进化为新时期的融视频。

图2-2-1　　《小彭Vlog：活起来的文化遗产》截图

（2）媒介介质融合

媒介之间的界限也正在消融。归属于不同媒介的呈现形式、交互体验、功能属性，正趋向重新集成于同一个内容产品之中，从而形成全媒体内容产品。这些媒体产品**可听、可视、可读，甚至可触**，从而尽最大可能辅助媒体内容的全新呈现，同时提升产品交互性与界面友好性。

《长篇互动连环画|天渠：遵义老支书黄大发36年引水修渠记》二维码

比如，《长篇互动连环画|天渠：遵义老支书黄大发36年引水修渠记》[1]，采用H5连续下拉式的方式，以万米水渠为叙事线索，不仅把水渠的修建经历穿插其中，更体现出村支书黄大发从20多岁毛头小伙到60岁花甲老人的人生奉献。作品界面设计大气磅礴，"天渠"二字具有视觉冲击力，"一道万米水渠，跨36年建成，过三个村子，绕三重大山，穿三处绝壁，越三

---

[1]　获得第二十八届中国新闻奖媒体融合奖项新媒体报道界面一等奖（2018）。

道险崖"极为精练地概括出天渠建造的曲折与艰难。纵贯之，事件当事人的讲述音频穿插于下拉式连环画之中，表现出修渠人群体的精神与意志；横穿之，横划照片集中展现出水渠修造的历史过程，极具现场感。航拍和360全景图片充分展现出天渠的艰险，视频则直观呈现出当地村民围绕"天渠"的工作与生活，村支书黄大发的精辟用语以字幕引语的方式点缀其中。整篇作品叙事完整、整体性强、界面设计精巧，内容与形式很好地结合在了一起。最后，四个音频讲述完毕，黄大发的脸完整地呈现出来，时间信息和空间信息融为一体。

又如，里约奥运会期间，《纽约时报》推出了可视化交互网页作品，对美国奥运顶尖选手进行专访，使用VR、动作捕捉等多项技术，解释运动员成功的原因，增强了用户**体验的代入感**。这种解释性视觉呈现不但不会与新闻内容相重叠，反而与文字报道形成有益互补，对用户形成有效的视觉引导。此外，《纽约时报》的《雪崩：特纳尔溪事故》《消融的格陵兰》，《波士顿环球报》的《波士顿马拉松爆炸案》等作品都是较为出色的"跨界"可视化网络交互作品。在新闻同质化问题愈发凸显的背景下，新闻媒体在同题报道竞争中广泛借助不同媒介形态优势从而构建起完整的视觉叙事，探索一条差异化发展之路。

（3）媒介介质的分化再融合

融合与分化是相反相成的，当我们思考不同介质组合、融合的形态时，也可以辩证地思考不同介质的信息分化和再融合。比如，音频可以和画面组合，形成短视频；也可以与图片组合，突出重点；还可以转化成文字，与图片产生新的组合。我们来看看川观新闻的一组海报，新冠肺炎疫情期间，记者采访了抗击疫情的医护人员、社区网格员、环卫工人等各方人士，剪辑成视频。在此基础上，记者把这些人员的方言金句转换成可视化的文字，制作成海报组图，以具有浓郁地方特色的方言梗收割流量。

2. 可视化

可视化（Visualization）是将**数据信息和知识转化为一种视觉表达形式，充分利用人们对可视模式快速识别的自然能力**。[1]可视化发展经历了计算可视化、数据可视化、信息可视化、知识可视化等阶段[2]，因此，它更是一个互联网语境下的概念。在融合新闻发展过程中，可视化成为信息传播最重要的手段与方式，从某种程度而言，融合新闻的发展是以可视化为核心展开的。

① 周宁，陈勇跃，金大卫，等. 知识可视化与信息可视化比较研究［J］. 情报理论与实践，2007，30（2）：178–181+255.

② 邱婷. 知识可视化作为学习工具的应用研究［D］. 南昌：江西师范大学，2006；谭章禄，方毅芳，吕明，等. 信息可视化的理论发展与框架体系构建［J］. 情报理论与实践，2013，36（1）：16–19+32.

图2-2-2　新冠肺炎疫情期间川观新闻的融媒体海报

（1）信息可视化

《红色气质》二维码

在新媒体产品的可视化历程中，具有里程碑意义的两件可视化的作品《红色气质》和《公仆之路》[①]，是近年来利用新技术创新时政和主题报道的代表性作品。新华社出品的短视频《红色气质》纪念中国共产党成立95周年，短视频以9分5秒时长高度浓缩了中国共产党95年的光辉历程，揭示出"人民就是江山，江山就是人民"的主题。作品充分利用了新华社丰富的照片档案资源，并利用三维信息可视化技术让老照片运动起来。比如，从抗日战争到解放战争这段历程，创作者采用三维抠像、拆图和补图的手法，用7张照片还原了真实的历史现场。而在革命烈士抛家弃子、前仆后继的段落中，作品让牺牲的共产党员在照片中逐渐消失，留存的是他们家人的影像，有血有肉地呈现出共产党员的本色与气质，从而让历史人物走进现实，现实人物走进

图2-2-3　《红色气质》截图

[①]　获得第二十八届中国新闻奖媒体融合奖项短视频新闻一等奖（2018）。

历史。丰富的可视化细节，生动的讲述，使作品既见天地，又见人心。可视化不仅承担起动态叙事的功能，而且扩展了想象空间，强化了对历史内容的艺术表现效果。

原中央电视台的《公仆之路》采用一镜到底的呈现方式，利用三维动画、场景动画等可视化技术，对老照片进行拆图、抠像等处理，使虚拟和现实场景无缝衔接，信息呈现一气呵成，以此展现习近平总书记从梁家河到正定，再到福建、上海，最后到中央的一脉相承、一以贯之的公仆之路。

图2-2-4　《公仆之路》截图

（2）数据新闻可视化和可听化

在信息传播中，应用开发比较显著的还有数据新闻可视化和可听化，即运用数据科学方法，收集、整理、分析数据，从而发现事实，得出有规律的结果或结论，并以视觉和听觉的方式呈现出来。数据新闻可视化是科学与艺术的结合，用数据辅助讲故事，呈现结论。早在1821年，英国《卫报》即出现了最早的以数据报道新闻的案例。[①]而在20世纪60年代，美国民调新闻业中即已出现用数量统计方法来报道新闻，正如精确新闻学创始人菲利普·梅耶（Philip Meyer）提出的，让新闻与科学结合起来，采用社会科学的研究方法（如调查、实验和内容分析等）来收集舆论数据和信息，并将分析成果用于新闻报道。但是，数据新闻可视化与传统新闻建立在数值基础上的精确性报道不同，传统的精确性新闻建立在抽样调查的数据上，数据样本有限，是结构化的小数据，而数据新闻是建立在准结构化和非结构化的海量数据，甚至是大数据（Big Data）基础之上的梳理、分析，把零碎的、看似不相关的数据，形成规律性的认识和结论。

"一带一路"特别报道：数说命运共同体》系列报道之《食物背后的故事》二维码

比如，原中央电视台的《"一带一路"特别报道：数说命运共同体》[②]，讲述"一带一路"沿线国家的人员、经贸往来。在数据收集与分析上，节目依托国家"一带一路"数据中心、国家统计局、海关总署、世界银行、世界贸易

---

① 张超. 数据新闻的交互叙事初探［J］. 新闻界，2017（8）：10-15+45.

② 获得第二十六届中国新闻奖电视专题二等奖（2016）。

组织等众多权威数据库,动用两台超级计算机,挖掘和提炼出隐藏在海量数据里的关联本质,还通过海量数据的挖掘,找到沿线各国彼此需要的真实逻辑。节目呈现了40多亿普通百姓的生活细节,最终建立起观众对"一带一路"沿线国家"命运共同体"的全新认知。其中,仅为计算"全球30万艘大型货船轨迹"这一个数据,节目分析比对的航运数据GPS路径就超过120亿行。在可视化呈现上,通过国家测绘局指导,制作200多幅三维地图,直观呈现沿线国家的联系与差异;首次使用卫星定位跟踪系统数据,通过大量GPS移动轨迹提升数据新闻的视觉表达效果;首次使用数据库对接可视化工具,将数据示意图时代带入真实数据轨迹呈现的空间。[①]

3. 垂直分众

提及垂直分众,也就涉及了内容的运营与用户的维护,就不仅仅是内容怎么报道、讲述或表现出来,更是内容向谁讲述,以及如何讲述。与传统的水平大众媒体不同,内容的垂直细分是从泛化的大众传播转向分众传播,满足不同圈层的特定需求,从而获得用户黏性的手段。垂直细分的理念可以追溯到美国营销学家温德尔·史密斯(Wendell Smith)提出的"市场细分"概念,指将产品市场按照消费者的需求、欲望、购买行为、购买习惯的差异进行划分,每一个具有类似消费倾向或特点的群体构成一个对应的细分市场。早在20世纪,杂志在受众细分、广播电视在窄播(Narrowcasting),受众就已经按照人口统计学的分类、兴趣偏好等被分为"味觉公众"(Taste Public)[②]。媒介经济学的"二次售卖"理论认为,受众细分是媒体按照广告商细分市场的要求,对受众进行的群体划分。媒体通过内容吸引受众,进而把受众的注意力出售给广告商。因此,分众管理、细分管理成为吸附用户的重要手段。

从技术角度而言,技术推动媒体产品与服务的丰富、产品形态多样化、渠道终端多元化、用户数据信息准确收集与管理。从经济角度而言,过剩经济取代短缺经济,影响力经济取代注意力经济。从战略竞争而言,进入用户市场时代,差异化和目标集聚战略是获得竞争优势的一个途径。从社会而言,社会分化、受众碎片化以及多元异质性凸显都促进了内容分众发展的趋势,互联网的长尾能够满足不断细分的用户群体。而建立在大数据、云计算、人工智能基础上的用户精准画像,更促进了信息的定制化和个性化。

与传统媒体内容依附于特定媒体不同,在内容过剩的互联网时代,用户不关注通过何种渠道获得信息,内容更直接以突出的标签和品牌形式触达用户。因此,内容的垂直细分成为更能精准与用户匹配的标识路径。

(1)垂直媒体和内容

总体而言,垂直细分将媒体和内容标签与用户群体标签相对应和匹配,实际操作中往

---

① 《数说命运共同体》构建一带一路新知体系[EB/OL]. (2015-10-04)[2015-12-05]. http://www. xinhuanet. com/ world/2015-10/04/c_128289815. htm.

② 巴伦.大众传播概论——媒介知识与文化[M].刘鸿英,译.北京:中国人民大学出版社,2005:32.

往采用内容的标签化与用户标签化相结合的方式。

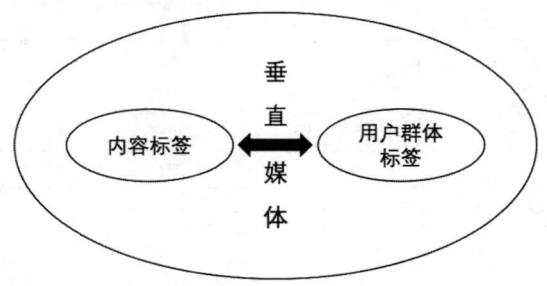

图2-2-5　垂直媒体和内容的关系

第一，用户群体细分。

例如，美国的垂直媒体Vox Media是一个拥有7个垂直品牌/编辑网络（Editorial Networks）的媒体公司，其依据最大规模的用户群体进行垂直细分，目标市场是年轻用户，这种垂直细分对于广告商而言是安全稳固的。

这其中，Vox.com是解释性新闻网站，占据了小众产品中最广泛的领域；Curbed是房产网站（房地产、家居生活）；Eater是美食分享（类似"大众点评"）；Polygon是游戏领域；Recode是科技媒体（行业视角）；The Verge是科技媒体（生活艺术视角）；SB Nation是体育博客。收购《纽约杂志》（*New York Magazine*）后，Vox Media又拥有了5个垂直栏目（five thriving verticals）：Intelligencer是提供严肃新闻以及对政治、商业、技术和媒体的新锐评论；Vulture是文化新闻、批评和服务的首要网站；The Cut聚焦女性数字媒体的前沿；Grub Street是权威餐厅批评和美食新闻；The Strategist致力于互联网购物攻略（见表2-2-2）。

表2-2-2　Vox.com 网站的垂直栏目

Vox Media	Vox.com	解释性新闻	*New York Magazine*	Intelligencer	国家新闻、尖锐评论
	Curbed	房产		Vulture	文化新闻、批评和服务
	Eater	美食		The Cut	女性数字媒体
	Polygon	游戏		Grub Street	权威餐厅批评和美食新闻
	Recode	科技（行业）		The Strategist	互联网购物
	The Verge	科技（生活艺术）			
	SB Nation	体育			

第二，内容细分。

例如，国内的蜻蜓音频平台根据"栏目内容"的差异化细分，主要的细分标准有：内容、标签、类型、特权、方言、人群等（见表2-2-3）。体现出标签化内容为主，平台会员激励、人群类型为辅，并提供优质内容筛选的细分理念。

表2-2-3　蜻蜓音频平台的垂直栏目

垂直栏目	细分依据	垂直栏目	细分依据
小说	标签、性别、属性、演播	影视	暂无
脱口秀	类型、名嘴、方言	文化	体裁、领域、地域、大咖
相声小品	演播者	外语	语言、专项、内容、考试、人群
头条	内容、合作方	汽车	内容、用途、形式
情感	声线、场景、人群、类型、风格	科技	无
儿童	功能、年龄、人群、专区	戏曲	类型、演播者、地域
出版精品	类型、内容、特权	广播剧	风格、剧种、标签、特权
历史	标签、特权、内容、类型	二次元	类型
评书	名家、特权（是否会员）	校园	无
音乐	类型、曲风、场景、语言、方言	品牌电台	品牌（如冠名、合作、定制）
财经	内容、主播类型	超级会员	内容、分类、性别、推荐
教育	类型、人群、考试	联合专区	专区（如运营商专区、游戏专区、体育专区等）
搞笑	方言、风格	生活	无
娱乐	方言	母婴	人群、专区

第三，热门需求细分。

例如，喜马拉雅根据"热门需求"的扁平化细分，建立了"分类"和"频道"两条线，进行垂直细分的两条线运作。

"分类"下有29个一级垂直领域，其垂直细分呈现出标准固定化、简约化和扁平化的特点，节省了用户判断类别的精力，直达用户需求。其一，固定化、简约化的垂直分类：都分为"推荐"和"分类"两种。其二，扁平化的垂直分类：垂直细分的关键词丰富且明确，用热门关键词直达用户需求，如"宅家听书指南""刘慈欣""X分总听电影"等。"分类"的垂直细分情况见表2-2-4。

表2-2-4　喜马拉雅的垂直栏目

分类	垂直领域	垂直细分	分类	垂直领域	垂直细分
有声小说	有声书	推荐：49个　分类：10个	生活	头条	推荐：7个　分类：11个
娱乐	音乐	推荐：11个　分类：33个		二次元	推荐：6个　分类：9个
	相声评书	推荐：22个　分类：4个		戏曲	推荐：7个　分类：17个
	段子	推荐：7个		旅游	推荐：6个　分类：8个
	情感生活	推荐：2个　分类：8个		健康养生	推荐：11个　分类：11个
	娱乐	推荐：7个　分类：10个		时尚生活	推荐：6个　分类：13个
知识	影视	推荐：4个　分类：6个	特色	广播剧	推荐：10个　分类：24个
	儿童	推荐：12个　分类：11个		粤语	推荐：7个
	历史	推荐：15个　分类：9个		法律课堂	推荐：7个
	商业财经	推荐：7个　分类：22个		教育培训	推荐：3个　分类：12个
	人文	推荐：12个　分类：17个		党员学习园地	推荐：8个
	个人成长	推荐：7个　分类：23个		品牌之声	推荐：14个
	IT科技	推荐：5个　分类：53个		汽车	推荐：4个　分类：8个
	外语	推荐：8个　分类：11个		闽南语	推荐：11个
	少儿教育	推荐：16个　分类：9个			

"频道"的垂直细分标准主要是内容，呈现出丰富性。一级垂直领域数量有26个，分别为：小说、相声小品、娱乐、人文、头条、历史、投资理财、健康、影视、英语、科技、体育、广播剧、儿童、评书、悬疑、国学、音乐、情感、个人提升、生活、商业管理、少儿教育、教育考试、小语种、汽车。二级垂直频道数量则多达302个。

（2）MCN的助推模式

MCN（Multi-Channel Network）**多渠道营销网络，指服务于内容生产方，助推其进行内容营销的模式**。MCN在内容垂直营销上，极大地促进了内容细分的领域，激活了内容生产和分发方式，在类型、深度和规模化的产量上，都助推内容生产方在更细分的赛道获得用户群。

在内容生产上，一方面，通过强化内容垂直细分定位，把握分类路径，助推内容生产方找准细分盈利的增长点；另一方面，通过聚合细分内容，形成批量化的工业生产，帮助小而散的UGC和PGC的内容生产方形成规模化的内容垂直细分矩阵，使之抱团取暖，以此吸附广告和融资。

在内容分发上，帮助细分内容进行跨平台和多平台运营，从而找准分发渠道、聚合多平台细分用户，整合营销资源，**加速内容的专业化，促进其市场化的垂直营销**。

由此，MCN让互联网的长尾内容更垂直化地找到特定平台的特点用户。

（3）垂直内容的"破圈"

需要注意的是，垂直媒体和内容并不是绝对的，其与水平的公共价值的内容并不是截然分开的。一方面，借助公共议题，优质的垂直内容也会突破圈层，吸引普遍公众的注意力，这就是通常意义上的"出圈"。比如，B站UP主"何同学"的短视频的目标群体原本是对技术流感兴趣的B站用户，然而实际上，其《有多快？5G在日常使用中的真实体验》因借助5G新基建议题而出圈、刷屏，视频里展现的多维思辨能力，让原本不会主动关注科技数码的人也感到有所收获。此外，2020年4月2日，瑞幸咖啡自曝财务造假，一个以诙谐风格揭露互联网内幕、股票、网贷等的财经博主"半佛仙人"之前发布的视频《瑞幸咖啡是如何暴打资本主义的？》以"神预言"二次走红出圈。

《有多快？5G在日常使用中的真实体验》二维码　　《瑞幸咖啡是如何暴打资本主义的？》二维码

另一方面，更多的公共议题也能进入垂直圈层。比如，河南卫视在唐宫夜宴成功之后，在互联网上（特别是B站）推出了一系列有关传统文化的短视频，这些短视频产品成功打入汉服爱好者的亚文化群体，实现了和青年群体的联动。

4. 沉浸式叙事

随着VR/AR技术的不断成熟，沉浸式叙事正在成为当下新闻、游戏、展览最具潜力的变革方向。沉浸式叙事是让用户身临其境、以第一人称视角感知信息的叙事方式，也将用户对媒体产品的体验上升到一个新的层次。2016年，HBO热播剧《西部世界》便为我们呈现了一个沉浸式体验的极致案例：人类利用高科技创造出一个同真实世界完全相同的乐园，游客在一个完全物理真实的世界中完成游戏任务，他们所看到的、听到的、触碰到的都是虚拟的真实，人类甚至无法将游戏世界与真实世界区分开，极大地提升了体验效果。

借助于VR设备，沉浸式叙事让用户"直达"场景，将不同时空所发生的信息转为用户眼前可感的正在发生的事件，增强了产品的逼真感。这既提高了表现的冲击力，也保证了信息的有效传达，可以说是新闻真实感、现场感的一种有力延伸。用户可以自由进行感知操控，看到更多不同于传统新闻线性叙事的新闻细节，主动探索信息，从而基于事实本身获得对新闻的直观理解，增加受众的自主思考。在实际应用中，沉浸式报道主要在以下四种形态中进行探索：

（1）VR重大、突发新闻报道

2015年，新华社首次运用VR技术对"12·20"深圳滑坡灾害救援情况进行360度报道，开国内VR重大突发报道之先河。此后，在国内一些重大新闻事件、突发性事件的报道中，都能看到沉浸式报道的身影。对于一些时效性强、现场性强的新闻事件，沉浸式报道更能全面、立体地呈现现场的实时信息。

（2）VR纪录片

据统计，VR纪录片主要集中在人文生活与自然地理两大领域，近年来也有向其他题材扩展的趋势。[①]VR纪录片所特有的多维互动叙事，是对传统纪录片线性叙事的颠覆，观众自行对细节的选择成为VR纪录片推进的动力。2015年，《纽约时报》制作的第一部VR纪录片《流离失所》（*The Displaced*）获得荷赛创新报道奖，具有一定的社会影响力。国内走在最前沿的则是财新传媒，2015年完成了国内首部VR纪录片《山村里的幼儿园》；2016年的北京电影节上，西藏首部VR纪录片《盲界》讲述了西藏地区视力障碍儿童的故事，也获得了一定关注。

《山村里的幼儿园》二维码　　《盲界》二维码

（3）交互地图可视化产品

典型的案例如半岛电视台的《街景故事：在一个个街区中探索新闻》。2014年，美国弗格森枪杀案发生后，半岛电视台制作了这个实验性的产品，以全新的交互式地图的可视化产品形态，对弗格森事件进行了可视化还原。其最大的创新点在于运用开源的Java描述语言库，将谷歌全景地图上的具体位置同社交媒体的内容有机结合，在街景地图中插入文字、图片、音视频以及社交网络信息等来进行融合报道，使整个叙事过程呈现出三维立体的结构，从而让用户获得沉浸式的叙事体验。

（4）新闻交互游戏

新闻游戏的概念由乌拉圭游戏设计师弗拉斯卡提出，其内涵为基于有新闻价值事件

---

① 郑潇. VR+纪录片：建构新兴纪录片媒介环境［J］. 新媒体研究, 2017, 3（8）：22-24.

的视频游戏。①新闻游戏通过程序设定来模拟新闻事件的复杂情况，通过与用户的深度互动来完成对游戏进程的设计安排，从而实现新闻报道的跨媒介叙事。这种依据新闻学原则的游戏化表达，无疑为用户消费新闻提供了新的途径。较为著名的案例包括网易的《习奥会》，半岛电视台的《盗渔》以及BBC的《叙利亚之旅》。目前，从这些典型作品来看，让用户采用角色设定、选择不同路径成为新闻游戏的主要操作方式。而且，这些游戏和其新闻报道形成了内容的多层次加工和产品的多元呈现。比如，《盗渔》的游戏视频片段多来源于其同主题的调查性纪录片，《叙利亚之旅》的游戏材料见之于其记者的调查研究材料基础上。

5. 社交分享

信息文明通过"共享"形式可以实现物的有用性的最大化，并进一步引申对物能和信息关系的有用性的最大化。②通过参与交流与分享信息从而达到"共享"，更重要的是，新闻信息成为社交化的载体和手段，从而达到"共享"基础上的情感交流和关系维系。社交媒体一直是近年来最热门的话题之一，在此基础上兴起的社交传播有效解决了传统大众传播"最后一公里"的问题，并使得新闻信息能够得到爆炸式的横向辐射。这种传播效果，则主要来源于伴随社交媒体所兴盛的新兴用户行为——社交分享。信息社交分享实际上是以关系为纽带的"关系信息流"③。

对用户而言，新闻信息被推送到手机等移动端之后，很多用户会基于个人兴趣或社交等目的，将推送来的产品当作与朋友间的一种谈资所津津乐道，主动进行二次传播。在这种人人转发、人人分享的媒体环境中，新闻产品成了一种社会化信息流，在网络社群中扮演着重要的纽带角色。对媒体来说，故事的分享已经比故事的讲述更重要，要在社交网络的口碑传播中提高产品的传播影响力，通过强化产品内容的话题性、社交性、可分享性，以满足用户在社交媒体上的沟通需求，充分调动用户转发分享的自主性、积极性，从而实现产品的二次传播与多次传播，使媒体在品牌、流量、用户、盈利等方面获得显著收益。

基于这样的大趋势，如何契合网络社群中的用户沟通需求，将社交媒体转化为流量导出渠道成为媒体的发力点。比如，美国新闻聚合网站"BuzzFeed"（嗡嗡喂）从其合作网站中获取信息订阅，通过特定算法筛选出最受欢迎的新闻、图片、视频等，以向用户发送链接的形式为用户筛选出当天网络上最热门的事件，凭借在社交媒体的广泛传播，成功实现对脸书（Facebook）、推特（Twitter）的用户导流，从而实现病毒式扩张。比如，人民日报客户端联合腾讯天天P图于2017年7月30日推出《"军装照"H5》，围绕纪念建军90周年这一宏大主题，采用人脸识别、融合成像等技术，通过H5交互页面，帮助网友个性化生成自己的虚拟"军装照"，并可以在社交平台上转发、分享。该作品将宏大主题与每个人联系在一起，照片

① 黄鸣奋. 数字化语境中的新闻游戏 [J]. 重庆邮电大学学报（社会科学版），2014, 26（5）：94–100.

② 王常柱，武杰，张守凤.大数据时代网络伦理规制的复杂性研究 [J].科学技术哲学研究，2020, 37（2）：107–113.

③ 彭兰.场景：移动时代媒体的新要素 [J].新闻记者，2015（3）：20–27.

生成页面主题明确，操作简单，将用户参与感、分享性发挥出来，在社交平台上形成拥军爱军热潮，成为刷新传播记录的现象级作品。"军装照"发表一周之内浏览次数便突破10亿，独立访客累计1.55亿。[①]

图2-2-6　《军装照H5》截图[②]

6.场景传播

在第一章中，我们提及了场景媒体的演变，这里的"场景"略有不同，除了指**用户内容消费的时间、空间和用户行为、心理与需求习惯；另一方面也指信息传播者为用户搭建的场景和情境。**

（1）场景适配

正如第一章所言，综合考量用户所在的时空和用户需求习惯，基于用户地理位置（LBS）、各种传感器和大数据技术，媒体产品为用户提供场景适配，从而达到信息、服务和价值匹配的需求满足。

第一，标准化匹配，适应分众化的基本满足，即满足用户群体在特定场景中的共性或普遍性需求。

首先，适应移动的场景需求，信息在形式上匹配用户在移动场景下的阅读和收看需求。信息呈现出碎片化、可视化和直观化的特点，让用户在迅速变换的场景和情境之中，快速获取信息。比如移动信息产品的这些标题：

①　军装情节与裂变传播——人民日报客户端揭秘"军装照" H5为何"刷屏"［EB/OL］.（2021-01-12）［2021-03-22］.http://www.cac.gov.cn/2018-12/25/c_1123902380.html.

②　图片来源：http://media.people.com.cn/n1/2017/0904/c120837-29512292-24.html.

- 《从一张词云图读懂习总书记的春节考察》
- 《收藏，3分钟读懂政府工作报告》
- 《8个字读懂政府工作报告》
- 《7个数字带你读懂四中全会公报》
- 《一组数字读懂"十四五"规划建议的战略思维》
- 《一图读懂安徽五例新冠确诊病例关系》
- 《一图读懂! 中国五胡入华与欧中满族入侵》

另外，短视频、H5等都是适应场景化的信息产品，在产品体量和表现形态上都满足移动化的场景需求，甚至短视频的花字和大字幕也是适应用户在特定场合，比如嘈杂的街市、地铁或者安静的教室等场景无声观看的需求。无声观看是微视频适应用户不同场景收视习惯的新做法，据统计，美国数字媒体网站脸书上85%的用户选择在无声状态下观看视频。[①]使用社交媒体观看新闻视频的用户，在通勤途中、公共场合或会议中，不希望手机或电脑突然发出声音，因此，解释性新闻视频（News Explainer）应运而生，即新闻视频以文字+画面的形态出现，现场信息和轻量阅读的文字信息共同诠释事件，不用听声音就能看明白。

图2-2-7　短视频花字

其次，基于用户特定地理位置（LBS）的信息服务，从接近性的价值精准匹配，比如移动应用里基于本地信息的"推荐"。2020年新冠肺炎疫情期间，财新数据可视化实验室出品了《了解你附近的"新冠肺炎"定点医院》，综合使用来自国家卫健委的大数据、GPS定位系统等技术，制作成交互型的信息页面，用户可在页面地图上直观地了解距离自己最近的、10公里以内的定点医院以及省内所有的定点医院，发挥实用性、接近性的产品功能。第一财经商业数据中心联合高德地图推出《实时更新：你的定制防疫地图》，点击链接获取定位即可查看周边疫情，下方还有各行业应对疫情的方式及相关的数据分析。通过地图入口整合信息，从而成为"空间信息流"，即在特定的地理位置上产生或者与某一特定空间有关的所有信息的汇聚[②]，满足用户基于时空的信息需求。

《实时更新：你的定制防疫地图》二维码

---

① 赴美学习记（四）：创新转型 稀缺为王——美国传统新闻机构的短视频策略［EB/OL］.（2017-03-13）［2017-03-15］. https://www.jzwcom.com/jzw/20/16710.html.

② 彭兰.场景：移动时代媒体的新要素［J］.新闻记者，2015（3）：20-27.

图2-2-8　《实时更新：你的定制防疫地图》截图

　　第二，个性化匹配，即信息和服务的精准推送。个性化的场景适配更考虑用户的个性需求，基于大数据算法，综合用户的人口统计数据、社会属性、消费行为、需求习惯等多方面的指标，进行标签化抽象，形成用户画像，根据用户的动态行为，能够不断修正调整用户画像。基于动态的用户画像，建立用户行为模型，预测用户的行为喜好，而后"投其所好"，进行个性化推送。用户数据不仅来源于单个媒体，一些在不同网站平台上注册的信息、浏览和发布信息的痕迹、购买记录等数据信息也可能成为用户画像的基础数据。随着传感器、人脑感知、人脸识别等各种智能设备的普及，用户的运动信息、身体状态、人脸和指纹等生理信息被收集和汇聚，用户数据越来越精确，针对用户的画像也越来越精细。

　　目前，随身资讯和视频社交平台如今日头条、抖音、快手、哔哩哔哩网站在信息的精准推送上做到了高度匹配。随着新闻+政务服务商务的应用，主流媒体满足个体需求的服务也在不断深化。

图2-2-9 由标签构成的用户画像

（2）场景服务

对于场景还有另外一层理解，即给用户搭建创造的一种叙事情境、信息流和服务模式，让用户阅读、收看以及体验，形成场景服务。场景不仅包括物理场景，也包括由媒介所创造出来的信息场景，即一种媒介信息所营造的行为与心理的环境氛围。[①]这种场景通过线上或线上线下相结合的方式，让用户沉浸其中，这是产品内在的一种情境。从某种程度而言，这也是对用户的需求建构和引领。比如，人民日报"时光博物馆"避开"大成就""大历史"的宏观视角，选择与普通百姓密切相关的电影、电视剧、游戏、"三转一响（收音机、自行车、缝纫机及手表）"、绿皮车等与过往快乐和记忆相关的物件，设计移动端的微信、H5、短视频、直播，通过沉浸体验和创意互动，让用户线上体验改革开放40多年来人们衣食住行的变迁。同时，在北京、上海、深圳等设立线下体验场景和展馆、三里屯快闪店、时光博物馆等。产品把线上主题报道和线下创意体验结合在一起，为用户创造了一个体验场景，诠释了"改革红利，与我有关""中国有我，时光有我"的主题。《父亲·我们·时代》的"与时代同框"线上线下互动活动，打通线上线下，在北京、上海、深圳三地4个改革标志性地点设置红色巨幅相框，推出"与时代同框"互动活动。作品形成全媒体传播效果，让改革开放的故事与奋斗者的激情进入千家万户。

需要注意的是场景适配和场景引领的关系。场景的适配可以是迎合性的，也可以是诱导性的，诱导性的适配意味着对用户自己尚未意识到的需求的挖掘。[②]诱导性的适配可以引领并满足用户需求，正如"时光博物馆"的场景设置，这也是发挥媒体启迪和服务功能的具体表现。

① 彭渤.新科技背景下文艺类电视节目在场分析［J］.中国广播电视学刊，2021（7）：63–65.
② 彭兰.场景：移动时代媒体的新要素［J］.新闻记者，2015（3）：20–27.

图2-2-10 "时光博物馆"截图

三、内容功能诉求的变革

在媒体融合的整体发展趋势之下,融合新闻的功能诉求也在发生深刻的变化。讲好故事不再成为新闻报道的唯一诉求,针对用户的新闻也呈现出内容报道产品化、产品人格化的趋势。

1. 故事和信息服务并重

传统的报道和节目以讲述故事为中心,报道的封闭性形成了故事的完整闭环。但随着融合化趋势的发展,以故事为中心的传统报道或节目开始出现讲述故事和提供数据、信息、知识等服务并重的趋势。在故事轻量化的背景下,消费故事不再成为绝对的核心,使用信息成为用户的重要诉求。媒体的功能从原来提供一个新闻报道,转变为解答用户问题并积极提供各种资源和工具为主的服务。[①]BBC的数字内容和服务围绕"分享"(Share)、"发现"(Find)、"使用"(Play),鼓励用户去发现并使用自己所需的信息。美国的网络开发者、记者艾德里安谈及报纸网站的变革时说,报纸网站应该改变以故事为中心的传统方式,既要提供故事报道,也要开放记者获取的原始数据和材料,为用户提供更为丰富的、更个性化的

---

① 科瓦奇,罗森斯蒂尔. 真相:信息超载时代如何知道该相信什么[M]. 陆佳怡,孙志刚,译. 北京:中国人民大学出版社,2014:180

背景信息。①这个观点无疑是具有前瞻性的，对于传统新闻业和内容生产者具有借鉴意义。比如，《跨越边境线》②报道了每年大量偷渡客由中美洲经得克萨斯州偷渡到美国境内的故事，在以文字、视频为主的故事叙述中，不断穿插交互式图表和多样态的信息。三维地图把12年来中美洲不同国家的暴力事件、中美洲各国到美国的偷渡线路、偷渡集团、沿途检查站，甚至防护网、沿途发现的偷渡者的尸体等信息以图形、数据的形式呈现出来，故事线和数据、信息、知识共同构成了这篇融合报道。

2. 内容报道产品化

产品是生产出的物品，用于满足人们的需求。内容报道产品化的概念是在网络语境下的新闻生产指向的变化，具体说来，有以下几个方面促成传统的报道内容向具体的产品发展：

第一，样态裂变。由于内容的多种生成、多元发布，原有的单一内容报道成为多样态的内容产品，内容以网页融合报道、微信推送、微视频、视频节目等多元丰富的样态存在，用产品这一概念来定义更加贴切。

第二，内容融合。由于报道的融合化，内容以更加综合的方式存在，形成一个包裹式信息集合，可以用产品模式加以概括。

第三，生产融合。在全媒体生产传播的一体化组织架构下，内容的产品属性更加明显。例如，在"中央厨房"的融合生产模式下，对重大主题的内容采编流程更加集约高效。

第四，用户指向。受众、观众变身为主动消费产品的用户，针对特定用户的产品垂直性加强，面对特定消费者的内容生产也自然带有了产品运营的色彩。

基于以上这些变化，过去更注重报道作品的创作与生产模式，发展为重视产品跟用户的连接、关注产品的营销模式。随着报道产品面对垂直社群和圈层，传统的记者具有了产品经理思维。记者比较像一个负责内容的产品经理，除了自己的内容，还要把控整个制作的流程。③

3. 产品的人格化

（1）人格化

所谓人格化（Personality），也就是拟人化，赋予内容、产品或服务拟人的要素，比如性格、价值观、态度和格调等，使产品具有区别于其他竞争者的特征和品质，包括品牌人格化、报道人格化、传播人格化。不仅在内容的主题层面，诉诸对象的态度、表达方式、形态以及互动方面都能形成拟人化的表现，使传播不再是一个冷冰冰的信息表达。

传统媒体在报道上的贴地操作，其实已经在触及这一方面。比如我们前文所说的，报道从小切口着手，从人的角度切入、个体的显现、形象化个性化的语言等，其实都是在赋予

---

① ADRIAN H. A Fundamental Way News Paper Sites Need to Change [EB/OL].（2006-09-06）[2006-11-12]. http://www.holovaty.com/writing/fundamental-change/.

② 美国《得克萨斯观察家报》（*The Texas Observer*）和英国《卫报》交互团队联合制作的交互报道。

③ 肖鳕桐，方洁.内容与技术如何协作？——行动者网络理论视角下的新闻生产创新研究[J].国际新闻界，2020，42（11）：99-118.

信息一种人格化的表达。

但人格化真正成为一个显象是在互联网时代，随着社交互动传播的勃兴，点对面的传播融入了点对点的传播，每个个体成为网络中的一个节点，传播语境更加以个体的人为中心，更加趋于拟人化。

（2）人格化的具体呈现

第一，拟人化的形象和表达方式，即表现的人格化。首先，让信息和物变得自带社会化

《今天，我们采访了一位国际巨"象"》二维码

的人格倾向。比如，央视网《今天，我们采访了一位国际巨"象"》，围绕2021年5月中旬15只亚洲野象从西双版纳出发迁徙事件，用拟人化的方式，漫画模拟标准采访场景，专访了"当事象"，把象群们迁徙以来的路线攻略、行程进展，以及"违法乱纪"行为做了整体"爆料"；微信漫画《一路"象"北》也做了拟人化处理，以所谓的"象设"，搭配弹幕吐槽、捧哏逗哏、网梗等多个潮流文化元素进行传播。其次，产品具有拟人化的形象，随着技术赋能，我们看到最多的是机器的拟人化，进而品牌化。比如，湖南广播电台创造出的虚拟主持人形象——嘻芮，构建了微信公众号"完美的'嘻芮'"和微博账号"完美的女神'嘻芮'"，并在多个节目中担任角色，成为一个虚拟人格的元素，自带标签和拟人化的表达方式更加激发用户去互动。再如，2018年，新华社联合搜狗公司在第五届世界互联网大会上发布全球首个AI合成主播，模拟该社主持人邱浩的声音与外形进行新闻播报，达到了以假乱真的程度；2020年全国两会报道中，AI合成主播雅妮在新华社"新立方"演播室与主持人高熹互动；央视网首次亮相名为"小C"的数字虚拟小编，在"两会C+真探系列直播节目"中担任起了记者的角色，与全国人大代表进行独家对话；光明日报推出虚拟AI直播出镜报道，与字幕、动画等画面结合，短平快地对最高人民法院的工作报告做出解读。

第二，价值和情感诉求越来越重要，即内容的情感化。传统的宏大叙事逐渐让位于态度和立场，而情感共振也远大于理性逻辑分析。情感是网络话题的根本动力。[1]比如，2017年4月9日晚美联航暴力赶客事件的视频刷爆社交媒体，乘客的喊叫声和被拖拽下飞机等充满情绪性的场景，迅速引起了病毒式传播（截至2017年4月13日，微博1755万点击量），再加上视频中乘客的亚裔身份，更引起了中国网民大规模抵制美联航的呼声。

第三，性格化，即品牌人格化，也与通常所说的"人设"相类似，即人的性格角色设定。媒体和产品通过自己一以贯之的独有性格，形成独特的标签，从而在用户心中留下深刻印象。在社交媒体时代，各大媒体都愈加重视自己在社交平台账号的运营，性格化成为品牌化、打造IP的重要一环。

第四，点对点，即传播人格化。由于网络的交互性，社交媒体的信息传播更加趋于个人化的特点，表现为点对点和一对一的信息沟通。信息不再只针对群体而开始针对个人。信息具有可沟通性，不是灌输，而是在语言、语态上都能使接受方秒懂，产生共鸣。

① 蒋晓丽，何飞.互动仪式理论视域下网络话题事件的情感传播研究［J］.湘潭大学学报（哲学社会科学版），2016，40（2）：120-123+153.

> **记 住**
>
> 融合、可视、垂直、沉浸、社交、场景是融合新闻创新的六大方向。

❓ **思　考：**

1. 在媒体融合进程中，媒体生产与传播的哪些要素发生了变化？
2. 全媒体"中央厨房"内容生产机制及其具体运用有哪些关键点？
3. 融合新闻创新有哪六大方向？

第三章
用户思维

　　理解新媒体要从理解用户开始,用户即"原来被称为受众的人"①。传统媒体的出发点是传者,而新媒体的出发点是用户。用户是传统媒体传播的终点,而对于新媒体,用户是触达的起点。在新媒体时代,如何理解并满足用户需求?在全员媒体时代,如何释放用户生产力,引导用户传播力?

第一节　理解用户

　　在传统媒体时代,媒体生产内容,也生产受众②,而在新媒体时代,用户生产内容,平台集合内容。平台互联网的双向连接使传受关系发生巨大变革,媒体传播的主体权力发生迁移。将"受众"概念拓展至"用户",能够帮助我们更好地理解媒介融合环境中的普通人,把握普通用户在不同媒介之间挪移的丰富多元的日常传播实践。

一、从受众到用户

　　从被动的受众到主动的用户,从接受者到传播者,这其中是技术赋能下的主动意识的激发和引导,也是传播权利的转换。

---

①　DE WAAL B G M.The people formerly known as the audience [M] //M GERRI TZEN, I VAN TOL, eds. New cultural networks. All Media Foundation, 2008:16–23.
②　桑德斯. 道德与新闻 [M]. 洪伟, 高蕊, 钟文倩, 译. 上海: 复旦大学出版社, 2007: 3.

1. 受众

根据麦奎尔（Denis McQuail）的考证，"受众"（Audience）的原始雏形可以上溯至古希腊罗马时期，来源于公共演讲、体育竞技、歌舞表演等各种公共社会活动中的观众和听众，与特定地点、小范围内的实体人群息息相关，其早期的内涵具有实时在场、即时互动的主要特征。[①]而为新闻传播学界与业界所熟悉的"受众"概念则出现于19世纪末20世纪初传播学诞生初期对大众传媒集团广告投放效果以及收益预测的社会调查之中。从那时起，"受众"的内涵得以逐渐固定下来，**主要指在传播过程中使用具有大规模生产、复制与传播能力的机器作为中介获取信息的接收者，如新闻报纸的读者、电影电视的观众、广播的听众等，我们可将其理解为"媒介受众"。**

回顾新闻传播学的历史发展脉络，受众在相当长的一段时间内被视为大众传播这一线性传播过程中的接受对象，对于传播内容没有选择权与认知能力，只能被动接受，容易被媒体所控制。传者居于整个传播过程中的主导地位，所面对的受众则是一个均质的、概括的、没有认知能力的阅听群体，并通过媒介对其产生强大的影响。无论是早期的美国经验学派提出的"应激—反应论""有限效果论"，还是法兰克福学派的文化工业批判，均悲观地指出了受众的消极性与其主体性的缺失。[②]但是，在"使用与满足理论"以及英国伯明翰学派为代表的进一步研究中，受众研究模式从"传者中心论"转变为"受众中心论"，受众的主体性、能动性逐步得到认可。作为新闻信息的消费者，受众不能控制内容生产，却可以控制自己对其意义的理解与接受。然而，在互联网语境下，从大众传播到万众皆媒，当下传播模式正随着Web2.0快速发展而不断被改写并丰富，面对成为网络传播中基础单元且兼具多种角色的个人，"受众"这一术语的适用性正越来越多地受到质疑。

2. 大众

当我们研究和探讨传统大众传播模式与实践时，"大众"几乎是一个无法回避的术语，一些著述中甚至出现"大众"与"受众"表述混用的现象。然而，国内学界对"大众"这一概念进行概念廓清的综述与研究却较为少见。为了更好地理解媒体融合背景下的受众生态与媒体—受众框架，有必要对"大众"的概念以及其与"受众"的渊源和关系进行爬梳与厘清。

有研究学者指出，现代意义上的受众，又称大众受众（Mass Audience），是一个与大众传播（Mass Communication）相伴随产生的集合体。[③]传播学作为一门具有突出"学科际性"的交叉学科，自诞生以来在理论框架、研究取向上有着较强的社会学、社会心理学、经济学等诸多学科的色彩。"大众"一词来源于社会学研究的话语体系，可以追溯到以阿诺德

---

① 麦奎尔. 受众分析［M］. 刘燕南，李颖，杨振荣，译. 北京：中国人民大学出版社，2006：36.

② 隋岩. 受众观的历史演变与跨学科研究［J］. 新闻与传播研究，2015（8）：17.

③ 刘燕南. 从"受众"到"后受众"：媒介演进与受众变迁［J］. 新闻与写作，2019（3）：7.

和利维斯为代表的精英知识分子,他们从文化的立场上对文化群体进行归类,用"大众"(the Masses)来指代没有文化辨识力的庸众,即低级的文化群体。此外,在伯明翰学派建构的以"生活方式"为视角的文化研究范式中,"大众"(Popular)更偏向于"民众的""通俗的"含义,认为他们在强大的主流意识形态下有一定程度的思考与抵抗,而这种行为被权力所包容。[1]在传播学研究中,芝加哥学派布鲁默最早使用"大众"这一概念框架对效果研究中的受众进行分析。大众被认为是一种规模庞大、分布广泛、缺乏理性、具有匿名性与无限性的社会集合,没有稳定的组织结构,同样缺乏自我认同与自我意识,因此容易受到操控。[2]亦如勒庞所描述的"乌合之众"概念,当善于独立思考的个人汇聚成集体时,则更容易受到非理性的影响。因此,从大众社会理论的视角,"大众传播的受众无疑就是大众本身,受众具备大众的一切特点"[3]。这也是受众在早期研究传统中处于消极被动地位的一个重要原因。一定程度上讲,受众观念从一个无声无为的抽象集合,到细分的、具有一定联系的群体,再到独特的、拥有主观能动性与认知能力的个体的发展演变,也是新闻传播学逐渐摆脱社会学"大众"概念框架禁锢的过程。而在后来的发展中,技术更促进了大众的进一步演变。

在媒体的发展中,主动的大众逐渐进入研究的视野,他们是大众传播内容的"积极解读者"[4]。1959年,卡茨(Elihu Katz)首先提出了使用与满足理论,即人们用媒介做了什么。1973年,卡茨等研究者梳理了关于大众传播媒介的社会及心理功能的文献,整理出35种需求并归纳为五大类:一是认知的需要,即获得信息、知识和理解;二是情感的需要,即情绪的、愉悦的或美感的体验;三是个人整合的需要,即加强可信度、信心、稳固性和身份地位;四是社会整合的需要,即加强与家人、朋友等的接触;五是疏解压力的需要,即逃避和转移注意力。

3. 用户

"用户"本身是一个经济学领域的概念,《牛津在线英语大辞典》将其定义为拥有或者特别是规律性使用某种事物的人,或在一定的组织内使用电脑或系统的人[5]。《现代汉语词典(第七版)》将其解释为:"某些设备、商品、服务的使用者或消费者。"用户本身具有较强的自主选择、消费与使用的色彩。伴随着互联网信息技术产业的发展,"用户"一词被引入软件开发、电子游戏、网络服务等IT领域当中,用以描述网络信息技术以及相关产品与服务的体验者、使用者,如"5G用户""游戏用户""内测用户"等。尽管当下鲜有对这一术

---

① 罗崇宏. "大众"概念的语义溯源[J]. 河北科技大学学报(社会科学版), 2019, 19(4): 7.
② 罗崇宏. "大众"概念的语义溯源[J]. 河北科技大学学报(社会科学版), 2019, 19(4): 7.
③ 郭庆光. 传播学教程[M]. 北京: 中国人民大学出版社, 1999: 172.
④ 郭镇之. 传播理论: 起源、方法与应用[M]. 北京: 中国传媒大学出版社, 2006: 320.
⑤ 牛津在线英语大辞典[EB/OL]. [2021-01-05]. https://www.oed.com/view/Entry/220650? rskey=5pLKRI&result=1&isAdvanced=false#.

语内涵的学理性探究，且不少学者仍对其持谨慎态度，但"用户"还是被越来越频繁地、不加辨析地使用[①]，作为传统新闻传播学中受众概念的丰富与扩充，以适应媒体深度融合背景下的理论思考与新闻实践。

数字移动互联网络技术的发展赋予社会化新媒体在内容生产、社交、移动等方面前所未有的可供性，大大降低了媒体参与的门槛，推动媒体生态产生"从公共事务和流行表述中的'只读'式参与，到社会化网络环境下，一种基于大众数字素养之上的'读写'参与模式"[②]的系统性变革，从根本上改变了媒体内容的生产、传播以及消费的方式，使得个体在传播中的角色、地位以及话语权发生巨大的变化。在传统大众传播的线性传播模式中，受众在整个传播结构中处于末端，是单向度的被动接受者。而伴随着数字媒体的技术赋权，用户开始成为策划报道或产品的起始点，不仅是信息的主动选择与接受者，更是内容的积极生产者与传播者。用户作为整个开放结构中的重要节点，对信息传播与生产、社会交往、新型经济模式的发展发挥着重要的主体性功能。因此，相较于往往限定于一个有着明确起始的特定过程的受众，用户指向的是在媒介与日常生活广泛连接并相互映照、生成之下的个人的数字化生存。"用户"的概念为我们观察、思考个人在数字网络空间中复杂、绵延的媒介参与和实践提供了一个富有弹性的框架。明辨用户与受众内涵的联系与区别，才能更好地帮助我们洞察用户与媒体、文本的互动逻辑，准确把握用户的媒介使用偏好及情感、信息需求，从而树立用户思维，对融合新闻报道实践形成有效指导。

表3-1-1　受众与用户的区别[③]

	受众	用户
传播环境	大众传播时代，传播媒体单一，传播局限性强	全员媒体时代，互联网去"中心化"的自媒体涌现
传播中的角色	被动的信息接受者，无话语权，有限的信息"解码"权	受传合一，既有信息接受权也有发布权，有主动话语权
传播模式	以消费为主的工业模式	消费和生产结合的社会化模式
传播面向	面目不清的大众	精确诉求的群体或个体

二、节点化的用户

具有传播权利的用户改变了模糊、被动的状态，成为传播链条上具有主动传播行为的重要节点，构成传播的块茎模式。

① 张昱辰.理解"用户"：受众研究的拓展与创新[J].青年记者，2019（33）：9-10.
② 弗卢.新媒体4.0[M].叶明睿，译.北京：人民日报出版社，2019：115.
③ 杨光宗，刘钰婧.从"受众"到"用户"：历史，现实与未来[J].现代传播（中国传媒大学学报），2017（7）：5.本书作者在此基础上进行了修正拓展。

1. 网络传播的块茎模式

以移动社交媒体为引领的传播渠道与模式变革,带来的是全民参与、万众皆媒的传播景观。新闻机构、职业新闻人的技术和渠道优势不断被削弱:包括政府机构、商业公司、社会组织在内的各种社会实体组建起自己的新媒体部门,通过社交网络渠道独立进行信息刊发与品牌形象塑造;每一个个体用户都有可能成为信息来源,成为具有一定影响力与固定订阅群体的传播中心。传统新闻媒体中心化、层级化的单向传播结构随之瓦解,转变为以多元传播节点与分布式生产为突出特征的、去中心、多节点的网状结构。学者彭兰将其描述为Web2.0下的"个人门户"模式,并将其主要特点归纳为五点(见表3-1-2)[①]。与之不谋而合的是,欧陆学者延森(Klaus Bruhn Jensen)认为数字媒介的交流与传播跨越和整合了三重维度:人际传播、大众传播和网络传播。

表3-1-2　个人门户传播模式的主要特点

1. 每一个节点成为一个传播中心。
2. 关系成为传播渠道。
3. 社交和分享成为传播动力。
4. 社交关系网络成为信息的个性化筛选网络。
5. 传播多层级,且传播路径易于观察。

无论是彭兰的"个人门户"模式,还是延森的"三重维度",都从不同侧面指向并验证了数字网络空间的块茎模式。"块茎"本身作为一个植物学概念,指如马铃薯、芋头等植物所特有的一种块状变态茎,其表面每一个芽眼都可以抽出新的枝条,从而在地下不规则地横向延伸生长,形成根系网络。后现代哲学家德勒兹(Gilles Deleuze)与加塔利(Félix Guattari)将其引入合著《千高原》之中,并发展为一种与西方系统化、秩序化的"树状"思维模式相对的哲学方法论。[②]无论是硬件层面的信号基站、数字终端设备,还是软件层面的社交媒体、点赞关注评论等功能,都使得千千万万的用户彼此之间形成多元维度相互连接的符号链条、情感链条,如块茎一样在任意芽眼都可以裂变繁衍、交织成复杂的根茎网络,从而构成一个无边界、去中心、多元异质、自由连接的块茎空间。不同于强调原点论、中心论以及二元论的树状思维逻辑,块茎思维在新媒体发展实践中得以广泛运用。如正在兴起的区块链技术,就是以多个独立节点彼此连接且共同贡献和参与来完成数据库系统的动态建构与维护的。又如来自不同地域、不同职业的粉丝共同参与到对热播影视剧剧情的讨论之中,上传、分享制作方在片中没有明确说明的人物关系、隐藏故事线索的分析,并在这一过程中互相影响,在大家的共同讨论与生产下建构起一个远超越制作方原本剧情的故事宇宙。

① 彭兰. 新媒体用户研究:节点化、媒介化、赛博格化的人[M]. 北京:中国人民大学出版社,2020:8-9.
② 陈默,李军侠. 论"块茎思维"下的数字媒介空间观[J]. 中国新闻传播研究,2019(5):12.

2.趣缘社群

移动社交媒体的发展以前所未有的方式推动了网络空间中各个节点的自由连接与互动，麦克卢汉（Marshall McLuhan）关于人类"重新部落化"的预言在网络传播实践中进一步应验，网络聚合成为新媒体发展生态中的一大显著现象。以关系为纽带的网络社群大量涌现，其中以用户间共同兴趣结合起来的趣缘社群最为突出。趣缘社群实质上是一种亚文化社区，其得以形成以及维系的核心在于兴趣与情感，如我们现在所熟悉的汉服圈、动漫圈、混音圈等。兴趣是亚文化建构的基点所在，而情感则是社区得以凝结的关键。①兴趣使得社会身份各异的用户在线上汇聚，形成对于社群的文化身份认同，并以此为基点，在社区内部关系的反复搭建、确认以及互动中强化情感共鸣。在情感共建的推动下，个体的偶发性传播行为将更大可能转变为仪式性行为，在高情感卷入度的文本消费与生产中强化群体意识、集体行为以及文化资本积累。

硬币的另一面则是由于聚合所带来的分化，趣缘社群成员的不断互动与生产实际上也强化了社区的文化边界，形成与其他文化、群体相区隔的屏障，正如现在常常挂在我们嘴边的词——圈子，或"次元壁"。如此，基于个人兴趣和文化喜好的网络社群得以进一步细化，网络空间被分化为一个个相对独立、各自为政的小世界，形成外部彼此间隔、内部互动更为紧密的窄播式文化圈层。这也助推形成了一种景象：不感兴趣的内容很难进入某个兴趣社群之中，切中兴趣点的内容得到社区成员的积极响应，在短时间内得以快速扩散，甚至形成文本盗猎式的二次创作。

因此，新闻媒体报道的融合创新正面临着这一马太效应的挑战，如何"破圈"成为新型主流媒体提升年轻用户的情感认同、巩固网络舆论阵地的重要议题。

3.粉丝和饭圈

"粉丝"（Fans）一词，从传统的电影电视的追星群体，发展成为互联网上特殊的趣缘群体，进而成为粉丝文化和饭圈文化。

（1）粉丝的发迹——网络趣缘群体

粉丝的发迹不仅缘起于互联网技术发端，也因为社会发展的诸多因素，促使人们从线下的强关系转向线上的社群关系。"血缘、业缘等强关系联结频频崩塌，情感性越来越弱，人们不断感受到原子化的孤独，自身对归属感及认同感的需求也不断地深化，于是自主地走向为进行信息交流、情感分享和身份认同而构建的'趣缘'共同体。"②群体成员试图在支离破碎的社会景观中寻找情感代偿，通过与他人以"趣味"为共同点的联结，确认自身存在感，提升自我认同与集体归属。因此，在此时代语境下，网络趣缘群体得以产生。

---

① 蔡骐.网络虚拟社区中的趣缘文化传播［J］.新闻与传播研究，2014（9）：19.

② 林品.青年亚文化与官方意识形态的"双向破壁"——"二次元民族主义"的兴起［J］.探索与争鸣，2016（2）：4.

（2）粉丝——特殊的趣缘群体

巴赫金（Mikhail Bakhtin）认为，随着时间发展，"群体会产生跟群体相关的意义，最终会出现该社群独有的新的语言形式或类别……以计算机为媒介的社群在互动的过程中会创造出新的交际表达方式"[①]。粉丝趣缘群体作为网络趣缘群体的一个分支，有着相当的代表性和独特性，也是趣缘群体圈层传播的典型代表。以粉丝文化为代表的趣缘群体内部形成了粉丝社群组织的互动仪式。打破地域、年龄、行业和阶层构建起的网络社群让跨越不同空间的粉丝凝聚起来，为同一个偶像互动交流、情感传达与分享讨论。不同的粉丝趣缘群体中，形成了独有的话语表达方式、话题议程与行为准则。

（3）饭圈——特殊的粉丝群体

"饭圈"是当下社交媒体和网络传播中最为活跃的群体之一，从语义学的角度上来拆解，"饭圈"是一个具有流行性内涵的集合名词，可以被拆解为"饭"与"圈"。其中，"饭"是Fan的音译，代表"粉丝"，而"圈"则代表圈层，也就是独立的、区隔性的、有明显集体边界的群体。"饭圈"象征着零散的粉丝聚集，从而形成区别于其他领域的文化圈层，是粉丝群体在互联网时代下建立的新的社会关系。"饭圈文化"是衍生于"粉丝文化"的一种追星文化，饭圈是当下社交媒体和网络传播中最为活跃的群体之一，是由粉丝群体组成的独立文化圈层，具有强烈的边界感和排他性。他们利用数字媒介平台进行生产和传播，有独特的话语形态。饭圈"通过社交平台将符号和意义即时地转化为声明生产力，并且通过海量资源创造出更大体量的文化文本，然后借由各个发布平台实现超越时空限制的传播和发行"[②]。

（4）当记者拥有粉丝——深入新语境的借力传播

从传播的角色上看，随着官方机构与主流媒体积极布局、加码新媒体领域，被视为"严肃权威式"角色的媒体国家队纷纷入局舆论新常态，通过塑造多元"接地气"的人设，使记者作为独立实体，拥有自己特殊的粉丝趣缘群体，成为"主流转化"的一种破局方式与发展趋势。

例如，被称为央视最美记者的王冰冰，通过央视新闻官方号发布的《总台记者王冰冰："快乐小草"，再也不用担心会"秃"了》视频走红，之后王冰冰入驻B站，上传一条微视频Vlog，在一天之内播放量破千万，涨粉200万。除了被打造为"国民初恋"人设的王冰冰，一些主流媒体记者也纷纷出圈。新华社在2021年两会期间推出记者张扬的Vlog视频，其中《我是新华社记者张扬～我来B站啦！》视频在B站一经发布，累计点击量达到296.7万，评论接近1万，有粉丝戏称："我的身子是冰冰的，我的心是扬扬的。"中央广播电视总台国防军事频道《国防科工》出镜记者庄晓莹，因为一则《铁翼雄鹰 空中"铁拳"》报道在网络平台一炮而

① BAYM N K. The emergence of on-line community [M] //S G JONES. Cybersociety 2.0: revisiting computer-mediated community and technology. Thousand Oaks, London, New Delhi: SAGE Publications, 1998: 35-68.

② 胡泳，刘纯懿. 现实之镜：饭圈文化背后的社会症候 [J]. 新闻大学，2021（8）：65-79+119.

红,引来大量关注,在年轻用户群体中拥有了属于自己的广泛粉丝趣缘群体。

图3-1-1 央视记者王冰冰

图3-1-2 新华社记者张扬在现场报道

从被誉为"收视密码"的"国民初恋"王冰冰到新华社记者张扬,再到中央广播电视总台国防军事频道《国防科工》记者庄晓莹,她们的出现与走红,体现了主流媒体主动向网络空间所代表的民间话语场靠拢的姿态,并通过粉丝趣缘群体增强与用户之间的联结。从电视新闻主播、记者到新媒体语境下的博主,双重身份的转化是主流媒体在分众化传播的背景下,针对青年群体进行的一次创新尝试。以主动姿态,突破自我,求新求变,二者语言的弥合使得不同话语方式交织,推动新闻媒体的有效"破圈"传播。

4. 细分的群体

互联网背景下的媒体内容市场至少在相当长的一段时间内将维持在买方市场的状态。数字网络技术的发展极大地降低了媒体内容生产的技术门槛与经济成本,使得内容产品的产能前所未有地得到释放。但内容极大丰富的同时,也导致了一个客观问题的出现:平台内容同质化严重,传媒市场趋于饱和。而伴随着大量中小型媒体和自媒体的入局,以及网络趣缘群体深入发展所带来的用户群体的区隔与分化,用户的注意力被大大稀释。当免费获取内容几乎成为互联网使用的一种常态之时,是否切中用户自身兴趣与需求,产品内容是否优质,成为影响用户做出选择的重要指标。在这一现状的驱动下,追求**"小而精""专而深"**的垂直细分模式成为当下媒体内容生产的重要策略。

如今,垂直细分已成为媒体融合创新转型过程中较为重要的一种策略性实践。媒体在栏目制作中摒弃了传统大众传媒时代追求最大化市场占有的综合与兼容,取而代之的是专攻一点,在特定的细分市场进行深入探索与挖掘,通过对相应趣缘群体的影响与培养形成稳定的忠实用户群体,通过差异化竞争、精细化培育的方式确立内容产品以及媒体品牌的不可替代性。

三、参与的用户

参与新闻生产与传播的用户,成为互联网上的创意和知识生产用户,即"数字劳动者"(Digital Labor)、"粉丝劳动者"(Fan Labor)、"玩工"(Playbor),他们自愿参与到网络劳动中,获得"劳动的快感"。用户新闻作为日常生活实践,是用户在数字媒介使用中发生的新闻生产传播行为,具有非专业化、非制度化的特点。用户新闻超越了传统新闻生态,与专业新闻实践及其文化构成互为补充、互为竞争、互为挑战,但又并行不悖的关系。①

1. 参与

融合既是一个由媒体自上而下主导的过程,同时也是由媒体文化中的参与者和消费者自下向上推动的过程。用户的媒体参与是块茎化数字网络空间中传播实践最为突出的特点,也是用户主体性、生产性的重要体现,对数字媒体发展、网络内容生产、新兴互联网经济、媒介文化等多个方面产生了深刻的影响。澳洲学者特里·弗卢(Terry Flew)将"参与"列为思考与理解新媒体的二十个关键词之一,并在大量文献的基础上将"参与"在新媒体研究领域的应用归纳总结为易得性、互动性以及文化性三个层面(见表3-1-3)。在参与的第三层概念框架中,即主要由美国学者詹金斯(Henry Jenkins)提出的"参与性文化"理论认为,媒介融合推动所有内容的数字化以及跨平台的自由流动与分发,它与更具互动性的数字技术及平台相结合,从而深刻改变了用户进行内容消费的模式:这些新媒体技术使得普通公民也能参与媒介内容的存档、评论、挪用、转换和再传播,并且积极挪用媒体产品的内容文本,以不同目的进行重读、改写,使其为自己的兴趣与目的服务。用户不再仅仅是流行文本的阅听人,而是通过自己的"策略性"消费宣誓并行使自己对文本的权利,并积极参与到流行文本在更广程度上的意义生产与建构之中。这种来自用户的"权且利用"的消费/生产实践,往往是当下媒体产品创意的重要实践来源,这种生产与消费杂糅的形式也挑战了传统媒体劳动生产的分割,从而重塑用户与媒体的关系。正如詹金斯所说:"有些时候,媒体企业与草根之间的融合强化了彼此,同时在媒体生产者和消费者之间建立起更加紧密和更为有益的关系;而有的时候,两种力量会形成斗争态势,而这些斗争也将对流行文化的面貌重新加以定义。"②

表3-1-3 新媒体研究中有关"参与"研究的三类主要问题

易得性层面	在数字鸿沟语境下,来自不同地域、阶层、群体的人在接入新媒体和使用通信技术方面的机会不均等。
互动性层面	新媒体平台显著的人机交互以及人际互动。
文化性层面	新媒体所推动的参与性文化是否与更广泛的媒体接入和使用的大众化进程,尤其是用户生产内容在产生和传播范围上的扩大相关联。

① 刘鹏. "全世界都在说":新冠疫情中的用户新闻生产研究[J]. 国际新闻界, 2020, 42(9):23.

② CARBONELL C. Convergence culture: where old and new media collide[J]. The journal of popular culture, 2007, 40(4):731-733.

2. 参与式新闻——一种新闻行动主义

传播资源泛化使得传播权利平民化，传媒网络形成了扁平、开放、平行化的多元探讨场域，个体角色和传播关系被极大地重塑。随着媒介技术的发展和媒介形态的变革，参与式新闻成为一种全新的新闻生产模式。它的出现既为传统新闻理论加入了新的元素，也带来了新闻业态的创新变革。

参与式新闻又称分布式新闻，是指社会化的主体广泛参与新闻生产及传播机制，从而深刻地重塑了新闻生产模式。参与式新闻通过多元化形态丰富新闻行动主义的内核与实践，为新闻业态带来了如下改变：

（1）及时抵达"真相"，弥合报道时效差异

由于许多社会新闻的突发性与偶发性，大多数情况下媒体没有事先的准备，而用户可以利用移动端快速、灵活的特点，在关键传播节点上传递即时内容，有效地保证了新闻的及时性，弥合了专业媒体在现场及时性上的不足。

（2）多元路径形态，构建全新传播模式

参与式新闻满足日益多元化发展趋势下民众的知情权需求，使传统媒体的信源结构发生变化，传统媒体对新闻信息的议程设置功能受到影响。民众的力量正在迅速地介入公共话语空间，不仅为公众思考和行为引入了"新尺度""新速度""新模式"，从而为全新舆论传播模式的建构释放出无限活力，也为传统媒体新闻报道带来了新解读和新思路。

（3）第一人称视角，创新新闻叙事方式

在参与式新闻的叙事中，普遍使用第一人称视角进行叙事，能够使得用户在短时间内快速进入新闻事件，跟随叙事主体将新闻叙说完毕，体现较强的真实感。其中，视频比文本更能够调动用户的多重感官，让用户有现场感和亲历感。

（4）多元话语空间，释放舆论监督活力

用户在自媒体端占据公共话语空间，也将牵扯社会舆论，甚至有效"倒逼"问题解决，既为全新舆论监督模式的建构释放活力，又成为社会舆论监督体系中的重要一环。

在新闻生产主体泛化的规则重构的背景之下，参与式新闻运动是新技术条件下新闻生产的全新生态，其产生和发展存在着必然性与合理性，但同时也存在一些问题。在全媒体时代，网络和社交平台的开放与共享让人人都有麦克风，容易形成众声喧哗之势，冲击新闻专业性。面对参与式新闻对传统规范的冲击甚至背离，自媒体更应努力划清"抢新闻"与新闻失实、引起关注与误导舆论、趣味化表达与过度娱乐化之间的界限，承担应有的社会责任，并努力成为"客观信息的报道者""社会舆论的引导者""各方力量的沟通者"的角色。同时，新闻媒体应以更为开放化和参与式的姿态与民众新闻实践相互协商、共谋发展，以实现全新舆论生态下新闻生产的丰富与发展。

3. "梗"文化

互联网的共享与参与形成了"梗"文化，不同的圈层甚至具有自己独特理解的

"梗"。造梗、玩梗成为互联网信息和社交传播的一种形式,也是区别于传统媒体的新的传播现象。"梗"起源于日本亚文化的御宅族,日语是ギャグ(噱头,插科打诨;发音为gia gu),是二次元文化的元素,英文中也有类似发音的名词"Gag"(笑话)。中文的"梗"是对传统相声中的"哏"的误用,相声中的"哏"是指滑稽的语言或动作。"梗"沿用了这一含义,指网络环境中被反复使用又不断演绎的、信息丰富的桥段和流行语。如 "凡尔赛""了解一下""打call""确认过眼神""世界那么大,我想去看看",以及谐音梗等,这些流行语被不断创造,反复演绎,又被不断二次加工,形成新语境下表达幽默、情绪的一种网络行为方式。

中文的"梗"类似于西方的网络模因(meme),都是去中心化的共享文化语境下用户参与生产与传播的产物,也是亚文化圈层标识建构和符号意义的象征。因此,理解用户的"梗文化"也是融合新闻在语言、语态和表达方式上切入用户圈层的重要途径。融梗、造梗已成为主流媒体报道在互联网传播、吸引网络用户方面的重要手段。

记 住

从大众到用户,从大众传播到万众皆媒,互联网不仅把过去一切媒介形式融合其中,更重要的是它也把用户作为内容纳入其中。

第二节 从"推送"到"拉动"

传统大众传播时代的单向传播正演变为个人化的双向交流,即"推送"(Pushing)比特给人们的过程,将转变为允许大家(或他们的电脑)"拉出"(Pulling)想要的比特的过程。[1]新的媒介生态与传播模式同样要求新闻生产实现由"推"到"拉"的转变。简单地将所有媒体内容推送给用户的方式显然已不合时宜,而是要有针对性地挑选目标用户,并把用户想要的内容送到他们面前,拉动用户不断关注和消费相应的新闻产品,与用户建立更为持久的互动关系。社交媒体时代的新闻媒体总是在寻找用户,并让自己的用户第一眼就能看到他们想要的内容,用户需要什么样的内容,如何才能知道用户的需求,成为媒介变革时期融合新闻生产的关键前提。

---

① NICHOLAS N. Being digital [M]. London: Hodder & Stoughton, 1995.

一、洞悉用户的新闻信息与服务需求

融合新闻语境下，**信息获取、权威求证、社会交往、体验满足、情感陪伴**等是用户需求的要点。其中，"信息获取"和"权威求证"是媒体已有的功能，需要在此基础上继续发展，这也反映出媒体公信力越发重要；"社会交往"和"体验满足"是新技术赋能下的增量；"情感陪伴"则是被赋予的新形式。

1. 信息获取

融到深处，回归内容。"信息获取"依旧是用户进行内容消费的刚性需求，"新闻立台""内容为王"依旧是专业新闻媒体生存的不二法则。《2020年中国移动互联网内容生态洞察报告》调查指出，新闻时事在网络用户的各类型内容消费中位列前三，占比42.8%，并且这一比例在新冠肺炎疫情暴发后快速增长到61.1%，位列第一，成为用户消费最多的内容类型。①

自媒体、MCN的入局使得新闻更新与发布的速度不断被突破，这也造成了不少用户的分流。在日益激烈的竞争之下，专业新闻媒体要坚持第一时间、第一现场的新闻报道。以来自新闻现场的独家观察、权威发声，推动信息的公开透明，及时回应社会关切、服务用户，消除其在信息接收与行动决策中的不确定性；以高品质、专业化的新闻信息及时回应用户需求，强化自身在社交媒体网络下的品牌与"人设"。比如，在2020年武汉抗疫阻击战中，隔离

《环球时报9日夜在武汉拍下的这一幕，让中央赴湖北指导组震怒！》二维码

区医患的情况、病房的救治现场、武汉人民的日常生活等受到了全国人民的牵挂与关注。其间，《环球时报》记者深入武昌区水果湖街道的重症病人转运现场，探访后发布了融媒体报道《环球时报9日夜在武汉拍下的这一幕，让中央赴湖北指导组震怒！》，第一时间报道和反映了武汉市"四类人员"应收尽收工作在具体执行中存在的问题，有力推动了基层防疫工作的管理和改善，帮助受困群众解决了实实在在的问题，满足公众信息需求的同时也起到了良好的舆论监督作用。

2. 权威求证

在用户参与、万众皆媒的背景下，自媒体与用户生产内容正在不断刷新新闻报道"新近"的定义，我们从微博的热搜榜中便可窥视一二。一些热点新闻，特别是突发类新闻往往都是新闻现场附近的用户率先通过微博发布现场的照片或者素材，不同的用户内容及新闻素材在话题机制下得以汇聚，并经过用户之间的评论、分享、转发等一系列行为得以进一步发酵，形成舆论热点。新闻更新的频率越来越快，人们对于新闻事件的注意力转瞬即逝，这也导致许多报道只停留在表象的描述上，甚至出现了一批不了了之的"烂尾新闻""断篇新

---

① 报告统计时间截至2020年4月，通过艾瑞Click社区调研获得。2020年中国移动互联网内容生态洞察报告[EB/OL].（2020-06-22）[2021-01-13]. https://www.sohu.com/a/403469789_445326.

闻"。而"后真相"时代的到来，不经证实的报道、言论和信息铺天盖地，情绪大于真相，海量信息使得人们疲于查证，虚假信息、负面舆论无处不在。用户对网络新闻消息的信任度降低，同时更希望从专业新闻媒体机构得到对信息真实度、可信度的核实，这使得融合创新背景下新闻媒体的权威求证功能凸显。

社交媒体平台正越来越多地扮演起新闻信息源头与公共讨论平台的角色，与之相对的专业新闻媒体则更多将优势集中于权威求证、专业解释与评论的功能上来。凭借本身雄厚的社会资源，新闻媒体与域内政府部门相对接，打造"资讯+服务+政务"的一体化平台，并开设专门的栏目进行权威信息发布以及虚假信息辟谣。比如，"中国互联网联合辟谣平台"就是由中央网信办举报中心主办、新华网承办的辟谣权威平台，该平台建立了多部委指导、地方和主要网站参与、权威专家支持、群众举报监督的网络联动辟谣机制，辟谣范围涵盖时事热点、公共政策、科学常识等领域。此外，新闻媒体依托自身的专业优势，对于公众关切的信息，能够持续跟踪，进而不断推出深度报道，持续推动事件真相的挖掘；同时，新闻报道产品能够根据全局给出专业的公共解读与评论，帮助用户更好地思考与认识新闻事件，从而为用户的行动决策提供有益参考，并对社会舆论形成有力引导。

3. 社会交往

在移动社交平台兴起下，新闻信息也成为人们进行社会交往的一种方式。用户往往以一条有价值的新闻内容为由头，在社交媒体上开启与好友的一段对话，或者将新闻分享到自己的微博或微信朋友圈。尽管用户此举的背后有多元的行为动机驱使，但在这里我们不展开探讨。我们需要思考的是，在此过程中，新闻内容及其传播会发生怎样的变化。新闻进入用户依托社交网络平台所构建的人际交往网络之后，将沿着用户的社交轨迹得到不断的延展与传递，而由熟人传播的信息则更容易取得其他用户的信任，从而极大地增强传播的有效性。在这一交往过程中，用户好友通过对所传递的新闻内容的点赞、评论以及转发的形式做出反馈，从而进一步维系和巩固彼此间的社交关系，而这也客观上在交往过程中完成了对新闻信息价值的评价、确认、传递与放大。

什么样的新闻内容能够激发用户进行分享？什么样的新闻内容更容易在社交平台的人际传播中得以有活力地转发与扩散？这些是我们在新闻策划与生产中需要不断思考与探索的问题。对表3-2-1所列的用户经常分享转发的五种主要的新闻内容类型进行综合分析，不难看出，与用户相关联且具有一定话题性的新闻产品更容易得到用户的分享。新闻内容生产应积极创新叙事语态，从用户的视角出发，结合具体使用场景和需求报道新闻，改变以往"正襟危坐、我说你听"的"训话体""通知体"，巧妙地在内容中植入话题点以及引爆点，从而实现与用户的共识、共鸣与共情，增强新闻报道在网络社交关系网中被用户自觉传播的可能性与可信性。

表3-2-1　用户经常分享转发的五种主要新闻内容类型

打动用户	感人事迹、励志故事等,容易从感情上打动用户。
切身利益相关	有关个体所在单位、组织的宣传报道,以及涉及个体职业、理财、社会保障、日常生活中个人利益的新闻报道,因贴近性以及利益相关性容易引起用户关注乃至深度阅读。
符合个人文化旨趣与主张	来自用户个人兴趣爱好圈子的新闻报道,或针对某一现象或领域的解读与观点与用户相近,易使用户产生共鸣。
趣味性强	新闻故事新奇、有趣,或报道形态在交互或美学层面别具一格,创意十足。
实用性强	养生保健、生活服务、政务办公等。

4. 体验满足

"体验"(Experience)**是当个人达到情绪、体力、智力甚至是精神上某一特定水平时,意识中产生的美好感受,制造体验是一种新的价值创造来源**。体验的意义在于直接性且从直接性中获得收获,并转化为自我经历的一部分。[①]**用户体验(User Experience, UX),指的是用户在使用某些产品、系统或服务的过程中,根据其内容、属性等所体验到的方方面面,其中包括用户的认知、搜索、情绪、偏好、支持等。**[②]

当我们将受众视为用户、将新闻作品看作产品时,我们必须接受新闻报道可能以一种娱乐的方式被阅读与消费,而事实上这也正是当前社交网络平台下用户新闻消费的一种常态。由于新媒体文化本身具有草根性、开放性以及娱乐性的特点,加之传媒产业在日趋激烈的市场竞争中不断迎合用户的需求,用户在信息内容消费中呈现出对娱乐内容以及娱乐化表达方式的明显偏好。

面对今天用户的需求,新闻媒体要思考的是如何在保证严肃新闻内核的基础上,进一步创新和丰富新闻表现形式,让新闻变得好看、好玩、有趣,从而让硬新闻落地,找到与用户的共鸣点。在近些年的媒体融合实践中,新闻媒体机构在探索视觉创意、积极转变话语方式、推动主题表达个性化上进行了积极的尝试与探索,使得融媒体新闻报道进入"网红""爆款"的发展新阶段。比如,中央广播电视总台《幸福照相馆》H5将改

《幸福照相馆》H5二维码

革开放40多年来不断改善的人民生活融入各个年代的全家福照片模板中,主打"团圆"这一春节期间全网传播的核心要素,H5产品通过数字技术打造出50套衣着风格、家庭状况不同的全家福模板,网友只需要上传家人的单人照片,后台会利用互联网"多人脸融合"技术,自动"拍摄"出一张跨越时空、独具个性的家庭团圆照。据统计,有500多万个家庭通过"幸福照相馆",实现了拍摄全家福的梦想,用户触达173个国家和地区。

---

① 加达默尔. 真理与方法:哲学诠释学的基本特征[M]. 洪汉鼎,译. 上海:上海译文出版社,2004:79.
② 梁爽,喻国明. 移动直播"新景观":样态演进,情感价值与关系连接[J]. 苏州大学学报(哲学社会科学版),2021,42(4):10.

5. 情感陪伴

"在场"是移动社交媒体背景下用户对于新闻内容的主要期待。"在场"不仅仅是"在场报道""在场求证""在场引导"，同时也应该是情感的"在场"、陪伴的"在场"。移动数字化办公的出现在提高效率的同时，客观上也为个体带来了更大的工作压力：工作时间与休闲时间的界限模糊甚至重合，使得个人生活空间受到蚕食与挤压；当现实生活中强关联被打破并逐渐为社交网络中的弱关联所取代，个体成为网络中的一个时而结合时而分离的节点，身处亦如德勒兹所描述的"游牧空间"之中。用户面对信息爆炸的疲惫感、无力感，以及虚拟空间中"身体的不在场"所带来的孤独感与流放感，使得情感陪伴、精神寄托成为用户对于新闻消费的新兴需求。调查数据显示，在我国进行直播的用户中，有6.1%的用户出于寻求陪伴的动机进行直播，而在观看直播的用户群体中，这一群体所占比例达到了23.0%。[①]在新闻报道的融合转型之中，新闻媒体在提供信息的同时，也要做到对用户的情感情绪予以必要且适当的支持与调剂，强化产品的"伴随感"。

在2020年新冠肺炎疫情期间，中央广播电视总台率先将慢直播的形式引入疫情期间的新闻报道中，在央视频客户端"疫情24小时专栏"中推出对火神山、雷神山医院建设过程的慢直播，通过5G信号全过程实时展现两家医院的建造过程。尽管只有几个固定机位，且全程没有任何剪辑处理与主持解说，但这种慢节奏、弱化叙事的报道形式，对用户的阅读注意力要求很低，用户可以自由选择观看或者脱离，在现在进行时的观感体验下给予居家隔离中的用户一种轻松陪伴之感。直播上线一周内吸引超过1亿人次用户关注和参与[②]，截至2020年4月5日，相关微博话题"云监工"阅读量达到2.8亿[③]。与此同时，用户在观看的同时发起了为建筑物、施工设备"在线取名"的活动，成为疫情报道中受到热议的文化现象。

二、算法新闻与用户画像

依靠大数据算法，从传统媒体的"大水漫灌"到智能媒体的"精准滴灌"，是媒体从内容媒体向社交媒体继而向智能场景媒体的变革之路。智能算法提升效率，智能算法分发铺设好触达用户的毛细血管，达成"最后一公里"。

1. 元传播与元数据

元传播（Metacommunication），即"关于传播的传播"。这一术语最早由美国社会学家

---

① 中国移动直播用户洞察报告［EB/OL］.（2016-12-29）［2021-01-13］. http://report.iresearch.cn/wx/report.aspx?id=2708.

② 100000000+网友看过的央视频"云监工"系列慢直播是如何诞生的？［EB/OL］.（2016-12-29）［2020-03-28］. http://feng.ifeng.com/c/7v5NgaqgZc1.

③ 微博话题#云监工#［EB/OL］.（2020-01-29）［2020-04-05］. https://s.weibo.com/weibo?q=%23%E4%BA%91%E7%9B%91%E5%B7%A5%23.

格雷戈里·贝特森（Gregory Bateson）提出，以迥然不同于施拉姆、霍夫兰等同时期传播学者的理论框架，对人与人之间的传播活动进行审视和思考。贝特森认为，当人们彼此交流时，总会出现一些脱离传播双方交流意图的特殊讯息，如在双方话语转化之中的短暂停顿，或是请求言者再重复一遍所说的话，以及其他一些由对话双方之外的人发出的讯息。这些讯息并非是在描述传播活动中双方想要传递的意义，而是在描述为传递这些意义而编码的讯息，即"关于讯息编码的讯息"[①]。贝特森将这种讯息称为"元讯息"，交换元讯息的传播则被定义为"元传播"[②]。贝特森这一理解人际传播的独特路径，也为我们理解大数据、云计算技术加持下的网络传播模式提供了一种新的视角。延森在关于网络传播模式探讨中认为，在数字媒介使用过程中，用户不发送就无法接收到信息，而发送或接收信息的过程中将留下元传播的痕迹，其他人也可以利用这些内容。因此，用户不仅仅是内容的消费者与生产者，同时也是自身交流实践的相关信息的搜索者和提供者[③]。

将贝特森对于人际传播中的"元讯息"概念延伸至当下的数字社交媒体领域，用户在内容消费过程中所进行的参与行为，如搜索、点赞、评论、转发乃至上传和下载等，这些活动在媒体平台上所留下的数字痕迹便成为网络传播中的"元讯息"，在数字化融合媒体的语境下，就是关于数据的数据——"元数据"（Meta-data），而用户参与行为本身则构成了一系列的元传播活动。媒体平台领域广泛使用的大数据、云计算以及AI技术，正是基于用户在主动或被动情况下产生的元数据信息进行监控、抓取、筛选、分类、分析与储存，来获悉用户的消费行为与内容偏好，并根据特定的算法以实现对应的分析或服务功能运行，如搜索联想、智能推荐以及用户画像等，从而塑造每个用户的内容接受与消费的个性化空间。这也意味着，**用户通过数字媒体进行交流与消费的过程，本质上是一个用户与大数据系统相交流的过程，依靠庞大的新闻数据库与精准的用户数据库，进行智能匹配，形成个性化需求的满足，从而增强用户的黏性。**

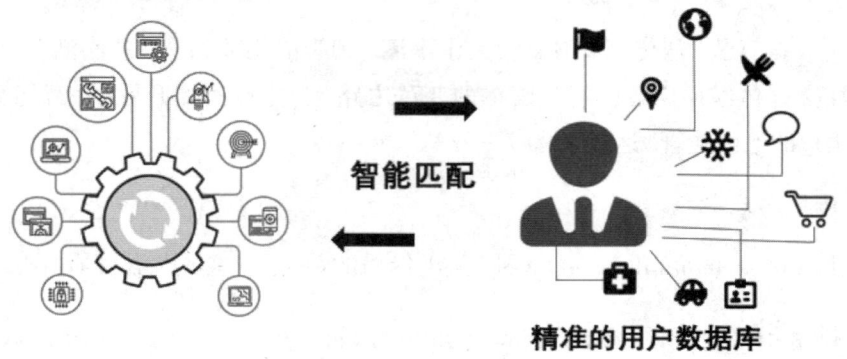

图3-2-1 用户数据库的智能匹配

① 王金礼. 元传播：概念、意指与功能［J］. 新闻与传播研究, 2017（2）：118–125.

② GREGORY B. Mind and nature: a necessary unity［M］. New York: E. P. Dutton, 1979.

③ 延森. 媒介融合：网络传播、大众传播和人际传播的三重维度［M］. 刘君, 译. 上海：复旦大学出版社, 2014.

2. 算法新闻发展

毫无疑问，算法正以使我们每个人切身可感的速度重塑着新闻生产与传播的传统模式。"算法"（Algorithm）一词作为一个数学概念，由9世纪波斯数学家阿尔·花剌子模（al-Khwarizmi）提出，最初为"Algorism"，含义是阿拉伯数字的运算法则，如欧几里得算法等都是经典数学算法。随着计算机的发明及使用，算法被用于计算机程序设计之中，成为计算机基础和核心的现代算法。现代算法2009年左右被用于新闻业，计算机科学尝试把算法运用于新闻写作中，美国西北大学智能信息实验室基于自己研发的StatsMonkey系统，发表了一篇关于美国职业棒球大联盟季后赛的新闻稿件，由此打破了"创作新闻是人类所独具的一种能力"[1]。此后，《洛杉矶时报》使用Quakebot系统，美联社等媒体使用 Wordsmith作为平台进行新闻写作。算法被用于新闻生产、传播等各个传播链条中，机器人写作、拍摄、智能剪辑、算法策展、个性化内容推荐、精准营销、智能舆情监测等都利用算法达到精准匹配、高效满足用户需求。算法新闻不仅在社交平台上被使用，传统电视媒体也用之来收集电视观众的数字痕迹，据此制作视频内容并预测电视节目的收视率，这套系统被称为SVOD 模式（Subscription Video On-Demand）。一些媒体诸如美国哥伦比亚广播公司也在探索电视新闻如何运用"视频算法"[2]。

我国的算法新闻（Algorithmic Journalism）实践，起源于社交媒体、搜索引擎、电子商务等领域，互联网商业公司运用算法进行了新闻筛选与分发的试水：在今日头条和一点资讯两大新闻资讯客户端的机器推荐新闻模式取得成功之后，算法开始进入中国新闻业的报道视野；人民日报"中央厨房"、新华社媒体人工智能平台"媒体大脑"建成运营，以及2014年媒体融合发展上升为国家战略后，"算法新闻"成为全国各地各级新闻媒体报道实践中的高频热词，开始被广泛研究与探索。2015 年，腾讯财经频道的新闻写作机器人"Dreamwriter"成为国内首个进入实际应用的写作机器人。随后，新华社的"快笔小新"、今日头条的"Xiaomingbot"、南方报业集团的"小南"等陆续探索自动新闻的实践。

算法新闻是依托计算机算法程序和技术，由人工智能在保证精准度和可靠性的基础上代替人工生产的自动化新闻。 算法新闻有着机器人新闻、自动化新闻、数据驱动新闻、计算新闻等多种不同的表述方法。尽管表述不同，但它们从不同的侧面凸显了算法新闻相比于传统新闻的主要特征。

目前，算法新闻主要被运用在新闻的生产与分发环节[3]，即自动化新闻生产和算法推荐。

---

① LATAR N L, NORDFORS D. Digital identities and journalism content—how artificial intelligence and journalism may co-develop and why society should care [J]. Innovation journalism, 2009, 6（7）: 3–47.

② 王辰瑶, 刘天宇. 2020年全球新闻创新报告 [J]. 新闻记者, 2021（1）: 38–56.

③ LINDEN T C. Algorithms for journalism: the future of news work [J]. The journal of media innovations, 2017, 4（1）: 60.

3. 自动化新闻生产

在生产环节中，一体化媒体平台运用算法实现对新闻的自动采集、抓取与筛选，并在一定的模式指导下进行自动编辑与包装，为新闻客户端以及其他新闻媒体供稿，主要涉及机器学习、语音语言处理、视觉信息等多种人工智能技术。一般而言，自动化新闻生产流程为：

（1）机器通过数据训练模型

当前，自动化新闻生产主要采用机器学习算法，通过机器学习对大数据进行分析和挖掘，不断训练其调整自身参数、提升准确度、改善学习模型的过程。比如，今日头条"Xiaomingbot"采用机器学习算法，能够学习图文语义匹配模型。机器学习可以分为无监督学习（Supervised Learning）和有监督学习（Unsupervised Learning）。

有监督学习是用有标签（Label）的样本进行模型的训练。换言之，机器对有标签（定义和注释）的训练样本进行学习，发现规律，并将学习的发现应用到实际的数据分析中，输出自动按标签分类的数据，以预测未来事件。有监督学习主要分为分类和回归。分类是针对离散型的目标变量，如判断（是/否）、颜色（红/白/蓝）等类别，按照标签定义把数据信息对号入座，经过足够多的带有标签的训练之后，机器算法就能将实际数据准确进行分类。回归一般用于预测数值型数据，即目标变量为连续数值的预测或估计，如0.0—100.00、–999—999，常见的有数据拟合曲线。

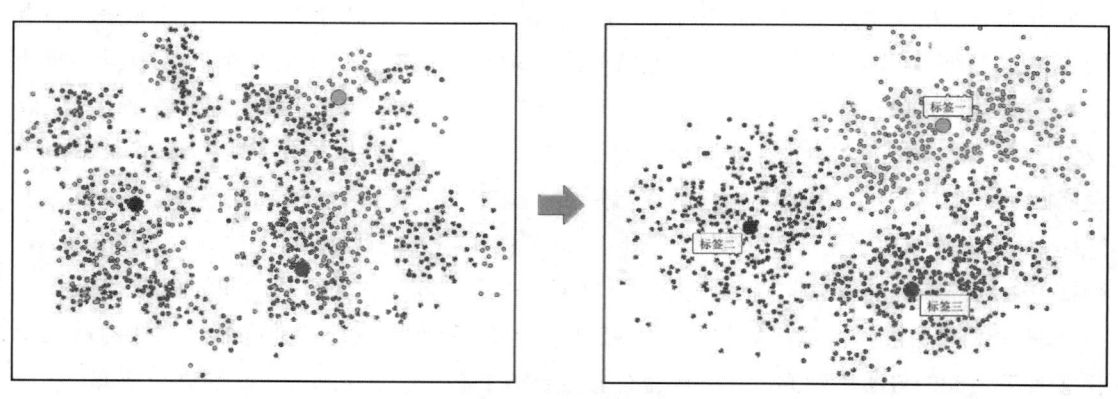

图3-2-2　有监督学习机制

无监督学习是指事先无须对样本进行标签化处理（在无法提供标签化数据的情况下），无须预测目标变量的值，算法根据他们的共同特征来进行自动分类。无监督学习是让机器接触大量数据，进行自主学习，从而获得过去未知的洞见，并能够识别隐藏的特征和规律。无监督学习主要包括**聚类、降维、异常点检测和密度估计**等类。聚类（Clustering）就是聚合特征相似的集群，比如根据用户与集群中其他人的共同偏好来聚类，从而预测用户群体对新闻产品的喜好，还可以预测关联关系（Association），比如发现喜欢军事的用户与喜欢体育相关联，在产品推荐上可以搭配。降维就是针对数据具有太多特征时，化繁为简，学习算法可以分析数据并找到不相关的特征，将其删除，从而突出共同的主要特征，这也是一个提炼和凝练的过程，这种方式能降低实际计算的复杂量。比如，机器通过研究发现用户数据中年龄、性别等数据与共同特征不相关，可以将其删除，从而让数据特征更突出，更便于辨识。异常点检测是从数据集中发现与大部分数据不一致的少数数据。密度估计是寻找描述数据统计值的过程[1]，从而估计数据与每个分组的相似程度。

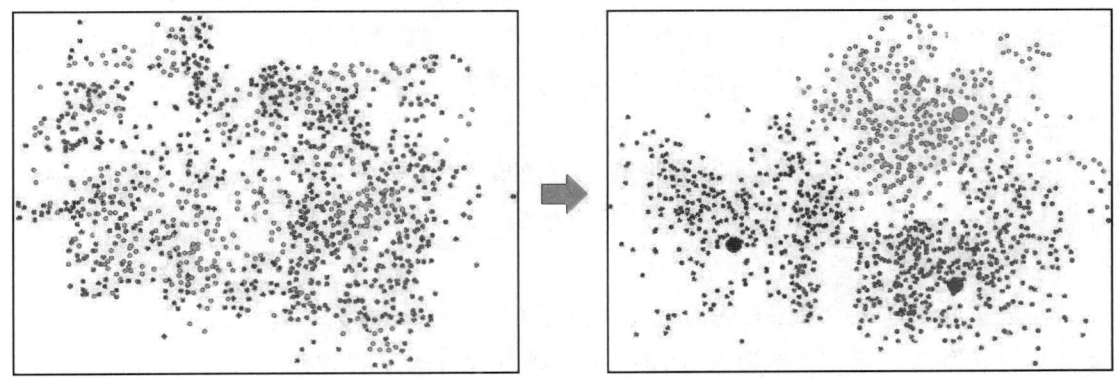

图3-2-3　无监督学习机制

当出现数据集很大，但是标签样本很少的情况时，就需要有监督学习和无监督学习相结合的方式，这就是半监督式学习（Semi-Supervised Learning）方式。无监督学习可以被应用于大量的无标记数据，但在对解空间的搜索时非常盲目，导致特殊情况下精度低。有监督学习又是建立在有标记样本基础上的学习。因此，由于数据集大，可以先采用无监督学习的方式进行聚类成组，从而帮助我们缩小范围，然后再应用有监督学习方式到每个组，进行有标签的学习，从而取得更好的精准度。这样的混合方式，既扩展了数据集，又能获得准确性。

（2）大数据采集与输入

收集数据，可以使用公开可用的数据源，机器读入海量数据，开始爬梳数据的过程。一般而言，本身结构化和标准化的数据被视为"干净"的数据，比如天气数据、财经数据、体育数据这些可以被量化的信息或者本身就是数据。这类数据主要应用在有监督学习中，这也是自动生产首先应用在气象、财经、体育报道上的原因。对于无监督学习，机器可以通过自主学习搜集数据并自动进行结构化和标记处理，去除冗余数据。

（3）发现数据里的新闻价值

算法通过数据比对分析，发现"新、奇、特"等体现反常、异常的数据信息，从而找到新闻点，即有新闻价值的角度，这是算法发现与传统的新闻发现具有的相似之处，比如"首次""最高"等。比如，新华社的"媒体大脑"生产的第一条新闻，能够检索全网，发现多维数据，找到某次报道的独特点，并能够智能进行内容分类、数据分析、数据可视化、稿件撰写、视频剪辑、全程配音等一系列工作。

――――――――

① 　哈林顿.机器学习实战［M］.李锐，李鹏，曲亚东，等译.北京：人民邮电出版社，2013：7.

（4）按照事先设计的报道框架进行比对，提取角度

报道框架是新闻报道的故事逻辑结构线，机器通过事先设定的不同报道框架，对号入座，从而自动提取新闻角度。如果存在多个角度，算法会结合上一步的新闻价值，给各个角度打分，一般从1分到10分，分数高的角度成为优选角度。优选角度也决定了所报道的事件的重要性。比如上文提及的StatsMonkey系统，在报道美国职业棒球大联盟赛时，历史上投手创造的19场"完美比赛"都被列为满分10分的优选角度赛事，除此之外，投手的其他表现被列入不同的角度分值，机器以此来判断确定优选角度。

（5）确定故事点

确定报道框架后，算法从相关数据中选择故事点（Story Points）[1]，比如从众多人物中聚焦中心人物及其相关的数据等，以支持报道框架。

（6）文本生成

在数据输出阶段，运用自然语言处理技术（Natural Language Processing，NLP）对文本进行加工润色。自然语言处理技术主要分为自然语言理解（Natural Language Understanding）与自然语言生成（Natural Language Generation），这一步也被称为表层实现（Surface Realization），采用精准而流畅的文字来描述结构化的数据。算法需完成的步骤包括句法、语态、引语的来源与安排、表达方式等环节的选择和整合。[2]比如，"Xiaomingbot"通过学习多种赛事网络文字直播员的语句应用策略，采用文本生成技术，对用户发表的文字、讨论进行归纳，从而实现较为高级的语句生成。

除了机器写作之外，适应可视化发展趋势，机器学习生产视频也在不断探索。比如，新华社2017年12月推出了媒体大脑技术支持下的机器生产内容（MGC），由"媒体大脑"中的"2410（智能媒体生产平台）"系统制作的一条时长2分08秒的视频，计算耗时只有10.3秒。这条视频是运用人工智能技术，由机器智能生产的新闻，其生产过程是：首先，通过摄像头、传感器、无人机等方式获取新的视频、数据信息，之后经由图像识别、视频识别等技术让机器进行内容理解和新闻价值判断。其次，依托于大数据的"媒体大脑"会将新理解的内容与已有数据进行关联，对语义进行检索和重排，以智能生产新闻稿件。同时，机器学习还将基于文字稿件和采集的多媒体素材，经过视频编辑、语音合成、数据可视化等一系列过程，最终生成一条富媒体新闻。[3]2018年10月运用人物模拟合成和深度学习等技术联合建模推出了全球首位AI合成主播，2020年全国两会期间采用更复杂的数据采集和合成技术生成了3D合成主播。

① 邓建国.机器人新闻：原理、风险和影响［J］.新闻记者，2016（9）：10-17.

② NEDERHOF M, SATTA G. Theory of parsing［M］// A CLARK, C FOX, S LAPPIN, eds. The handbook of computational linguistics and language processing. John Wiley & Sons, 2012：105-130.

③ 新华社发布国内首条MGC视频新闻，媒体大脑来了！［EB/OL］.（2016-12-29）［2017-12-26］. https：//baijiahao. baidu.com/s? id=1587837872338337274&wfr=spider&for=pc.

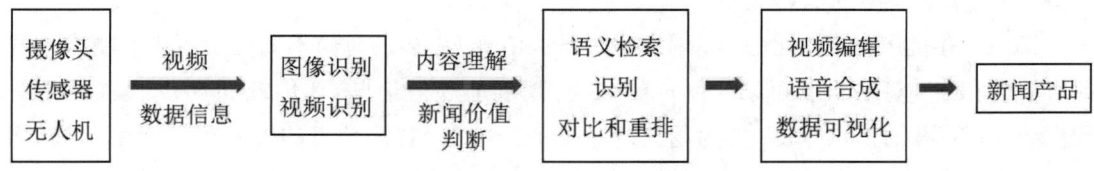

图3-2-4 新华社媒体大脑MGC新闻生产流程

4. 作为方法论的算法推荐

在分发层面,则主要是引入推荐算法,通过收集、分析用户的消费行为与内容偏好,从而准确把握用户对于新闻内容的需求与期待,实现个性化、定制化精准投放,使得目标更为明确、分发更为精准、流程更为清晰、成本更为低廉。推荐算法最具代表性的便是今日头条的智能推荐。

算法作为一种方法将在未来的新闻传播中被不断创新探索,迭代升级。如何驾驭算法,使之为内容、为人服务?下面我们结合今日头条的算法推荐机制来分析算法的原理和方法。[①]

（1）算法推荐原理

算法推荐是建立在对用户数据掌握的基础上,定义场景（时间、空间、用户）,然后根据用户的性别、年龄、自定义设置、访问信息类别、兴趣需求倾向、环境因素等特征来给用户推荐特定的信息内容,形成"用户是信息的主人"的个性化推荐效果。算法推荐原理大致可以分为如下四个步骤:

第一,高效的推荐系统会根据内容特征、用户特征、环境特征等三大维度的模型予以评估,即推荐内容在特定场景下是否匹配特定用户。

第二,列出典型的推荐特征。一是相关性特征,即评估内容的属性与用户是否匹配,根据目标用户以往信息选择习惯,推荐与之相似的更多信息。该方式依赖于用户历史数据分析和可用信息特征提取,核心在于计算信息内容之间的相似度。[②]显性的匹配包括关键词匹配、分类匹配、来源匹配、主题匹配等。二是环境特征,包括地理位置、时间。这些既是偏见特征,也能以此构建一些匹配特征。三是热度特征,包括全局热度、分类热度、主题热度,以及关键词热度等。内容热度信息在大的推荐系统特别是在用户冷启动的时候非常有效。四是协同特征,它可以在部分程度上帮助解决所谓算法越推越窄的问题,分为两类:一类是基于信息的协同特征,即两个信息条目如果同时被多个用户选择,则这两个信息条目具有相似性;另一类是基于用户的协同特征,通过用户行为分析不同用户间的相似性,向品位相似的用户推荐信息,比如点击相似、兴趣分类相似、主题相似、兴趣词相似,甚至向量

① 今日头条算法原理［EB/OL］.（2018-02-13）［2021-02-09］. https://zhuanlan.zhihu.com/p/33803387.
② 姜婷婷,许艳闺.国外过滤气泡研究:基础、脉络与展望［J］.情报学报,2021,40（10）:1108-1117.

相似，从而扩展模型的探索能力。

第三，精准分发个性化内容。用户面对海量信息，更多的时候不知道如何快速精准地找到所需的信息。算法机制可以让用户更有效、精准地获得信息，比传统的"人工编辑"更具有主动性。精准的信息分发，能为用户过滤掉多余信息，提高信息的效率和准确率，并让每位信息生产者能够寻找到属于他们的用户圈。

第四，促成个性化体验。瑞士心理学家荣格（Carl Gustav Jung）认为，个性化是一种自然的需求，任何降低到集体标准并对个性化造成阻碍的行为，都是有害于个人生活的活动。基于用户自主动作（例如引擎搜索、频道订阅、阅读习惯、收藏夹和喜欢）记录他们的信息需求和在云数据中体验的意愿，平台根据用户的需求进行有针对性的新闻定制，使用户拥有新闻界面的个性化体验，用户从信息受众转变为信息客户。

（2）算法优化

个性化推荐算法技术为今日头条带来成功的同时，也引起了不少担忧和质疑其所带来的负面效应的声音。个性化推荐算法技术打破了固有的思维模式、运行模式，提高了传播效率，加快了传统新闻机构从大众传播理念向个性化传播理念的转变。但在新闻推荐算法技术盛行的背景下，内容从传统媒体把关分发到算法把关分发的同时，也存在诸多问题。

第一，算法只提供用户感兴趣的内容，而过滤掉他们"不感兴趣""不认同"的异质信息，长期如此循环往复将形成"信息茧房"，使得用户信息接受维度变窄，资讯获取渠道单一，阻碍自身的全面发展。

第二，用户根据自身喜好、习惯、兴趣等选择不同的信息，长此以往，形成用户与特定用户之间的兴趣群体，内部传播认同度极高，而外部不同群体间隔加深，甚至在一些社会话题、公共事件中呈现出群体极化。

第三，一些看似与用户没有密切关联的公共信息被屏蔽在外，导致用户参与社会的意识和主动性大大降低。

第四，算法中隐含的偏见与歧视，削弱了信息获取的公平性。人工干预算法、平台的加热推流，同样能够决定什么内容被推荐以及如何被推荐，算法"黑箱"不仅是算法的问题，更是操作其中的人的因素。比如，2021年字节跳动两名员工受贿后将特定内容推上抖音热榜的事件就是例证之一。[①]

因此，如何用主流价值驾驭算法，让技术和机器为人所用、为更广泛的群体服务，赋予其价值观，便成为算法的一种方法论。毕竟，人工智能还没有主动意识，只是一种工具理性，只有把人文价值融入智能架构，把人类对真、善、美的价值追求融入技术，用价值理性去驾驭机器算法，算法推送才能按照人类社会追求进步而良性发展。因此，算法本身并无

---

① 判决书：字节跳动两员工收钱将指定内容推上抖音热榜，自首获刑［EB/OL］.（2021-11-29）［2021-12-01］. https://baijiahao.baidu.com/s? id=1717761685836482150&wfr=spider&for=pc.

"原罪"可言，人文理性与技术理性相互交融，才是更好地利用算法进行融合新闻传播的最佳路径。

记住

　　信息获取、权威求证、社会交往、情感陪伴和体验满足是媒体连接用户的重要功能。

第三节　释放用户生产力

　　社交化网络时代，用户生产内容进入了新闻传播领域。①这种相对于专业生产而言的"自下而上"的模式既丰富了新闻生产内容，也极大地推动了新闻生产方式的变革。无论是传统专业媒体，还是新媒体，在激烈的竞争压力下，都愈加重视与用户生产内容的融合。《关于加快推进媒体深度融合发展的意见》明确指出，要走好全媒体时代群众路线，坚持以人民为中心的工作导向，坚持贴近群众服务群众，创新实践党的群众路线，大兴"开门办报"之风，把党的优良传统和新技术新手段结合起来，强化媒体与受众的连接，以开放平台吸引广大用户参与信息生产传播，生产群众更喜爱的内容，建构群众离不开的渠道。②在全员媒体时代，如何赋权用户，如何释放用户的内容生产力，让用户积极参与到新闻报道生产之中，是本节探讨的主要问题。

一、产消者融合

　　正如前文所言，在媒体融合语境下，新闻生产者和消费者的边界在消融，用户成为生产与传播的节点，推动着传播链条的形成。

　　1. 角色转变

　　新媒体时代的用户从受众、消费者转变为分享者、转发者，成为内容的生产者，从而融合为产消者。用户正在成为专业余者，他们在业余时间"工作"，在生产的同时"消费"，非

---

① 这里使用"用户生产内容"这一概念，而不用互联网通常的概念"用户生产内容"，乃是相对于传统专业媒体的专业生产而言的，这是本书探讨的重点。

② 中共中央办公厅国务院办公厅关于加快推进媒体深度融合发展的意见［EB/OL］．（2020-09-26）［2021-12-01］．http://www.gov.cn/zhengce/2020-09/26/content_5547310.htm.

职业但很专业。①专业余者将成为有品质保障的新闻内容生产的重要力量。

2. 用户推动的传播链条

一方面，互联网平台崛起，维基百科、百度百科、微博、微信、推特、脸书、BuzzFeed、今日头条、抖音、快手等促进各方连接，聚合用户内容，强化社交分享的平台成为信息大汇流的主阵地，成为公众获取信息的流量入口；另一方面，互联网去"中心化"的趋势带来了用户的逐渐强势，也日益形成用户推动的传播链条。传统媒体的动词是"采、编、播、存、用"，新媒体平台的动词是"触达、评论、点赞、转发、送花……"，每个人都能成为信息的来源，也能成为信息的传播节点。

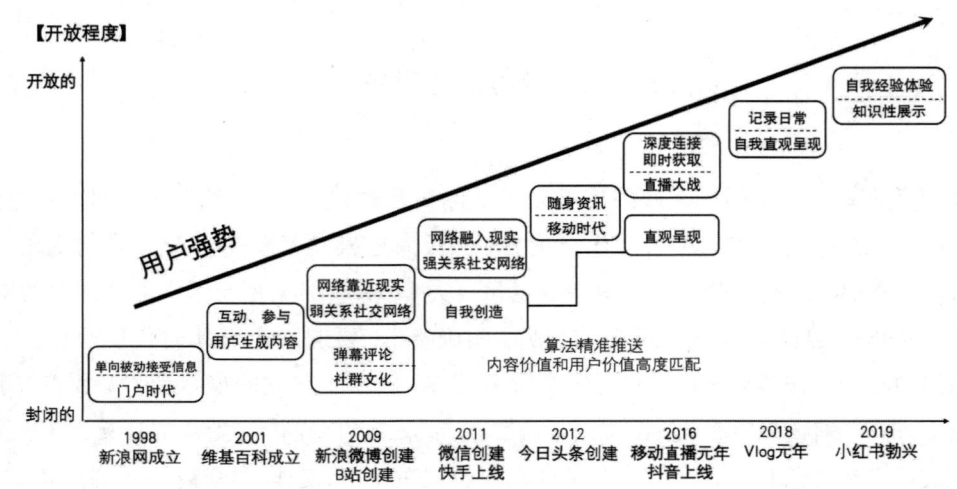

图3-3-1　平台崛起过程中的用户状态变化

与此同时，传统专业媒体一人独唱的把关人角色受到挑战，众声喧哗的自媒体不断冲击着专业媒体的"成色"和传播力。专业媒体只有不断"提纯"专业度，才能继续保持"存在感"②。专业媒体必须重新树立专业标杆，凝聚核心竞争力，才能获得传播力、引导力、影响力和公信力。须知，在自媒体喧嚣的时代，如果不需要专业媒体，说明我们做得还不够专业。真正具有专业能力的媒体会脱颖而出，在未来它们会变得更为宝贵，成为内容生产者的标杆。

3. 发挥群体智慧

Web2.0对于计算机产业以及媒体行业意味着一次全新的商业革命，蒂姆·奥莱利（Tim O'Reilly）认为，Web2.0逻辑的重点已经从接入网络的软件转变为通过网络来提供服务，而

①　LEABEATER C, MILLER P. The Pro-am revolution: how enthusiasts are changing our society and economy [M]. London: Demos, 2004.

②　彭兰. 无边界时代的专业性重塑 [J]. 现代传播（中国传媒大学学报），2018，40（5）：1-8.

越能充分利用网络效应或是群体智慧的应用程序，越能拥有更多的用户。①

群体智慧（Collective Intelligence、Crowd Wisdom、Group Intelligence）的正式概念由韦切斯勒（Wechsler）于1964年最早提出，他认为群体智慧是一个群体有目的地行动、理性地思考，并高效地处理群体周围环境稳定的能力。②2004年，詹姆斯·索诺维尔基（James Surowiecki）的《群体智慧》（*The Wisdom of Crowds*）也聚焦这一概念，在某种意义上，一大群人比专家更智慧，观点的多样性、发表观点的独立性、专门研究的分散化、个体片段转变为集体决策的集中化等四个条件使群体智慧得以发挥。贾恩·马尔科·莱迈斯特（Jan Marco Leimeister，2010）认为：群体智慧是群体中的成员运用自己的知识去学习、理解和适应环境，提出不同的看法或方法，从而给相关问题一个更好的解释或解决途径。③法国社会学家皮埃尔·利维（Pierre Levy）将"群体智慧"解释为社区内成员大规模的知识聚集和加工活动。④由此，我们可以看到，群体智慧类似于蜂群理论，通过集思广益，各抒己见，用有效的机制让选择最小化，使蜂群作出决策，谋得最大利益。互联网的连接和分享功能，让数量巨大的用户对同一个主题贡献知识和智慧，同样也对一个事实进行核查并补充更多的事实。

"群体智慧"的概念描述了参与性文化视域下知识权力结构所呈现出的新特征：用户在不同媒介平台以及社群之中自由穿梭，他们可以因为一件事情而集结起来，依托可以利用的媒介技术与平台工具，基于自身所掌握的信息与知识进行点赞、投票、评论，以及用户内容的生产与传播，从而在社交平台中不断的生产与交换过程中相互参照、校正与组合，最终在这一动态的过程中呈现出丰富、立体、全面甚至富有创意的整体性认识或解决方案。

如何发挥群体智慧，引导用户深度思考，提高用户的媒介素养，使其能够提供具有较高的可用性的素材是一项长远的工作。例如，除了对一些具体案例分析做出评论及建议，First Draft News正在做的还包括提出一些"更具开放性"的观点：这些理论和实战工具，应该帮助人们思考该如何处理和看待某些观点，而非"指定"什么是报道事件的最佳方式。如何驾驭和利用群体智慧，以关联起所有的网络要素，从而最大限度发挥"长尾效应"，在较低的资本和人力投入条件下实现服务供应，并从用户贡献中实现更大的网络传播效应，是新闻媒体融合转型升级中必须要认真思考的问题。

① 弗卢.新媒体4.0[M].叶明睿，译.北京：人民日报出版社，2019：18.

② WECHSLER D. Die messing der intelligenz. Erwachsener[M]. Ben-Stuttgart: Huber, 1964. 转引自洪红. 基于用户生成内容的群体智慧研究[D]. 厦门：厦门大学，2017.

③ LEIMEISTER J M . Collective intelligence[J]. Business & information systems engineering, 2010, 2(4)：245-248. 转引自李艳. 互联网环境下的群体智慧[D]. 武汉：华中师范大学，2017.

④ JENKINS, H. The cultural logic of media convergence[J]. International journal of cultural studies, 2004, 7(1)：33-43.

二、用户生产内容

从评论、点赞、弹幕,到内容二次剪辑,再到内容自制,用户生产内容重新定义了新闻内容,其与专业生产内容的协同与融合也塑造了全新的专业媒体的生产流程,一个封闭生产与传播的媒体模式已经成为过去。

1. 什么是用户生产内容

用户生产内容(User-generated Content, UGC),**泛指以任何形式在网络上发表的由用户创作的文字、图片、音频、视频等内容,是Web2.0环境下一种新兴的网络信息资源创作与组织模式的产物**。对于微博、推特、脸书等社交媒体以及今日头条、BuzzFeed等新闻聚合平台而言,用户生产内容是主要内容来源;而在传统新闻领域,相对于传统媒体的内容生产专业性,用户生产内容则是一种补充。

尽管目前学界、业界对于用户生产内容的定义多样,并未形成统一的定论,但我们仍需要思考什么是融合新闻报道所需要的内容。对新闻内容生产有直接贡献的用户生产内容,应指用户原创的,通过互联网发布的,具有新闻价值的图片、音视频与文字,是业余而非专业生产的新闻内容;其生产者为用户,即与新闻机构无雇佣关系的大众,而非专业、职业记者。例如,社交媒体中的普通用户,在遇到突发事件时运用自己的便携、移动设备进行录制、拍摄的音视频片段以及撰写的文字描述,这些内容可能由用户通过互联网直接发布,也可能由用户通过互联网交由新闻媒体处理。

除了用户完全原创和二次剪辑加工的图片、音视频以及文字新闻内容,自媒体中网民对新闻报道的评论、提问甚至转发、点赞等行为和态度同样被视为用户力量介入新闻内容生产的重要形式。这些行为能够推动新闻媒体对报道进行内容延伸并不断改进。实际上,这部分内容重新定义了新闻报道的发布,内容的生产和建构在用户参与下不断延展。

2. 用户生产内容的价值

(1)提升报道时效

无论是在自媒体还是媒体报道的评论区中,用户生产内容都能够为新闻媒体提供新闻线索,减少"新闻盲点"。而用户生产内容被广为赞颂的第一个特质则是突发事件中主流媒体无法媲美的信息发布速度,这些信息往往能够成为新闻线索与素材。在媒体记者赶到新闻现场之前,现场用户就已经利用自己手中的智能手机等具有拍摄和移动通信功能的设备将自己录制的现场素材发布到互联网上。在越来越多的突发性事件中,用户生产内容成为主流媒体第一时间引用的素材。

(2)聚集稀缺素材

首先,由于用户生产内容的存在,新闻媒体得以报道那些曾因缺失新闻素材而无法报道的新闻,新闻报道的题材也因此越来越广泛。公众集体的力量能够完成仅靠职业记者无法完成的报道。任何一个地方都有可能是新闻现场，专业媒体记者却无法做到无处不在。例如，2015年台湾复兴航空失事事件现场、2018年10月28日重庆公交坠江事件大桥现场、2019年10月10日江苏无锡高架桥垮塌事件现场、2021年7月20日郑州特大暴雨事件的地铁车厢现场，都是被用户手机或者行车记录仪等最先记录下来的，该类视频往往弥补了记者不在现场的视点缺失。

其次，在战争、灾难等新闻报道中，用户生产内容为新闻媒体提供了大量无法替代的新闻内容。由于战地或冲突区域的新闻管制，外国记者入境受到限制，新闻媒体难以甚至无法将自己的专业团队送到新闻前线；灾难则导致交通通信条件困难，记者们也无法在这些区域自由行动。在这种条件下，当地民众所拍摄的图片以及音视频为媒体的报道填补了大量的内容空缺。

（3）拓展新闻报道深度与广度

新闻事件，尤其是异地异国新闻事件发生之后，记者常常需要思考如何以更吸引人的角度进行报道。用户生产内容能以其更广泛、更本地以及更个人的视角来帮助解决这个问题，而基于用户经历或目击的事件的内容可以让记者获得更多来自现场的角度和细节，从而拓展报道的深度。2009年10月，美国发生多起玛格罗兰牌婴儿车意外削下儿童手指的事故。这在美国是重大新闻，但在英国却反应平平。对此，BBC在报道此事后通过网站发布表格让用户填写，此后大量用户将自己的经历写下寄给BBC，最后报道得以拓展，并在英国成为轰动一时的新闻。

（4）增加与用户关联的"亲近性"和"真实感"

连接与分享是互联网思维的重要特征。普通用户缺乏专业新闻采编技巧，拍摄角度、构图以及镜头的稳定性都无法得到保证，但镜头的摇晃、现场混杂的音效以及更加个人化的拍摄反而会让观众觉得该新闻素材更具有"真实感"。由于拍摄角度的多样性和拍摄时机的偶然巧合，很多用户生产内容也更加具有戏剧性，可能会获得更高的点击量和关注度。因此，即便在有可用的专业视频素材时，CNN也可能会选择使用用户生产内容来为报道增添平民化的因素。采用用户生产内容相当于让用户直接参与到新闻制作中，并且允许他们讲述自己的故事，同样能够让用户与新闻媒体建立更亲密的关系，并提供深入发展的空间。

（5）多元表达体现公正、客观

对于新闻媒体而言，客观、公正通常是十分重要的标准，但不同的人会通过不同的视角来分析和看待问题。在进行新闻报道时，使用用户生产内容能够让观点更加多元化。而直接采用用户提供的素材，可能远比街头随机采访更能够体现客观、公正。

3. 用户生产内容的主要问题及规避

在助力新闻价值提升的同时，用户生产内容也给新闻生产带来了新的命题与挑战。用户生产内容的低质量以及信息的不确定性是其缺陷。用户生产内容经过专业的新闻媒体的价值判断、挑选和核实之后，能够以更准确的面貌出现在公众面前。纷繁芜杂的用户生产内容需要被去粗取精、去伪存真，无序以及碎片化的用户生产内容需要被重新整合以赋予其意义。用户生产内容被专业媒体整合并与专业内容深度融合以后，才能够释放更大的效应。

（1）真实性的甄别

用户生产内容通常信源不明确，时间地点以及语境不明，内容也可能被篡改，这使其验证成为一个举足轻重、必不可少的过程。突发事件中，媒体验证用户生产内容的压力更是会被放大数倍。因此，看似免费获取的用户生产内容并不能为新闻媒体减少制作成本，反而会带来搜集、挑选、验证以及明晰版权过程中人力、财力的耗费。对于普通用户而言，其作为个人难以付出验证内容所需要的巨大投入；而作为集体，"人肉搜索"虽然力量强大，但时效性有所不足，且常处于道德争议之中。相比于此，媒体机构更具备对内容进行核实与溯源的有利资源以及专业能力。

（2）引导、规制与解释

用户生产内容不仅存在真实性问题、较为普遍的制作质量问题，还存在信息有效率、原创性（是否涉及侵权）、政治敏感性、法律道德伦理以及第三方广告等方面的问题。[1]专业记者与编辑需要对已有用户生产内容进行甄别和价值判断，在海量信息中为用户挑选更有价值的内容。除此之外，大量相关度低的内容也浪费了用户的注意力资源以及媒体资源。而新闻媒体不仅能够对碎片化内容进行整合分析，还能够提前在用户生产内容的生产过程中对用户进行引导，根据用户的职业特征、家庭背景以及社会资源等要素引导用户生产更有价值的内容。

（3）避免情绪极化

在突发性事件、争议性议题中，一些用户评论的非理性甚至情绪极化凸显，容易让话题跑偏，使公众的注意力转移到旁枝末节上，脱离事物的本质，打乱节奏。面对此种情况，一方面，媒体需要厘清建设性批评与探讨，不能采用一刀切的方式关闭评论；另一方面，媒体要对煽动性言论和某种特殊利益诉求的内容扶正纠偏，及时进行正确引导。

三、用户生产内容的整合与使用

用户生产内容逐渐成为新闻源之一，媒体也逐渐赋权用户。开放式新闻、分布式新闻、众包新闻等一些新的新闻采编方式应运而生。多数英美媒体认为2011年是用户生产内容在新闻编辑室真正风靡并走向主流道路的第一年，自此用户生产内容成为新闻采集的重要元素。[2]2011年3月，CNN "iReport"推出新板块"Open Story"，在CNN设定的报道主题下，用户可分享自己的原创图片、视频以及文字报道或评论，与CNN协同进行重大事件报道。而诸如网络聚合媒体《赫芬顿邮报》建立了一个用户博客贡献内容的开放平台，启动分布式新闻

---

① 赵宇翔，朱庆华. Web 2.0环境下用户生成视频内容质量测评框架研究［J］. 图书馆杂志，2010（4）：7.

② WARDLE C, DUBBERLEY S, BROWN P. Amateur footage: a global study of user-generated content in TV and online news output［R/OL］.（2014-04-01）［2021-12-03］. https://doi.org/10.7916/D88S526V.

（Distributed News），在2009年金融危机时期鼓励用户记录自己的故事，讲述金融危机对自己的影响，为"统计数据添加血和肉"，故事的视角、故事的素材更加多元开放。[①]2012年，英国《卫报》的开放式新闻（Open Journalism）把专业报道与用户新闻结合起来，这些都体现了对用户生产内容的积极采纳和使用。在国内，2019年，中央广播电视总台推出了综合性新媒体平台"央视频"，除了专业内容（PGC）外，也吸引具有一定内容品质的社会机构和个人账号入驻，并为其提供登上央视大屏的机会。顺应短视频潮流，地方账号"四川观察"抖音号采用OGC+UGC的模式，仅用了一年的时间就以3000万粉丝量的成绩，上升为媒体类蓝V账号的第四名，还多次成功"出圈"。OGC+UGC的模式，除了能使其保持高频的输出节奏，还能实现水平与垂直议程的相互交织，维护用户的忠诚度。[②]

从媒体转型发展总体来看，在新闻内容上对用户生产内容的整合与使用程度，体现出了媒体或平台发展的不同路径。总体而言，形成了三种模式：

第一，传统主流媒体仍然以专业内容生产为主，用户生产内容为辅，比如人民号、央视频、封面新闻等。

第二，一些新兴平台在聚合用户生产内容基础上进行专业生产，形成PUGC的模式，比如梨视频。

第三，科技平台以聚合用户生产内容为主，并采用算法推荐分发，比如抖音、快手、哔哩哔哩网站。

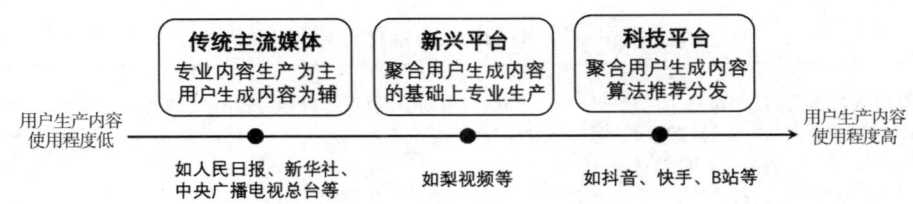

图3-3-2 媒体转型发展的三种模式

主流媒体与商业平台在规制并引导用户生产内容与激发用户资源之间形成了不同的诉求点：主流媒体更多通过规范和引导去适度利用用户生产内容；而商业平台在充分激发用户活力的基础上，形成了草根性的多元表达。

这其中，我们看到早期整合并以用户生产内容的使用为愿景的西方媒体均已出现式微，比如CNN的"iReport"，BBC的UGC Hub、Have you say 等；而以分布式新闻著称的《赫芬顿邮报》也在近几年关掉了博客功能，发展经营出现了危机。这让我们不得不重新思考，在新闻信息上，主流媒体在探索使用与开发用户生产内容上既要把握专业引导，更要具有用户思维，在垂直社群运维、引导等方面需要长期探索。

---

① 近几年来，《赫芬顿邮报》关闭博客，因为核心竞争力不明显，媒体本身也出现经营不善，但其早期充分使用用户生产内容的方式，的确是一种积极的创新。

② 朱育莹，罗威．"OGC+UGC""网生化""人格化"：地方媒体的"出圈"之路——以"四川观察"抖音号为例［J］．西部广播电视，2020，41（24）：1-3.

1. 随机搜索与整合

新闻媒体对用户生产内容最基础的使用，一是从社交媒体中搜寻获取，二是直接获取用户主动提供的素材。这主要涉及内容搜集、判断甄选以及内容验证三个关键的基础步骤，其中内容验证将在下一节具体展开。

（1）内容搜集

高新闻价值的用户生产内容可能会因网民的点击与多次传播而出现在新闻媒体的视野中，但价值平平的病毒性视频可能会充斥其中。在突发性新闻报道中，并不允许记者坐等高质量素材的出现，而是需要通过高效率的手段对用户生产内容进行搜集与获取。针对已经进入公众视野的新闻事件，尤其是突发新闻，一些主流媒体搜集用户生产内容的方法如表3-3-1所示。

表3-3-1　搜集用户生产内容的常见方法

1. 通过智能手机定位系统的信息筛选并监控特定区域发送的推特、微博等信息。
2. 搜索社交媒体中用户发布内容的话题标签。
3. 联系地方记者，以同当地警方、民众快速取得联系，找到需要的内容。

主流媒体同样能够依靠自身的权威性吸引用户主动为其提供新闻素材，在此前提下，通常有三种实践（见表3-3-2）。

表3-3-2　吸引用户提供素材的常见方法

1. 公布邮箱和联系方式（这是最常见也最早使用的方式）。采用新媒体账号搜集舆论，比如，新冠肺炎疫情期间，央视《新闻1+1》栏目在节目播出前通过微博话题"#岩松帮你问#"征集网友提问，在节目中向嘉宾重点展示所搜集问题，形成"专业媒体—用户"内容生产联合体。
2. 建立专门平台征集内容。专门开发与创立平台的媒体通常更重视用户生产内容的使用，如央视频。
3. 利用评论区，形成及时反馈。编辑记者在新闻报道后提出问题，吸引目标用户在评论区中回答甚至提供素材。

与商业社交平台不同的是，主流媒体赋予用户生产内容以规范和引导，形成专业+用户的PUGC的模式，聚合专业化、高品质的内容。比如央视频，作为视频聚合平台，其央级媒体的主流价值引领也渗透在对入驻的用户生产内容的要求上。

（2）判断甄选

互联网中的用户生产内容数量庞大，在搜集内容的过程中，媒体记者要根据自己的需求进行挑选。应当判断的内容质量主要包括两个方面：

首先是创作、制作质量，即视频、图片质量以及文字表达的基本水平。虽然西方媒体更倾向于在用户生产内容中选择制作专业水准较低的视频素材，如带有摇晃的镜头、现场混杂的音效以及更加个人化的拍摄等，但媒体仍然需要对创作质量进行把关，以避免内容质量过低而影响播出效果。

其次是新闻价值。擅长专业分析以及理性价值判断的新闻媒体，通过分析信息效率和新闻价值高低来进行挑选：哪些用户生产内容能获得更多用户关注，哪些用户生产内容能讲述更好的故事。因此，信息相关度更高、内容更详尽完整、新闻价值更高、视角更独特的用户生产内容通常会得到媒体的更多青睐。而如BBC的记者还会考虑哪些用户生产内容更适合讲故事、更容易抽离出好的叙事角度。

2. 协同新闻报道

在直接使用的基础上，媒体有意识地汇聚用户生产内容，与用户协同开展新闻报道则是用户生产内容使用的进阶层次。新闻工作者应在思想与策略上拥抱用户的参与，同时更要保留对于包括用户生产内容在内的整个新闻生产质量、话语、导向的掌控，在协同报道的过程中对用户生产内容生产进行科学、妥善的引导、组织与运用，从而形成UGC内容采集与PGC专业生产相整合的生产模式。目前，大部分主流媒体客户端都开通了可供用户上传内容的渠道，比如新华社的"全民拍"、人民视频的"投稿"、北京时间的"时间拍客"、闪电新闻的"闪电拍客"、甬派和极目新闻的"报料"、新湖南的"我要投稿"、小时新闻的"发帖报料"等，且用户上传内容的标志醒目，或被设为底部栏目、首页浮窗，上传内容页面操作简单方便，在平台渠道上鼓励了用户参与新闻内容生产。有的媒体会通过奖金调动用户的积极性，为专业媒体生产提供素材，打通用户协同生产的第一步。笔者研究团队对全国媒体深度融合的问卷调查结果显示，经常和总是采用用户生产内容的主流媒体约占33.43%，而在采用内容的形式偏好上，视频、图片位居喜好榜前两名。[①]

梨视频作为用户生产内容的积极使用者，我们来看看其对用户生产内容的开发。梨视频是我国的一家主打原创资讯类短视频平台，自2016年11月上线以来，在全球拥有6万名核心拍客，日产短视频超过1000条。[②]梨视频大部分视频时长在30秒到3分钟之间，以展现新闻事件最精华的内容，满足当下用户使用习惯，这意味着平台需要通过提高原创内容的日推量来强化用户的使用黏性，而对于这个仅有200余人的团队而言，其对于用户生产内容的依赖性是非常强的。梨视频的成功，很大程度上来源于其在动员和组织UGC内容进行新闻报道过程所建立的较为完整的协同生产体系。梨视频采用基础稿费+24小时内点击奖励的方式鼓励用户投稿，用户可以通过"报料"成为拍客拍摄视频，这些素材由散布在世界各地的"拍客"上传至平台后，由平台专业编辑团队进行审核和后期编辑，之后进行上传与推广。平台以播放量、社会价值、影响力等多个指标对发布的视频进行排榜，对上榜拍客进行额外的奖励，以鼓励拍客提供更多优质内容。此外，梨视频在各省级区域安排了主管人员，负责在日常工作中对拍客的拍摄提供专业辅导，让拍客在实践中逐步具备专业生产者的意识、能力与素养。

[①] 笔者研究团队于2021年5—7月向全国央、省、市、县各级主流媒体进行了问卷调研，共发放问卷5121份，最终收回有效问卷4537份；针对主流媒体从业者的一对一半结构化访谈同步开展，深度访谈15人，其中管理岗8人，采编岗7人。

[②] 梨视频版权库［EB/OL］.［2021-07-10］. https://banquan.pearvideo.com.

3.目标任务的策划与分发

（1）内容生产组织化

将用户分门别类，并通过策划为其提供明确的报道目标，设定报道任务，是针对特定事件或选题融合用户生产内容。此类成功案例最早可以追溯到2008年《赫芬顿邮报》启动的分布式新闻，其为报道美国总统大选的"走下大巴"（Off the Bus）活动，采用博客生产的方式，向普通用户分发采访任务，大约1.2万名用户参与了总统大选报道，比如跟踪奥巴马在十几个州的拉票过程被分给50—100名普通人，每人每天花上一个小时就能完成一个记者两个月才能完成的工作。这些参与者只需要填写统一的表格，并写上自己的观察，然后将素材统一交给"Off the Bus"的编辑，最后写出一篇完整的报道。①该项目获得了很大的反响，成为《赫芬顿邮报》分布式新闻的肇始。又如，新冠肺炎疫情期间，央视纪录频道推出融媒体系列微纪录片《武汉：我的战"疫"日记》。纪录片内容均由片中的医护人员、普通市民、外地援助者、留守武汉的外国人等拍摄提供，这些一线的亲历者从自身视角出发，向观众讲述疫情下自己的工作与生活，记录武汉抗击疫情的真实情况。这些素材来源于央视与快手等短视频平台的联合征集，以及向部分有潜力的自媒体作者的定向邀约，经过央视纪录频道剪辑、合成与包装，最终呈现在受众面前。南方报业"南方+"在2020年我国全面建成小康社会之年，发起了用户"走向我们的小康生活"新媒体爆款大赛，鼓励用户记录自己的小康生活，丰富了媒体报道素材。

（2）发布平台社区化

仅有发布渠道还难以将用户聚集在媒体身边，平台的社区化则符合目前互联网发展趋势，能够稳定用户数量，使用户生产内容常态化、持久化、系统化。此外，用户生产内容虽跨足信息生产行列，但也正是在社区开放环境下才增加了大众关注与散布的机会。用户在社区中既生产、消费，也搜集、展示。②

组织用户生产，既是生产内容的方式，也是运营内容的手段。③ CNN早期的"iReport"通过故事建立用户连接，形成社群创作分享。移动新媒体时代出现了如央视频的"央友圈"、澎湃新闻的"澎友圈"、封面新闻的"青椒"、《钱江晚报》的小时新闻的"帮帮团"等，这其中，"青椒"拍客有10,000名拍客，年产视频1万余条④，通过社群运营在封面新App互动频道互动，用专业拍客内容和意见领袖（KOL）效应提升封面新闻活跃度，并通过线上线下相结合的方式来加强活跃度。除了新闻之外，在垂直领域展开拍客社群的运维，比如汉服圈等泛文化领域形成了较为稳定的社群。"帮帮团"是小时新闻客户端改版后新设的用户

---

① 胡泳."报纸已死"还是"报纸万岁"？（上）——以《赫芬顿邮报》和《纽约时报》为例[J].传媒，2012（6）：54-56.

② 黄昭谋.分享的创造性破坏：从使用者自制内容到策展[J].现代传播（中国传媒大学学报），2014，36（5）：116-121.

③ 邓崴.深化本地连接 形成价值闭环——钱江晚报深化媒体融合改革的探索[J].新闻战线，2021（11）：32-34.

④ 笔者2021年7月10日对封面新闻记者的访谈.

互动板块,既是一个用户报料、求助、投诉的平台,也是一个用户分享生活、直接参与内容生产的平台,目前设有18个群组。

记 住

　　赋权用户、释放用户生产力、鼓励用户参与到新闻生产传播之中,是用户思维的应有之义。

第四节　新闻核查机制

　　互联网释放了用户的生产力,增强了新闻报道的快反能力和多元视角,但用户生产内容也是一把双刃剑,由于专业性的缺失、个人或团体的利益诉求,用户生产内容泥沙俱下,导致新闻失实现象泛滥。

一、互联网新闻失实的产生机制

　　从某种程度上而言,传统媒体的信息发布机制是先审核后发布,信源的交叉核实(Cross Verification)、事实核查是新闻采编的常规流程。而开放的互联网信息平台是先发布再审核,导致信息判断的复杂性。社交平台的自由发声使未经核实的消息、谣言、流言扩散,甚至导致情绪极化和舆情高涨。对用户生产内容的扶正纠偏,既有赖于政府信息的公开透明,也依赖对事实的核查。对互联网上的信息进行核查、求证,助力清朗空间,成为主流媒体、社交平台非常重要的工作,进而形成一种新的新闻类型——"事实核查"新闻。

1. 人工伪造

　　当自媒体争相发布信息时,一些看似真实的信息可能是伪造、篡改或者捏造的。尤其是在可视化盛行的传播语境下,伪造的甚至片段式的图片或视频更容易混淆视听,比如"成都七中实验学校食品安全问题"。2019年3月10日下午,成都七中实验学校小学部四年级1班6名学生家长送学生返校后,向学校反映学生在3月8日下午出现过肠胃不适的情况,要求前往食堂查看,并对食堂有关情况进行拍摄,将部分图片发至网上。[①]因为事关未成年人,该信息迅速在社交平台上引起话题。在学校食堂应要求开放给家长检查时,一些不法分

---

① 成都七中实验学校食堂管理问题事件经过通报:家长见证下 13日凌晨食品取样送检[EB/OL].(2019-03-17)[2021-03-01]. https://baijiahao.baidu.com/s? id=1628228479039673046&wfr=spider&for=pc.

子把姜黄粉、红曲米等物质撒在食材上，伪造食材变质，并拍下照片发到社交平台上，还有一些网民使用网络上以往霉变食材的照片混淆视听，迅速引起舆情和群体事件。经过政府、警方和校方及时公开信息，澄清事实，事件才得以平息。

图3-4-1 "成都七中实验学校食品安全问题"监控拍摄下的不法分子造假场面以及网络照片和事件现场拍摄照片对比[①]

此外，"四川德阳女医生自杀事件"中对视频断章取义、"四川成都49中学生坠亡事件"中学生家长的微博质疑以及网传谣言等，让我们认识到在后真相的语境下，需要对事实核查提出新要求。

2. 深度伪造

"深度伪造"（Deep Fake）更加大了事实核查的难度，需要核查技术和思维创新。深度伪造技术俗称"换脸"技术，是深度学习（Deep Learning）与伪造（Fake）的组合词，实质上是一种声音、图像与视频的智能处理技术，建立在海量大数据、精准算法和先进硬件技术基础之上。深度伪造一开始专指基于人工智能尤其是深度学习的人像合成技术。随着技术的进步，深度伪造技术已经发展为包括视频伪造、声音伪造、文本伪造和微表情合成等在内的多模态视频欺骗技术。[②]简要分析起来，深度伪造依靠的是"深度学习"技术中卷积神经网络（Convolutional Neural Network, CNN）[③]以及一种名为"对抗生成网络"（Generative Adversarial Network, GAN）的模型[④]等算法。

其中，卷积神经网络具有表征学习能力，是深度学习中有监督学习方法，能够按其阶层结构对输入信息进行平移不变分类，可以看成是人类视觉机制的简单模仿。卷积神经网络的权重共享网络结构类似于生物神经网络，它降低了网络模型的复杂性并减少了权重的数量，当网络输入的是多维数据时，这个优点更明显。另外，卷积神经网络替代了传统机器学习算法中复杂的特征提取以及数据重建过程。因此，在计算机视觉的很多问题上，卷积神

① 惊天大反转？成都七中实验学校食堂事件最新结果：只有粉条是真发霉……[EB/OL].（2019-03-17）[2021-03-01]. https://finance.ifeng.com/c/7l7f8QXrGEL.

② GANGESHWAR K, et al. A deep learning approach for multimodal deception detection [J].arXiv, 2018, 3（44）：5-6. 转引自龙坤，马钺，朱启超.深度伪造对国家安全的挑战及应对 [J].信息安全与通信保密, 2019（10）：21-34.

③ 龙坤，马钺，朱启超.深度伪造对国家安全的挑战及应对 [J].信息安全与通信保密, 2019（10）：21-34.

④ 王禄生.论"深度伪造"智能技术的一体化规制 [J].东方法学, 2019（6）：58-68.

经网络取得了当前最好的结果。

　　更为复杂的是，与普遍意义的深度学习技术使用单一神经网络不同，GAN作为无监督学习方法，引入了"对抗"机制，采用两组神经网络进行"对抗"性演练。其中一组神经网络的定位为"生成器"，负责基于"源数据"创建目标图像模型，从而生成伪造的图像；另一组神经网络的定位为"鉴别器"，负责基于真实的目标图像对"生成器"生成的伪造图像进行验证。[①]"源数据"是从互联网搜索引擎或社交平台上获取目标人物（"源"）的视频、图像，以此供人工智能技术训练的数据集。通过不断的对抗性训练，每一种算法都在改进，不断自我优化，进而生成逼真度极高的虚假视频内容，把"目标人脸"替换到"原始人脸"上。对于互联网上文字、图片、视频等数据信息越多的名人或者政治家，这种对抗性训练获取的"源数据"也越多，深度学习算法参照的真实数据或模拟数据也越多，不断地对抗—改进—对抗—改进，其合成的图片、视频等也越逼真，直至达到以假乱真的程度。

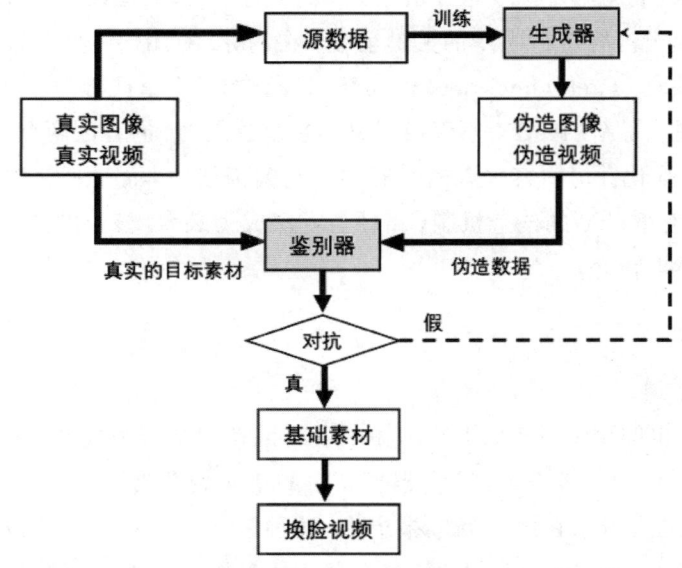

图3-4-2　深度伪造技术流程

　　从具体的技术呈现而言，深度伪造主要分为四类，基本从人的运动和感知系统入手伪造：一是换脸技术（Faceswap），把"目标人脸"替换到"原始人脸"上；二是唇形同步（Lip Sync），把合成的唇形替换到"原始人脸"上，伪造此人按照目标语言说话的假象；三是面部复现（Facial Reenactment），把伪造的表情移植到"原始人脸"上，让其按照指令做出目标表情；四是动作转移（Motion Transfer），把目标人的身体运动替换到原始人的身体上。

　　从媒介形态而言，深度伪造包括视频、音频以及文本和微表情伪造。从技术复杂性而

①　王禄生.论"深度伪造"智能技术的一体化规制［J］.东方法学, 2019（6）: 58-68.

言,有研究者把伪造分为深度伪造和廉价伪造(Cheep Fake)。^①深度伪造技术复杂,需要专业知识,依靠专业操作;而廉价伪造是为大众提供的简便技术,依靠算法自动生成。开源的换脸软件也让深度伪造的门槛大大降低,用户使用换脸软件自动生成想要的效果,结合Adobe等图像处理软件,图片视频的修改、伪造更为普及。因此,在全员媒体时代,伪造技术的普及实际上让舆论信息环境更加复杂和难以分辨,更对事实核查提出了前所未有的挑战。

二、新闻事实核查路径与方法

融合新闻报道生产最理想的状态是:专业新闻生产与用户生产内容在一系列的合作、确认、纠错中,最终能提炼出报道事实的本质。而越容易从用户中收集的数据,验证的难度就越大。面对用户生产内容渠道多元、数量庞大、良莠不齐的特点,当其成为记者的重要信源时,确保真实性就成为用户智慧能否充分发挥的关键一环。"验证"(Verification)成为专业媒体引入用户生产内容进行生产的关键前提。在西方,对用户生产内容的验证和对政治人物言论的事实核查(Fact-checking)构成新闻核查的两个重要部分。融合新闻对新闻工作者的专业素质提出了新的要求,不仅要提升信息收集能力、内容创新重组能力、图片视频编辑能力,还需要强化针对内容来源的怀疑精神与验证能力。而对于新型主流新闻媒体机构而言,一套严格有效的新闻核查机制、路径与方法成为必需,核查的方式也从传统的人工核查向人机协同核查转变。

1. 核查方式

(1)求证性报道

求证性报道,也即事实核查新闻的一种,通过记者传统的现场核实的方式展开。抵达现场仍然是主流媒体新闻核查的法宝,根据获得的新闻线索或网络信息,记者现场实地调查采访,进行求证性报道。在融合新闻报道中,这种依靠记者的求证性报道仍然是重要的事实核查方法。例如,2013年4月,"长春老人菜市场晕倒,178人无视跨过,仅有1人施救"的消息在网络上铺天盖地传播,引发大量网民议论。但央视、新华网等媒体记者实地调查和采访当地居民后发现,这是有人对事发现场监控画面做了加速、剪辑处理之后将其放到了网上,并不是真实情况。面对互联网社交圈层的图片或小视频,记者抵达现场的求证性报道是最直接有效的核查手段。

(2)人机协同核查

在互联网信息平台中,依靠自动化新闻核查技术,采用机器智能核查结合人工复审成为新媒体时代的普遍核查机制。首先通过算法关键词搜索和过滤,然后通过人工进

---

① PARIS B, DONOVAN J. Deepfakes and cheap fakes: the manipulation of audio and visual evidence [M/OL]. (2019-09-18)[2021-03-01]. https://datasociety.net/output/deepfakes-and-cheap-fakes/.

行审核。比如，Storyful研发的信息监测工具"新闻专线"（Newswire）对推特、脸书等社交媒体上的热点UGC内容进行实时监测。首先，Newswire将系统抓取到的热点素材推送给人工编辑团队，然后由人工编辑团队依据职业新闻敏感判断可能具有新闻价值的信息，或可能存在问题的内容。与此同时，人工团队还会借助技术手段对视频、图片的真伪进行核实，通过用户的地理位置、内容话题等进行甄别与判断。在确定其真实性后，Storyful会与信源联系，根据后者回复的情况，为图片或视频贴上"事实清晰""等待回复""已经授权""尚未回复"等"鉴定"性标签，这个贴标签的过程就相当于完成了信源的核实工作。

对于深度伪造技术的核查，《华尔街日报》也做了探索，其媒体求证委员会在调查深度伪造材料方面，大致采取了四种方式：[①]

第一，核实素材的来源，联系信源，获取视频制作时间、地点，尽可能多地获取信息并加以核实。对于网络上的视频，除了核实生产者和发布者等信息外，还需使用InVID等软件解析视频的元数据。除此之外，还会借助与专业机构如Storyful合作，进行专业验证。

第二，尽量寻找视频的原始或最初版本。利用逆向图像搜索引擎如Tineye或者Google Image Search 等挖掘可能的原始素材，进行比对核实。

第三，对素材进行技术甄别，比如，运用Final Cut等软件对图像进行逐帧审看，寻找面部、嘴部等微表情、不自然的光线或运动、肤色等细节漏洞。

第四，对于声音素材，则查看不自然的语调、特异的呼吸、金属声，或明显经过剪辑的声音，这些都有可能是人工智能生产的素材。但是有时候，压缩的视频也会呈现出上述特征，这对验证构成了挑战。

总结以上诸多媒体的实践，我们大致可以梳理出一个基本的核查方式：

第一，事实核查中，现场求证是永远不过时的利器，包括采访、求证、询问当事人、亲历者、旁观者和专业研究者。

第二，对内容本身如信息来源、内容呈现的可参照物（地点、环境、天气、日出、日落）等进行核查。

第三，相关专业技术验证，包括搜索技术、视频核查技术、人工智能核查技术。新闻核查技术（Fake News Detection）通过摄入大量的真实新闻和虚假新闻进行统计分析，根据准确性、确定性等指标对一则未知真假的新闻文本的真实性进行概率计算，评估其为假新闻的风险。[②]深度伪造中使用的深度学习技术也能被用于新闻核查。有研究者提出，自动核查

① MARCONI F, DALDRUP T. How the Wall Street Journal is preparing its journalists to detect deepfakes［EB/OL］. （2018-11-15）［2021-03-01］. https://www.niemanlab.org/2018/11/how-the-wall-street-journal-is-preparing-its-journalists-to-detect-deepfakes/.

② 陈昌凤，师文.智能化新闻核查技术：算法、逻辑与局限［J］.新闻大学，2018（6）：42-49+148.

技术根据核查系统的输入源和计算原理,可以分为新闻内容模型和社会情境模型。[1]基于新闻内容模型的自动核查,利用自然语言处理技术,聚焦新闻内容,让机器接受真假新闻的标记数据训练,从而辨别真假新闻的差异,并进而在实际的应用中鉴别真假新闻。基于社会情境模型的自动核查,则以信息的社交传播情境为重点,根据用户与内容、用户与用户之间的交互等上下文情境来甄别假新闻。[2]

第四,人机协同,无论是借助人工智能验证还是专业媒介技术审核,人始终是事实求证的核心,是新闻报道的定盘星。

2. 制度规范

针对用户生产内容真实性的求证问题,美联社、路透社、《纽约时报》、BBC等西方媒体近年来都相应增强了对社交媒体使用的指引,制定了相应的核查制度。例如,来自BBC、ABC、Digital First Media等媒体的一线记者以及相关领域专家共同编著的《新闻真实性验证手册》[3]包含了"验证用户生产内容""验证图片""验证视频""建立验证程序和检查清单""验证工具"等内容,详细规范了新闻事件发布的原则,为记者在紧急情况下使用用户生产内容提供了可行的实践建议。

美联社修订的《美联社雇员社交媒体指南》中也有专门针对用户生产内容的规范。记者编辑需要追查内容的原始来源、记录提供者的名字,交代提供者与事件的关系,不发布不确定的内容,即便该内容具有难以置信的吸引力。同时对社交网络的消息源做了如下规定:

- 社交网络上的消息源必须核实。
- 不能简单地从社交网络上引用内容、图片或视频,并将其视作社交账户的原创。
- 必须通过电话向消息源所在的机构确认。
- 引用新闻人物在推特上的内容之前,要确认是谁在管理该账号。
- 在新闻报道中引用来自社交媒体的图片、视频和其他多媒体材料,必须确认这些材料的版权归属,在使用之前须取得版权人许可。
- 支持记者与用户展开互动。经读者或观众提醒纠正了错误,应向对方致谢。如果用户评论中的事实有误,如果时间允许,最好回复,并澄清事实。[4]

---

[1] SHU K, SLIVA A, WANG S, et al. Fake news detection on social media: a data mining perspective [J]. ACM SIGKDD explorations newsletter, 2017.

[2] 陈昌凤,师文.智能化新闻核查技术:算法、逻辑与局限 [J].新闻大学, 2018(6):42-49+148.

[3] SILVERMAN C. Verification handbook: an ultimate guideline on digital age sourcing for emergency coverage [M]. European Journalism Centre, 2014.

[4] Social Media Guidelines for AP Employers [EB/OL].(2013-05-01)[2020-03-01]. https://www.ap.org/assets/documents/social-media-guidelines_tcm28-9832.pdf.

3. 建立专业审核团队

以往新闻从业人员只需对自己生产的新闻选题的消息来源进行求证,而现在面对海量的用户生产内容,建立一个审核团队机制显得非常必要。比如,《华盛顿邮报》的Factchecker专栏团队,以事后核查的方式对已发表的政治言论进行核查,其"匹诺曹测试"以匹诺曹头像数量的多少来显示政治言论的可信度。为了防止个人化内容的引入而导致新闻质量下降,BBC自2005年起专门成立了"用户生产内容中心",以协助编辑确定用户提供的视频和图片真实性,审核工作的主要内容如下:

- 与信息的原始来源取得联系;
- 如果信息看似是真实的,保持开放的心态,但要持怀疑态度;
- 在网上搜索该信息首次出现的时间;
- 咨询有关专家;
- 使用技术工具,包括谷歌地球(Google Earth)等,但不完全依靠技术的自动验证;
- 参考社交网站上对该事件的评价和判断。[①]

由此,也能看出事实核查的基本要素为:第一,内容本身如信息来源、地点、环境、天气;第二,第三方专业人士咨询求证;第三,相关技术验证。

4. 与专门的事实核查机构合作

甄别假新闻的极度需求,催生了专门的事实核查机构,他们有的是出于公共服务的目的,有的是以市场盈利为目的。前者如美国宾夕法尼亚大学安南伯格公共政策中心建立的"事实核查"(Factcheck. org)网站,后者如有"社交媒体时代通讯社"之称的Storyful、Snopes以及政治核查网站Politifact。[②]其中,Storyful的用户面向《纽约时报》、路透社等西方主流媒体,Politifact是波因特学院下属《坦帕湾时报》(*Tampa Bay Times*)于2007年创办的,自2009年以来,每年推出一次"年度政治谎言"(Lie of the Year),其与《迈阿密先驱报》等众多媒体合作,进行新闻事实核查。美国新闻事实核查机构的特点主要有两方面:一是"只核查事实不核查观点,重点考量事实的可核查性(Checkability)";二是"操作规则注重科学性"。[③]

5. 基于新兴技术的验证工具

(1)使用开源工具

许多媒体和平台提供开源工具来挖掘数据,辨识信息内容真伪,目前已经有许多工具

---

① Inside the BBC's Verification Hub[EB/OL].(2012-07-06)[2021-03-01]. https://niemanreports.org/articles/inside-the-bbcs-verification-hub/.

② 申金霞.后真相时代社交媒体平台的事实核查分析[J].新闻与写作,2019(3):57-58.

③ GRAVES L. Deciding what's true: the rise of political fact-checking in American journalism[M]. New York: Columbia University Press, 2016.

可以对用户身份、地点和图片信息进行自动验证。比如，2015年11月23日，由谷歌主导建立的First Draft News上线，旨在帮助记者掌握核查信源的必要知识及工具，精准找到、核查目击者发布的信息，并加以使用。该网站将打造"新闻从业人员最佳训练指南"，通过"分辨结合分析""案例结合趋势"的形式进行方法论教学，不仅能够帮助记者高效生产，还可以帮助一些"在这些领域进行科学研究的从业人员"有效利用UGC内容。再如，英国《卫报》的全新众包平台Guardian Witness具有内置的验证功能，通过检验图片的EXIF数据，显示一张照片是如何拍摄的以及曝光时间等。

（2）在线事实核查

为了方便机构和用户对新闻事实进行及时核查，较快辨明社交平台的信息真实，降低事实核查的门槛，媒体和社交平台也成立了专门的核查平台，比如上文提及的美国的事实核查网站和一些"测伪网站"。目前我国具有影响力的事实核查平台可以分为五类：

第一类是由政府机构建设的。以中央网信办违法和不良信息举报中心主办、新华网承

图3-4-3　中国互联网联合辟谣平台截图

办的中国互联网联合辟谣平台为例。中国互联网联合辟谣平台设立了权威发布、部委发布、地方回应、媒体求证、专家视角、辟谣课堂、案例分类、真相直击、读图识谣等栏目，具备举报谣言、查证谣言的功能，可以获取相关部门和专家的权威辟谣信息。其内容主要来源于权威媒体、政府机构发布的信息，以及地方辟谣平台上的相关内容。网友可以在其辟谣数据库内查询有关问题，并且可以在线提交谣言线索。地方的如北京地区网站联合辟谣平台，于2013年8月上线，在北京市网信办和首都互联网协会指导下，由千龙·中国首都网联合搜狗、新浪微博、搜狐、网易、百度等6家网站共同发起。再如四川互联网联合辟谣平台，由中共四川省委网信办主管、四川省互联网不良与违法信息举报中心主办、封面新闻承办，根据封面新闻介绍，它依托封面传媒智媒体平台，利用其在大数据及人工智能等方面的优势，可以第一时间抓取官方发布的辟谣信息，通过算法进行数据整合。

第二类是由主流媒体建设的。这类平台主要有《人民日报》"求证"栏目（2011年1月）

图3-4-4　新华社"问证"截图

（深度调查性报道栏目）、人民网"求真"（2011年12月）（侧重社会时政辟谣）和新华社"问证"等。以新华社"问证"为例，它于2020年年初新冠肺炎疫情暴发时开始上线。在新冠肺炎疫情期间，新华社客户端于醒目位置放置"我要求证"图标入口，邀请用户上传图片及疑问并交由记者和专业人士核实。其求证平台具有问答、求证、征集三类功能，平台工作人员会及时汇总网友的科普答疑类问题，并转交权威机构作答；面对真假难辨的疫情信息，新华社会帮网友进行辨别并发布鉴别结果；对网友提出的关注度较高的新闻线索，新华社会安排记者采访并在平台上反馈。

地方媒体主办的辟谣平台有澎湃新闻的"澎湃明查"，还有上海辟谣平台。以上海辟谣平台为例，它是由上海市互联网信息办公室与解放日报·上海观察联合打造的网络辟谣权威平台。其网站下设权威发布、谣言终结、求证实录、辟尔摩斯实验室、涨姿势、捉谣记FM、辟谣报告、听他咋说和我有疑问九个板块。该平台上有辟谣主体（官方为主，如公安部门、卫健委等）发布的辟谣信息，也有很多权威新闻媒体发布的信息，此外还有一些由专门作者撰写的文章，除实名署名外，文末还会附上上海辟谣平台的邮箱。同时，上海辟谣平台也会发布来自其他地方辟谣网站的内容，以及互联网联合辟谣平台的辟谣信息。

第三类是由社交媒体建设的。以影响力较大的腾讯较真平台为例，它是腾讯新闻2015年推出的较真栏目，2017年升级为专业化的事实核查平台，2018年进一步推出微信新闻辟谣小程序"较真辟谣神器"。较真平台的辟谣不仅仅给出结论，而且还会梳理一个谣言形成的原因和传播的过程。较真平台会通过大数据监测微信、微博等网络平台发布的各种谣言，并从中选出备受网友关注和热议的话题进行核实，同时网友也可以在平台上进行提问。腾讯较真平台进行查证的渠道主要来自各领域的权威机构和学者，以及权威媒体的报道和政府信息。腾讯较真有自己的核查团队，同时也会邀请外部作者加入。除此之外，它还与国外事实核查机构合作，例如，2017年2月，腾讯较真平台进驻杜克实验室全球事实查证网站数据库的站点。此外，还有抖音辟谣专区（侧重于科普、养生类，对新闻事实内容的核查较少）、"微博辟谣"官方账号、#微博辟谣#话题（转载政务微博、媒体微博的辟谣信息）等。

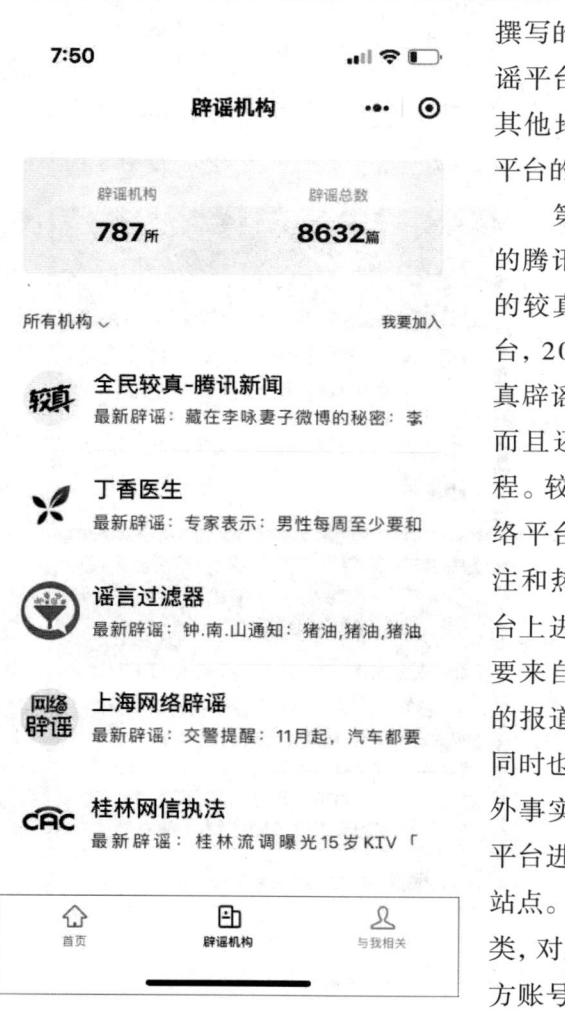

图3-4-5　社会媒体建设的辟谣平台

第四类是由网络组织建设的。以果壳网的"谣言粉碎机"为例，果壳网于2010年10月推出谣言粉碎机板块，由较高学历的成员组成，团队的学科背景涵盖物理、生物、电子、数学、植物等诸多领域。

第五类是由高校实践团队组织的。例如南京大学新闻传播学院开设"事实核查"课程时创办的教学实验号"NJU核真录"，在培养学生的事实核查技能的同时，回应社会焦点，具有一定的社会反响。

（3）人工智能核查

越来越多的核查机制引入了人工智能技术，通过智能算法对新闻进行自动化核查。比如，Hackathon团队开发了名为"Notim. press"的应用程序，采用智能算法来检测假新闻，用户在谷歌中输入链接时，通过这一应用程序，可自动获取网站的Alexa排名、情绪分析、跳出率、地理位置和标题Clickbait（点击诱饵）检测得分等，帮助用户根据结果迅速辨别该网站新闻的真实和友好程度。

从文本而言，有基于内容线索的算法模型，其依靠自然语言处理技术（Natural Language Processing），聚焦新闻的内容——标题、正文和少量附加的元数据。此类算法模型的原理是通过人工创作、数据抓取等方式获取大量的假新闻，将带有真假标记的假新闻和真新闻数据输入程序，程序统计两类文本在语义特征上的差异，如单词使用、修辞、句法、代词、连词、情感语言等指标，锁定真假新闻在语言学视域上的差异，进而实现对任意给定文本的真伪判定。[1]也有如脸书的DeepText利用深层神经网络架构对文字内容进行分析。

但是此类根据传统语义线索的算法模型，无法应对复杂的新闻语态和多元的新闻形态。于是，又有了面对更多新闻形态的算法模型，AI内容安全检测主要采用深度学习模型，从文本、图片、音频、视频等内容维度，智能识别其中的不良违规信息（见图3-4-6）。[2]

除了识别单个内容产品之外，人工智能通过算法和用户画像，对用户信誉度和安全性进行建模，实现安全评级。根据用户注册认证的业务数据、历史上用户上传的内容和审核数据，对用户进行画像，统计用户的特征，并自动化标注其等级，从而达到对用户的智能预测，以此作为其内容核查的基础。

6. 群体智慧的自洁功能

正如上文提及的群体协作，事实核查和纠错也可以依赖互联网在线的群体智慧，通过协作，核查事实，从而发挥自组织的净化能力。有人提出引入"众包型"的事实核查流程，以碎片化信息时代用户的认知盈余为基础，利用用户承担责任、自我塑造、交流互动等心理鼓励其进行事实核查、结果分享，并辅之以专业编辑团队利用大数据、区块链等新传播

---

① 　陈昌凤, 师文.智能化新闻核查技术：算法、逻辑与局限［J］.新闻大学, 2018（6）：42-49+148.

② 　构建用户安全评级, UGC智能化审核应用实践［EB/OL］.（2021-04-02）［2021-04-05］. https://blog.csdn.net/weixin_38753262/article/details/115410333.

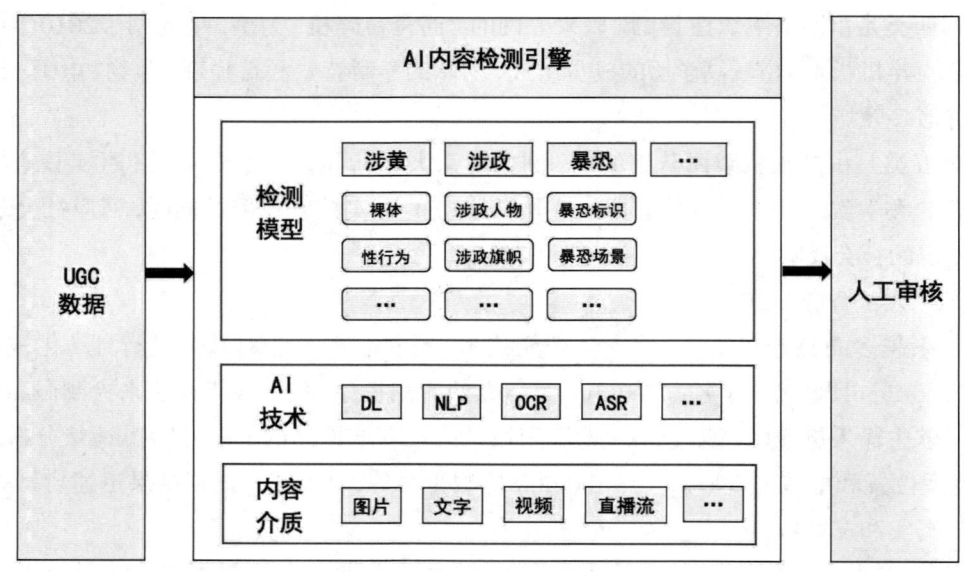

图3-4-6　人工智能协助事实核查的过程

技术进行的事实核查。[①]比如，"较真"除了栏目记者编辑，还依赖众多的用户进行判断甄别。企鹅智酷发布的《2017中国新媒体趋势报告》显示，有70%以上的用户会有意浏览新闻下方的评论区。对于用户喜欢看评论的原因，报告显示"判断新闻对错和价值"的用户占比78.6%。[②]因此，通过用户的评论也可以为新闻真实的判断提供参考。可以通过引导用户进入事实核查的流程中，发挥用户智慧。此外，更要发挥意见领袖的作用。

　　由于个人化和非专业化特性，用户生产内容先天缺少准确性和客观性，需要专业媒体的约束，对内容真实性的求证就是约束的一个方面。传统的专业媒体和新兴网络媒体在使用用户生产内容和求证方面既有共同点，也有区别。共同点在于引入用户生产内容成为不可避免的趋势。无论是传统专业媒体，还是新兴网络媒体，要取得长足发展，求证用户生产内容必不可少，并且都有将求证制度化的趋势。区别在于传统专业媒体更注重媒体内部求证团队的建设，而新兴网络媒体则在建立规则的基础上，更多靠用户反馈来提高内容质量。这也正是两者可以互相学习的地方。

 记 住

　　传统媒体的信息发布机制是先审核后发布，开放的互联网信息平台是先发布再审核，事实核查成为维护新闻真实的重要手段。

①　王军，王鑫.国内外对失实新闻的核查机制初探［J］.新闻爱好者，2019（2）：42-45.

②　中国新媒体趋势报告2017：通向媒体新星球的未来地图［EB/OL］.（2017-11-16）［2020-03-02］. https://mp.weixin.qq.com/s/klp1sl9-GzNKPSLnDOg1Xw.

❓ 思 考：

1. 从大众到用户，融合新闻的生产传播应当满足用户何种需求的迁移？

2. 虚假新闻的泛滥是互联网去中心化发展的必然结果吗？为什么？

3. 如何发挥用户参与新闻生产传播的效能，同时又能维护新闻真实性并进行有效的价值引导？

4. 事实核查有哪些途径和方法？主要核查的要素有哪些？

第四章
融合新闻策划

CHAPTER

策划是系统思维和整体考量，融合新闻策划是在用户、技术、内容、传播渠道和载体综合分析基础上的一体化设计和系统生产，并在报道或产品发布之后的运维管理，是从以用户为出发点又回到用户维系的系统工程。与传统新闻不同的是，融合新闻策划是以用户为导向，在新闻生产流程再造的基础上，针对不同介质报道和传播的一体化策划，这都体现出了融合的鲜明特色。

第一节　用户思维下的策划

融合新闻具备用户思维的策划就是以用户价值为核心设计选题方向、内容深度、形态表达、传播渠道和传播方式。用户是策划的起点，而不是传统媒体传播的终点。因此，在策划阶段就需要辩证地去理解用户需求满足的含义。

一、理解用户需求

在第三章中，我们已经分析用户对媒体的总体价值需求，在这里不做赘述。本章更多从微观操作的角度去把握用户需求和公共价值的平衡，以用户需求为导向，但以价值引领为内核，以话题引导为手段。

1. 用户需求

从内容满足公众利益价值抑或满足垂直社群需求的角度，确定新闻选题和内容方向。无论是公众利益价值还是垂直社群需求，新闻价值要素仍然是主要的评判标准，但二者的侧重点略有不同。从满足主流价值而言，更侧重于新闻价值的新鲜性、重要性和显著性。但即便如此，融合新闻策划的出发点仍要从传统的以传者和内容为中心向以用户为导向转变，在满足用户需求与主流价值引领之间找到最大的"公约数"。

《"央广主播的朋友圈"系列H5报道》二维码

比如，《"央广主播的朋友圈"系列H5报道》团队在前期策划中始终思考的问题是严肃的时政报道内容如何能够更易被用户接受，形态创新的背后更多的是对于用户的理解以及对于如何做出吸引用户的内容的探索。在对内容的把控上，首先考虑的是与用户密切相关的两会内容，转换思考视角，从用户逻辑出发，真正考虑用户想看什么、用户真正关切的问题有哪些；从收集公众身边的关注点入手，再结合两会的宏观议题，最终确定朋友圈的呈现形式；从内容逻辑出发，使得形式与内容做到真正意义上的融合，避免了形式与内容"两层皮"的情况。朋友圈的形态选择充分体现了用户的社交化、互动性需求，从用户的日常生活出发，寻求公众关心的民生问题以及公众易于接受的信息呈现形式，从而使得内容更具贴近性，更好地满足用户的信息需求。

对于满足垂直社群的内容信息而言，事实仍然重要，但要根据事实对用户的需求满足进行考量，更注重新闻与用户的接近性和内容的趣味性。调研分析定位用户的标签化特征，在年龄、职业、兴趣、地缘、文化等方面进行匹配，通过大数据分析对用户进行画像，从不同的平台和终端触达用户，使新闻内容价值与用户需求高度匹配。

2. 价值引领

从新闻传播的角度而言，以用户为导向的新闻策划生产，并不意味着用户至上或用户唯一，用户至上或以用户为核心是从市场化的角度而言的，视用户为上帝以满足市场需求。但新闻传播的以用户为导向，需要兼顾价值引领与舆论引导，这也体现出媒体社会效益和市场效益的兼顾。因此，主流媒体理解并满足用户需求与主流价值引领，才能发挥媒体的传播力、引导力、影响力与公信力。

3. 话题引导

互联网尤其是移动社交平台的信息传播，更多是在社交语境下展开的，信息传播的话题性被放大，**话题性即信息被关注、谈论、分享的程度**。

全员媒体时代，人人都可以制造话题。用户的话题制造，有社会问题焦点，有用户兴趣所在，也有个人利益诉求。因此，以用户为导向的策划，并不意味着被用户牵着鼻子走，更非为了追求大流量而丧失了正能量。主流媒体如何在热点话题中把握选题、引领议题，是融合新闻策划需要着重思考的命题。当下网络空间最不缺的就是热点话题，部分媒体在某一话题高热度传播时蜂拥报道，热度散去后却不了了之，造成了很多断头新闻、烂尾新闻。如何应对和转化热点，也是流量时代提升主流媒体传播影响力与引导力的必要功课。

主流媒体要巧"追"热点,为优质故事找准落点,需要关注网络热点,更要在热点事件中找机会主动出击。具体而言,要学会巧妙对接热点话题,寻找报道的"第二落点",挖掘人物或故事背后的社会效益,从而在热点话题的传播报道中进行议程设置,改变以往单一商业逻辑下话题本身以及网络舆论的走向,赋予热点更长效、更有意义的生命周期。这种应对能力的建设,有助于提升主流媒体在网络热点话题方面的话语引导能力,将短时大流量转换为长效正能量,更有利地发挥正向的舆论导向作用。比如,2020年年末,藏族青年丁真珍珠因帅气青涩的笑容在抖音走红,短时间内被网络用户加工,转发至哔哩哔哩、微博、豆瓣等各大社交平台,引发大量的关注与讨论。亦如互联网其他"造星运动"一样,丁真珍珠的走红很快引起了舆论场不同观点的碰撞。在这一背景下,包括总台央视、四川广播电视台在内的多级主流媒体以及理塘县文旅部门快速反应,积极介入,邀请丁真珍珠加入文旅部门,为家乡旅游代言,迅速将舆论重点从单纯的娱乐八卦转移到脱贫攻坚的重大议题之上。从"川藏抢人大戏"到"全国都在邀请丁真",相关热点话题展现出了较强的传播力和互动性,有层次、有节奏地将舆论热度引入高潮[1],将网络热点巧妙转变为有效发挥正向引导的优秀中国故事。

同时,在策划中要善于转换话题。对于互联网以各种利益诉求带节奏的话题,要果断制止、善于转换、及时引导。比如,对于某些明星的官宣结婚、某所谓武学大师的"耗子尾汁""人类高质量男性"等掀起话题的事件,人民日报等主流媒体均予以批驳,并以不同的融合产品引导话题。

二、选题总体分析

新闻报道是让有意义的主题变得有意思,让有意思的事件变得有意义。而策划的首要一环,就是对选题的分析与把握,让高大上的主题贴地飞行,让具体的事件与时代同向同行。

1. 什么是选题

在以用户为导向的时代,新闻选题仍然要把握主题价值与用户价值的兼顾。因此,新闻选题可以被定义为:**适应国家社会在一定时期的政治、经济、社会生活等方面的变化以及用户兴趣,对事件的新闻价值形成判断,从而做出的报道内容、报道方向、报道角度的选择。**这样的报道内容、报道方向、报道角度的选择符合用户的兴趣,抓住时代脉搏,同时也能引导用户、引领社会的发展方向。在新媒体时代,以用户为导向的选题价值判断,意味着在策划阶段需要把用户的需求放在重要的位置,需求引发用户兴趣的契合点,但绝不是唯一的方向。因此,选题要结合国家社会的发展重点、难点与焦点,也要把握选题与用户需求和兴

---

① "网红"丁真:一场短时大流量到长效正能量的传播蝶变[EB/OL]. (2020-12-15)[2021-3-13].https://www.hubpd.com/c/2020-12-15/982846.shtml.

趣的契合点,兼顾主流价值引领与用户需求满足之间的平衡,从而让报道接天入地,无论是高大上的政治主题还是热点社会话题、焦点社会问题都能飞入寻常百姓家。

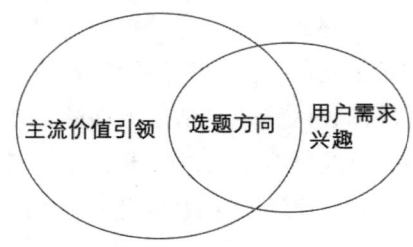

图4-1-1　选题方向的策划要点

2. 确定选题方向和表现形态

以用户为导向的融合策划,在确定选题方向、选题角度、表达形态方面,应该提出以下问题:

- 用户最关切的话题是什么?
- 这个话题与时代的关系,与国家、社会发展的关系为何?
- 这个话题有哪些切入角度?用户最关心哪个角度?
- 采用什么样的表现方式?文字、图片(海报组图、条漫等长图)、视频、移动直播、交互H5等。
- 在哪些平台形成传播?传播形态为何?
- 新闻触达用户后,如何回应用户的评论、反馈?

在新闻内容产品的选题角度、表现方式、传播形态以及传播渠道和终端等方面进行充分的考虑。正如有创作者所言,"开会讨论,这也是所有选题创作的必经之路……明确报道主题,包括人物的事迹、性格、宣传点。围绕这些进行思维发散,最终选用最具特色、新颖的形式去制作,目的就是在保证内容无损的情况下加大产品的推广力度"①。

比如,《主播说联播》是中央广播电视总台《新闻联播》面对新媒体用户的竖屏短视频产品,以《新闻联播》当日播出的内容为选题,在前期策划的时候即考虑:

- 选题角度上,充分考虑选择用户关心的社会议题或热点话题,每期着重选择一个点进行重点评述,直击核心。
- 评述模式上,采用"大事件、小切口""大议题、小抓手"的方式,为用户具体呈现。
- 传播形态上,采用用户体验友好的竖屏短视频,适应碎片化、移动化的传播方式。
- 传播语态上,采用"对话体"方式,融入网络流行语,形成生动亲切的表达,获得群体归属感。

---

① 李媛.如何以H5形式报道典型人物——澎湃《长幅互动连环画I天渠:遵义老村支书黄大发36年引水修渠记》策划笔记[J].传媒评论,2018(12):22-24.

- 传播分发的阶段，适应不同的平台分发特点，分别在算法精准推送的抖音、具有裂变式传播特性的微博、图文深度的微信和弹幕参与内容创作的哔哩哔哩等社交平台上形成不同层次、面对不同用户群体的传播。

例如，2019年8月11日的《主播说联播》从当日的台风"利奇马"引出的评论角度：

> 今天联播继续关注了台风"利奇马"。灾情还在，预警还在，众志成城战台风还在。要致敬所有的逆风行者，有了你们就一定有风雨之后的彩虹，有国泰民安！对比起来呢，有家名字就叫"国泰"的香港航空公司，近期一系列所作所为可真是对不起这个名字。今天联播也报道了香港各界都支持民航局对国泰航空发出重大航空安全风险警示。可即便这样，今天有香港媒体报道国泰航空还是有人在参加非法集会，而且叫嚣要搞衰旅游业，让游客不敢再来香港。这可真是笑话，国泰航空不是一直宣称以服务香港为己任吗？现在在服务谁呢？这么折腾下去，恐怕不是游客敢不敢来香港的问题，而是游客要不要坐你国泰航空飞机的问题。还是善意地提醒一句吧：不作不死。听说国泰航空有些人一听到普通话就假装听不懂，那说英文好了：No Zuō No Die。

《主播说联播》之《康辉送给国泰航空一句话：No zuo no die》二维码

评论采用竖视频的方式，发挥联想，把热点事件联系起来，以台风"利奇马"为由头，落脚点放在了"国泰"航空的所作所为上。评论引用网言网语，表达生动，犀利幽默，用词可谓大胆活泼。

3. 选题多向度操作

针对不同的选题，根据主题和事件性质以及可操作性，进行主题立意的多向度操作，从而能够把有意义的主题做得有意思，把有意思的事件做得有意义。

（1）时政主题"软"做

时政主题关涉国家社会发展的重大政策、重大战略、重大活动和领导人重要活动，要把高、大、上的政治主题做得上达天下接地、入脑入心，这是近年来融合创新的重要命题。**"软"做意指时政报道中凝练主题出发点，切中动态高潮点，找准人物故事点，寻求情感共鸣点，从而创新时政报道，并适应移动传播的现实环境。**

重大题材要契合碎片化、可视化、移动化的趋势，化大为小，化整为零，同时又保持完整统一的气质，央视系列短视频《习近平的故事》、《光明日报》短视频《光明的故事》无不如此。其中，短视频新闻一等奖作品《鼓岭！鼓岭！》[①]（习近平的故事系列之一）讲述了时任福州市委书记习近平亲自促成的一段中美民间交往的故事，真实细腻地表现了习近平同志细致入微的人

《鼓岭！鼓岭！》二维码

---

① 获得第二十九届中国新闻奖媒体融合奖项短视频新闻一等奖（2019）。

《光明的故事》
二维码

文关怀以及美国老人加德纳发自肺腑的异乡"乡愁";短视频新闻二等奖《光明的故事》①以全国道德模范表彰大会上习近平总书记为"中国核潜艇之父"黄旭华让座为故事起点,叙述了同为道德模范的眼科医生姚玉峰使93岁高龄的黄旭华眼睛复明的故事,是因"让座"而结下的"光明缘"。两个作品都以故事为载体、情感为核心、人物为主角,高度凝练主题。

"软"做也指把重大主题化为日常化、生活化的事物,进入寻常百姓家。新媒体创意互动一等奖作品《父亲·我们·时代》②聚焦改革开放40年,以油画《父亲》的画框聚焦40年改革开放的节点,以父辈的眼神为魂魄,"穿越"40年改革奋斗者的历程,以"父子(女)"的同框鼓舞新一代开启新征程。其中的短视频作品以37年前的油画《父亲》开篇,把画框这一元素贯穿全片,从父辈的眼神穿越,回望40年来一幕幕"点睛"时刻,契合短视频极致

图4-1-2　《父亲·我们·时代》截图

《震撼!一张长图带你领略港珠澳大桥》二维码

的手法和一以贯之的元素运用这一规律。首尾"父亲"形象呼应,显示出人民注视着"父亲","父亲"也在注视着人民,见证春苗破土、春风化雨,目送中国人迈向新的历程。在中心人物选择上,邀请第一代改革者严宏昌、胡福明、马胜利、姜维等的子女讲述父辈故事,在"聊父亲"的同时,勾勒出改革开放40年的奋斗图卷。结尾处,"老羚羊舍命为小羚羊打开一条生命通道"的故事点出共产党人的改革初心和历史担当。

"软"做还指以可视化的方式直观地呈现复杂信息,化繁为简,满足指尖移动交互。比如,新媒体海报长图《震撼!一张长图带你领略港珠澳大桥》,以记者现场报道信息为基础,以"实景长图"为可视化手段,高效直观地呈现长达55公里的港珠澳大桥的全貌与细节。长图深藏独家信息,将枯燥的数据和新闻背后的复杂逻辑转化为直观易懂的图形。

　　(2)民生话题"巧"做

　　民生话题与国家政策、社会发展密不可分,要把与老百姓息息相关的民生问题与时代背景相勾连,把平凡人的不平凡事讲得精彩。

　　"巧"做指把小人物做出大情怀,将平凡人的闪光点与社会大主题和时代大背景相连,以对小人物的关照折射国家和社会的发展。短视频《臊子书记》③讲述了天津大学青年教师宋鹏到甘肃沙湾镇大寨村创新扶贫的故事,他积极挖掘当地特色,以沙湾臊子为抓手,利用

---

① 获得第二十九届中国新闻奖媒体融合奖项短视频新闻二等奖(2019)。
② 获得第二十九届中国新闻奖媒体融合奖项新媒体创意互动一等奖(2019)。
③ 获得第二十九届中国新闻奖媒体融合奖项短视频新闻一等奖(2019)。

"互联网+扶贫"带领村民打造全链条式电商产业，因地制宜走出一条"带不走的幸福路"，以点带面呈现精准扶贫的大主题，折射出扶贫干部在全面打赢脱贫攻坚战道路上不懈奋斗的大情怀。

图4-1-3 《膘子书记》动画特效及采访拍摄现场

"巧"做也指把小人物做得大出彩，充分发挥融合创新手段，生动呈现普通人物闪光的故事和细节。《膘子书记》以设计摆拍为主，抓拍、动画为辅，融纪实与创意于一体，集中呈现年轻书记干事的智慧、勤勉与决心，突出展示贫困地区百姓自立自强、奋发进取的精神。短视频《上桥，今天和"溜索"说再见》①，契合凉山最后一座溜索改桥项目贯通、民族地区正式结束溜索时代的大背景，以对坪镇一位在金沙江畔生活的乡村教师邹金萍自述的方式，讲述她最后一次走"老路"过江的故事，并穿插其前后的细节对比。人物的设计呈现真实，场景聚焦，表现自然。短视频《生死时速！患者心脏骤停，桂林女医生跟着病床边跑边做心肺复苏》②，迎合"全员媒体"的传播环境，契合新闻生产的开放性与社会化的特点，完全利用医院的监控摄像头以2倍速播放，呈现医护人员争分夺秒、救死扶伤的感人场景，第一现场直接真实，体现出媒体高效整合采编资源的能力。

《膘子书记》二维码

《上桥，今天和"溜索"说再见》二维码

《生死时速！患者心脏骤停，桂林女医生跟着病床边跑边做心肺复苏》二维码

---

① 获得第二十九届中国新闻奖媒体融合奖项短视频新闻二等奖（2019）。
② 获得第二十九届中国新闻奖媒体融合奖项短视频新闻二等奖（2019）。

（3）突发报道"深"做

在碎片化、移动化时代，突发事件的第一落点往往被用户手机、楼宇交通监控摄像头、行车记录仪等第一时间抓取，且呈现出支离破碎的状态。越是在这样的语境下，主流媒体越要为其提供深度和情境，用权威信息回应关切。**在突发性报道中，要发挥快反意识，力求"深"做，在信息挖掘、深度拓展、整体真实上下功夫，尽力避免碎片化语境下支离破碎信息泛滥的问题，力争澄清谬误，引领主流舆论方向。**

《直击普吉游船倾覆事故现场 救援仍在进行》二维码　《美英法空袭叙利亚 央视记者现场直播》二维码

比如，移动直播《直击普吉游船倾覆事故现场 救援仍在进行》①针对我国尤其是与浙江有密切利害关系的重大突发事件，迅速整合团队和技术力量，通过图文、视频等多样态的直播形式，及时、全面、高效地传播信息。第二十九届中国新闻奖媒体融合奖项参选作品《美英法空袭叙利亚 央视记者现场直播》突出新媒体移动直播快速反应的特点，更以伴随的方式完成了三小时的直播，随时针对网友留言进行解答和互动，体现了用户参与性与同场感。

图4-1-4　泰国普吉岛游船倾覆事件移动直播

（4）舆论监督"实"做

倡导监督报道利用新媒体手段抓"实"真问题，做"实"证据链，形成舆论监督的闭环，揭恶扬善，推动社会良性发展。

《ofo迷途》二维码

比如，融合创新《ofo迷途》通过11个共享单车主要竞争城市的大范围系统调查，了解ofo资金链危机，以H5产品形态，集动画、视频、可视化数据图以及文字深度报道的融合形式，最终呈现ofo的运营状况，警示投资和供应链风险，为共享经济行业和创业公司提供镜鉴。作品《重磅！北京同仁堂蜂蜜：

① 获得第二十九届中国新闻奖媒体融合奖项移动直播一等奖（2019）。

过期品送入原料库还涉嫌更改生产日期》①中,记者深入调查江苏盐城滨海的北京同仁堂蜂业委托生产商将大量过期蜂蜜回收进原料库的事实,以充分的证据揭露了某些企业蒙混过关及知名企业的管理漏洞,为知名品牌的健康发展敲响警钟,并建设性地推动问题得到解决。

图4-1-5　《ofo迷途》截图

舆论监督同样要坚持守正创新,把握"度",促进问题解决,纾解公众情绪,化解社会矛盾,促进社会和谐稳定,形成"正面监督—正面解决—引导舆论—推动社会治理"的效果。舆论监督和正面宣传是统一的。新闻媒体要直面工作中存在的问题,直面社会丑恶现象,激浊扬清,针砭时弊,发表批评性报道要事实准确、分析客观。②比如,《病死猪田间乱丢知道吗……〈问政山东〉现场局长被8连问后语无伦次》聚焦形式主义、官僚主义突出问题,既有病死猪"触目惊心"的新闻现场,也有麻辣十足的"问政"现场,但"八问"并不只限于揭示问题,而是全面展示了当地有关部门直面问题认真整改的情况,实现了对基层不作为的舆论监督,又有对当地整改的正面宣传,实现正面宣传与舆论监督的统一。

三、一体策划与扁平化生产

融合新闻生产流程再造,面对不同介质的产品,必须形成一体策划,并且从报道和产品策划源头就要进行多工种的协调配合,打破过去策划、报道、编辑的线性生产模式。

1. 建立一体化策划机制

全媒体融合新闻生产,强调一体策划,以适应一次采集、多元生成、多端发布的全媒体生产流程。

(1) 组织机制联动

从融合新闻生产组织上讲,既要有职责明确的不同生产组织,又要有应对突发事件或重大报道的联合柔性生产。比如,《浙江日报》"浙视频"下设三个科室——采访室、直播室和编辑室,每周日记者上报下一周的选题,值班领导根据选题内容判断是否要打通科室协作选题。对于重大主题报道和突发事件,经常需要三个科室联动合作,生成不同类型的新闻产品进

---

① 获得第二十九届中国新闻奖媒体融合奖项短视频新闻二等奖(2019)。

② 习近平. 习近平谈治国理政:第一卷[M].北京:外文出版社,2018:155.

行传播。①

（2）信息多维推进

在实际报道中，尤其是突发新闻，要注意信息的纵深推进，处理好"快"和"深"的关系，形成轻量化产品和重磅专题的互补，构成水波纹效应。例如，2017年的"利奇马"台风，《浙江日报》"浙视频"采访室在前方快速发稿，直播室做连续性实时直播，编辑室根据前方记者提供的视频素材结合动画制作成精品专题片，实现了"一鱼多吃"的效果。

（3）形态多元拓展

对新闻传播形态和终端形成一体式策划布局，面向不同圈层用户，形成最大的传播效应。确定不同媒介形态和表达方式对诠释主题的功能与重点，如文字的深度意义、图片和视频等可视化和具象化的重点、新闻游戏的交互的诉求点，根据每种形态表现的特点来确定产品的最后呈现。

比如，总台电视评论《"十四五"是什么"舞"》以2021年全国两会热议的话题"十四五"规划为着眼点，把"十四五"比喻为人们熟知的舞蹈，而新媒体端"央视新闻"更

图4-1-6 《"十四五"是什么"舞"》海报

---

① 笔者团队2020年5月6日对浙报集团直播室记者周莎莎的访谈内容，其曾参与2018年泰国普吉岛游船倾覆事故的直播报道。

以此发布了海报组图《"十四五"是什么"舞"》，放大"五"与"舞"的谐音梗，列举不同舞种来冠名各项"十四五"发展目标，可视化图文与谐音配合，创造出声画融合的新表达，使用户在玩梗的同时加深对于"十四五"关键话题的印象，引发网友积极转载进行二次创作和次级传播。有网友特地用AI拟声录制了海报文案做成配音，自发创作亚文化"土味视频"，获得了一定热度，也为"十四五"话题增加了更多曝光。

2. 适应扁平化需求

与传统的纵向生产模式不同，新媒体生产多采用垂直化一贯到底、多方横向合作的生产模式。在内容融合的趋势下，新闻报道打破了传统媒体策划、采编、制作的线性生产模式，适应事件的快速发展，契合用户快速变化的需求，使策划、采编、制作流程扁平化，技术支撑和内容采制并行。因此，以技术赋能，多元融合的新闻报道理念是分工合作、协同推进。

以《纽约时报》的《雪崩：特纳尔溪事故》（*Snow Fall：The Avalanche at Tunnel Creek*）[1]为例，其团队中记者、多媒体制作人员和发布技术人员三方从一开始就融合协作。这种生产模式克服了传统生产模式在制作思路上的不连续性，也将不同工种分段参与可能出现的问题消弭于前期充分的沟通中。作品突破了以往环环接力的内容管理系统，实现从产品形态"融合"到生产模式"融合"的反推。横向生产模式除了深度融合之外，还能提高效率、降低专业失误。在一个横向生产团队中，除了专注于自己的任务，每一工种都能更好地了解自身在整体生产中的位置和实际应该发挥的作用。

（1）突发性报道

对于突发事件的融合报道，要把握时、度、效原则，整合快与深的不同采制方式，迅速整合采编团队，分工协作，同步进行文字、音频、视频等多形态信息采集和事件报道。

以移动直播作品《直击普吉岛游船倾覆事故现场 救援仍在进行》的报道流程为例。2018年7月5日游船倾覆事件发生后，次日曝出有37名浙江海宁人在事发游船上的消息。7月6日下午，《浙江日报》全媒体视频影像部直播室3人从杭州直飞普吉，开展直播、短视频、图片等报道，随行的还有《浙江日报》经济新闻部的记者，负责本次突发报道的文字内容采写。前方四位记者分别承担了出镜记者、直播摄像、视频记者、摄影记者、文字记者等角色，工作互相交叉。[2]

（2）主题性报道

对于主题性的融合报道产品，在选题策划阶段，采编团队和技术团队就要并行工作，打破过去线性流程方式，记者、编辑、美编设计、程序设计师共同研讨，对主题以及主题如

---

① 获得2013年普利策新闻奖"特稿写作"奖。

② 笔者团队2020年5月6日对浙报集团直播室记者周莎莎的访谈内容，其曾参与2018年泰国普吉岛游船倾覆事故的直播报道。

何表达进行分析。记者采访收集事实,编辑进行数据整合,美编进行可视化设计,程序设计师对技术实现进行可行性分析并设计交互。比如,澎湃新闻《长幅互动连环画|天渠:遵义老支书黄大发36年引水修渠记》的创作过程是这样体现出融合策划的:

在初期策划阶段,"每次会议的参与者会有一名总监带头,由文字编辑、插画编辑、交互部门、技术人员、视频拍摄记者与编导组成,确定好内容,再分配具体任务"[1]。

在策划设计阶段,插画编辑根据主题和内容,确定H5的整体创意、叙事主线和人物故事,再与总监和技术进行商议。"就好比《天渠》中,用'水流'自上而下,通过滑动晕染,就是结合'渠水'这个特性。确定好方向就要和H5的技术人员沟通,为的是确保每一个设计的构思可以实现。"[2]

在生产阶段,前方记者采集内容提供给插画编辑,或者插画编辑突前亲自搜集,并整合相关互联网资料。"如果项目制作时间充裕的话,最好的方式是前往前线,自己更直截了当获取素材,要知道从前线带回来的'感受体验'是创作的最佳佐料。"[3]同时,绘画内容与H5的编程同步进行,每一页画面的呈现要契合技术开发的可能性。

用户是融合新闻策划的起点,而不是传统媒体传播的终点。

第二节　融合策划的具体思路与方法

与传统的新闻相比较,融合新闻变化的是技术支撑下的用户思维、融合创新、垂直对应、互动交流、沉浸满足,但不变的是:

- **主流价值引领为导向。**
- **人为主角的报道理念。**
- **故事为载体的叙事方法。**
- **情感为核心的共鸣手段。**

---

① 李媛.如何以H5形式报道典型人物——澎湃《长幅互动连环画|天渠:遵义老村支书黄大发36年引水修渠记》策划笔记[J].传媒评论,2018(12):22-24.

② 李媛.如何以H5形式报道典型人物——澎湃《长幅互动连环画|天渠:遵义老村支书黄大发36年引水修渠记》策划笔记[J].传媒评论,2018(12):22-24.

③ 李媛.如何以H5形式报道典型人物——澎湃《长幅互动连环画|天渠:遵义老村支书黄大发36年引水修渠记》策划笔记[J].传媒评论,2018(12):22-24.

在报道或产品策划阶段，要以用户需求为参照、主流价值引领为导向、人物为主角、情感故事为载体，在主题和角度凝练、叙事结构安排、技术拓维、创意设计等方面进行设计安排。

一、主题凝练

主题永远是报道或产品的出发点，是报道或产品的"魂"。主题的提炼同样见之于角度的选择，是选择和聚焦基础之上的凝练。

1. 主题与话题

主题不仅是新闻报道的角度，更是记者对故事理解的深度，是主题反映本质的考量。主题无疑需要反映事物的本质，而不是虚妄的表皮，这就牵带出主题与话题的区分。**话题是一个事件，是报道的叙述范围，而主题是这个叙述范围里独特角度下的核心报道点，是报道者在现场就事件提炼出的最有新意、最有趣、最有价值的报道点**。因此，记者应该思考的是如何从对事件的概述中提炼出独有的角度，在此基础上聚焦自己的主题。

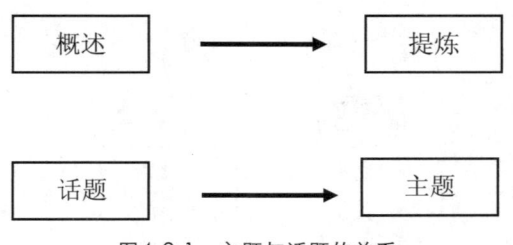

图4-2-1　主题与话题的关系

在主题的凝练和角度的选择上，融合新闻同传统报道别无二致，即从事件的话题中聚焦凝练出主题，从现象中挖掘出本质，从具象的载体中升华出思想和情感，往往关涉思想、理念与精神层面。[①]在报道中，美食、美景、美人只是承载主题的具象，而其折射出的思想、观念、精神才关乎主题，诸如梦想、成长、自我实现、自我发现、关爱、扶助等才是关于人性本质的要素。

比如，"一条"早期的短视频《虾肉小馄饨》，看似是教用户如何做一碗小馄饨，画面精致，用光讲究。但用户欣然分享的要点不在于馄饨本身，做馄饨只是话题，鲜美的馄饨只是载体，背后承载的是让人梦想或羡慕的一种精致的生活方式，关涉对事物的生活态度和品位。

---

① 关于主题的具体阐释，请参见曾祥敏. 电视采访［M］. 3版. 北京: 中国传媒大学出版社, 2018: 10–12.

2. 主题与背景

如果说前面一点讲述的是主题的内向深挖,那么这一点就是主题与背景的关联,是外向联系。

主题与时代、国家、社会的大背景紧密相连,只有在更广阔的视野下,报道才具有普遍的意义和示范效应;主题也需要更实在的抓手和载体,报道才能具体而生动。

(1)主题的"大"与"小"

从大主题找到小切口,用小故事去诠释,使其具体而可感;小事件要找到大背景,赋予其时代与社会的意义。高大上的政治主题、政策措施需要用具象的人物和事件去承载;而小人物的故事、个性化的表达则必须契合时代背景和典型意义。由此,报道才能既见天地,又见人心。

比如,新媒体创意互动作品《幸福照相馆》H5,以"团圆"为主题,以"多人脸融合"技术为基础,以"全家福"照片为互动形式,致敬改革开放40年。用户上传自己和家人的单人照片,一键操作,就可以打破时空束缚,生成一张不同年代的全家福,把改革开放的时代大潮体现在40年的家庭变迁中,把家庭变迁化为简洁的创意,把创意融于高效的交互中,完成个人、家国、时代的融合。

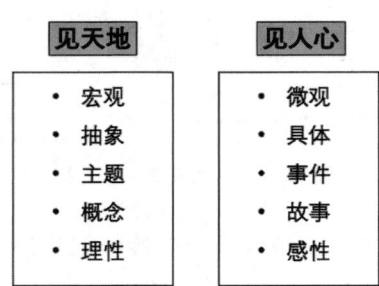

图4-2-2　主题策划需要"见天地、见人心"

(2)主题的本地化与全国性[①]

题材是本地化的,主题是全国性的;题材是中国的,主题是世界的。从地域而言,对于各层级媒体来说,需要将本地的题材放到全国的视野中去判断分析,而全国性的选题需要结合本地的故事或典型事件,同样要找到最佳结合点。因此,本地的题材起码应该具备三个方面的特质:**引领性**、**示范性**、**典型性**。

先进经验、示范性案例、典型人物,以及反映媒体社会守望功能的重大突发事件报道,都具有普遍的意义。过于局限于地域价值而不具有普遍性的题材,与全国性的主题意义无关,因为它们是地域个案,不可复制。

---

① 关于此话题的探讨,在本书第五章第二节中也有进一步针对短视频主题的内容涉及。

因此，对于地域性的选题，在策划阶段就要充分提升视野，跳出地域的局限，赋予全国性的主题，使其具有一定的影响力。

下面我们来看看这些作品在地域性题材和国家发展主题方面的多维处理方式：

短视频新闻《镙子书记》①深入追踪一位天津大学生的驻村扶贫经历，聚焦展现他积极挖掘地方特色，以沙湾镙子为切口，利用"互联网+扶贫"带领村民打造全链条式电商产业，因地制宜走出一条"带不走的幸福路"。作品把独特的个案故事与脱贫攻坚的重大战略结合起来，诠释了精准扶贫的主题。

短视频专题报道《十八洞村龙金彪的Vlog｜脱贫之后》②聚焦"脱贫之后不返贫"的现实问题，还原了湖南十八洞村村民龙金彪的探索历程。在脱贫攻坚、决胜小康的大背景下，用平凡人物的经历体验，传播乡村振兴的经验和教训，呈现出脱贫之后如何持续发展的新的主题立意。

《十八洞村龙金彪的Vlog｜脱贫之后》二维码

短视频新闻《全乡村民化身"爬山侠"守护雪山！村民跋涉5000米高山捡垃圾》③记录了四川省甘孜藏族自治州康定市贡嘎山乡村民自发捡拾垃圾、保护雪山的过程。在皑皑白雪的映衬下，平凡的村民、自发的行动、平实的话语，诠释了生态文明建设的全国乃至全球的发展主题。

《全乡村民化身"爬山侠"守护雪山！村民跋涉5000米高山捡垃圾》二维码

融合创新作品《2019对话1949：时代变了 初心未变》④让重庆渣滓洞的烈士先辈与当代少年上演了一场"平行世界"的"隔空对话"。作品选择了小学生、职场女性、即将就业的青年三种典型身份，分别与革命志士"小萝卜头"宋振中、杨汉秀、王朴进行隔空对话，通过身份的相似唤起观众共情，进而阐释了"时代变了，初心未变"的主题。

《2019对话1949：时代变了 初心未变》二维码

---

① 获得第二十九届中国新闻奖媒体融合奖项短视频新闻一等奖（2019）。
② 获得第三十届中国新闻奖媒体融合奖项短视频专题报道一等奖（2020）。
③ 获得第二十九届中国新闻奖媒体融合奖项短视频新闻二等奖（2019）。
④ 获得第三十届中国新闻奖媒体融合奖项融合创新一等奖（2020）。

《病死猪田间乱丢知道吗……〈问政山东〉现场局长被8连问后语无伦次》二维码

短视频现场新闻《病死猪田间乱丢知道吗……〈问政山东〉现场局长被8连问后语无伦次》[①]直面病死猪乱丢弃的问题，以犀利"八问"问政山东省农业农村厅主要负责人，聚焦当地形式主义、官僚主义和行政不作为等突出问题，诠释了新时期"以人民为中心"的社会治理和干部作风的主题。

3. 主题与呈现

主题直接决定叙事的主线、影像的主次、交互的重点或着眼点、升华的落脚点，也是我们在拍摄、剪辑、制作时安排素材的依据。心中有主题，哪些画面或文字应该突出，哪些应该省略，就会一目了然。

（1）契合主题性质

表达形式高度契合主题性质，这是主题呈现不变的原则。比如，《公仆之路》选择一镜到底的表现形式，是因为主创团队深挖主题后，提炼出了习近平总书记48年公仆历程中的"变"与"不变"。"变"的是周遭的环境：48年里，习近平同志工作的地方既有贫穷的村县，也有富裕的省市，工作的岗位从村、县、市、省到中央，每一个层级都历练过，从一个少年逐渐成长为一个大国领导人。周围的环境发生了天翻地覆的变化，但是有一点始终"不变"，那就是他不忘初心、牢记使命的坚定信仰，为人民做好事的信念。因此，一镜到底是最好的呈现手段。一方面，通过连贯的画面和叙事，让用户产生一种时空穿越的感觉。从梁家河窑洞里的烛火，到人民大会堂的中外记者见面会，一镜到底通过推、拉、摇、移等运动镜头，串联起了多个维度的不同时空，增添了观赏性和可看性，营造出大片的既视感。另一方面，通过巧妙的场景转换和变化，清晰地呈现了习近平总书记的人生轨迹。虽涉及多段时期，但风格统一、立意明确，传递了习近平总书记朴实、纯洁、高尚的价值追求。视频用精练的语言和紧凑的结构，实现了表达形式与内容的契合。[②]

又如，《ofo迷途》H5的界面设计围绕主题"小黄车的收缩与困顿"，聚焦"小黄车"与"寒冬"两个关键词，可视化界面呈现"自行车"以及"雪花"的意象，11个城市的报道索引界面也以冬日场景为界面背景，一条自行车道串联起记者走访的城市。在主题的统摄下，界面设计、可视化呈现、交互点击和用户体验都被有序地集中起来。

（2）契合传播场景

在融合化、移动化、碎片化的语境下，主题呈现更有多元形态，更加适应碎片化、场景化的需求，这是主题呈现的融合发展。因此，**化整为零的选题拆分、以一当十的主题聚焦、高光呈现事件过程中的亮点**是满足融合场景化传播的方法。比如，习近平总书记在中国共产

---

① 获得第三十届中国新闻奖媒体融合奖项短视频现场新闻一等奖（2020）。

② 曾祥敏，王俐然，作品二：《公仆之路》，参见曾祥敏. 中国新媒体研究报告2019［M］. 北京：人民日报出版社，2019：368.

党成立100周年上的讲话、人民日报新媒体的短视频《这些瞬间，掌声雷动》，以短视频的形式把习近平总书记的讲话进行碎片化拆分重组，提亮引起强烈反响的高光时刻。而《庆祝建党百年，习近平这些话激荡人心》（二维码1）、《这些瞬间，让人心潮澎湃！》（二维码2）、《燃！今天，这7首歌响彻天安门广场》（二维码3）、《今天，这些声音响彻中华大地！》（二维码4）、《这几个"100"，太激动人心了！》（二维码5）都是把事件和现场进行碎片化拆分，抓取角度、聚焦核心、凝练主题，便于移动化、碎片化传播。再如，中央广播电视总台关于孟晚舟回国的报道，以事件线性直播为主线，对其中每一个重要节点进行碎片化的亮点提炼，形成主题聚焦、具有冲击力的碎片化产品，从而满足多元场景的需求。

二维码1　　　　二维码2　　　　二维码3　　　　二维码4　　　　二维码5

图4-2-3　孟晚舟回国时的海报和短视频产品

（3）融梗、造梗、埋梗

我们在第三章探讨了"梗"文化现象，作为深入用户语境的方式，我们要善于把主题融梗，在策划阶段就能造梗、埋梗，使主题适应网络语境进行阐释和传播。

比如，中央广播电视总台全国两会报道系列节目《王冰冰走街串巷看两会Vlog》，在策划阶段，总台新闻中心地方部联合相关记者站、新闻频道编辑部和新媒体中心整合力量，设计大小屏联动的新闻产品，6分多钟的短视频，无须改编、包装和切条，在电视大屏和互联网小屏均可播出。①记者在策划以及拍摄中要预埋、抓取并放大梗点。第一，抓取并放大话题梗。比如，第4集《当你老了》围绕"养老"这一主题展开。采访中一位老人说"手机App儿女最多教两遍，还不会用呢儿女就烦了"，继而吐槽"我们年轻的时候也不笨"，片子里埋入并有意识地放大了这句话。节目播出后，网络跟帖里围绕"我们年轻的时候也不笨"这一话题形成交流热点，这句话成为戳中很多网友泪点的梗。第二，设计话题梗。在片子结尾，记者设计王冰冰完成拍摄走出养老驿站，她边走边掏出手机，消失在街道的尽头，此时画面中传来她给妈妈打电话的声音"采访快完了过几天就回家"，由此埋下了"你有多久没给父母打电话"这个话题梗。第三，设计弹幕互动梗。节目设计了老人们单独对着镜头向子女诉说的段落，在社交媒体播出时，引发了用户的弹幕刷屏，"对不起""我想我妈了""愧疚啦"等语句表达了用户的心情。第四，预埋贯口梗。在第5集探访社区卫生服务中心时，记者让全科医生对着屏幕报能看的病名，成为引发用户报菜名、报病名的贯口梗。

可见，融合新闻融梗、埋梗不是简单地使用网络流行语，而是在主题的统摄下，巧妙布局和设计话题、话语，有意识地与用户形成连接，实现情感共鸣、情绪共振。这其中，虽然埋梗的效果需要在与用户互动中去检验，但超前的融梗意识也是新时期融合策划必须把握的要点。

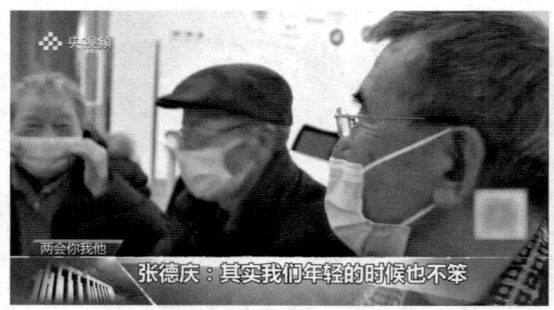

图4-2-4　《王冰冰走街串巷看两会Vlog》第4集《当你老了》截图

二、叙事结构

叙事结构，是指如何排列事件和报道的要素、叙事的主线是什么、事件中的各个要素按照何种顺序展现出来。在融媒体产品中，叙事跳出了线性和单向模式，有了更多非线性和交互叙事的结构模式，但变与不变的辩证法仍然存在。

1. 叙事的核心模式

围绕中心人物的叙事核心模式，即新闻（主题）事件化、事件故事化、故事人物化、人物个性化，在融合新闻中仍然有效。中心人物的设置——"先放一张脸，放一张讲故事的脸"，仍然对叙事的具象化起着承载的作用。短视频《红色气质》中的瞿独伊、《父亲·我们·时

① 冰冰两会VLOG 单日话题阅读量1.8亿有怎样的背后？［EB/OL］．（2021-03-12）［2022-03-21］. https://mp.weixin.qq.com/s/R1sTdPgiKwwQYakxiBfd3A.

代》里的油画《父亲》及画框、《老外看中国：英国小哥"细数"两会关键词》里的英国小哥，无不是以一张脸展开故事的讲述。与传统新闻不同的是，在融合新闻中，有时候这张"脸"从"他者"变成了"自我"，如《"军装照"H5》中的用户自己、《幸福照相馆》H5中的用户自己和家人群体，都成了叙事的中心人物。因此，无论是线性还是非线性的呈现，围绕中心人物展开的叙事都是让报道具象化、可视化的基本思路。

2. 叙事主线模式

无论是网页、短视频、H5、长图、海报组图抑或VR全景新闻或纪录片，用户选择的自主性和多元性在增强，但确立叙事的主线和重点仍然是精确呈现主题、清晰传达信息的手段。作品要有故事的连续性和段落感，在可视化成为信息传播普遍形态的语境下，叙事与可视化融合交织在一起。

第一种模式是主线串珠，或可称之为以藤带瓜的叙事模式。这是普遍的叙事模式，以具象的线索串起不同表现形态的信息。比如，《长幅互动连环画 | 天渠：遵义老支书黄大发36年引水修渠记》采用下拉式长幅连环画形式，以水为主线，连缀起音频采访、视频专题、360度全景视频、现场图片，形成黄大发和村民修筑"天渠"的故事经历。H5的竖屏滚动技术把信息的呈现与过渡充分融入线性叙事，通过视差滚动让信息的线性阅读自然流畅，向下渲染的渐进式动画增强了视觉连贯性，渠水、裂纹、树枝、河流、落石等图形线条形成纵向延展，方便竖屏阅读。融合作品《墙》（*The Wall*）[1]展现了媒体对美墨边境墙的耗资、功能和价值的疑问。作品中的交互地图以边境墙为主线，看似简单的全景交互地图实则蕴含着巨大的信息量。用户可以自主选择叠加在边境地图之上的信息，比如航拍视频、360度动态实

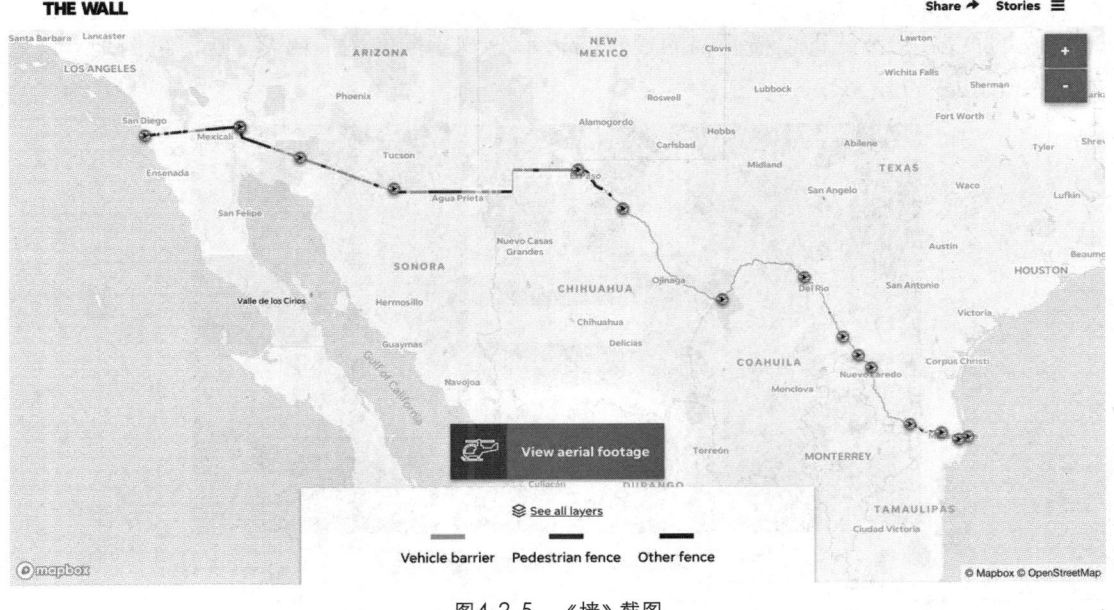

图4-2-5 《墙》截图

---

① "今日美国"作品，获得第18届美国网络新闻奖大型编辑室解释性报道奖。

景、边境故事纪录片，以及三种颜色标注出的不同类型的围栏。此外还有《震撼!一张长图带你领略港珠澳大桥》《大国工匠朱恒银：向地球深部进军》《H5|改革开放40年·长沙有多"长"》等，或者利用物理的线条，或者利用时间之线来展开叙事。这样的叙事模式要求报道者充分利用场景中的具象线条来进行结构叙事。

第二种模式是卡片式叙事模式。卡片式叙事模式又可以理解为组合型叙事[①]，是一种供用户选择性点击阅读或收看的模式。每一个重点以卡片的方式呈现，用户根据信息界面的标签吸引度，凭借自己的兴趣选择点击。每一部分不是时间的线性关系，而是并列或相互补充的关系，共同组成整体的叙事。比如《海拔四千米之上》全景H5，内部结构包括三章——黄河源、澜沧江源和长江源，都采用了卡片选择的模式。

《海拔四千米之上》二维码

图4-2-6　《海拔四千米之上》截图

在网页端，卡片式即以横画幅的规整四边形分割不同的图文内容，典型案例是《肤色背后》（*Under Our Skin*）[②]。

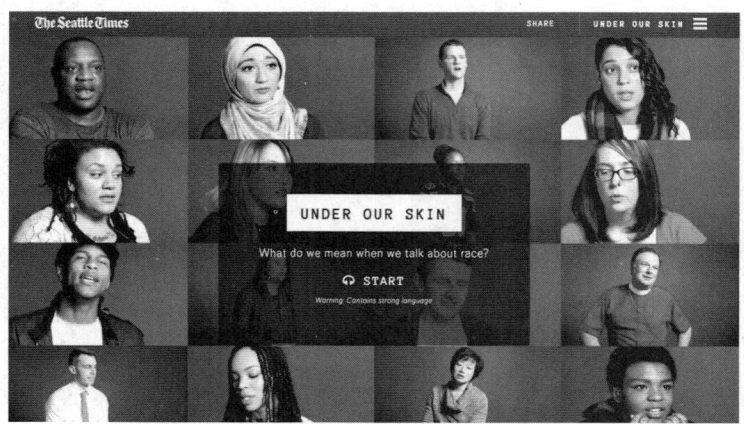

图4-2-7　《肤色背后》截图

---

① 许向东.转向、解构与重构：数据新闻可视化叙事研究［J］.国际新闻界，2019，41（11）：142–155.

② 2017年美国网络新闻奖获奖作品。

　　第三种模式是瀑布流式叙事模式。这是适应移动端竖屏的方式,采用上划方式,信息如瀑布流一样展开。交互网页模式、微信推文模式、快手抖音①模式都是这样的瀑布流方式。有的产品界面在瀑布流的基础上还有多层结构,把可视化图片与文字叠加,形成叙事清晰、视觉丰富、体验友好的界面。比如,CGTN的*Kungfu Legend: Experience the Shaolin Way of Life*、*Who Runs China*两个作品,上层界面是文字瀑布流上翻,下层界面是动态素描,把动态图形展示与文字阅读有机结合起来,既有形态变化,叙事又简洁清晰。

*Kungfu Legend: Experience the Shaolin Way of Life*二维码　　*Who Runs China*二维码

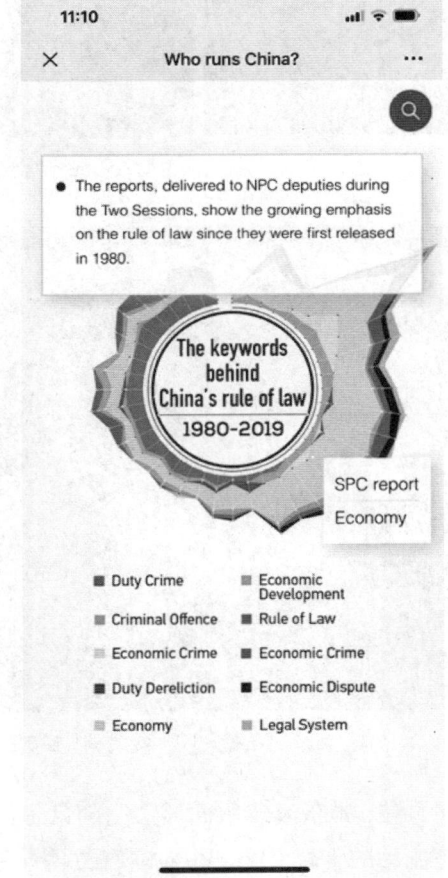

图4-2-8　瀑布流式叙事模式

　　在*Kungfu Legend: Experience the Shaolin Way of Life*的第二环节中,伴随着鼠标滚动或者触点滑动,文字在下拉的过程中会出现少林武僧线稿风格的定格动画,在javascript中实际上是运用了滚轮监听技术,将滚轮的每一个格转动以及手机屏幕上滑动的距离与速度

---

① 也有人把抖音归为feed流,即喂养、特定推送。从形态上,笔者都将其归为瀑布流。

转化为控制代码，触发一个关键帧动画。每一个关键帧动画都在其固定位置上出现，并在下一个控制代码触发后消失，从而在用户拉动页面的过程中形成电影中常见的定格动画效果。例如，将手指下滑设定为正方向，此时每滑动一个单位距离，即可在网页的相对位置出现一帧，伴随用户正常阅读下滑屏幕，每一帧定格动画不断地出现、消失，从而形成连贯的动画效果。

 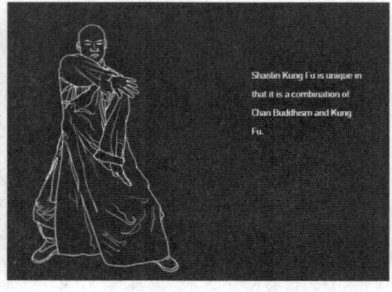 

图4-2-9　三种介绍少林知识的帧动画

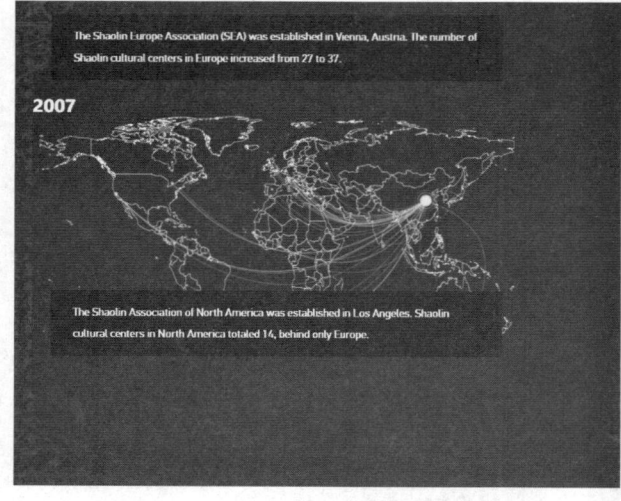 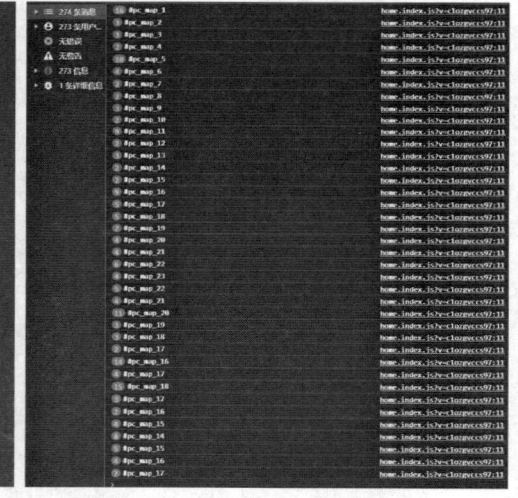

图4-2-10　网页端右控制台显示出动画对应出现的位置

在网页端，瀑布流式版面即文字随鼠标滑动而向上滚动，背景图片或视频保持静止，典型案例是流动的卡车（Truckbeat）官方网站系列可视化深度报道和《环球邮报》的融媒体网页作品《启航》。

网页端的瀑布流模式里往往还有图文分栏式版面。图文分栏式版面即左右两栏分别是文字和示意图，随着鼠标滑动到相应文字内容，另一栏即出现相对应的示意图，典型案例是Nexo的多媒体网页作品《马里亚纳：悲剧的起源》，划分历史阶段以时间为线索展开。

图4-2-11　《启航》截图

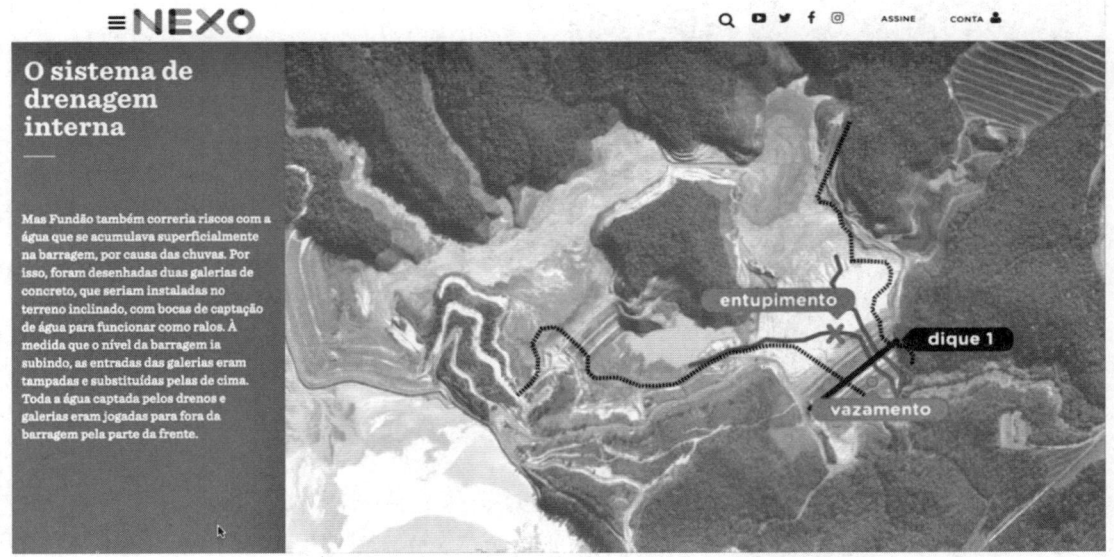

图4-2-12　《马里亚纳：悲剧的起源》截图

排版模式使产品的用户体验更加友好，体现在以下三个方面：

首先，与传统的图文混杂式的排版相比，卡片式和瀑布流式的排版都让报道中文字的视觉体量比实际小，减轻了文字量给用户带来的心理压力。卡片式化零为整，将信息分区；瀑布式通过文字的流动，实现信息的运动与背景图片合二为一，静中有动；图文分栏式使视觉重心转移到图片上，文字承担了辅助说明解释的功能。

其次，瀑布式和图文分栏式版面都通过设置一个前进方向，与用户实现浏览过程中的叙事交互。瀑布式版面中，背景图片是静止的，而前景的文字和图片是运动的，且这种运动与用户的鼠标操作一致,带给用户更强的主导感;图文分栏式更是在图片和文字之间建立对应联系,使对应同一事物的图文能够同时出现在用户眼前。

最后,这些排版方式对于叙事效果也颇具实用价值。卡片式能够清晰地划分,使内容一目了然;图文分栏式版面能够很好地体现变化过程,反映总体情况。这三种方式在信息栏的跳转上比较自如,不用必须上翻到头或下翻到尾才能实现跳转,真正形成非线性的信息转换。

第四种模式是交互叙事模式。这种模式为用户提供多种叙事选择,从而跳转到不同的叙事走向和结果,让用户在个性化的交互和沉浸体验中理解新闻。VR纪录片、新闻游戏等都是交互叙事模式的典型代表。交互叙事模式,在宏观叙事与微观叙事的融合中,更强调个体信息的满足,尽可能满足受众不同层面的信息需求。[①]

交互同样要与主题紧密相连,要充分挖掘故事的主题,建构故事的逻辑链并贯穿整个叙事,突出主线、强化主题,使碎片化的叙事连接为一个有机整体。在新媒体端的产品设计上,可以发挥创意,创造可视化、轻量化、趣味化的"交互介质"。例如,《长江日报》的H5产品《72个红手印,究竟为了留住谁?》[②]记录了贫困村村民以联名信形式挽留驻村干部的故事。作品以"红手印"为交互介质,从"听声音"到"看事迹"再到"按手印",每一叙事单元层层递进,段落感明晰,进而激发参与、升华主题。

又如《意大利共和报》融媒体产品《"罗马王子"弗朗西斯科·托蒂》(*Francesco Totti: King of Rome*),意大利著名球员弗朗西斯科·托蒂职业生涯进的每一个球,以时间、地点等数据信息为坐标,在整个作品中出现了三次,成为交互叙事的逻辑线索:第一次,用户可以通过选择具体场次和第几分钟,看到他在每个时间点进过几次球,分别是哪一场踢进的;第二次,用户可以通过输入具体的场次,了解他每一场的总体进球情况;第三次,用户得到的是整合好的数据可视图,以交互图形的方式对其进球特点、习惯进行大数据汇总。这个作品通过数据整合,为用户提供了多元的交互选择。

《72个红手印,究竟为了留住谁?》二维码

图4-2-13 《72个红手印,究竟为了留住谁?》截图

---

① 许向东.转向、解构与重构:数据新闻可视化叙事研究[J].国际新闻界, 2019, 41(11):142–155.

② 获得第三十届中国新闻奖媒体融合奖项创意互动二等奖(2020)。

三、内容、技术与形态创新的关系

在策划中需要把握的原则是内容先行，既要考虑技术实现的可能性，更要让技术服务于内容、服务于叙事，把技术、内容、形态有机结合起来。

1. 内容为本、技术为要

要以内容建设为根本、先进技术为支撑。技术赋能是基础，但技术是方法，内容是方向。以技术为底层，作品的**主题凝练**、**人性挖掘**、**价值引领和故事讲述**要达到整体和统一。不能把创新沦为单一的技术噱头，单纯考虑技术创新而忽视内容的完整，会使作品空洞机械。在融合新闻策划中，不要过于夸大任何一项技术产生的新方法、新手段，优质的、具有精神灵魂的内容永远是不变的硬通货。

2. 创优为本、创新为要

创新未必完美，但好的创新应是追求完美的过程。创新与创优是相辅相成的：创新不仅是技术或形式上单一要素的突破，而且应当是和内容结合的整体考量；创优也蕴含着创新的元素，是在创新基础上的综合提升。在融合创新中，要避免只停留于挖掘技术和形式上的创新，否则作品将缺乏叙事的完整度和深度；如果对作品的内在价值，尤其是新闻价值的挖掘乏善可陈，那么必将缺乏创新基础上的创优。

比如，参评中国新闻奖的短视频新闻作品《险！深圳一大厦玻璃幕墙被台风吹落　记者报道时又遇玻璃从天而降》虽然"有幸"抓拍到了深圳一栋大厦受台风"山竹"影响，玻璃外墙被狂风吹落的瞬间，也获得了很高的点击量，但是该视频本身在新闻价值的挖掘和意义提升上差强人意，没有透过现象进一步挖掘出本质。短视频《生死时速！患者心脏骤停，桂林女医生跟着病床边跑边做心肺复苏》虽体现了媒体生产和资源整合的开放趋势，但也只停留在了对现象的描述上，缺乏背景和意义的关联，其推文文字虽在视频基

《险！深圳一大厦玻璃幕墙被台风吹落　记者报道时又遇玻璃从天而降》二维码

础上做了补充，但作为独立的短视频缺乏更深层的信息。这些作品虽然契合了互联网情感化、情绪化、碎片化的传播效应，能够在短时间内引起网友的广泛转发、刷屏，但来得快去得也快，很难产生真正的意义和影响力。

还有的作品尤其是短视频新闻作品，就是简单的宣传模式和空洞的口号，缺乏创意设计和生动的故事及细节，本身就与新闻无缘，也与创优无缘。

因此，在融合创新中，我们需要思考作品"**现场与背景**""**有意思和有意义**""**现象与本质**"三者的结合。

3. 友好为本、简洁为要

在全息媒体时代，新闻策划需懂得"做加法"，更需明白"做减法"，要把握信息呈现的丰富性与一目了然、简洁高效的关系，信息使用交互与友好易得的关系。在策划的时候，要

充分遵循"复杂的极致就是简洁"这一原则，对繁杂的事件进行精心的选择和提炼，从而突出反映本质和角度的信息，把丰富的信息通过简洁的形态和明确的指向，条分缕析地呈现出来。

（1）呈现简洁高效

在移动新媒体语境下，信息越丰富，表达形态越融合，越需要主题明确、叙事简洁，只有这样才能直击人心。这对记者提出了更高的要求：如何把纷繁复杂的信息化为简短、简洁、简易的高效表达，让丰富的内在透过明亮的窗口呈现给用户？因此，策划的过程，就是信息占有由少到多，进而由多到少的过程。丰富多元的资料占有、高度凝练的内容主题、突出明晰的叙事结构、简洁高效的形态设计，仿佛一个**"钻石型"**结构的发展过程。

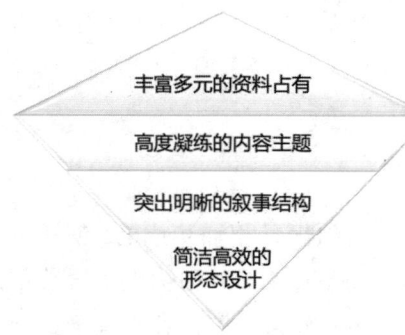

图4-2-14　叙事要素的"钻石型"结构

比如，在短视频《公仆之路》中，总书记从政的初心和使命到底是什么？他的成长之路是如何锻造出的？带着这些问题，创作团队首先在央视的音像资料馆查阅了关于总书记的所有资料，并在网上查找所有公开刊发的相关报道，囊括了几乎所有关于总书记的视频、音频、文字采访资料，不断地"做加法"。接着，团队人员将所有素材按照时间节点进行整理，筛选合适的内容并按照逻辑和语境进行串联，再根据典型性、连贯性、技术标准等多项标准进行取舍，着重"做减法"，从最全面、最完整的素材中凝练出最精华、最核心的内容。[1]之后根据作品主线进行串联浓缩，最终按照总书记任职的时间节点确立了陕北插队、正定起步、治理福建、主政浙沪、领航中国等多个阶段，采用一镜到底的形式，展现了一脉相承、一以贯之的理念。

（2）交互服务叙事

越是在复杂技术和全息形态赋能的背景下，越要思考信息呈现的便捷易得，尤其是建立在H5、VR等技术上的交互设计，不能为了交互而交互。交互是功能和手段，让用户以此参与建构信息，引起用户兴趣，从而更深刻地理解主题与信息才是目的。交互不能增加用户获取信息的成本，否则就会被用户弃之不用。比如，社交平台快手的产品逻辑之一，就是交互简单易懂[2]，并且通过交互积极改进算法推荐。快手的页面简单，就是瀑布流的操作，在用户冷启动之后，形成交互数据，从而形成推荐方向。

① 曾祥敏，王俐然，作品二：《公仆之路》，参见曾祥敏. 中国新媒体研究报告2019［M］. 北京：人民日报出版社，2019：366.

② 关于快手火爆背后的算法逻辑分析，看这一篇就够了［EB/OL］.（2017-10-18）［2022-03-20］. https：//mp. weixin.qq.com/s/ssGWkH-Z1BAn1yl9LKjYcA.

四、把握两组关系

总体而言,融合新闻策划是在原有新闻策划基础上的创新发展,但这其中也有继承的关系。因此,要统筹把握整体策划和散点聚合的关系,把握全媒体和单一介质的关系。

1. 把握整体策划和散点聚合的关系

对于日常的新闻报道,可以采用记者散点式的灵活采编模式,选择好角度,注重对事件新闻价值的发掘;对于突发大型报道,则可以采用一体策划、多层次的方式,有规划地对复杂事件进行多角度的剖析和呈现。

2. 把握全媒体和单一介质的关系

并不是所有的报道都需要以全媒体的形式展开,全媒体同样只是技术和手段。选择以何种媒体介质为主,要看事件的性质,以及在产品设计阶段想要用可视化还是文字的形式呈现,从而形成有针对性的表达形态。

记　住

融合新闻策划是在用户、技术、内容、传播渠道和载体考量基础上的一体化设计和系统生产,并在报道或产品发布之后的运维管理,这是以用户为出发点又回到用户的整体考量和设计。

第三节　新闻标题和封面

标题是内容的提纯,封面是内容的门面。在融合新闻中,"标题+封面"能够给新闻报道带来传播流量,但也要牢记,"**标题+封面+内容+关系**"才能真正获取用户的黏性。

标题和封面是互联网平台相较于传统媒体较大的变量。从传统的报纸和杂志到广播电视进而到互联网新媒体报道,封面和标题作为报道的门面和入口的功能没有变化,但互联网新媒体产品与用户连接的方式、方法都发生了改变,因此需要对封面和标题的实际操作和使用理念进行更新提升。

一、影响因素的变化

情感、悬念、数字提炼、突出细节等是一些传统标题引人注目的方式,这在新媒体时代没有变化。但是在人工智能算法的加持下,标题和封面能否被机器自动抓取,进而被推荐给目标用户，成为媒体需要考虑的重要因素。因此，**好的标题和封面要经过机器识别抓取并引发人的兴趣和好奇，**这就是如今标题和封面的重要性与复杂性。

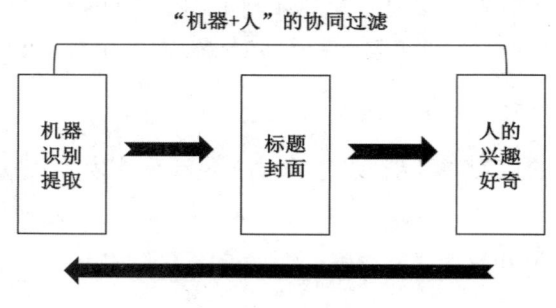

图4-3-1　算法加持下的协同过滤机制

1. 传播场景迁移

在媒体变革和传播场景迁移的语境下，算法分发促进人找信息向信息找人的根本改变，标题和封面吸睛和引流的方式与功能也发生了深刻的变化。

（1）报纸时代：导读功能

报纸时代的标题封面由"内容"主导，题图与内容同在一个平面，以视觉冲击力和语义吸引力为内容服务，标题概括并提亮内容、引导读者，承担导读性功能。

（2）电视时代："点缀+提示"的依附功能

电视时代的标题封面由"画面+声音"主导，口播导语提示，是文字点缀辅助画面。新闻片中标题起到提示、分段作用，其独立性与重要性并不突出，具有"点缀+提示"的依附功能。

（3）门户网站："语义+导读"的引流功能

互联网时代，信息爆炸，注意力成为稀缺资源，标题和封面引发注意力的重要性逐渐提升。门户网站的标题，由"页面位置"主导，因此，同传统报纸版面相似，其首页置顶最重要，多以列表并存，依靠新闻卖点吸引用户，具有"语义+导读"的引流功能。

（4）社交平台："标签性+趣味性"的触达功能

社交媒体时代，标题的重要性极大增强。微博、微信等社交资讯类平台依靠用户分享转发，由"用户兴趣+平台定位"主导，今日头条等资讯社交类平台由"机器识别+用户兴趣+平台定位"主导，标题和封面具有"标签性+趣味性"的内在特质，主动通过算法分发的毛细血管触达用户。

因此，一定要注意平台定位调性和分发的差异，既有普遍的吸引规律也有各自的特点。可搜索性、关键词、热词和标签成为标题的重要构成元素。

表4-3-1　不同媒介标题和封面的区别

	功　能	特　征	形　态	原　则	方　法
报纸新闻标题题图	视觉冲击 语义吸引	概括性强	文字+题图	新闻客观	概括正文主题
电视新闻标题封面	点缀 提示	概括性强	文字+画面+声音	情感冲击	提示、分段
网页新闻标题封面	语义吸引 导读引流	刺激性强	文字	故事夸张性	放大内容价值
微博、微信等社交 新闻标题封面	标签性 趣味性	针对性强	文字+画面	情绪渲染性 话题参与性	突出观点差异
今日头条等社交新 闻标题封面	标签性 趣味性	针对性强	文字+画面	情绪渲染性 话题参与性	突出观点差异

2．机器算法分发

社交平台的运行逻辑是以用户兴趣为中心。机器算法根据标题的关键词自动归类标签，向可能感兴趣的目标用户，即具有类似标签属性的用户群体推送（Push）。而在用户是否会"拉出"（Pull）新闻的选择过程中，标题的重要性和显著性十分突出，甚至成为用户能否真正接触到内容的关键。

二、标题拟定方法

机器算法是文本、图片、视频标签与用户标签进行匹配的过程，标题经过机器识别提取后，才能触达可能会感兴趣的用户群体。因此，标题拟定的运行逻辑首先要遵循机器算法的规律，让机器能够识别抓取；其次要获得用户的注意，形成兴趣匹配和情感共振。这就是社交平台上标题的"双重关卡"——**既要通过算法检验、通关机器，又要获得引爆点、博取用户青睐**。

1．机器抓取

机器根据平台用户的兴趣，通过不断学习，获悉用户对哪些标题会形成高敏感度，因此，机器抓取建立在经验积累和总结的基础之上。下面，我们以今日头条的机器抓取和双标题拟定的效果，来进行实例分析。今日头条开发了"双标题"功能，即主标题和副标题，累计粉丝数超过5000且已开通原创权限的用户可以使用"双标题"功能。用户内容首发在头条平台上，通过轮流展示主、副标题给用户，借"双标题"功能收集主、副不同标题用户的点击量，发布者和运营者在后台能看到主标题和副标题的点击量，阅读效果好的标题会被优先推荐，阅读效果不好的标题会被淘汰，由此减少了作者选择标题的工作量。因此，"双标题"功能相当于赛马机制，阅读量大的标题会得到更多推荐，阅读量小的标题会慢慢被淘汰至停止推荐。这样的机制为我们研究标题提供了便利，同时，今日头条后台的分析指标也为我们分析标题和内容提供了参考。即推荐量是指能够在平台上看到该文章标题的用户数量，阅读量是指有多少用户在看到文章标题后点开阅读了文章，打开率是指阅读量占推荐量的比重，完读率是指所有用户阅读该文章的平均完成度，跳出率是指所有用户中阅读该文章的进度低于20%的用户占比，阅读速度是指所有用户对该文章的平均阅读速度。

心情不好？这些健康食物让你越吃越开心

双标题 已推荐 原创·已发表·已投头条广告·2017-07-21 12:36 ⊙

推荐 3.5万　阅读 2956 ⑦　评论 1　涨粉 2　转发 75　收藏 110

✎ 修改　➔ 转发　⋯ 更多

📄 **吃了这些食物让你赶走抑郁，心情变愉快，天然的快乐药**

已推荐 原创·已发表·2017-07-21 12:36

推荐 15.4万　阅读 1.8万 ⑦　评论 5　涨粉 28　转发 701　收藏 652

图4-3-2　今日头条的不同标题的相关数据情况

表4-3-2　今日头条的不同标题的相关数据情况

	标题一：《心情不好？这些健康食物让你越吃越开心》	标题二：《吃了这些食物让你赶走抑郁，心情变愉快，天然的快乐药》
推荐量	35,000	154,000
阅读量	2956	18,000
打开率	8.4%	11.7%
完读率	79.72%	88.73%
跳出率	9.83%	8.56%
平均阅读	59字/秒	33字/秒

　　通过这条资讯[①]的"双标题"比较，我们能看到两个标题在数据上的异同。首先，这两个标题用词都比较通俗易懂，避免增加机器识别的难度。但是，相较而言，标题二在各项指标中表现得更出色，更容易获得流量。标题一采用了封闭的自问自答的模式，无法使用户形成期待和好奇，虽然使用问句的形式增强了对话感，但最重要的是其缺乏亮眼的关键词，稍显常规。而标题二中使用了"抑郁"这样的关键词，能够引发机器的识别和用户的同感，如"赶走抑郁""快乐药"等都是亮眼的词汇。

　　具体而言，针对机器算法的标题拟定需要满足**"可识别、能识别"**和**"想抓取、想分发"**这两大条件。

---

① 我们分析了1000+今日头条头部账号双标题文章，结果竟然发现……[EB/OL]．（2019-10-17）[2019-10-19]．https://zhuanlan. zhihu. com/p/87120671.

（1）可识别、能识别

规范用词。为了减少机器识别的难度，标题拟定应尽量使用规范用语，以便于机器读取，避免使用复杂的词语，避免因难识别则不抓取。比如标题不通顺、有错字病句、含有……等特殊或冷僻的字符、含有英文字符或者繁体字等。

避免敏感词。标题中含有政治敏感词，或违反公序良俗的色情、低俗、辱骂等词语，会被机器所拦截。

标题党词汇。为了博取眼球，标题采用耸人听闻的手法，与文章内容不符合，或者根本文不对题，一旦被列为标题党，则会停止推荐。比如[1]：

震惊类：居然、竟然、震撼、震惊、惊人、崩溃、秒杀、唏嘘、笑喷了、哭晕了、惊呆了、出事了、超可怕、太恐怖、吓尿了、震惊了、笑疯了、逆天了、超出想象……

结果类：后来才知道、看完已惊呆、当场说不出话、倒吸一口凉气、怪事发生了、令所有人羞愧、可怕的是、惊讶不已、惊掉下巴、惊人一幕、恐怖一幕、奇迹一幕、背后原因、没想到、看后令人……

时间类：下一秒、接下来、让人、令人、瞬间……

夸张类：惨不忍睹、残忍至极、毛骨悚然、头皮发麻、背后发凉、落荒而逃、瞬间傻眼、瞬间崩溃、匪夷所思、惊呆所有人、竖起大拇指、恼怒不已、哑口无言、让人不解、让人意外、出人意料、大跌眼镜、不忍直视……

数字类：99%的人不知道、99%做错！……

这些词汇，初次使用会激发强烈的情感，但不是百试不爽的万灵丹，尤其是题文不符的时候，就会成为故弄玄虚技法，形成定式后，也容易被机器剔除。需要说明的是，标题党词汇并不是机械绝对的理解和规定，它跟文章总体的负面评价相结合，一些词汇在标题里多次使用被验证与内容不符合，会成为被重点关注的词汇，而这些句式、用法、词汇也会逐渐成为陈词滥调，其效果也并不理想。这也说明获得用户注意，不仅要尊重用户体验，也要不断创新，不能落入陈规窠臼。

（2）想抓取、想分发

那么，具体而言，能够被机器识别抓取的标题体现出哪些特征呢？首先，我们看看机器算法所依据的四个维度：内容相关性特征（关键词、分类、来源、主题），环境特征（地理位置、时间、天气、网络环境），热度特征（全局热度、分类热度、主题热度）和协同特征。在这些维度中，我们从内容特征的角度着重关注标题和内容要符合的算法推荐指标，主要有：主题关键词（标签）、热度、转载量、时效性和相似度。

主题关键词。机器识别标题从关键词入手，关键词具有标签性，提炼准确，与用户兴趣标签越匹配，越容易被机器识别抓取并推荐。因此，使用用户感兴趣的关键词，才能获得推荐。比如，《美国体坛最大丑闻，看得人太丧了，天才就是这样被一步步毁掉的》，其原标

---

① 以下案例参考今日头条内部培训部分内容"如何在今日头条取一个10万+的好标题"。

题是《低俗的丑闻女主角，扇了全世界一个耳光》。原标突出冲突性，但比较泛化，文章标签不太明显。而优化后的标题关键词"美国体坛""天才"比较亮眼，并确定了标签领域，喜欢体育和教育的用户应该会比较感兴趣。

关注　推荐　两会　热点　北京　视频　☰

美国体坛最大丑闻，看得人太丧了，天才就是这样被一步步毁掉的

24楼影院　评论323　01-19 16:33

图4-3-3　今日头条平台推荐的标题

- 关键词一般以名词为主，人名、国名、地名等具备特征属性的稳定词汇，名人、影响力事件名称、热度国家和地点等都是具有高识别度的关键词。

- 关键词要明确、具体，具有较强的指向性和标签性，不能是传统媒体概括式的、模糊的词。

比如，《一部近年来最优秀的悬念巨作》不如《张艺谋的悬崖如何刷新了国产谍战剧的票房》具体、明确，具有传播力。

- 关键词又可以分为短期关键词和长期关键词。短期关键词一般因应某一时期的热点话题，如"突发""冬奥"；长期关键词如"女排""美国""疫情"等。比如，《印度就是脏乱差？这组图片让你看清印度另一面，与想象中大不同》，其原标题《流动着的舞台 街头中的故事》太过普通的展示且抽象的描述并不能在短时间内吸引用户的注意力，而优化后的标题关键词和标签明确，"这组图片""与想象中大不同"有好奇、期待和反差。

综合　视频　资讯　小视频　图片　用户

印度就是脏乱差？这组图片让你看清印度另一面，与想象中大不同

中国摄影出版社　评论347　3月7日

图4-3-4　今日头条平台推荐的标题

热度。热度即文章或视频的主题与当前的热点、焦点、难点问题之间的联系，也即通常所说的新闻性和话题性。热度越高的文章标题，越容易被机器识别分发，从而形成滚雪球的效应。比如，短视频《监狱官方30秒带你了解罪犯改造生活》，因为踩上了某超级流量明星被刑拘的网络热点，发布之后成为@四川监狱抖音号的首条推荐视频，迅速获得近600万的点赞量，不到四个小时，为该号涨粉13万。[1]

在这方面，一些算法推荐的社交平台也提供了热词的分析功能，通过机器大数据分析，帮助作者了解某个关键词在地域、性别、领域、时间段等不同维度的热度，有利于作者确定选题以及拟定标题。比如同样的一篇文章：

标题一：《马云建造支付宝大楼，被网友吐槽：这趴着把屁股撅的好高，真到位》

标题二：《支付宝新大楼曝光，网友吐槽：屁股撅的好高，这很支付宝》

---

[1] @四川监狱抖音号，4788.2万，截至2021年8月4日18：00。

标题一文章获得了近200万的阅读量，与标题二文章的阅读量相差一万倍。根据热度趋势分析，原因在于关键词"马云"的热度高于"支付宝"的热度，而且"马云"的热度时效远远高于"支付宝"的热度时效。[①]

转载量。转载量即文章或视频被分享到社交平台的数量。明确的数字能够清晰地被机器识别，证明内容受欢迎的程度，从而获得更多的分发。

时效性。时效性即文章或视频的热度时间，时效长的内容会持续处于机器识别分发中，时效短的内容过了热度就会被淘汰。一般而言，动态性、即时性的新闻、节日等都算短时效的内容，比如，"奥斯卡颁奖"可能当日的热度很高，但过后便急转直下，热度的时效较短。而持续的新现象、新问题或者与用户切身利益相关的问题是长时效的内容。比如：

标题一：《〈猎场〉告诉你：如何从职场小白蜕变为职场精英》

标题二：《胡歌〈猎场〉中揭露的职场潜规则：从小白到精英你只有1条路可走》

标题一中的"猎场"属于短期热度关键词，而标题二中的"胡歌"属

《@四川监狱"监狱官方30秒带你了解罪犯改造生活"》二维码

图4-3-5 《@四川监狱"监狱官方30秒带你了解罪犯改造生活"》截图

于长期热度关键词，标题一文章的阅读量比标题二文章的阅读量差了100倍。

相似度。相似度即与其他文章的主题和角度的趋同程度。如果其他文章或视频已经有很多相似的内容或角度，内容供大于求，注意力被分散，则被机器分发的概率就会小很多。

2．用户注意

突破机器识别抓取的防线，更要触达用户的兴趣和情感，从某种程度上而言，机器也是根据用户标签来分发内容的。因此，标题的标签性和用户标签相匹配的程度决定了机器的分发，而除了标签，标题和内容整体跟用户趣味和情感的契合度同样重要。正如前文所言，通过性别、年龄、地域等数据为用户画像，了解用户的兴趣和关切点，标题中就会体现契合用户的兴趣点，更易获得用户的青睐。

① 如何用好热词分析功能，生产更优质的内容［EB/OL］．（2017-03-10）［2017-05-11］. https：//www.toutiao.com/i6395069303682499073/.

性别。相关数据表明，娱乐和社会内容是男性和女性都关注的领域，而本地、汽车、时政是男性特有的兴趣分类，女性更喜欢时尚、育儿和健康。因此，标题关键词可以体现不同群体的兴趣点。

年龄。相关数据表明，18—23岁的年轻人青睐游戏、时尚等内容，24—30岁的人群更关注娱乐、国际等内容，31岁以上人群更偏爱财经、汽车等内容。让我们看看下面两个标题：

标题一：《男人40常按这处，补肝益肾，治阳虚，每天3分钟，见效省事》

标题二：《每天花3分钟按这处，补肝益肾，治阳虚，有效，不花钱》

表4-3-3　今日头条平台的不同标题的数据情况

	标题一：《男人40常按这处，补肝益肾，治阳虚，每天3分钟，见效省事》	标题二：《每天花3分钟按这处，补肝益肾，治阳虚，有效，不花钱》
推荐量	918000	2304
阅读量	107000	550
打开率	11.7%	23.9%
完读率	79.14%	66.32%
跳出率	7.92%	8.62%
平均阅读	16字/秒	17字/秒

标题二的打开率是标题一的两倍，但标题二的推荐量和阅读量都远远少于标题一，标题一把用户对象定在了40岁的男性，利用中年男性关心的切身问题，进行有效的垂直传播，从其收藏量和转发量也能看出差别。

地域。不同地区用户的关注点也存在差异，强调本地化诉求和地域接近性的内容要契合当地的兴趣点。比如"胡同"和"弄堂"，在北京和上海这两个地方，就会出现相反的热度。在北京，"胡同"的热度明显高于"弄堂"，而在上海，"弄堂"的热度则明显高于"胡同"。[①]

3. 好标题的方法与技巧

除了突破机器识别和用户注意的一些法则之外，在标题拟定方面需要遵循如下操作理念：

第一，把握句式结构。同作文造句一样，长句子难于理解，尽量用短句结构，层次分明，逐渐递进，有节奏感。微信推文标题多用两段式的短句，今日头条等社交平台可以用到三段式的结构。

第二，提炼多个关键信息点。多个关键信息点易于被机器识别，也易于引起不同需求用户的关注，扩大内容的传播范围。同时能够补充修饰，吸引用户持续阅读。但需注意的

---

① 如何用好热词分析功能，生产更优质的内容[EB/OL].(2017-03-10)[2017-05-11]. https://www.toutiao.com/i6395069303682499073/.

是，要踩到关键词，而且要把握信息点的度，一般不超过三个关键信息点，否则标题承载的内容太多，反而会淹没重点。

第三，提升辨识度。使用通俗易懂的词汇，要便于机器识别，用户能以最快的速度辨识内容的趣味性，产生好奇或者与自身相契合，从而第一时间被吸引。比如，《"凡尘组合"摘银泪洒领奖台，网友：巴黎继续lucky》是一个比较小众的题目，标题中有"凡尘组合"，又有巴黎（2021年东京奥运会后的下届奥运主办地，若不提示，知道的人未必多），而且中英文掺杂，信息繁杂，标题本身也缺乏令人好奇和期待的元素。

具体而言，拟好标题还有如下方法和技巧：

（1）开门见山

开门见山，直入主题，迅速亮出报道的新闻点或亮点，吸引用户眼球。比如，《银牌！中国金牌总数定格在38！》直接回答了用户期待的中国代表团在东京奥运会最后夺金点的结果，即李倩在东京奥运会拳击女子75公斤级决赛中获得银牌。

（2）通俗关联

减少专业词汇，与日常相勾连，更能契合某些群体的痛点。比如：

标题一：《膝关节疼痛不妨按按这里，管用，省事，不花钱——》

标题二：《膝盖痛，按按这里，管用，不花钱，一身轻松，膝关节更年轻！》

"膝盖痛"比"膝关节痛"更通俗易懂，而且直击一些群体如热爱"跑步"一族的痛点，因此，标题二文章的推荐量、阅读量和点击率都远远高于标题一文章。再如，央视新闻微信推文《"出差三人组"新一季剧透来了！》报道了神舟十二号载人飞船自2021年6月17日发射以来，"出差三人组"聂海胜、刘伯明、汤洪波在轨生活一个半月后的最新"太空生活"，巧用日常热播剧，让神秘太空生活变得亲切自然。

再如，校园微信公众号"中传新闻传播学部"在新生开学前的两个标题：

标题一：《21级新生，快来扫码加入你的大家庭》

标题二：《电视学院2021级新生，快来扫码入队，有作业！》

这两个微信推文的标题，虽然都是喊话的方式，但两者与对象用户的关联度和紧迫感不一样。标题一采用温情话语，对目标用户的行动唤起并不强；而标题二则采用动员话语，基于目标群体的特征和心理，有效地切中了用户的关注点。

（3）提炼数字

数据虽然抽象，但能精确呈现事物的性质，而且机器对数据比较敏感。因此，注意运用数据，尤其是阿拉伯数字，而不是汉字大写数字，简短直观迅速，使内容要义一目了然。比如，央视新闻微信推文《0！0！0！》报道了2020年3月19日多个省市新冠肺炎确诊病例连续多日零新增。另外，数字本身就体现了对内容的提炼，能够让用户迅速抓住感兴趣的要点，比如，澎湃新闻《棋牌室"爆雷"，扬州6天内报告96例阳性》，疫情再起的数字引人关注。再如：

标题一：《全红婵父亲回应"家里遭2000多人围堵"》（澎湃新闻）

标题二：《全红婵家人无奈请求网红……》（环球网）

标题一是根据现场村民统计的，按照一人一车进村登记，一天起码就有2000多人打卡全红婵家乡广东湛江麻章镇迈合村，利用数字直接点明围堵体操明星全红婵老家的人数众多。标题二虽然采用悬念的方式，但不如标题一直接引出事件性质。

数字同样也会蕴含情绪，能够引发期待和悬念。比如，新华社微信推文《新中国密码：15665，611612！》以数字引出了新中国密码——《没有共产党就没有新中国》的旋律。

万事无绝对。如果数字过大，则应用简洁高效的汉字概括，否则过于冗长的数字不利于有效信息的传达，一般可以用数字+中文来代替，比如将100,000,000 转换为1亿、10,000,000 转换为1千万。除非数字的意义可以被进一步发掘，则可能变"冗长"为"神奇"，比如：

标题一：《刘德华被起诉！索赔近1亿》（红星新闻）

标题二：《刘德华及出品方被诉！索赔9999.9999万元……》（环球网）

同样是报道刘德华被起诉的事件，环球网的标题在突出索赔金额多的同时，"9999.9999万元"的金额更能引起用户的好奇。实际上，这是立案规定的最高赔偿金额，这一标题也体现了环球网记者的新闻捕捉能力。

由此可见，数字的意义需要挖掘。需要注意的是，如果平淡的数字标题出现过多，一个数字、一个百分比就是标题，成为庸常，也就起不到吸引用户注意力的效果，更不能成为记者偷懒的技法。

（4）制造悬念

悬念是钩子，让用户形成期待，产生好奇心。悬念具有三要素：悬置、惊奇、满足。其中第一要素"悬置"往往可以被放在标题中，采用提问或隐藏答案要素的方式为文章引流。比如，央视新闻微信推文《大阅兵后 大家喊着要"活捉"的满广志是谁》报道建军节朱日和阅兵场的蓝军部队，推文一改电视节目对蓝军旅平铺直叙的报道方式，把蓝军旅旅长满广志作为悬念点，引起用户期待。推文开篇也进一步加强了这样的期待："在7月30日的阅兵直播画面中，一个人的出现，让网友感叹：'红军没捉住他，央视记者做到了'。"

围绕着新闻要素的"什么人""什么地方""什么时间""什么事""什么因""什么果"来提出问题，都可以设置悬念，但判断用户是否能被吸引的标准是：哪一个才是用户最关心的问题。

《屹立山尖400年不倒，最强"钉子户"除了他还有谁！》（什么人）

《张家界：这场演出的所有观众均属高风险人群，请立即报告》（什么时间）

《4-0打哭伊藤美诚，孙颖莎两个字回应》（什么事）

《新兵投弹不慎失手，下一秒……》（什么事）

《去年全国有485万对夫妻离婚，婚姻破裂都逃不过这3大原因》（什么因）

《深夜路灯下的这位父亲，看哭无数网友》（什么因）

《三星堆的最新发现意味着什么？》（什么果）

悬念要注意侧重点，具体化，易于理解，接地气，不能设置太多悬念，隐藏太多信息，踩不到关键词，让人不知所云，摸不着头脑。一般标题设置一个悬念，最多不超过两个。比如：

标题一：《这国潜艇刚出事，095核潜艇即将问世，该国将军却做出这样的祈祷》

标题二：《印度海军又闹笑话：借潜艇充门面，一出海就撞烂，俄罗斯乐开花》

标题一中的"这国""该国将军""这样的"处处留白，处处抖包袱，没有完整逻辑链，没有关键词，悬念起到了相反效果。标题二亮出关键词"印度""俄罗斯"，再加上趣味和冲突元素，成为一个有吸引力的标题。

需注意的是，悬念不是故弄玄虚，要把事实做悬念，而不是把噱头当悬念，否则就会沦为标题党。

（5）直接引语

这是紧抓热点，利用冲突和情绪吸引注意力的有效方式。在体育、娱乐等领域可以直接引用网友情绪性的表达或幽默的观点，起到共情效果。比如：

《第八金，下饺子都比他们水花大》（2021年东京奥运会女子双人十米台决赛，张家齐和陈芋汐摘得金牌），标题引用了网友感慨。

《第17金，也太美了吧》（2021年东京奥运会女子蹦床奥运决赛，中国选手朱雪莹获得金牌），标题引用了网友评论。

在时政、健康、军事等领域，可以直接引用公众人物或专家的权威观点。比如：

《天下哪有这样的道理》（2021年7月26日，外交部副部长谢峰在天津同美国常务副国务卿舍曼会谈时的讲话）

《王毅当场驳斥每日干涉中国内政的谬论：你们死了这条心吧》（2021年8月4日的第11届东亚峰会外长会上，国务委员兼外长王毅在东亚合作发言后，美国、日本等个别国家提出中国的新疆、香港问题并以人权为由对中国进行攻击，王毅当场要求第二次发言，予以严厉驳斥），标题含有名人关键词，并采用了具有冲突性的直接引语。

《钟南山：新冠病毒出现"环境传人"！如何应对？》，标题引用权威专家直接观点，"环境传人"能够引起关注和好奇；又是专业问题，需要权威的解答；采用疑问句呈现出来，"如何应对"能够唤起人们的行动，促进健康信息的传播。

（6）善用比喻

运用比喻修辞，用形象具体的事物类比，不仅能给人直观感受，而且用名词取代形容词，也容易被机器所识别抓取。比如，《"王炸组合"拿下银牌》（澎湃新闻），把东京奥运会上的陈艾森和曹缘比喻为"王炸组合"，因为他们手中各自握着两枚奥运金牌。又如，《首金得主杨倩来自清华，从小就有颗"大心脏"》，踩中关键词"清华""大心脏"，点明所报道人物的特点，比《首金|刚刚夺得奥运首金的杨倩还是北京这所学校的学霸》更加突出。虽然采用了"学校"这个悬念点，但此悬念背后体现出的是刻板印象和陈词滥调，凡是在名校就读的就一定是学霸吗？

　　(7)冲突

　　突发、反常、新奇等,往往能够形成情绪碰撞,具有戏剧张力,能够瞬间吸引用户的注意力。

　　标题一:《太突然!"谢大脚"于月仙车祸去世,年仅50岁》(红星新闻)

　　标题二:《〈乡村爱情〉谢大脚扮演者于月仙因车祸去世,小沈阳发文悼念》(澎湃新闻)

　　标题一强调突发和反差,年仅50岁,让人唏嘘。标题二的《乡村爱情》与谢大脚信息重复,知道《乡村爱情》的用户对谢大脚这一角色不会陌生。该标题虽然借用了另一个关键词"小沈阳",但总体而言,不如标题一简洁、情感强烈。

　　再如:《愤怒!看到它!马上报警》针对夏天使用偷拍工具对女性进行偷拍和骚扰的事件,通过把情绪前置,引起用户警觉。

　　(8)对比反差

　　当单一事物不能说明问题的时候,把事物集中起来,进行组合对比,能够充分体现事物的性质,突出特点,强化反差,给用户留下深刻的印象。

　　例如,短视频《红白羊肉情缘》走红后,该事件在各大平台的标题分别为:

　　标题一:《比美食更温暖的,是你永久的陪伴》(秒拍)

　　标题二:《63岁大爷娶妻创业,千年古方秘制羊肉火爆20年,每天客人爆棚》(今日头条)

　　标题三:《半路老夫妻开店卖羊肉太好吃,生意火爆20多年,爱情事业双丰收》(腾讯视频)

　　这里的每个标题可以说都跟平台的调性息息相关,但一一对比,价值高下立见。

　　(9)转折

　　创造意料之外、情理之中的转折,给人出其不意的印象,能产生出奇制胜的效果,或者产生颠覆性认知。

　　标题一:《女生中考757分8门满分!没上过辅导班》(《人民日报》)

　　标题二:《女生中考757分8门满分!这就是世界的参差吗?》(澎湃新闻)

　　标题一突出转折,考了高分,但没上过辅导班,有信息量。标题二虽然使用了网络的吐槽用"梗",但只突出感叹,反而显得落入俗套。

　　再如:《女孩暴雨中求助男友却被"晾"在一旁?结局其实很暖心……》(《人民日报》),标题前半段展现了恋爱中一般会让女方难以接受的情节,实际上男友是特警,在确认女友安全后,将女友"晾"在一旁,帮助暴雨中的市民。

　　(10)递进强化

　　采用短句结构方式,由浅入深,由远及近,由弱到强,由表象到本质,形成主次分明、引人入胜的句式。

　　标题一:《动物园内游客打斗,园方:引发动物效仿,场面失控……》(央视新闻)

　　标题二:《太丢人了,把动物都教坏了》(红星新闻)

标题三:《丢人! 动物同志们见笑了》(环球网)

标题一有新闻点和关键词"动物园""游客",接着园方回应引出对比反差,突出幽默感,自然引出对游客素质的评判。标题二和标题三虽然突出幽默和悬念,但新闻点和信息量不如标题一。

标题一:《阿富汗局势发生重大变化,外交部表态》(澎湃新闻)

标题二:《阿富汗局势发生重大变化,我外交部最新回应》(央视新闻)

标题三:《喀布尔"变天",中方表态了!》(环球网)

三个标题中,虽然国外变动与中方回应都构成了事实上的递进关系,但标题一和标题二较为普通,只交代了基本事实,而标题三中"变天"显然比标题一和标题二中的"局势发生重大变化"更有感染力。

(11)扩展放大

适用于具象的事件、人物个体,做从点到面的转换。标题适当从单一的个体扩展到群体,甚至更广泛的群体,从而有效扩展报道的主体、针对的用户群体和事件,扩大范围,获得更大的标签群体,提升报道的影响力。

比如,《首金杨倩,00后以不同的姿态登上舞台》突出了"00后"这一更广泛的群体。又如:

标题一:《简阳养殖户退养协议补偿明细,被副乡长当面撕毁扔进垃圾桶》

标题二:《四川这副乡长真"硬气",把养殖户的补偿明细撕稀碎,如今摊上事》

标题二把发生的地点从简阳扩展到四川这个更大的区域,获得更多用户的认知;从语言上而言,标题一平铺直叙,简单描述现象,标题二略带情绪性的评述。

再如,《曾轰动全国! 4年后,这个悬案终于破了》(红星新闻),该新闻讲述了4年前(2017年),位于四川省乐山市一处深山的庞坡洞,有10尊明代佛像的头部不翼而飞,成为当时的一个大案。标题用"轰动全国"放大了四川乐山的地域范围影响。

(12)压缩

适用于宏观的概述,从面回到点,进行具象的压缩,拉近与用户的距离,获得亲近感。

标题一:《盘点电影里面的那些演员的自毁形象》

标题二:《这个女人真够狠! 把自己的脸毁了,获得举世的荣誉》

标题一简要平实,缺乏亮点。标题二则采用三段式的结构,从一个具象的人物出发,展示细节和情绪,"真够狠"放大情绪,"脸毁了"和"荣誉"形成反差和冲突。

(13)对话式

用呼告、对话式的语气,口语化的用词来呈现主题,显得生动、亲切,比平铺直叙的语言更能引起用户共鸣。如此,现场对话的现场感和生动性便得以呈现出来。

《辛鑫,你没让我们失望! 》,标题针对的是东京奥运会马拉松游泳女子10公里比赛中中国选手辛鑫以2小时0分10秒1的成绩获得第8名。

《检测员：象群造成的损失国家赔。大妈：哈哈哈》，标题指出护送大象的同时，也要保护群众的人身和财产利益，弥补群众的损失。

2022年春节期间，中国新闻网在报道中国男足败北越南队的新闻时，用记者与编辑对话式的标题，模拟再现了新闻编辑部中的场景，契合用户情感的同时，制造了话题。"王老师"迅速出圈，也为中国新闻网成功塑造了人物梗。而后，中国新闻网推出《王老师和卢老师》系列，融合了对话式、纵向对比、造人物梗等多重标题元素：

第一集：《王老师，请支持一下暂时遇到困难的中国足球》

第二集：《我是王老师，致敬真正热爱足球的每一位》

第三集：《"王老师……""发！赶紧发！"》

第四集：《绝杀！王珊珊点赞王珊珊！》

（14）造梗用梗

除了上文提到的人物梗，近年来主流媒体常用谐音梗，即采用同音或近音来代替本字，也可以产生趣味效果，比如：

《"十四五"是什么"舞"》（央视新闻）

《第32金，中国体操队"金"喜连连》（《人民日报》）

再如，《主播说联播》也使用了活泼"玩梗"的标题，如《中国航天，yyds》《带动三亿人参加冰雪运动？安排！》《中国航天，奥利给！》，在封面图上也用醒目的黄色标题注明视频重点，吸引年轻用户群体的关注。

（15）画面感

标题通过形象而精准的场景、细节等描述，让用户产生丰富的视觉联想，形成可视化印象。

标题一：《香港天台上的各色人生》

标题二：《一组图看懂香港繁华背后的"蜗居生活"，房间密集到让人窒息！》

标题二描绘出具体的场面细节，具有很强的画面感，相比于标题一更加具体、形象、生动。

（16）引导式

报道一般以图片和视频的形式展开，其中标题起到提示用户"请看画面"的作用。在可视化的当下，对于采用UGC或PUGC的内容，特别适用，比如：

《村民找牛途中偶遇大熊猫，画面过于可爱！》（《人民日报》）

《英雄！塔吊工人高空救出遇险男孩，现场画面曝光》（《人民日报》）

《苏炳添这个手势火了！本人解释来了》（《人民日报》）

《奥运健儿回来了！这些画面看呆网友……》（新华社）

图4-3-6 苏炳添解释手势含义：进步一点点就好

（17）使用问句

一般是用户关心的问题，尤其是与用户切身利益相关的社会民生问题，引导用户寻求正文里的答案。比如，《无身体接触，14秒即可感染！"德尔塔"怎么防？》（新华社），标题体现了德尔塔病毒的传染性，并点出了预防措施。一般来说，对措施方法的提问优于追因溯果的提问，即"怎么做"比"为什么"更具有吸引力。

此外，要慎用自问自答式标题。设问式的标题能够引起用户期待，但自问自答的方式则会使效果大打折扣。有数据显示，"自问自答"式标题，一般打开率不会超过10%。在处理问句时，可以"犹抱琵琶半遮面"，采用自问但不全答的方式，仍然可以留有好奇和期待，比如：

《高铁乘务员"偷拍"乘客？哈哈哈，不好意思》（《人民日报》）

标题是内容的门面，但好的标题一定源于好的内容。取好标题不仅是技巧问题，更是内容根本的问题。所谓始于颜值，忠于品质。主流媒体不应做标题党，而要以优质、有趣、有效的标题激起用户兴趣，创造审美情趣。

算法推荐时代，尽管标题的重要性大大提升，但标题的设计不应被算法所绑架，机器的算法模型和搜索习惯也是随着用户群体和素养而改变的。另外，标题不能为粗梗烂梗绑架，标题的创新和引领作用也至关重要。

记 住

"标题+封面"能够给新闻报道带来传播流量，但"标题+封面+内容+关系"才能真正获取用户的黏性。

❓思 考：

1. 针对不同的选题，应该如何进行多向度的操作？

2. 融合新闻叙事呈现有哪几类？

3. 如何理解适应算法时代的标题和封面，如何让标题找人、吸引人又避免成为噱头式的标题党？

第五章
短视频创作

传播视频化、视频碎片化、碎片移动化的时代，短视频成为信息传播、社会连接的重要载体和传播形式，是传统媒体向新媒体转型的产品创新路径之一，也是互联网主要的底层产品。从媒介历史的发展来看，短视频是融合语境下的创新产品，具有全新的创作规律和传播特点。更重要的是，短视频具有社会交往的属性。另外，无论是在叙事技巧还是表现形态上，短视频都承接了视听传播的原理和方法，其中的创作规律和创新策略还具有鲜明的传承性。因此，如何把握短视频发展中的变与不变，仍然是一个重要的命题。

第一节 短视频的定义、特点及类型

短视频的形态特征目前而言已经相对稳定，它是新闻可视化的主要形态之一，也是在移动端传播、适应用户场景化观看的融合新闻产品。对于主流媒体来说，短视频呈现效果更为立体、传播力更强，已毫无争议地成为当下信息供给和用户消费的主导形态，为融合生态带来了更多的增值可能。如何做好短视频极大地考验着主流媒体的内容生产力、产品创新力及传播辐射力。

一、短视频界定与特点

短视频是相对于过去的电影电视节目而言的，虽然都是诉诸视听结合的传播形态，但短视频更多从时间维度来定义，顾名思义就是**时长简短，叙事完整统一，主要在移动社交平台上传播的视听内容**。从另一个角度而言，短视频本身就呈现出不同表现形态的融合，如现

场纪实、图片、文字、虚拟动画等，因此也可称之为"融视频"。

那么，多短为"短"？有人认为，短视频是指短则30秒，长不超过20分钟，内容广泛，视频形态多样，可通过多种视频终端摄录或播放的视频短片的统称。[①]也有人认为，新闻资讯类短视频一般应在30秒至1分钟，前15秒尤其要抓住用户眼球；非资讯类短视频一般应在1分钟至3分钟。还有人认为，在短视频中，场景表达6秒、情节表达15秒、故事表达60秒、完整叙事180秒。据视频播放完成率调查数据，固定端网络视频的最佳时长是90秒，移动端视频最佳时长是45秒。[②]也有研究表明，用户更喜欢观看1—3分钟的短视频，相比30秒到1分钟的短视频更有内容浓度，同时也在用户注意力时限范围内；而3—5分钟内容过长，对剧情节奏等要求较高，用户接受程度一般。[③]而依据中国新闻奖的规定，短视频现场新闻不超过3分钟，短视频专题不超过8分钟。[④]因此，总体而言，从时长上看，短视频的"短"没有严格的界定，但3分钟左右被认为是最佳时长。

最重要的是，问题的关键并不仅仅在于此，短视频的特征不仅仅是体量小。试想，传统电视媒体时代，消息类新闻不是短、平、快吗？比较分析两者，就会发现"短视频"和"消息类新闻"的选题、内容、表现形态、话语方式等有截然不同的特点。短视频要适应互联网的传播、社交、分享，并且还自带传播属性，这就是传统电视上的消息未必能在互联网上广泛传播的原因。

1. 碎片化结构和思维

短视频呈现出短小精悍的结构，叙事简短、形式灵活，适应用户碎片化的收视习惯，需要创作者简短叙事和素材编织的思维与能力。

2. 突出高潮，聚焦主题

资讯类短视频注重现场呈现，重点展现高潮或情绪引爆点；非资讯类短视频则聚焦主题，用极致的手法放大主题，简洁高效。

3. 易于社交分享

由于工具普及和内容简洁，短视频更便于用户生产和分享，以此为载体引起话题，从而产生社会连接与交往。

4. 融合程度高

由于体量短小，优质的短视频既可多元形态融合，独立成篇，又可以成为融合新闻整体的一部分，与文字、图片、交互图形等相互配合，共同构成立体综合的叙事。

---

① 杨纯.古永锵：微视频市场机会激动人心[J].中国电子商务，2006（11）：112-113.

② 中国传媒大学电视学院."向网而生：网络原创节目发展系列研讨之短微视频"研讨会[C].2016-03-18.

③ 艾瑞：探究短视频行业的企业营销策略[EB/OL].（2020-03-22）[2021-05-01].https://xw.qq.com/amphtml/20200416A0LFSG00.

④ 第三十一届中国新闻奖评选办法[EB/OL].（2021-04-02）[2021-05-01].http://www.zgjx.cn/2021-04/02/c_139854653.htm.

二、短视频类型

理解短视频类型，有助于把握不同类短视频的特点和创作规律。根据生产方式和内容选材，短视频可以分为两类：从生产维度而言，可以分为专业生产的短视频、用户生产的短视频以及机器生产的短视频等；从题材维度而言，可以分为新闻信息类短视频、知识类短视频、娱乐类短视频等。本章着重从题材维度来进行分析。

1.新闻信息类短视频

（1）突发动态信息

突发动态信息关乎突发、意外事件，时效性强、现场感强、过程性强。在新媒体语境下，突发动态信息大多由监控视频、车载摄像视频、手机视频等拍摄采集，从而成为突发新闻现场的第一手材料，并迅速借助互联网转发。

因此，对于突发信息，专业采集逐渐让位于业余见证，主流媒体应如何抢占突发事件的高地？借助互联网平台整合手段，我们对社会化内容进行整合和深加工，不仅能获取多元的素材，迅速呈现现场，创新突发动态报道，更能够为这些碎片化的短视频提供求证和证实的功能。比如，2018年2月11日，京哈高速北京方向一辆运送液化石油气的罐车侧翻自燃，"中国之声"推出了一条短视频，该视频依托的现场素材主要来自行车记录仪。单看原始素材中起火车辆的惨烈程度，极有可能给人以伤亡惨烈的误导。但媒体通过字幕和交警的同期声有效补充了画面信息，包括起火车辆即时情况、波及车辆情况、人员伤亡情况、现场处理情况、电子导航看路段拥堵情况等。这是媒体为原始视频素材提供的深度内容和情景，从而避免了画面误导。从这个角度而言，短视频既有可能"成"在碎片化传播，因其灵活、简短，适应不同场景播放；也有可能"败"在碎片化信息，因为很多视频内容尤其是社会化信息内容支离破碎，很容易混淆视听。这就需要专业媒体对此加以整合，做到：

新闻要素齐全。尤其是重大突发事件，不仅新闻五要素齐备，而且背景信息尽量完整，要抓住第一现场，但不停留在现象，尽量抓本质和关系。

迅速回应关切。针对事件关注重点，及时在视频里强调回应要素。

多方核实信源。尤其是对视频来源进行核实、求证，力求视频完整，以正视听。

（2）时政动态报道

时政动态对国家政治生活中发生的事实进行灵活、快速的现场报道，形成一组链条式点状内容进展的构架，明晰发展方向，明确舆论导向。以央视V观（"央视新闻"客户端）中一组时政动态短视频《习近平的"下团组"时间》为例。在2018年全国两会期间，从3月7日19：59起，央视V观连续发出《人民群众什么方面感觉不幸福不快乐不满意，我们就在哪方面下功夫》《"功成不必在我"并非消极怠政不作为》《六下团组频问计一枝一叶总关情》等6篇时事动态新闻报道，以短视频配合图片、图表、海报等表现形式，直观立体、全面详尽、鲜活生动地展现了习近平总书记到广东、山东、解放军和武警部队等代表团参加审议的新闻现场。

（3）主题报道

主题宣传报道是媒体融合转型的重点，其中，短视频是主题报道创新的主要发力点。

《中国24小时·锦绣河山》二维码

《新中国密码：15665，611612！》二维码

《初心》二维码

人民日报社的《中国一分钟》[①]《中国24小时》[②]，新华社的《红色气质》《新中国密码：15665，611612！》[③]，中央广播电视总台的《初心》《公仆之路》[④]，中国日报社的《老外看中国：英国小哥细数"两会"关键词》[⑤]，复兴路上工作室的《十三五之歌》等都是近年来颇具影响力的时政主题短视频。这些短视频形式多样，采用纪实、动画、MV、同期声旁白加创意性画面等表达形式，通常只聚焦一个非常明确的主题。比如，《初心》第一集《梁家河篇》以纪实访谈的形式，用6分50秒的篇幅展现了习近平总书记在陕北插队7年的经历，以及这些经历对当下的影响："很多实事求是的想法，就是从那个时候生根发芽的。"

主题报道短视频的难点在于如何把高大上的政治主题用短小精悍、深入浅出的方式表现出来，直击主题，体现思想。

图5-1-1 短视频《初心》中习近平曾经插队的陕西省延川县梁家河村

---

① 获得第二十九届中国新闻奖媒体融合奖项短视频新闻特别奖（2019）。
② 获得第三十届中国新闻奖媒体融合奖项短视频专题报道一等奖（2020）。
③ 获得第三十届中国新闻奖媒体融合奖项融合创新特别奖（2020）。
④ 获得第二十八届中国新闻奖媒体融合奖项短视频新闻一等奖（2018）。
⑤ 获得第二十八届中国新闻奖媒体融合奖项短视频新闻二等奖（2018）。

（4）求证与回应报道

针对互联网上信息泛滥、新闻事件要素缺失等现象，尤其面对一些混淆视听的不实信息和谣言在社会上产生一定影响时，如何快速纠偏扶正、澄清视听，至关重要。这时，短视频可以成为以快制快的利器。比如，互联网上一则"高铁上军人被要求给百姓让座"的消息流传甚广，并由此引发社会上关于"是否军人优先"的热议。人民日报短视频《谁是站到最后的人》采用试验的方式，召集49位不同行业的志愿者，分别通过"你敢一个人走夜路吗""如果在公共场合看到小偷，你会上前制止吗""你身上有职业带来的伤疤吗""你从未质疑过自己的信仰""你对自己所从事的事业从不后悔"等程度由轻到重的问题，来阐述什么是勇敢以及勇敢背后的动机。这组问题最后的落脚点是：对军人而言，勇敢只是生命的底色，由此回应"战场上军人优先，在日常生活中军人依法优先"的预设。

2. 知识、生活、服务类短视频

知识、生活、服务类短视频涉及经济、文化、美食、时尚、科技、军事、技巧知识等垂直细分领域的题材，为圈层群体所关注。由于互联网的广泛连接，许多以趣缘关系为纽带的社会群体，对某一类题材的视频尤为关注，其用户大多为对该领域具有较强兴趣或具备相关专业知识的群体。因此，短视频中呈现出以兴趣爱好垂直细分、深耕细作为主题的题材，涵盖了社会生活的方方面面。这其中，还会有更为细致的分类，比如知识类短视频。2020年5月，快手在发布的《快手知识社交生态报告》中将知识类短视频分为职业技能（百工技能、农业技能、职场知识等）、生活百科（生活妙招、法律常识、好物分享等）、通识教育（自然科学、人文艺术、工程技术等）三类。[1]而据相关数据调查，幽默、美食生活、技巧知识为最受用户欢迎的三大品类短视频。[2]

垂直化的短视频体现出平台和媒体内容生产专业化、差异化的发展趋向。随着短视频成为信息传播的蓝海，许多平台和生产组织都纷纷入场。B站、梨视频、秒拍、抖音、快手、小红书等针对不同的群体，形成了不同的垂直领域产品，并构成了特定的品牌营销。

表5-1-1　商业平台垂直领域短视频情况（数据截至2022年5月15日）

	B站	梨视频	秒拍
一级垂直领域	动漫、游戏、电竞、鬼畜、时尚、音乐、科技、数码、知识、动物圈、美食、虚拟UP主、明星、舞蹈、生活、综艺、电影、电视剧、相声、特摄、体育、星海	旗帜（正能量新闻）、新知、旅行、体育、生活、科技、娱乐、财富、汽车、美食、音乐、直播	三农、社会、美食、汽车、生活、旅行、影视

① 快手知识社交生态——54万知识内容创作者28万分享职业技能[EB/OL].（2020-05-26）[2021-04-24]. http://news.iresearch.cn/content/202005/324769.shtml.

② 艾瑞：探究短视频行业的企业营销策略[EB/OL].（2020-03-22）[2021-05-01]. https://xw.qq.com/amphtml/20200416A0LFSG00.

续表

	B站	梨视频	秒拍
一级垂直领域数量/个	22	12	7
二级垂直频道数量/个	2695	32	无

短视频类产品具有强烈的人格化标签或者专业的内容创作和创新能力，比如李子柒的"美食"类短视频。而"一条""二更"两者都用短视频形式生产内容，以文化、艺术、生活等精致内容为题材，在微信公众号、微博、头条号、秒拍等渠道发布。此外，众多用户生产的生活技巧技能短视频产品也成为互联网的长尾内容。

国际上，CNN成立了专门的短视频工作室"大故事"（Great big story），以对全球有好奇心的"千禧一代"为对象群，展现未知的、被人忽视的、令人惊叹的内容，主要有人类现状、酷派前沿、地球家园和美味逸事等社交媒体参与度较高的话题，着重体现精致、独特和美好等主题内容。

3. 记录类短视频

以纪实的形态记录新闻事件或日常生活状态，呈现社会大背景下的人的生存状态，有媒体的客观性记录，比如，中央广播电视总台系列微纪录片《写给春天》，撷取11个故事，从11种视角记录武汉2020年经历的不平凡战疫历程；也有个人化的视频日志（Vlog）的形式呈现，比如，2020年新冠肺炎疫情期间，中央广播电视总台整合自媒体内容编辑而成的《武汉：我的战"疫"日记》。在自媒体平台上，武汉本地Vlog博主"蜘蛛猴面包"、BiliBili（哔哩哔哩）网站up主"林晨同学"以日更的频率，实时推出"武汉实拍"视频日记，从独特视角带来武汉成为"围城"后的第一手"揭秘类"视频。

4. 娱乐类短视频

娱乐类短视频主要来源为专业生产类和用户原创生产的内容，表现的是日常生活中的幽默、吐槽的社会众生相，以及普通人拥有令人惊叹的绝技等内容。从用户原创而言，有通过平台组织建立短视频制作模式，引导用户参与其中，经过模仿、变形、创造性加工，自发制作、上传形成的短视频类别，比如抖音模式，也有用户自发的智慧创造，比如更草根性的快手平台。

5. 剧情类短视频

剧情类短视频以情景剧的形式呈现，但与传统电视剧不同。剧情类短视频点到为止，在表演、对白等方面都呈现出虚化、夸张或者风格化的特点。在叙事结构方面，多为散点结构或突转结构，内容情节并不建立在完整故事线的基础上。比如，中国气象频道推出的2018年形象片《神秘的黑衣人》，以

《神秘的黑衣人》二维码

细腻的情节、幽默的风格展现了气象频道"为用户监测天气、为大众生活保驾护航"的频道主旨。

图5-1-2　《神秘的黑衣人》截图

记　住

　　短视频突出的特质在于碎片化结构和思维，突出高潮，聚焦主题，社交连接与交往融合度高。

第二节　短视频内容语法革新

　　短视频创作好比"螺蛳壳里做道场"，把故事讲得够精致。

　　相较于传统的电视节目和长视频而言，无论是主题呈现、语法表达还是生产方式，短视频都经历着由小到大、由短见长、由浅及深的革新。**"轻表达"如何传达大主题，"小平台"如何串联多行业，"小体量"如何形成大传播**，这些都是短视频研究中亟待探讨解决的问题。尤其对于主流媒体而言，"长"与"短"、"大"与"小"正是短视频诠释宏大主题、传播主流价值的辩证关系。正确处理这两组关系，使短视频实现兼顾传播公益话题与破壁突圈的平衡表达，最终达到两者既对立又统一的目的。

一、主题呈现："极致凝练""以一当十"

　　主题永远是采访报道和创作首要考虑的指向，围绕主题展开的叙事和表达才会有的放矢，思想凝练，素材集中。主题在短视频中的呈现要适应碎片化语境的"短、燃、极致"，为此我们应该把握"三一"创作策略。

1. "三一"创作策略，紧抓燃点切片集中①

"三一"创作策略，顾名思义，就是三个"一"：**一个明确而清晰的主题、一个极致的手法、一个转折**。在高度凝练的主题统摄下，迅速切中用户的神经。所谓一寸短一寸险，短视频篇幅短小、不具备铺陈叙事的条件，决定了我们在立意和表现的时候，不可能完全舒展，碎片化的观赏习性使得制作者无法预测用户的信息接受环境，不能要求每一个观赏碎片化的人都在安静的氛围中观看，更不用说像在电影院中那样聚精会神地凝视。这个时候用更加聚焦的主题和一以贯之的手法，加强用户感受和认知就显得尤为重要。

（1）一个明确而清晰的主题

新闻报道是提炼和聚焦，是角度的明确，主题的凝练。②主题是魂，在动态突发性事件题材中，这个魂是角度，要从事件中提炼一个独有的角度放大呈现；在现象求证或回应题材中，这个魂是核心问题，是要聚焦求证的核心问题，去求证回应并解答。在主题创意性的短视频中，这个魂是人的思想和观念，要抓住人或物的精髓，体现其核心的价值观或精神层面的诉求。比如，CNN的短视频《无眼无臂和10000个小小的奇迹》（*No Eyes, No Arms, 1000 Tiny Miracle*），讲述了河北石家庄井陉县治理村失去双臂的贾文琪和失去双眼的贾海霞相互合作，在村后的荒摊上种植了一万棵树的故事。许多媒体的视角大多会聚焦在"树"上，但该作品并未如此操作，而是把主题放在了"人"上—贾文琪和贾海霞互为手眼，相互扶助的故事。故事聚焦于两位残疾人相互扶助的情义，由此带出他们共同创造的奇迹，其开篇的两句话"我就是他的手""他就是我的眼"，生动贴切地体现了他们之间不可分离的感情，以及互相成就对方的人文主题。

图5-2-1　《无眼无臂和10000个小小的奇迹》截图

①　曾祥敏.微视频创作与创新策略［J］.电视研究，2018（6）：4–7.

②　曾祥敏.电视采访［M］.3版.北京：中国传媒大学出版社，2018：8–12.

需要记住的是，主题不等于选题，不等于话题；主题须关涉人，关涉世界观、价值观，关乎精神层面。比如，短视频《红白羊肉情缘》展现的是苏州藏书羊肉街两位老人所做的美味可口的羊肉，视频发布后短时间内就获得了1800多万的播放量。视频题材选择的是两位老人做扎肉和羊羔肉的技艺，但视频的升华和落脚点却是两人相守相伴。由此，短视频真正的主题是羊肉背后的人。《比美食更温暖的，是你永久的陪伴！》《岁月相守，才能煮出最鲜美的羊肉》等都是各大转发平台的题目。由此可见，一个明晰的主题指向一定是人。

《红白羊肉情缘》二维码

图5-2-2　《红白羊肉情缘》截图

（2）一个极致的手法

极致的手法为主题服务，牵扯住用户的注意力。用户收看短视频的场景复杂，干扰因素多，因此好的短视频，要让人点击观看时根本停不下来，完全进入短视频的场景之中。

一个极致的手法首先是反复强化。在短视频创作中，极致化使用影像手段和叙事符号，是为了获得以一当十的效果，有助于主题和观点的强势输出。通过放大视听的叙事功能，以视觉和听觉的双重冲击，短时间内抓取观众的注意力。在这方面，比较常用的手法是"排比句"模式，即无论是故事还是解说词，以相似的手法或语序排比向前推进，形成不断反复加强的效果。比如，"八项规定"实施五周年之际，中纪委网站推出的短视频《你不必、你可以》开篇以"你不必……"的句式，中段以"你可以……"的句式，呈现"八项规定"实施以来一个普通公务员在工作和生活中表现出的廉洁、高效、务实的变化。中国共产党成立95周年的形象片《我是谁》分别以"我是离开最晚的那一个""我是开工最早的那一个""我是想到自己最少的那一个""我是坚守到最后的那一个"等视角展开叙述，最后落脚点为"我是中国共产党"。这类短视频主要以群像式手法描绘普通共产党员及其故事。短视频恰恰能够承载无数个故事，体现了小与大的辩证关系。其在创作中将一种表现手法用到极致，不断反复，形成

《你不必、你可以》二维码

《我是谁》二维码

叙事张力。

一个极致的手法也指一个恒定的元素，比如，新华社短视频《父亲·我们·时代》①用著名画家罗中立的油画《父亲》开篇，用"画框"这个物件（元素）把改革开放以来重要的历史节点和人物"框"起来，形成画框里的父辈开拓和画框外的后辈传承，既稳定了叙事，又具有重要的象征意义。

需要注意的是，在手法极致集中的基础上，要把握在叙事中做到"不变中有变"。反复强化的手法并非完全重复叙述，而是逐渐上升递进的过程。比如，笔者参与创作的短视频

《生日·节目》二维码

《生日·节目》（*Let's Party*），采用黏土动画的形态，以围绕着庆祝生日的蛋糕拾级而上，来呈现中国共产党不断奋进的100年历程。短视频以英语单词"Party"为切入点，语义双关，中外融通，它兼具"政党"与"派对"的双重含义，既寓意着100年前志同道合、肩负民族救亡使命的中国共产党的成立，也蕴含着100年后的今天带领中国人民从站起来到富起来再到强起来的中国共产党的盛大生日、辉煌节日。全片以"红船"为贯穿整个短片的线索，一镜到底，浑然一体。同时，在不断上升的历程中，强调以交通工具和道路的变化为要点，从挑担的行人，到叮当作响的自行车，进而到喇叭滴滴的汽车，再到复兴高铁的极速向前；螺旋上升的道路经历了由泥泞土路到水泥路，进而到柏油路，再到现代化的高铁铁轨。交通工具和道路形

图5-2-3　《生日·节目》截图

---

① 获得第二十九届中国新闻奖媒体融合奖项新媒体创意互动一等奖（2019）。

象变化背后的根本原因,就在于中国共产党始终坚持走中国特色社会主义道路,从一穷二白到社会主义现代化,不断壮大综合国力,努力实现国家富强、民族振兴、人民幸福的中国梦,昭示百年大党的使命担当。又如为推广《中华人民共和国国歌法》所做的短视频,以《义勇军进行曲》为主旋律形成基本的叙事主线,不断反复呈现主旋律,但变化的是不同时代的旋律和不断汇聚的歌唱的力量,从民国时期《风云儿女》电影的插曲到1949年后升旗仪式演奏的国歌,再到国家领导人和普通民众齐唱国歌,将时代进步和民族复兴隐含其中。不变的是主旋律和抗争奋斗的精神,变化的是民众的力量和国家的发展强盛。

（3）一个转折

转折体现出的是故事意识。短视频即便篇幅短小,也应做到麻雀虽小,五脏俱全。对于起承转合与篇幅的对应要进行合理的设计,对于事件的起因、发展、转折点和结果进行分析,通过前期的拍摄和后期的编辑予以捕捉。再小体量的短视频也必须要有故事意识,应学会使用故事的叙事手法,要有"人遭遇挑战,解决问题"的叙事结构,体现悬念、转折、反转和惊奇等,在短小的篇幅中集中发力,产生集中并突出的故事效果,从而让用户产生好奇、惊喜或者其他更多的情感。而在短视频里,故事线被压缩,只聚焦最有爆发力的关键点——**人遇到挑战和战胜困难。**

比如,央视励志短片《再一次为平凡人喝彩》开篇采用"你也许"的解说词旁白排比句式,将许多人遇到挫折想要放弃作为铺垫,让我们看到普通人沮丧、犹豫、怀疑、踟蹰不前,但话锋一转,"再一次"的转折却呈现出所有怀有放弃念头的人站起来、再奋发并终有所获的故事。视频把众多人的故事叠加,但只选择每个人的一个故事切片,从而把众人跌倒和奋发的场景进行排比式呈现,从遇到挫折到再来一次的转折,这两个点被集中放大呈现出

《再一次为平凡人喝彩》二维码

来,形成强大的叙事张力。而诸如梨视频、秒拍、抖音、快手等视频平台的短视频也多数在叙事中呈现出至少一个悬念、转折反转或惊奇。

2. 少而精、多而浅——故事建构策略

"短视频"的"短"字限制了故事的时间元素,故事时长的缩短意味着故事内容的减少,但仍必须保证故事的完整性,而不能以牺牲故事质量为代价。短视频是对应着碎片化时代而生的,因此需要满足观众在碎片化环境下的观看需求。在相对简短而独立的环境中,观众更倾向于爆发力的信息呈现,而非铺陈式的娓娓道来。因此,少而精、多而浅就成为短视频的两极故事建构策略。在较短的时间内讲好一个故事、表达一个主体,主体的单一性和短平快的制作风格符合新媒体时代用户的收视习惯和需求。[1]

少而精是指在短视频之中,即便是繁杂的枝节也有一个明确且独立的线索,主题要集中,此外主角、事件、空间、矛盾冲突至少有一个保证集中。主题必须要集中是因为在故事

---

① 焦道利. 媒介融合背景下微纪录片的生存与发展［J］. 现代传播（中国传媒大学学报）, 2015（7）: 107–111.

的开展中，一个主题必须通过一个故事完成，一个故事很难进行多主题的表现，在故事的时长被压缩后，如果希望在短时间内讲明很多主题，会导致每一个主题的表现时间变得更短，很难阐明。从观众的观赏体验而言，也习惯于从一个故事中提取出一个主题，设置过多的主题会让观众在观赏中感到迷茫和混乱。对于其他故事元素的塑造，标准就是设置集中点。例如只在故事中表现一个主角，在这样的情况下即便事件、空间较多也可以使得故事有提纲挈领的主干；或者事件单一，即便主角很多，也有围绕着开展的原点。例如央视的《真诚沟通》系列是公益短视频的品牌性栏目。《爱的重量》一期，凝练出自行车这一物件为连接多年父子情的贯穿线索，通过时间跨度中自行车载人和被载的角色变化，讲述了两代人在不同的时间阶段互相扶持的感情。节目选取一个悬念系扣，形成了这个微故事的叙事张力。表现南阳南水北调中线工程的短视频《一个都不能少》，把南阳人民为了南水北调工程的奉献与牺牲聚焦到一位独臂老人日复一日的执拗与坚守，把大爱化为个体生命的坚持中。

多而浅是指，因为题材的需要，短视频必须要对某些元素进行大量的表现，例如一个事件中有多个主角，在表现的过程中，一定要集中表现每一个元素与主题相关的那方面，而不需要对于这一元素进行全方位的深挖。如果企图对多个事物面面俱到，结果就是在短时间的限制内面面不到。传统叙事中强调故事各环节的相互关联性，强调通过冲突的安排获得叙事的节奏，以期最后将叙事推向顶峰。多而浅的短视频策略颠覆了传统的叙事原则，情节在每一个事件中相对独立，事件之间多为平行的弱联系，而非因果、递进等强联系。

比如，为了实现南水北调这一跨时代的生态工程，南阳的百姓付出了努力和辛苦，这其中的故事千千万万。如果在一个视频当中全部表现，就会导致容量不足。但是如果不予表现，又不能体现出当地人民对于这一工程的宏观贡献。南阳南水北调系列短视频《暖流》使用的是北京女孩到达南阳的外部观察视角，通过她的讲述展现出她在南阳捕捉的众多感人事件，以"奉献"为故事的共性，每一个事件只用几句话对其奉献精神的精华进行描述。虽然每一个故事都未展开表现，但是多样化故事的叠加展现出一幅公益精神的普及图景，形成了一个更为宏观的南阳奉献精神。

3. 公共垂直共融，大众化通俗传播

主流媒体作为主流文化价值传播的主阵地，既要有公共议题的专业生产能力，又要有垂直领域的运维能力；既要注重共同的主流文化价值，成为舆论引导的定盘星，也要满足亚文化圈层的需求，形成破壁突圈和社群运营的能力。随着传统主流媒体的生产能力在新媒体平台逐渐获得释放，再加上大量头部MCN占据市场，主题、资讯、娱乐、美食等公共领域的短视频内容发展已日臻完善。

2019年以来，短视频的垂直化深耕细作趋势日渐明显，各垂直品类均形成了头部IP。垂直内容因其"精专细分"而较难拥有大众市场，拥有互联网长尾效应的垂直短视频只能在不断探索中寻求大众化、普适化发展之路，将垂直与公共的理念相融。垂直内容的大众化表达呈现出三种途径：一是口语化、趣味性的表达风格，体现在将晦涩的垂直领域术语通

俗化，以降低知识获取的门槛，打破垂直品类固有的专业壁垒。比如，"博物杂志"发布的"网络热传生物鉴定"系列短视频，通过"唠家常"式的聊天方式向人们科普容易混淆的花鸟虫鱼，接地气且易于接受。二是可视化的表达形式，体现在用数据可视化、动画等方式将隐性知识显性表达，通过数据和画面直观清晰地呈现知识内容。比如，《经济日报》的《数说70年》[①]用数据动画的形式，直观形象地展现人民生活在70年历程中不断改善并持续提升的发展过程。三是感官愉悦的表达效果，通过奇观分享的方式将垂直领域最独特的内容突出呈现，以强烈视觉冲击留住用户的注意力，比如，国家天文台在抖音平台上发布日环食、半影月食等特殊天象，以奇观引入新知识，促进天文知识的大众化传播。

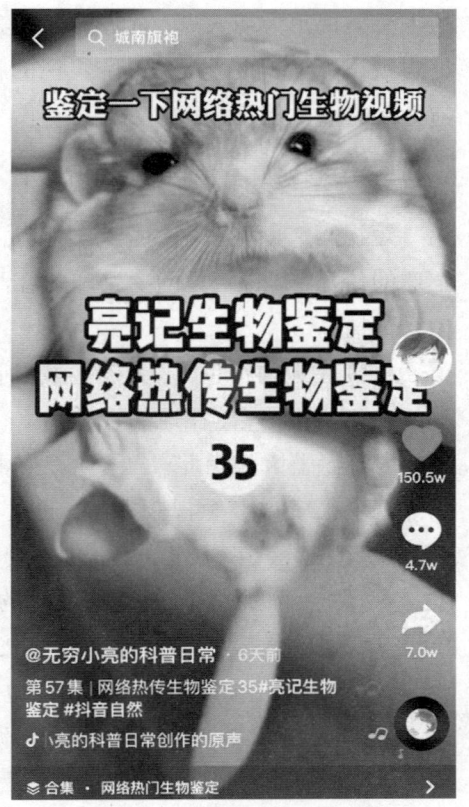

图5-2-4　"网络热传生物鉴定"系列视频

4. 小人物看社会，群像个性化表达

首先，群像式排比，"小我"中凝聚"大我"。为了从小人物入手展现整个时代与社会发展，众多短视频以群像式的手法描绘普通个体，通过对"小我"的形象和细节的排比、反复来加强情感表达，以"小我"的人间烟火见"大我"的国泰民安，以"小我"众生百态的平凡瞩目整个时代的不平凡。群像式排比的叙事手法较多出现在时政类短视频、娱乐类作品中。时政类如上文提及的中国共产党成立95周年的形象片《我是谁》，普通共产党员群像式故事以排比方式点到为止。娱乐类如微博网友"人类行为图鉴"发布的各类图鉴，包括外卖小哥图鉴、中国医护图鉴、当代教师图鉴等，通过混剪相关群体，将10秒的视频片段聚合为5分钟以内的短视频，配以背景音乐进行集中表达。每条图鉴都获得上万网友转发，引发了强烈的同理心和情感共鸣。

微博网友"人类行为图鉴"发布的《外卖小哥图鉴》二维码

其次，个性化表达，"自我"中有"大我"。在短视频生产中，UGC模式成为短视频创作的重要基石，不同于PGC、PUGC的规范化、专业化生产，UGC短视频展示极致个性化的表达形式，体现在打造个人IP与Vlog记录两个方面。打造个人IP是短视频行业中赢得关注、保持用户黏性的重要方式，在大量多元的短视频内容中，独特性、个性化的垂直内容具有进一步孵化的潜质。而Vlog作为个人影像博客，表达方式更为主观与个性化，以个人视角投射大千世界。新冠肺炎疫情期间诞生了大量Vlog作品，以个人

---

① 获得第三十届中国新闻奖媒体融合类融合创新一等奖（2020）。

的生活小视角为切入点,对防疫现场、防疫状态、防疫措施等进行亲身可感的观察,以微观见宏观,以众多的个人视角见宏观的社会世相,由此成为疫情期间用户体察核心疫区社会与生活的重要信息源。

5. 在地包围全国,小窗口看大世界

短视频借助互联网的全球性和无所不及、无人不用的渗透性,借船出海,形成全国乃至全球的传播,其特色化的主题和内容,恰恰能够聚合更大范围内具有共同趣缘的群体,形成关系传播。

(1)在地的特色化,突破地域限制

在新媒体平台,在地的特色化更容易突破地域的限制,从而形成较大范围的传播。短视频的内容涵盖大江南北,全国性叙事中包含形形色色的地方内容,地域特色化趋势明显。近年出现了很多方言短视频账号,通过方言传播地域特色文化。"大连老湿王博文"发布的

《南方北方饮食差异》二维码

《南方北方饮食差异》《南北方大学差异》系列短视频吸引了众多东北用户的关注,虽是地域化的小切口内容呈现,却展示了全国性的差异化的文化内核。短视频借助算法技术,精准推送助力地域化特色传播,不仅让在地化的用户获取本地资讯,也能令全国用户感受到不同地域文化之魅力所在。除原生地域自制内容外,地域城市形象传播也引发了短视频内容制作的一大热点。此外,"四川观察"打破传统地域性思维,颠覆了人们对本地媒体的传统认知,体现了社会热点不分地域,值得全国人民关注的新闻就是好新闻的报道主旨。[①]

(2)短小视频出海,扩大对外影响力

随着TikTok(抖音海外版)的出海,我国研发的短视频平台也引发了全世界年轻人的流行热潮,小小的短视频成为人们看遍全国、全世界的窗口。此外,美食视频博主李子柒的"古风"美食视频在海外进行了广泛的传播,吸引了一大批海外粉丝。李子柒的视频主要展示"古风"美食的制作,在制作美食的过程中传播了中国优秀文化。她的短视频以小见大地

图5-2-5　李子柒"古风"美食短视频

① 曾祥敏,邢天麟. 形短流长、守正创新:短视频生产与运营的辩证逻辑[J].中国编辑,2020(11):79-84.

体现出了中华优秀传统文化的精妙，以及中国人对于生活的热爱，为网友讲述中国故事的同时还原了风味人间。

二、语态转变："差异话语""破圈出际"

智能传播带来了年轻化与深度社交化的趋势，一方面，舆论场加速分化并重新定义"主流影响"，多元化力量在短视频传播中争夺"意见领袖"话语权；另一方面，自媒体平台的舆论源发与传播呈现出一种"自成生态"，展示了独立打造爆款短视频的能力与优势。主流媒体、视频自媒体、个性化"大号"与政务新媒体矩阵等多方平台进入共存与博弈的新态势。立足于舆论传播新生态，主流媒体展现出契合短视频传播新语境下的新动向。

1. 用"迎合"深入年轻人语境

这种"迎合"是相对的，是契合用户需求，以他们感兴趣的内容、语言、形态进行传播和社交，从而满足用户需求。

（1）巧立亲民人设，借力传播

从中央广播电视总台王冰冰到国防军事频道《国防科工》记者庄晓莹，再到新华社记者张扬，都在打造"主流网红"的人设，贴近用户。地方主流媒体方面，四川广播电视台新媒体端的"四川观察"媒体号在抖音走红，凭借强烈的网感、丰富多样的内容、极快的更新速度塑造了一个活泼亲民的"网红"形象，被网友亲切地称呼为"阿川""观观"。他们的出现与走红，体现了主流媒体主动向网络空间转向的姿态，并通过粉丝趣缘实现群体交流和对话，增强与用户之间的联结。

（2）不同语境，针对性传播

全媒体的传播语境下，全媒体记者的要求也使得主流媒体的记者身份与网络空间的社交身份形成互动，在不同的传播渠道和端口形成有针对性的分众和圈层传播，这在短视频领域也成为重要的指向。比如，央视记者张峻在B站开设账号"食贫道"，成为一名兼职美食博主。他以电影质感进行摄影、后期制作，再加上幽默风趣的语言备受网友欢迎，仅在B站就拥有237.5万粉丝。在"武汉Vlog"系列视频中，张峻以"美食up主饼叔"与"记者张峻"的双重身份进行新闻报道：作为"记者张峻"时，他主要报道严肃的社会议题与社会现象，进行真实、具有深度的新闻报道；作为"美食up主饼叔"时，他则以风趣幽默的语言风格增加新闻的可看性。此外，中央广播电视总台推出的新媒体产品——《主播说联播》短视频，从《新闻联播》的主播转换到短视频博主，主播在《主播说联播》中会主动根据用户的用语习惯和网络平台的传播语境调整，在进行新闻解读时大胆使用俗语和网络语言，将严肃的新闻网络化、大众化。主流媒体的短视频创作也在不断放下姿态、转变语态，在重大主题面前卸下"正襟危坐"的架子，减少宏大叙事，更多使用通俗

央视记者张峻在B站发布的《【武汉Vlog】这样的数字胜过千言万语》二维码

化、口语化的表达方式，整体呈现更接地气。比如，《主播说联播》栏目中，主播们时常爆出"令人喷饭""怼"等词汇，因风趣诙谐的风格被大众接受，频频登上微博热搜榜。表达方式虽"轻"，但讨论的问题和事件却又很"重"，巧妙地化重为轻、化官话为通俗，从而达到"四两拨千斤"的效果。

这种传播主体的转换减弱了官方媒体报道的严肃氛围，以更贴近年轻人生活的视角进行新闻报道，增加了用户的亲切感。从电视新闻主播、记者到新媒体语境下的博主，双重身份的转化是央视新闻在全媒体传播的背景下针对青年群体进行的一次创新尝试。同时，央视新闻团队和专业记者保证了新闻制作的专业性，减少了严肃的时政新闻被娱乐、消解的可能。

2. 用"引领"强化主流价值

"引领"永远大于"迎合"，但引领不是耳提面命式的教育和训令，而是积极探索潜移默化、春风化雨式的交流与关系连接。

（1）紧抓时、度、效，主动设置议程

《【独家V观】习近平看望"快递小哥"》二维码

对于新闻而言，最重要的因素之一是时效性，直击现场的一手新闻资讯视频，将尽可能获得用户关注，扩大视频传播面。比如，短视频《【独家V观】习近平看望"快递小哥"》[1]就是在习近平总书记临时决定下车看望快递小哥时，央视记者紧急使用备用手机，拍摄记录下的原生态短视频。该作品时效性强，富有生动的现场细节。在2019年春节之际，通过总书记与"快递小哥"这一当下最为典型的基层劳动者群体的悉心交流，传达了国家领导人"以人民为中心"的理念和对劳动者的尊重与牵挂。这条短视频新闻作品同时展现了新闻工作者的专业素养，对"时度效"的精准把握，以及全媒体时代对"四力"的恪守践行。[2]

（2）借助亚文化传播，网感创新出圈

短视频作为互联网传播的形态和载体，本身带有互联网的基因和语言方式。在这个过程中，为适应互联网语态和传播逻辑，短视频借助互联网亚文化传播方式，加重信息传播的密度和频度，以达到加强人的注意力和记忆的预期。比如，复兴路上工作室推出的《十三五之歌》、人民日报推出的《两会版成都》、建党百年MV《少年》、新华社推出的《一带一路世界合奏》，主流媒体将Rap等流行音乐形式、网络语言融入时政报道，力求以新奇有趣的歌曲"唱"出特点鲜明的时政主题。由"播"到"唱"，改善了严肃的媒体形象；Rap、京剧等

---

① 获得第三十届中国新闻奖媒体融合奖项短视频现场新闻一等奖（2020）。

② 《【独家V观】习近平看望"快递小哥"》推出后立刻成为"爆款"，被各大网站头条置顶推送，在央视新闻公众号上的阅读量迅速达到10万+，大量网友主动转发，在朋友圈产生刷屏之效，当天全网点击量突破2.9亿。

【独家V观】习近平看望"快递小哥"［EB/OL］.（2020-10-14）［2021-05-01］.http://www.zgjx.cn/2020-10/14/c_139439591.htm.

元素也更好地凸显了主流媒体的幽默感,开创出一种新的表达方式。

《十三五之歌》二维码　　《两会版成都》二维码　　《一带一路世界合奏》二维码　　《少年》二维码

此外,网络新兴语言助力病毒式传播。鬼畜、弹幕、闪卡等网络语言和表现方式也开始在短视频中被广泛运用。新华网2017年两会期间推出的《习近平关心的六件事》系列短视频,将垃圾回收等热门时政话题网感化,一改官方话语的生硬表达,通过幽默的创意,并融合网络"二次元"的"鬼畜"文化以及网络剧的快节奏、高能吐槽等方式,将图像与声音不断进行重复、放大、插接,给人以新奇的打断感和卡顿感,让用户难以忘记视频中的鲜明配色和突出文字。闪卡视频通过画面和声音的快节奏剪辑,形成强力表现。闪卡视频也是病毒式营销视频的一种,不断反复出现的音乐和剪辑、运动的方式,强化表现力,中间穿插采访、讲述,形成比较集中的呈现。比如,新华社2017年全国两会报道的快闪视频,把报道团队的自拍、采访场景和字幕,以快节奏的形式呈现出来,宣传其报道团队。人民日报新媒体的快闪短视频《喜迎十九大》则以纯字幕的方式,展现了中国共产党的发展历程。

三、视听表达创新

作为新媒体的主要产品,强化短视频的报道训练,有助于强化记者的新媒体思维。短视频创作的**长与短、大和小、虚和实、藏与露、断和续**的辩证统一也体现在视听表达上。

1. 非线性叙事,短活快实新

短视频因为篇幅短小,不具备完整铺陈叙事的条件,因此在叙事结构上更为片段化和去线性,追求"少即是多"的新叙事模式。[①]

而叙事结构的去线性体现在传统的"开端—发展—高潮—结尾"的叙事方式已不适合短视频片段化的传播,短视频的叙事更多是做减法的过程,或抓取事件的高潮,或直接展示结果,以满足用户的资讯快速需求与好奇心理。在叙事节奏上,减少铺垫、直奔主题,让用户在最快最短的时间内捕捉到事件的全貌,理解其本质。因此,从这个角度而言,短视频新闻与传统消息的"**短、平、快、实、新**"略有不同,更强调"**短、活、快、实、新**"。即内容上让用户惊奇、好奇之点凸显,形态上以字幕、音乐和剪辑手段加快节奏,打破传统消息的叙事之"平"。比如,央视新闻的短视频《无耻无德,华春莹犀利反击六连问,火力全开》,就是关

---

① 彭兰.移动化、社交化、智能化:传统媒体转型的三大路径[J].新闻界,2018(1):35-41.

《无耻无德，华春莹犀利反击六连问，火力全开》二维码

于我国外交部发言人华春莹在新闻发布会上批驳美国政客关于中国新冠肺炎疫情信息发布的评论。短视频没有线性完整地呈现华春莹的全部发言，而是高度提炼出华春莹回答中的对美国政客的"六个拷问"，配上音乐和花字，信息密集，节奏明快，记者的专业凝练和聚焦能力在短视频中呈现出新的表达样态。

图5-2-6　《无耻无德，华春莹犀利反击六连问，火力全开》截图

2. 多元视角转换，个体视角凸显

互联网"去中心化"和多元异质个性的特点，也影响了短视频叙事的个体视角和第一人称表达。从叙事视角而言，短视频的制作更多地将群体化叙事转向个体叙事，采用片段式的结构，将国家命运诉之于个体命运，将宏大叙事投射于个体叙事。

（1）第一人称视角轻表达

在短视频创作中，第一人称的主观视角表达为常用的表现方式。一方面源于互联网的个体节点被放大，自我呈现得到释放；另一方面因为手机等自拍技术设备普及，Vlog的自述形式促进自我表达。因此，短视频通过个体的生活方式以及对社会的观察，轻量化展现磅礴之势，共聚群体、社会性的共同记忆。比如，新湖南客户端《十八洞村龙金彪的Vlog|脱贫之后》[①]聚焦"脱贫之后不返贫"的现实问题，还原了十八洞村村民龙金彪的探索历程。在表现形态上，利用Vlog的形式，让主人公龙金彪从第一人称视角讲述自己和家乡的故事，辅之以漫画、手绘等形式增加趣味、增强网感、增进互

《"萌"婶代表记》二维码

动。该作品语态活泼，具有生动的泥土气息，更为重要的是，在脱贫攻坚、决胜小康的大背景下，作品用平凡人物的经历体验，传播乡村振兴的经验和教训。新华社全国两会中的短视频《"萌"婶代表记——全国人大代表赵会杰和小庙子村的故事》创造性地让赵会杰以Vlog的方式向用户讲述自己家乡的故事，语言亲切，语态平实，镜头设计巧妙，具有很强的代入感。

---

① 获得第三十届中国新闻奖媒体融合奖项短视频专题报道一等奖（2020）。

图5-2-7　《十八洞村龙金彪的Vlog | 脱贫之后》截图

图5-2-8　《"萌"婶代表记——全国人大代表赵会杰和小庙子村的故事》截图

（2）双主体视角巧叙事

在"双主体"的叙述模式之中，短视频主体在讲述故事，故事外的记者更是在建构故事。通过"双主体"模式讲述，使得主客体距离拉近，也令视频形式更真实生动。比如，央视短视频《习近平总书记的一天》使用第一人称同期声替换第三人称的解说词，把领导人在现场与记者和公众鲜为人知的对话进行提炼与放大，打破时政视频中政府与公众之间的第四面墙。《习近平总书记的一天》采用习近平总书记在大会开始之前亲自问候来访的别国领导人，一句温暖细心的"休息好了么？"取代了平淡转述的"习近平总书记亲切地向某总理表达了问候"；再如，习近平总书记与记者和工作人员的交流，"你们要没事了，我这就没事了，你们要忙得团团转，我这就有事了"，第一人称体现了领导人的自信、放松与幽默。此外，隐藏在短视频后面的记者是另一个关键主体。与以往直接转述方式不同，记者在几分钟内完成

《习近平总书记的一天》二维码

故事结构的构建，通过字幕的勾连，在海量的素材与话语中选取最具表现力的部分，使得故事回环相扣，打破时间叙事的定式，让故事叙事在层层递进中铺陈。

（3）角色转换创新视角

角色转化的创新化表达，将带来叙事视角的新体验、新亮点。例如，新华社全媒体报道平台为庆祝改革开放40周年推出的短视频《父亲·我们·时代》，巧妙转化视角，从子女的角度讲述了上一代人的改革故事，既从年轻一代的立场讲述改革开放，保证故事的客观真实，又能体现改革开放的传承发展，与年轻一代形成情感认同、共振，还能以"父亲"这一具有亲近感的概念，拉近不同时代间的感情距离，促进用户以身份认同和情感归属主动实现口碑传播。

（4）时间空间的辩证思维

新媒体思维也是碎片化与系统、大视角与小视角的辩证统一。比如，《中国一分钟》创造性地以"一分钟"为切入视角，将宏大叙事按时间刻度进行微缩，建构改革开放40年成就的全景。所谓"一沙一世界，一花一天国，君掌盛无边，刹那含永劫"，一分钟承载无限，系列短视频极具辩证思维和新媒体传播理念，非常巧妙地把新媒体的小与大、瞬间与永恒、碎片与整体、大数据背景与细节呈现对立统一地表现出来。该系列短视频线上阅读播放量超过24亿，成为2018年的爆款之作，由此也带动了许多地方媒体的效仿。①

《中国一分钟·美　　　《中国一分钟·瞬　　　《中国一分钟·跬
美与共》二维码　　　息万象》二维码　　　步致远》二维码

图5-2-9　《"中国一分钟"系列微视频》截图

---

① 曾祥敏."中国一分钟"系列微视频［M］//中国新媒体研究报告2020.北京：人民日报出版社，2020：392-402.

3. 共鸣式驱动，情感聚情怀

互联网在信息传播的同时，也越来越携带情感和情绪，理性的价值判断逐渐让位于情感和情绪的感染力，事实信息的传播往往会因为情感和情绪的能量获得更大的影响力。在这样的传播现实下，我们一方面需用专业理性的报道消除不良情绪的散播，另一方面需合理利用新媒体情感传播力量，提升报道共情共鸣的传播效果。因此，在视听表达上，可以挖掘能够呈现情感、情绪的素材，并通过视听具象表现，形成情感化的场景。

（1）情感化呈现：直击情绪触点升华情怀

短视频在短时间内如何触达人心，如何具有传播的感染力，最好的方式便是关注人的内心情感，并以具有冲击力的剪辑、激荡人心的背景音乐和接地气的文案来调动用户情感。"讲形象才能打动人，讲情感才能感染人。"[1]信息传播在触动后化为感动，依靠直击用户情绪触点，实现由情感到情怀的升华。比如，2020年五四青年节，B站联合央视推出的青春宣传片——献给新一代的演讲《后浪》，声情并茂的台词与精美的画面使部分年轻人备受感动，在激昂的配乐与画面中获得群体的认同感，凝聚出大情怀。[2]

《后浪》二维码

（2）共情化传播：提升情感表达引导力

共情（Empathy）意指"同理心"，指的是个体准确地理解他人的情感，并在特定情境下做出准确情感反应的一种能力。"文者，贯道之器也。"短视频创作，必须要把"道"融通于生动的个体情感故事之中。只有建立在共情基础上的传播话语方式，才能被用户所理解和接受。在短视频创作中，情感转向并不是否定新闻的客观性和真实性原则，而是采用符合叙事规律、接地气的方式讲好这些故事。例如，2020年2月14日情人节，最有"情"的日子，央视客户端制作发布《疫情下的爱　不负使命不负卿》短视频，记录在抗疫一线坚守与战斗的几对医护伴侣以爱坚守动人心扉的故事。央视新闻还推出独家短视频策划——《疫情一线　见字如面：写给最挂念的你》《蜜月游变"抗疫之旅"：武汉籍小夫妻在凉山州治愈出院》《这封家书看到泪目！"责之所在，道义在肩，我无怨"》《"老婆，800个饺子吃完了吗？照顾好自己，等我回来！"》。这些短视频作品既契合特殊日子的主题，又符合战"疫"状态下人们对爱的美好呼唤，凸显了主流媒体提升舆论情感表达的引导力。

《疫情下的爱不负使命不负卿》二维码

需要注意的是，情感化的表达需把握"度"，达到温情而不煽情，综合考虑传播的时间、场景和语境，否则会起到相反的传播效果。

4. 虚实结合，多种形式呈现

短视频的叙事注重短小精悍，节奏明快，点到为止。因此，"藏"和"露"、"虚"与"实"

①　习近平在党的新闻舆论工作座谈会上强调 坚持正确方向创新方法手段提高新闻舆论传播力引导力［EB/OL］.（2016-02-19）［2022-08-17］. https://news.12371.cn/2016/02/19/ART11455884864721881.shtml.
②　曾祥敏, 邢天鳌.形短流长、守正创新：短视频生产与运营的辩证逻辑［J］.中国编辑, 2020（11）：79-84.

的关系在短视频中尤其明显。"藏"和"露"主要服务于叙事的洗练与悬念、包袱的设置，让小故事产生最大的叙事张力。"虚"与"实"更注重信息和表现方式的跳跃感，凸显信息的灵动。因此，什么信息重点突出，什么时候戛然而止，都要经过创作者的精心设置。而在形态上更应注重声音（解说词、对话、独白、旁白）、文字、画面等各种信息时隐时现，交替补充与丰富，以共同完成叙事。这样行文走板，才能使短视频的叙事张弛有度、紧凑有致。

比如，短视频《我的阿勒泰》讲述的是获得人民文学奖的新疆青年作家李娟的文字、思想与情怀。如何呈现她的文字和思想，创作者通过拍摄李娟行走在她所描绘的土地上，观察家乡的风土人情，并把李娟的一些文字书写在纸片上，让它们出现在李娟所处的不同环境里，比如雪地、草木……其间不时以旁白形式穿插李娟对世界、文学、乡土的观念，更有声音的停顿和留白。由此，各种形态的视听信息相互交织，时隐时现，互为补充，真正做到了微言大义、点到为止，让留白有"信息"。

《我的阿勒泰》
二维码

四、视听要素对比分析："去电视化""浓缩精华"

同样以视听符号传播信息，但短视频与传统电视新闻却存在本质差异，我们有必要厘清。同传统电视新闻相比，短视频在继承传统视频叙事语法和修辞基础上呈现的碎片结构与轻量表达，在蒙太奇基础上的社交分享和互动建构，在可视化为主要形态基础上的融合创新，都使得其极具辩证统一的思维模式和不断丰富发展的势能。

在样态形式上，短视频区别于传统视频叙事最重要的表征是去电视化，打破常规电视节目的制作模式——去掉演播室、解说词、空镜头、片头片花；增加短视频特有的大字标题、同期字幕、背景音乐、表情音效、故事细节等方式。有专家将其总结为面向"移动"凝练"微叙事"，具体体现在文字激活、秒级响应、身临其境、用户的"第一人称"视角、细节放大、营造高光、后台前置等七个方面。[①]下面将围绕短视频实际采制中的标题、开编、剪辑、技术四个方面来进行分析。

1. 标题——先声夺人

从"内容+品牌"调性主导的传统纸媒时代，到"画面+声音"主导的电视媒体时代，进而到"编辑+位置"主导的门户网站时代，再到如今的大数据智能技术赋能，迈入"机器识别+用户兴趣"主导的算法传播时代，传播场景的蜕变决定了标题的重要性愈发凸显。

标题即视频的门面，一个出彩的标题能让用户迅速体味到短视频的核心亮点。在推荐算法机制中，用户每天都会收到数以万计的标签化推荐信息，要想使短视频在信息洪流中脱颖而出获取播放量，短视频的标题制作就显得尤为重要。"标题+封面+内容+关系"决定了短视频的传播效果。尤其是对于资讯类短视频，一个好的标题直接决定了一个视频的点

---

① 彭兰. 短视频：视频生产力的"转基因"与再培育［J］. 新闻界, 2019（1）: 34–43.

击量。具体而言,一个好的标题一般分为以下几种类型:

(1)悬念式标题:视频爆点内容+隐去关键信息

什么是悬念?悬念即隐藏相对来说比较重要的信息,引起他人的好奇。悬念式标题常用省略号或问号,隐去关键部分,最终目的是引起用户好奇从而点开视频。例如,短视频标题《科比生涯最励志的一段采访!听他讲何为努力,何为家庭,何为痛苦》隐去了事件——科比讲何为努力,何为家庭,何为痛苦;《他删掉拥有660万粉丝的微博,拒绝对话:我的人生,不需要别人评论》隐去了主人物,留下悬念;《50岁阿姨自驾游,原因可能和你想的不一样》隐去了自驾游的原因,引发好奇;《自信男当场卸了女同事的妆……结果是……》巧用省略号隐去了卸妆结果,激发用户兴趣。

因此,悬念式标题的诀窍在于视频爆点内容再加上隐去关键信息,通过爆点与悬念的结合,使用户产生悬念、好奇的情绪,从而促发点击行为。但是,悬念不是故弄玄虚,不是把噱头做悬念,而是围绕事实营造悬念。

(2)共鸣画面感式标题:描述故事+表达情感

共鸣画面感式标题是指标题中植入引发用户共鸣的词句,通常和情感相关(如令人痛心、看完都笑了、理由太心酸了),一来让读者有画面感,二来强化了语气,使标题更加生动,以故事带动人们的内心情感。故事具有代入感,尤其是加入第一人称的叙述,更容易打动人心。例如,短视频标题《12岁女孩天天凌晨3点陪父母进城卖瓜:我不怕累,就想黏着爸妈》,其中"12岁女孩""凌晨3点""卖瓜"这些细节本身具有吸引力,再加入第一人称的情感独白"我不怕累,就想黏着爸妈",一下子引发了用户的情绪共鸣。

(3)数字式标题:醒目数字+数字罗列

数字式标题在短视频标题中应用广泛,并且更多是用阿拉伯数字来描述新闻的内容,用户在理解时更具体直观,对用户的刺激效果也更直接。大多数情况下,阿拉伯数字比汉字数字更醒目,用数字罗列看点是爆款常用套路。

使用数字式标题将提高视频辨识度。用数字制造反差、对比,吸引读者眼球,明确预期。标题带有数字会使专业度强,信息指数高,增强逻辑感并且更简单高效、具体直观。例如,新华社发布的《新中国密码:15665,611612!》以一组数字引发悬念,进而在视频中呈现出答案,它是歌曲《没有共产党就没有新中国》的旋律。又如,梨视频标题《湖北同卵双生4胞胎全家出动带娃,父亲:1天2罐奶粉30个尿不湿》巧用数字,通过数字罗列产生醒目的效果。

(4)热点式标题:善用热点+话语引用

新闻热点本身就会吸引用户的关注,标题含热点关键词、识别度强。借助热点词将有助于提升传播效果。同时标题也要求词汇通俗易懂,识别度高,使用户一秒就能看懂。

此外,通过话语引用有信息点的补充和情绪性的表达或评价,不仅能增加标题信息量,还将有效激发用户的情感共鸣。例如,视频标题《西安暴雨轿车被淹一女子不幸溺亡,同车父亲：她让我先救孩子》，通过话语引用"她让我先救孩子"，既增加了标题信息量，同时也引起了用户共情。

取好标题不是做"标题党"——为了吸引注意力，而虚张声势，文不对题。这样的标题可以带来些许流量，但无法获得黏性用户，是权宜之计，不是长远之策。

2. 开端——抓住"黄金7秒"

短视频应抓住开头"黄金7秒"，可借助音效加强节奏或场景变换。广告界有7秒印象理论，即视频开始的前7秒内容为"黄金7秒"，常常决定着用户的注意力和喜好，笔者认为"黄金7秒"在注重短时高效传递信息的短视频中同样适用。用户在短视频的开头捕捉不到核心亮点时，就会失去注意力和耐心，非线性的互联网让用户可以随意拖拽进度条，进行跳跃式观看，或者直接关闭视频，更无法促使用户进行社交分享。

3. 剪辑——做好"加法"与"减法"

为了适应短视频高度凝练的特点，处理好"藏"和"露"、"虚"与"实"的辩证关系，短视频剪辑应该着重做好"加法"与"减法"，让剪辑压缩叙事链，放大细节亮点，省略常规过程，从而剪出效益。

（1）海量素材做减法，核心元素做加法

新媒体语境下阅读的浅表化，要求视听产品必须注重内容的深入浅出，以求在留存精髓的同时，达到主流话语的集中表达与传播深意。"少即是多"的理念运用是短视频广泛传播的前提。因此，一方面，短视频是一个或多个事件的纵切面的聚焦与取舍，而不仅仅是对长视频的简单截取。另一方面，要构建核心燃点，增加短视频信息密度，以最快的速度使公众达到视觉高潮和心理震撼是成功的关键。在这个过程中，要紧抓视觉亮点，强化核心表达元素，实现海量素材做"减法"、核心关键素材做"加法"的剪辑方式，这将为用户提供更具传播力的丰富的视觉信息。

比如，短视频《Google 年度词 HOW》通篇以谷歌当年用户搜索最多的词汇"How"开头不断提出问题，如"加州的山火如何发生？""美墨边境墙花费多少钱？""全世界有多少难民？"可见自然灾害、人类社会的灾难不断困扰着搜索的用户。但是短视频话锋一转，从用户对自然界和社会的被动困惑，到主动改变世界改变自己的变化，"如何援助洪水肆虐的灾民？""如何拯救无家可归的难民？""如何让自己变得坚强？""如何成为好的父母？""如何成为自己的超级英雄"。不变的是"How"引出的问题，变化的是我们从被动到主动，从不好变得更好，从利我到利他的转型。整个视频以"How"这个核心词串联起年度重大自然现象和社会事件，每个事件仅以一两个镜头高光呈现，去繁就简，言简意赅，但共同构成不断推动叙事往前递进的完整故事。

（2）二次剪辑改变视频调性节奏

在"全民剪辑"的浪潮中，表面上剪辑门槛降低，但实际上剪辑不再只是技巧，更是逻辑的构建、视听的审美与创作力的解放。剪辑师被赋予了更大的权限与创造空间，从另一个角度重组文案结构的信息，通过视听语言重新组合排列素材，并进行艺术化创作。因此，剪辑并不仅仅是短视频创作中的流水线一环，剪辑师要从整体思路上进行谋划布局，从创作者的角度参与深度创作。

一是把看似平淡无奇的事件和场景进行切割，强化高光时刻，呈现重要细节，释放场景张力，突出人物的情绪和情感。比如，梨视频《笑哭! 洪荒少女新表情包收好不谢》，以傅园慧在一次比赛后与采访记者沟通交流为基础，放大傅园慧的表情与语言，形成病毒式的传播。

《笑哭! 洪荒少女新表情包收好不谢》二维码

二是在新闻资讯类视频中，通过剪辑统一风格，增强短视频调性。面对众多的素材来源，拍摄、角度、用光、视频材质等参差不齐，通过剪辑，赋予其统一的视觉风格和媒体的调性。比如，"我们"视频《四川乐山发现野生飞狐放生时突然飞下悬崖罕见一幕曝光》用统一的剪辑手法、字幕、配色把一个用户手机拍摄的现场呈现出完整、详略递进的叙事。

（3）运用"用户友好型"剪辑思路

为了适应互联网传播规律和用户的观看习惯，在剪辑上应注重"用户友好型"剪辑思路的使用，即增加辅助阅读元素。去掉传统电视的背景音、画外音乐，用字幕替代画外音，重视同期声和背景音乐，使用户在消费时符合观看场景。

《四川乐山发现野生飞狐放生时突然飞下悬崖罕见一幕曝光》二维码

例如，在追求"短、活、快、实、新"的新闻资讯类短视频中，典型的剪辑手法是在原有素材基础之上，以醒目的文字形式将新闻五要素标在画面上进行提示，配上同期声字幕方便用户理解，包括文字的字号、字体、颜色组合等在内的元素都是这一环节需要考虑的。此外，花字、音效、表情包等综艺化包装形式也成了资讯类短视频使用的一大特色。例如，人民网、央视新闻及县级融媒政务号在抖音、快手等平台发布《直击疫情防控第一线重庆民兵无人机硬核喊话》等短视频，通过有趣的背景音、着重放大的花字以及魔性的重复剪辑，配合生动的地方方言，在有趣诙谐氛围中传播科学知识，引导公众情绪，成为新冠肺炎疫情暴发初期的网络爆款。此外，弹幕、鬼畜、闪卡等元素和剪辑手法都增强了剪辑的多元表现手段。

《直击疫情防控第一线重庆民兵无人机硬核喊话》二维码

4. 技术赋能——第一驱动力

媒体融合是一场不容回避的"自我革命"，技术则是深化这场"革命"的关键因素。突破时空局限，推动短视频样态变革，技术创新是"第一驱动力"。

（1）短视频发展，技术相伴相生

细数技术发展进程，从2017年"短视频"概念诞生起，短视频的发展一直与技术发展相伴相生。2018年AI、AR等黑科技报道迅猛发展，如人民网机器人"旺仔"投入两会报道。2019年人格化的短视频——Vlog、人工智能AI主播、VR等技术诞生。2020年人工智能采访技术发展——新华社推出"5G全息异地同屏系列访谈"、3D版AI合成主播"新小微"，《人民日报》推出"智能云剪辑师"和5G+AR采访眼镜。技术推动短视频产业发展，为短视频应用探索提供支持，解放了用户在视频消费上的种种需求，促使用户消费习惯不断升级。

（2）技术"引擎"，赋能场景再造

在短视频叙事上，利用技术赋能将照片串起来、让人物动起来，实现可视化画面还原，是技术赋予静止素材的一种常用特殊叙事逻辑。总体而言，在技术层面通常采用以下三个步骤：

第一步，通过历史还原与考察，将老照片置身于新环境之中，赋予老照片新的表达。比如，《父亲·我们·时代》中，主创者将"傻子瓜子"创始人年广久当年在手工作坊生产的黑白照片，通过历史还原再现的抠像技术，放置到了第5代义乌小商品城的现代机械工厂的场景中，实现今昔对比，跨越时空，让用户领悟改革开放的巨变。

第二步，将平面的老照片三维化，也即进行三维重建，将二维照片转为三维立体场景。主创技术团队通过重新编辑照片，把"照片"元素做成动画的镜头运动，高度复合化，使得画面镜头的信息量增加。运用后期"虚拟重现+三维动画"的特效处理技术，让静止的图片动起来，多帧图片素材呈现叠加、运动等特效，使短视频的画面整体呈现出历史的穿越感，实现技术下的短视频场景真实再造。[①]比如，《红色气质》《公仆之路》对大量珍贵的历史照片进行了三维抠像处理，让用户沉浸于当时的场景之中。

第三步，划分元素的重新组合、编辑，让原本缺失的场景情节得以补充、重现。短视频创作者借助虚拟化技术，诸如虚拟现实（VR）、增强现实（AR）、混合现实（MR）和扩展现实（XR）[②]，将计算机制作的虚拟三维场景与电视摄像机现场拍摄的人物活动图像进行数字化的实时合成，使人物与虚拟背景能够同步变化，从而实现二者天衣无缝的融合，以获得完美的合成画面，实现意象化镜头的场景连贯表达。比如，新华网《XR创意视频|冰雪荧煌》短视频，新华媒体创意工场运用Milo和XR扩展现实技术，实现了拍摄画面与拓展画面的实时合成。

《XR创意视频|冰雪荧煌》二维码

---

① 曾祥敏.父亲·我们·时代［M］//中国新媒体研究报告2020.北京：人民日报出版社，2020：401.

② 我们将在第八章探讨这些虚拟技术。

图5-2-10 《XR创意视频丨冰雪荧煌》截图

（3）技术常态化下，内容与技术深融

从近两年的产品观察，作为短视频制作的发力点、形态创新的重要支撑，技术对短视频的直接创新驱动力逐渐趋于平稳，无人机航拍、短视频、竖视频、移动直播、AI、AR、Vlog、H5 等技术形态，在新闻作品中的应用趋向常态化。在新技术形态的支撑下，AR、VR等全境化、虚拟化、智能化技术将加强网络视频的体验感，进一步延伸身体感官所能到达的边界。在技术红利放缓的情况下，媒体更应当借助传播技术手段，发挥专业特质，强化构思与创意，促进新闻内容与技术形态的深度融合，驶向大有可为、更加广阔的内容创意蓝海。[1]

记 住

"三一"策略即一个明确而清晰的主题、一个极致的手法和一个转折，这些是短视频创作基础，语态转变是重点，视听表达要创新。

---

[1] 曾祥敏，杨丽萍.媒体融合作品创优路径探析——第三十届中国新闻奖媒体融合奖评析［J］.新闻与写作，2020（12）：83-88.

第三节 短视频差异化运维

短视频除了进行内容信息的传播，还有社交的功能和意义。因此，在全媒体平台语境下，短视频的运维理念和方法也值得探讨。从运营逻辑看，短视频正在不断开拓自身边界，以勾连用户、机构、行业的方式弥补自身短板。优质的短视频要想触达用户、抵达人心，少不了赋予其深刻的背景和意义，也少不了审时度势的精准运营，这更需要恰当处理短视频在生产和运营中的辩证关系。要从辩证的视角去把握短视频的情绪化传播与理性思辨，整体理解并积极引导互联网信息传播的良性发展。

一、全渠道运营

短视频在运营方面持续释放价值，打造"精品化短视频内容+矩阵式宣发方式+多元化商业生态"全产业链运营模式，寻找新的运营途径，突破现有用户群体，将传播影响力带向新领域，提升短视频的辨识度和吸引力，增强短视频IP内容的创造力、传播力和影响力。

1. 全渠道差异化运营，高效精准

在内容分发层面，以短视频为核心的全渠道矩阵传播将极大丰富产品的传播场景。而如何把握不同渠道调性，实现渠道化、精准化、策略化、IP化运营，探索用户需求所在，使短视频精准触达用户，成为实现创新营销的根本思维。

（1）把握调性，渠道化运营

在多渠道融合的背景下，短视频运营应把握头部平台，推动"台网"融合，以实现渠道化精准运营，占领新兴传播阵地。

主流媒体一方面应用好自主可控、传播力强的"台""网"平台（电台、电视台，有线电视网、互联网），促进"台网"融合发展。另一方面，应密切关注不断涌现的网络新应用新业态，加快谋划布局，携手商业平台媒体，增强内容的传播力和影响力，推动主流舆论占领新兴传播阵地。

面对传播新业态，不同传播渠道有不同的运营特点，只有在把握不同渠道平台调性后，才能将产品高效、精准投放，获得传播效果最大化。例如，微信公众号发展相对成熟，导流比较强，但其封闭性较强，适用于培养忠粉、导流、转化用户。微博作为一个聚合类平台，本身的开放属性更有利于信息的传播，传播力度较强，但导流强度比较低，适合短期内多涨粉、系列作品持续曝光。今日头条的传播性非常强，但导流强度非常低，适合单个视频，在

短期内粉丝量级较少时做出高传播量级的爆款。[①]

因此，短视频运营在了解并遵循多元渠道的规则表达后，才能增强渠道与目标的匹配程度，提高传播效率。

（2）多元布局，精准化运营

增强渠道与目标的匹配度，关键条件即有重点规划的精准化运营，使短视频得以分众化、垂直化地直抵用户。

比如，"四川观察"客户端采取"数据算法+编辑推选"的机制，政经新闻会获得更多的流量。其根据各个平台属性，实现精细化运营：在抖音、快手、B站、微博等多元平台广泛布局，分别侧重话题、热搜、提示、深度等不同运营策略，不断摸索试探。"梨视频"采用高渗透率的微博平台为爆款提高到达率，同时采用内外兼备的开放性分发形式。一方面，梨视频利用自有的PC端和手机端App进行分发。另一方面，作为连续生产视频的机构，梨视频积极借助其他平台进行内容分发，并将微博作为重点运营平台，先考虑品牌传播，再转化用户。其短视频由官微首发后，先由KOL引流，再通过运营手段打造热度。

（3）理解内容算法，策略性运营

迈入"算法时代"，以互联网思维优化资源配置，让更多优质资源向互联网主阵地汇集，向移动端倾斜。运用"算法"技术将准确了解用户使用习惯和信息需求，做到在精准传播中提升治理效能。例如，以今日头条、抖音为代表的信息聚合平台目前采用的核心算法是信息流漏斗算法层层筛选。

第一，初始启动流量池曝光。

平台方会随机给每个短视频分配一个平均曝光量的初始启动流量池。比如，每个短视频通过审核发出后，平均有500次曝光。

第二，基于数据的精选。

平台会从这100万个短视频的500次曝光中，分析点赞、关注、评论、转发等各个维度的数据，从中再挑出各项指标超过10%的视频，每条再平均分配5万次曝光。之后则把此类视频的点赞、关注、转发、评论量超过10%的部分，投入下一轮更大的流量池进行推荐，以此类推。

第三，纳入精品推荐池。

通过一轮又一轮叠加机制，点赞率、播放完成率、评论互动率等指标都极高的短视频才有机会进入精品推荐池，弱化人群标签，获得大流量曝光。

在"再中心化"的传播生态中，如何利用推荐机制获得更好的传播效果，策略性运营显得至关重要。

首先，用户观看场景决定发布时间。例如，情感类内容，适合在晚上9点之后发；励志职

---

① 梨视频运营总监孙翔：如何利用社交媒体打造爆款短视频？[EB/OL].（2017-09-07）[2021-05-02].https：//36kr.com/p/1721824903169.

场类内容,适合在上午9点或者11点之前发。

其次,在发布节奏上,采用"重大事件节点+固定频率"发布相结合的方式。针对特定时间节点进行节点营销,同时通过固定频率、固定发布时间等传播行为培养用户的心理预期与观看习惯,增强用户黏性。

再次,通过交互手段,提升关键指标。比如设置互动问题,引导用户评论;提示用户看到最后有惊喜等,提高视频完播率。

最后,巧用投放推广工具。例如,在抖音上DOU+是为创作者提供的视频加热工具,能高效提升视频播放量与互动量,提升视频热度与人气,吸引更多兴趣用户进行互动与关注,实现提升视频互动量、增加粉丝关注等目标。通过DOU+投放,制造杠杆,将为视频增大流量加权。

(4)强化品牌特性,IP化运营

在复杂的媒体生态环境中,短视频传播更要树立IP意识。实践表明,进行融媒体产品的IP化运营有利于在碎片化传播中强化主题印象,为用户营造连续性的IP式陪伴感,进而获得稳定、集成的传播效果。例如,人民日报社新媒体中心为致敬改革开放40周年,打造出现象级创意快闪店"时光博物馆",不仅当选为2018年度社会生活类十大流行语,同时还获得第二十九届中国新闻奖媒体融合奖项。"时光博物馆"IP成功实践背后贯彻着一套清晰的IP运营逻辑。2019年,"时光博物馆"在线下用600架无人机上演超燃灯光秀,线上通过短视频分享活动的高光时刻,同时开设相关话题引发网友的关注讨论,达成了社交媒体的裂变传播效果。

《假如有一台"时光机",我最想回到1978年。你呢?》二维码

《来了!#时光博物馆# 全揭秘》二维码

《这应该是这个冬天,最燃的快闪了!》二维码

此外,依据施拉姆的或然率公式,即消费信息的费力程度越小,获得信息的回报程度越大,该媒体越容易被注意和使用。[①]因此,"时光博物馆"的低门槛性助力了其大众化的IP消费。"时光博物馆"IP只需要通过经典作品或旧事物即可唤起用户记忆,触发个人情感,从自身的成长背景框架延伸个体记忆和集体记忆。

2. MCN 赛道,以简串繁

随着市场的细分和产业链的逐渐完善,MCN机构爆发式增长。MCN是一种多频道网络的产品形态,将各种类型的内容生产联结起来,在制作、交互推广、合作管理等的有力支持

---

① 麦奎尔.受众分析 [M].刘燕南,李颖,杨振荣,译.北京:中国人民大学出版社,2006:77–79.

下,保障内容的持续输出并最终实现商业的稳定变现。[1]作为"中介"的MCN串联起内容生产方与分发方,逐渐成为短视频生产与运营的新常态。

相较于传统的内容生产,MCN犹如一个巨型工厂,串联着短视频平台、内容创作者与投资方,勾连着内容运维与商业运营,通过机构的孵化、整合与运营提升短视频的变现能力。早期较多的MCN由头部PGC机构转型而成,借力头部内容拉动腰尾部资源并孵化新内容。此外,MCN不断垂直化深耕,专注某一垂直领域深入挖掘内涵,在内容细分赛道中竞先竞优。综观当下,美食、搞笑、美妆等泛娱乐领域已吸引大量资本入驻,而门槛较高的知识、科技领域仍有亟待精耕细作的空间。目前,MCN模式在短视频行业已经较为成熟,通过整合小环节、小内容搭建系统的内容生态体系,为短视频行业提供孵化、生产、整合、运营、变现的平台。

3. 串联多行业,以小博大

"短视频+"是媒介融合大背景下的趋势所在。可借助短视频的平台优势,进一步增强各媒介间的融合态势,拓宽边界,为诸多行业带来新的机遇和挑战。"短视频+"使得多行业间内容互融、优势互补,以特定视频化的轻量体验为行业注入生机,"短视频+直播""短视频+教育""短视频+广告"成为新的增长点。短视频平台用户基数大,但内容繁杂,用户的留存率较低,直播功能的开启加强了主播与用户的互动感,进一步增加了用户黏性,也更利于商业转化。"短视频+教育"也是一大风口所在,短视频平台的智能分发和流量变现吸引大量教育主体入驻,疫情的特殊"云上教学"背景同样加速了在线教育的增长与发展。

未来,"短视频+"仍是短视频行业发展态势所在,随着边界的不断突破、内容的不断融合,短视频的碎片化、交互化、快捷化的特点将助力内容生态的多元化发展。短视频平台将进一步伸展触角,串联更多行业,贯通多方发展。

二、用户——坚守"用户思维",搭建交互建构模式

截至2022年6月,短视频用户规模为9.62亿,占网民整体的91.5%[2]。2022年3月,短视频应用的人均单日使用时长为231.3分钟,人均单日点击短视频应用11.5次。[3]用户深入使用促使短视频的用户思维模式变得更加重要。

---

[1]　克劳锐:2019中国MCN行业发展研究白皮书[R/OL].(2019−06−10)[2021−07−08].http://www.199it.com/archives/856334.html.

[2]　中国互联网络信息中心.第50次中国互联网络发展状况统计报告[R/OL].(2022−08−31)[2022−10−18].http://www.cnnic.cn/n4/2022/0914/c88-10226.html.

[3]　2022年Q1移动互联网行业数据研究报告[R/OL].(2022−11−13)[2022−11−28].https://www.moonfox.cn/insight/detail?id=986&type=report.

1. 激发前倾式观看，提高用户"卷入度"

在新媒体时代，用户是短视频创作思考的起点，要让信息成为聚集用户黏性的载体，关注用户想看的内容，提高用户"卷入度"，有利于增强用户黏性，提高流量效果。短视频创作应充分考虑互联网用户的主观接受环境，满足不同用户群的心理预期，最大限度促进用户从后仰式观看到前倾式观看的主动转换。

（1）源自用户，成为用户"关注者"

如何在信息洪流中抓住用户的眼、留住用户的心，是内容生产者必须面对的问题，更是试图破局的传统媒体必须跨过的坎。无论短视频平台、内容形式如何变化，最核心的始终是满足用户的需求，因此短视频的创作需求必须来源于用户，创作形式必须服务于用户。

需求来源于用户：短视频的创作起点应源自对用户需求的主动洞察与深入挖掘。例如，"四川观察"的短视频特点满足了互联网时代用户的媒介接触习惯——游牧式信息消费，即"感性自知，自定节奏，开放协作"[①]。除此之外，"四川观察"的传播内容以政治、社会新闻为主，但也会制作轻松愉快的短视频，既满足用户关注热点的心理，又能够让用户在浏览短视频时调节情绪，放松心情，引起不同用户的共鸣。

形式服务于用户：形式为内容服务。短视频创作中多元化的融媒手段与形式都将助力内容叙事的展开及用户的体验升级。例如，《十八洞村龙金彪的Vlog丨脱贫之后》聚焦"脱贫之后不返贫"的现实问题，还原了十八洞村村民龙金彪的探索历程。该作品语态活泼，具有生动的泥土气息，利用 Vlog、漫画、手绘等形式增加趣味、增强网感、增进互动。作品叙事高度简洁，界面友好，既有信息量和体验的丰富性，又有易得性。无论是手绘漫画还是Vlog形式都有高度的指向和主线叙事，方便用户获取信息和体验，实现了信息丰富与简洁易得的平衡。

（2）不止于用户，交互引领内容共建

作品来自用户、服务用户，但创作者不可走入"唯用户中心论"的桎梏，应将"引领"用户代替"迎合"用户，使产品由创作者与用户共同建构而成。

杜绝"唯用户中心论"：内容生产者改变创作方向，以此迎合大众的喜好，利用网络热点"卖萌""吸粉""接地气"的同时，却陷入了庸俗、低俗、媚俗的怪圈。[②]于短视频创作者而言，创作优质内容至关重要，一味盲目迎合用户，不仅背离了媒体应尽的社会责任，也将扰乱短视频创作的市场氛围。创作者应不断引领主流价值观，对内容精耕细作，打造精品作品，吸引更多"铁粉"，形成口口相传的好口碑，使优质内容得到最大展露。

与用户共同建构：短视频通过对话互动、交互建构、平等沟通寻找情感共鸣点，将大大拉近与用户之间的心理和情感距离，让产品突破圈层形成黏性成为可能。例如，央视2019年1月1日推出的改革开放系列专题短片《瞬间中国》素材来源于民众，除了发起活动征集

① 青年志.游牧：年轻人的消费新逻辑［J］.风流一代，2018（30）：59.
② 陶亮.政务抖音传播现状及发展对策研究［J］.传媒论坛，2019，2（10）：39.

节目slogan,在后续的互联网传播中,《瞬间中国》积极放下国家电视台的身段,注重与网友沟通的"姿态"和"语态",以各种创新方式主动搭建互动桥梁,开展大量与用户的"隔空对话",使得《瞬间中国》在腾讯新闻、快手、微博等平台播出,各家平台用户反馈良好,用户观看视频后流露出更多真情实感。①

《瞬间中国》二维码

2. 发挥用户节点,以点带面

新媒体时代,互联网平台上的个体和组织都被高度节点化,节点成为信息连接的关键"接触点"。用户身份由受者向传受者转变,在浏览、接受信息的同时,通过点赞、转发、评论等形式进一步将内容在自己的社交圈中传播,进而形成点到线、线到面的覆盖传播格局。

短视频充分发挥用户传播节点的身份,将传统一对多的传播方式,转变为一对一、一对多、多对一、多对多的互动连接,以社交网络搭建自身的传播网络。短视频的用户节点化传播体现在生产的节点化以及传播的节点化。生产的节点化可以理解为用户串联起短视频生产的底层网络,无论是"拍客模式"的内容生产,还是平台上最常见的模仿拍摄,短视频内容经由用户个体生产及二次创作,发挥了用户节点的广泛性;传播的节点化可以类比为网络装置中的开关与中继器,开关决定是否进行二次传播,而中继器则决定是否将信号放大、传递得更远。用户会自发传播个性化喜爱的短视频作品,并在传播中组织化,形成意见领袖,构筑起网状社交网络。②

三、重点把握运维的难点

短视频不仅是主流媒体的转向,而且与市场的衔接至关紧密,更是商业平台不断开发垂直领域的蓝海。因此,在运维中,诸多难点的平衡和把握需要不断探索。

1. 深耕"副话题新闻":同质化与碎片化的困境与消解

当下的短视频凭借视觉表现上的冲击力、故事选题方面的张力吸引了大量用户群体,但内容同质化与碎片化成为短视频创新发展的主要阻碍因素。

(1)打破"同质化"困境——扩大视野+热点衍生

针对同质化问题,短视频主要路径为拓展选题,深耕"副话题新闻"。"副话题新闻"即围绕热点话题衍生和深入探讨的其他周边话题新闻。③无论是PGC、OGC还是UGC,在生

① 曾祥敏.《瞬间中国》破局传统电视节目,创新打造全媒体传播样本——评《瞬间中国》的融媒体创新之道[J].中国新闻传播研究,2019(3):233-238.

② 曾祥敏,邢天鏊.形短流长、守正创新:短视频生产与运营的辩证逻辑[J].中国编辑,2020(11):79-84.

③ 李良荣:未来,短视频新闻如何发展|复旦大学传播与国家治理研究中心出品[EB/OL].(2019-10-19)[2021-07-03].https://mp.weixin.qq.com/s/jvofYZ6NhRrRsDoK5TGobQ.

产短视频时都必须扩大视野,善于捕捉选题与内容创新中的"亮点"。

（2）重塑"碎片化"定义——高度凝练+价值提升

移动端碎片化的消费方式,使得短视频作品大多要么只关注技术和形态的创新,要么呈现某个事件的片段,而忽略了事件的整体性、作品的系统性和背景的延展性,这与互联网上缺乏整体意义的碎片化信息无异。

碎片化不等于零碎、片段甚至是缺损。碎片和整体是相反相成、辩证统一的。创作者需要具有整体思维和历史思维,横纵对比,厘清性质,体现出整体真实。这也是运用马克思主义立场观点和方法去看待问题,全面而不是片面、系统而不是碎片地去厘清现象,理解问题,从而避免一叶障目。

第一,碎片化更需要创作者对事件的整体深入理解,从而高度凝练出精髓,直击主题,引出亮点。

第二,碎片化不是支离破碎,而是更细微的整体和系统,需体现出事件的整体性、角度的多元化、背景的深度以及价值的提升。

2. "融合+引领"模式引导:泛娱乐化与去中心化倾向与重构

面对舆论场个性化、多样化、分众化的多元需求,短视频呈现出"去中心化"趋势。然而,过度追求沉溺性的娱乐消费也造成了负面影响,如移动短视频内容的低俗化、泛娱乐化甚至违法违规现象的出现。

（1）消解"泛娱乐化"倾向——内涵建设与正向引导

美国学者丹尼尔·贝尔（Daniel Bell）指出:"当代文化正在变成一种视觉文化,而不是印刷文化,这是千真万确的事实。"[1]在视觉文化占主导的当下,短视频将视听效果的优势发挥到极致,但刻意追求视听效果,过度追求感官刺激,而忽略视频的内容与内涵,反而会限制短视频的发展,使其成为娱乐化的"玩具",进而丧失其作为新型传播方式的严肃性的功能和意义。

针对"泛娱乐化"倾向,除了要加强并规范短视频传播内容的审核与把关外,创作者要有意识地采用"融合+创意"的模式进行主流文化的浸润与引导。如民间传统工艺、中国戏曲、中国书画等中国传统文化在视频平台上的播放率较高,说明用户对这方面的文化传播关注度与喜爱度也较高。因此,有效结合用户的兴趣点,积极根据短视频的传播规律进行主流文化的宣传与引导,是营造短视频平台良好文化传播环境的重要举措。

（2）顺应"去中心化"趋势——守好根基与提升"四力"

面对传播关系的重新构建,传播资源泛化使得传播权利平民化,传媒网络形成了扁平开放、平行化的多元探讨场域,个体角色、传播关系被极大地重塑,对主流媒体既是机遇也是挑战。借助短视频提升传播力、引导力、影响力、公信力,是主流媒体进一步做好新闻舆

① 贝尔.资本主义文化矛盾[M].赵一凡,蒲隆,任晓晋,译.上海:上海三联书店,2010:83.

论工作的必然要求。

短视频创作者在适应移动优先、人需优先的传播变革的同时，应在多元声音中成为引领舆论阵地的"瞭望哨"、前进的"主力军"，彰显媒体核心引领价值。例如，人民日报抖音号、快手号等短视频官方账号，不仅秉承新闻真实、客观性等基本原则，同时也开辟出提升媒体公信力的新路径。一方面，实现新闻舆论的"零距离"传播，重大新闻、突发新闻等现场画面，给人以如临其境的视觉体验。另一方面，对敏感问题不回避，并及时作出回应。比如，《武汉居民从楼上向正在考察的中央领导喊："假的，假的"》这一视频的后半段，呈现了政府的态度与行动。人民日报抖音号、快手号等短视频官方账号以求真态度回应公众关切，提升了公信力，有利于明辨事实和凝聚共识。

《武汉居民从楼上向正在考察的中央领导喊："假的，假的"》二维码

❓ **思 考：**

1. 短视频的特征是什么？它和传统的电视消息存在哪些差异？

2. 短视频创作的"三一"策略是什么？

3. 短视频的视听创新的辩证统一体现在哪些方面？

4. 短视频运维体现在哪些方面？

第六章
移动新闻直播

在传统媒体时代，广播直播节目和电视24小时直播频道充分发挥了媒介优势，直播创造了信息的即时传播，其突发性、现场性、即时性、伴随性特点突出。而移动新闻直播更是在以上所有特点的基础上，创造了随身资讯、即时交互。移动设备、5G技术、融合媒介赋能传播者和用户。就传播者而言，在直播便捷性、灵活性和多样态上能紧跟正在发生发展的事件，多方位多形态呈现事件，并及时与用户互动交流；就用户而言，围观、评论、点赞等互动行为使移动新闻直播注入新的信息点、新的文化和新的价值。移动新闻直播突破了传统新闻直播在时空交互上的局限，变"独白"为"实时对话"，强化新闻产品为谁而设计的用户意识，实现了同场域互动、移动化传播、沉浸场景的创新突破。在移动新闻直播的直播间里，无论是直播区还是评论区，记者还是观看者，都同频共振、情绪相连。

特别是在传统的新闻类突发事件直播之外，策划性的慢直播也打开了直播的想象力。在媒体融合语境下，事件是载体，媒体和用户成为新闻直播场共同的传播者、分享者。**直播宛如广场舞，评论形成生产力，围观促成传播力**。在移动新闻直播中，主流文化和亚文化也在碰撞、交流和融合，形成更丰富的直播场景和语境。

第一节　理解移动新闻直播

尽管新媒体开拓了直播的众多领域，移动新闻直播的重点还是在新闻性上，即以正在发生的事件为主题进行直播报道，是建立在信息即时传播基础上的互动交流。

一、新闻直播的内涵

新闻直播充分发挥了视听传播的即时性、在场性、动态性和过程感,具有未知性和期待感,它既具有新闻报道的普遍规律,也具有自身的特点。

1. 新闻直播是一个即时的现场传播

从"今日的新闻今日报"(Today News Today)到"现在的新闻现在报"(Now News Now),与其他报道形式相比,新闻直播最突出的特点就是信息传递即时、直接、富有现场感,实现事件发生、报道和传播的同步。直播强调第一时间报道、解读和整合,对于媒体的快速反应能力和迅速整合报道资源的能力都是一种考验。

2. 新闻直播是一个动态聚焦的过程

新闻直播伴随事件进行,边发展边传播边分析,富有过程感和递进性。连贯的直播报道能够第一时间将新闻事件和现场直接、多角度、全方位展示在大众面前,观看者体会到的过程感是因为直播报道的动态性。**这种动态不仅体现在新闻现场的环境、人物和事件等要素在不断变化,还体现在一场直播报道话题关注点的变化、记者的临场反应等**。**因此,直播的价值不仅仅在分毫毕现,更是在直播中不断聚焦放大信息点和关键环节。**

《我和我的村庄|走进四川省凉山彝族自治州"悬崖村"》二维码

从观看者的需求出发,新闻直播绝不是记者对现场天马行空的记录和解读,而是一个动态聚焦的过程。比如,央视新闻《我和我的村庄》系列直播,每场直播时长都在2小时30分钟左右。长时段的直播报道如何保证丰富有趣、能够留住观看者呢? 这就需要记者动态聚焦现场的变化和细节,通过对话或者设置话题的形式,塑造直播过程的节奏感和内容的丰富性。在第二期直播报道《我和我的村庄|走进四川省凉山彝族自治州"悬崖村"》中,总台央视记者首先联合"悬崖村"网红小哥拉博共同展开直播,"悬崖村"搬迁一直是网民牵挂的事情,这场直播地点就选在村民搬迁后的新小区——昭觉沐恩邸社区,具

图6-1-1 《我和我的村庄》截图

体的直播话题也随着记者采访地点的变化而逐步展开。在新小区里,记者聚焦单元门口安置的垃圾箱以及村民卫生习惯的改善;在室内,记者聚焦居住条件变化、政府补贴政策、彝族饮食习惯、医疗教育条件变化、当地农产品发展等;在社区的彝绣工坊,记者聚焦非物质文化遗产——彝绣的产品设计、产业发展、民族文化等。此外,直播的形式不仅有采访对话,还有记者亲身试穿彝绣服装,一场直播下来,地点、对话人物、话题、聚焦点的动态变化过程,既让观看者了解到了"悬崖村"村民搬迁后的现状,又展示了当地的文化风俗和日常生活,节奏紧凑,过程感强。

3. 新闻直播是报道者对现场的发现、选择和提炼

能够让人产生共鸣、调动情绪的新闻直播报道,不仅是因为直播的画面自带冲击力,更是记者精心准备和策划后呈现出来的综合效果。对记者而言,发现现场、提炼主题尤为重要。这里,我们不妨先来分析一个经典案例——1997年香港回归直播中白岩松的报道。白岩松是如何发现现场的呢?这场直播的地点原定于连接深圳和香港的深圳皇岗口岸,就在前一天去做直播准备时,他发现在原报道点前面离香港更近的落马洲大桥上有一条标志性的管理线,这条线的一面是深圳,另一面是香港,于是记者将报道地点改为这条管理线。我们来看看记者的现场报道:

> 各位观众,我现在是在落马洲大桥上。大家可以看一下,这里有一个铁的这样的一条线,在桥的中央,可以这样说吧,我现在左脚一面就是香港,那么在右脚的这一面就是深圳。刚才水均益也说了,按理说这条线是不应该存在的,因为深圳和香港自古就属于同一个县,但是150多年前英国人侵入之后,后来便有了这样一条线,便有了这条深圳和香港之间让很多人感到伤心的线。但是,再过3个多钟头,这条线就只具有区域线的意义了,一面是我国的经济特区,一面是我国的特别行政区。

当解放军驻港部队车辆一辆辆越过管理线时,记者作为离这一历史性跨越最近的见证者,难掩激动之情:

> 越过管理线!第二辆车越过管理线!……

你看,记者的独家发现与选择让这场新闻直播更加激动人心,观看者更有历史的见证感和情绪共鸣。那么记者又是如何提炼主题的呢?当驻港部队先头部队的车辆一辆辆越过管理线后,记者向观众们报道:

> 各位观众,这条线并不长,车速也并不快,但是今天驻香港部队越过管理线的这一小步,却是中华民族的一大步,为了这一步,中华民族等了百年。

从具体到抽象,从一条管理线性质的变化,将主题升华为中华民族的期待和进步,这得益于记者前期对典型报道现场环境的发现和选择,而正是在选择后的新现场近距离见证了历史性的一刻,记者的报道才找到了抓手,落到了实处,更具体,更聚焦,新闻报道的主题提炼才更加流畅、富有感染力,直播的新闻价值也有了提升的空间。

4. 直播意味着无限的未知和变化

新闻事件稍纵即逝,关键瞬间随时可能会出现。在不断变化的动态报道过程中,直播内容充满未知,观看直播的用户也始终充满期待,这是新闻直播的魅力所在,也是其难点所在。的确,现场环境的动态变化是新闻直播的最大变量,充满枪弹危险的外国抗议示威街头、随时会有意外发生的灾害现场、隐身陋巷的黑作坊……这些可能是记者出镜报道的背景环境,也是新闻直播报道常常选择的事件现场。比如,在新华社《江苏盐城一化工园区内发生爆炸 救援已展开》[①]直播中,江苏分社视频记者吴新生在距离爆炸点不足800米的核心现场进行报道,第一场直播报道,现场升腾起数十米高火球,方圆1公里左右弥漫着厚厚的烟尘,空气刺鼻,且仍有可能发生二次爆炸。在这样的现场环境中进行直播报道,有价值的新闻瞬间和未知的危险并存,考验着记者的身体和心理素质、专业和应变能力。同时,现场的人也是随时出现的变量。在这场直播中,记者

《江苏盐城一化工园区内发生爆炸 救援已展开》二维码

在现场发现了刚从爆炸现场撤离的工人,通过采访和不停追问工人了解爆炸现场的最新情况,并率先披露事故是由苯罐爆炸引发,让这一突然出现的变量成为这场新闻直播的重要价值点。

二、移动新闻直播的演进及特点

在移动社交媒体的语境下,直播的内涵和功能都得到了极大的拓展。移动新闻直播在移动、交互、融合三大技术赋能下,呈现出全新的语态和形态,但我们也要看到,直播中的信息开掘同样秉承了传统新闻直播的许多内涵。我们不妨先抛开移动新闻直播技术变革带来的影响,从了解移动直播的历程,移动新闻直播的概念、特点入手,因为只有从思维上理解了这一形态,才能更好地应用于实践。

1. 移动直播的演进历程

移动直播的历史并不长,目前经历了肇始、勃兴和多元化发展,直播的类型和功能不断丰富。

(1)肇始

移动直播是继电脑端秀场直播、游戏直播之后,视频直播发展的第三阶段,以视频社

---

① 获得第三十届中国新闻奖媒体融合奖项移动直播二等奖(2020)。

交为核心。移动直播平台最早出现于2015年2月,美国的Meerkat是移动直播的开山鼻祖。在我国,移动直播出现于2015年下半年,北京蜜莱坞和花椒团队相继推出移动直播平台。国内移动直播初现时偏向于秀场类直播,旨在快速赢利的泛娱乐化直播成为主要模式。

（2）勃兴

2016年被称为我国"移动直播元年",社交、电商、新闻资讯、手游、体育、主题活动等直播平台和频道如雨后春笋,新浪微博上线"一直播"视频社交平台,淘宝等电商开辟直播频道等。2016年也是"移动新闻直播元年"。移动新闻直播成为新兴聚合平台和传统媒体拓展新闻影响力的重要发力点,腾讯新闻、搜狐新闻、新浪新闻等互联网资讯平台纷纷上线直播频道,凤凰新闻推出了"凤凰直播"（后改名为"风直播"）,新华社客户端打造了"现场新闻",财新网建立了官方微信公众号"财新视频",开通了直播频道。近两年,移动新闻直播成为媒体报道常态,以央视新闻移动网、人民视频、央视频为代表的视频客户端,将移动新闻直播和短视频定位为核心内容。其中,《人民日报》与其微博等打造的全国移动直播平台"人民直播"、新华社启动的"现场云"全国服务平台、中央广播电视总台的央视频均在搭建平台型的移动直播,在全国两会、新中国成立70周年、新冠肺炎疫情报道等重大新闻直播中发挥了较强的传播力。央视新闻中心官方微博@央视新闻,现已实现每天在微博上直播,第一时间报道突发现场。比如,2017年1月12日郑州高架桥坍塌微博直播,即使是晚上11时许,微博在线观看人数仍在半小时内涨到60万人次,最后超过90万人次。直播期间,网友实时提问,记者在事故现场解答问题,实现点对点交互对话。

《2017年1月12日郑州高架桥坍塌微博直播》二维码

（3）多元化发展

目前,移动新闻直播日常化、垂直化趋势日渐明显,"直播+"内容领域拓宽,医疗、体育、教育、时尚、美食等成为泛资讯类直播的垂直内容。同时,无剪辑、无解说、无主持的慢直播兴起并成为国内又一现象级的传播形态。2020年1月27日晚8点,国内首个国家级5G新媒体平台央视频联合中国电信开启了《慢直播|与疫情赛跑的中国速度：见证火神山、雷神山医院崛起》,分别对武汉"火神山""雷神山"医院施工现场进行24小时不间断的5G高清直播。这场只有远近4个固定机位的原生态慢直播自1月27日晚高清信号上线,合计观看量超过1.3亿人次,超过5000万人同时在线充当"云监工",共同见证"基建狂魔"的中国速度,形成了疫情之下同频共振的大型舆论场,创造了中国直播史上的一次神话。

《慢直播|与疫情赛跑——全景见证武汉火神山医院崛起全过程》二维码

2. 移动新闻直播的界定

有研究者将移动新闻直播定义为以出镜记者为传播主体,以小型移动设备为接收终端,利用网络信号系统,以直播的方式在新闻现场完成对新闻事件的报道、传输、即时反馈等传播全过程的超文本数字新闻报道。它同时满足传播客体对新闻信息、人际连接、价

图6-1-2　新冠肺炎疫情暴发初期,备受关注的武汉火神山、雷神山医院建设慢直播

值认同的综合需求,是一种针对移动终端用户的社交性综合新闻服务。[1]这一定义从传播媒介、传播主体、传播客体、传播内容、传播效果五个要素大致描绘出了移动新闻直播的样貌。还有研究者强调移动新闻直播的交互性,认为移动新闻直播是一种区别于传统电视新闻直播的新闻传播模式,是指媒体将新闻生产的全过程通过新闻客户端以视频的方式实时展现在观众面前,同时观众还可以在线对直播内容进行评论和交流。[2]

　　综合以上界定,并参照中国新闻奖评选办法,**我们认为,移动新闻直播是在移动互联网端对新闻事件进行同步持续现场报道,并与用户实时交互的报道方式。**[3]其要求与新闻性事件的发生和发展同步采集现场信息并发布,集现场报道、背景介绍与事态分析等于一体;信息全面准确;体现用户的参与性、同场感。我们不妨将移动新闻直播和传统电视新闻直播进行类比,以窥其大致发展。在生产制作上,移动新闻直播的工具更便捷灵活,一部手机即可完成;在传播渠道上,专业平台传播与社交传播多元并存;在观看场景上,移动新闻直播突破了传统电视新闻直播的时空限制,随时随地随身观看和分享;在传播效果上,用户交互

---

①　詹晨林,陈洁.移动新闻直播报道:定义、特征与趋势[J].电视研究,2018(3):35–37.

②　韩海燕.从用户心理需求视角看主流媒体移动新闻直播发展前景[J].出版广角,2020(7):77–79.

③　在本书第一章,我们用了移动直播新闻的概念,是指一种新闻体裁,此处的移动新闻直播是一种报道方式,二者不矛盾。

成为直播内容甚至衍生话题的源头。

3. 移动新闻直播的特点

移动新闻直播的出现，不单单是传播载体的革新，更是新闻生产、分发、用户新闻消费习惯的一次变革。一方面，移动新闻直播在内容上继承并发展了传统电视新闻直播，突出新闻性、实时性和现场感；另一方面，移动新闻直播追求移动化、场景化、社交化的用户体验，呈现平台更加多元，直播主体和语态更加个人化和个性化，主流媒体与商业平台、社交平台进行内容与分发渠道的合作，在场景化服务和社交关系中强化新闻信息的影响力。

（1）全程参与：用户直击全过程，参与并推动直播

移动新闻直播打破了严肃精英式的电视直播方式，不仅能够传达核心信息，还可展示直播者获取信息的准备过程。以中央电视台驻叙利亚记者徐德智进行的《美英法空袭叙利亚 央视记者现场直播》移动直播报道为例。在时长约3个小时的直播中，记者将镜头对准所处大马士革驻地公寓阳台外的城市街道，自己大多数时间都不在镜头前。直播间内的用户可以听到记者在镜头外打电话了解信息、与北京总部沟通、准备电视直播等声音。当阳台外的画面中出现任何异动或记者获知最新消息时，他会第一时间回到镜头前，告诉观众发生了什么。在节目时长受限的电视新闻直播中，这种强过程感是无法实现的。就这个角度而言，移动新闻直播对电视直播的过程感做了跨越式的拓展。

《独家直播！#美国空袭叙利亚# 央视驻叙利亚记者带来最新消息》二维码

移动新闻直播与电视新闻直播最大的区别在于将单一、线性、灌输的传播模式，变为主播与用户、用户与用户多向交互的传播模式。交互即用户参与，参与就会获得过程感，但这种过程感实际上是基于直播间这一公共领域。哈贝马斯在"公共领域"的概念中提出，现代公共领域是在交往行动中产生的社会空间结构。[1]移动新闻直播所形成的直播间恰似一个公共领域、一个交流场景和一个开放社群。用户在直播间观看、参与信息的传播，甚至通过提问、选择等一系列动作推动直播进程。比如，BuzzFeed曾经在一次直播中尝试完全按照观众评论内容进行下一步行动，用户需求得到了反馈和满足，参与的过程感随即加强。

（2）在场感：实时发生、零时差对话的交互场景

移动新闻直播的在场感分为两种：一是生理感觉的在场，二是心理感觉的在场。前者可以通过VR带来的沉浸式感官体验实现，比如，央视CCTV-1联手央视网的《"天舟一号"发射任务VR全景直播》[2]，用户在史上距离发射点最近的100米距离、360度全景观看火箭发射，还能在火箭吊装、转运等环节获得全方位沉浸体验。后者实际上是用户在参与直播这一事件中获得围观和扮演角色的心理满足，用户不是物理空间意义的身体在场，而是在网络虚拟空间中实现的情感在场。

---

[1] 哈贝马斯. 在事实与规范之间：关于法律和民主法治国的商谈理论 [M]. 童世骏, 译. 北京：生活·读书·新知三联书店, 2003：446.

[2] 获得第二十八届中国新闻奖媒体融合奖项移动直播一等奖（2018）。

柯林斯（Randall Collins）的"互动仪式链"理论认为，互动仪式能够产生的组成要素在于：第一，两个或两个以上的人聚集在同一场所，无论他们是否特别有意识地关注对方，都能通过身体在场相互影响；第二，在这一个场所中，人们分享共同的情绪或者情感体验。[1]用户对同一事件、同一客体产生兴趣，从而引发注意力的集聚，在这个或大或小的场域中，人们分享共同或相异的情绪以及情感体验，从而产生互动交流，提供给用户贴近现实的在场感体验。有研究将**同步性**、**响应性**、**去中心性以及互动频率**作为移动视频直播互动性的四个维度。[2]同步性指用户在通信中输入信息和获得反馈同时发生的程度。响应性指反馈信息与接收者发送信息的关联程度。去中心性指成员之间平等访问和信息传播自由的程度。互动频率指用户之间互动的时间间隔，即互动是否连续发生。[3]移动直播正是在这几个维度中不断拓展事件所产生的影响。

《直播｜孟晚舟归航祖国！》二维码

移动直播具有"长时"原生态的记录，能够提供给用户对现场的原生态和沉浸式的感受。比如，2021年9月25日，孟晚舟回国，我国主流媒体提供了适时直播，用户通过大小屏参与"云接机"。其中，新华社视频号的直播风格更贴近"生放送"。直播镜头架在机场跑道，没有嘉宾没有解说，摄影记者不时出现在镜头中拍摄接机人群，各种穿帮，却真实、直接。有网友感慨道："这种接近原始的直播画面，反而让人有一种'沉浸式接机'的体验，零距离，很亲切。"[4]

（3）个人化：个性化视角与风格

新闻报道从报纸时期的"今日的新闻今日报"到电视时代的"现在的新闻现在报"，进而到当今移动互联网时代的"我的新闻我来报"。在移动直播中，报道者的个人化视角和个性化风格与表述成为重要特征。即使是作为主流媒体的报道者，在传达时政信息、报道突发事件时，也需要以更个性化、亲近性的表达与对话形成与用户的直播交流场，这也符合互联网点对点、人格化传播特点。具体而言：

探索式的观察和发现的视角。报道者更多以个人寻访、探索的方式挖掘信息，以个人化的第一视角而非全知全能的视角去呈现信息。在寻访中，无论是微观细节的呈现还是宏观的视角，都是以记者的视角展开的，其现场感和参与性更强。用户更多是以伴随式的方式跟随记者展开。比如移动直播《直击普吉游船倾覆事故现场 救援仍在进行》[5]，记者第一时间赶赴普吉岛现场，在救援总指挥码头，从观察判断环境到初步接触事件知情人，进而到

① 柯林斯. 互动仪式链［M］. 林聚任，王鹏，宋丽君，译. 北京：商务印书馆，2009：86.
② 范小军，蒋欣羽，倪蓉蓉，等. 移动视频直播的互动性对持续使用意愿的影响［J］. 系统管理学报，2020，29（2）：294-307.
③ 范小军，蒋欣羽，倪蓉蓉，等. 移动视频直播的互动性对持续使用意愿的影响［J］. 系统管理学报，2020，29（2）：294-307.
④ 从一场沉浸式"云接机"看媒体融合传播趋势［EB/OL］.（2021-09-30）［2021-10-01］. https://mp.weixin.qq.com/s/AHifwGSPpfXETBesdyD4Yg.
⑤ 获得第二十九届中国新闻奖媒体融合奖项移动直播一等奖（2019）。

参加新闻发布会，完全是以即兴采访、瞬时判断、迅速反应的状态进行直播报道，用户跟随记者经历了事件从未知到已知的这一最真实的过程。

个性化的呈现。报道者以更个性化的表述、口语化的表达与对话式的交流来呈现信息，并与用户形成互动。在移动直播中，个人化的烙印日渐凸显，个人化的外表特征、表达习惯、口碑效应等，甚至形成了个人化的品牌，成为报道者在直播中拉近与用户的距离、形成深层交互的基础。中央广播电视总台的王冰冰、庄晓莹，新华社的张扬，首先更多的是一种个人特征的外貌、气质的凸显，以个性感官和情感的因素，获得用户流量。因此，在这个过程中，要处理好报道者个人、媒体、事件三者之间的关系，形成良性互动。

形散神不散的过程。与传统电视直播不同，移动直播中的信息并非密集呈现，而是有事件原生态的发展与记者的揭示相辅相成。报道者在报道过程中的镜前讲述、采访、行动与事件本身的发展有更多的"非信息"的状态，这也需要报道者去把握有效信息呈现与事件发展间隙的关系。

（4）陪伴式社交：小屏轻松态营造"想象的共同体"

移动新闻直播由于一般不受时长限制，直播间内画面变化、用户交流的过程感往往会产生陪伴感，同时，移动设备的小屏幕也比电视大屏更有利于情感传递，营造相对私密的陪伴情境感。比如，里约热内卢奥运会期间，腾讯策划了《虾聊奥运》直播节目，啤酒配龙虾，在轻松愉悦的节目氛围中，主播一边享受美食，一边通过弹幕与用户"侃新闻"，具有极强的陪伴感和社交感。在2020年新冠肺炎疫情报道中"出圈"的慢直播，也有此突出特点。慢直播除了传递信息、满足用户的视觉美感需要之外，最重要的是提供了一种陪伴式社交。网络视频相关内

《虾聊奥运》二维码

容的播放场景与传统电视存在巨大不同，传统电视更多关注变化，但在网络中，人们并不需要了解内容发展的每个节点，而是习惯于在观看视频直播过程中，同时处理其他工作。这种陪伴式的直播效果更符合用户的需求。

陪伴式慢直播与陪伴式广播不同，直播可视化的不仅是画面，还有用户的弹幕、评论。人际交流带来的陪伴感，在慢直播的场域内形成一个"想象的共同体"。而社交网络正发展为"连接一切"的生态平台，人们对美好事物的分享欲望会在社交平台上形成话题广场，通过锁链式传播，形成基于共同兴趣的社交圈。移动直播中的社交特质，通过平台延伸而加强。

（5）无限衍生内容：用户交互成为直播内容

移动新闻直播互动的快反馈、直接交流，打破了时空的滞后性，带来用户对话题内容的无限衍生，用户之间的屏内交互与直播画面一起，成为同一场域内的直播内容。比如，在央视新闻《元旦假期出行，看这里不"添堵"》直播报道中，节目本来讨论的是假期交通问题，但用户话题衍生了高速公路收费、雾霾、假期旅游、假期加班等内容，延展了假期交通这一话题的讨论空间。多元话题吸引多元注意力，最终实现的是用户活跃度的提升和信息传

《元旦假期出行，看这里不"添堵"》二维码

播的散点化,用户得以各抒己见,各取所需。就此而言,移动新闻直播的组织者在这个舆论信息场的话题走向、主题与落脚点等方面需要深入研究。

记 住

移动新闻直播在突发性、现场性、即时性、伴随性基础上,更创造了随身资讯、即时交互。

第二节 移动新闻直播的类型

移动新闻直播的类别发展是一个动态更新的过程,目前呈现出垂直化、圈层化的趋势,但是,从新闻的公共性而言,根据主流媒体移动新闻直播的内容题材类别,可以主要分为重大主题策划类报道、突发动态信息、现场调查报道、慢直播及泛资讯类移动直播。

一、重大主题策划类报道

重大主题策划类报道是围绕某类主题进行的移动新闻直播报道,这类主题往往是以国家、社会发展到某个阶段的工作重点、方针政策等为基础形成的报道内容,这类报道往往可预见、可策划,有一定规模,受到社会各界关注。对重大主题进行现场直播是自电视新闻直播开始一直延续至今的新闻报道模式,包括节庆新闻策划、重大会议报道、重要活动报道等。移动直播报道能够实时展现过程,见证现场,激发交互,最大化新闻价值。

1. 节庆类新闻报道

节庆类新闻属于可预先策划的新闻报道,但想在常规报道中寻求创新却并不容易。节庆类新闻策划主要关注节庆中民生的热点和亮点,其直播报道接地气,沾土带露,**要从基层生活中发现新风尚、新风貌和新发展,从"变化"和"新"去找角度,更要把现场的细节变成串起直播报道的一粒粒珍珠。**

近年来的移动直播创新多聚焦新技术为新媒体产品带来的眼前一亮,但是也容易陷入昙花一现或者创新流于表面的桎梏。因此,节庆类新闻直播还是要把握移动新闻直播的本质,发挥其交互优势,形成亲和、交流的语态,增强用户参与感,满足用户场景需求,从而把静态场景改造为动态交互场景。以"春运"报道为例,央视新闻移动网每年采用多点直播形式展现各地"春运"热点,其中,广东站记者在高铁站台用一部手机直播的同时,用另一部手机关注网友的提问和互动,随时回应,有网友说"你回头,我看到你了",记者随之回

《央视新闻2021年#春运第一天#》二维码

头与网友互动。将线上交互延伸到线下,体现了移动新闻直播的实时交互和点对点反馈,让移动新闻直播更加接地气、贴近人。这次直播的很多场景和信息是在记者与用户的交互中完成的,此时段的直播获得了很高的观看量。

2. 重大会议报道

近年来,以大型会议和典礼为代表的时政新闻移动直播报道,是传统媒体报道进行融合转型的重点内容领域。重大会议典礼报道体现出党和国家意志、政府决策,移动直播报道主题宏大,报道规模大,流程复杂,形态丰富。**但越是这样宏大主题的移动直播报道,在程序性和仪式感之外,越要兼顾宏大和具体、主题性和话题性、政策性和个案性的统一。**

每年3月份的全国两会报道都是国家大政方针政策的风向标,而从2014年我国媒体融合战略实施以来,每年全国两会也成为媒体展现新技术、创新报道理念与报道方式的新闻场,这种创新不仅体现在智能技术的集中亮相,还体现在内容创意与新闻产品形态的综合融通。比如,2018年全国两会报道中,人民网联合人民日报社全国党媒信息公共平台,携手百家党媒打造的大型全景式视频直播栏目《两会进行时》①,以全面视频化、重点移动化、优先直播化、融入科技化为报道方针,邀请全国人大代表做客主演播室。此外,还有现场连线、展播宣传片,分时段、分主题报道全国两会相关信息,并与微视频、图文直播配合,实现立体传播。据统计,2018年全国两会,人民网进行了80场直播,累计观看人数6200万;新华社进行了82场直播,累计观看人数2855万;中央电视台进行了167场直播,累计观看人数突破2亿。②

《两会进行时》
二维码

图6-2-1　《两会进行时》已经成为年年必备的品牌移动新闻直播节目

---

① 获得第二十八届中国新闻奖媒体融合奖项移动直播特别奖(2018)。
② 数据来源于中央电视台发展研究中心。

应当说，移动新闻直播把过去具有仪式感、程序性的重大会议典礼变得具有场景性和个性化，有利于用户熟悉和了解政策制定的过程和出台的缘由，极大地促进了政策和决策的民主化进程。因此，对于这样的题材，移动直播要思考的是庙堂之策如何飞入寻常百姓家。

3. 重要主题活动报道

重要主题活动报道涉及政治、经济、文化、生态、教育、医疗卫生、体育娱乐等垂直领域，以领导人活动、重要新闻发布会、广受关注的社会现象和事件为代表，影响力比较大。

《红色追寻·足迹 | 河南兰考：焦桐挺拔念初心》二维码　　《红色追寻·足迹 | 四川芦山：灾后重建展新颜》二维码

比如，新华社"迎接十九大"大型系列网络直播报道《红色追寻·足迹》，直播团队8天跨越12,000余公里，回访了习近平总书记2012—2017年5年间进行国内考察的8个省市，通过8天8地8场连续直播，生动、具象地宣介了总书记治国理政重大理念，并以年轻人喜爱的互联网可视化方式直观呈现了党的十八大以来在诸多领域取得的巨大成就，既有理论高度又有现实交互，实现了重大主题报道形式到内容的创新，在网络空间引起强烈反响，为十九大胜利召开营造了良好的舆论氛围。

《日出东方》二维码

在中华人民共和国成立70周年之际，从2019年9月29日凌晨6时到10月2日凌晨4时，中央广播电视总台新媒体端创新推出《日出东方》70小时不间断直播。节目设置了90多个机位、30多个特殊视角无人值守机位、1600多个镜头，由70多路记者分布在全国各地进行报道。截至10月2日12时，央视新闻客户端各路直播总观看量超过10亿次，包括各合作平台账号总观看量超过17亿次，截至10月8日，《日出东方》70小时不间断直播在微博平台上累计观看数超5亿。

图6-2-2　《日出东方》截图

此外，在重要活动报道中，多路信号联动、直播通过社交和场景延展，也成为吸引用户的关键。根据企鹅智库《2018世界杯白皮书》数据，社交、游戏、短视频成为2018年世界杯赛事直播中抢占用户注意力的三巨头。[①]由此，单向、线性的内容直播已不足以满足用户需求，搭建多元、分享的交互场景，成为移动新闻直播的竞争力所在。为庆祝中国共产党成立100周年，中央广播电视总台视听新媒体中心央视频打造了新媒体直播节目《星星之火 百年流光》，通过无人机编队表演、虚拟演播室相结合的方式，多维度讲述中国共产党风雨兼程、沧桑巨变的百年历程。央视频首次采用3300架无人机编队表演形式，在空中绘制嘉兴红船、红军长征路线图、中共一大会址轮廓，以及象征"一带一路"丝路精神的金色丝带等与各地革命与城市发展相关的主题元素图像，陆续点亮六城夜空。

《星星之火 百年流光》二维码

图6-2-3　《星星之火 百年流光》截图

二、突发动态报道

突发动态报道由于事发突然、难以预料，需要媒体和记者的快速反应意识和整合报道能力。突发事件报道要求时效性、连续性、阶段性，以直播形式呈现当下现场，是澄清谣言、扶正舆论走向最快、最直接的报道方式。移动直播从设备便利性、灵活性上恰恰为事件的快速报道提供了支撑，媒介融合形态也为移动直播发挥多样态的报道方式提供了可能。主流媒体整合各方信息的动态直播，成为第一时间报道、第一时间解读突发事件的有效路径，而图片、文字、影像、图表等融合信息形态，更为移动新闻直播的信息整合以及满足用户多元需求提供了助力。突发动态信息往往也容易吸引用户的注意力，形成期待感，使记者与用户在直播中就关切的问题进行互动交流。

---

① 2018世界杯白皮书：一个千万亿市场的新变局［R/OL］.（2018-07-17）［2020-12-22］. https://tech.qq.com/a/20180717/035226.htm#p=3.

以突发性灾难报道为例。由于绝大多数民众距离灾难现场远，事出突然、现场情况混乱、消息繁杂，谣言极易形成和扩散。尤其是涉及公众情感和切身利益时，谣言对受灾区人员和大众都极易产生负面影响。对突发事件的现场直播，不仅能够迅速传递真实情况，用权威事实及时辟谣，也能将移动新闻直播的现场感和交互性发挥得淋漓尽致。比如，在2017年8月8日21时19分发生的四川九寨沟地震报道中，澎湃新闻于22时51分开始现场直播，配合图文辟谣；闪电新闻客户端在两天内发起10场间断性直播，内容涵盖现场救援、震情通报、人物特写等，及时传递了现场真实情况和灾难中的温情，体现了新闻媒体和记者的责任担当。又如，2019年8月10日凌晨1时45分，超强台风"利奇马"在温岭市城南镇登陆。"浙视

频"记者在凌晨第一时间驱车赶赴台风登陆地点进行《超强台风"利奇马"登陆浙江温岭 浙视频记者夜闯台风眼》[①]移动新闻直播报道，成为当晚唯一进入台风眼中心直播的媒体记者。这场直播持续近一个小时，除了用视频直播方式表现外，还辅以图文滚动直播不断补充和更新"利奇马"的相关内容，虽然直播在后半夜两三点钟进行，但全网依然有154万网友在不眠夜观看了这场直播，并与"浙视频"直播记者进行有关台风路径信息、登陆点位置和目前风力大小等问题的互动。

《超强台风"利奇马"登陆浙江温岭 浙视频记者夜闯台风眼》二维码

图6-2-4 凌晨2点，"浙视频"记者驱车沿途直播报道台风登陆情况

三、现场调查报道

现场调查报道的移动直播是将记者对某一事件的调查过程相对完整地展示给用户，其核心在于对问题的探索性、未知性，以及用户的参与感和获得感。从某种程度上而言，突发事件的报道也具有现场调查的性质。除此之外，现象和问题也具有移动直播调查的价值，通过调动用户参与调查的积极性，进而推动问题的梳理和事件真相的揭示。现场调查报道有相当的难度，在传统媒体领域需要专业缜密的调查和策划，因此直播的形态并不常见，而在移动直播的语境下，调查的过程性和群体智慧的推动，让调查直播报道成为一种可能甚

---

① 获得第三十届中国新闻奖媒体融合奖项移动直播二等奖（2020）。

至是一种常态。

我们不妨来看看《纽约时报》的报道《生活的片段：路边的奥秘》（*Fragments of a Life: A Curbside Mystery*），这则报道为如何调动用户参与调查性直播报道提供了创意。该报道的起因是记者在路边发现了一袋被丢弃的柯达照片，为探寻照片背后的故事，记者在Facebook Live中进行间断性直播，用户通过实时评论分析、主动提供线索，从而挖掘出一个关于爱与自由的故事。在这则调查性报道中，记者将自己的身份隐匿在故事背后，从一个新闻的主导者变成和用户一样的线索追寻者。用户主导、实时交流、多维呈现，使这则移动直播形式下的调查性报道呈现出令人眼前一亮的创意。信息交互状态下的移动新闻直播，形成了一个传播者和用户共建的舆论场，强参与带来的强沉浸也让用户在探索的过程中提升收获感，进而增强了用户对该媒体的情感依赖，不失为一种用户运营的有效设计。

四、慢直播

有研究认为，慢直播的缘起可以追溯到1927年，昆士兰大学的物理教授托马斯·帕内尔（Thomas Parnell）为了解沥青的断裂机制及其黏稠性，开始了世界上最早的"沥青滴漏"实验，之后用摄像机拍摄，如今实验仍在继续，可谓历时最长的"慢直播"实验。[1]而2009年在挪威NRK开播的第一期慢直播节目则更具有典型意义，该节目的直播内容是一列从挪威首都奥斯陆开往卑尔根市的火车，火车行进途中穿过漆黑隧道、开过雪山雾谷……这个长达7小时的直播节目吸引了约100万挪威人观看。

图6-2-5　2009年挪威NRK的火车"慢直播"

如果说以上的事件类直播是帮助用户"解惑"，那么慢直播更多的是"解闷、解忧"。**慢直播是伴随事件发生发展的长时段直播，慢直播的最大魅力在于休闲陪伴式和视觉审美性，陪伴感、自然态、长时段是其主要特征。**早期的慢直播内容大多是景区风景、生活观察等强调视觉感受的画面，用户在观看直播的同时也抱有期待，一方面是对特殊场景和视觉画面的期待，另一方面是对用户交流内容的期待。

① 杨继红. 慢直播传播特征：场景介入+用户卷入［J］. 中国记者，2021（1）：74–79.

在我国，2016年开始此种形式逐渐被应用于新闻资讯产品。2016年，央视新闻在演员化妆间、排练场地等架设机位推出《春晚后台》系列直播；2017年全国两会期间，央视新闻移动网策划《两会云镜头》系列直播，实时呈现天安门、人民大会堂和两会新闻中心等画面；2017年5月，北京时间客户端联手《中国青年报》，沿"中欧班列"线路一路西行，进行了100个小时的移动直播，揭秘一座座丝路古城如何化身为国际货运班列西行路上的重要枢纽；2017年10月，"央视新闻"首次在微博上发起VR慢直播，记者手持VR拍摄设备，漫步新疆喀什街巷，对话直播间内用户，竖屏展示喀什的小城风景。由于VR直播对设备、网络信号的要求都较高，此次慢直播并没有达到VR所带来的临场化新闻的沉浸感，但竖屏模拟视频通话界面的方式，拉近了用户和主播的距离，强化了小屏内外的交流感，为移动新闻直播在形式上增强交互、拉近用户提供了灵感。此后，慢直播产品越来越受到关注，直到新冠肺炎疫情期间出现爆款。2020年1月27日20点，央视频联合中国电信用4个机位、24小时不间断的陪伴式慢直播，将"两神山医院建设"这项"希望的工程"简单直接地呈现给大众，2月2日又增加了两个机位，其中包括一个VR全景直播机位。无剪辑、无解说，只有远远的"近景"和全景画面，"配音"是施工现场的环境声，却吸引了上亿人次观看，即便凌晨，直播间的评论区仍然滚动着网友的对话，这场慢直播超越了大众的想象力。此外，与身在武汉、坐在医护专车上的一线医护人员对话的慢直播《"为天使护航"云陪伴》等也在疫情报道中备受关注。

细究起来，"解闷"的慢直播也并非随手拈来，必须抓新闻性、"蹭"热点、营造话题。比如，2021年5—6月，央视频记录西双版纳象群迁徙的慢直播《一路"象"北！云南野生象群到哪了？》，敏锐把握象群迁移的反常、持续，抓住这一现象背后生态环保战略主题，回应大众关切和好奇之心，形成了百万网友围观的直播现象。

五、泛资讯类移动直播

随着新媒体技术的发展，资讯的边界在不断突破，泛资讯类信息越来越多元，泛资讯类移动直播也逐渐丰富，其涵盖的范围很广，目前以主人公、故事、情感三位一体的社会新闻为主，包括科普、生活、美食、时尚等内容，包括民生类新闻直播。相比于新闻直播所要求的时效性、现场感，用户在泛资讯类移动直播中寻求的是一种体验感、消遣、情感共鸣和社交需要。比如，腾讯新闻移动直播《一个人的车站》，关注日本铁道公司因为一个女孩上学而延迟铁路停运的故事，这趟列车最终在女孩毕业之际宣布退役。整个直播充满温情，同时调动了拍客、观看用户的交互积极性，节目播出半天的时间便实现了对社交网络，尤其是微信朋友圈的高频占据。随着5G的大规模商用，"5G+全息影像"也为泛资讯类移动直播提供了更沉浸的用户体验。比如，2019年北京国际图书博览会期间，《云中记》作家阿来就首次通过5G网络以远程全息的方式与现场观众进行了面对面交流，而这项技术在2020年全国两会期间，也被新华社用于代表访谈的节目制作中，实现了异地同屏呈现，"真人"就在眼

图6-2-6　全国人大代表程桔通过5G全息异地同屏技术录制访谈

前。未来,通过全息影像技术将用户隔屏观看直播报道转换为用户身在现场成为直播报道的元素之一,将会颠覆用户对直播产品的使用习惯和体验。

记住

　　移动新闻直播的类别发展是一个动态更新的过程,目前主要分为重大主题策划类报道,突发动态信息、现场调查报道,慢直播及泛资讯类移动直播。

第三节　移动新闻直播方法

　　围绕移动社交的即时信息传播,记者一方面要深刻理解新闻报道的普遍规律、采访信息挖掘的基本方法,另一方面要充分发挥移动直播的技术和表达特点,满足用户的需求。

一、移动直播运作机制

　　移动直播以技术赋能带来直播信息采集和呈现的便利、灵活和高效,但是利用这些技术变革带来的优势,首先需要更强的媒体融合思维转换和机制保障,从而适应全媒体格局下的移动直播搭建和多元运作。

1. 策划运维意识

移动直播的简易、机动、灵活，尤其是大量用户参与其中，并不意味着直播的随意性和自发性，恰恰需要杜绝直播的盲目和无序，以最高效的策划决定直播的方向和重点。因此，无论是突发事件、主题性策划移动直播，还是慢直播，都必须在主题设计和用户需求的结合点上做好充分的策划，体现专业运作的能力。

（1）技术和信号保障

在采编技术上，利用媒体自主开发的移动直播技术或者平台型直播技术，保证采编的统一协调。在内容表达上，在视频直播中融合图片、文字、短视频、VR全景、AI等多元形态。在传输技术上，以4G、5G技术为基础，保证直播流和回传顺畅。

（2）直播的选题和内容重点

在直播前，多从用户视角预判直播选题的新闻价值、话题价值以及与用户的契合度，制定突发事件的应急方案。

- 明确直播中针对事件的内容发展主线。
- 如何策划设计记者在直播中的信息呈现、事件陈述以及问题发现和深挖。
- 如何处理移动直播中的内容重点、话题延伸以及闲笔之间的关系。
- 对于非动态事件的直播，基于平台定位和用户特征进行内容和环节设计。

（3）阶段性信息重点

移动直播发展中，需要对不同阶段的信息重点和有效信息量进行把握，处理直播的节奏，以及在出现信息真空时调控直播、增补信息。平衡每一场直播中强有效信息和不可避免的无效过程，在无效过程中增加直播事件相关的硬信息，适当缩短无效过程。在有效信息过多的板块通过放慢语速或延长每个有效信息的表达周期，防止信息过密，为网友留足思考时间。对于非动态内容进行场景设计，避免直播过于静态，比如专业性很强的科普直播，可提前预设一些趣味互动体验环节。

（4）预测或预埋话题

预测哪些重点可能会引起观众的兴趣，能够延伸出哪些话题，让用户产生有效积极的互动。尤其是在新闻性较弱的策划类选题中，比如，2021年元旦当天央视新闻客户端配合直播《日出东方》设置了多套预案，策划中就包括观日出与制作合影装置让游客许愿的环节，当天日出效果和现场游客的情绪都达到了理想效果。

出现争议性话题应当如何引导，从而与用户在直播信息基础上进行关系互动，也是需要提前做好准备的。直播中"每一个用户的评论是不可预测的，但一些常见型的评论是可预见的，比如经常刷屏的'加油'等鼓舞性的评论"[①]。

---

① 笔者2021年9月对中央广播电视总台央视频账号管理部副主任董大伟的访谈。

（5）多平台推流设计

针对不同特点、不同圈层的用户，直播信号应该在哪些平台进行推流，共享直播，从而产生最大化效果，直播面对不同平台需有不同的信息延展，这些都需要在多平台推流设计时进行思考。

2. 快速反应机制

建立突发事件应急报道机制，使突发信息的快速反应常态化。一方面，媒体可以最大范围地调用各类资源，保障新闻报道的快速展开；另一方面，机制的建立也可帮助媒体在舆论引导、消弭网络谣言上占据优势。突发事件一般具有不可抗拒、无法预料、破坏性强等特点。突发事件发生后，人们都迫切希望得到更快、更新、更全面的信息。因此，谁能第一时间在突发事件新闻报道中提供最新信息，全景式展现真实场景，谁就能第一时间抢占舆论制高点。对突发事件报道的安排部署，也最能体现一家媒体的综合实力和政治素养。

近几年，聚焦突发事件的移动新闻直播报道数量不算多，但比较突出的如《直播｜百色大暴雨引发山洪，公路塌方车辆被冲走！通讯员黄文秀发回现场视频后却不幸遇难……》[1]《超强台风"利奇马"登陆浙江温岭 浙视频记者夜闯台风眼》《江苏盐城一化工园区内发生爆炸 救援已展开》等，无不建立了行之有效的突发事件应急报道机制，通过一线记者与后方编辑部的联动对突发事件进行第一时间、多元融合的报道。以《直播｜百色大暴雨引发山洪，公路塌方车辆被冲走！通讯员黄文秀发回现场视频后却不幸遇难……》为例。2019年6月16日晚，百色凌云县遭受持续暴雨袭击。6月16日23点35分，乐业县新化镇百坭村驻村第一书记黄文秀用手机拍摄了一段现场视频，发给广西云客户端百色站记者。6月17日凌晨，黄文秀在驾车返回乐业的途中遭遇山洪。

《直播｜百色大暴雨引发山洪，公路塌方车辆被冲走！通讯员黄文秀发回现场视频后却不幸遇难……》二维码

6月17日早上8点27分，广西云客户端多位编辑及值班主任都收到了百色站记者发回的黄文秀拍摄的视频。广西云客户端编辑部通过进一步沟通得知，百色凌云有路段受暴雨影响，发生了塌方。值班主任根据经验判断，接下来的灾情进展必然会牵动许多人的心。为了让关心事态进展的人及时了解灾情信息，遏制可能产生的谣言，值班主任当机立断，立即进行报网端联动的全媒体直播报道，主动引导舆论，发出主流媒体声音。在突发事件应急机制下，广西云客户端的编辑和前方记者站直接对接，这种单线而直接的对接，极大地缩短了新闻稿件的编发时间。同时，新媒体部第一时间直通社委领导，报告重大事件的报道，从而确保新闻导向的正确性。启动突发事件应急机制后，文字、视频编辑和美编实行24小时轮班，确保能随时处理前方记者传回的图文视频，进行全媒体报道。此次直播的55小时54分钟里，一线记者与后方客户端编辑联动，通讯员投稿与权威部门发布、网友素材整合，全方

---

① 获得第三十届中国新闻奖媒体融合奖项移动直播一等奖（2020）。

位、多信源、正能量地对灾情进行直播报道。[1]

建立突发信息的快速反应机制属于媒体单位创新管理的一部分，而创新管理也是媒体深度融合的重点。

3. 资源整合能力

有效的资源整合，是为突发事件直播提供保障的基础。比如，"浙视频"内部三科室联动，实现"一鱼多吃"常态化。"浙视频"记者每周日上报下一周的选题，值班领导根据选题内容判断是否要打通科室，协作生产内容。对于重大主题报道和突发事件，经常需要三个科室联动合作，生成不同样态的新闻产品进行传播，即采访室在前方快速发稿，直播室做连续性实时直播，编辑室根据前方记者提供的视频素材结合动画制作成精品专题片。因此，面对泰国普吉岛游船突发倾覆事故，"浙视频"团队的机制保障使记者在第一时间到达新闻现场，联动《钱江晚报》记者，提供优质、鲜活的救援现场移动直播，并同时生产图文、短视频等多样态内容。

二、移动直播具体技巧与方法

移动直播报道现场和传播运营既秉承了传统直播报道中对记者脚力、眼力、脑力和笔力等"四力"的要求，也创新了移动和交互的特质。无论如何发展，需要把握的一个基本点是：**围绕核心信息，满足用户关切和情感陪伴需求。**

1. 发挥"移动"优势

技术赋能使直播从传统的广播级设备、卫星直播车发展为便携式、轻量化的移动设备，由此带来移动直播的灵活性，能够实现迅速转换地点，实现较大范围的位移，记者可在新闻现场的位移中提供全面而多角度的报道。传统的电视直播与新媒体移动直播有着"点"和"面"的差异，传统的电视直播报道囿于技术的制约，每个直播点相对固定，直播依靠不同位置的多点连线，形成对事件立体的解读。相较于电视直播报道，移动直播更能发挥技术优势，应当围绕事件核心信息，依靠记者的行动进行多点报道。"传统电视直播，单个记者受到时长及空间局限，往往只能以点带面地介绍，信息抓取更需典型性与紧要性。为了弥补这样的不足，在大型直播当中常常采用背景短片与记者接力的方式增加信息的宽度。而移动新闻直播，记者往往会跟随一条逻辑线运动直播，同时也可以利用插画面、回述、链接等方式增加新闻的延展性。报道可以由多个信息点串联成线。"[2]

移动过程中把握即时信息、背景信息和伴随式互动的关系，把核心报道点与移动过程有

---

[1]　白晓晴，王念. 直播｜百色大暴雨引发山洪，公路塌方车辆被冲走！通讯员黄文秀发回现场视频后却不幸遇难……[M]//中国新媒体研究报告2021. 北京：人民日报出版社，2022：366-367.

[2]　笔者2021年10月对中央广播电视总台记者蒋林的访谈。

机平衡,把记者的发现、提炼、交互三者有机结合起来,这是以移动为特点的信息收集与传播要义。

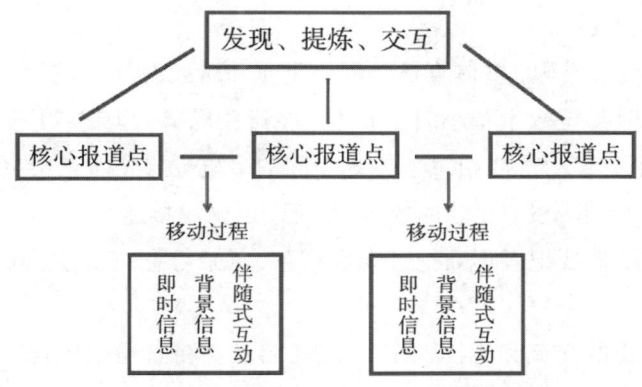

图6-3-1　以"移动"为特点的信息收集与传播要义

　　比如凤凰网移动直播《二十年后轮回:美国撤军后的阿富汗》,凤凰特约观察员从喀布尔市区最高山瓦扎尔巴汗山驱车与后方主持人连线,体现美军撤离喀布尔的突发性和戏剧性,然后驱车前往喀布尔国际机场。在行程中,观察员介绍城市情况、随行护送的塔列班士兵、沿途街景,甚至还有自己吃早餐的情况,从采访机场附近围观的士兵和居民,到采访塔列班士兵,进而进入国际机场,一路以第一视角的方式向用户逐渐展示美军撤走后第一天喀布尔的核心现场信息。又如,《直击普吉游船倾覆事故现场　救援仍在进行》直播团队充分利用移动直播这一优势,在一场直播中转换三次核心报道点——救援总指挥码头(查龙码头)、瓦其拉医院和普吉诺佛基特拉酒店,出镜记者周莎莎分别从灾难事故本身、受害者救治情况和事故引发的政府及社会行为等多个方面形成全方位报道,从不同角度满足国内公众对该事件相关信息的全方位需求,释疑解惑。

　　移动同时还体现在具体的采访上,对当事人在现场的采访,可以根据现场事态进行移动,变换背景,提供更丰富的信息。比如"荔直播"《严查"百吨王"》[1]中记者在苏通大桥上对交警的采访,根据来往的大货车和收费口进行采访位置变化,以给用户展示更多的信息。

《严查"百吨王"》二维码

　　2. 把握重点聚焦

　　移动新闻直播的重点在新,在用户的关切,这是移动直播聚焦的核心。在移动直播的语境下,抓住事件的核心,聚焦主题仍然是移动新闻直播的不变诉求。因此,从这方面来说,记者既要有独立发现的眼光,也要有用户意识,不断提供给用户有效信息。比如,《超强台风"利奇马"登陆浙江温岭　浙视频记者夜闯台风眼》中,记者赶到台风登陆点浙江温岭,"追了那么多年的风,如果今天台风在我们这里登陆,观众最想看什么?"记者在心里问自己,

---

① 获得第三十届中国新闻奖媒体融合奖项移动直播三等奖(2020)。

可能是"无限接近登陆点"。在直播前，记者也做了用户调查，"台风登陆时你最想看到什么？"投票结果较为集中地指向"温岭金沙滩掀起巨浪"和"夜闯台风眼"。基于此，直播的重点被放在了"台风中心"。[①]

传统直播频率资源有限，整体直播是围绕重点和阶段性发展进行有选择的直播。而移动直播动辄几个小时甚至数十个小时的长时、伴随性优势，也带来了核心信息之外的"长时"空场和冗余过程。移动直播相对于传统新闻的多机位与导播态会更"单调"，更趋"独眼"状态，如果记者在现场没有足够的控场、发现、逻辑串接能力，直播只会更单调。如何支撑这个"长时"？这就需要记者不断挖掘现场信息、背景信息，除此之外还要放大人格化和个性化的因素。

如何理解人格化的交流和解读？首先，记者自己要在直播中体现"人格化"，形象、语言、体姿体态应该与用户建立信任度、形成交流感、获得亲近感。《江苏盐城一化工园区内发生爆炸 救援已展开》直播报道中，只闻记者声，不见记者人，只有现场展示，而无人际交流，信息的亲近度、可信度大打折扣，作为媒体的权威性和独家性也难树立起来。

图6-3-2　《江苏盐城一化工园区内发生爆炸 救援已展开》截图

其次，现场和场景的人格化。传统的报道强调现场报道的具体、可感、有抓手，在移动直播报道中，要进一步突出现场物件和场景的人格化因素。比如，《英法空袭叙利亚 央视记者现场直播》中，记者于叙利亚时间凌晨5点20分在自己公寓阳台进行现场直播，记者穿着

① 周旭辉."追风"启示录——移动直播《超强台风"利奇马"登陆浙江温岭 浙视频记者勇闯台风眼》采访心得［J］.传媒评论，2020（12）：18-19.

拖鞋，在网上查阅资料，现场出镜报道，调整机位，进行电视连线报道等，各种直播后台的过程被呈现出来，被网友称为具有"魔性"的直播。战争的场景与记者的日常工作融合在一起，形成了一个与用户拉近距离的直播报道。

因此，在移动直播中，**要注意长时的信息量和伴随感的平衡**，传统新闻直播"直给"信息，快速进入主题，移动直播会有更多顺其自然的链接感，过于密集的信息会让长时直播看起来很累而没有喘息，过淡的长时则缺乏黏性。

3. 注重报道逻辑

"任何新闻信息点的选择背后都是记者的新闻逻辑。"[①]记者在现场的报道语序、叙述逻辑、走位顺序、重点和节点内容安排、细节陈述、物件道具等，都是移动直播流中点、线、面的逻辑考量，需要记者在策划和现场报道中予以重视。

4. 强化互动交流

有研究表明，移动视频直播的互动性对用户持续使用意愿存在正向的显著影响。[②]根据上文的分析，移动直播的互动性由同步性、响应性、去中心性以及互动频率构成。从具体形式而言，移动直播形成了记者现场与用户交流、直播留言区域的评论和社交、公屏的弹幕等多元交流形式。从现场记者而言，在现场的直播过程中，可以适时鼓励用户在评论区留言讨论，提出问题，让用户获得存在感，激发参与积极性。从直播运营而言，加强"陪伴式社交"和"群体认同"的情感陪伴和情绪纾解。

（1）信息获取和交流

在直播现场，记者与用户互动，用户实时问答，记者答疑解惑，回应用户对刚性需求信息的关切，用户由此参与直播全过程，推动直播发展。这就要求现场的记者在直播中与用户保持一种交流感，不时回应用户确切的关切。比如，《超强台风"利奇马"登陆浙江温岭 浙视频记者夜闯台风眼》中，记者不停在平台上与观众互动，回答他们的问题，并用一种商量的口吻了解观众时时刻刻关注的是什么样的画面。[③]又如，《直击普吉游船倾覆事故现场 救援仍在进行》中，直播记者团队与网友实时互动，及时且有针对性地解答用户困惑。例如，在直播海上搜救画面时，网友提问游船倾覆的原因，记者及时介绍事故当天海上天气状况欠佳、两艘游船设计差异导致不同的事故后果，在互动中衍生内容，增强信息密度与用户黏性。此次直播过程中，用户与记者、用户与用户之间的互动，衍生出众多一手信息，在出镜记者周莎莎无提前策划采访的情况下，极大程度丰富了直播内容，同时强化

---

① 笔者2021年10月对中央广播电视总台记者蒋林的访谈。

② 范小军，蒋欣羽，倪蓉蓉，等.移动视频直播的互动性对持续使用意愿的影响［J］.系统管理学报，2020，29（2）：294-307.

③ 周旭辉."追风"启示录——移动直播《超强台风"利奇马"登陆浙江温岭 浙视频记者勇闯台风眼》采访心得［J］.传媒评论，2020（12）：18-19.

了参与感，提高了用户参与直播的积极性，增强了用户黏性。例如，在直播过程中，一位事故幸存者分享了亲身经历：事故发生后，该幸存者被困在船舱，本来已经放弃了挣扎，但巨大的海浪将他卷出船舱，他努力向岸边游去无果，通过喝海水维持体力，在海上漂浮了一夜，次日10点多才获救。后续有用户回应幸存者的故事，告诉大家在游船上时一定要穿好救生衣，千万不要喝海水，因为海水含盐量大，体力消耗会更大，不利于保存体力等待救援。

互动频率对持续使用意愿的作用尤为凸显。[①]在直播现场，即使不做确切的回应，记者也要让用户感知记者与他们的互动，比如"我们也关注到您的留言和评论，感谢您的参与"等等。从另一个角度而言，记者本人也不要成为一个自说自话、毫无对象感的"话痨"。

除了现场的交流互动之外，移动直播运维在评论区回应并予以引导。比如，"荔直播"《严查"百吨王"》的留言区以留言、动图、图片等多种形式回应并引导用户对超载现象的评论和关切。

（2）情感陪伴

发挥技术互联提供的适时、长时的交互便利，移动直播更能提供给用户软性信息的适时交互，满足审美情趣、情感陪伴和情绪纾解等需求，形成上文所说的"陪伴式的社交"。因此，在事件核心信息之外形成了话题互动、情绪纾解的舆论场。对于报道者和运营者而言，应当做到"无为而治"和有效引导相结合，信息传播和情感陪伴相结合，形成张弛有度的直播，充分利用群体围观和多元观点，让评论成为生产力，围观成为传播力。

技术赋能为用户呈现有信息量的现场。信息是激发用户参与的起点，信息量在情感陪伴中起着基础性的连接作用。在直播的陪伴式社交中，利用技术优势，提供更多触发用户兴趣和情感的信息越来越成为媒体进行慢直播的重要方式。比如，2021年三星堆考古挖掘中，中央广播电视总台的三星堆"上新"慢直播利用多项技术进行现场信息展现[②]：以"天鹰座"索道摄像机通过一镜到底的方式带领观众"漫游"考古挖掘现场的每个区域，为转场、护送文物到保护室等工作提供移动式镜头画面；利用全坑扫描技术，以三亿两千万像素记录文物在坑内的原始状态，让用户能在32K超高清画质中从10平方米的8号坑内找到一根几

《三星堆宝物清点大直播》二维码

毫米的铜丝；超景深三维视频显微镜将电子显微镜画面接入直播系统，在坑口位置用以细致观察器物间规律，能够10倍、20倍、30倍三维立体成像，比如，仅有0.6毫米的金珠熠熠生辉，几毫米的牙雕片也能清晰地呈现出云雷纹、回形纹等精美纹饰；此外，利用探入式鱼竿摄像机系统让观众能够非常清晰地看到文物的细部状况，利用碳纤维轨道平移视角解读器物深藏的秘密等。这一系列技术手段，为用户提供了丰富的探索视角和细节，信息量倍

① 范小军，蒋欣羽，倪蓉蓉，等.移动视频直播的互动性对持续使用意愿的影响[J].系统管理学报，2020, 29（2）：294-307.

② 总台直播三星堆"上新了"，网友体验"云考古"上心了[EB/OL].（2021-09-28）[2022-03-12].https://mp.weixin.qq.com/s/lq-YnYHaTc0auPa9nLPoCA.

增,创造出更多用户情感交流、社交陪伴的话题。

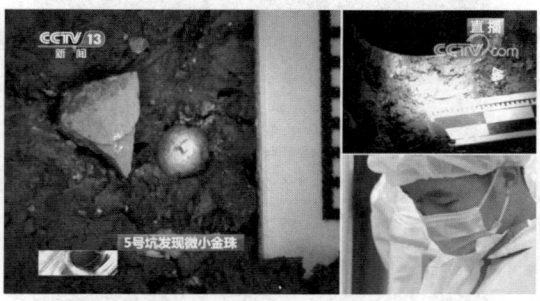

图6-3-3　三星堆"上新"慢直播亿级像素青铜丝、显微镜下小金珠

为用户提供交流的载体和空间。除了对事件的刚性信息之外,用户的关注点会围绕现场形成发散性的扩展。现场的人、物件都有可能触动用户的兴趣,形成话题点。因此,尤其是在直播之初,直播运营者只需随时观察用户的留言和评论,提供更多的用户可以交流的空间和现场信息,积极挖掘直播可能给用户带来的情感和情绪上的正向价值。比如,从2021年1月27日开始"央视频"推出的"武汉火神山、雷神山医院"建造慢直播,无剪辑、无解说,通过静静的记录,为用户提供了热点新闻的评论、陪伴的空间,各地用户成为"监工"在评论区每日打卡。而施工现场中的机器设备也被用户冠名为"红牛哥哥""暴躁花臂""白居易""果丹皮""送高宗""送灰宗""勤史皇",从而被赋予了人格化的特征,成为每日直播评论的话题。

根据用户的评论和关切,提供用户感兴趣的周边信息。这些信息仿佛移动直播中的闲笔,不仅填补了直播过程中出现的无进展信息和过程,也提供了更为丰富的互动交流语境。比如,《直击普吉游船倾覆事故现场　救援仍在进行》中,记者跟随泰国志愿者准备前往马其拉医院时,泰方志愿者流畅的中文引起了观看直播的网友的注意,并留言表示"志愿者的中文非常好,请问是在哪里学的"。记者随即向志愿者提问,对高度紧张、严肃的新闻直播起到了一定的调节作用,缓解了观众紧绷的神经。

注重群体认同,放大用户评论的话题,进行隐形的议程引导。在直播过程中,考虑设计常用的情感性话语和祝福性的数字以增强用户的情感共鸣。用户逐渐形成集中的正向舆论后,报道者要善于放大这些评论,采用多元形式进行正向引导。比如央视新闻直播《孟晚舟女士今天回家》,用户纷纷在评论区留言"欢迎回家""看哭了""祖国强大",央视新闻集纳用户留言数量,统计并以数字形式展现评论站队,放大"欢迎回家"的广场效应,引导情绪抒发。

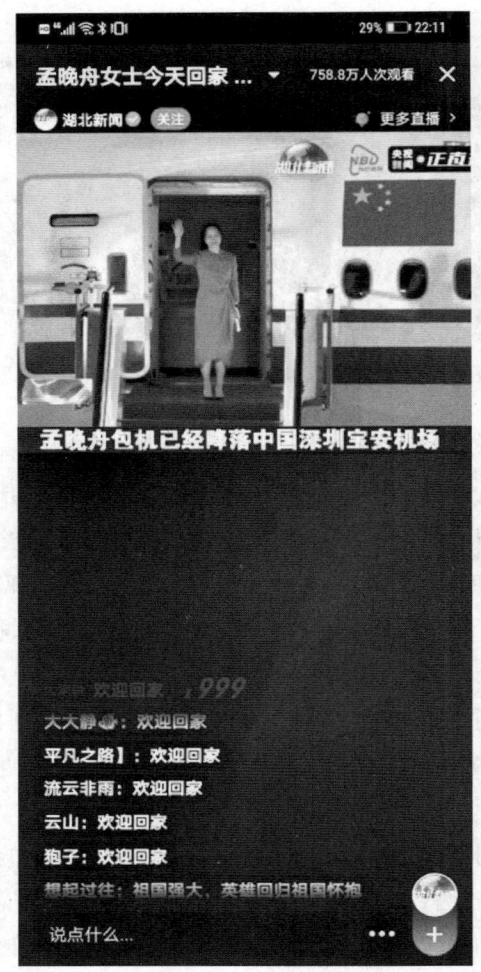

图6-3-4 《孟晚舟女士今天回家》截图

设计多元的交互形式。契合直播的事件性质，在直播评论区域设计更多的互动交流的形式，比如换头像、主持人提问、用户在评论区答题等，以此激发用户的参与意识，助力事件的围观和评论往正向发展。

避免过度娱乐化。直播过程中的互动，无论是形式上，还是语言上，都要把握"度"，要符合事件性质，形成良性互动，避免过犹不及。比如，在上文提及的央视频火神山、雷神山直播中，媒体根据用户的兴趣点设计了施工现场设备的机器助力榜以及云监工超话榜，给拟人化的施工设备赋予了"明星属性"，用户在这个基础上形成粉丝行为，出现"明星反黑组""拉CP"等活动，形成了强烈的互动热度。但这个逐渐娱乐化的倾向与抗疫时期的严肃气氛不相符，引起了网友的诟病而被迫取消。

图6-3-5　慢直播中的过度娱乐化现象

5. 话题规划（埋梗）

相较于传统的电视直播，移动新闻直播对话题规划、互动设计、议程设置、圈层引导等提出了更高的要求。

在直播前特别是主题策划性直播前，预先设计话题，适当埋梗，以便直播过程中适时形成话题引领和交流互动。"主播的抽奖互动类、知识问答类，直播前会做一个互动话题的设计，预设问答类话题引导；直播中阅读网友评论留言；评论区设置购物、答题、交互游戏类超链接等。"[1]

在直播中，要巧妙地为用户规定交流语境和互动界限，形成话题引领的主导，而不是被用户带节奏。从这个角度而言，媒体经过缜密的话题规划和直播设计，是能够充分设置议程的。"对评论区有机器+人工双重审核。除了评论区主持人，有时也会设置一些'潜水性'的引导。"[2]

①　笔者2021年9月对中央广播电视总台央视频账号管理部副主任董大伟的访谈。
②　笔者2021年9月对中央广播电视总台央视频账号管理部副主任董大伟的访谈。

6. 强化主播或记者的认同感

在新媒体中，主播和记者的个性化和认同感更成为网友黏性的重要因素。相关研究表明，移动视频直播的互动性还通过认同感中的主播认同影响持续使用意愿。[1]主播的直播风格、语言方式等都很重要，从用户的弹幕和评论也能看出用户对总台记者王冰冰、新华社记者张扬等个性化的外貌、气质和人设的认同占了非常重要的部分。因此，强调直播记者的个性人格塑造，甚至形成品牌认同，与直播信息同样重要，尤其是在情感陪伴的慢直播中，富有亲近感和交流感的主播和记者更能促进用户参与直播。

7. 新闻直播辐射多平台联动

在移动优先的融合传播语境中，新闻直播可以通过传统的电视大屏连接新媒体小屏，以新媒体小屏带动电视大屏，形成以新闻直播为核心内容的多屏联动，产出移动新闻直播、电视直播和短视频等多种视听产品，形成多元传播链条。

通过新媒体直播带动大屏直播。大屏深度、严肃，小屏灵活、互动。比如，中央广播电视总台的直播《晚舟，欢迎回家！》以央视新闻直播为主要出口，大屏直播后续跟进，17：46央视新闻客户端先于新闻频道4小时开启新媒体直播《晚舟，欢迎回家！》，整场直播持续5小时。21：40，总台新闻频道打破常规编排，推出大屏直播特别节目。

图6-3-6 《晚舟，欢迎回家！》截图

通过社交短视频引流新媒体直播。在移动直播的同时，新媒体平台同时产出长短视频，同时播发，直播导播一边直播，一边给视频流打点，编辑剪辑后一键播发。在云端视频技术的支撑下，视频内容的产出更趋流水线化。[2]比如，2020年5月13日，央视新闻进行《8小时不

① 范小军, 蒋欣羽, 倪蓉蓉, 等. 移动视频直播的互动性对持续使用意愿的影响[J]. 系统管理学报, 2020, 29(2): 294–307.
② 朱永祥, 李倩. 移动时代视频新闻直播的五大改变[J]. 传媒评论, 2020(7): 27–29.

关机——全程直击"悬崖村"搬家》移动直播，直播过程中不断产出短视频《今早村民有序间隔下山》《"悬崖村"村民拉博一家搬迁中》《倒走钢梯》等，通过不同社交平台分发，从而引流到新媒体直播。

　　最后，在移动直播之后进行回顾性的短视频提炼和放大，聚焦不同主题、不同核心场景，剪切出回顾性的短视频，扩大新闻直播的传播效应。同样，在总台的孟晚舟回国直播中，央视新闻新媒体在直播结束后迅速推出独家盘点微视频《独家全记录丨晚舟，回家！》，以倒序时间线的方式梳理当日"孟晚舟回国"的历程，抓取有热点、有燃点、有泪点的视频瞬间，激发用户强烈的爱国热情和民族自豪。

记　住

　　移动直播报道现场和传播运营既秉承了传统直播报道中对记者脚力、眼力、脑力和笔力等"四力"的要求，也创新了移动和交互的特质。无论如何发展，需要把握的一个基本点是：围绕核心信息，满足用户关切和情感陪伴需求。

? 思　考：

1. 移动新闻直播的特点有哪些？
2. 在从传统的电视直播向移动新闻直播转型中，记者能力培养的"变"与"不变"有哪些？
3. 如何理解并把握移动新闻直播的互动，主播和记者如何在交互中引领话题？
4. 慢直播的"慢"体现在哪些方面，如何平衡信息空场与有效信息传播的关系？
5. 在新媒体语境下，主播或记者的个性化如何与直播信息构成何种关系？

新闻不再是讲授，它更多的是一种内容更加丰富的对话①

第七章
交互与沉浸叙事创新（一）

技术赋能使新闻从线性叙事向非线性叙事、从单向信息灌输向多向信息交流发展，形成了融合叙事的根本性创新——交互与沉浸。有研究者对《纽约时报》进行了个案研究发现，经过数字化改造的新闻在即时性（immediacy）、互动性（interactivity）、参与性（participation）方面有所提升。②具体而言，基于具体技术的H5、VR、新闻游戏等新闻类型和形态也构成了融合新闻的创新模式。叙事的符号语言和文化符码、信息的审美和接受体验都促进了传播者和用户、用户和用户之间的信息和行为交流，形成了一个新闻信息和产品基础上的传播共同体。我们在前文已经介绍和分析从传统媒体到新媒体的传播语境转变、从受众到用户的角色和功能转型、从被动接受到互动建构的体验提升，那么，具体到技术创新角度上的采编报道思维和方法，我们要从不同技术的侧重点去分析交互与沉浸在融合新闻发展中的具体体现，其中交互技术及其对新闻带来的变革是本章重点探讨的问题。

第一节　交互叙事创新——新闻游戏

交互，即交流互动，具有交互功能的互联网平台或终端可以实现用户与平台的交互、用户与用户的交互。大众媒体时代，受众是被动接受信息，很难产生反馈。而互联网信息技术实现的"交互"，使得"受众"的概念转变为"用户"的概念。通过交互设计，用户的信息需

① 科瓦奇, 罗森斯蒂尔. 真相: 信息超载时代如何知道该相信什么[M]. 陆佳怡, 孙志刚, 译. 北京: 中国人民大学出版社, 2014.
② USHER N. Making news at The New York Times[M]. Michigan: University of Michigan Press, 2014.

求得到满足,更重要的是自主性和参与感得到很大提升。

媒介技术变革使一切原有技术支撑下的产品形态都在发生跨界与融合。随着交互方式与手段的完善,传统的新闻报道也从单向的故事消费与信息传播发展为用户参与和控制的互动建构。作为交互新闻的一种,新闻与游戏的结合成为新闻报道产品创新的重要方向。同这个时代许多诸如软信息(Infotainment)、专业余者、产消者等融合化的新产品、新角色一样,新闻与游戏也产生碰撞和交集。**如何把新闻信息以交互沉浸式的体验呈现出来,如何把传统的靠语义、文本建构的故事叙事逻辑转型为互动式的用户控制与选择的交互叙事逻辑,这是新闻与游戏相结合要解决的基本问题,也是融合新闻受传关系转换的重要理念。**

一、新闻游戏是什么

对于新闻游戏这样一种融合化的新闻类型或形态,我们必须首先厘清它的内涵与外延。它不是一个简单的跨界组合,而是内容与叙事的全新架构与深度融合。那么,在这样两个行业的交互中能碰撞出何种创新与变革?

1. 新闻游戏非简单的消遣与玩乐

一提到游戏,有些人会自然想到消遣、娱乐的表征。因此,当新闻遭遇游戏的时候,许多人会有这样的先入成见,新闻的理性、中立似乎被游戏的消遣和娱乐所解构了。苏格拉底说过,对于一切事物均借以构成的原始要素是没有说明的。[1]因此,对于新闻游戏而言,其定义不能把新闻与游戏的定义简单结合,但我们可以借助新闻与游戏本身的含义来理解新闻游戏。从新闻本身而言,新闻是新近或正在发生的事实的报道,但在新闻游戏的概念里,相较于对"新闻"含义的讨论,人们更多关注"游戏"概念的辨析。因此,我们有必要回到游戏的本义里去理解它给新闻带来的变化。在此,诸多游戏设计师、游戏历史学家甚至哲学家都讨论到了游戏的定义。游戏理论家布瑞恩·萨顿-史密斯(Brian Sutton-Smith)认为游戏是一种自愿参与的控制系统的实现。[2]克拉克·C. 阿伯特(Clark C. Abt)在《严肃游戏》一书中谈道:游戏是一种带有规则的语境。他甚至直接指明了每一次选举、国际关系和私人之间的争执都可以被称为游戏。[3]因此,我们不能把游戏理解成一种纯娱乐性的消遣方式,它是一种特定语境下的互动关系。

事实上,学界早已将游戏本身同玩具、玩乐设计区分开来,区分元素分为两个对立部分:玩乐与游戏,整体与局部(见图7-1-1)。[4]游戏与玩乐在生产的目的与过程上是存在区

① 桂宇晖,郑达,赵奎,等.游戏设计原理[M].北京:清华大学出版社,2011:89.
② AVEDON E, SUTTON-SMITH B. The study of games[M]. New York: John Wiley & Sons, 1971:405.
③ ABT C C. Serious games[M]. New York: Viking Press, 1970:6.
④ 陈京炜.游戏心理学[M].北京:中国传媒大学出版社,2015:82.

别的，而扩大它们区别的关键就是游戏化设计。
有时候我们会难以分辨一个新闻产品是否是好
的新闻游戏，甚至会质疑其新闻游戏的属性，最
根本的原因就是人们对于新闻产品游戏化的程
度和游戏化的价值难以判定。在游戏设计的理论
中，所有的好游戏都是游戏化的学习工具，无论
它们是否被贴上教育类的标签。[①]这对于新闻游
戏产品来说也同样适用，好的新闻游戏一定具有
学习、教育以及传播的价值。

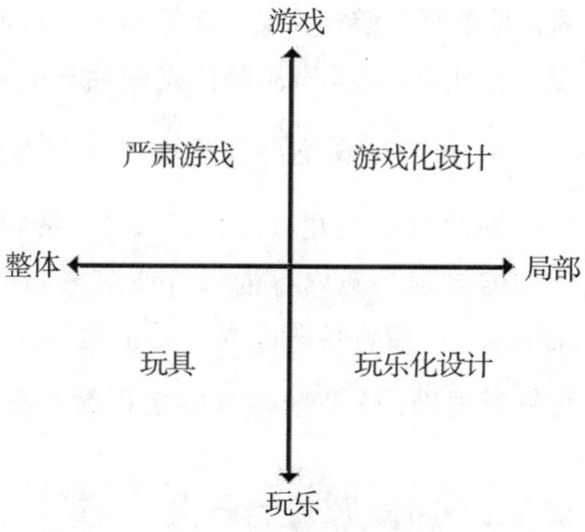

图7-1-1 游戏与玩乐

2. 新闻游戏是新闻游戏化的产物

追源溯本，许多人认为"新闻游戏"这一概念最早是由乌拉圭游戏设计师弗拉斯卡
（Gonzalo Frasca）于2003年创办 Newsgaming. com 新闻游戏网站时所提出的。新闻游戏作
为交互新闻的一种类型，区别于其他类别的新闻产品主要是依靠其游戏的特征。

而自2003年至今，新闻游戏已经走过近20年，其间有很多学界与业界的研究者试图
为新闻游戏下定义。概括起来，主要有两种：一种是较为粗放的概念，即新闻游戏是与新
闻报道有密切联系的一种严肃游戏[②]；另一种是从形式和功能上的具体解释，即新闻游戏
是指将新闻报道与电子游戏相融合，在新闻学的原则之下，保证事件的真实性基础上，运
用游戏的手段进行媒体传播，目的是为用户群体提供一个真实新闻事件的虚拟体验。[③]以
上两种说法都提到了新闻与游戏的关联，前者较为注重游戏元素，后者则较为注重新闻的
特征。

显然，当我们使用新闻游戏这一概念时，是站在新闻传播的角度去诠释新闻的一种新
形态。而在新闻游戏这一概念中，"新闻"与"游戏"都起到了重要的互补作用，它们是互为
表里的关系。新闻事实作为新闻游戏产品最为基础的内容支撑，其传播价值是新闻游戏生
产的原动力，而游戏元素的加入则让新闻事实穿上了一件华丽外衣，让其变得更具有吸引
力。而这"穿衣服"的过程并不是简单叠加的过程，而是进化融合的过程，这个过程就是游
戏化的过程。游戏化是在非游戏背景下使用游戏设计元素，[④]新闻游戏实际上就是将新闻
游戏化的产物。因此，**新闻游戏是新闻信息的游戏化，通过用户的互动参与和控制促成信息
的传播与理解。**

所谓寓教于乐，从新闻信息传播的角度而言，新闻游戏本质上也是促进信息传播的形

---

① 陈京炜.游戏心理学［M］.北京：中国传媒大学出版社，2015：82.

② 张建中，王天定.迈向新的媒体融合：当新闻遭遇游戏［J］.现代传播（中国传媒大学学报），2016，38（11）：111–
116.

③ 武晓立.当新闻遇上游戏——浅谈新闻游戏的现状和发展策略［J］.新闻研究导刊，2016，7（21）：55–56.

④ 陈京炜.游戏心理学［M］.北京：中国传媒大学出版社，2015：82.

式。对于新闻游戏来说，新闻事实是核心，游戏元素是其支撑的结构和形态，它让新闻事实变得更具象，更具有体验的友好性与交互性，更具有传播力。

3. 新闻游戏是内容的价值挖掘与提升

新闻游戏是建立在信息收集、资料研究、采编报道基础上的内容多层次加工。新闻游戏化的过程是对内容进行价值挖掘和提升的过程，也是媒体融合语境下的跨媒介叙事。传统的文字、声音与图像媒介的报道形态，可以转化为融合化的交互游戏，从而形成多层次、多样态的新闻产品。

二、新闻游戏的意义

新闻游戏不是玩概念游戏，而是适应融合新闻的实际发展，增强新闻的关注度、体验感，最终增强新闻的传播力和影响力。

1. 提高新闻关注度

在移动社交媒体语境下，新闻报道的传播和体验发生了根本性的变化。相对于新媒体而言，传统的新闻形态面临着诸多不力因素，包括传播平台的单一、传播速度的限制、用户参与的局限等。因此，传统新闻转型的基本诉求之一是提升新闻的关注度，尤其是年轻用户的关注度。游戏先天具备的互动参与性使其成为极具生命力的信息载体，进而成为新闻生命力续航的重要保证。与游戏结合的新闻获得了新的传播力，例如，半岛电视台《盗渔》的用户80%都是首次登陆半岛电视台网站，[①]《7种拒绝死亡方式》的游戏视频被观看260,400次，为发布者《华盛顿邮报》带来了十分可观的流量。[②]新闻游戏正是搭上了游戏的"航母"，让原本传统、介质属性分明的新闻形式获得融合创新，这也是新闻游戏在近几年层出不穷的重要原因。

2. 提升新闻体验感

网络时代人们的阅读方式发生了巨大的改变，碎片化和瞬时消费让内容生产者迫切需要提升信息的吸引力来吸引用户。如何把传统的文字阅读、视听审美变成用户可以感知、控制的形式，让用户在自我操作中提升体验感，甚至共同建构信息，游戏的交互性、娱乐性以及新媒体赋予的多种媒介属性让它变成了信息优化的重要手段。过去的单向传播变为多向交流，枯燥的阅读方式成为游戏中的寓教于乐，纯文字信息分化成图文并茂的媒介融合产物。从传播对象、渠道、内容等方面，新闻的可读、可视、可感都得到了极大的提升。

---

① 张建中, 王天定. 迈向新的媒体融合: 当新闻遭遇游戏[J]. 现代传播(中国传媒大学学报), 2016, 38(11): 111-116.

② 张建中. 用新闻游戏吸引受众:《华盛顿邮报》的创新与实践[J]. 新闻界, 2016(17): 53-57+72.

3. 提升新闻生产传播透明化

与传统新闻相比,网络新闻的真实性缺失一直是容易被人们诟病的问题。因此,如何让网络新闻的快速传播能力得到尽可能的发挥,同时真实性又能有所保证,成为所有媒体人需要思考的问题。要利用网络的开放性,建构信息生产过程的开放性和透明化。早在2012年,CNN就通过"生态圈计划"(Ecosphere Project)开始试验性地将用户参与生态话题讨论的数据分享在其专设的网络平台上,供更多的用户观赏。该项目最引人瞩目的一点在于用户的行为可以通过群体传播的方式影响更多的人。用户通过平台所重点关注的信息,并不是通过人工智能算法记录用户行为来主动推送的信息,而是由其他的用户行为自主生成的信息矩阵。因此,用户正在关注的信息,也许不是他想要的,但一定是他需要的,也是重要的。在此过程中,用户可以看到所有信息交互所产生的传播变化,实际上这也是将信息传播过程透明化,将原来传统媒体幕后的编辑过程通过可视化的方式展现出来。同时,这也是变向将新闻制作流程透明化,信息的产生、内容的生产、传播的路径都一目了然,不仅满足了用户对于信息追根溯源的诉求,还为用户提供了信息求证的渠道。

4. 预测未来

新闻与游戏行业的合作让信息传播的意义发生了改变。新闻游戏的核心是"程序修辞",通过建构数据模型对事件编程来进行还原和模拟。[①]因此,在固定的用户群体中建构开放式解构系统,不仅可以传播信息,更能收获新的数据分析问题,并以之为决策依据。这实际上是把传统的民调新闻或者精确性新闻的民意调查统计,嵌入了新闻游戏。在CNN的 *Political Prediction Market* 案例中,游戏数据得出的结论成为对于竞选结果的预测。对于单纯传播信息的新闻来说,通过新闻传播获得未来结果的功能让新闻游戏变得更具价值。新闻不再是传递信息的形式,更是产生新的信息、预测未来的方式。

三、文本解构——新闻游戏的叙事方式创新

由此,在对于游戏与新闻游戏各自之间关系及含义的辩证思考后,我们不能宽泛地用游戏的标准来衡量新闻游戏。新闻游戏是技术变革下新闻与游戏的结合所带来的信息传播与交互体验相融合的产物,是借助交互游戏的体验方式让用户获取新闻信息的一种新的产品形式。换言之,新闻是新闻游戏传播的本体,游戏是其传播手法。对于新闻游戏来说,游戏更重在它给新闻带来叙事策略的转变,笔者将这种转变称为"解构"。"解构"一词来源于哲学思想,概念源于海德格尔《存在与时间》中的"Deconstruction"一词,原意为分解、消解、拆解、揭示等,哲学家雅克·德里达(Jacques Derrida)在这个基础上补充了"消除""反积淀""问题化"等意思。新闻游戏之所以可以脱离传统新闻和一般交互新闻形成

---

① 悦连城. 新闻游戏:融合新闻的新尝试——概念、特征与功能[J]. 现代视听, 2016(9):35-37.

新一派的原因是其具有独特的解构文本的能力。

新闻游戏中的游戏化过程即解构新闻文本的过程。它将传统新闻里的信息要素分解,并以游戏化的思维方式重新组合。笔者根据新闻游戏指向的不同将新闻游戏分为以下两类:

1. 封闭式的解构

该解构方式的新闻游戏生产者对于新闻文本制定了详细而周密的解构策略,用户在使用过程中接收与使用信息的路径都在生产者指定的框架之中,本质上解构的主导者是内容生产者。

例如,卡塔尔半岛电视台的《盗渔》就是一个建立在传统新闻纪录片形式之上的固定式解构的新闻游戏。整篇报道主要围绕记者在当地执法人员的带领下深入塞拉利昂海域调查,针对韩国船员在该地非法捕鱼的行为进行取证的过程。在该案例中,新闻游戏成为表现新闻内容的第二种形式。产品采用了类似任务型游戏的界面设计,以调查员的视角让用户介入游戏,通过各种画面链接,将整个实践中的环节串联在一起。其中,除了将纪录片中的影像加入以外,还巧妙地设计了环境空间,如办公室环境、邮件收发界面等,场景中的各类物品都设有超链接,为用户提供了丰富的细节信息,大大提升了互动与参与的丰富性,探索解密的氛围也会吸引用户不断深入了解新闻内容,从而达到新闻传播优化的效果。内容生产者将完整的纪录片按照情境类游戏的设计思路分成多个短视频,然后通过类似邮件收发、室内勘察等情境模仿让信息展现的方式变得更加有参与感和互动性。从完整的封闭式纪录片到交互式的新闻游戏的演变,《盗渔》可谓完成了游戏化对于新闻内容的解构,让线性传递的信息成为依附在记者调查线索之上的信息点,掌握信息的主动权转移到了用户身上,让新闻的交互性增强。然而,整个内容安排还是建立在编辑的预设情况之下,因此,整个新闻游戏的解构主导者依然是内容生产者。

图7-1-2 《盗渔》截图

2.开放式的解构

该解构方式的新闻游戏的文本传播具有开放式的格局，用户的参与是解构新闻文本的推动力，本质上解构的主导者是在生产者引导下的用户。与《盗渔》相比，2016年美国大选期间CNN曾推出的新闻游戏产品*Political Prediction Market*就具有明显的开放性解构特征，它通过仿效股票市场的运营方式，让用户参与大选事件的支持和反对投票，用户的立场若占上风即类似买入的股票看涨，那么用户的晋升指数就会升高，最后晋升指数较高的用户即有可能获得参加最终大选的机会，这样用户获取新闻的过程本身也成了新的信息和叙事动力。因此，新闻游戏展现出了超出内容生产者预设解构逻辑的范围，用户成为解构新闻的重要催化剂。

由此看来，新闻游戏对于新闻文本的解构存在两种不同的力度，与前者相比，后者解构的程度更深，解构的结果具有未知性。

四、新闻游戏化策略

新闻游戏化的策略和方式也经过了逐渐丰富的历程。从新闻游戏发展的过程来看，新闻游戏发展初期可以被称为"编辑游戏"，其主要目的是利用新媒体的交互性让单调的文字信息更具吸引力。而后随着媒介技术的不断发展，有关政治问题的新闻游戏表现尤为突出，因此，"政治类游戏"成为新闻游戏的一个重要子类。此外，从新闻生产的诉求来看，还有一种类型的游戏在新闻游戏中占有重要的地位，它被称为"纪录游戏"，通常以展现历史内容作为主体，并能够对当下的社会产生一些影响。

由此看来，以上三种游戏类型分别是从游戏形式和游戏主题两个方面来进行分类的，分类方法不在同一逻辑层面上，而且各子类囊括的新闻游戏具有一定的局限性，对于新闻游戏的系统性研究造成了一些困难。因此，我们通过评估新闻游戏产品的游戏化程度，分析游戏化策略，将它们分为几种类型：**文本编辑类、社会调查类和模仿体验游戏类**。其中，文本编辑类与模仿体验游戏类同属封闭式解构的大类，而开放式解构类的新闻游戏产品通常都具有社会调查的特征，因此总体还可称之为社会调查类。从总体上看，以上三种类型的游戏化程度有所不同，对于文本信息的解构程度如图7-1-3所示。这几种类型的新闻游戏除了拥有该类型的特征以外，还可以兼容其他类型的特征及职能，但将会以所属类型的特征及功能为主。

新闻游戏类型名称	游戏化程度	文本解构程度	文本解构方式
文本编辑类	低	低	固定式解构
社会调查类	中	高	开放式解构
模仿体验游戏类	高	中	固定式解构

图7-1-3 不同类别新闻游戏游戏化程度与文本解构程度对比

1. 文本编辑类新闻游戏

文本编辑类通过线性与非线性叙事结合,拓展多维融合体验。文本编辑类的新闻游戏是利用基本交互功能来进行游戏化解构的新闻游戏,是比较普遍的类型。它通过结合传统新闻叙事编排和基本游戏设计来实现初步游戏化,因此它的游戏化程度最低,对于传统文本信息的解构也最为直接。通常这一类型的新闻游戏会以文字为主,并结合图片或视频进行补充说明,可操作性和灵活性非常强,能够在一定程度上规避一些制作周期过长而带来的时效性缺失问题。

《文明》系列游戏的传奇设计师席德·梅尔(Sid Meier)认为:"游戏是'一系列有意义的选择'。"①相比于传统平面媒体通过处理信息先后顺序以及篇幅大小位置来控制读者注意力的方式,这一说法让游戏更具有多变性。在生产文本编辑类新闻游戏过程中,新闻生产者会根据新闻选题的内容以及传播目的、渠道等情况来进行文本形式的变换,同时还利用网络媒体的非线性叙事特点解构文本。新闻事件中的时间、地点、事件等几大要素在用户的不同选择后,产生顺叙、倒叙、插叙等多种可能,这就让整个事件的叙事由单一的线性叙事变成了线性与非线性相结合的方式。因此,游戏化的叙事结构会变得更加复杂。

例如,发布于2011年的《叙利亚1000天》是一则最为简洁的文本编辑游戏,利用类似日记的形式叙述新闻事实,用户通过第三视角进入游戏情境。文本中还嵌入了很多超链接,以便用户在阅读中想要着重了解某个关键信息时随时点击深入了解。这样的线性与非线性叙事结合的方式让具有交互性能的超链接将更多的新闻细节连入了新闻本身,从而形成了围绕在新闻事件周围的信息网,事件细节由此被更详尽地呈现出来,既回避了传统新闻中过于冗长的新闻背景阐述,又让整个新闻事件信息量倍增。同时,这种如树状般的文本结构也为用户构建了一个私人订制版的新闻,点击不同的选项会呈现不一样的新闻内容,更符合网络时代用户对于消息主动选择性接受的习惯。新闻事件本身为树木主干,粗细不一的树枝为主次详略有别的细节信息,将文本中的信息分解成时间、地点、事件等信息点,然后通过某一新闻要素作为叙事主干串联整体。这样,信息点便可按照一定逻辑关系附着于主干之上,链接方式或直接或间接,用户通过选择既可以向上寻找信息细节,也可以向下探索信息来源。

---

① WERBACH K, HUNTER D. How game thinking can revolutionize your business [M]. Zhejiang People's Publishing House, 2014: 32.

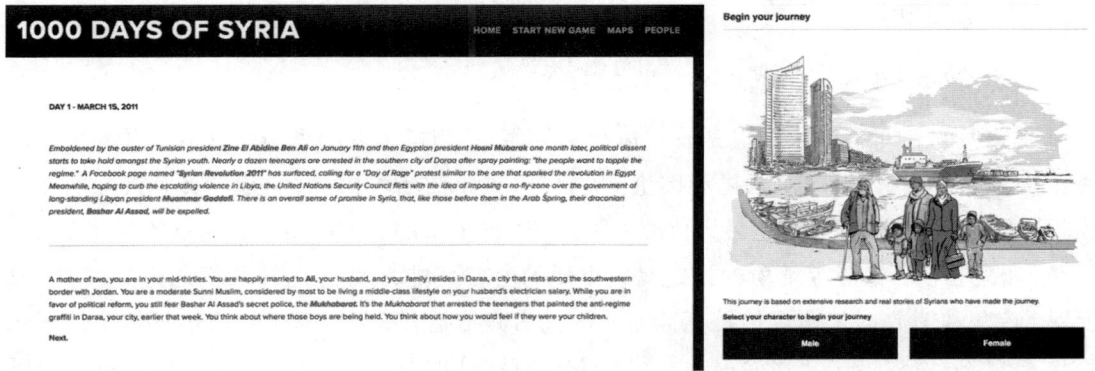

图7-1-4　《叙利亚1000天》（左）、《叙利亚之旅》（右）截图

　　然而，《叙利亚1000天》的内容与比它晚四年出现的《叙利亚之旅》相比，形式上显得相对简单和单向。而后者在文字叙事的基础上加入了插画补充说明，内容上更简约，解构的思路更清晰，新闻最后阐释的主旨也更突出。更值得一提的是，《叙利亚之旅》在叙述过程中采用了第一人称的方式，将用户置身于新闻事件当中，通过用户路径选择的方式，以沉浸式叙事让新闻文本与用户产生更为密切的互动，用户在选择的过程中能体会到难民离开叙利亚去往欧洲的艰辛历程和两难抉择。由此完成了简单文本叙事到体验叙事的转变，这一转变是文本编辑类叙事今后发展的重要方向，同时也是该类新闻游戏向深度文本解构的新闻游戏类型过渡的直接表现。

　　此外，当某些新闻并不存在明显的时空概念而是内容要点时，游戏的非线性叙事对于文本的解构就显得更实用。例如，事实核查机构PolitiFact推出的假新闻测试游戏 *Factitious*[①] 突破了事实阐述的叙事角度，利用问答的方式与用户产生互动，将一个个信息点转换为问题，再利用选项的设定以及题目的排序重新组合文本，游戏的意味更加浓厚，让用户在游戏中获得更多信息。

　　在该类型游戏化的过程中，内容生产者将一种逻辑作为叙事主干，同时以不同的视角和事件中心对象将众多信息点分解开来，然后以主干串联所有信息，形成了用户自主选择接收信息的闭环。**用户在阅读中的选择行为具有自主性和随意性，但由于解构的范围相对固定，用户很难游离在此范围之外。在这一游戏化水平较低的新闻游戏类型中，游戏元素主要体现在其赋予了用户选择接受信息顺序和重点的权利，用户的选择解构了新闻文本，同时这样附带产生的非线性叙事逻辑让新闻信息量变得更大，符合互联网环境下人们的消费需求。**换一个角度来看，此类新闻游戏部分的叙事逻辑与传统新闻叙事的编排还有很多相通之处，例如，每个独立文本信息中还保留时间、地点、人物、事件等要素信息，文本的语态相对冷静、客观等。因此，该类型并未完全摆脱传统新闻叙事的方法，这也是笔者称之为最基本

①　如何打击假新闻？美国人说：玩游戏呗！| 媒前沿［EB/OL］.（2017—08—10）［2021—04—03］.https：//mp.weixin.qq.com/s/w3qA7J45Ss4u34OulDtu1g.

的新闻游戏的原因。

2．社会调查类新闻游戏的游戏化策略

该类型的新闻游戏主要以开放式解构引导用户，以类似社会调查的形式，通过游戏化的互动方式获取用户信息、意见和舆论，从而提升新闻价值。因此，它通常具有极强的互动性，可谓是将新媒体交互功能最大化的一类。一般该类型的新闻产品具有完整的平台设计，问卷、角色扮演、对话等情境的设定是它主要的内容编排方式。过去，我们通过阅读量、收视率、转发量等数据来衡量传统新闻制作的优劣和传播效果，但对于新媒体环境下的新闻游戏来说，后台数据采集比简单的下载量更具有评估的意义。因为丰富的后台数据不仅可以体现游戏的质量优劣，更可以成为其制定运营策略的依据。这样一来，新闻游戏后台接收到的大量数据也可以帮助新闻工作者从中寻找到有价值的内容，甚至制造出更具有意义的信息，预测未来，影响未来。

在此，我们将该类型新闻作品解构新闻文本的过程分为三个阶段：

第一阶段，半解构新闻，即内容生产者将新闻事实的分点罗列。罗列的形式多变，但目的是将信息点分散传播给用户，每个要点之间不设定直接或必然的联系。在此过程中，内容生产者的思维方式由文本编辑类的预先设定转为了开放引导。

第二阶段，用户与新闻深入交互，为后续产生更新的新闻点奠定基础，用户的选择和反馈赋予新闻新的内容。

第三阶段，重组新闻信息点，即内容生产者将被解构的信息重新组合产生新的新闻文本。在这一阶段，新的新闻信息与原来的新闻信息融合形成了更为丰富的信息圈，内容生产者可以通过抓取其中具有新闻价值的信息点重新组合，形成新的新闻文本。抓取新闻的逻辑通常来自第一阶段开放引导的目的。

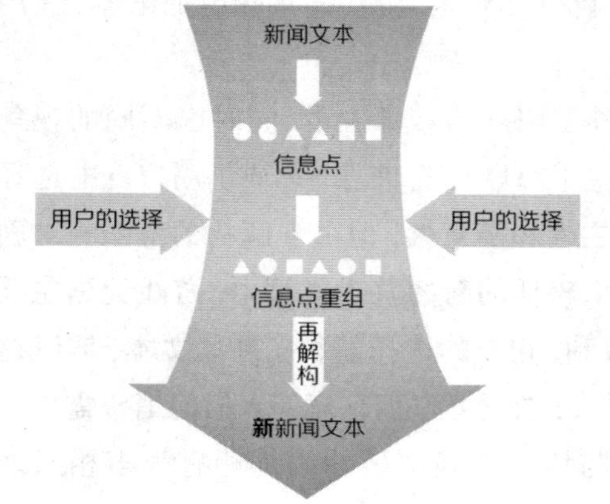

通常，具有顶层设计思维能力的内容生产者在第一阶段工作中就对第三阶段的内容生产有了预判以及详细的规划，这样第三阶段的新闻文本可以与第一阶段的半解构新闻文本前后呼应，构成完整的新闻叙事体系。这也符合新闻传播中的议程设置理论，即可以通过提供信息和安排相关的议题来有效地左右人们关注哪些事实和意见及他们谈论的先后顺序。[①]在多媒体交互类的新闻游戏中，新闻文本的解构也成为实现议程设置的工具，解构的实质就是剖析用户对于新闻事件的反馈，让舆论可视化。因

图7-1-5　开放式解构新闻游戏文本解构流程示意图

---

① 魏玲芳. 网络时代的"议程设置"［J］. 新闻世界，2009（2）：61–62.

此，该类型的新闻游戏通常被应用在具有极强舆论影响力的大型新闻事件中。

上文提到的*Political Prediction Market*游戏运营中，游戏的解构第一阶段使用了问卷调查的形式，问题的设定包含了大选期间各种新闻热点，用户的投票反映了众多新闻点背后潜藏的社会舆论导向。在引导的推动下，内容生产者将信息罗列、分析并得出的结论成为第三阶段解构新闻文本的最终内容。该新闻游戏在公布之后通过答题环节收到了大量用户使用数据，包括用户的个人信息、对于大选热点问题的看法甚至政治倾向。这对于正在参选的候选人团队来说，吸引更多的人参与选举是一方面，另一方面，数以万计的用户通过该新闻游戏平台透露了自己的政治倾向，更对各位候选人的竞选策略制定产生了一定的借鉴作用。该新闻游戏的数据显示希拉里在民主党大选中胜出的概率在5月8日为82%[①]，而该结果也在两个月后得到了印证。

由此观之，多媒体交互平台所具有的交互性让新闻游戏对文本的解构并不只限于平台外在的使用层面，更深入平台内部的信息挖掘层面。Google也曾经利用开放式的新媒体交互平台获得数据，制作大量极具视觉冲击力的数据可视化作品。*The WebGL Globe*是Google实验室致力于将全球范围内的公共数据在浏览器里实现跟地理信息相关的数据可视化。它可以用3D的方式表现出我们这个星球上的数据，内容包括世界人口、地震分布等关键词的搜索量。

图7-1-6 *The WebGL Globe*截图

由此观之，开放式解构类的新闻游戏在过去的大数据分析的基础之上提升新闻价值，这也是游戏交互对于新闻信息的再解读。在此过程中，游戏的交互变成了开放式的叙事逻辑，让用户参与进来，再一次形成信息，OGC、UGC与PGC的融合形成新的叙事逻辑和内容，这样的附加价值也成为该类型新闻游戏最重要的存在意义。

① 悦连城. 新闻游戏：融合新闻的新尝试——概念、特征与功能［J］. 现代视听, 2016（9）：35-37.

3. 模仿体验游戏类新闻游戏——套用游戏环节，实现用户深度体验

模仿体验游戏类是模仿纯游戏设计并套用游戏环节编排的新闻游戏。随着技术的不断推进、设计概念的逐渐深入，以及行业之间的不断融合，新闻从业者已经不满足于简单的图文结合，而是向着更具有设计感和体验感的全媒体新闻产品的方向发展。模仿体验游戏类新闻游戏是最脱离新闻形式特征的一类，也是相比以上两种类型产品最具游戏特征的一类，它们通常依托或模仿现有游戏的框架安排新闻信息分布。内容生产者在策划的前期需要根据传播的诉求选择一款或多款模仿的游戏范本，通过罗列范本中可利用的游戏元素为分解新闻文本做好准备。分解的方法很多变，或直接或间接，如利用游戏环节设定在不同游戏节点插入具有新闻信息的内容，或者将信息点转换为图像、声音、视频等，与游戏更为契合。通常两者之间联系越紧密，即对新闻信息的分解渗透进游戏各个环节，游戏的效果就越好。同时，我们通过对比不同案例发现，同样属于模仿体验游戏类新闻游戏，其模仿体验的设计角度与体验感是不一样的。

例如，同样是美国大选的选题，《华盛顿邮报》做出了与上文中CNN不一样的新闻游戏产品。该新闻游戏是一款名为*Floppy Candidate*的移动终端游戏，其设计采用高口碑的*Flappy Bird*作为原型，更大胆地运用了各位候选人极具话题性的新闻事件作为关卡的设计元素，声画结合，恰到好处。通过已有游戏元素来类比、对应新闻事件中的各个新闻元素，并将它们一一融合，从而达到游戏化解构的效果。例如，游戏角色设定中，原游戏中的小鸟对应各位总统候选人，背景元素对应与大选相关的元素，如方尖碑、白宫、邮箱服务器、墨西哥与美国的城墙等。游戏环节设定中，游戏过程中或任务失败后，屏幕会弹出有关相应候选人的热点新闻选择题，玩家如果答错还可点击链接进入新闻页面详细了解，游戏失败后还有一段有关选择的候选人最具话题性的话语播放出来，例如选择希拉里游戏失败时就会播放她那句"我想我还是待在家里烤烤饼干、喝喝茶"。这样的系列设计很好地将游戏设计逻辑与新闻事件叙事逻辑结合在一起，既有趣，又具有一定的信息传播价值。内容设计者之所以会选择这样的游戏原型进行改编，除了考虑到制作的可操作性之外，

图7-1-7　*Floppy Candidate*截图

还会考虑制作原型对于改变后产品的影响力。因此，在生产此类产品时，生产者通常会选用知名度较高或者已经具有庞大用户资源的游戏作为范本，以便扩大产品的传播力和影响力。

《金融时报》推出的*The Uber Game*[①]主题互动游戏也是一款典型的模仿体验游戏类新闻游戏，利用生活养成类游戏的设计模式，游戏化新闻中的主人公，让新闻内容故事化、情景化。它主打的是用户进行内容体验，通过设定情境让用户的选择推进游戏的不同进程，每次选择的条件与选项实际上就是新闻事件的一个个信息点，用户的每一次选择都将影响最后游戏的结果。这样不仅可以通过游戏化的体验给用户展现一位Uber司机的生活缩影，更能让用户真切感受到每一次选择对于事件结果的微妙影响力，在两难的选择中体验新闻事件的冲突点，而这正是让传统新闻望尘莫及之处。

图7-1-8 *The Uber Game*截图

五、游戏化的实质——选择权的转移

综上所述，不同类型的新闻游戏在坚持了新闻原则的基础上，游戏化策略不尽相同，实质上是它们对于新闻文本的结构与解构的角度和方式不同。从文本编辑类的线性与非线性叙事的交融，到模仿游戏体验类对新闻内容与游戏本身的拆解融合，再到新媒体交互类对于新闻内容的再创造，都是其解构文本的新方式。同时，由解构引起的新闻功能会发生变化，继而产生奇妙的传播效果。

从使用角度看，以上三种类型游戏都给用户提供了选择的机会，信息选择的权利转移成为新闻游戏解构新闻文本的最关键之处。这也是新闻游戏为何能够从广阔的交互新闻海洋里分流出来形成自己的领域，并印证了上文提到的"游戏是'一系列有意义的选择'"的道理。因此，所有能够为用户在特定范围内提供内容选择权的交互新闻或是含有新闻信息的交互产品都可以进入新闻游戏的理论范畴进行讨论。

此外，选择权的转移在不同的解构方式中表现有所不同。在固定式解构中，选择权的转移是有限定范围的，它只能决定用户接受信息的前后顺序以及接受的范围，而开放式解

① "传媒业X游戏"案例打包：报道/交互/IP开发，用脑洞指挥注意力[EB/OL].(2017-10-19)[2021-04-05]. http://mp.weixin.qq.com/s/pzXBeux0p1LU4Fs3ZJUVzw.

构则赋予了选择权影响的范围,用户的选择可以成为新闻生产的又一推动力。

六、可用于新闻游戏设计的新闻要素

通常使用新闻游戏的新闻选题都是在一定时期或场域内具有强烈影响力的,所以,新闻要素都会很丰富,其中包括六大要素:**人物、时间、地点、事件、原因、发生过程**。那么,哪些元素最适合新闻游戏的设计成为新闻游戏生产的主要攻克难题。换言之,当生产者看到新闻中什么样的元素时,我们会第一时间想到可以将其转化成游戏化的要素和关键点?笔者将从以下几个方面来分析新闻文本中值得利用的新闻游戏设计要素。

1.人物——游戏角色

每一个好的新闻故事都需要一张会说话的"脸",在游戏的世界里也不例外。这张"脸"是推动整个新闻游戏使用进程的动力,是将用户带入新闻游戏情境的引领者。在新闻游戏中,人物的设定分为两个方向:一个是深入游戏内部的新闻事件角色设定,即新闻事件的主人公以及相关的人物设定,它让新闻游戏的内容变得更加丰满,是游戏情节构成的基础;另一个是新闻游戏赋予用户的角色,即将用户引入游戏内部的角色设定。笔者通过研究发现,无论是文本编辑类,还是模仿体验游戏类,抑或社会调查类的新闻游戏都给予了用户以角色的定位,有的是将用户化身成新闻故事的主人公,有的是让用户扮演成事件的观察者,例如《盗渔》中用户化身用户体验调查者的角色设定、The Uber Game中Uber司机的角色设定等。因此,无论是游戏内部的人物设定还是游戏外部的用户角色设定,目的都是将用户与新闻事件紧紧联系在一起。

2.地点——游戏场景

游戏是一个拥有设定规则的系统,用户在其中一定是处于某些特定的环境之中的。对于新闻游戏来说,场景就来自新闻事件本身所描述的一个或多个地点信息。地点对于新闻可视化来说具有很多优势,无论是其本身自带的图像信息,还是空间感,都为处于二维空间的网络媒体提供了更为广阔的信息承载空间。此外,随着增强现实、VR技术等科技的不断发展,新闻游戏的场景已经超越我们所理解的空间,慢慢延伸至类似真实的三维空间。在更为广阔的空间中,人们的视角转变、行为改变都可能接触到更丰富的信息维度,因此,利用新闻地点来做场景规划能够为新闻游戏创造更多容纳信息的空间,多个场景的串联便可形成新闻游戏的雏形,例如,网易在切尔诺贝利事故30周年之际推出的VR报道《不要惊慌没有辐射》[①]就利用技术为用户呈现了30年前真实的新闻现场。大部分新闻游戏正是通过提取新闻事件

《不要惊慌没有辐射》二维码

---

① 网易课堂|如何用游戏化思维做新闻[EB/OL].(2016-12-22)[2021-05-02]. http://mp.weixin.qq.com/s/p1nL56Q7nJPURwiqcoTsNg.

中具有代表性的新闻场景来还原现场，为用户营造游戏氛围。因此，这也是新闻游戏擅长的沉浸式叙事手法最常使用的设计元素之一。

图7-1-9 《不要惊慌没有辐射》截图

3. 发生过程——游戏环节

新闻的发生过程在游戏中可以理解成情节的概念，以及用户在游戏中将会遇到的故事化情境，很多优秀的新闻游戏正是依靠其环节设定所提供的体验式叙事方式战胜了传统新闻。**通常值得制作新闻游戏的新闻事件都是具有多面性或是冲突性的事件。**冲突是故事最具有吸引力的地方，也是精华之处，在新闻游戏中这个道理依然适用。选择权的转移让新闻结果的表现从新闻文本本身的描述转换为用户的体验效果，内容生产者将新闻结果的褒贬转化成用户情绪上的高涨与低落，让新闻的感染力变得更强，传播效果更好。**因此，不同的选择具有冲突，用户通过选择体验新闻中的矛盾点是新闻游戏最迷人之处。**例如，财新制作的《像市长一样思考》就是将污染对于城市环境的影响转换为不同选择的结果，将新闻的内

EDITORS LAB - SEASON 15-16
GAMES
2016

Think like a Mayor

China has suffered from air pollution as the economy grows for the past two decades and many Chinese people are complaining about it as they said the government should shut down factories, or reduce...

→ Read more
Country: China

图7-1-10 《像市长一样思考》截图

容揉进游戏环节中,通过游戏环节控制用户情绪;《叙利亚之旅》中用户将会踌躇于选择舒适却昂贵的撤退路线还是经济却危险的撤退路线;《急诊人生》里的用户会迷失在各种病情缓急的病例之中;等等。

七、新闻游戏的真实之辩

在讨论新闻游戏存在的意义时我们总绕不过对于新闻真实性原则与游戏与生俱来的主观性、虚拟性产生冲突所带来的问题。就"新闻事实"的意义构成来看,新闻报道的真实性,"现实性"是基础,"可能性"是真实所在,"解释性"是阐释层面上理解的"真实";人们所能达到的新闻真实,其实就在于新闻报道对基于事实的"新闻事件"的描述和对事实意义的"可能性"的理解程度。①而这"理解程度"的高低,取决于人的主观思维方式。换句话说,无论是生产者还是用户的主观思维,都在新闻生产和传播过程中对新闻真实性构成了潜移默化的影响,即新闻的生产传播过程就是人的主观思考在符合新闻伦理与规则的前提下在客观事实之上建立起来的过程,新闻游戏亦是如此。在笔者看来,新闻的客观性、真实性与游戏的主观性、虚拟性之间存在的并不是单纯的冲突,而是一种有机的融合。

1. 现实与虚拟的融合

游戏总是从一种模拟或者模仿的角度切入新闻事件本身,通过这样的手法让用户在交互体验中获取新闻信息。无论是文本编辑类、模仿体验类还是社会调查类新闻游戏,都是将虚拟与现实有机融合,以现实的内容为基础,构建虚拟的环境、情节等,用虚拟的或假设的主观设定为用户创造更好接受信息的平台,让用户或间接或直接成为第一人称介入新闻事件,从而大大优化新闻阅读体验,提高新闻传播的效率。因此,新闻游戏并不是存在于事实对立面上的又一个新"建筑",而是搭建在事实地基之上的新"旗帜",它的虚拟与现实的结合让整个新闻体系变得更稳固,新闻产品更具有识别度。

2. 新闻与艺术的融合

新闻游戏为我们提供了一个用艺术的眼光去看事情的方式。自古对于艺术的定义就有很多种,从功能性方面来考虑,艺术可以用来表达情感、引起审美经验等。②此外,自古希腊以来的模仿说、表现说、形式主义理论、接受学等,有的以外部世界为中心,有的以作者为中心,有的以作品为中心,有的以读者为中心,都认为艺术有可以辨认的内在统一性。③笔者认为,在新闻游戏中的游戏化元素实际上是一种客观事实基础上的情感表达,我们不妨把它看作一种艺术的表现工具,内容生产者对于新闻的再现实际上就是通过艺术的手

---

① 姚君喜. 新闻真实性的意义阐释[J]. 社会科学, 2007(6): 93–101.
② 周建. 如何定义艺术——丹托艺术哲学再认识[D]. 上海: 华东师范大学, 2013.
③ 周建. 如何定义艺术——丹托艺术哲学再认识[D]. 上海: 华东师范大学, 2013.

法将新闻事实叙述出来。上文论证了新闻游戏是新闻的一种新的叙事方式，那么这种叙事方式也可以被视作一种艺术的叙事策略，无论是新闻游戏的视觉优化、多媒体运用还是文本解构方式，都是游戏对于新闻的艺术表达。由此观之，新闻游戏成了新闻与艺术的融合产物。

综上所述，我们看到新闻游戏具有严肃的获取信息的规范机制，它是严肃而认真的，符合新闻的价值观。同时，新闻游戏为我们提供了更为广阔而优化的叙事空间，让用户在虚拟中获取真实信息，以主观的视角了解客观事实，它是主观性极强的艺术与客观性极强的新闻之间激烈碰撞、有效融合的产物。艺术与新闻在碰撞中融合，在融合中重生出一种对真实的全新理解。

游戏是一种严肃的仪式，无论它是对新闻全新的讲故事方式也好，表现手段也罢，它的存在为媒体融合语境下新闻产品业态的发展提供了全新的思路，为用户的深度参与提供了可能的路径。新闻游戏是新闻游戏化的产物，从根本上来说，新闻游戏实际上是解构新闻文本的一种方式，"游戏"是它的躯壳，而真正给我们带来意义的是隐藏在躯壳之下的信息接受体验。未来我们还会迎来 Web4.0、Web5.0甚至更多丰富的信息交流时代，新闻游戏可能只是目前这一时代的一种信息解构方式，VR技术的流行、IP概念的深入、不同行业的融合让我们看到了今后还会出现更多更为有效的信息解构和重组形式，新闻游戏的未来具有太多的可能性。也许，未来的新闻将不再止于"游戏"，但游戏化对于新闻文本的解构已经在路上，对其叙事规律的研究也将持续下去。

记　住

新闻游戏是新闻信息的游戏化，通过用户的互动参与和控制促成信息的传播与理解。新闻事实是核心，游戏元素是其支撑的结构和形态，它让新闻事实变得更具象，更具有体验的友好性与交互性，更具有传播力。

第二节　交互新闻叙事——H5新闻

我们也有必要从技术分野的角度来介绍和探讨一类融合新闻形态——H5新闻，它是融合新闻中最普遍、融合最多元、最灵活的一种新闻形态，是移动终端主要的融合新闻样态。

一、什么是H5新闻?

H5,全称HTML5(Hyper Text Markup Language 5),Hyper Text Markup Language的中文解释为"超文本标记语言",是一种用于创建网页的标准标记语言,是国际技术标准机构万维网联盟(W3C)维护的Web规范。互联网网页实质上就是HTML,即超文本标记语言,1991年被提出,1993年首个HTML规范的提案发布,1996年后万维网联盟(W3C)负责维护,2000年成为国际标准。[①]作为创建网页最主要的标准标记语言,HTML对文字、图片、图形、表格、链接等元素进行说明和规范,在网页上将这些元素正确显示出来。不同的浏览器都基于HTML的规范进行开发,并显示符合其规范的网页。

作为标记语言,HTML是网页创建的基础,HTML与CSS(层叠样式表)和JavaScript等两种语言配合,共同被用于设计网页、网页应用程序以及移动应用程序的用户界面。这三种语言分别对应网页的结构层、表示层和行为层,常被称为网页编辑的三驾马车。在这三者当中,HTML用来建构网页的结构,好比人体的骨骼;CSS用来描述网页的样式,好比人体的皮相;JS则用来定义网页的行为,好比人体的动作。[②]由此,HTML是构建网页的基石,它把这三者紧密结合,网页浏览器可以读取HTML文件,并将其渲染成可视化的网页。

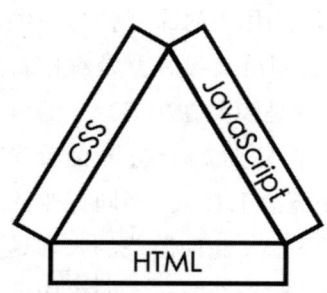

图7-2-1　网页编辑的三种语言

自1993年6月HTML1.0发布以来,HTML经过了多次更新。2012年,万维网联盟正式推出了稳定的HTML5,即第5代版本,H5赋予新闻以更多的内容形态和更多的交互方式。H5可谓文字、照片、视频、图表、动画、网页、表单、VR全景、音频、插画的超级媒体容器,是主打"交互"的新媒体样态。[③]H5新闻即建立在HTML5技术上的一种新闻呈现形式,是基于技术的一种融合新闻。正如前文所言,因为所有的浏览器都是遵循HTML5标准的浏览器,所以从广义上说每一条网页新闻理论上都是HTML5新闻。狭义的H5新闻的主要平台端口是移动端尤其是微信页面,这也使得H5新闻的传播方式以点对点的人际传播和圈层中的群体传播为主。只有深入了解H5的技术形态和交互手段,我们才能最大化地利用技术创新的可能,开发出更丰富、更具体验感的产品形态。

1.H5的技术形态

从最初的HTML1.0到HTML5.0,技术形态经过了几代升级。在4代以前的技术只承载文字和图片,需要靠浏览器第三方插件如Flash来支持视频音频。而第5代HTML带来了技术

① 参见HTML – 术语表|MDN[EB/OL].[2022-03-12].https://developer. mozilla. org/zh-CN/docs/Glossary/HTML.

② 苏涛.H5新闻的概念起源与技术逻辑——基于技术视角的考察[J].新媒体研究,2019,5(20):1-5+12.

③ 郑志亮,刘琦,闫依丹.跨界融合背景下H5产品的非线性叙事表达——以新冠肺炎疫情期间多平台H5产品为例[J].中国新闻传播研究,2020(4):127-136.

形态的革命性飞跃，引入了更多图形和视听技术，从而更具开放性，能够包容更多的技术形态，成为真正意义上的融媒体新闻技术。

（1）播放视频和音频

HTML5网页规定了嵌入视频和音频的标准方法，所有支持HTML5语言的浏览器都不再需要额外的第三方插件（如Flash）播放不同格式的视频音频，媒体客户端会基于HTML语言的规格需求生产符合标准的视频和音频。比如，2017年两会央广中国之声新媒体团队推出的《"央广主播的朋友圈"系列H5报道》[①]系列H5产品，就是一个完整的演播室抠像组合的视频。视频中，《央广新闻晚高峰》的女主播跳进自己的朋友圈，一边吐槽一边带着用户刷自己的朋友圈，通过自拍、晒图、微信小视频的方式，将央广"两会"的栏目与报道团队进行预告。人格化报道加强了产品与用户的情感联系，也使得用户对产品关注的持续性大大增强。与短视频不同的是，H5的视频具有交互性。除此以外，由于HTML5引入了对JavaScript的全面支持，在网页中同样可以插入全景图片和VR全景视频，并与用户产生交互。比如，澎湃新闻的《海拔四千米之上》[②]就是使用H5融合了视频和全景视频创建。

图7-2-2 《海拔四千米之上》H5页面中的视频和VR全景视频

---

① 获得第二十八届中国新闻奖媒体融合奖项融合创新一等奖（2018）。
② 获得第二十九届中国新闻奖媒体融合奖项融合创新一等奖（2019）。

（2）绘制图形

H5新增Canvas绘图元素，一种可以使用脚本（通常为JavaScript）绘制图像的HTML元素，结合JavaScript，HTML5可以允许在网页制定的一个矩形区域内绘制图像。Canvas支持绘制路径、矩形、圆形、字符以及添加图像，具有很多应用场景。比如，交汇点新闻的

《6397公里的
守护》二维码

H5新闻《6397公里的守护》[①]，以长江水利委员会水文局公布的长江长度6397公里为创作基础和标题关键词，以手绘长江画卷的形式，设置具有代表性、标志性的景观，动植物等画面，全景式呈现长江流域生态、文化保护的图景。除此之外，其还采用模拟定位滑动方式，增强体验的流畅性。

图7-2-3　《6397公里的守护》截图

（3）播放可缩放矢量图形（Scalable Vector Graphics, SVG）

HTML5可以允许可缩放矢量图形（SVG）随时插入通过浏览器观看，SVG与jpg等传统用像素点描述图形不同，它基于XML（Extensible Markup Language）描述二维图形，其产生的图像可被搜索、索引、脚本化，并能够被无限放大或缩小而不影响质量。更为重要的是，

---

① 获得第三十届中国新闻奖媒体融合奖项创意互动一等奖（2020）。

SVG图形允许添加脚本[①]，可动态地生成图形，能嵌入动画元素或通过脚本定义动画[②]，因此，它可以实现交互或动画效果。比如，人民日报和网易客户端合作推出的《重返这五年》，以时间发展为脉络，通过长图滑动结合一镜到底的交互逻辑，展现十八大后五年时间里的国计民生大事。

《重返这五年》二维码

图7-2-4　《重返这五年》截图

浙江新闻客户端的《第43届世界遗产大会正在举行，有个"新生"来报到》[③]，通过动漫形象的形式，使良渚文明与其他4位世界古文明代表在新生报到中对话。

（4）创作动画

在HTML5产生之前，互联网网页只能通过脚本去实现跑马灯等非常简单的动画效果。由于HTML5对JavaScript全面支持，再结合HTML5开发出的Canvas和SVG等新特性，其网页可以实现十分丰富的动画效果。具体而言，HTML能够实现三种动画方式：

《第43届世界遗产大会正在举行，有个"新生"来报到》二维码

———————————

① 脚本（Script），是使用一种特定的描述性语言，依据一定的格式编写的可执行文件。脚本语言又被称为扩建的语言，或者动态语言，是一种编程语言，用来控制软件应用程序。脚本通常是以文本（ASCII）保存，只是在被调用时进行解释或者编译。

② 魏叶敏，胡绍辉. 脚本语言在基础地理信息数据更新中的应用［J］. 四川地质学报，2017，37（4）：664-666.

③ 获得第三十届中国新闻奖页（界）面设计二等奖（2020）。

图7-2-5　《第43届世界遗产大会正在举行，有个"新生"来报到》截图

第一，Canvas动画。Canvas可以在指定的矩形区域内绘制图形，通过添加脚本，其绘制的图形可以被擦掉，并在另一个区域绘制，由此实现动画效果。

第二，SVG动画。SVG可以为某个元素附加JavaScript事件处理器，如果SVG对象的属性发生变化，那么浏览器能够自动重现图形，从而实现图片的动画。

图7-2-6　《2020脱贫攻坚——阿中邀你助力奔小康》截图

《2020脱贫攻坚——阿中邀你助力奔小康》二维码

第三，CSS3动画。CSS3是CSS（层叠样式表）技术的升级版，CSS3可以对文字或图像进行旋转、缩放、倾斜、移动等动态处理，从而实现文字和图片的动画效果。

例如，在第三十一届中国新闻奖获奖作品中，BTV新闻的《2020脱贫攻坚——阿中邀你助力奔小康》①采用动画形式，以原创卡通人物"阿中"的奔跑和闯关为依托，展现精准脱贫的典型案例。

① 获得第三十一届中国新闻奖媒体融合奖项创意互动三等奖（2021）。

（5）3D图形

HTML5引入了3D绘图协议WebGL，可以在网页中显示3D图形。3D图形增强了用户体验的沉浸感。比如，社会治理可视化数据分析研判平台，通过构建3D地图，丰富数据可视化形式。未来，这一手段与H5相结合将大有可为。

图7-2-7　社会治理可视化数据分析研判平台

2. H5的交互手段

传统PC通过鼠标和键盘形成交互，而手机等移动端则可以通过触屏、陀螺仪等硬件构成直观的交互基础，利用这些硬件技术，HTML5能带来更多全新的场景化交互手段，满足移动社交需求。

（1）触屏的多点触控

鼠标通过点击、拖动和悬浮完成交互方式，而触屏不具有悬浮功能，除了可以点击、拖动外，还增加了多点触控的交互方式。与鼠标只能提供单点点击相比，触屏可以提供多达10个点的交互方式，这就让用户的交互体验感更具亲近性和灵活性，也为内容带来了更多创新呈现。比如，文汇App发布的作品《致敬！闪亮的名字|"庆祝上海解放70周年群英展"邀你一起点亮星星！》[1]，告别单一点击的互动模式，通过五角星绘制、多点可选等触控互动，使交互体现更加丰富。

《致敬！闪亮的名字|"庆祝上海解放70周年群英展"邀你一起点亮星星！》二维码

---

[1]　获得第三十届中国新闻奖媒体融合奖项创意互动三等奖（2020）。

图7-2-8　《致敬！闪亮的名字 |"庆祝上海解放70周年群英展"邀你一起点亮星星！》截图

（2）陀螺仪传感器

手机陀螺仪传感器又可称为角速度传感器，用来测量物体旋转时的角速度，经处理器对角速度进行积分后，就得到手机在某一时间内旋转的角度。通俗来讲，陀螺仪传感器主要用来检测手机姿态，这样就能操控手机按照内容要求的方式进行旋转、移动，模拟现实的场景，从而实现逼真的交互。比如上文提及的《海拔四千米之上》，用户转动手机角度即可实现虚拟场景的相应角度变化。

（3）地理定位

HTML5新增了Geolocation的Web API特性，通过这一应用程序接口，利用手机内置的GPS定位芯片，把GPS获得的经纬度基于API实现与地理位置相关的应用。这为H5产品提供给用户移动化、场景化的服务奠定了基础。比如，2020年新冠肺炎疫情期间，财新数据可视化实验室推出的H5产品《了解你附近的"新冠肺炎"定点医院》、第一财经推出的H5工具《实时更新：你的定制防疫地图》就是利用这一特性，基于用户地理位置提供场景化的服务。

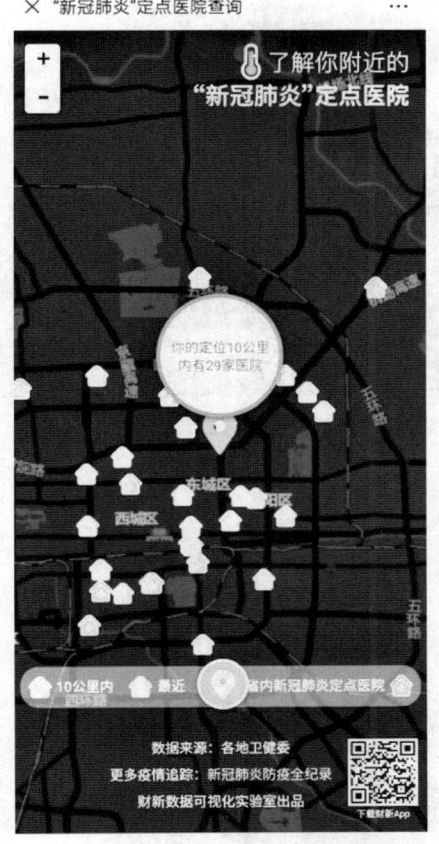

图7-2-9 2020年新冠肺炎疫情期间的H5作品实现地理定位

（4）绘制图形

HTML5的Canvas是一个图形容器，它利用JavaScript在浏览器里绘制图形，因此，媒体可以让用户通过HTML5的绘图功能实现交互。比如上文提到的《致敬！闪亮的名字|"庆祝上海解放70周年群英展"邀你一起点亮星星！》，在进入之初就出现了用户手动绘制五角星的互动方式。

（5）拍摄照片（访问相册）

HTML5兼容拍照和相册访问功能，可以利用手机摄像头拍照或访问手机相册调取照片，用户借此完成自我呈现和自我体验。比如，人民日报的《"军装照"H5》[1]、央视财经的《幸福照相馆》H5[2]等产品就是通过用户照片形成用户和产品的融合。

《"军装照"
H5》二维码

---

[1] 获得第二十八届中国新闻奖媒体融合奖项新媒体创意互动一等奖（2018）。

[2] 获得第二十九届中国新闻奖媒体融合奖项新媒体创意互动一等奖（2019）。

图7-2-10 　《幸福照相馆》H5截图

（6）录制音频

通过手机内置的麦克风，HTML5可通过JavaScript调用手机内置的麦克风录制声音并播放。比如，H5作品《声音艺术馆》，用户点击"创作你的声音艺术"按钮，进入制作页面，通过点击录音，系统将自动识别音频信息，最后生成用户声音的鉴定海报。

图7-2-11 　《声音艺术馆》截图

（7）交互SVG图形

上文提到SVG（可缩放矢量图形）可以通过脚本控制元素，动态生成图形，允许用户进行交互。比如，网易游戏推出的百变换装H5《第五人格》，就是运用SVG技术，实现虚拟人物的换装交互。

3.H5的创作设计路线

策划设计制作H5产品，基本按照策划创意、视听设计和技术实现这三个环节展开。与传统报道的线性发展逻辑不同的是，策划创意、视听设计和技术实现是同步展开的，不同阶段各有侧重，扁平化运作流程让技术实现从一开始就参与到策划和设计之中，形成交叉融合，不断调整，共同推动报道和产品不断深化和优化。

第一，在创意策划环节，紧密围绕报道主题，聚焦叙事线索，抓住段落递进的关键点和转折点，紧扣用户的兴趣点，任何一个重要细节一定是围绕主题展开的。

第二，在视听设计环节，充分把握视听融合形态，找准图片、音频、视频、交互图形等适合不同意义传达的特点，形成有针对性的媒介和符号表达，尤其对页面元素、界面布局、交互方式、场景切换进行重点构思和把握。

第三，在技术实现环节，运用不同技术对策划创意予以实现并给予优化路径，以内容和创意引领技术实现，但同时也要发挥技术开发为内容形态、表达提供创新手段的作用，实现技术与内容、创意融合中的提质增效。

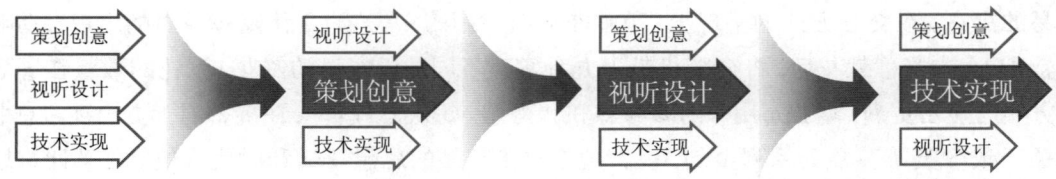

图7-2-12　H5产品的创作设计路线

下面我们以中国传媒大学和人民日报新媒体共同推出的"鲜花献英烈"[①]融媒体交互产品为例，分析其具体的技术路线。"鲜花献英烈"以第一人称的叙事视角，让用户跟随"少先队员"的足迹，以沉浸化的体验方式，一起回顾鸦片战争以来中国革命的历史征程，感受中国革命的艰辛与今天生活的来之不易，引发人们对英雄的深切缅怀。与此同时，产品设置了云上献花环节，读者每向英烈献上一捧献花，系统便会自动生成一句习近平总书记关于英雄、英烈的金句，从而实现缅怀先烈事迹、弘扬英烈精神、传承红色基因与习近平新时代中国特色社会主义思想学习的深度有机融合。

第一，对整个产品进行策划，最终选定在人民英雄纪念碑前献花。产品分为四个主要画面：

一是加载页。从底层架构而言，为保证整个H5产品呈现的流畅与准确，减少用户因操作造成的后台请求数据的延迟，加载页肩负着用户终端和服务器数据预读取的作用，旨在以最短的加载时间完成数据架构的调取与部署。因此，在画面呈现上，H5产品的加载页通常会佐以实时显示的百分比进度条元素，以此来缓解用户等待的焦虑感。加载页的画面元素通

① 该产品于2022年4月4日晚7点半正式上线人民日报新媒体，30分钟后阅读量突破10万，献花量超过15万；4月5日9时，献花量突破100万，14时献花量超过200万。在网友的积极响应下，截至4月6日22时，献花量突破288万。

常具有重要的指向性，因此要在页面上突出产品名称、开屏画面、制作单位等信息，同时依照法律法规添加ICP备案号等法务信息，从而清晰地向用户传递产品的设计理念和风格。

二是叙事页。为呈现对人民英雄光辉业绩的深刻缅怀，叙事页旨在运用视听方式为人民英雄纪念碑碑文进行场景化叙事的重构。在碑文的人声朗读中，画面以少先队员小女孩的视角，沿着通往远处的道路，走过标志性的纪念馆，最终走向人民英雄纪念碑。在小女孩走过纪念馆的过程中，画面背景的黎明夜空与道路远方的希望曙光相呼应，以此致敬照亮中华民族伟大复兴道路上的英烈先辈们，激发人民对革命精神的传承意识。在纪念碑画面的转场设计中，视觉设计团队运用人工智能AI超分辨率放大技术，提取了人民英雄纪念碑的碑文，并在视效软件中进行文本的还原与重构，将纪念碑正面最醒目的视觉元素重新做了鎏金流动的处理。伴随一道白光闪过，八个大字重新落回到人民英雄纪念碑的正面，使得人民英雄纪念碑的背面碑文与正面题词形成了前后呼应。

三是献花页。献花页作为整部产品叙事的高潮，也承载着用户交互的主要功能。该页面以人民英雄纪念碑为主体，配以花海、蓝天等视觉元素，构建出清明时节向人民英雄敬献花圈的庄重仪式，与叙事页历史长路的漫漫征程进行时空呼应，凸显出当下幸福生活来之不易的寓意。在交互方式的呈现上，敬献花篮时专用的《献花曲》伴随献花页的出现自动响起，用户点击屏幕献花后，将会随机献上九种寓意不同的祝福语的鲜花，献花的数量在屏幕下方实时显示更新，增强了用户的参与感和获得感。每次献花都会在屏幕右上方出现习总书记关于致敬英雄英烈的系列金句，极大地丰富了产品的思想意义和时代价值。在设计构思中，献花页特别设计了两种1/20概率触发的隐藏款动效，一种是触发我国最新研制的长征5B运载火箭直冲云霄，另一种是触发和平鸽飞过蓝天。两种隐藏款动效均会对应生成不同的海报，能够给予用户新鲜感和惊喜感，丰富H5交互产品的趣味性与科普性，从而提高产品的传播力。

四是海报生成页。海报生成页具有叙事收尾、用户留念、流量扩充等三种功能，用户可根据文字提示长按海报图片保存并转发。作为整个H5作品的叙事结尾，"我为英烈献上第xxx束花"实现了整个作品交互的逻辑线，将纪念人民英雄和每一位产品参与者连接，真正实现了人民群众纪念人民英雄这一设计初衷。从用户留念角度，海报生成页将"献花"这一动作进行符号化的重构，用户可选择是否留下姓名，最终生成海报，通过视觉海报这种文本形态给予用户一种宏大叙事的参与感。从流量扩充的角度而言，海报生成页的右下角会自动生成作品的二维码，用户转发海报即可附带进入H5产品的途径，将作品链接以艺术化的方式呈现，从而能够吸引更多的用户参与其中，增强产品的传播效果。

第二，基于策划案，设计团队率先确定融媒体产品编创的视觉中线效果。首先由平面设计师确定所有页面的字体和设计规范，并根据加载页的界面形态形成不同的方案备选。动效师根据叙事页的动效构思，在视效软件中模拟元素运动，提供运动速度参数，并生成动态gif元素。3D建模师则根据叙事页和献花页所需的模型角度和透视关系，制作人民英雄纪念碑及革命场馆模型，并导出图片，生成资源库。在上述视觉参考环节形成基本要素之后便进行代码测试。

第三,使用HTML语言,创建页面元素并将资源库中的资源导入程序,根据四个页面所需的不同需求通过DIV①签确定元素之间的层级关系。

第四,使用CSS语言(层叠样式表)②,初步排列页面元素,包括图片元素的页边距,文字元素的字体、字号、颜色、外发光与阴影,动图类元素的缩放比例等,以此来复现视觉参考环节的画面布局,并确定页面诸元素的图层样式及透视关系。

第五,使用JQuery语言③,获取屏幕大小,根据屏幕大小,指定页面元素的大小以及位置。通常会根据当下移动端主流屏幕比例进行画面适配,从而确保全屏预览时不会出现画面扭曲和撕裂的情况,该测试环节将由代码团队和视觉设计图队共同确定画面最佳缩放比例。

第六,使用CSS语言以及JQuery语言,设计页面元素的动画效果。基本的动画效果包括平移、旋转、缩放、不透明度。该测试环节将会依据动效师提供的视频参考小样进行代码语言的转换,通常测试加载页的进度条效果,各类触发按钮的缩放效果,叙事页发光粒子运动速度、粒子光照强度等动画元素。

第七,使用JavaScript语言,设计页面元素的时间关系,在指定时间让指定元素执行指定动作(例如出现、消失、淡入、淡出,以及各种动画效果)。该测试旨在优化页面转场之间的用户体验,并依据人声朗读的节奏控制每个纪念馆元素的出现时间和速度,将视频剪辑中的"时间轴"概念以代码语言在H5程序中复现,从而更符合视听元素表达的审美需求。

第八,使用C#语言,基于NET FrameWork④,开发后端,后端具有生成海报、数据库读写等功能,并发布成WebService⑤,供前端调用。该功能旨在记录献花页的用户点击数量,并伴随每次点击更新屏幕下方的献花数量,在用户进入海报生成页面后,该功能可调取献花数量和用户的名称生成专属海报。

第九,前端Web数据交互方式使用AJAX⑥技术,调用后端WebService服务,形成整个程序的闭环,在上传程序的网页文件至服务器之后,通过和人民日报新媒体部署CDN⑦来优

---

① DIV是层叠样式表中的定位技术,全称DIVision,即划分。有时可以称其为图层。DIV元素被用来为HTML(标准通用标记语言下的一个应用)文档内大块(block-level)的内容提供结构和背景的元素。

② CSS语言即层叠样式表,全称Cascading Style Sheets,是一种用来表现HTML(标准通用标记语言的一个应用)或XML(标准通用标记语言的一个子集)等文件样式的计算机语言。

③ JQuery也属于网页编程语言,是基于JavaScript语言写出来的一个框架。它封装JavaScript常用的功能代码,提供一种简便的JavaScript设计模式,提倡以更少的代码做更多的事,因此,其实质还是JavaScript。

④ NET Framework是用于Windows的新托管代码编程模型。它将强大的功能与新技术结合起来,用于构建具有视觉上引人注目的用户体验的应用程序,实现跨技术边界的无缝通信,并且能支持各种业务流程。

⑤ WebService 即We服务,是一种跨编程语言和跨操作系统平台的远程调用技术。

⑥ AJAX即Asynchronous Javascript And XML(异步JavaScript和XML),是在2005年被Jesse James Garrett提出的新术语,用来描述一种使用现有技术集合的"新"方法,包括HTML或XHTML、CSS、JavaScript、DOM、XML、XSLT,以及最重要的XMLHttpRequest。

⑦ CDN是content delivery network的英文缩写,指内容分发网络,即服务商通过在世界各地部署大量服务器节点,缓存源站静态资源(目标服务器),当用户访问时返回最优线路的资源,提高网页响应速度,给用户带来更好的体验。

化内容分发的速度和响应,提高加载页的响应速度,让用户获得如同本地端浏览的流畅体验,从而完成整个产品的制作。

4. H5新闻基本样态

H5技术为用户进行探索式的体验、参与新闻报道、共同构建信息提供了技术手段和途径。早期的H5主要通过让用户切换不同场景来体验信息,随着交互技术的发展,H5的应用场景越来越丰富。**H5按样态形式主要分为图文展示类H5、视频类H5、技术型H5、动画类H5、模拟类H5和生成类H5。**

图文展示类H5新闻主要是图片搭配文字构成的页面设计形式。文字与图片共同传达信息,图片以照片、背景图、GIF动图等视觉形象传达具象信息,文字则传递概念、背景等抽象信息,二者相辅相成。页面之间以上下滑动或前后翻页的方式形成交互,依次展示信息。这类新闻是最早期的H5技术形态的信息形式,其信息的易得性和交互性往往产生矛盾,用户体验感并不理想。发展后的H5利用条漫长图的形式和角色扮演的方式,增强体验的流畅性和顺滑感,比如《【剧本杀】他深夜离奇死亡,迷雾重重,你能找出真相吗?》以用户扮演法医对事件真相进行层层挖掘。

《【剧本杀】他深夜离奇死亡,迷雾重重,你能找出真相吗?》二维码

图7-2-13　《【剧本杀】他深夜离奇死亡,迷雾重重,你能找出真相吗?》截图

视频类H5新闻,顾名思义就是以视频形态为主的H5产品形态。一类是全部以视频构成H5产品,如2017年"中国之声"微信公众号发布《"央广主播的朋友圈"系列H5报道》,将视频抠像技术和朋友圈展现形式相结合,并集合广播的声音特点、图文视频的可视特点,在叙事融合方面实现创新突破。在全国两会这样重大时间推出,生动、有趣又具有良好的内容价值,能够吸引更多人主动关注两会,关注国家议题。另一类是在图文形式中插入视频,形成静态信息和动态信息融合化的H5产品,如芒果TV《一张照片背后的这七年》[①],以"照片+文字+视频+音乐"的创意互动形式,将十八洞村的七年变迁融入一个简洁生动的H5之中,让用户能够在简单的互动之中了解十八洞村发生的翻天覆地的变化。

《一张照片背后的这七年》二维码

图7-2-14 《一张照片背后的这七年》截图

交互体验H5新闻以用户选择等深层次交互形式为主,让用户在交互体验中获取新闻、感知信息。比如,人民日报客户端和快手短视频联合推出的H5作品《复兴大道70号》[②]《复兴大道100号》[③],分别以"乘坐观光车进行穿越之旅"的形式和横屏手绘长图呈现,用户通过左滑页面实现历时"观光",在交互中细致展现祖国70年波澜壮阔的发展史以及中国共产党成立100年来的伟大历程。

《复兴大道70号》二维码

---

① 获得第三十一届中国新闻奖媒体融合奖项创意互动一等奖(2021)。
② 获得第三十届中国新闻奖媒体融合奖项创意互动二等奖(2020)。
③ 获得第三十二届中国新闻奖融合报道一等奖(2022)。

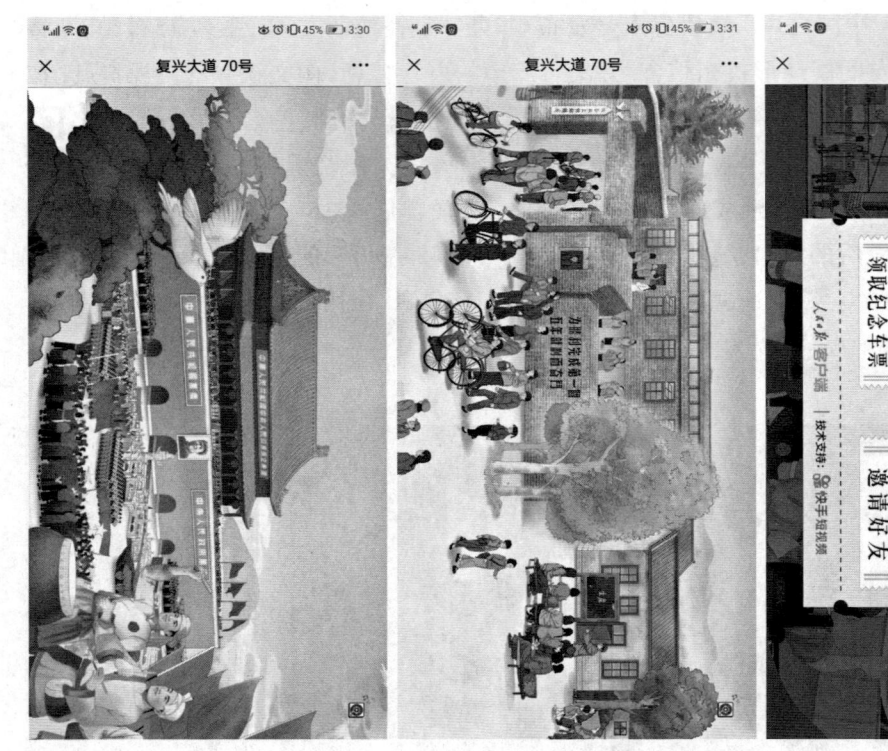

图7-2-15　《复兴大道70号》截图

　　交互生成类H5新闻以用户提供的信息比如照片、视频、绘制图形为主，形成个性化的交互产品。2017年，为纪念建军90周年，人民日报客户端推出《"军装照" H5》，用户可以上传自己的照片，后台借助人脸识别、融合成像等技术，可以生成属于自己的虚拟"军装照"，表达对人民军队的喜爱之情。这件H5新闻作品一经上线，立即呈现"裂变式"传播，用户参与新闻生产过程，帮助用户释放个人传播价值，充分体现用户思维。2018年春节，恰逢改革开放40周年的时代节点，央视财经和天天P图合作，为欢度春节、致敬改革开放推出了《幸福照相馆》H5，用户上传家庭成员单人照片，通过AI换脸技术，生成全家福，由此打破时空限制，激发用户的社交分享欲望。

　　场景模拟H5新闻对现实场景进行模拟，让用户在熟悉的场景中获取信息，形成场景化的信息建构。比如，每日经济新闻的H5作品《ofo迷途》[1]的手绘地图覆盖11座城市，用户可以通过点击城市按钮，选择自己感兴趣的城市，在熟悉的现实场景中了解ofo在全国范围内的运营情况。

---

① 获得第二十九届中国新闻奖媒体融合奖项融合创新一等奖（2019）。

二、H5新闻的交互类型

根据H5的技术特性，我们可以把H5新闻互动类型主要分为两种：**引航式互动和适应式互动**。引航式互动主要为用户设计引航路径，用户可以根据提示，跟着导向、界面等进行后续操作，一步步完成对信息的体验；适应式互动侧重于用户发挥主观能动性，以自己的视角代入新闻事件中。

而根据操作叙事的不同，H5叙事主要分为**界面响应、路径选择和角色扮演**三种类型。

表7-2-1　H5叙事分类

引航式互动	界面响应	响应——引航：用户根据提示点击、滚动等界面操作指引新闻作品发展
	路径选择	选择——引航：用户根据意愿在多条叙事路径中选择
适应式互动		选择——内容：选择行为将影响作品展开方式
	角色扮演	用户主导结果：用户按照某特定视角参与故事叙述，或作为参与内容生产的角色

1. 界面响应

界面响应是指用户根据界面提示进行点击、上下翻滚或左右滑动等界面操作推动新闻叙事的展开。引航式界面响应基本是线性方式，在叙事路径中插入弹窗和提示按钮，适用于线性的可视化设计与内容本身结合起来，在长图、条漫里也适用比较多。比如《长幅互动连环画 | 天渠：遵义老村支书黄大发36年引水修渠记》[1]以蜿蜒的"水"为叙事线索，引领用户上翻，把视频、图片、音频、全景图片等操作提示嵌入其中。长图H5《幸福长街40号》把改革开放40年中国的变化包括人物、音乐、电视剧等，以街景方式呈现出来，在其中嵌入"相机"按钮提示用户拍照截屏打卡。

除了二维平面的线性展示，界面响应还可以在纵深展示的信息中深入，更具有三维立体的体验感。比如，央视新闻的H5产品《铁血铸军魂》[2]即采用纵深的视觉体验来展示我国不同年代的海、陆、空武器装备，视频、图片、文字嵌入纵深的可视化图形中，呈现一镜到底的视觉体验，体现出较强的沉浸感。网易新闻的H5产品《1分钟漫游港珠澳大桥》，用户以第一人称视角、一镜到底的方式，模拟驾车行驶在港珠澳大桥上，用户长按屏幕可以

《铁血铸军魂》二维码　《1分钟漫游港珠澳大桥》二维码

以不同的速度前进，每到一个里程段可以松手拍照，通过相对简洁的界面操作，完成驾车行驶体验港珠澳大桥。

---

①　获得第二十八届中国新闻奖媒体融合奖项新媒体报道界面一等奖（2018）。
②　获得第二十八届中国新闻奖媒体融合奖项新媒体创意互动二等奖（2018）。

图7-2-16 《铁血铸军魂》截图

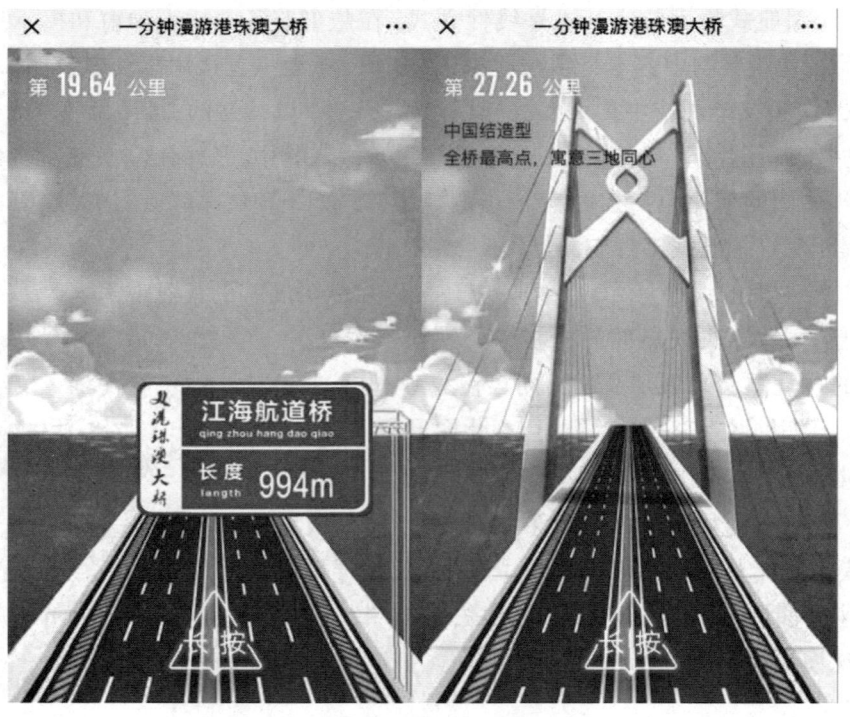

图7-2-17 《1分钟漫游港珠澳大桥》截图

2.路径选择

路径选择可以分为引航选择,为用户提供多条叙事路径进行选择,选择的路径将指向不同的内容。这样的叙事结构是非线性的结构，可以是总分结构和并列式结构，进入界面后点击不同的主题可以进入子界面。同时，融合连续线性结构，把子主题延展下去。但每个界面都能回到总主题或跳到其他主题，能够来回切换。《海拔四千米》之上根据其"三江源"的内容主题特点，把H5篇章结构分为"黄河源""长江源""澜沧江源"三大并列结构，三个子主题内容相互倚重。每一个子主题又以引子视频衔接三层VR视频，又在VR视频中嵌入"雪豹护食""牧民救护雪豹""涉水上岸的大秃鹫"等弹窗视频。页面下端设导航栏，用户可以随时回到主界面或者切换到其他两个子主题。

3. 角色扮演

用户按照某特定视角参与故事叙述，或作为参与内容生产的角色，形成用户主导的内容叙事发展，但这种主导是相对的，一定程度上也是在传播者设计的框架内进行，并非完全按照用户的意愿展开。2017年全国两会期间，人民日报客户端团队推出的《全国两会喊你加入群聊》完全模拟微信群聊的形式，用户通过输入数字的方式加入群聊，总理和各位部长在群内与用户进行轮番互动。在这一产品中，用户可以刷各位部长的朋友圈，看他们对时政热点的点赞与评论。对用户日常行为的模拟进一步增加了报道的趣味性，使用户参与感得以激发。2019年全国两会，人民日报联合快手为两会预热的创意互动视频H5《点击！你将随机和一位陌生人视频通话》，模拟通话的手机界面，拉近两会与普通百姓的距离。国务院中国政府网推出的游戏类H5《美术馆里看政府工作报告》，采用手绘风的动画形式，用户可以自己"参观"美术馆寻找画作里面的隐藏元素，揭晓隐藏元素中的报告话题。

《全国两会喊你加入群聊》二维码

《点击！你将随机和一位陌生人视频通话》二维码

《美术馆里看政府工作报告》二维码

图7-2-18　《点击！你将随机和一位陌生人视频通话》截图

三、H5新闻设计需要注意的问题

由此可见，H5的开放度和融合度都很高，表现出技术融合的优势，但这种优势也不能成为信息呈现的绊脚石，因为一味寻求技术大于内容的炫技，过多的融合和交互手段反而会干扰内容本身的表达，从而成为形式大于内容的技术空壳。因此，H5新闻的技术运用与信息交互应该以主题内容为核心、简洁高效为基本、方便易得为指向，形成内容、技术、形态、交互和谐相生的融合体。

1. 页面精简

总体而言，H5技术在可视化和交互方面的优势非常明显，充分适应当前新闻可视化的语境。但我们也要辩证分析，文字太多的产品或者图表信息反而不适合以可视化和交互见长的H5，而更应该适用于一目了然的微信页面。因此，在信息表达和形态选择上，要发挥不同技术和形态所长，将文字图表的表达交给微信页面、可视化交互交给H5。

2. 交互精简

叙事设计上的交互比如问答、选择等要根据实际内容的深度和广度来设计，重要的知识点或信息点设计交互，避免明知故问、故弄玄虚的设置，形式上，动画、触屏等交互效果过多，影响用户对信息的方便易得，反而容易使用户的正常使用受到干扰，甚至产生厌烦的情绪。

3. 融合手段精简

H5技术提供了信息融合的丰富性和多样性，但如何利用好这种丰富性手段，需要注意四个方面：

第一，不同介质信息要巧妙、合理融入其中，形成良好搭配，合而为一，融为一体，尽量做到持续递进往前，减少重复、回到初始点等路径。

第二，在叙事逻辑和页面布局上，注重整体结构框架设计，努力寻求不同介质信息在内容和形式上的共同契合点，有效整合在设计的框架内，叙事层面仍然需要主线突出、主次分明，体现出内在的节奏感。

第三，在可视化设计上，以简洁为要，重点和可视化细节要体现出层次感，避免繁杂过多的枝节淹没重要信息，重视创新创意和视觉表现力。

第四，提升H5的打开效率，在丰富性和易得性之间寻求平衡，避免包裹过多的技术手段和加载层级而影响H5产品的打开效率。有研究表明，H5页面加载时间超过5秒，就会有74%的用户离开页面，复杂交互导致流失。输入行为或者复杂交互行为会导致用户流失，H5层级越深流失越多。用户随着页面层级的加深而不断流失，流失率在前几页最高，只有46.9%的用户来到第6页。[1]

---

① 移动页面用户行为报告第一期[R/OL].（2015-05-06）[2021-07-09].http://s.ku-h5.com/s/tgi-report-1/index.html.

记　住

H5新闻是依赖技术迭代的融合新闻形态，它是融合新闻中最普遍、融合最多元、最灵活的一种新闻形态，是移动终端的主要融合新闻样态。

❓ 思　考：

1. 什么是新闻游戏，新闻游戏的实质是什么？
2. 新闻游戏化策略有哪些？
3. 如何理解新闻游戏的真实性？
4. H5新闻的交互类型有哪些？

第八章
交互与沉浸叙事创新（二）

CHAPTER

在融合创新中，沉浸性无疑是新闻呈现的重要发展，依靠技术赋能的沉浸场景让人、媒介、信息三者深度融合，从某种意义上说，它重新诠释了麦克卢汉的"媒介即人的延伸""媒介即信息"。有研究者认为，沉浸感是参与者借助交互设备和自身的感知系统，对虚拟环境的投入程度。[①]沉浸式新闻叙事是一种对新闻中的事件或场景以第一人称进行体验的新闻生产方式，是让用户通过沉浸技术，以数字化身进入虚拟场景，形成意识在场参与故事情节。[②]由此，沉浸式新闻叙事可以被概括为**通过交互技术和用户感知系统，报道者让用户以第一人称视角进入事件虚拟场景，以数字化身份参与事件发生发展**。

可以说，沉浸必然包含了交互，是深度地、无缝地交互。而循着新技术发展的轨迹，从虚拟现实（Virtual Reality），到增强现实（Augmented Reality），再到混合现实（Mixed Reality），进而到扩展现实（Extended Reality），到全息影像（Hologram），人与媒介、技术的交互与融合无远弗届。

第一节 沉浸式新闻叙事——虚拟现实（VR）新闻

虚拟现实技术的不断成熟催生了沉浸式新闻的发展，人类利用高科技完全能够创造出一个同真实世界相差无几的平行空间，其所看到、听到、触碰到的都是虚拟的真实，体验效果获得了极大提升。保罗·莱文森（Paul Levinson）在《人类历程回顾：媒介进化理论》一文

---

① 伯迪. 虚拟现实技术：第二版[M]. 魏迎梅，等译. 北京：电子工业出版社，2005.
② DE LA PENA N, WEIL P, LLOBERA J, et al. Immersive journalism: immersive virtual reality for the first-person experience of news[J]. Presence, 2010, 19（4）：291-301.

中提出了"补偿性媒介"理论,该理论认为"任何一种后继的媒介都是对过去某一种媒介或某一种先天不足的功能的补救和补偿,而新的媒介又会带来新的问题"。VR技术的出现,突破了时空维度,为用户营造出其他媒介无可比拟的沉浸感,开启了全新的信息传播方式,同时也带来了叙事方式的巨大变革。

一、虚拟现实新闻发展和特点

2012年起,美国媒体将VR技术引入新闻报道。[①]2014年9月,美国《得梅因纪事报》(*The Des Moines Register*)将这一技术应用在新闻项目《丰收的变化》(*Harvest of Change*)中,展现美国社会经济变化如何影响艾奥瓦州的一户农场家庭,从此VR技术开始引发全球新闻机构关注。2015年被公认为全球"VR新闻元年",在英美主流新闻媒体中,《纽约时报》最早开设了VR频道,开发VR新闻手机应用NYT VR,发布难民儿童纪录片《流离失所》。该片通过照片、文字和VR虚拟现实视频分别深入讲述了来自乌克兰、南苏丹和叙利亚的三个儿童的故事,对VR的叙事进行了积极的探索。ABC和CNN也开设了VR频道和新闻栏目。同年9月3日,我国人民日报制作了"9·3"胜利日大阅兵VR全景视频,将虚拟现

《去天安门,从一个前所未有的角度看升旗》二维码

实技术应用在重大主题报道中,开启了我国主流媒体广泛应用虚拟现实技术的大幕。2016年全国两会期间,是我国主流媒体探索VR新闻的爆发期,新华网共推出17个VR全景新闻作品,其中,《去天安门,从一个前所未有的角度看升旗》近距离、多角度、全方位地拍摄了天安门广场升旗的场景。在新华网的全景视频中,用户可以自主选择操作模式和视频质量,并且可以从正常视角、鱼眼视角、圆桶视角和小行星视角四个视角进行观看。此外,新华网还推出了一款基于VR技术的小游戏《你能当两会记者吗?》,别出心裁地将VR技术与游戏结合起来,丰富了可视化报道的形式。政协开幕当天下午,人民日报客户端也火速发布了《VR带你进会场·政协大会这样开幕》的VR产品。

此后,VR连同AR、MR等术语成为探讨媒体技术时的高频词,被视为媒体融合发展和融媒体产品创新的增长极。

图8-1-1 　《去天安门,从一个前所未有的角度看升旗》截图

---

① 尤红. VR新闻的重构特征与伦理风险[J]. 现代传播(中国传媒大学学报),2020(4):50.

1. 什么是虚拟现实（VR）

虚拟现实是利用计算机生成一种三维模拟环境，展示该环境的实时三维动态图像，并通过多种传感设备使用户"沉浸"到该模拟环境中，直接与模拟环境展开自然交互[①]，用户由此获得身在真实环境中的体验和感受。

2. 虚拟现实的融合本质

顾名思义，虚拟现实不是虚拟环境，也非现实环境，其本身就是借助机器产生的虚拟环境和现实世界的融合。为了更好地理解虚拟现实，我们不妨使用排除法。虚拟现实不同于凭空而起的想象和幻想，它与现实有对等性和模拟性；虚拟现实也不是自然的实在和有形的存在，而是电子虚拟的环境；虚拟现实更不能被简单归结于主观的意识，而是想象和虚拟环境的交融。

3. 虚拟现实的特征

伯迪（Grigore Burdea）等在其著作《虚拟现实技术》中认为，虚拟现实技术的核心特征是沉浸（Immersion）、互动（Interaction）和想象（Imagination）。[②]参与者通过技术把自己置身于虚拟的环境中，感知周围的信息并作用于环境，在想象中操控信息，获得现实环境逼真的体验。

其中，沉浸无疑是虚拟现实技术的核心特征。在传播学范畴内的沉浸感特征则主要体现在使用者身体的感知系统和行为系统。[③]总体上讲，感知和行为是人与外界环境交互的两大部分，其中，人通过视觉、听觉、触觉及嗅觉等感知外界环境及其变化，由此构成感知系统；人通过语言和行为去作用于环境，由此构成行为系统。虚拟现实的沉浸感就是创造人的感知系统和行为系统与模拟场景的交互，让参与者在虚拟的世界中体验"真实"。

美国实验心理学家詹姆斯·吉布森（James J. Gibson）把感知系统划分成视觉、听觉、触觉、味觉和嗅觉等五个子系统，把行为系统分成姿态、方向、运动、饮食、动作、表达和语言等七个子系统，人类通过这些子系统影响外部环境及自身。目前，从感知系统而言，探索中的虚拟现实对视觉、听觉、触觉等方面的模拟比较成熟。而普遍认为，这其中，人的感知有80%是来自视觉，虚拟现实最重要的作用在于创造视觉感知形成的沉浸感，这也是我们目前VR全景视频着力打造的方向。就人类行为系统而言，虚拟现实对方向、表达和语言三个方面的表现已经较为成熟。方向系统负责确定和调整人体的方向，表达系统通过人的面部表情和手势传达信息，语言系统通过人的语言在虚拟世界中形成交流。从虚拟现实到扩

① 曾祥敏，董小染. 2016全国"两会"新闻报道信息可视化产品研究［J］. 传媒，2016（6）：32–35.

② 伯迪. 虚拟现实技术：第二版［M］. 魏迎梅，等译. 北京：电子工业出版社，2005.

③ 虚拟现实何以超越拟态环境［EB/OL］.（2014–12–03）［2022–08–17］. http://media. people. com. cn/n/2014/1203/c382352–26141124. html.

展现实的不断发展,是沉浸性不断提升的过程,也是虚拟和现实无限融合的过程。

二、虚拟现实新闻应用创新

简言之,虚拟现实新闻主要指借助虚拟现实技术报道事件,让用户沉浸于事件中,获得逼真的现实体验,以此获取信息。虚拟现实用在新闻之中,创新了传统新闻在报道视角、共情能力、报道手段和用户使用等多方面的路径,是融合创新的重要发展方向。

1. 叙述视角的创新

传统的新闻报道,报道者以代言人的身份深入现场,观察事件,采访人物,选择角度,形成报道叙述,受众是以第三人称的视角旁观事件,感受他人的世界与生活,受众通过二维平面提供的限制视角被动接受线性的叙述。而虚拟现实为用户提供了第一人称的视角去观察和探索现场和事件,获得现场场景的沉浸式体验。用户与记者的观察和选择的视角合而为一,记者不是代言人,用户即记者,成为现场的目击者和体验者。另外,三维立体的空间叙事为用户提供了更多自由选择的叙述视角,线性的叙事发展让位于360度非线性的多向选择叙述。

2. 共情方式的创新

虚拟现实技术又被称为共情媒介(Empathetic Media),"共情"或"移情"成为沉浸性新闻报道的主要体验。通过丰富、立体的细节感知,用户深度卷入事件的情绪、现场的氛围和人物的情感之中,达到感同身受,这种深度的情感卷入甚至已经影响用户的理性认知。

3. 报道形态的创新

传统新闻以声画结合的二维平面呈现信息,基本以人眼正视的平面视角观察和呈现现场。而目前的VR新闻主要诉诸视觉的沉浸性,360度的全景视频为用户提供了三维立体、全面的场景。场景的丰富性不仅使信息倍增,场景的沉浸性也创造了信息表达的逼真感。

4. 使用方式的创新

虚拟现实带给用户对信息的操控感,结合人工智能和大数据,借助可穿戴设备,通过逐渐成熟的人机交互系统,目前至少在行为系统的方向、表达和语言等方面提供用户与虚拟现实的深度交互。

三、虚拟现实的场景应用创新

虚拟现实技术在场景应用中,通过技术融合与场景适配,更能体现出融合新闻的创新运用,其复合效应和增强效应更加明显。

1. 信息聚合

媒介形态的每一次迭代与演进都体现为信息呈现形态的多元化。近年来大行其道的短视频凭借其融合文字、图片、音视频的强大聚合力，成为移动互联网时代内容呈现最主要的形式之一。虚拟现实技术在全景记录、还原真实时空环境的同时，还可供创作者在现实空间场景中叠加窗口、图层、超链接等虚拟数字内容，并允许用户在观看VR内容的界面中一并获取图文与音视频信息。因此，与视频相比，虚拟现实技术具有用户与内容间的互动性、内容与内容间的互文性两大优势。

就具体传播语境而言，VR新闻产品由于具备较强的可看性、可玩性、可用性，近年来被各大媒体视作创新报道形式的一大法宝，在全国两会、重大主题报道、深度报道中频频现身，成为展示媒体创新实力和融合发展成果的集合体。就其功能而言，虚拟现实技术在大型报道、系列报道中通常承担用户获取详细新闻信息门户和串联系列报道内容主线的角色。例如，2019年全国两会期间，央视网推出《VR带你观两会》系列主题报道，打造了"VR全景|'通'民心'道'信心"等虚拟现实场景，展示了代表委员回答记者提问时的360度全景图片。用户滑动屏幕、转动鼠标即可查看现场实况，体验电视直播、图文、音视频报道无法提供的独特观会视角。此外，用户可以点击VR场景中代表委员身旁的按钮查看其身份信息与提案内容、点

《VR带你观两会》二维码

击场景下方的视频按钮观看代表委员答记者问时的直播回放。利用VR技术构建的信息门户为原本较为零散的新闻报道建立视觉联系，满足了用户在同一场景中主动浏览、自主选择多样化、多层次信息获取的需求，有效延长了用户在平台和产品中的停留时间。

2. 现场还原

虚拟现实技术最为显著的特征就是立体、生动的视觉呈现能力。麦克卢汉认为，电子媒介是人视觉、听觉、触觉能力乃至中枢神经系统的延伸。而虚拟现实技术的应用则实现了人体功能的超越——突破了现实世界中人眼的视觉角度和大脑的注意力范围，提供同一时

图8-1-2　《VR带你观两会》截图

刻周围环境360度的全息影像画面,构建了现实意义上的"超真实"媒介场景。用户在其中以"上帝视角"纵览全局,捕捉从其他媒介载体、产品形式中无法获得的细节信息。

虚拟现实技术具备描摹、重构、呈现新闻现场的技术能力,在节日庆典、体育赛事、突发事故等场面感足、视觉冲击大的场景中能发挥以往呈现形式所不能及的优势,从而在海量同质化报道中开辟一条创新赛道。因此,利用VR技术制作新闻从本质上而言是媒体在差异化竞争中提供差异化内容的重要途径,具体表现为以下两点:

一方面,VR新闻将拍摄视角、机位选择等权利交给用户,让用户在主动探索新闻产品的同时获得差异化的使用体验。例如,在中华人民共和国成立70周年阅兵活动当天,央视新闻联合人民网、新华网第一次提供VR多视角直播,在天安门广场周围设置了观礼台视角、长安街高点视角、仰望长空机群视角等7路独家特殊视角,用户可以自由选择观礼角度,获得与电视大屏端迥然不同的观礼体验。

另一方面,VR新闻凭借现场情境还原能力,为用户提供具身性的在场,成为突发事件报道中凸显差异化的生动报道工具。特别是在一些成因复杂、涉及面广的新闻场景中,虚拟现实技术弥补了以往图文乃至视频报道篇幅、视角有限的不足,将新闻报道从"读图时代""视频时代"推进至"现场时代"。例如,2020年6月,一辆槽罐车在浙江温岭发生爆炸,严重波及周边建筑物,造成特大伤亡事故。央视新闻新媒体随即推出《VR全景看温岭槽罐车爆炸现场》,以爆炸事故发生处为原点绘制360度全景图,并在图中标注车辆残骸最远飞落点,展现爆炸冲击所造成的严重破坏和现场救援情况,实现了图文、视频都难以企及的现场还原感。此外,VR报道能让用户在滑动屏幕查看事故现场过程中直观感受到爆炸威力,起到了安全教育警示作用。

《VR全景看温岭槽罐车爆炸现场》二维码

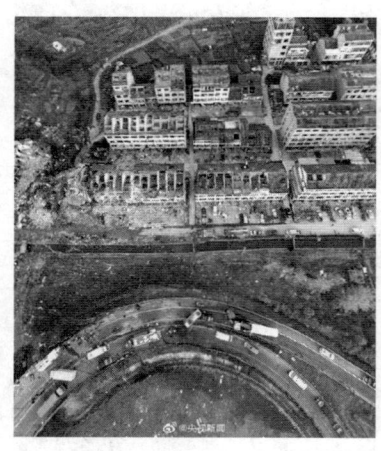

图8-1-3 《VR全景看温岭槽罐车爆炸现场》截图

3. 情景伴随

作为一种媒介形态，虚拟现实技术的一大突破是消融了内容产品千人一面的固定形态，进而邀请用户从主观视角出发与其互动，从而产生一种"身临其境"的代入感。而时下流行的慢直播也同样试图建立代入感，营造个体在场、集体参与的沉浸式、互动式体验场景。未来，随着5G技术和360度全景摄像头的进一步普及，建立在高速率、低延迟信号传输和超高清晰度图像采集基础上的虚拟现实技术将有效推动"VR+慢直播"融合，使情景伴随成为VR新闻报道的重要场景之一。例如，2020年新冠肺炎疫情暴发初期，雷神山、火神山两座医院的建设吸引了举国目光。央视频客户端随即推出VR视角信号，24小时直播火神山建设实况，让用户360度全景观看施工现场，全民见证、全景展现"中国速度"。

四、虚拟现实新闻叙事特点分析

虚拟现实从视觉表达上提供了沉浸性的360度全景呈现，从传统视频到全景视频，呈现出去中心化、去边界化的叙事方式，创作者的内容主导权也发生了迁移，故事推进由靠制作者设计转移到制作者与用户的互动建构，二者缺一不可。**从传统叙事到全景叙事，讲故事的重点由单纯沿故事线推进变为故事线、互动线双管齐下，换言之，就是设计营造故事推进的立体空间。**

全景视频给用户提供了360度的视角选择，但是由于人类视角的有限性，用户只能通过身体的转动或设备的移动来变换视角，获得全景体验，这意味着，在某一瞬间，用户仅能看到全景视频所呈现的信息的一部分。换言之，很有可能出现下面这种情况：两个人观看了同一部全景视频作品，但是看到的内容可能不同。视角的增广带给用户前所未有的视觉体验，同时也给叙事带来了有史以来最大的挑战：哪儿都能看到，在一定程度上也意味着很有可能恰恰没有看到重点。因此，和传统视频相比，全景视频势必会创造一个全新的影像叙事模式，这开拓了影像叙事的空间和手法，但也带来了全新的挑战。

传统的二维视频，叙事主线是固定而明晰的，而全景视频的主线掩藏于360度的场景里。在全景视频360度的空间下，用户缺少把关人来强制其观看某些信息，用户选择观看的某个画面未必是关乎整个故事进展的关键画面或叙事主线，甚至有可能完全错过了关键画面。在这种情况下，用户观影完毕后很有可能不明所以，不知道记者或导演想说什么，只感到震撼、炫酷，但并无其他实质性的信息收获。这些问题不得不引起我们的思考。因此，这就需要借助叙事要素的帮助，将用户适时带回到叙事主线上来，至少不错过关键画面和信息，这也是目前全景视频叙事的主要特点：

1. 利用运动引导视觉焦点

阿恩海姆（Rudolf Arnheim）说，"运动，是最容易引起视觉强烈注意的现象"[①]。动物

---

① 阿恩海姆. 艺术与视知觉 [M]. 滕守尧, 朱疆源, 译. 成都：四川人民出版社, 1998: 508.

的天性使然，移动物体对其注意力具有天然的吸引，因为只有确认有没有物体或者其他动物在向自己靠近，才能躲避危险。人和其他动物一样，亘古流传的基因决定了我们的注意力会更容易被正在运动的物体吸引，我们的视觉焦点会自然而然地转移到它们身上。因此，画面中人物的走动、手势的指引、物体的运动等，都能成为捕获观众注意力、把大家的视觉焦点从360度的自由空间吸引到叙事关键画面上的手段。比如，在VR纪录片《流离失所》中，《纽约时报》多次娴熟地利用运动物体对观众的天然吸引力来协助使叙事流畅完整。例如，片中主人公Hana在农场摘黄瓜挣钱，通过Hana的走动，把观众的注意力转到画面的右后方，下一个镜头是收黄瓜的卡车，Hana会把收获的黄瓜送到这里。通过运动物体吸引用户视觉焦点，《流离失所》对此运用得较为娴熟，数量也非常大。在美国国家地理的VR视频《和熊一起在勘察加游泳》（Swimming With Bears in Kamchatka）中，运动物体对叙事的积极影响更为明显，通过熊在水里追逐嬉戏、游泳、捕捉三文鱼等数量众多的动物运动，牢牢抓住用户的目光，实现流畅叙事。

图8-1-4　《流离失所》截图

　　VR视频由于有360度的画面空间，这就需要360度空间中所有人和物都处于被拍摄状态，任何一个方向上都不能有摄制人员、设备道具等外来因素的干扰。因此，VR视频中这些关乎叙事的关键性运动需要在拍摄前就有精确的设计或成熟的演练，这样做不可避免地会加大导演设计的工作量，但是其在促使叙事更加流畅方面的作用不可小觑，同时也能在很大程度上使用户获得更好的观影体验。

　　2. 运用声音吸引注意力

　　追溯一切视频的发展源头，都得从卢米埃尔兄弟的《工厂大门》说起。电影发明之初，虽然是无声的，但是逐渐在放映时有了和画面相配的音乐来满足人们对视听体验的基本要求。现在，声音已成为影响影片叙事的一个重要因素。声音在叙事效果的呈现上表现在诸多方面，如声音在叙事视角、叙事时间、叙事空间、节奏的控制、悬念的设置、隐喻的表达、冲突的表现等诸方面起到重要作用。[①]在全景视频中，声音又起到了吸引观众注意力、捕获观众视觉焦点的作用。通过声音的吸引，继而由导演间接引导叙事，确保观众不错过全景视频中的关键信息。《纽约时报》的全景纪录片《流离失所》在叙事方面就充分利用了声音对观众进行吸引。例如，在飞机给难民空降食物的场景中，飞机出现前先响起飞行时巨大的轰鸣声，吸引观众找寻声音源头，这样观众就能够看到飞机从远处渐渐靠近，然后投递食物的场景。通过声音来引导用户，这样即使是在360度的空间画面中，用户也能捕捉到核心内容，不错过影响影片叙事的关键镜头。基于视听体验中"画面"和"声音"的不可分割性，和其他叙事要素相比，声音是一种最自然，同时也很简便可靠的引导叙事的方法。

3. 多向字幕补充画面内容

字幕对画面信息有着强调、提示、补充、说明的作用，能够简明扼要、直截了当地将画面中的重点信息传达给观众。全景视频中，字幕发挥的作用同样重要，但是在字幕设置方面和传统视频有很大不同。由于全景视频360度的画面空间，字幕若仅出现在其中的某一个方向，很容易背对着观众，而人类视角的有限性则很容易导致字幕被完全忽略，字幕对叙事的诸多有益影响也就无从谈起。因此，在全景视频中，基于其视频空间的全角度特性，导演可在多个方向设置字幕，确保画面补充信息不丢失，从而使叙事更完整，用户能够更精准地获得视频的核心信息。例如，在《流离失所》中，字幕总是在均匀分布在水平面的四个方向或者三个方向；而在美国国家地理的《和熊一起在勘察加游泳》中，字幕则多数设置在前后两个方向。灵活运用字幕来引导用户，使影片叙事尽可能流畅自然，是VR视频中导演引导叙事的又一方法。

4. 少量剪辑使叙事更流畅

强烈的沉浸感，使VR视频有别于传统视频，但也给叙事带来了巨大的挑战。传统视频用镜头讲故事，频繁的镜头切换是故事往前推进的重要保证，但是在传统视频里面的普通剪切，到全景视频里就变成了360度的空间转换，镜头的频繁快速切换，往往会给用户一种时空穿越的晕眩感。因此，除非特地制造以上这种"乾坤大挪移"的震撼效果，高频率剪辑、镜头移动等使视频内空间产生剧烈变化的叙事方式至少目前在全景视频中应尽可能少出现。例如，在《流离失所》长达11分08秒的时间里，只有30个镜头，切换了29次，其中有19次（将近2/3）的切换方式都是通过屏幕逐渐变黑再转入新场景，3次是渐隐渐现，仅有7次是直接切换而且是切换到了同一场景下的不同角度。诚然，和传统视频相比，低频率的剪辑方式不能发挥全景视频的蒙太奇叙事。但不可否认的是，现阶段，少量的镜头切换确实能使用户获得更好的体验，使叙事更流畅自然。视频用画面讲故事，而不是剪辑，全景技术虽然给传统的叙事方式带来了巨大的挑战，但是并非全盘割裂。就像电影发明

---

① 姜燕. 论纪录片声音元素的艺术表现力［J］. 现代传播（中国传媒大学学报），2010（7）：66.

之初《火车进站》用一个长镜头给观众带来巨大震撼一样，我们可以这样认为，现在的全景视频就像彼时新生的电影一样，经过一段时间的发展，其推动叙事的手段方法等都会逐渐丰富多样起来。

五、全景视频叙事矛盾及问题分析

纵观媒介的发展史，每一种传播媒介的优点之下，都有缺点伴生，那种涵盖所有媒介功能与优势而毫无劣势的"全能媒介"是不存在的，只是人们的美好希冀。VR技术也不例外，其独树一帜的空间营造技术恰恰也给内容叙事、信息传播带来了很多新的问题和矛盾。

1. 用户互动和易看易读之间的矛盾

全景视频用全方位的立体空间突破了传统媒介的时空维度，让用户置身于一个虚拟"现场"，在这一极度仿真的场景中，用户通过四处转动观看来获取信息。这样，相比传统视频直接把核心信息放在用户眼前，全景视频中用户获取信息的方式是间接的，需要完成"找寻"这一动作，并不能一目了然地直接获取核心内容，而且很有可能忽略核心内容。但是，正是由于用户能够以身体最本能自然的方式和内容互动，VR视频才有其震撼人心的强烈沉浸感。由此，互动观看既是全景视频的一个亮点也是妨碍其信息到达的一个缺点。如何平衡互动与易看易读之间的矛盾，是未来媒体互动不得不面对的问题。

2. 用户选择与创作者选择之间的矛盾

在全景视频360度的立体空间里，创作者的意图、引导会被弱化，用户的选择权越来越大。视频中一幕幕的仿真"现场"虽然是导演设置的，但是如何看、如何听、如何想，甚至具体看什么、听什么、想什么，用户都可以自行安排，或按照自己的喜好，或依据自己对全景虚拟空间的感受，而不仅仅是追随创作者的引导。用户将主动权握在了自己手里，用户的观看未必与创作者的选择和引导相重叠，这给影片故事推进、叙事开展带来了较为复杂的因素。但是也正是这种自主探寻过程，满足了用户自己的需求和好奇心，用户会对虚拟视频中看过的内容有更深刻的印象，虽然这种信息的获得可能并不是创作者原本打算传递表达的。

3. 360度的全景空间与叙事主线的矛盾

虚拟现实技术提供了360度无死角的全景影像，但这并不代表影像中所有的内容都是关乎叙事的主要内容。和传统视频相似，叙事主线只是画面内容的一部分，用户只有注意到这一部分的画面，才能跟上整部影片的叙事节奏，才能明白事情的来龙去脉。360度的全景空间给予用户更多自由，但是用户并没有和全景影像相匹配的可360度观看的眼睛，在有限的视野下，观众的注意力、关注点和故事中心可能并不能完全重合。和传统视频相比，虚拟视频在同一个瞬间会展示更多的信息，不可避免地，全方位的信息涌现会对重点信息造成干扰，对比之下，也显得叙事主线不够突出。

VR新闻实现高质量创新，就要从产品内容、用户体验和传播渠道三个维度探索虚拟现实技术同融媒体新闻的交汇点。

六、虚拟现实新闻的优化路径

虚拟现实新闻仍然在不断探索之中，从内容叙事到审美接受、从拍摄制作的工具到用户使用体验的工具，都在探索交互体验与叙事引导的平衡、自主选择与价值引领的平衡。

1. 内容：契合虚拟现实传播特质

要实现传播效果的最大化、最优化，形式需适配内容，彰显技术、技巧对于内容传播的叠加放大效应。虚拟现实新闻在走过"炫技式"发展阶段后，要特别注意这一形式的运用条件，在内容题材选择上要契合VR传播的特质。

在内容选材上，要充分利用用户选择使用VR新闻产品的原始动力——新鲜感，即以前所未有的视角观察现实生活的吸引力。而当新闻机构一拥而上，推出大量会议现场、文艺演出、景区风光的VR产品时，用户的新鲜感也已随时间消磨殆尽，使用相关产品的意愿也随之减少。因此，VR新闻产品的内容选择必须突出新奇性，尝试为用户呈现未曾发掘的观察角度、空间场景，避免推出大量同质类、"模板化"VR新闻产品。例如，央视影音推出《"天舟一号"发射任务VR全景直播》，创造了史上最近距离（100米）全程直播火箭发射的纪录。用户不仅可以通过屏幕直面火箭发射一瞬间颇为震撼的视觉冲击，还可沉浸式观看火箭吊装、转运等环节，为用户带来了航天发射类报道前所未有的体验。再如，新华社在2020年珠穆朗玛峰高程测量期间推出"珠峰慢直播"，用户可24小时欣赏珠峰360度景观的实时变化，获得纵览世界屋脊的新奇感。

在内容呈现上，要利用VR技术在营造时空纵深感上的天然优势，以技术推动内容呈现与叙事推进。比如，CNN在决定是否采用

图8-1-5　《"天舟一号"发射任务VR全景直播》截图

VR技术制作新闻时就选择了"目击者测试"（Witness Test）标准，即在室内、街头、广场等场景中呈现是否能够帮助用户更好理解故事内容。严格遴选故事题材能有效避免技术形式喧宾夺主所造成的内容与技术"两张皮"。例如，BBC在2017年推出了一项介绍伊拉克军队打击ISIS恐怖分子的VR新闻产品。记者在直升机上设置全景相机，记录了飞机从起飞到巡航的全过程，并在鸟瞰视角中标注地理坐标、插入现场画面，VR技术的加入使原本需要多组镜头才能说明的情况变得一目了然，实现了视频形式难以提供的信息广度。

2. 体验：建构深度沉浸感、在场感

当前一些VR新闻产品缺乏吸引力的根本原因就在于"虚拟"有余而"现实"不足。不完善的产品设计使用户在体验产品时无法进入状态，进而体会到与产品之间的巨大脱离感。**一般认为，虚拟现实技术的两大核心特征即为"沉浸"和"在场"。**前者指"用户被卷入其中的程度"，即虚拟环境对物理现实的还原度，是评价虚拟系统技术的客观衡量；后者则为"用户的在场感"，涉及用户的主观体验，是心理学上的内在作用。因此，强化沉浸感、在场感是提升VR新闻用户体验的重要抓手。

沉浸感，即让用户暂时从实时的物理世界脱离，转而进入虚拟环境的感觉。**强化沉浸感，就要在产品中调动用户视觉、听觉、触觉、运动感等多种感官，同时在虚拟场景中与用户建立强烈的情感共鸣，使用户产生心理与生理的双重沉浸。**在具体路径上，利用运动引导视觉焦点、运用声音吸引注意力是VR视频的常用技巧。例如，今日俄罗斯（RT）在2016年就以VR形式记录了叙利亚第一大城市阿勒颇战后的景象。记者手持全景相机，在城市街道上边走边讲解，用户则可以自由转动角度查看四周的断壁残垣。在跟随记者游览的过程中，用户的视觉和运动感与滑动屏幕的触觉相互配合，在记者叙述的听觉指引下不断"步行前进"，实现了感官与产品的高度融合。

强化在场感，就要凸显用户在VR场景中的主体参与作用。德国《图片报》（*Bild*）高级制作人马克·容尼克尔（Marc Jungnickel）认为，让用户"做自己或在现场"（be them or be there）是衡量VR产品质量的两个标准。"做自己"即为用户提供真切的第一人称视角体验；"在现场"即让用户"进入"特别场合，如庆典仪式、自然灾害现场等，增强用户临场感。例如，ABC、PBS等媒体在美国前总统特朗普就职典礼时纷纷推出VR直播，用户除了可以体验在观礼台观看典礼的视角之外，还能通过媒体设置在华盛顿、纽约等地街头的VR直播同步关注美国民众的抗议示威场景，身临其境地感受美国在同一时刻因政治导致的社会撕裂景象。再如，《纽约时报》将全景摄像机放置在遭受飓风袭击的得克萨斯州房屋残骸中，让用户仿佛置身于现场，直观感受到气象灾害的巨大破坏。

3. 渠道：拓展融通线上线下传播

尽管VR新闻产品已能够在手机、平板等便携式终端以360度视频的形式观看，但要获得最佳的使用体验，还需要VR眼镜、VR头盔等硬件设备的支持。然而，受制于价格较高、内容资源较少、应用场景局限等因素，全球VR硬件设备的推广仍步履维艰。2017—2020年，全球VR硬件出货量仅约1000万台，远远少于同期其他智能硬件出货量。尽管近两年VR硬件出货量增幅较大，但短期内实现个人、家庭场景的VR硬件设备普及难度依然较大。与个人VR设备发展缓慢相对应的是线下VR体验馆的迅速扩张。艾瑞咨询公司数据显示，2016年全国线下VR体验馆数量已达3000余家，预计2021年产业市场规模将达到52.5亿元。①线下体验馆通过共享的形式，为用户节省了自行购买VR设备的成本，大大降低了体验虚拟现实的门槛，克服了VR产品因用户端硬件不足而难以推广的局限。

因此，拓展线下渠道、融通VR线上线下展示平台是推广VR新闻产品、提升用户体验感的一大创新举措。新闻机构可与线下VR体验馆、博物馆、展览馆、高校等机构合作，或在商场、机场等人流量大的场所设立临时性"快闪"或常设性线下VR体验中心，制作高质量、具有吸引力的重大主题报道VR产品，邀请用户线下体验，发挥社会公益宣传效应与媒体品牌推广效应。

七、不断革新的沉浸叙事

虚拟现实技术也在不断迭代更新，从虚拟现实(Virtual Reality, VR)到增强现实(Augmentd Reality, AR)，再到混合现实(Mixed Reality, MR)，进而到扩展现实(Extended Reality, XR)，技术的无限革新，带来了虚拟与现实融合的不断深入。人与机器交互、人与信息的交互融合发展，媒介是人的延伸，信息也成为人的延伸。

1. 增强现实(AR)新闻

AR是增强现实(Augmented Reality)的简称，**是在虚拟现实基础上发展起来的一种新技术，将计算机生成的虚拟信息叠加到现实世界信息之上，从而增强用户对现实世界的体验和认知，而不是替代现实**。如果说虚拟现实是把人置于虚拟世界中，让人去感知和操控信息，那么，增强现实就是把虚拟的物体置于现实现实世界中。简言之，二者形成的可视化感知正好相反。增强现实技术在新闻中的探索运用正逐渐展开，形成交互性和沉浸性的AR新闻，即利用增强现实技术来处理新闻素材，将虚拟的影像和现实的影像融合，使真实环境与虚拟环境实时叠加，给观众带来现场感和真实感。

与传统新闻传播不同的是，AR新闻不仅在内容上告知新闻信息，更注重"新闻现场"的再现与传递，用户可以用手机等设备体验新闻现场。比如，2017年在绵阳召开的中国科技城国际博览会中，《四川日报》就采用了AR新闻进行报道，其制作的"AR动新闻成为科博会展馆导览的'直通车'，根据5个展馆的真实照片制作了精细的三维模型，并在每个展馆的模型上都加载了相关的网页专题，更详尽地提供场馆信息、展馆活动安排"②。2018年新华社

---

① 中国虚拟现实(VR)行业研究报告[R/OL].(2017-06-27)[2022-08-17].https://report.iresearch.cn/report_pdf.aspx?id=3016.

② 祖明远.提前探馆 看那些走进普通人的科技[N].四川日报,2019-09-07(5).

发布AR新闻《习近平的最大爱好》，用户点击新华社客户端首页下方的"小新机器人"，使用AR功能扫描二代身份证（AR扫描功能不会保留任何用户信息），就可以成功进入AR新闻。进入AR新闻之后，用户可以选择两个不同的场景，打开声音并通过点击提示按钮进行阅读。

AR与VR看似都是现实和虚拟的结合，但两者还是有很大的不同，如表8-1-1所示：

表8-1-1　VR与AR的特征对比

	VR（虚拟现实）	AR（增强现实）
场景	全假，即场景和人物都由计算机生成，使人完全沉浸在一个虚拟世界。	半真半假，即将虚拟信息带入现实世界。
技术	沉浸体验	光学投影、光场显示
设备	VR眼镜、头盔等带有传感器、位置定位系统、动作捕捉系统的设备。	带有摄像头的产品设备，如智能手机、iPad、相机等。
适用领域	再创造虚拟环境，强调用户在虚拟环境中获得全面的视觉、听觉、触觉等感官沉浸。	对现实环境的补充，利用附加信息增强用户对现实的感官认识，多用于辅助场合，如军事、旅游观光、工厂车间等。

2. 混合现实（MR）新闻

MR是混合现实技术（Mixed Reality）的简称，**是虚拟现实技术的进一步发展，该技术通过在现实场景中呈现虚拟场景信息，在现实世界、虚拟世界和用户之间搭起一个交互反馈的信息回路，以增强用户体验的真实感。**

MR技术结合了VR与AR的优势，VR是纯虚拟数字场景，AR是虚拟数字场景结合裸眼现实，而MR则是数字化现实加上虚拟数字场景。通俗地讲，MR不是简单地把虚拟的物体放到现实环境中，而是把虚拟的物体与现实环境有机融合起来，形成富有层次感和协调感的混合空间。这实际上是在融合的深度上比VR和AR都更进了一步。我们可以用更简略形象的图示来表现三者的关系和区别，从图8-1-6中可以看到，VR偏重虚拟场景，AR更靠近现实环境，而MR是介于虚拟和现实之间的场景。[①]

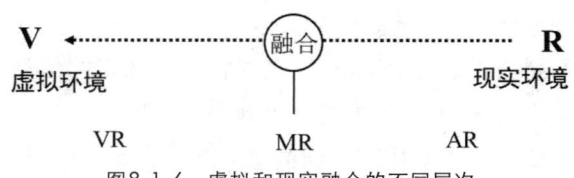

图8-1-6　虚拟和现实融合的不同层次

混合现实在新闻中的运用逐渐深入，比如，2019年新华网推出创意微视频《全息交互看报告》，运用MR技术对《政府工作报告》进行了全息化、场景化的解读。在内容上，从"小

---

① 图参考，VR、AR和MR的区别？[EB/OL].（2016-05-03）[2022-08-17]. https://www.zhihu.com/question/39157545.

家庭"层层递进展开,延伸到贫困人口、医疗卫生、教育公平、环境保护等公
共议题,突出以人为本的民生理念。在技术上,运用新华网媒体创意工场MR
智能演播厅系统技术,虽然在室内演播厅进行拍摄,但还原打造出乡村、医
院、学校等现实场景,人物在画面中由一个时空"穿梭"至另一个时空,场景
切换流畅,配合展现出来的数据,增加了报告的丰富性。[①]封面新闻在2019年
全国两会期间推出的《走进四川超级工程》大型系列报道,首次探索使用"虚
拟实景+混合现实+虚拟直播间"技术,聚焦汶马高速、白鹤滩水电站、天府大
道中轴线等四川重大民生工程,实现了主持人与虚拟实景同屏呈现。

《黑科技来了!
封面新闻带您
实景体验四川
"超级工程"
|两会特别报
道》二维码

图8-1-7　《走进四川超级工程》系列报道

3. 扩展现实（XR）

扩展现实实际上是在虚拟现实、增强现实、混合现实后不断发展的技术,X指技术发展
的一个变量。而未来的扩展现实报道,除了现有的视觉与听觉外,还将在嗅觉、味觉、触觉
等虚拟方式上不断延展。

记　住

虚拟现实的沉浸感就是创造人的感知系统和行为系统与模拟场景的交互,让参与者
在虚拟世界中体验"真实"。

---

① 1.15亿浏览量! 新华网"看报告"又双叒叕刷屏的秘诀是?［EB/OL］.（2019-03-20）［2022-03-17］. https://www.
sohu.com/a/302589063_181884.

第二节　交互可视化与深度报道

新媒体移动化、碎片化、交互化、融合化以及超文本的发展创新了信息传播和接收的模式。万物辩证存在，又螺旋式上升。在转型过程中的信息传播，一方面在向移动化与碎片化方向发展，短视频、微信推文、微博等成为移动社交平台信息传播的重要形式，但另一方面也呈现出深度与广度的趋向，融合化、多层次、多形态的组合信息同时发展，深度与碎片的两极发展趋向颇具辩证性。

作为新闻报道的重型武器，深度报道以选题重大、体量丰富、问题挖掘深入、背景信息全面等特点，一度成为传统报纸和广播电视媒体开掘重大主题、重要事件的利器。而在媒体融合的语境下，介质融合、信息交互、文本超链接、非线性、可视化极大地拓展了深度报道呈现的空间与形态。

一、深度报道的历史体察

深度报道体现的是一种报道方式和报道理念，是一种信息的深入层次而非一种固定的新闻体裁，从操作角度可理解为"以今日之事态，核对昨日之背景，揭示明日之意义"[①]。报道类型以解释性报道（Explanative Reporting）、调查性报道（Investigative Reporting）、预测性报道（Predictive Reporting）为主。有美国学者把报道分为三个层次，第一个层次是仔细和准确地使用消息来源提供的材料；第二个层次是求证信息、深入挖掘信息的调查性报道；第三个层次是在解释与分析的领域进行工作。[②]

深度报道这一概念发端于20世纪30年代的西方新闻界，于80年代中期被引入我国，在报纸上开始崭露头角。以《大学毕业生成才追踪记》为代表的一批深度报道作品极大地振奋了我国新闻业，并日渐成为纸媒的"拳头产品"。随着电子媒介时代的来临，以《焦点访谈》《新闻调查》为代表的电视节目将影像叙事手法与新闻事实挖掘融为一体，成功化解了对于电视"魔盒"的信任危机，并引发了一场电视时代的收视热潮。

时代变迁，技术迭代发展。随着互联网的兴起，以自媒体为代表的新兴媒体给传统媒体带来了极大的冲击，移动化、碎片化、可视化、交互化成为媒体传播和人们消费信息的主流。近年来，《华商报》《京华时报》《北京青年报》等多家报纸的深度报道部解散，《中国青年报》特别报道部被撤销，ONE实验室"特稿梦之队"解散，多档曾经的王牌广播电视深度报道节目收视率下降，深度报道的黄金时代似乎一去不复返。这是否就意味着信息的传播以浅层次的碎片独霸天下，浅阅读、浅观看取代了深度消费？如果以媒介历史观的角度体察，当下的深度报道

---

① 杜骏飞.深度报道原理［M］.北京：新华出版社，2001：7.
② 曾祥敏，周逵.电视新闻学［M］.北京：中国传媒大学出版社，2015：253.

只是处于一个阶段性的式微，是媒体传播迭代发展之初的规律。随着网络媒体与深度报道的不断磨合，新的媒体平台、新的技术手段都将成为深度报道进阶升级的有效途径。

二、"碎片"与"深度"的对立统一

"碎片化"一词原指完整的东西破碎为诸多零块状。在新闻传播领域，碎片化既体现为缺乏整合的网络信息碎片化，又表现为个性需求增强之下的受众碎片化。从表面看，深度报道所要求的连贯性、独特性、延展性、思辨性与网络信息时代的碎片化、同质化、快速化、娱乐化似乎是一种二元对立的关系。但从发展的眼光来分析，碎片化也意味着拼图式信息整合的到来。

1. 碎片化重新定义了新闻真实

在"无影灯效应"之下，碎片化信息成为调查真相的一种途径。网络的开放性赋予了每个人发声的权利，人们在网络上发布相关信息，多元丰富的视角、多元丰富的途径为还原事件的全貌提供了一种选择路径，有助于挖掘事件的背景。

2. 碎片化贯穿于深度报道的传播过程之中

用户可通过评论、分享等方式表达对新闻产品的意见与感想，打破了以往的信息传受关系，用户的自主性极大提升。

3. 碎片化信息的适时更新

基于新兴融合技术和大数据抓取分析技术，深度报道可以把网络上原本支离破碎的海量碎片信息按照逻辑整合起来，完成相关事实的组合，由点及面，实现深度与广度的有机结合。在一些事件的跟踪报道中，互联网上的信息碎片时新性更强，一些交互可视化深度报道甚至采用了直播的形式，实现了对于事件发展的同步报道。

4. 碎片化信息共建

从生产的角度而言，过去单纯依靠专业记者对信息进行调查、挖掘和逻辑梳理，某种程度上演变为深度报道记者与用户（专业余者）之间的信息共建。记者不仅是对报道的信息梳理与组织，更是对报道这个产品的持续管理。

5. 融合化的碎片

对于不同形式的新闻信息进行整合，将碎片融合成一个整体，融媒体交互可视化深度报道开创了一种新的叙事表达方式。在交互可视化深度报道中，文字、视频、图片、音频、交互图形等多媒体形态的非线性组合，并非碎片的简单叠加，而是碎片化内容在技术组织下的深度融合，是为了更多元地呈现信息而服务。

由此看来，如何适应碎片化的语境，利用碎片化信息，形成新的深度拼图，实现深度报道与碎片信息的辩证统一，推动信息传播的理性发展，是媒体融合时代需要探索思考的重要问题。

三、深度报道的价值再审视

在不同的时代背景下，深度报道顺应社会发展要求发挥着不同的作用。从清朝末期发端的"文人论政"，到改革开放初期的启蒙和导航，再到20世纪90年代至今的监督和求解，进而到改革开放的深水期、攻坚期，深度报道必定承担着廓清历史脉络、确定历史方位、还原事实真相、阐明未来方向和意义的桥头兵角色。

1. 基于社会发展的角度

当下，世界正处于百年未有之大变局，实现中华民族的伟大复兴正处于关键时期，国内外形势正在发生深刻复杂的变化，来自各方面的风险挑战明显增多，我国社会教育、环境、社会保障、医疗卫生等与民生密切相关的问题一直是新闻舆论场上的热点话题。这些问题与人民群众的切身利益息息相关，也是推进深化改革、维护社会稳定、推动社会治理和发展绕不开的重点和难点。正因如此，在移动社交媒体时代，深度报道的价值仍然凸显。

2. 基于用户需求的角度

"后真相时代"的大众对于真实可靠的新闻事实、独立深刻的分析评论充满渴求。在当今的网络媒介环境中，"浅阅读"成为常态，情绪湮没了理性，调侃代替了思考，甚至有一些自媒体不断消解新闻，以消费热点、"吃人血馒头"的手段哗众取宠。恰恰是在这样的背景下，厘清事实方向、丰富背景信息、深度挖掘前因后果、整合碎片信息的深度报道显得尤为可贵。大力发展基于新闻事实的深度报道，是重建网络媒介伦理秩序的有效途径。

3. 基于媒体竞争力的角度

当网络媒体争先恐后地在新闻信息"速度"的"红海"中拼杀时，新闻信息"深度"的报道无疑是一片广袤无垠的"蓝海"市场。依托于媒介技术的变革与发展，互联网时代的深度报道相较于传统媒体具有无可比拟的优势：人工智能优化了数据信息的挖掘处理流程，可视化、互动性和沉浸感的呈现形式极大地提升了用户体验，社交媒体、视频直播等平台的运用增强了用户的在场感与参与性。技术赋能下的信息精确、内容深度与体验的丰富性构成了深度报道创新的发力点。

融媒体交互可视化深度报道是媒介进化的结果，更是社会环境、用户需求、媒体竞争这三重时代需求下的必然产物。2020年新冠肺炎疫情期间，我国用户对信息的刚性需求，尤其是对深度调查分析、解释性的信息需求尤为突出，也凸显了以深度报道见长的《中国新闻周刊》《财新》等杂志的功能，体现出其利用新媒体拓展深度报道的积极探索。"《中国新闻周刊》原来一直以'周'为单位做深度报道，但到了新媒体时代，我们开始以做日报的效率甚至是比日报还要快的节奏做深度报道。"[1]

四、交互可视化在深度报道中的应用

当我们理解了深度报道在新媒体尤其是移动社交媒体语境下的价值旨归，我们看到深度报道围绕着平台融合、深度挖掘、互动构建、多元数据可视化、沉浸性体验等方面进行深度开掘。

1. 信息流的平台化与深度报道

在国内，"平台型媒体"被认为是"与互联网逻辑吻合、真正应该成为媒体转型融合发展主流的模式"[2]。

（1）平台整合信息

在融媒体交互可视化深度报道的呈现上，平台能够突破内容介质，为融合产品提供多元介质的载体。比如，2013年"普利策"新闻特稿奖获奖作品《雪崩：特纳尔溪事故》就为文字、图片、声音、视频、动画特效、增强现实等不同形式的内容建立了一个信息融合的平台，并通过索引细分区域，让不同的内容作为整体作品一部分的同时，也享有特定的活动空间。

（2）平台建立用户联系

开放共享能为关注某一深度报道主题的用户建立联系。在人人参与新闻生产的时代，用户可以随时随地发言，平台则承担了集成这些零散言论的角色，是舆论的组织者、协调者和引导者。比如，网络新闻交互作品《肤色背后》就设置了评论区，供用户针对一段特定有色人种视频进行交流。除评论外，现有平台没有普遍建立专门渠道，这种"汇聚"更依赖用户的主动性。平台的集成性未来是否有进一步发展值得期待。

（3）平台使信息连续

平台为深度报道在同一类目、合集、主题下的即时更新与长期扩充提供了便利。好的交互可视化深度报道应该具有"递进性"，可将其进一步解释为具有"随时更新"和"连续报道"的能力，且"开放性强"[3]。因为深度报道不断挖掘、持续更新的特点，每时每刻呈现的内容在整个叙事中的角色很可能随时间推移产生变化。

① 《中国新闻周刊》副总编辑陈晓萍：找到那个"一针见血"的问题，为历史留下一份底稿 | 传媒前线［EB/OL］.（2020-03-09）［2022-03-17］. https://mp.weixin.qq.com/s/jUNVIbL7X-1nKPqmfR6BbQ.

② 喻国明在2014年12月27日举行的"黄金传播力·传播达人汇2014年度创新峰会"上的演讲稿。喻国明. 融合转型的新趋势："高维"媒介中的"平台型媒体"——对互联网逻辑下未来传播主流模式的分析与思考［EB/OL］.（2015-02-03）［2022-03-17］. https://news.sohu.com/20150203/n408437118.shtml.

③ 邹学麟. 新媒体语境下的网络深度报道研究［J］. 福建论坛（人文社会科学版），2011（4）：66-68.

（4）平台使信息延伸

互联网平台的超链接让深度报道的信息得以延伸。交互可视化深度报道中的超链接，除了用户习以为常的社交分享、历史报道等链接外，背景资料和人物的个人社交账号也越来越多。比如，网络新闻交互作品《美酒、美食与美差：保险公司如何拉拢保险监管官》（*Drinks, Dinners, Junkets and Jobs: How the Insurance Industry Courts State Commissioners*）[1]就在长篇深度报道中穿插了多种证据链接，其中有些是单据表格的扫描件，有些是往来邮件。另一网络新闻交互作品《有毒的军械库》（*Toxic Armories*）[2]则在报道涉及的人物旁边设置了社交网络链接，用户可以一键进入其脸书、推特甚至直接用邮件联络对方。正是这些链接，通过向外部延伸甚至跨平台联系的方式，为交互可视化深度报道建立了社会坐标。

总之，"平台"在整合性、集成性、动态性和开放性方面的优势，使其成为深度报道丰富、开放的有效载体，也让融合产品的更新、延伸和跨平台联系成为可能。

2. 信息的深度挖掘

深度报道的核心是"深度"，如何对深度进行挖掘，决定了报道的质量。美国学者曾提出，新闻有两种模式：故事与信息。[3]以往的深度报道多从故事内容入手，进行深刻性的挖掘；如今的融媒体交互可视化深度报道在注重故事深度的基础上，也在信息呈现形式和内容整合方面探索出了越来越多的深度挖掘新方向。

（1）加强信息与用户个体的关联

观察现今的交互可视化深度报道，其最突出的创新是信息的在地化和服务性，通过开放记者获取的原始数据和材料，为用户提供更为丰富和贴身订制的信息流。比如，流动的卡车（Truckbeat）官方网站的融媒体交互网页作品《比邻而居：居住地与健康的关系》（*Neighborhood Matters: Your ZIP Code And Your Health*）、《环球邮报》网站的融媒体交互网页作品《无据可依》（*Unfounded*）等都通过全国数据库延伸到个体的检索需求，通过共情共鸣的需求，提供用户在地化的信息服务和检索。"搜索"这一行为在融媒体交互可视化深度报道中，通过信息化成为"连接"个体与全局的关键。有研究者将数据和地理位置结合的呈现方式视为"新的交流方式"，因其"展开对网络空间体验的新维度——你的感受和体验可以和其他人的感受体验重叠、呼应甚至冲突"[4]。这一开发颇具启发意义，在我国的各个地方媒体的转型中，如何从过去跑冒滴漏、鸡毛蒜皮的民生新闻转型成用户可以依赖和使用的信息数据，这样的深度信息交互无疑将会成为一个突破点。

从另一方面来说，翔实的数据和在地化信息也让每个用户有机会从身边开始调查，成

---

① 2017年美国网络新闻奖获奖作品。

② 2017年美国网络新闻奖获奖作品。

③ 舒德森. 发掘新闻：美国报业的社会史［M］. 陈昌凤，常江，译. 北京：北京大学出版社，2009：79.

④ 龙心如，周姜杉. 信息可视化的艺术：信息可视化在英国［M］. 北京：机械工业出版社，2014.

为信息的解读者、分析者，进而成为一个"记者"。正如有人论及，网络新闻媒体交互性的一个侧面体现在"重视培养公众的信息能力"[①]。融合交互深度报道的信息和数据的开放能够促进用户去使用这些产品和工具，为自身进而为社会的共同利益进行信息梳理和挖掘。

（2）简洁高效的引导

达·芬奇说，复杂的极致就是简洁。深度并不意味繁复，信息内容和思想上的深度，恰恰需要高度的简洁和明确的指向。借助于新媒体可视化技术的呈现，深度报道需要有简洁、形象的指向。在对"深度"的理解上，有研究者认为：采访深入、思想深刻、视野宏阔、背景厚重。[②]而这种"深度"在传统媒体中多通过篇幅来实现，现今，却需要在融媒体交互可视化的简洁中寻找平衡。比如，网络新闻交互作品《苏族的战争》（*Standing Rock and Beyond*）[③]，在叙述长达三十多年的故事时，以年份为横向时间轴，具体日期为纵向分布节点，每个时间点被鼠标触及时，上方图片区域就会切换到该日期发生事件的照片、地图或示意图，如同一块满足观众点播需求的屏幕。这种简洁的呈现形式既方便搜索又便于呈现，是融媒体交互可视化思维对深度报道的高效解读。

长时广域在融媒体交互可视化深度报道中已不再以繁复呈现为代价。正如人们第一次见到《雪崩：特纳尔溪事故》时就惊叹于其简洁之美，当"融媒体交互可视化"使深度报道脱离了对绝对的文字长度、图片数量、视频时长等的依赖时，海量信息与简洁便不再对立，用户可以在非线性叙事中有选择性地获取信息，获取信息的效率大大提升了。

3. 互动构建

在技术变革下，交互赋予了用户在获取信息时的自主选择权，满足了用户与新闻产品进行实时互动的需求，也极大地增强了阅读体验的友好性。例如，在专题报道《高层建筑简史》（*A Short History of the Highrise*）中，《纽约时报》利用海量新闻素材进行二次创作，以交互视频的形式完成了新闻叙事。在视频播放过程中，用户可以根据指示进行点击或滑动操作，转至相关外延信息的页面，并对信息页面中的元素进行拖、拽等交互操作，在游戏化的体验过程中获取更多信息。在BBC制作的《叙利亚之旅》和卡塔尔半岛电视台制作的《盗渔》中，用户均以第一人称视角置身于新闻事件中，他们的每一次选择都与新闻信息相连接，完成游戏任务的过程亦是新闻完成叙事的过程。第一人称的叙事模式提升了用户体验的沉浸感，也体现了内容选择权的转移。[④]

借助于互动技术，深度报道可以在报道者与用户之间的圈层构建，在发现问题的过程中产生，并通过即时发布与直播的形式向用户即时呈现。一个典型的例子是前文《纽约时

① 朱刘光. 重庆主流网络新闻媒体交互性研究［D］. 重庆：重庆工商大学，2010.

② 丁柏铨. 深度报道：概念辨析及深度探源［J］. 新闻记者，2014（10）：73-78.

③ 2017年美国网络新闻奖获奖作品。

④ 曾祥敏，方雪悦. 新闻游戏：概念、意义、功能和交互叙事规律研究［J］. 现代传播（中国传媒大学学报），2018（1）：70-77.

报》社会视频部出品的开放性叙事作品《生活的片段：路边的奥秘》。记者首先在路边垃圾桶发现被遗弃的某人生前的照片，于是开始探寻其来源，并不断在社交网络中直播自己探索过程中的原始资料，在这个过程中，不断有用户以评论、留言的方式参与直播和搜寻，以果溯因，最终挖掘出照片背后的故事，完成了一个以"人生、爱与失去"为主题的深度报道。这种随时收集信息、即时碎片化发布解谜的过程，大大扩展了直播的含义。边发布最新进展边鼓励用户参与的过程中，记者和用户对于信息的了解程度近乎同步。同时，通过发动用户在社交网络提供线索，记者和用户之间进行了信息的交流与共享。谜题破解后，该作品的记者筛选了用户在参与过程中的评论，采用分屏的形式，将评论者的人生体验与解谜结合形成"人工弹幕"，进一步升华主题。这个案例中，直播过程中用户的评论内容被收集整理，进行了二次传播，其编辑思路和最终视频的反馈，与用户自制内容共同构成了互动。

在社交网络中发起话题，赋予用户表达权，既充实了深度报道的内容，同时也增强了报道的影响力和参与度。在报道《种族问题》（*Race/Related*）中，《纽约时报》发布话题# this is 2016，鼓励亚裔美国人讲述亲历的种族歧视经历，经历者讲述的视频在Facebook上点击量超过1000万。在2017年美国网络新闻奖获奖作品《墙》中，Reveal网站在社交网站上发布话题#wall rap challenge，鼓励网友根据边境墙音乐自制说唱歌曲，在增强报道趣味化的同时，以音乐的力量深化主题。

4. 多元数据可视化

在数据等信息的处理方面，融媒体交互可视化深度报道有更多手段进行多样化诠释。以《意大利共和报》融媒体产品《"罗马王子"弗朗西斯科·托蒂》为例，弗朗西斯科·托蒂职业生涯进的每一个球，以时间、地点等数据信息为坐标，在整个作品中出现了三次：第一次，用户可以通过选择具体场次和第几分钟，看到他在每个时间点进过几次球，分别是哪一场踢进的；第二次，用户可以通过输入具体的场次，了解其每一场的总体进球情况；第三次，用户得到的是整合好的数据可视图，作品以交互图形的方式对其进球特点、习惯进行了大数据汇总。在这个产品中，数据处理不再是一套数据、一次加工、一次呈现，而是一套数据、交叉使用、多样呈现。

5. 沉浸性体验

融媒体交互可视化深度报道的另一个趋势是极力确保用户在浏览作品时能够最大限度地沉浸其中，从而深入主题，了解真相。

一方面，由于交互性和富信息，融媒体交互可视化深度报道将着力点放到为用户模拟真实的世界，让其换位选择与思考。比如，BBC开发的《叙利亚之旅》，以新闻游戏的形式，让用户从三条叙利亚难民逃亡路线中进行选择，然后以主观视角经历逃亡过程。虽然游戏元素是否适合"逃亡"这一人类苦难题材一直存在争议，但是让用户亲自经历，的确是提升沉浸感、增强体验的好方式。

另一方面,叙事视角的丰富性则为用户构建了一个多元立体的沉浸世界。例如,《柏林晨报》(Berliner Morgenpost)制作的《2016柏林马拉松:你的城市跑得有多快》(Berlin-Marathon 2016—So schnell läuft Ihre Stadt)为用户提供了两种地图:三维地图与互动地图。在三维地图提供纵观全局的俯视视角的同时,互动地图为用户提供了不同区域、不同性别的视角,用户可以任意选择某一视角观赛。随着视角的增多,用户能够通过视角的叠加勾勒出比赛全貌。这种全景视角与单一视角的切换越来越普遍。

即使没有虚拟现实和增强现实等技术的加持,沉浸性依然可以通过报道视角的多元化和个人化得以实现,用户转变单一的客体地位,成为融媒体交互可视化深度报道的推进者与选择者,在虚拟的平台世界中亲临现场,亲身参与,更深刻地体会深度报道中人物的命运与抉择。

五、融媒体交互可视化深度报道发展趋向探析

结合对案例内容和背景的梳理,笔者从生产、叙事、呈现三方面的发展趋势出发,对交互可视化深度报道的发展进行分析。

1. 生产模式

报道比较突出的转型是内容生产模式的创新,具体表现在生产机制和合作方式的演变。

(1)垂直化合作生产

与传统的纵向生产模式不同,融媒体交互可视化深度报道多采用垂直化一贯到底、多方横向合作的生产模式。以《雪崩:特纳尔溪事故》为例,其团队中记者、多媒体制作人员和发布技术人员三方从一开始就融合协作。这种生产模式克服了传统生产模式在制作思路上的不连续性,也将不同工种分段参与可能出现的问题消弭于前期充分的沟通中。作品突破了其以往环环接力的内容管理系统,实现从产品形态"融合"到生产模式"融合"的反推。横向生产模式除了深度融合之外,还能提高效率、降低专业失误。在一个横向生产团队中,除了专注于自己的任务,每一工种都能更好地了解自身在整体生产中的位置和应该实际发挥的作用。

(2)众包化

深度不再由传统单一的专业者来定义,深度转型为用户群策群力的集合。一种集生产者、销售者、消费者于一体的系统正在形成,这是对交往传播关系的一种全新构型。[①]网络的开放性使得用户生产内容成为新闻报道中不可忽视的力量,融媒体交互可视化深度报道的内容生产模式呈现出了一种众包化趋势。众包生产的本质在于对数据和信息的重新聚合与价值挖掘,着眼于知识、创新和判断力的整合,体现了公众从合力解决问题到创造内容的

---

① 波斯特. 第二媒介时代 [M]. 范静晔, 译. 南京:南京大学出版社, 2000.

过程。①将众包模式应用于公开进行的调查性报道之中,既可以增加报道的关注度,同时也极大地节约了新闻生产方的时间和人力成本。例如,2009年,英国《卫报》将英国议员花销账单数据公布给公众,邀请网友以做游戏的方式参与核查,最终有两万多名网友参与了数据调查和新闻制作的过程。《卫报》在2013年上线Guardian Witness数字平台,鼓励民众加入新闻报道。新闻报道不再局限于一个最终呈现的网页,而是成为一个群策群力的过程。

在突发性事件的深度报道中,网友在社交平台上发布的照片、视频等新闻线索能够第一时间为新闻报道提供材料,众包模式带来了新闻时效性的提升。《波士顿环球报》在2013年波士顿马拉松爆炸案的报道中,整合采用了社交平台上用户最新发布的资源,增强了新闻报道的时效性和用户的可参与性,爆炸案的迅速侦破也得益于目击网友在推特上为警方提供的线索。

在话题性的调查报道中,参与众包模式的用户甚至可以成为新闻作品中贯穿始终的"主角"。上文提及的《生活的片段:路边的奥秘》的报道中开通了网络直播,一个神秘的故事借助网友提供的线索揭开了谜题,直播中网友的评论也成为新闻故事中不可或缺的情感表达元素。在这个关于人生、爱与失去的报道中,开放性的叙事让观众成为自始至终的"主角",而真相的获得正是来自网友们群策群力的"众包"过程。

2. 叙事模式——非线性和线性逻辑并重

这里探讨的叙事模式,并非传统意义上深度报道的叙事模式,而是深度报道在媒介融合时代如何利用多元技术搭建结构。

叙事较为规整的融媒体交互可视化深度报道一般会保留传统的简介或回顾部分,在此基础上展开若干需要进一步探讨的问题作为中间部分,而在总结部分给出的结论多为开放性的,如互动视频、游戏或数据库。其他叙事模式包括像《马里亚纳:悲剧的起源》一样划分历史阶段以时间线索展开、如《2016柏林马拉松:你的城市跑得有多快》一样按照不同空间视角展开和似《肤色背后》一样由不同人物构成。

而开放性的融媒体交互可视化深度报道则较为自由,不拘泥于逻辑的完整性。此类结构或如《"罗马王子"弗朗西斯科·托蒂》那样按照呈现形式来划分叙事,保持视觉逻辑的连续性;或如《生活的片段:路边的奥秘》那样不建立结构,按照事件真实发展的过程形成自然时间顺序,形成一个进行时的动态报道。且《生活的片段:路边的奥秘》和《墙》等融媒体交互可视化深度报道还会对初始报道进行加工,结合社交互动的成果完成二次传播。

由此,融媒体交互可视化深度报道的叙事,通过非线性逻辑与线性逻辑相结合,实现了多样化表达。

---

① 喻国明,李慧娟. 大数据时代传媒业的转型进路——试析定制内容、众包生产与跨界融合的实践模式[J]. 现代传播(中国传媒大学学报),2014(12):1-5+11.

3. 呈现模式

（1）报道产品化

单条的新闻报道、单一的题材形式向融合化的新闻产品发展,记者的功用也从单纯的讲好故事、封闭性的呈现状态,转型为对整个新闻产品乃至新闻产品线的维护,产品中各种介质形式的融合呈现、用户的互动设计管理、留言评论反馈无不体现出新闻产品的整合性和立体性。比如网络交互产品《折断的髋部》(*The Broken Hip*)讲述了老年人如何预防脆弱的髋部避免受到伤害,特稿故事完整统一,甚至设计了专门的logo,作为新闻产品的标签化呈现。

（2）产品风格化

新闻产品所呈现出的视觉风格,会直接影响用户的主观视觉感受。根据深度报道的主题,进行恰如其分的原创设计,能够提升新闻作品的风格化,更好地突出主题,成为作品在视觉呈现上的点睛之笔。这也是互联网技术背景下深度报道多元融合的丰富视听元素所决定的。

例如,《"罗马王子"弗朗西斯科·托蒂》中,展现人物形象的壁画、漫画与报道融为一体。该产品中多次运用了极具风格的可视化元素,如不同球队的球衣、不同比赛的奖杯等,以物带人、具象化地来表现弗朗西斯科·托蒂对战的不同队伍,即"利用通用的视觉语言,使得信息在传递和交流中除了能够体现理性的思维及逻辑结构,还能够通过视觉语言中所包含的情感和思想,来实现设计中所要表达和传递的信息"[1]。尤其是在进球盘点的单元中,该作品将足球、奖杯、球队球衣、比赛时钟等动画元素与数据的可视化呈现巧妙结合,主题化的界面设计优化了阅读体验。又如,加州大学伯克利分校新闻研究生院的作品《手机与健康:一生的应用软件与随之而来的疼痛》,用动画展现了11个不同角色的生活片段,将庞杂抽象的统计数据融入生动有趣的互动动画,向观看者展现了移动健康和医疗应用给不同年龄段的人带来的影响,其极具风格化的可视化呈现让观看者耳目一新。风格化的视觉呈现使得报道更具整体性,完善了可视化呈现,也更容易让用户印象深刻,既提升了报道的可看性,更有助于媒体品牌的打造。

（3）布局——可视化为核心

交互可视化深度报道适应当前社会审美趋向,体现出影像和图片可视化为核心布局信息的特点。总体而言,在平台中的呈现方式较为简洁,大致可分为线性模式、卡片式、瀑布式（图文分栏式）和交互模式,四种方式都体现出可视化为基础的体验友好性。具体探讨,我们已经在第四章融合新闻策划中展开,这里不做赘述。

互联网社交传播的时代是"后真相"时代,后真相时代是碎片化连缀的时代,后真相时代是一个情绪在前、事实在后的时代,后真相时代也是一个观点在前、真相在后的时代。

---

[1] 喻国明, 李慧娟. 大数据时代传媒业的转型进路——试析定制内容、众包生产与跨界融合的实践模式[J]. 现代传播（中国传媒大学学报）, 2014(12): 1–5+11.

在这样一个时代，长于事实剖析、理性分析、逻辑辨析的深度报道似乎已不那么重要。但是，只要社会、经济、政治等诸多时代发展的问题依然存在，人们对问题的释疑解惑、指明方向的需求渴望就依然存在，深度报道也就有他存在的价值，在支离破碎的碎片化信息时代更弥足珍贵。另外，从媒介发展的历史来看，媒介迭代期的新媒介信息往往呈现出浅显、平面、即时等特点，但随着新媒介的逐渐成熟，其深度性逐渐凸显。虽然从媒体发展整体而言，碎片化、移动化、图像化的信息消费占据上风，但社会的进步、文化的发展、人类文明的积淀都离不开对理性、深度信息的需求。浅表化、感官化的信息消费固然已成流行趋势，但作为传媒人需要风物长宜放眼量，不断引领和提升用户的信息消费需求。而这正是深度报道向融合、交互与可视化的进化与创新的意义所在。**一个新闻过剩的时代也必然是新闻短缺的时代，一个新闻速食的时代也必然是新闻深耕的时代，一个变革的时代也必然是呼唤坚守的时代。**

　　适应碎片化的语境，利用碎片化信息，形成新的深度拼图，实现深度报道与碎片信息的辩证统一，推动信息传播的理性发展，是媒体融合时代需要探索思考的重要问题。

? 思　考：

1. 目前虚拟现实新闻叙事有哪些特点？

2. 如何理解全景视频叙事矛盾及问题？

3. 在碎片化和移动化的语境下，如何实现深度与碎片的辩证统一？

4. 融合深度报道如何进行深度开掘？

第九章
数据新闻

CHAPTER

数据让我们摆脱了时空的限制，去深入观察现象，探索规律，得出更精准的结论。数据新闻这一理念最早起源于2006年，由《华盛顿邮报》的软件开发人员阿德里安·哈罗瓦提（Adrian Holovaty）率先提出。他提倡"媒体通过计算机处理原始数据，为公众提供更重要、更有参考价值的报道，使之更深刻地理解世界"[1]。2008年12月18日，英国《卫报》数字编辑西蒙·罗杰斯（Simon Rogers）在《卫报》网站发表《按下按钮，把官方数字变成可理解的图表》（*Turning official figures into understandable graphics, at the press of a button*）的博文，也提出了"数据新闻"这个概念。我国的数据新闻开始于2011年左右，搜狐新闻开设《数字之道》专栏，此后网易新闻、新浪新闻、腾讯新闻等门户网站以及《财新传媒》陆续开启了数据新闻报道。人民网、新华社、中央电视台等也陆续开设数据新闻专栏或专题报道，财新数据可视化实验室、澎湃新闻"美数课"生产团队、腾讯新闻谷雨实验室、DT财经、人民日报"中央厨房"等数据新闻的专业生产团队开始涌现。数据新闻成为融合新闻重要的创新驱动，无论是内容还是形态上都开创了一个崭新的新闻类型。

第一节　为什么需要数据新闻

在传统媒体时代，数据的精准和抽象成为新闻报道的一个矛盾。有人认为，数据无异于毒药……但在许多新闻故事中，数据为整个新闻定性，有时候数据本身就是新闻。[2]数据的精准性和宏观性为事实定性，但数据的抽象性也对记者形成了挑战。用数据说话，不仅

---

[1]　A fundamental way newspaper sites need to change[EB/OL].(2006-09-06)[2022-08-17].http://www.holovaty.com/writing/fundamental-change/.

[2]　布隆代尔.《华尔街日报》是如何讲故事的[M].徐扬，译.北京：华夏出版社，2006：160.

成为新闻报道的客观性论据，也逐渐发展成为一种方法和新闻类型——将社会科学研究方法引入新闻报道的精确性新闻。精确性新闻强调科学与新闻的结合，用客观数据增强新闻报道的精准性和权威性。此外，计算机辅助报道也为新闻报道增强了客观性、准确性和科学性。但是，融合新闻学的数据新闻与传统媒体运用数据进行报道的新闻存在着本质的不同，就形式而言，也不是简单的数据配图设计和可视化呈现。**数据新闻的核心不仅在于数据本身，还在于数据的"开放性"ª和大数据，从而以更丰富的数据甚至是全数据形成深入、全面的报道，进而形成以互联网数据信息为基础的开放性报道。**

一、数据海洋中的领航灯

有研究者认为，新媒体与计算机技术和传播技术融合的历史轨迹密不可分，这两个历史的结合使得"现有的所有媒介样式都转化为数据信息，并通过计算机被访问"[②]。无论是在互联网平台上生成的内容，还是传统媒体内容的重新数字化，所有的内容又成为一套计算机数据。"万众皆媒""万物皆媒"时代的来临，使得数据信息广泛深入我们的家庭、工作、人际交往乃至社会治理之中，融入我们整个生活空间。信息革命使得人类的内容生产力前所未有地释放，我们比历史上任何一个时期都更能以低成本自由地获取需要的信息，以及获取尽可能多的信息。而当我们为网络平台的公共性与数据访问自由而欢呼之时，海量免费的信息所带来的信息过剩与众声喧哗，反而让用户不得不在信息的整合、价值判断、行动决策上付出更多的代价。

对于经常在网络平台上查询信息或搜集资料的用户而言，上网搜索并不是一件轻松的事情：来自不同渠道、水平参差不齐的内容需要进行辨识与筛选，针对同一个问题或事件的不同声音往往让个体在决策或行动之时举棋不定，不同网页以及媒体平台的来回跳转也容易对用户的思维逻辑形成干扰，而谣言、假新闻则使得用户需要额外花费精力进行查证。数据、信息的极大丰富反而使得个体无所适从，数据分析、管理以及合理使用能力甚至成为今天数字化生存的必要媒介素养。当用户被数据的海洋所裹挟，个体似乎仍然被围困在孤岛之上。

数据新闻的出现，赋予了新闻媒体领航灯的角色。面对海量的非结构化的数据信息，**新闻媒体不能仅仅做信息的提供者、用户的服务者，还应成为用户的数据分析师与引导者，依托自身权威可靠的信息、渠道、平台资源，结合自身专业的信息整合与分析能力，以简洁明了、轻松活泼的方式协助用户更好地理解数据，并更好地把握数据间的关系，从而指导日常生活实践。**

① 张超. 从开放数据到数据：数据新闻"数据"内涵的演变［J］. 编辑之友，2020（7）：85–89.

② MANOVICH L. The Language of new media［M］. Cambridge, Mass.: MIT Press, 2002: 25

二、数据新闻的功能

数据新闻依托大数据技术的支撑。大数据本身具有"4V"的特征,即**数量巨大**(Volume)、**处理速度快**(Velocity)、**类型多样**(Variety)、**价值密度低**(Value),数据新闻也正是基于大数据的这四点特征赋予新闻报道以新的功能,同时也使得新闻价值进一步延伸。[①]

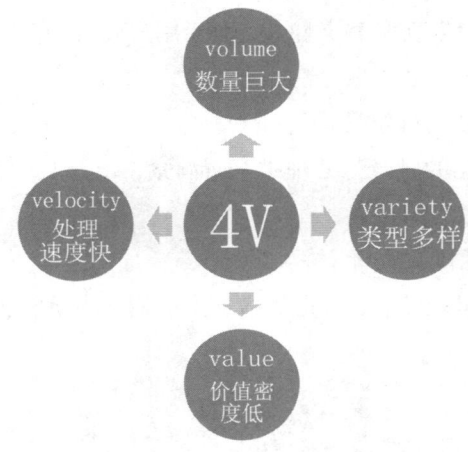

图9-1-1 大数据的"4V"特征

1. 创新新闻报道

第一,从数量统计的角度来看,大规模的数据样本为媒体打开了视角,媒体能够以宏观的视野,在无限接近事实真相的层面上对新闻事件进行整体把握。而通过对错综复杂的新闻线索、较为隐蔽的细节有更为全面的了解,也使得记者能够从更为客观的角度找到报道的重点,从而有效避免了传统新闻报道中由记者主观视角调查所可能具有的先入为主的看法。

第二,快速的数据处理能够极大地压缩新闻从最初的采集到最后的生产分发的时间,提高新闻生产效率。与此同时,与传统新闻"静态式"的呈现模式相比较,理想的数据新闻能够按照用户的需求实现实时响应、实时计算,强化新闻产品的交互性与动态性。

第三,多元类型的数据意味着新闻本身具有更大的信息量与内涵,从而有更多进行开放式报道的可能,让用户根据自身需求去查询以及获取需要的信息。同时,多种类型数据的收集使得媒体可以进一步梳理和分析数据间的关系,挖掘更为深层的信息。

第四,面对价值密度低的数据,通过挖掘与分析,数据新闻能在海量数据信息之上进行提炼,做到化繁为简,简洁、凝练、高效地传达有价值的核心信息。

① 许向东.数据新闻:新闻报道新模式[M].北京:中国人民大学出版社,2017.

2. 拓展记者与用户思维

数据新闻拓展了新闻报道的速度、广度与深度,帮助新闻记者通过新的方式,以更快的速度和更低的成本生产新闻,并提供给那些有积极参与性的用户。如我们一直强调的以用户为中心的新闻报道理念,数据新闻在上述生产环节功能的实现上对记者在计算机知识和素养方面有一定程度的要求,同时记者也需要思考传播环节上如何与用户打交道,数据新闻能给用户带来什么。在数据新闻的生产中,编辑、记者凭借数据、创造、好奇以及领悟实现思维模式转型、感知情境创新和意义建构。对于用户而言,它应当能够做到如下六点:

- 将大量的数据与简洁的意义融合在一起;
- 通过与情境有关的方式对意义进行处理;
- 使人们能够在对数据的融合与处理中有所洞察;
- 推导出人们用以思考的假设;
- 使人们得以步入其他体系;
- 以某种相关的方式呈现信息,以此来增加人们对与主旨相关的隐性知识。[①]

记 住

数据新闻的核心不仅在于数据本身,还在于数据的"开放性"和大数据,从而以更丰富甚至是全数据形成更深入、更全面的报道,进而形成以互联网数据信息为基础的开放性报道。

第二节 什么是数据新闻

虽然从历史的演变而言,传统媒体时代的精确性新闻、民调新闻都是以数据说话,但是,我们今天提及的数据新闻,是在开放数据或大数据基础上的处理、分析、提炼,形成具有洞察力的发现和见解,是开放数据基础上的新闻发现。此外,数据新闻生产更重塑了传统新闻生产的流程。

一、数据新闻界定

数据新闻(Data Journalism),又称数据驱动新闻(Data Driven Journalism),有学者将

---

① KLEIN G, MOON B, HOFFMAN P R. Making sense of sensemaking 1: alternative perspectives [J]. IEEE intelligent systems, 2006(4): 70–73

其定义为"基于数据抓取、挖掘、统计、分析和可视化呈现的新型新闻报道方式"[①]。数据新闻的生产建立在大数据基础之上，是以数百万，甚至数千万的大数据为基础，庞大的数据经过处理之后，形成数据地图、时间线、交互性图表等不同的可视化数据新闻形式，综合讲述数据背后的故事。

数据新闻反映的是信息时代的新闻变革，其背后倚靠的是大数据给社会生活、新闻生产等带来的改变，因此，概言之，**数据新闻是基于数据的收集、挖掘、分析，结合可视化（Visualization）、可听化（Sonification）的呈现方式和交互设计来报道事件和现象，讲述故事的新型新闻生产方式**。在这个定义中，数据新闻报道建立在互联网数据信息处理的基础上，但必须强调的是，数据新闻里的数据（Data）并不是人们所熟悉的数字（Number），并不是包含了数字的报道就一定是数据新闻。同理，只是简单地呈现数据，而缺少对数据的科学处理，不能将数据信息背后深层次的意义挖掘呈现出来，也不能叫作数据新闻。"数据新闻应该是经过科学的社会研究方法进行统计分析后得来的信息，即新闻生产者对原始信息进行收集、量化而形成可被计算和分析的数据，按照报道的目的、依靠科学的程序和方法对数据进行统计分析，然后将被发掘的意义以新闻故事的形式呈现。"[②]**大数据是支撑新闻报道叙事的关键因素，数据背后的结构性联系应该是驱动报道叙事逻辑的核心，由这种联系得出的结论构成了数据新闻的主题，这是数据新闻与其他新闻报道相区别的核心特征。**

此外，**数据新闻的另一个重要特征是将可视化作为主要呈现方式，离开了可视化的数据新闻将大大失色，并且也将难以让用户更好地理解隐藏在复杂、抽象、宏观的数据背后的意义。**首先，可视化是计算机时代的概念，数据可视化是科学和艺术的有机结合，科学的严谨和艺术想象力之美融为一体。第二，我们也要充分明确，可视化的同时，也有数据可听化的呈现，数据以视频新闻或音频新闻的形态，以图像或声音的符号，以视觉和听觉共存，因此，在理解可视化的同时，不可抛下可听化。第三，数据可视化中，增加了交互性元素的可视化作品更是赋予了数据新闻以开放的活力，让新闻报道更加形象生动。

二、数据新闻的生产流程

数据新闻的出现，推动了新闻生产由事实驱动到数据驱动的转变，是对传统新闻生产流程的突破与再造。通俗地讲，数据新闻报道是数字炼金术。数据新闻的生产是一个围绕数据而不断进行挖掘与提炼的过程，这一过程从离散的数据发现与现实生活的联系，为抽象的统计学数字赋予意义，从而为用户带来新闻、服务或者日常生活的价值，同时也为媒体融合转型、拓展业务领域、强化竞争力创造价值。

---

① 方洁，颜冬. 全球视野下的"数据新闻"：理念与实践［J］. 国际新闻界，2013（6）：73–83.
② 方洁. 数据新闻概论［M］. 北京：中国人民大学出版社，2015：2–3.

1. 五步生产流程

综观国内外对于数据新闻生产流程的归纳和总结，数据新闻生产总体上分为四个步骤。布拉德肖（Paul Bradshaw）把数据新闻的生产过程归纳为数据收集—数据清理—确定情境（数据的关系和意义）—数据集结合的"倒金字塔"结构，新闻报道呈现和传播，则是可视化、故事化、社会化、人性化、个性化、应用化的金字塔机构。[1]德国数据新闻记者劳伦兹（Mirko Lorenz）围绕大数据技术将数据新闻生产流程划分为"数据挖掘—数据过滤—数据可视化—新闻报道呈现"[2]四个步骤，着重突出了数据新闻的核心技术流程。国内学者于淼在这一基础上做了进一步修正，提出"新闻故事概念—获取数据—处理数据—视觉化呈现"的划分法，以强调数据新闻生产中"故事化"这一报道主线。[3]实际上，数据新闻生产并不是简单依据数据搜寻，而是在先有选题和故事的概念基础上，再去挖掘数据获得发现。综上，总体而言，可以分为五个步骤，即"选题创意—数据挖掘—数据处理—数据可视化—新闻报道呈现（应用设计、故事呈现）"，在实际运用中，围绕这五个部分依次展开。

图9-2-1　数据新闻生产的"五步流程"

下面，我们来看看实际的具体应用。有学者根据对《芝加哥论坛报》数据新闻团队生产实践的访谈与分析，按照数据新闻生产过程中各环节以及执行部门，将《芝加哥论坛报》的生产流程划分为"记者——发现选题；程序员——数据处理；记者或程序员——创作报道；程序员——可视化报道"四个阶段，这四个阶段又可以细分为九个环节（见图9-2-2）。财新作为我国较早建立专业数据新闻实验室的媒体，也是我国第一家获得数据新闻奖全球最佳数据新闻团队的媒体单位[4]，先后出品多部优秀的数据新闻报道产品。财新数据可视化实验室根据自身的实践经验，将数据新闻生产从实际操作层面划分为七个步骤（见表9-2-1），与《芝加哥论坛报》的生产模式较为相似，同时也具有我国新闻事件报道的一些典型特点，可在数据新闻生产实践中以此为参考，探索和构建适合自身媒体机构情况的生产模式。

①　BRADSHAW P. The inverted pyramid of data journalism［EB/OL］.（2011-07-07）［2022-03-17］. https://onlinejournalismblog. com/2011/07/07/the-inverted-pyramid-of-data-journalism.

②　LORENZ M. Data driven journalism: what is there to learn?［C］. Stanford, CA: Presented at IJ-7 Innovation Journalism Conference, 2010.

③　于淼. 数据新闻实践：流程再造与模式创新［J］. 编辑之友, 2015（9）：69-72.

④　2018年6月1日，全球编辑网络（GEN）主办的2018年数据新闻奖（Data Journalism Awards, DJA）揭晓，财新数据新闻中心荣获2018年度全球最佳数据新闻团队奖，这也是中国媒体首度获得这一奖项。

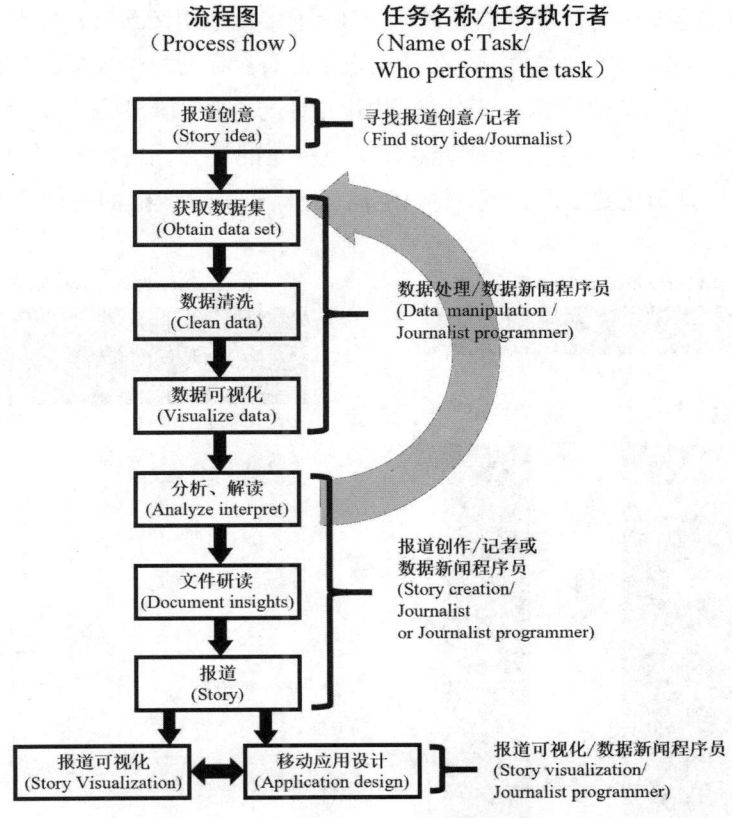

| 流程图
（Process flow） | 任务名称/任务执行者
（Name of Task/
Who performs the task） |

图9-2-2 《芝加哥论坛报》数据新闻生产流程

表9-2-1 财新数据可视化实验室数据生产流程[①]

策划阶段	1. 找选题	
	2. 找角度	哪些角度最引人关注，哪些素材最适合做数据新闻，需要团队花时间去探讨。
数据处理阶段	3. 数据搜集整理和清洗	采编人员在采访及撰写新闻报道中搜集大量数据。数据分析师从报道中提取出数据并放到EXCEL文件中整理、查找规律，以数据库的格式进行储存。
	4. 数据分析	分析新闻中提取出的数据特征。
可视化阶段	5. 选择合适的图形	找出最合适的图形来表现前述的数据并不断改进，让图形更简洁和准确。
	6. 丰富图形的内涵	优化可视化设计，强化易识别性与区分度。
	7. 用代码呈现图形	将设计好的图形用代码呈现出来。

　　比如，阿根廷《民族报》交互融合新闻产品《2018年俄罗斯世界杯》[②]针对垂直领域的用户——球迷，他们最了解球场位置、足球规则、球员数据等信息，对此选题最感兴趣。该报道建立了所有当届世界杯足球运动员的国籍和足球俱乐部数据库和实际比赛的相关数据库。产

---

① 黄志敏，张玮. 数据新闻是如何出炉的——以财新数据可视化作品为例［J］. 新闻与写作，2016（3）：86–88.
② 获得2019年美国网络新闻奖大型编辑室体育新闻奖。

品使用分为两个阶段，第一阶段是世界杯前的准备阶段，采用交互可视化呈现，根据赛事之前各球队的比赛时间表进行战略布局。在社交媒体发布参赛的23位球员名单和11位上场的运动员名单，设计抽签模拟器模拟球队分组，让用户参与。第二阶段是比赛阶段，设置提醒比赛进程的小程序——用于预判结果和能否进入下一轮的计算，让受众在每场比赛后能给球员打分的游戏，对球员比赛实时射门、射门距离、运动轨迹等数据的统计可视化等。

图9-2-3　《2018年俄罗斯世界杯》截图一

图9-2-4　《2018年俄罗斯世界杯》截图二

2. 融合协同生产

数据新闻生产改变了传统新闻报道由记者、编辑独立采编形成的线性式的流水线生产方式，而更多采用扁平化的分工融合协同生产模式，从以职能为导向的组织架构，转变为以产品为核心的融合生产团队。与传统的新闻生产不同的是，数据新闻的生产已经不再是一个人单独就能轻易完成的，复杂的数据收集、挖掘、分析、可视化设计往往需要团队分工协作完成。数据博客首任主编西蒙·罗杰斯所在的《卫报》数据新闻团队就由5位成员组成。[①]国内的财新数据可视化实验室2017年出品的数据新闻作品《高铁动车6小时能到的地方，你想去哪个？》则是由包括了记者、设计开发、数据抓取、监制在内的5人幕后团队合作完成的。从选题创意阶段开始，记者、编辑和技术人员围绕选题和数据收集、处理和发现进

① 郑蔚雯，姜青青. 大数据时代，外媒大报如何构建可视化数据新闻团队？——《卫报》《泰晤士报》《纽约时报》实践操作分析［J］. 中国记者，2013（11）：132–133.

行协同融合生产，这也是技术赋能下的新媒体产品生产的普遍转型。有研究将数据新闻生产团队的组织架构形式分成了完全分离型（传统模式）、平行合作型（分属不同部门但跨部门合作）、完全融合型。①有研究者考察国内数据新闻生产媒体②，认为人民日报依托"中央厨房"的工作室模式可以成为平行合作型，而澎湃新闻属于完全融合型，财新是设计部门相对独立的半融合型。

> **记住**
>
> 　　大数据是支撑新闻报道叙事的关键因素，数据背后的结构性联系是驱动报道叙事逻辑的核心，由这种联系得出的结论构成数据新闻的主题，这是数据新闻与其他新闻报道相区别的核心特征。

第三节　数据新闻的叙事逻辑

罗兰·巴特（Roland Barthes）在《叙事作品结构分析导论》中指出，叙事是与人类历史本身共同产生的。叙事普遍存于小说、神话、民间故事、寓言、传说、史诗、绘画等一切形式的口头或书面语言中。新闻作为一种传播事实和信息的文体也是一种叙事，其中包含了叙述行为。新闻叙事通过"对现实中新近发生的有时间或因果关系的一个或一系列事件的符号再现"③，来帮助受众理解客观现实，完成意义的建构。简要而言，**新闻叙事就是借助文学的叙述方法，将新闻事实以故事讲述的方式展现，使其更加吸引读者，更有趣味性，并且更加全面地展现新闻事实的各个方面**。而相比于文学叙事来说，新闻叙事的特殊性在于对文本"客观真实性"的追求。

数据新闻带来了新的新闻生产方式，以及与传统新闻不同的可视化表达，因而也驱动新闻叙事模式的创新。与传统新闻叙事仍以文本为对象不同，数据新闻叙事以数据为新闻报道的核心，在可信度和权威性增强的同时，**数据新闻通常借助图表、图片、视频、交互设计等可视化的呈现方式，使得新闻的叙事打破了文字的单一形态，用动态、直观、互动的文本挖掘出数据背后的深层故事，因而更加直观、形象**。在新闻实践中，数据、场景、动效等逐渐成为新的叙事话语，多元化的叙事话语丰富了叙事文本的内涵。编程技术、可视化软件使得数据讲故事的效果日益生动多彩。这种叙事方式让新闻更具易读性和趣味性，同时在信息碎片化、阅读即时性的今天，更加符合用户的阅读习惯，使用户更加便捷高效地接受信息。

---

① CAIRO A. Nerd journalism: how data and digital technology transformed news graphics [D]. Barcelona: Universitat Oberta de Catalunya, 2017.

② 胡杨涓，余树彬. 数据新闻对新闻生产实践与观念的重塑 [J]. 编辑之友，2019（7）：59–72.

③ 李凌燕. 新闻叙事：客观真实性与主观倾向性间的博弈 [J]. 东华大学学报（社会科学版），2009（3）：182–186.

一、数据新闻叙事的双重驱动力

顾名思义，数据新闻的驱动力在于数据，数据驱动（Data-driven）叙事，通过挖掘、分析数据，找到事件运行的规律，数据挖掘的过程也是意义产生的过程，数据分析的过程也是推动叙事的过程。比如，第一财经在2020年1月新冠肺炎疫情期间的大数据报道《离开武汉的500多万人都去了哪里？大数据告诉你》，通过大数据分析因为春节和疫情离开武汉的人群所去的省、市和国际的走向，以此形成叙事的主题和动力。通过数据的挖掘与分析，及对发现与结果的呈现构成了数据新闻的叙事主干和叙事顺序。

但是，数据新闻在发展的过程中，也出现了偏向技术的"重数据，轻叙述"倾向，重点解读和呈现数据，而忽略了传统的新闻叙事的逻辑，甚至抛离了新闻故事化的传统，理性、客观的数据分析和逻辑建构，取代了以人为主角、故事为载体、情感为核心的叙事方式。有些数据新闻呈现也落入单调甚至枯燥乏味的地步，只见数据，不见人。从这个角度而言，新闻实际上成了信息，报道成了论证。因此，有研究者认为，数据新闻的生产应当坚守新闻本位，它是数据驱动的，更应当被视为一种"叙述驱动的数据分析"（Narrative-driven data analysis）。拥有严肃信息硬核的数据新闻应当由"数据驱动"与"叙述驱动"共同完成。[1] 无论是传统新闻还是融合新闻语境，无论是大众传播还是分众传播，无论是单向传播还是交互体验，新闻报道是被接收、阅读、观看、体验的过程，其叙述的情感度、吸引力、趣味性是触达用户的重要元素。而更重要的是，"新闻之所以重要，主要有一个原因，那就是：人。它写人，影响人。而且通常只有当它对人有影响时，最无生气的题目才会显得重要"[2]。因此，数据驱动为新闻带来了宏观的视角、精准的指向和现象背后的关系及本质，而借助数据分析的手段，其落脚点还是新闻事件中人的故事和人的命运。**从这一点而言，数据新闻应该是数据与故事的双驱动，通过数据讲好故事，尤其是讲好事件中人的故事。作为内驱力的故事，以情节叙述、情感表达和细节刻画构成新闻叙事的吸引力；作为内驱力的数据，以宏观视角、理性分析和关系建构构成新闻叙事的精准度。**

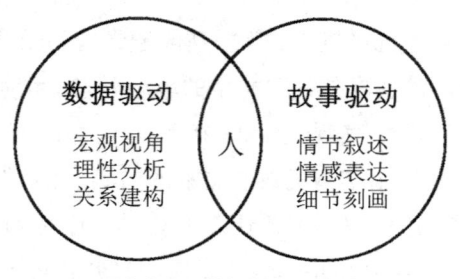

图9-3-1　数据新闻双驱动

① 王强. "数据驱动"与"叙述驱动"：数据新闻生产的双重动力[J]. 编辑之友, 2015（3）：80-84.

② 斯隆，麦克拉里，克利里. 普利策新闻奖最佳作品集[M]. 于利国，等译. 北京：中国新闻出版社, 1987：13.

二、数据新闻叙事的两类主体

传统的新闻叙事文本中,记者是叙述的权威主体,独立地建构出作品的意义空间。综合性的交互数据新闻作品中往往多重叙事主体并存,记者把一部分叙述的权利交给用户,并且在与用户的交互中完成对文本的叙述。记者和用户这两个参与新闻叙事的重要主体,在交互叙事中仿佛是在进行一场角力,此进彼退。根据记者和用户对叙事的控制力,可以将数据新闻的叙事模式主要分为"记者驱动"和"用户驱动"两种类型。

1. 记者驱动型叙事:解释故事信息

在数据新闻中,显性的叙述者仍然是记者和编辑,因为文本仍然是数据新闻中的重要组成部分。针对数据挖掘的成果只有少量能够完全依托图片、图表和可视化呈现,多数数据新闻作品仍需要文字进行必要的背景补充和图片的解释说明,因此,记者的叙事主体身份没有动摇。"记者驱动型"叙事是指整个数据新闻故事在记者的设计和安排下展开叙述。记者驱动型叙事通常有明确的叙事顺序,故事的讲述遵从严格的线型路径。文本的叙事节奏和想要传递的信息已经由作者事先决定,用户只能根据拟定的内容顺序进行阅读。记者驱动型叙事文本的解释意图明显,如同老师在向学生讲解一个知识点,因此又可以被称作"解释型"。记者驱动型叙事互动性低,用户的参与度小,其主要依赖文字与图片等强信息输出文本,交互设计以手段性交互为主,因此在制作难度上也相对较低。

2. 用户驱动型叙事:挖掘故事意义

用户驱动型叙事的特点是弱化的线性叙事、少量拟定的讯息传递,以及高互动性。故事如何开始、怎样结束,完全凭借用户的兴趣决定。文本不需要向用户传递过多的背景和信息,而是依靠用户自己去探索和发现数据中所隐藏的意义。故事仿佛隐藏在一层神秘的面纱之下,等待着用户去揭开。而用户也仿佛是游戏世界的体验者,依照提示不断地探索、深入,逐渐向下深挖,最终找到设计者精心搭建的故事世界。用户参与性强是用户驱动型叙事区别于记者驱动型叙事的最显著特征,用户亲自参与故事的叙述和故事意义的发掘。

记者驱动型叙事和用户驱动型叙事并非泾渭分明,在多数交互类型的数据新闻作品中,二者更多是以融合的形态出现。试想,一个单一的记者驱动型叙事可能难以调动用户的参与积极性,而一个单一的用户驱动型叙事如果缺乏必要的背景信息铺垫和明确的叙述引导,用户面对复杂的交互和故事也会手足无措。**所以,数据新闻叙事的一个重要特点就是在二者之间找到平衡。当前的数据可视化作品的趋势就是将二者有机结合,让记者叙述和用户叙述共享舞台,一个优秀的数据新闻作品通常既包含创作者的文本阐释,也包括形式新颖、层次深入的交互设计,让用户可以更加全面和深入地对作品进行理解和探索,让新闻故事以更加饱满的面貌被讲述和呈现。**

三、数据新闻的三种叙事结构

记者驱动型叙事和用户驱动型叙事的对话与合作可以搭配出不同的故事叙述方式。美国数据新闻学者爱德华·谢格尔（Edward Segel）提出了数据新闻叙事的三种叙事结构，分别是马提尼酒杯型结构（Martini Glass Structure）、幻灯片型结构（Interactive Slideshow）和用户深挖型结构（Drill-Down Story）。我们借鉴这三种结构对数据新闻的交互性叙事进行阐释。

1. 马提尼酒杯型结构：记者主导型叙事

马提尼酒杯型结构是指作品由记者主导的叙事进入，通过问题发现、观察分析、文本介绍可视化相关的背景，一旦记者的叙述引导完成，用户就可以按照非线性的方式自由地进行数据探索。就像鸡尾酒酒杯被倒置过来，细长的杯茎代表着单一的叙事路径，开放的杯口代表着多种可行的叙述路径。这一类型较为常见，几乎每一个数据新闻交互的开头都会涉及。

图9-3-2 马提尼酒杯型结构

2016年全球数据新闻奖获奖作品《如果叙利亚战争发生在你的国家会怎样？》（*What if the Syrian civil war happened in your country?*）中，前半部分是作者对叙利亚战争的背景介绍，说明此报道是为了警醒世人战争的危害。在对叙利亚战争背景的充分了解下，用户可以在交互地图上选择自己的国家，根据作品预先设计的数据转换，计算出同等规模的战争将在自己的国家造成多少人死亡、饱受饥饿、流离失所，让用户更加切实地感受到叙利亚战争的危害。该作品在整体上遵循了一种先线性后开放的叙事结构。

图9-3-3 《如果叙利亚战争发生在你的国家会怎样？》截图

2. 幻灯片型结构：记者与用户平衡叙事

幻灯片型结构是指作品交互中包含了可切换的多个页面，每个页面中都包括了用户可探索和深挖的交互内

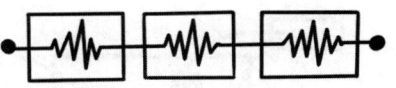

图9-3-4　交互式幻灯片结构

容。幻灯片型结构是记者叙述和用户叙述更为平衡的产物，页面的编排和顺序是由制作者意志控制的故事发展和走向，故事的讲述被分成了多个部分，用户可以在每个部分决定故事如何被讲述。

Propublica网站的项目《正在消失的星球》(*A Disappearing Planet*)展示了地球上各个物种的濒危情况。作品将濒临灭绝的生物分成了哺乳类、爬行类、两栖类、鸟类四大类，每一类都是一个幻灯片页面，用户可以通过点击标签或者鼠标滑动的方式切换。在每一类的页面内，用户可以深入地挖掘该类别生物的生存现状和濒危数据。每一种生物都按照科、属、种的划分排列在条形图的坐标轴上，濒危的物种用红色标识。用户可以拖动黑色的滑块放大坐标轴的局部仔细观察，也可以通过快速搜索的方式直接查看某一种生物的位置和相关信息。

幻灯片型结构可以将多个数据集以相似的框架呈现在同一作品中，也可以按照故事呈现的需要用不同的框架衔接每个段落。总之，这一结构是在记者设定的大框架下，让用户自己决定每个版面的阅读路径，并允许用户在不同的版面之间来回切换，体现出记者叙述与用户叙述的兼顾和平衡。

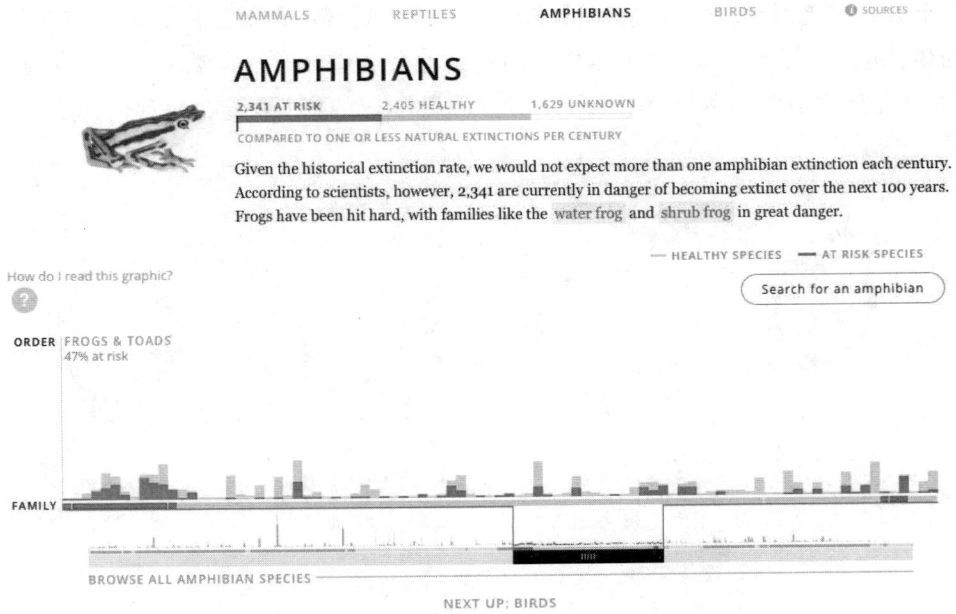

图9-3-5　《正在消失的星球》截图[①]

---

① 新闻来源：https://projects.propublica.org/extinctions/。

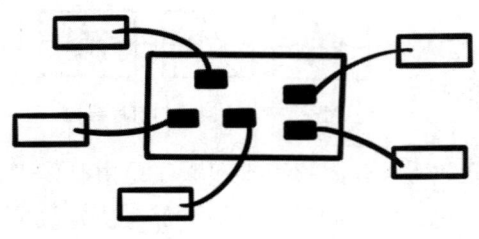

图9-3-6　用户深挖型结构

3. 用户深挖型结构：用户主导型叙事

在用户深挖型叙事中，用户是完全占主导的，记者将叙事的控制权几乎全部"让渡"给了读者。作品有不断向下挖掘和探索的空间，根据记者设置好的参数，用户可以根据自己想要了解的部分去查看，或者根据自己喜欢的方式对内容进行筛选。而在预测型的叙事模式中，则由用户完全占主导，预测事件的走向，比如上文提及的《2018年俄罗斯世界杯》，设计提醒比赛进程的小程序——让用户预判结果和球队能否进入下一轮。

以谷歌新闻实验室（Google News Lab）2016年的数据新闻作品《食物的韵律》（*The Rhythm of Food*）为例，该作品依托谷歌搜索的海量数据，借助人们不同年份、不同月份对食物关键词的搜索大数据，展现一年中不同时节的美食流行规律。作品中没有太多用户叙述部分，开门见山地向用户介绍如何看懂其设计的食物时钟之后，就留给用户广阔的空间进行探索和发现。根据演示，用户可以从每种食物的时间钟表中看出其一年之中哪个月份的搜索量最高、随年份的搜索总量如何变化、当前季节该食物的流行指数等丰富的信息，可以切换月份分别查看当月最流行的几种食物的图谱，也可以点击一张食物图谱右下角的加号查看关于这种食物流行趋势更深入的介绍。少数图谱中有文字注释，用来解释某些食物热度猛然上升的文化因素，例如2月墨西哥玉米片的搜索量猛增是因为它是美国人收看超级碗比赛的最佳佐食。除此之外，整个数据新闻作品完全通过具有强视觉吸引力的交互图表来呈现，赋予了用户最大的参与可能，让用户可以按照自己的想法决定故事如何开始。

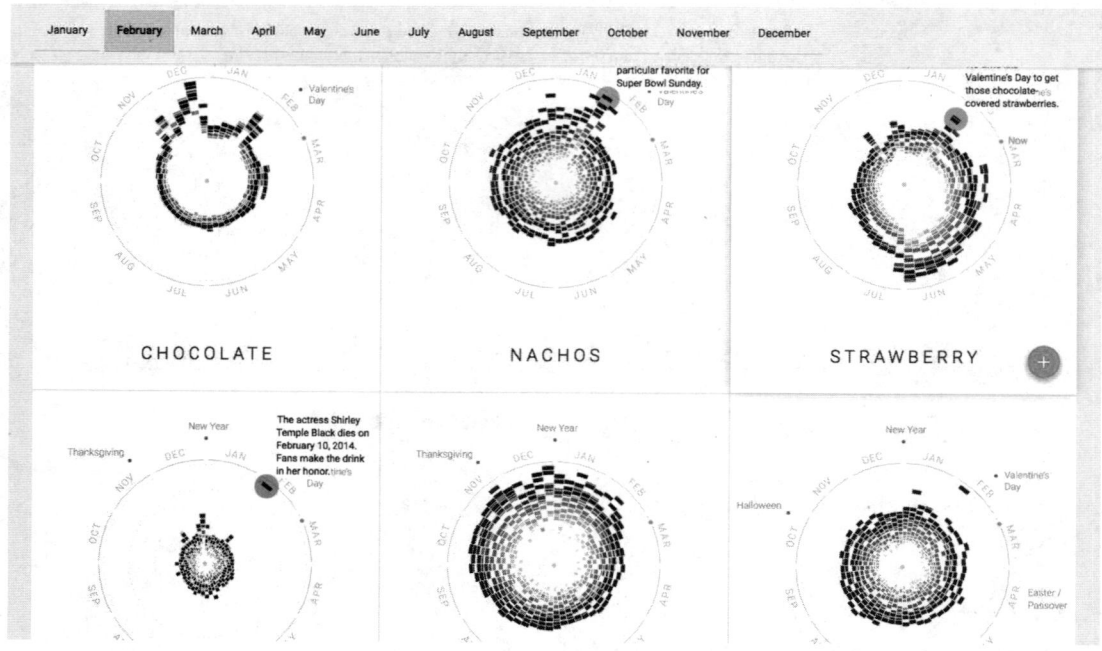

图9-3-7　《食物的韵律》截图

记 住

数据新闻是数据与故事的双驱动，通过数据讲好故事，尤其是讲好事件中人的故事。作为内驱力的故事，以情节叙述、情感表达和细节刻画构成新闻叙事的吸引力；作为内驱力的数据，以宏观视角、理性分析和关系建构构成新闻叙事的精准度。

第四节　数据可视化的语义表达逻辑和视觉传播形态

"一去二三里，烟村四五家，亭台六七座，八九十枝花。""两个黄鹂鸣翠鸟，一行白鹭上青天。"我国古代有很多用数字创造图景和意境的范例，创造了数据意象化之美。而通过数据创造具象之美，则是建立在现代技术基础上的大数据可视化。

数据可视化是科学与艺术的高度融合，数据可视化叙事对传统新闻叙事的改变体现在数据可视化的叙事文本从单一的文字变成了丰富的图形，通过直观的图形和图像呈现的语义逻辑来完成故事的讲述。我们必须明确的是，可视化是数据呈现的最后一步，在此之前还需要新闻制作者耐心地挖掘数据、分析数据，找到数据背后的新闻价值，再根据传播媒介的不同找到最佳的可视化方式。一个成功的可视化作品应该能向用户展示新闻事件的进程，揭示出新闻的要点，以及挖掘出数据背后的关系，以用户最容易接受的方式推动叙事的展开，让复杂的大数据化繁为简、化简为美。

一、语义表达逻辑

可视化专家安德鲁·阿贝拉（Andrew Abela）曾在其博客上刊发名为《制图建议——可视化思维的开端》的思维导图，总结并呈现了可视化图表叙事中常见的语义逻辑，包括**比较、关系、分布、构成四种**。可视化并不是简单地把数据图形化，而是通过选择合适的图形图像展示数据之间的比较、关系、分布、构成等意义关联，用图形语言建构意义和增强叙事效果，是用另一种叙述的方式来讲故事。阿贝拉的总结与梳理，为我们洞察数据间的关系、寻找适合的可视化表现手法，从而在数据处理与可视化设计上做到"以不变，应万变"提供了一种有益的范式指导。

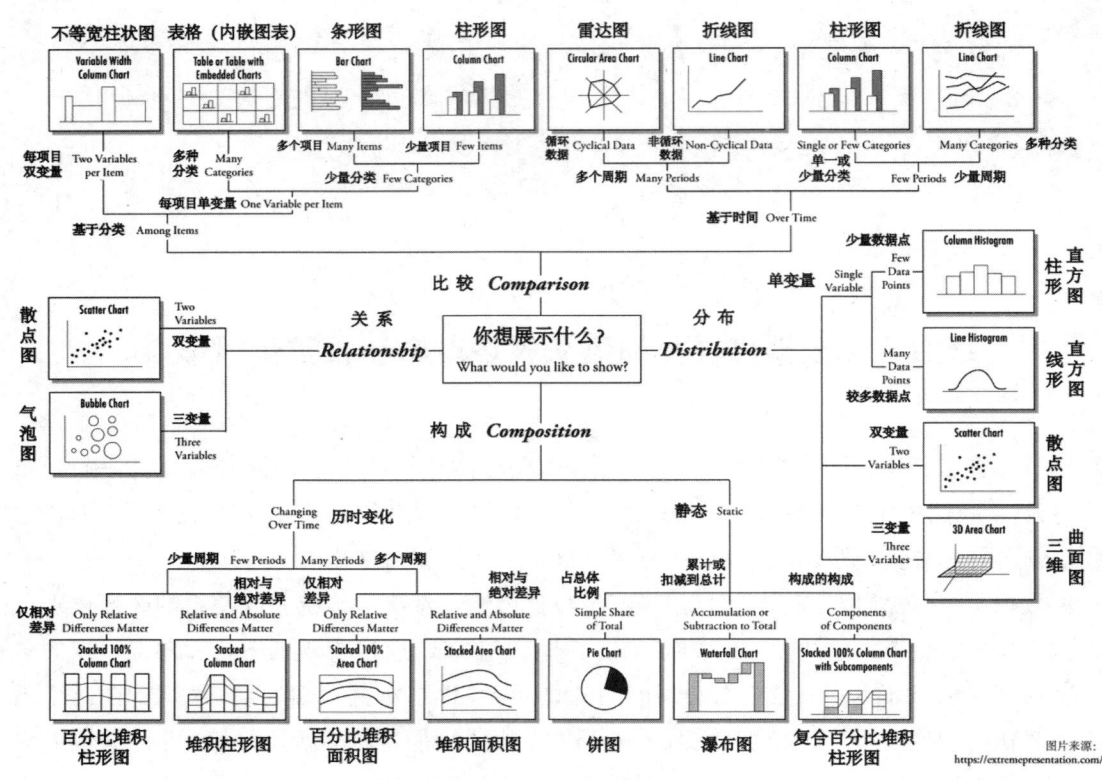

图9-4-1　制图建议——可视化思维的开端①

1. 比较

差异是可视化中用户肉眼最容易分辨的数据关系。同一个数据集基于时间维度的比较可以发现不同时期的差异，也就意味着该数据集的变化，即纵向比较。不同数据集在同一时间条件下对其他变量的比较可以发现二者之间的不同特征，此为横向比较。变量越多，数据集之间的差异可能越大。世界的运动、变化、发展决定了差异一定会产生，"一成不变"不会一直存在，因此从数据中找出差异就是数据新闻中发掘故事的关键。为何会产生这种差异？用户对故事的好奇已经产生，接下来通过可视化和文本解释疑问就变得顺理成章。

《最燃"C"大调，大阅兵后再看这组外媒数据，忍不住又红了眼眶！》二维码

比如，《中国日报》《最燃"C"大调，大阅兵后再看这组外媒数据，忍不住又红了眼眶！》②的数据短视频及微信长文，记录了外媒对华报道数量和中国GDP世界排名的变化，选择了国外主流媒体之一的《纽约时报》作

---

① 图片来源：https://extremepresentation.com/。
② 获得第三十届中国新闻奖媒体融合奖项融合创新二等奖（2020）。

为统计对象，分析该报头版70年间10万余篇有关中国经济的稿件数量变化。此外，该作品还选取了世界银行历年的各国（经济体）GDP排名作为统计对象，通过柱状图历时性的动态变化，以视频的可视化形态展现中国GDP排名逐步上升到世界第二的过程，从"他证"和"自证"两个角度呈现了中国由弱到强的发展过程。

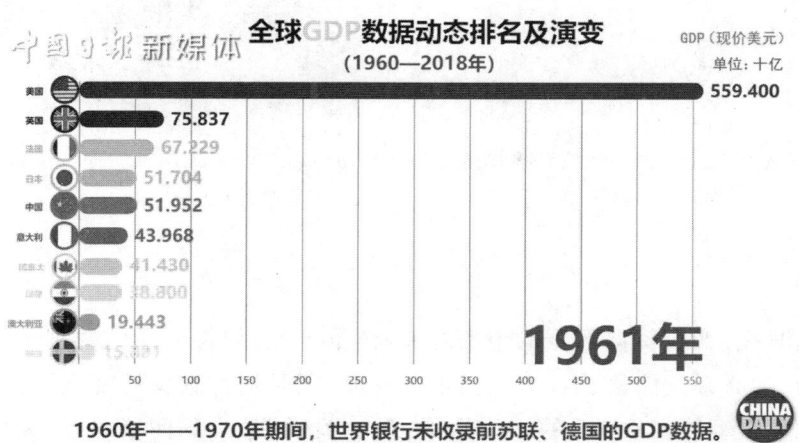

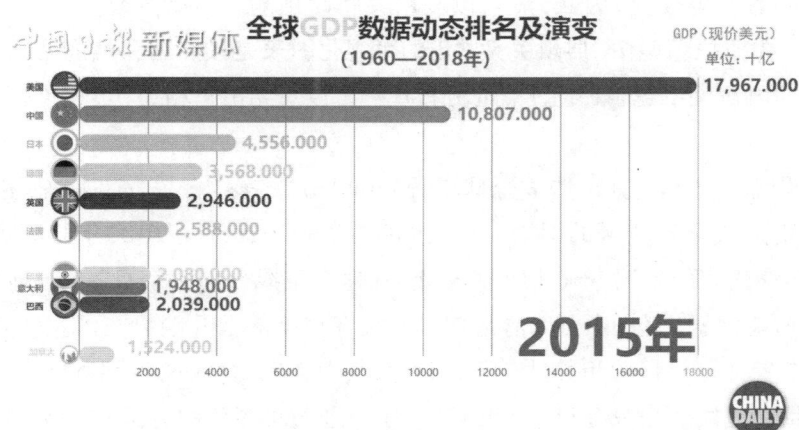

图9-4-2 《最燃C大调，大阅兵后再看这组外媒数据，忍不住又红了眼眶！》截图

2016年《卫报》的一则数据新闻作品用地图描绘了1999年和2014年两个年份美国由于药物过量造成的死亡人数的变化，颜色的深度代表死亡的案例数量。两张地图的醒目对比，说明了短短15年间药物过量致死问题已经从个别地方的问题演变成了全美的危机，地图上被大片深红色覆盖的版图显得触目惊心。

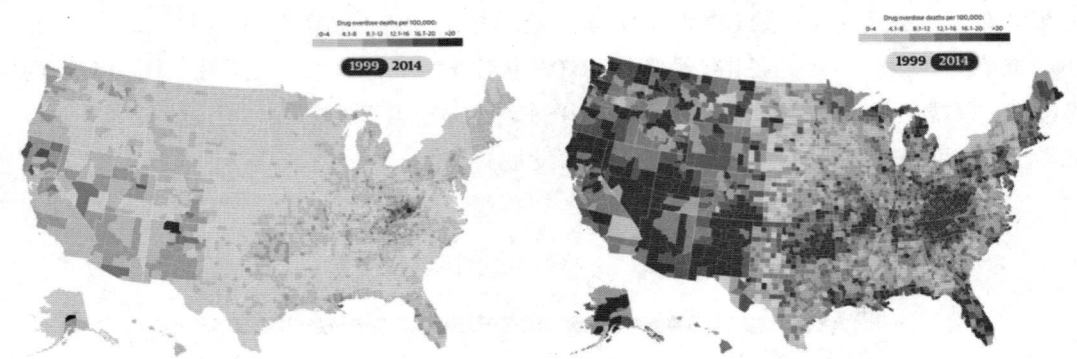

图9-4-3　《致命危机：绘制美国药物使用过量的蔓延图》（*A deadly crisis: mapping the spread of America's drug overdose epidemic*）[①]截图

2. 关系

大数据时代，我们深陷数据的包围之中。体量庞大、错综复杂的数据令人难以看清真相，很多内在的联系仅仅通过观察数据难以发现，但是通过数据可视化的方式，可以更便捷地展示隐藏在事件表象背后的相关项目之间的关联性。在新闻报道中，关联是记者新闻敏感的试金石，是记者发散性思维能力的表现。关联性意味着一件事情发生变化时，另一件事情也会跟着发生改变，因此，就可以利用关联性预测一件事的改变如何影响另一件事的发展趋势。在数据新闻中，**展现关系常用的可视化图表是散点图和气泡图**。散点图尤其适合展现数据的内在关系逻辑，通过点的分布规律可以总结出正相关、负相关、不相关等不同的关系。

彭博社作品《是什么真正造成全球变暖》（*What's really warming the world*）用一幅图展示了真正造成全球变暖的因素。图中黑色的线表示1880—2003年监测到的大气温度变化，深色的线代表的是温室气体的排放量，其他三条线分别代表臭氧、土地利用、大气中的颗粒物等影响因素。从图中可以清楚地看出大气温度的上升趋势与温室气体的上升趋势非常接近，二者具有很强的相关性。事实上，大气中颗粒物减少实际上降低了大气温度，臭氧、土地利用对气候变暖只有较小的影响。因此，通过可视化的方式，能够帮助读者得出清晰的结论：温室气体排放是造成全球变暖的主要因素。

除了相关关系，两组数据之间还可能有因果关系。因果关系是指一件事的改变导致了另一件事的变化，是特殊的相关关系，需要通过统计分析工具进行确认，探索由因到果、由果到因的内在联系。比如，《2018年俄罗斯世界杯》作品对球员比赛实时射门、射门距离、运动轨迹等数据的统计就是利用数据计算与图像模拟还原比赛的场景，直观、形象地展示数据的内在联系和比赛讯息，这其中就有分析的因果关系。而《纽约时报》2016年对里约奥

---

① 新闻来源：https://www.theguardian.com/society/ng-interactive/2016/may/25/opioid-epidemic-overdose-deaths-map。

运会中美国奥运冠军选手西蒙拜尔斯等技术动作的可视化分析，揭示了优秀运动员技术动作的优势，找到了他们获得冠军的因果关系。

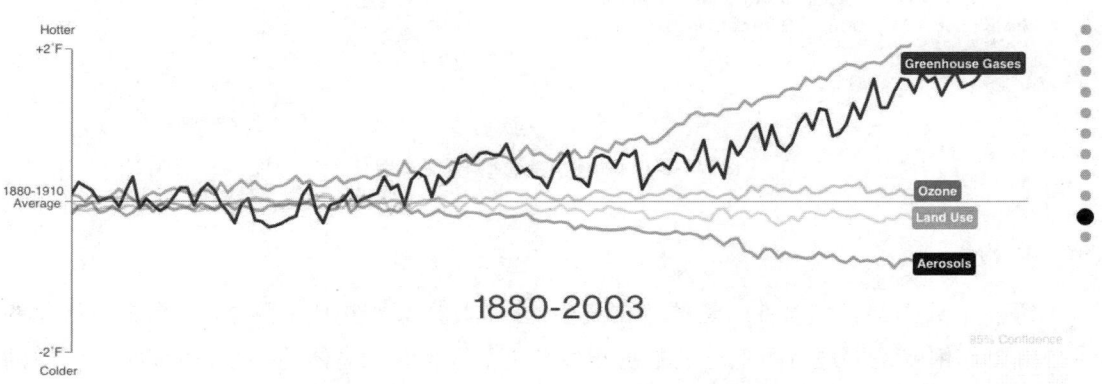

图9-4-4 《是什么真正造成全球变暖》截图[①]

3. 分布

数据的分布并不仅仅是狭义地展示地理空间上的分布，而是指数据在坐标轴上的可见的分布特征。正态分布是最为人熟知的一种数据分布类型，通过研究分析正态分布的曲线，可以得出数据是否稳定以及数据的集中度。**展示分布常用的有直方图、正态分布图、散点图等。**

数据网站538（FiveThirtyeight）的作品《如何改变选举走向》（*What would it take to turn Blue States Red*）用散点图呈现了低教育程度白人、高等教育白人、黑人、亚裔、西班牙裔/拉丁美裔等不同群体的投票分布。黑人、拉美裔、亚裔等群体呈现出"一边倒"支持民主党的形势，而占人口多数的白人群体中则出现了意见分裂，且无论按照教育程度还是性别划分，特朗普的支持率都更高。除了呈现结果，该作品还允许用户改变图表中的各个群体红蓝党派的支持比例，由此可以观察到改变对大选结果的影响，直观地说明大选中赢得关键群体支持的重要性。

---

① 作品来源：https://www.bloomberg.com/graphics/2015-whats-warming-the-world/。

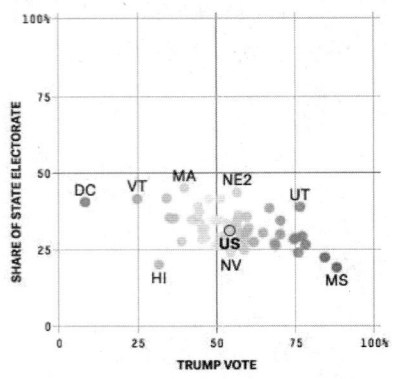

COLLEGE-EDUCATED WHITE

Trump's unpopularity among white voters with college degrees could be his Achilles' heel and Hillary Clinton's salvation. Most prominent in suburbs and in swing states such as Colorado, New Hampshire and Virginia, this growing segment turns out to vote much more reliably than any other group and has been increasingly leaning toward Democrats. In 2012, President Obama carried 257 of the 673 majority-white counties where over a third of residents ages 25 and older hold at least a bachelor's degree. In 2000, Al Gore carried just 169.

图9-4-5 《如何改变选举走向》截图[①]

4. 构成

每一个数据都被包含在一定的数据集中，多个数据集则构成了数据库。数据可视化的一个重要作用就是展现每一部分的数据集以及单个数据集与总体的关系，也就是数据库的构成。构成总体的数据集可能是静态的，也可能是随时间变化的，决定了适用的可视化方式也不一样。**适合展现构成的可视化类型包括：饼图、堆积柱形图、堆积面积图等。**

《华盛顿邮报》的可视化作品《绘制美国发电地图》（*Mapping How the United States generates its electricity*）用堆积柱形图展示了2015年1—5月美国各个州发电的能源构成。图表涵盖了煤炭、天然气、核能、水力、太阳能、石油等多种能源，用户点击某种能源，图表就会按照该能源在各州发电能源构成的占比从高到低重新排序，该能源排在横坐标以上，其他构成能源排列在横坐标以下。用户可以从中清晰地看出某个州的能源构成情况，例如，西弗吉尼亚州95%的电都是靠煤炭能源生产，而夏威夷地区则以石油作为发电的主要能源。用户通过鼠标的移动操作，还可以查看每个柱形对应的具体的占比数据。

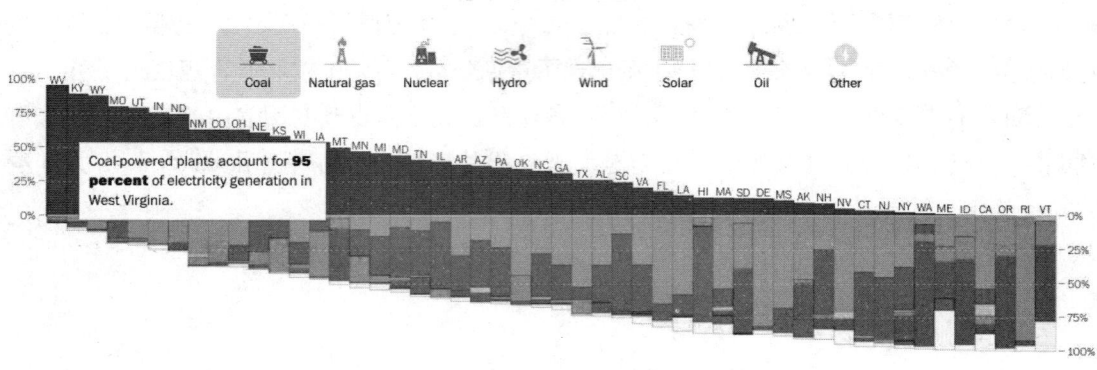

图9-4-6 《绘制美国发电地图》截图[②]

---

① 新闻来源：https://projects.fivethirtyeight.com/2016-swing-the-election/。

② 作品来源：https://www.washingtonpost.com/graphics/national/power-plants/。

二、数据可视化的视觉传播形态

一组数据可以有不同的阐释和解读，通过不同的可视化呈现方式可以突出其不同维度的意义。数据可视化有许多固定的视觉传播形态，只有选择最适合的呈现方式，才能最直观准确地阐述观点，更有利于数据新闻的叙事。无论一条新闻选择何种可视化的呈现方式，都一定是为内容服务的。下面就不同的数据可视化类型适用的新闻内容做分类概述。

1. 基本图表

线形图（Line Chart）是最常见的可视化形式之一。线形图的优势是展现趋势，特别是当数据的整体趋势比具体某个节点的数值信息更重要时，应该选择使用线形图。线形图还经常被用来对两个或多个数据集的趋势进行比较，呈现差异。例如，BBC用折线图展示了上任四周内奥巴马和特朗普两任总统签署的总统行政令数量的差异。

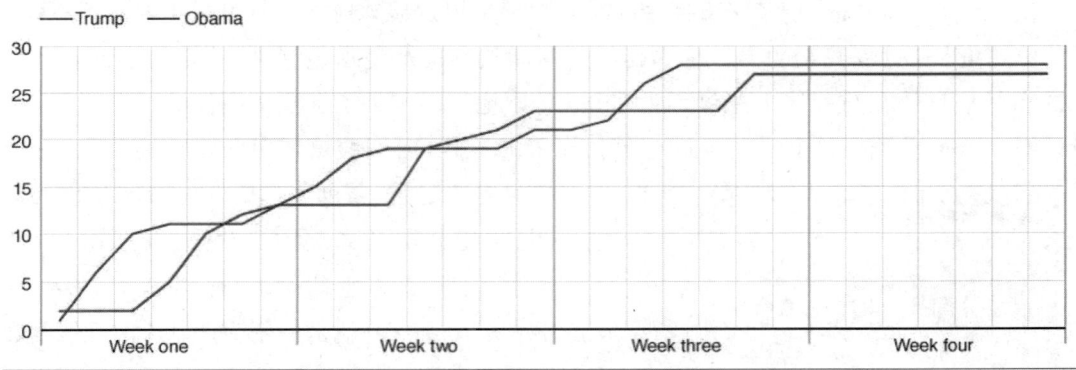

图9-4-7　《总统至今取得了多少成就？》（*How much has the president achieved so far?* ）截图

饼图（Pie Chart）也是常用的数据可视化形式，擅长展现部分占总体的比重，而不是每个部分的具体多少。例如，《国家地理》的可视化作品《世界各国吃什么》（*What the world eat*）就用饼图展示了世界各国的饮食结构及其年份变化。

柱形图（Bar Chart）是利用条形的高度（长度）不同来展示数据差异的可视化形式。由于人眼对同一水平线上的高度差异很敏感，因此柱形图是方便用户比较数据的呈现方式。柱形图通常以x轴为时间轴，将需要比较的数据放在y轴维度上。

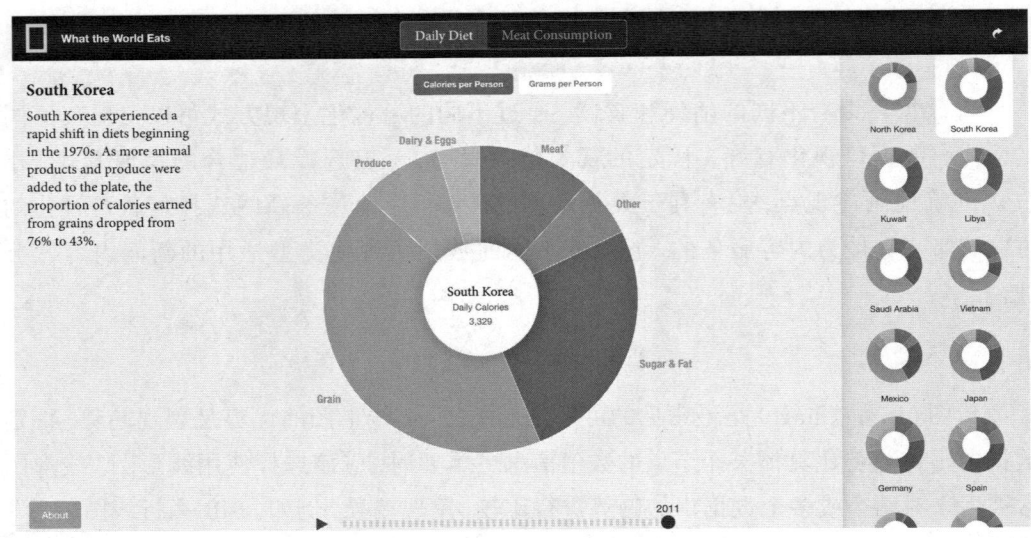

图9-4-8 《世界各国吃什么》截图[①]

2. 时间线

时间线（Timeline）是基于事件中的时间顺序呈现发展轨迹的一种可视化方式。如果某个历史跨度长、过程繁杂的事件依靠传统的新闻叙事很难清晰地展现，可以将事件每个阶段的相关信息放在时间线上来展示。用户既可以拖动时间轴了解整个事件的演进过程，也可以对自己感兴趣的单个时间点进行单独深入的了解。时间线就像串联珍珠的鱼线，让零散的信息有迹可循，帮助用户更好地理解事件的演进过程，也让新闻的叙事更具历史感和纵深感。

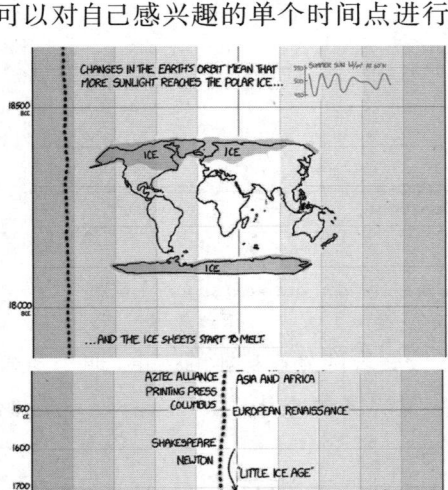

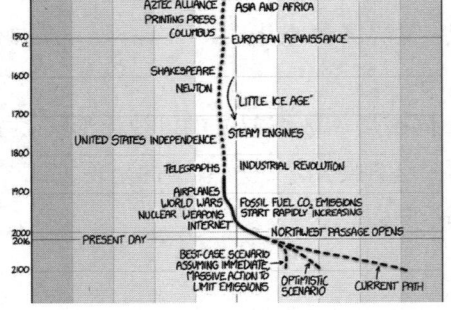

图9-4-9 《地球温度时间表》截图

可视化报道《地球温度时间表》（*Earth temperature timeline*）就是一个完全基于时间线的数据新闻作品，用一幅长长的时间画轴详细介绍了从冰河时代到今天地球的温度是如何变化的。由于时间跨度久远，不同于一般时间线采用横轴的设计，该作品将时间坐标放在了纵轴上。从这幅图中，我们可以非常直观地看出地球温度从左侧的低温向右侧的高温区域演变的趋势。通过有代表性的历史人物或历史事件，用户可以清楚地理解时间线对应的历史时期。该作品还对地球未来的温度走势进行了多种可能性的预测，通过结尾的预测虚线可以看出人类是否遏制温室气体排放将很大程度影响未来地球温度的走势，使得这一作品具有很强的启示性。

---

① 新闻来源：https://www.nationalgeographic.com/what-the-world-eats/。

3. 数据地图

时间线是从时间的维度上对数据和文本进行可视化，而数据地图（DataMap）则是空间维度上最佳的可视化呈现方式。"数据地图是将数据整合添置在地图等空间坐标上，通过图钉式定位、颜色改变等形式对地图上的空间范围进行标注，使人们对整个地区的数量、质量等高低变化的数据更清晰地了解和认知。"[①]除了静态的空间信息，数据地图还可以呈现流动性数据的动态流向，央视的《"据"说春运》就是用数据地图呈现春运出行流向的案例。数据地图可以让读者对于新闻产生基于地理空间的全局感知，尤其适用于灾害报道、战乱报道、政治报道。《纽约时报》推出过许多基于数据地图的新闻报道，均与现实新闻热点紧密相关，包括总统选举、堕胎合法化、移民政策、种族分布等议题。2020年美国大选期间，《纽约时报》制作了拜登是如何在大选中打败特朗普赢得选举胜利的数据地图。《纽约时报》分别按照两位总统候选人在各州的胜负情况、所赢得选举人票数情况、各县级投票人数和支持党派，以及与2016年大选期间投票情况的对比四个方面绘制了四份风格统一但又独具特色的图表，各个地区的红蓝倾向、相对于上届大选的阵营变化、变化幅度等信息一目了然地呈现在地图上，便于用户对于此次广为关注的大选有更好也更全面的了解与认识。

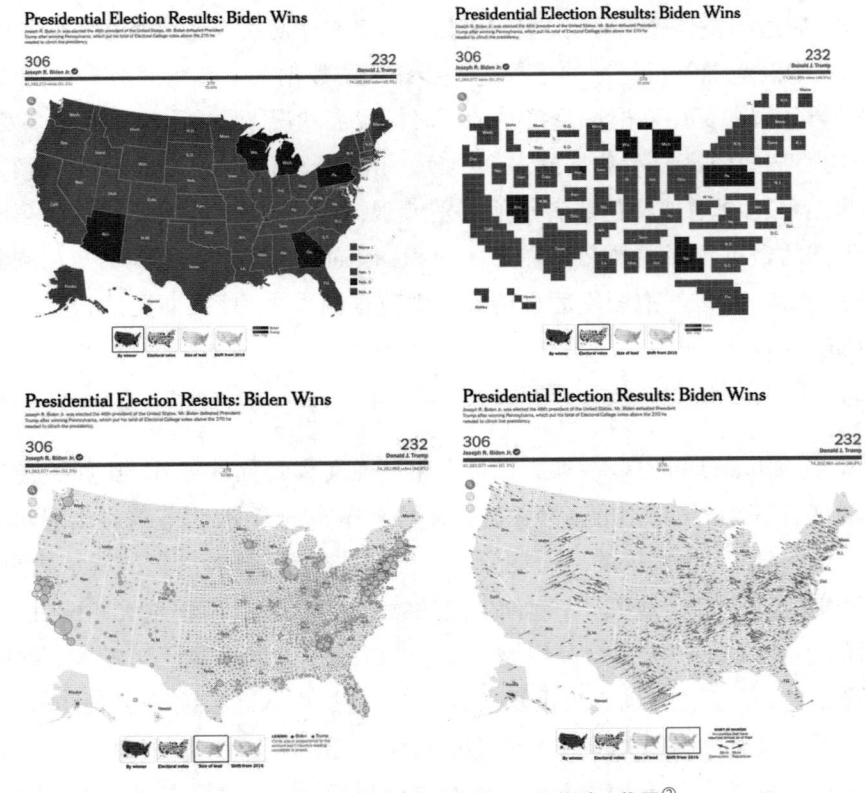

图9-4-10　《美国大选结果：拜登获胜》截图[②]

①　方秋玲. 大数据支持的数据新闻可视化研究［D］. 重庆：西南大学，2015.

②　新闻来源：https://www.nytimes.com/interactive/2020/11/03/us/elections/results-president.html? action=click&pgtype=Article&state=default&module=styln-elections-2020&region=TOP_BANNER&context=election_recirc。

媒体利用数据地图呈现数据新闻,体现的是一种区别于以往的叙事方式,从数据中选取结构化的信息绘制在地图上,建构地理空间的故事含义。人们通常对地理位置有一定成熟的生活经验,通过将复杂的数据按照地理信息的方式呈现,能够让报道逻辑更简单易懂。数据地图在各种传播媒介中都很常见,其中交互性地图更是被广泛使用。

4. 气泡图

气泡图(Bubble Chart),顾名思义是利用面积不同的圆形图案来展示数据的可视化方式。气泡图适合表现多个维度的数据,比如在一般的坐标系内,气泡图除了能够直观反映坐标轴上的二维数据外,每个气泡的面积大小还可用来表现第三维度。澎湃新闻制作的数据新闻报道产品《数说 | 中蒙边境城市出现疫情,边境防疫压力有多大?》收集并梳理了截至2021年10月20日除朝鲜以外与我国接壤的13个邻国的新冠肺炎确诊病例规模。图中每个气泡代表对应国家每月平均每万人新增病例的规模,气泡面积越大意味着每万人内新增新冠肺炎病例数越多。通过数据图可以清晰地看到,在与中国接壤的国家中,蒙古国疫情最为严重,俄罗斯次之,是我国国外病例输入的主要方向。各个气泡的位置分布也鲜明地展现出我国周边的整体疫情形势,使得我国边境各口岸防疫压力的大小一目了然。[1]报道中气泡图与折线图的搭配进一步拓展了数据的丰富性,用户还可以根据下方的折线图进一步了解各邻国新冠肺炎疫情的历时性发展状况,通过比较得到更多发现。

《数说 | 中蒙边境城市出现疫情,边境防疫压力有多大?》二维码

气泡图用简洁的图案展示数据的多个维度,相比线性的、点状的图表给人留下的印象更深刻。如果给气泡图增加颜色或者其他区别元素,气泡图就可以表现数据的第四维度甚至更多。气泡图的数据展示主要依靠图形的面积,但通常人们对面积的感知和判断不如对长度和位置的感知,所以气泡图不适合精确呈现数据的大小关系,而更适合展示二维的坐标或位置分布。

5. 词云

词云(Word Cloud)指的是一种通过可视化呈现文本特征的方式,比如关键词出现的频率、出现的场合等。被统计出的高频关键词随机分布在词云中,并且通常出现频率越高的词字号越大,频率低的词则相对较小。词云中的文字被赋予了一种图形的展示功能,文字的面积与词语频率之间产生了联系,关键词出现的频率越高,视觉面积越大越醒目,从而呈现出文字背后的意义。词云一方面给我们提供了一种新的方式来观察社交媒体上网民普遍关心的热门话题,另一方面也有助于简化复杂的文本,通过提取高频关键字,过滤掉大量的文本信息,使读者可以通过高频关键字大致了解文本的主旨内容。例如,央视《“据”说两会》的“数据哥”就是将两会热词搜索与人物肖像结合形成词云,在数据统计和呈现的技术性上,进一步增强了词云的艺术性,是不错的可视化创新尝试。

---

① 新闻来源:https://www.thepaper.cn/newsDetail_forward_15005187。

6. 三维立体图

三维立体图（3D Chart）是通过计算机技术将复杂的数据信息建构在三维空间的可视化方式。随着可视化技术的发展，二维的可视化呈现已经比较成熟，然而人们对信息需求的增加，使得三维立体的可视化更加受到青睐。三维立体图具有实时交互能力，用户可以通过360度的拖拽从图表的不同方向和角度观察数据模型，来获得更加全知的视角，从而更好地理解和研究数据。数据可视化作品《收益曲线：预测经济未来》（*The Yield Curve*）通过三维立体图的形式展示了1990—2015年间政府贷款利率的收益变化，揭示了短期和长期借贷对利率产生的影响。作品中时间、借贷期限、利率三个维度形成的三维图像仿佛高低起伏的山峰，同时作品利用颜色的深浅直接反映利率的高低，用户可以从图表中直观地看出随着时间的推进，短期借贷的利率越来越低，接近于0，长期借贷的利率也大幅降低。三维立体图比其他可视化方式更具视觉冲击力以及交互性，通过三维立体图，抽象的数据获得了更加立体的、空间感的符号形象。用户可以通过全知视角的放大、缩小、拖拽，更真切地感受数据的魅力，享受数据挖掘和探索的乐趣。

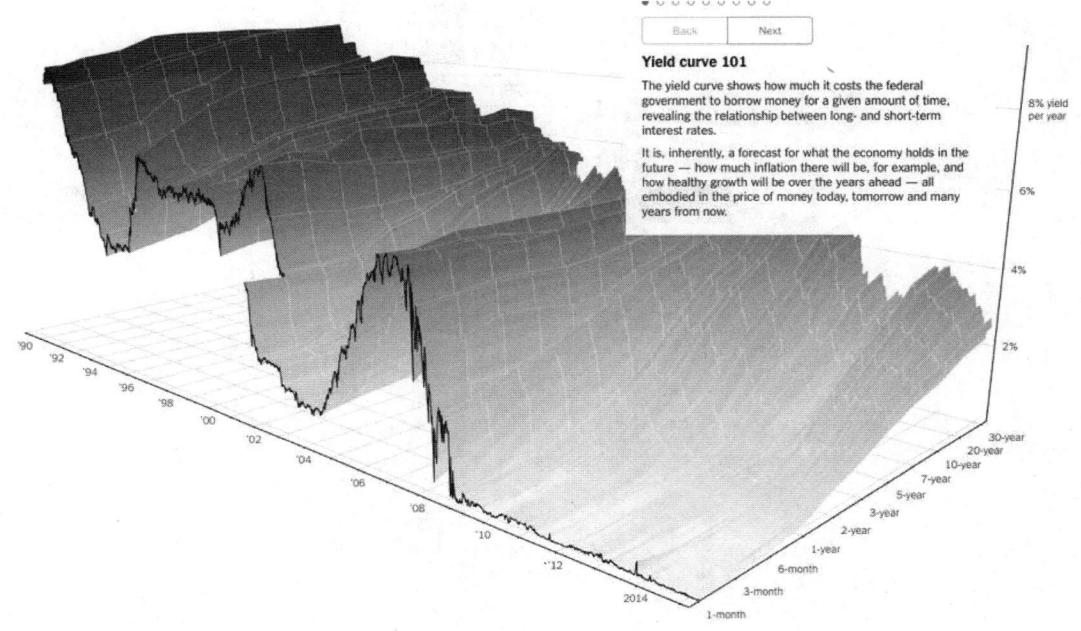

图9-4-11 《收益曲线：预测经济未来》截图

7. 数据动画

动画视频也是数据可视化的重要形式。视频中通常包括各类平面可视化的基本数据图表，加上创意的图形、幽默诙谐的解说，把复杂的数据简单化，生动地呈现在短小的动画视频中。"旁白是动画视频区别于其他可视化形式的关键，声音的加入使得读者接受信息所调动的感官更加丰富。"①随着动画技术的发展和升级，这一可视化形式的应用越来越广泛。时政报道中也出现了越来越多诙谐幽默的动画视频，调剂了时政新闻一贯严肃深奥的画风。

《数说70年》
二维码

《经济日报》的《数说70年》就创新地用数据动画的形式，从消费、饮食、大国工程、数字经济、生态、外贸六个与人民生活息息相关的领域，以具有纵深感的视角、具有话题性的内容，充分展现了70年历程中人民生活不断改善并持续提升的发展过程。在深度挖掘数据的基础上，聚焦专门信息，通过一整套数据逻辑和结构展现数据间的关系，在数据关联和比较中阐述主题。海量的数据及其背后的故事为新闻报道打好了坚实的基础，精练生动的文字脚本和解说词搭起坚实的骨架，视觉风格简洁美观，数据建模、数图结合等融媒体制作技术赋能饼图、曲线图、树图、词云、气泡图等数据图形，使静态数字变成了动态视频。

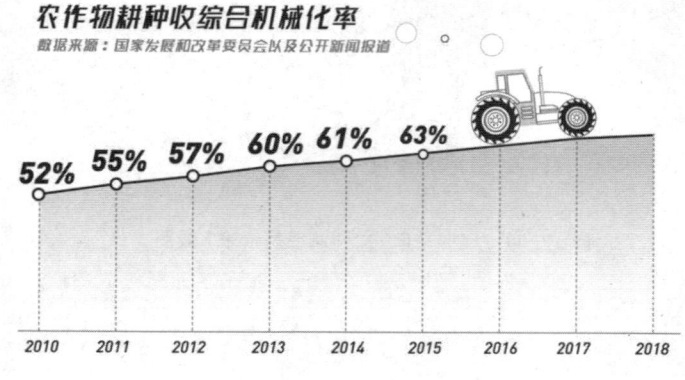

图9-4-12 《数说70年》截图

① 曾祥敏，关伟娜.时政报道中的信息可视化产品研究——基于2015年全国"两会"报道的个案研究［J］.现代传播（中国传媒大学学报），2015（7）：29-33.

除了上述几种常见的数据可视化的传播形态，数据图表还有很多丰富的表现形式。通过多种图表的综合运用以及增加单个图表的交互性，又会产生不同的视觉效果。需要注意的是，数据可视化并不是越复杂越好，而是根据每种图表适合的场景进行选择和应用。有数据新闻研究者指出，数据可视化应该从最基础的图表形态开始，通过设问的方式明确数据展示的意图并聚焦在最开始的目标上，然后就是"让数据自己说话"①。**数据图表的最终目的都是正确、明确地表意，通过最优的可视化表现让数据一目了然，易于理解。**

三、数据可听化的语义表达和呈现

强调数据可听化，并不意味着可听化与可视化的严格分离，而是指数据既能单独以声音的形态具象化，也能以可视化和可听化结合的方式形成视听传播形态。但是，数据可听化的语义表达和叙事逻辑也有自身的特点，需要重点探讨。

从全球范围来看，可听化技术被运用于新闻报道始于2015年前后，独立新闻媒体WNYC、Reveal以及《纽约时报》等主流媒体机构与从业者不断推动其发展。②早期的可听化被运用于气候变暖、自然灾害等科学领域的议题，此后逐渐发展。数据可听化无疑开拓了新闻报道的感知领域，它不是传统诉诸听觉的广播或音频的简单演进，而是把数据信息与听觉感知对应起来，从而把抽象的数据关系变得形象可感易于理解，诸如气候变化、城市噪音、宇宙天体、地质科学、生物医学等公众较难理解的现象，以全新的听觉感知呈现出来。但是，总体而言，相较于数据可视化，可听化的开发和运用还有待提升。

1. 什么是数据可听化

严格意义上而言，数据可听化是体现数据关系的声音感知。从"传递信息的非语言声音"，到"数据关系通过声音符号转换为易于沟通、方便阐释、可以感知的关系"，再到"数据输入产生声音符号的技术方法"，数据可听化的定义越来越明确。③**可听化产生的声音并不等同于传统的音乐、自然声和语言声音，而是具有数据对应关系的声音创造。**正如托马斯·海曼（Thomas Hermann）认为：

- 可听化声音反映数据的客观属性和关系；
- 数据转换为声音是系统性的，声音变化与数据严格对应；
- 可听化是能被复制的，相同的数据和交互关系能得出同样结构的声音；
- 整套系统可以有目的地使用不同的数据，也可以重复使用相同的数据。

① YAU N. One dataset, visualized 25 ways［EB/OL］.（2017-01-24）［2022-03-17］. http://flowingdata. com/2017/01/24/one-dataset-visualized-25-ways/.

② 方慧. 数据可听化：声音在数据新闻中的创新实践［J］. 新闻记者, 2020（11）: 68-74.

③ HERMANN T. Taxonomy and definition for sonifications and auditory display ［C］. Proceedings of the 14th International Conference on Auditory Display, Paris.

由此可见,数据可听化建立在科学、准确的关系映射基础之上,在声音序列、高低、规律、节奏等方面体现出数据的性质。这其中,技术的发展赋予了可听化由最初的简单对应到后来的精确分层叠加。**虽然数据报道者赋予了数据不同的对应值,在加强音乐性时有不同的节奏和节拍,这是数据处理者的主观性所在,但数据可听化的客观性在于数据的关系和规律对应的是稳定不变的声音关系和音符排列规律。**

2. 数据可听化的技术演变

数据可听化是综合听觉识别、声音工程学、数据挖掘和人机交互等手段,以声音形态呈现数据内容语义,以具象、可感的方式呈现数据内涵。根据托马斯·海曼的研究,大致可将数据可听化的技术演变分为四种方式[①]:

第一种是数据集的听觉化(Audification),这是最久远也最为直接的方式,即把数据直接转换成音频波形,形成系列声压,让人们通过声音直接感受事物的性质,比如地震波数据是按照时间序列展开的数据听觉化。这是最直接、最直观的可听化感受,但是,正因为其简单性,听觉化只能适用于有限且自有规律和周期性变化的数据集。

第二种是参数映射(Parameter Mapping)的可听化,这是当前普遍适用的技术方式。依托给定的数据参数,比如初始和持续时间、音高和振幅,通过叠加数据驱动的声音事件,创造出具体感知的形态。由于数据和声音参数的映射相对分离和独立,这种叠加方式更加灵活,能够有更精细化的声音对应。

第三种是耳标(Earcon)和听标(Auditory Icon)。耳标是合成的、简短的主题音,能传达象征性的含义。多个耳标的组合能传达较为复杂的含义,但因为简短,不能表达更为复杂、连续的数据集。与耳标相似,听标也是通过声音模拟或隐喻来传达抽象信息的非语言音频,比如用倾倒垃圾的声音来表示电脑桌面上文件删除。与耳标不同的是,听标能够创造性地引入声音隐喻来编码信息。通过借鉴参数映射的方式,听标又发展出参数听标,这就使得听标传达数据信息更加精准,比如通过倾倒垃圾声音的大小和长短来显示电脑删除文件的大小。

第四种是基于模型的可听化(Model-Based Sonification)。如果说以上三类可听化方式的局限主要在于适用于有限、精心筛选的数据集,那么,基于模型的可听化适用于更大范围的数据集及应用。基于模型的可听化强调数据和声音依据一定原则的联系,使用参数化的声音模型来实现可听化,适用于不同维度和体量的数据集,并能通过设计的发声处理技术,提供与可听化系统交互的自然手段。

---

① HERMANN T, RITTER H. Sound and meaning in auditory data display [C]. Proceedings of the IEEE, 2004, 92 (4): 730-741.

四、数据可听化的叙事语义和呈现

在融合新闻中，数据可听化的叙事基本可以分为两大类：一类是单纯的音频形态，另一类是与可视化融合的视听传播形态。音频形态的可听化叙事，可以按照数据的历时性展开，也可以按照数据的空间性发展。可视化融合的视听传播也具有时间性和空间性。目前数据可听化普遍采用参数映射的方式。

1. 时间顺序的叙事呈现

按照时间顺序发生、发展的数据事件与同样通过时间展开的声音形成一致，利用它们相似的时间序列特征，形成数据可听化。比如，Real网站的《俄克拉荷马州的地震》专题[1]报道了美国俄克拉荷马州过去十年地震频率的大幅增加，从过去能感受到的一年1—2次，增长到一天1—2次，并在2014年后达到新高，甚至是地震频发的加利福尼亚州的三倍还要多。专题还以可听化产品记录并呈现了十年来俄克拉荷马州地震频率的变化。主创者之一高

图9-4-13　《俄克拉荷马州的地震》可听化音频波形

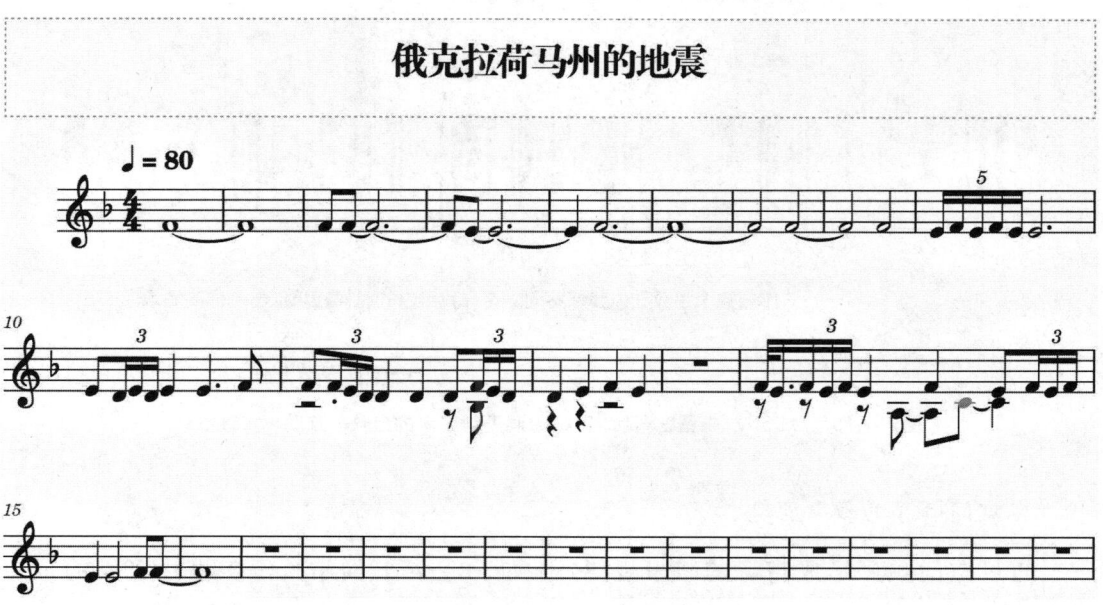

图9-4-14　《俄克拉荷马州的地震》数据乐章[2]

---

[1]　新闻来源：https://revealnews.org/article/listen-to-the-music-of-seismic-activity-in-oklahoma/。

[2]　笔者根据音乐记谱。

级数据编辑迈克尔·科里（Michael Corey）首先从北加州地震数据中心下载数十年间的地震震级数据，建立了爬虫数据库MIDITime，其中包括地震时间、震级、震源深度等信息，并把每次地震根据时间和震级变量，用MIDI（Musical Instrument Digital Interface）软件进行编码，采用D小调，以0级地震为音高high C（C6），5.7级地震采用D4的音高，音调越低，音量越高，代表震级越高，每一年的数据在音乐呈现中持续5秒（10个节拍）。数据选取了3级以上地震的数据，音符叮铃声代表每一次地震。然后，声音工程师再把这些音符进行合成，增强其音乐性。我们也看到了其基本流程：数据收集和分析——数据映射声音——增强音乐调性——形成用户可以感知的地震震级变化的可听化产品。

《53027条留言背后，网络树洞里绝望者的自救与互助》二维码

2019年澎湃新闻"美数课"栏目出品的新闻报道《53027条留言背后，网络树洞里绝望者的自救与互助》，对90后的女大学生"走饭"在自杀前的所有微博（包括小号）进行了文本情感分析，依此生成了专属于她的"情感乐章"。此外，澎湃新闻还在2019年7月16日—8月16日收集了"走饭"微博遗言留言区下的53,027条留言，以试图更加靠近和理解像"走饭"一样受抑郁症以及自杀倾向所困扰的人群。

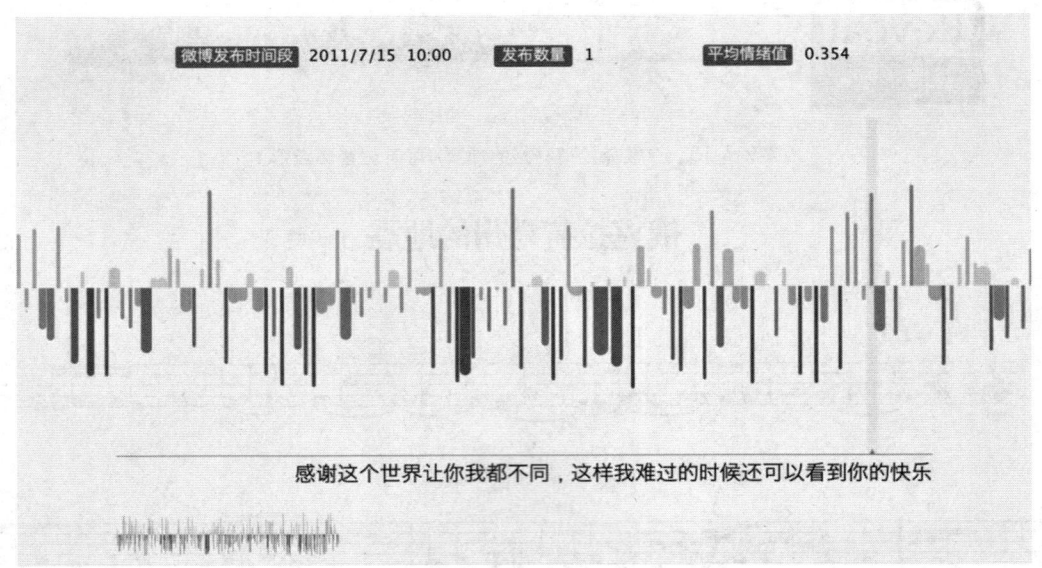

图9-4-15　《53027条留言背后，网络树洞里绝望者的自救与互助》情感乐章

2. 空间顺序的叙事呈现

通过空间顺序形成声音的叙事规律。比如，Reveal 网站关于美墨边境墙的报道《墙》[①]，针对美国前总统特朗普在竞选时宣称修建长达2000英里的美墨边境墙，获取相

---

① 该产品获得2017 年美国网络新闻奖作品"音频数字叙事卓越表现奖"，制作说明参见BRIGGS J, COREY M. Sounding out the border wall［EB/OL］.（2017-03-04）［2022-03-17］. https://revealnews.org/blog/sounding-out-the-border-wall/.

图9-4-16 《墙》可听化音频波形

图9-4-17 《墙》数据乐章①

————————

① 笔者根据音乐记谱。

关地图数据，围绕现有700英里的边境围栏障碍装置，绘制成交互性的数据地图。具有创新性的是，网站利用MIDI将边境墙的相关数据转换成了音乐。根据美墨边境的地图数据，计算边境起始点与每一段围栏起始点的距离，以及该围栏段的长度，以每秒10英里的速度移动，然后将其转换成声音，将空间距离转换成音乐的时间。例如，距离边境起始点20英里的一段长10英里的围栏，是从整个声音的2秒处开始并持续1秒钟。电子合成器展现的低音区旋律（音符或音级）代表高的阻止行人围栏（10—20英尺），钢琴弹奏的高音区旋律（音符或音级）代表用来阻止车辆的围栏，轻快的键盘嗡嗡声代表围栏间隙，鼓声形成节奏线。在合成处理中，还针对耳机立体声场，把行人围栏放置于左耳朵，汽车围栏放置于右耳朵。该产品还增加了交互性，让用户参与制作边境墙的音乐。通过与美国国家公共电台的《心动故事》（*Snap Judgment*）栏目进行合作，以可听化"墙"为基础，增加节拍，邀请用户（包括美墨边境上的目标青年诗人组织）将声音运用到他们的嘻哈和说唱歌曲中。

3. 数据可听化与可视化的融合

实际上，在媒体融合进程中，数据可听化往往与可视化融合呈现，构成全媒体呈现，上文提及的案例实际上都有可视化的辅助图形。因此，两者融合的沉浸交互场景，更能满足当下的用户需求。

比如，《通勤》（*Commute*）[1]探索城市噪声污染的话题，用可视和可听表达呈现每日通勤遇到的城市噪声污染程度。依靠声音分贝的算法、谐振频率系统（五声系统），制作者将收集的噪音数据转换成数据驱动的和谐音乐。制作者梳理呈现出法国巴黎M4、M5、M6、M1、M7、M9这六条地铁线的噪声污染程度，并以两种可视模式（螺旋状或波浪状动态图形）展现地铁沿线的噪声污染。螺旋状可视图中超过80分贝（除草机产生的噪音分贝）的声音即以颜色标记，颜色深浅代表通勤时间。波浪状可视图中颜色深浅和圆圈大小代表噪声的大小，波浪长度代表通勤时间。

该项目计划向公众开放，接受用户上传自己感受到的每日交通噪声污染，从而形成一个开放、交互的大数据系统，不断更新数据。由此，公众能够对大城市日常交通出行的噪声状况可感、可知、可测量，并能参与其中，共同监督自己生活的周遭环境。

4. 数据映射基础上的视听美学

数据可听化和可视化，让数据新闻科学、理性。但正如前文所言，数据新闻是数据驱动融合故事驱动的综合体，其叙事、审美意趣还需要不断探索，切不可机械化理解数据对应、参数映射的科学性，更不等同于简单的算式或数据连缀。正如新闻是客观事实的报道一样，其主观反映和呈现同样重要。

---

① 该报道获得2019年度（凯度）信息之美奖"特别类"银奖，分析参考资料参见Commute by Dataveyes［EB/OL］.［2022-03-17］. https://iibawards-prod.s3.amazonaws.com/uploads%2F2019%2F85c01a9%2FCommute_Abstract. pdf; OWEN D. Is Noise Pollution the Next Big Public-Health Crisis? ［EB/OL］.（2019-05-13）［2022-03-17］. https://www.newyorker.com/magazine/2019/05/13/is-noise-pollution-the-next-big-public-health-crisis.

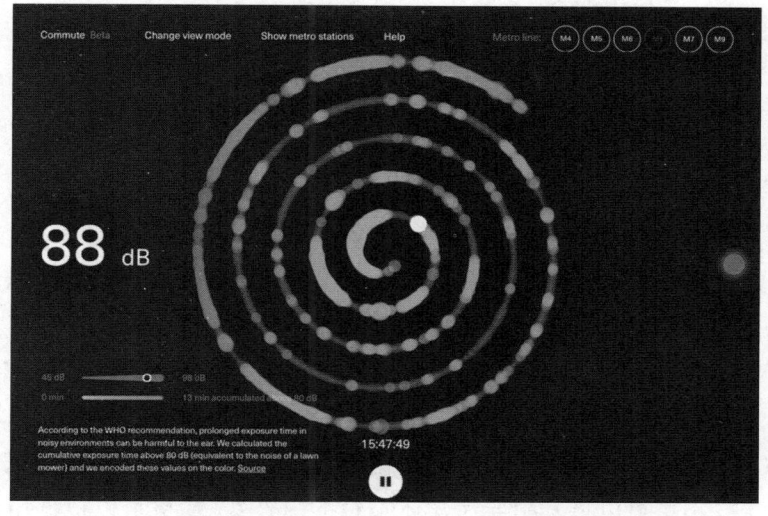

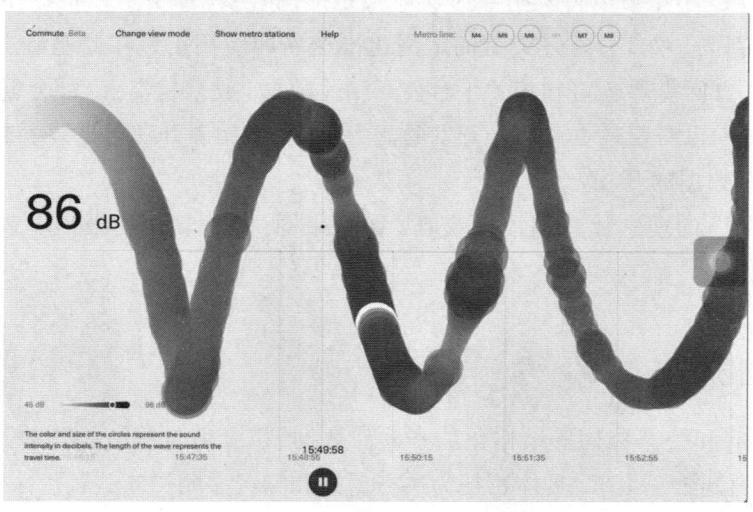

图9-4-18　《通勤》可视化波形

　　正如《53027条留言背后，网络树洞里绝望者的自救与互助》，其审美效果差强人意，没有旋律线条，只有音高变化，较为机械死板，图形粗细长短与音乐没有对应，不能通过音乐直观地感受这种正负情绪的变化。**科学理性的数据新闻同样需要产生情感共鸣和共情。参数映射，还需要人的心灵映射，科学的准确和艺术的审美都要考虑。**

记住

　　一个成功的可视化作品应该能向用户展示新闻事件的进程，揭示新闻的要点，挖掘数据背后的关系，用用户最容易接受的方式推动叙事的展开，让复杂的大数据化繁为简，化简为美。

第五节　开放数据与开放性叙事

开放数据指开放给社会公众，不受著作权、专利权或其他管理权限制约，所有人都可以自由免费利用的数据。开放数据的理念大大影响着新闻媒体的数据新闻实践。开放新闻的数据来源不仅包含政府对国家公共领域结构化数据的公开，还包含社交媒体上UGC贡献的非结构化数据信息。社交媒体应用上包含大量的用户行为数据，用户的个人喜好、兴趣和关注的焦点都可以通过数据反映出来。例如，通过大众点评收藏的餐厅就可以了解一个用户喜欢的口味和消费的水平、通过淘宝搜索数据就可以了解用户近期的购物需求等。掌握了UGC的数据信息，不仅可以将其引导为媒体报道的内容素材，更可以根据用户的喜好定制个性化的推送新闻，今日头条等类型的定制化推送新闻应用正是在此基础上诞生的。应当说，开放数据一方面需要政府和相关平台公开相关数据，数据越丰富，社会创新成本和风险就越小。另一方面也需要数据利用和开发的能力，数据利用和开发越好，对社会创造的价值越大，越能促进数据的开放。[①]

"开放数据"的理念让新闻报道获取了数据来源，数据新闻的报道实践也推动了开放性的叙事特征。

一、开放性叙事特征

依托于政府和公共机构等结构化的开放性数据，以及海量非结构化的开放性数据，数据新闻也体现出开放性叙事，具体特征为进行时态和路径多元。

1. 进行时态

数据新闻是通过特殊程序处理和分析数据的新闻生产方式。如果数据新闻的呈现本身就是程序，其结果就是不需要编辑的加工和操作，数据的实时变化能够直接驱动后台的程序处理，改变前端新闻的呈现状态，也意味着新闻变成了未完成的、动态的、实时的。彭博社的《全球亿万富翁排行指数》（*Bloomberg Billionaires Index*）就可以被看作数据驱动的动态实时性报道。

《全球亿万富翁排行指数》对全球个人财富最多的前500位富豪进行了排名，根据每个交易日的最终统计数据对上榜的富豪排名进行更新，因此排名结果始终是动态变化的。该榜单除了显示财富排名，还提供了每个人物的背景信息、国籍、所属的行业、财富总量、最新的财富变化等信息，用户可以对自己感兴趣的内容展开阅读。

---

① 杜振华，茶洪旺. 政府数据开放问题探析［J］. 首都师范大学学报（社会科学版），2016（5）：74-80.

Bloomberg Billionaires Index

View **profiles** for each of the world's **500** **richest** people, see the **biggest movers,** and compare **fortunes** or track **returns.**

As of 2021年1月9日

The Bloomberg Billionaires Index is a daily ranking of the world's richest people. Details about the calculations are provided in the net worth analysis on each billionaire's profile page. The figures are updated at the close of every trading day in New York.

Rank	Name	Total net worth	$ Last change	$ YTD change	Country	Industry
1	Elon R Musk	$209B	+$14.5B	+$39.6B	United States	Technology
2	Jeff Bezos	$186B	+$1.09B	-$3.93B	United States	Technology
3	Bill Gates	$134B	+$225M	+$2.07B	United States	Technology
4	Bernard Arnault	$117B	+$1.03B	+$3.03B	France	Consumer
5	Mark Zuckerberg	$101B	-$430M	-$2.06B	United States	Technology
6	Zhong Shanshan	$95.1B	+$2.05B	+$16.9B	China	Diversified
7	Warren Buffett	$88.7B	+$484M	+$1.06B	United States	Diversified
8	Larry Page	$84.5B	+$868M	+$2.06B	United States	Technology
9	Sergey Brin	$81.8B	+$834M	+$1.98B	United States	Technology
10	Larry Ellison	$81.2B	+$1.23B	+$1.58B	United States	Technology
11	Steve Ballmer	$79.5B	+$443M	-$883M	United States	Technology
12	Francoise Bettencourt Meyers	$74.8B	-$600M	-$996M	France	Consumer
13	Mukesh Ambani	$74.3B	+$956M	-$2.36B	India	Energy
14	Amancio Ortega	$67.9B	+$822M	+$1.42B	Spain	Retail
15	Rob Walton	$63.9B	-$23.4M	+$1.21B	United States	Retail
16	Jim Walton	$63.7B	-$35.2M	+$1.22B	United States	Retail
17	Colin Huang	$63.7B	+$229M	+$1.09B	China	Technology
18	Alice Walton	$63.5B	-$7.17M	+$1.14B	United States	Retail
19	Charles Koch	$58.1B	-$254M	+$1.22B	United States	Industrial

图9-5-1 《全球亿万富翁排行指数》截图[①]

进行时态的数据新闻对技术创新提出了更高的要求,为了能够同步反映数据的变化和更新,仅仅依靠人工的修改和增补是远远不够的,而是需要通过技术和程序的驱动来完成数据的更新。这也更好地体现了大数据时代数据新闻区别于传统新闻的显著特征。进行时态的报道能够延长一篇报道的生命,在作品发表之后随着数据的更新持续地进行报道,作品的影响力和传播效果也会进一步延续。

2. 多路径的开放叙事

文学和影视作品的开放式结尾通常不点明事件发展或者主人公关系的最终结果,而是给读者和观众留足了想象的空间,蕴含着多种可能。而数据新闻的叙事也已经呈现出类似的开放式效果。交互设计的运用使得数据新闻打破了传统新闻叙事的单一路径,非线性叙事成为新常态。**在多重路径的数据新闻叙事中,是否有固定的统一的答案也就不那么重要了,重要的是用户在参与和互动中已经获得自己想要的故事**。通过交互的方式,用户选择了

---

① 新闻来源:https://www.bloomberg.com/billionaires/。

最适合自己的叙事路径，直接接触到了自己最关心的部分数据或者信息，从而享受到了一种定制化的数据服务。

数据新闻的本质就是用数据为用户服务。如果数据新闻只是按照自己想讲的方式讲述，就会与用户之间产生疏离感。多路径的开放叙事给用户的参与留下了足够的空间，让数据新闻作品可以产生无数种"个人化"的叙述和解读方式，也就让宏观的数据与个体的联系更加紧密，体现了数据新闻更加开放的理念。

二、与个体相关的开放叙事策略

开放的数据让数据新闻的制作也不能闭门造车，而是应该采取开放性的策略，让作品与个体建立关联，让数据新闻成为与普通公众相关的故事。

数据是从成千上万个个体身上采集的信息汇聚成的洪流，但"集合了大量个体样本的总体样本，往往指向宏观事态，淹没了新闻故事所需的具体情节"[1]，个体的面目反而在数据中变得模糊了。大数据注重宏观叙述，擅长对事态发展做出预测，而对微观叙述缺乏兴趣。但对于用户的叙事接受心理来说，微观叙述的视角往往能够产生更多人性化的内容，人性化的内容更容易吸引用户，也更容易让故事的叙述变得生动和易接受。所以数据新闻恰恰是在宏观的数据中呈现一个个与普通公众相关的故事，才能真正在宏观叙事和微观叙事之间找到平衡，使二者合力推进新闻的生产。换句话说，数据新闻既要有数据来叙述总体，也要有个体来叙述故事和情节，如此新闻故事才能饱满和意义丰富。

1. 众包式生产：让集体智慧参与新闻制作

在第三章中，我们探讨了融合新闻生产释放用户生产力，利用集体智慧的转向。在数据新闻中，依托海量用户数据的"众包式生产"也是非常突出的。"众包"（Crowdsourcing）的概念由杰夫·豪（Jeff Hawe）在其2006年发表的《众包的崛起》一文中提出。"众包指的是利用集体智慧来搜集与核实信息、报道故事，或者在新闻生产中做出选择。"[2]获得了更大话语权的用户可以从政府公开的数据库中自由地获取信息，自主挖掘和生产新闻，也可以通过分享自己的个人知识和见解帮助信息聚合，合力创造内容。**众包式生产可以理解为个体化叙述的实践，因此有利于呈现微观层面的内容。**

众包式生产降低了新闻写作的门槛，并且提升了用户对信息传播的参与度，赋予了新闻生产新的社会意义。英国《卫报》的许多调查性报道都是采用众包式生产的方式完成的，比如著名的"伦敦骚乱报道"就是利用了推特上用户的言论和信息以及众多自媒体的参与。报道通过发起用户的参与和协助，不断丰富和完善新闻现场细节以及背景信息，将媒体的

---

[1] 王强. "总体样本"与"个体故事"：数据新闻的叙述策略[J]. 编辑之友, 2015（9）：65-68.
[2] 喻国明，李慧娟. 大数据时代传媒业的转型进路——试析定制内容、众包生产与跨界融合的实践模式[J]. 现代传播（中国传媒大学学报），2014（12）：1-5+11.

采访报道与确认属实的用户生产信息相结合,建立一个全面和立体的数据库。同时这些作品还将所有数据向用户开放,让用户可以根据自己的兴趣继续挖掘数据中的新闻价值。

除了提供线索,用户还可以提供自己的信息和遭遇,将个人的亲身经历转化为新闻报道的一部分,受众由被采访的对象变为主动的发声者。2013年《华盛顿邮报》的一则关于政府"关门"的报道采用了众包式生产。报道既有宏观视角,用地图的形式展示了人们受影响的情况;同时也有微观视角,用户可以分享自己的故事,还能在下方阅读别人的故事。报道共汇集了2317条个人的分享,给读者展示了许多意想不到的故事。

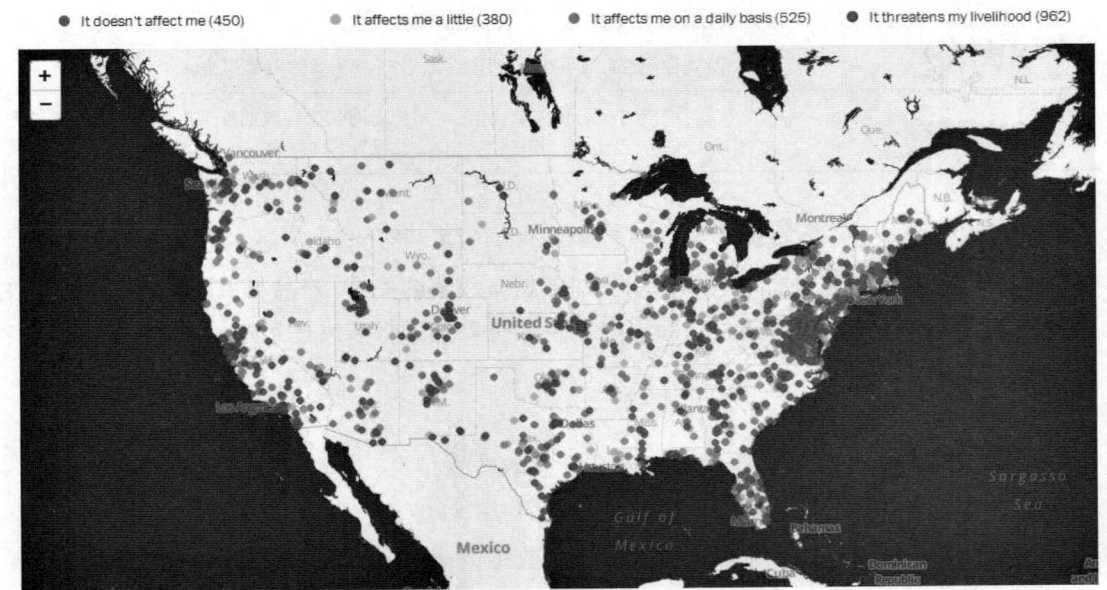

图9-5-2 《政府关门对你的影响有多大?》截图

2. 个性化信息:让数据新闻成为定制服务

数据信息的价值如何与用户产生关联?通过交互设计,用户可以获得与自身参数相关的"定制"内容,其对新闻信息的个性化需求得到满足。

BBC作品《你最适合哪种运动?》就是采用了60秒测试题的方式,收集用户的身高、力量、疼痛忍耐度、敏捷性、持久力、柔韧性、注意力等信息,通过量化的形式,将用户对自己每一项的评分自动生成扇形图,并根据算法计算出最适合与最不适合该用户的运动。作品虽然制作简单,但依然获得了年度数据新闻大奖,其突出特点就是为用户提供定制化的信息。国内关于两会的可视化数据报道中也出现了类似的定制化数据新闻作品。新华网的《2015政府工作报告与我》通过交互的方式,让用户输入自己的年收入、生活状态,就能获知政府预算对其个人生活将产生怎样的影响、个人收入与物价水平之间的关系。这种方式能够帮助受众更好地理解政府的政策,使宏观的政策与个人的视角更加融合,用户与数据之间的联系更加紧密。

根据用户个人信息和特征量身定制的内容，真正让每个用户都能根据自己的需要获得专属的数据，将个人视角更好地代入数据的情境中，让数据更加有针对性地服务不同的用户，也让数据新闻报道的个性化色彩更鲜明。

目前，国内数据新闻叙事存在的问题，主要包括以下三点（见表9-5-1）：

表9-5-1　现阶段国内数据新闻报道的主要问题

1. 重数据，轻叙事	唯数据至上，"大数据"成为噱头、装饰，将掌握的数字用可视化的手段呈现，忽略了数据背后的故事和深层次的意义。
2. 交互性设计不足	具有良好交互性的作品仍占少数，多数为静态的"文字+可视化图表"；现有的交互式作品在叙事结构上停留在以"作者"为本的叙事思维。
3. 与用户的关联性较弱	欠缺与用户的对话和关联，作品与用户之间缺少有效的反馈机制，一旦发表就视作完成任务，无法调动用户主动参与数据新闻的制作。

数据是无意义的，数据产生的信息、故事才有价值。鉴于上文所述的现状与问题，数据新闻报道与生产应着重处理好三对关系，即**数据与叙事的关系、产品与用户的关系，以及数据与社会生活、日常实践的关系**，从而更好地将数据新闻的故事讲述运用到融合新闻报道实践之中。

（1）平衡数据与叙事

数据新闻生产一方面要挖掘和探寻有价值的数据信息，让大数据真正为我所用；另一方面更应该重视叙事，改善和优化叙述的表现方法，打破传统的数字图表加文本的叙述思路。利用可视化、交互设计等多媒体手段丰富数据的表现形式，呈现数据内在的关联和意义，用叙事的逻辑去建构数据新闻的故事和情节，才能真正获得打动用户的力量。

（2）重视交互与参与

要加强作品交互设计，丰富多媒体表现形态。特别是随着当下移动互联网络及终端的发展，国内媒体应该结合手机终端具备的触屏、滑动、重力感应、地理定位等先天的交互优势，开发更有新意的交互作品，给用户带来全新的观感体验。此外，要通过结构性的交互设计，进一步提高用户叙事参与，让用户真正获得对新闻作品的掌控权力，成为作品的叙述者之一，形成报道者驱动和用户驱动的有机互动，合力完成数据新闻的故事讲述。

（3）深挖百姓生活中的故事

应该将数据新闻的宏观表现力与反映社会生活发展变迁的宏大报道主题相结合，从中国社会千千万万的大数据中挖掘合适的报道主题。同时，新闻媒体应重视调动新闻读者的力量，通过策划民众关心的社会选题，邀请用户提供资料与信息，甚至邀请用户参与数据的筛选与制作等，发挥"众包"生产的巨大效力，让数据新闻中有更多用户生产的内容、更多反映百姓生活的内容。

记　住

　　"开放数据"的理念让新闻报道获取了数据来源，在数据新闻的报道实践中也推动了开放性的叙事特征。

? 思　考：

　　1. 数据新闻赋予新闻报道以哪些新的功能？

　　2. 如何理解数据新闻的数据驱动和故事驱动？

　　3. 数据新闻有哪三种叙事结构，这些叙事结构与其他融合新闻类型有哪些相似点和不同点？

　　4. 数据可视化的语义表达逻辑和视觉传播形态分别有哪些？

第十章
全媒体记者

CHAPTER 10

媒体融合创新与全媒体发展倒逼记者转型，适应"全程媒体、全息媒体、全效媒体、全员媒体"的创新背景，全媒体记者成为新型主流媒体建设的重中之重，而全媒型、专家型记者更成为转型的主要方向。

然而，记者转型面临的另外一个挑战在于，在万物互联的媒介化社会进程中，每个个体都可以成为信息的发布者和传播者，正如美国律师斯科特·甘特（Scott Gant）宣称："我们现在都是记者（We are all journalists now）。"①信息无处不在、无所不及、无人不用，用户把视音频工具变成社交工具，进而变成信息发布的媒体工具。在社会高度媒介化的时代，智能技术释放了个体的表达欲；在一个全员媒体的时代，人人都有麦克风；在一个众声喧哗的时代，每个个体都成为传播的节点和放大器。信息内容即时生产和广泛传播的主体不再局限于主流媒体和新闻从业者，技术极大地降低了信息生产与传播的门槛，公众个体、"自媒体"账号、社交和内容聚合平台成为吸引眼球、牵动情绪，甚至具有引导作用的"信息发布者"。在这样的语境下，媒体专业的门槛被降低，记者的职业角色、功能似乎已经被新媒体稀释和弱化。**但问题远没有那么简单，技术和手段的便利只是一个方面，它促成了公众的多元信息源形成，但专业素养和职业道德才是记者的真正核心所在**。而与此同时，从新闻行业总体发展来看，职业记者队伍在十年中被削减了五分之一，大批成熟的采编人员被排除在建制化的新闻工作之外，而年轻一代的新闻人才更强调网络传播的形式技能，而不是传统记者所需的知识素养和政治判断力。近些年来，没有单位归属和稳定收入的"零工记者"数量增长是一个显著趋势。②这种种变化给新闻业的发展带来了巨大的变革。

---

① GANT S. We're all journalists now: the transformation of the press and reshaping of the law in the internet age [M]. New York: Free Press, 2007.

② 王维佳，周弘. 流量新闻中的"零工记者"：数字劳动转型与西方新闻记者角色的变迁 [J]. 新闻与写作，2021（2）：16–17.

沧海横流方显英雄本色，**如果有人说"这个众声喧哗的时代似乎已不需要专业记者"，那说明记者做得还不够专业**。在智能技术迎合用户喜好的生存夹缝中，在用户普遍追求"短、平、快"信息的裹挟下，专业记者面临着何种挑战与机遇？在新闻工作中应当遵循什么原则？如何发挥自身的专业素养、坚守新闻工作者的责任担当？在连接共赢的时代，厘清以上问题，专业记者才能重新建立与用户的连接。

第一节　全媒体时代记者的挑战与机遇

从记者成为信息传播的职业角色开始，没有任何一个时期能比"四全"媒体语境下记者的职业角色被挑战、被质疑、被颠覆得如此深刻。正因如此，今天的语境下，我们恰恰要回到记者的本源，去厘清作为专业记者的本质，勇于面对挑战与机遇，承担时代的使命。

一、记者的价值审视

理解记者的转型，首先要对记者的职业角色定位和专业能力进行深刻的把握。全媒体是时代之变，而记者的职业和专业本源是锚定的核心。只有溯源记者的本质，理解记者的角色与功能，才能在融合变革中坚守创新新闻工作。

1. 什么是记者

据《牛津英语词典》记载，"记者"由英国中世纪形容叙述员或讲解员的词演变而来，最早使用"记者"指代报纸工作人员始于1798年的美国。在我国，近代"记者"一词最早见于《清议报》（1898年12月在日本横滨创刊）第七期。[1]辛亥革命前后，中国报刊编辑开始将从事外勤工作的新闻从业者称为"记者"。到了1915年，社会上普遍使用"记者"称呼报社雇用的外勤采访者。[2]一般认为，狭义的记者是新闻机构中从事采访报道的专业人员，特指搜集材料、发表新闻的新闻从业人员。2009年10月15日起施行的《新闻记者证管理办法》明确新闻记者是指新闻机构编制内或者经正式聘用，专职从事新闻采编岗位工作，并持有新闻记者证的采编人员。由此，记者是职业的新闻信息采集和传播者。

2. 记者的特点

（1）组织性的构成

记者是以合法机构的形式组织在一起的。塔奇曼在《做新闻》一书中指出，新闻赋予事件一种公众的性格，所以新闻从根本上说具有一种机构的属性，新闻是由以组织方式进行

---

① 邓涛，张其平. 话说新闻记者的定义与类型——兼论"记者节"之历史渊源 [J]. 中国广播, 2010（1）：72-73.

② 刘丽. 近代中国新闻记者的称谓流变（1860-1900）[J]. 编辑之友, 2018（3）：108-112.

工作的专业人员来采制和传播的。[①]新闻是在复杂的行政系统支配下由编辑、记者协同合作完成的。

（2）制度化的规范

记者作为媒体组织机构的专业人员，符合一整套规定的职业标准和职业规范，遵循职业伦理道德规范。

（3）专业化的能力

新闻是专业性的作品或产品，记者接受专业的培养、培训，对新闻价值判断，规范新闻叙事方法，确保新闻真实、公平、平衡、透明的新闻操作流程都有明确的价值取向和规范素养。

（4）公共利益的目的

记者采写新闻报道一切为了公众利益，与"公众息息相关""必须忠于公民"[②]。塔奇曼指出记者被塑造为"社会现实的公正、中立的仲裁"[③]。（新闻工作者将自己视为"社会现实的公正的仲裁人"，其实质是，组织需求和专业规范之间偶有竞争，但更多是共同维护既有的社会秩序。）我国记者的职业认知也建立在公共属性的基础之上，"以促进社会改革为己任"和"先天下之忧而忧"是我国新闻工作者在职业价值方面的基本追求。[④]党对新闻工作者的要求是围绕党的中心工作，服务发展大局，坚持正确舆论导向。

3. 记者的职责

记者是新闻信息的生产者和传播者，是大众媒体这一社会公器运转的操作者，承担着传播价值、沟通社会、引导舆论的职责。新闻教育的老前辈蓝鸿文认为记者的职责主要有三：一是采写新闻报道，二是反映情况，三是做群众工作。因此，记者的职责的政治属性和社会属性都非常明显。而在新时期，对记者职责的精辟定义为：**新闻舆论工作者应当做党的政策主张的传播者、时代风云的记录者、社会进步的推动者、公平正义的守望者。**[⑤]

因此，在时代变革、技术迭代、媒体转型、新闻进化、传播转向的语境下，我们需要知道传统记者的特点和职责是否发生了变化，作为"定盘星"，他们在今天的信息传播语境下是否还能起到支撑作用。

二、记者面临的挑战

在技术赋能和媒介变革的背景下，新闻工作的形态、规则和环境都在发生改变。[⑥]这其

①　塔奇曼. 做新闻 [M]. 麻争旗, 刘笑盈, 徐扬, 译. 北京：华夏出版社, 2008：32.

②　科瓦齐, 罗森斯蒂尔. 新闻的十大基本原则 [M]. 刘海龙, 连晓东, 译. 北京：北京大学出版社, 2011.

③　塔奇曼. 做新闻 [M]. 麻争旗, 刘笑盈, 徐扬, 译. 北京：华夏出版社, 2008：39.

④　张志安. 深度报道从业者的职业意识特征研究 [J]. 现代传播（中国传媒大学学报）, 2008（5）：50–53+56.

⑤　习近平. 习近平谈治国理政：第二卷 [M]. 北京：外文出版社, 2017：332.

⑥　TONG J R. Journalistic legitimacy revisited [J]. Digital journalism, 2019（2）：256–273. 转引自熊慧, 李海燕, 钟玉鑫. 话语视角下的记者角色研究：概念模型与未来进路 [J]. 新闻记者, 2020（6）：62.

中，社交平台逐渐成为用户获取信息的首要平台，在关于2020年新冠肺炎疫情中"用户媒介信息接触、认知与传播"的调研中，我们发现人们获取信息的首要渠道是微信，信源方面来源于微信朋友圈分享的信息仅排在来源于主流媒体的信息之后，列第二位，关注自媒体公众号的用户占到第三位。[①]传统媒体和传统记者的角色面临着前所未有的挑战。

1. 记者的职业角色受到挑战

过去统一在机构内的记者职业角色和职业功能，在互联网语境下都受到了很大的冲击，职业的属性和范围都在发生改变。有研究者强调，互联网时代的媒介实践，法律应认可"公民记者"的地位，让其与机构媒体记者享有同等权利。也有学者倡议新闻学范式从职业性转向社会性。在数字时代，"机构媒体从唯一的生产者变成了之一的生产者，此前专门性、排他性的新闻生产活动，开始向所有人、所有主体敞开。在此过程中，'新闻'与'职业'之间一一对应的关联被切断……新闻生产已不再遵从单一的职业化生产模式和生产逻辑，而是成为社会化的'多元主体参与的共同生产'"[②]。比如，2021年10月一篇出自前任瑞丽市挂职干部之手的《瑞丽需要祖国关爱》的微信推文，让众多人关注到了瑞丽这个边境城市因为疫情五次封城的艰难处境，瑞丽市政府也迅即召开新闻发布会介绍近期瑞丽市新冠肺炎疫情应对处置工作情况。

从内部生产机制而言，生产流程再造也带来了记者的职业身份认同的变化，一次采集、多元生成的"中央厨房"模式使记者编辑的工作成为生产流程中的一个环节，过去记者独立采编的新闻报道变成产品的某个样态。这使得媒体从业者独立自主的个性化身份模糊，进一步成为社会化大生产机器中的特定环节。[③]

2. 记者的权威地位受到挑战

记者作为信息把关人（Gatekeeper）的权威地位受到挑战，信息的传播不仅仅通过媒体直接到达受众或用户，更多通过社交平台到达用户。传统的在复杂行政组织框架下的严格、规范的新闻生产、审核流程受到挑战。一些从传统媒体专业记者转向新媒体的自由职业者、市民记者、自媒体用户作为信息的发布者参与到新闻的生产与传播之中，形成非结构化、去制度化的新闻信息发布。传统所谓的一些信源或新闻线索在新媒体语境下，直接成为爆料的新闻信息，一些调查性信息也直接成为话题热点，尤其是社会性和公共性事件表现得比较充分，比如首次揭露长春长生疫苗生产和流通漏洞的《疫苗之王》来自社交媒体博主。与此相似，《求职者李文星之死》《百亿保健帝国权健，和它阴影下的中国家庭》的作者均是从传统媒体转向新媒体的社交媒体博主；2021年披露环球影城酒店一晚2800"马桶不刷、

① 曾祥敏，张子璇. 场域重构与主流再塑：疫情中的用户媒介信息接触、认知与传播[M]. 现代传播（中国传媒大学学报），2020(5)：66-67.

② 杨保军，李泓江. 新闻学的范式转换：从职业性到社会性[J]. 新闻与传播研究，2020(8)：14.

③ 唐铮. 能动的在场：融合背景下的职业权威性——对近百位中国媒体从业者的深度访谈[J]. 国际新闻界，2019，41(6)：86.

枕套不换、水杯不洗"的是来自B站的视频博主；2021年河南暴雨的最初信息"郑州5号线乘客被困事件"来自微博求助信息等等。[①]

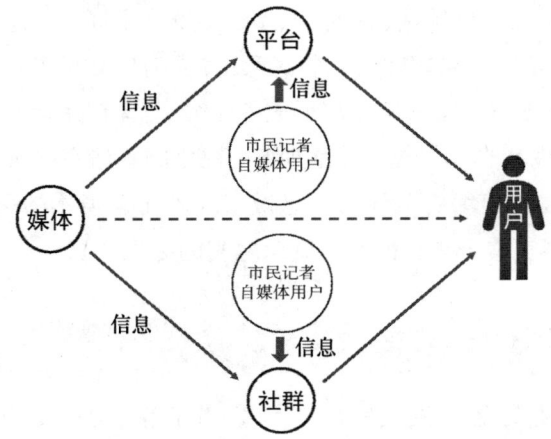

图10-1-1 新媒体语境下的新闻传播模式

3. 记者的专业能力受到挑战

在社交媒体平台，自媒体的博主、微博大V、UGC内容的专门生产者、社交机器人等充分利用社交平台的开放、共享，参与到社会公共事件的信息发布和传播之中，在信息发布的专业性上不断挑战着专业新闻报道。

信息获取的及时性和现场感强，自媒体内容生产者利用地域接近的便利，及时获取相关信息，而社交媒体平台利用这些深入各区域的触角或毛细血管获取第一落点的信息。比如，2020年新冠肺炎疫情期间，社交媒体用户在武汉封城期间拍摄发布的体验观察式的短视频。而在我们"疫情中的用户媒介信息接触、认知与传播"调研中，用户认为信息及时发布"非常快或很快"，自媒体占59.66%，用户认为回应社会关切和紧跟热点"非常快或很快"，自媒体占59.21%，仅次于主流媒体和商业化媒体，均排在第三位。

利用专业领域的内容优势、社交平台的信息传播渠道，一些社交媒体展开垂直专门领域的信息发布。比如，2020年新冠肺炎疫情期间，"丁香医生""八点健闻"等社交媒体契合热点，发挥专业健康领域的优势，实时更新各地疫情信息，科学传递防护知识，获得影响力。

机器自动生产新闻，算法精准推送新闻，这都给记者在新闻生产和传播环节带来了竞争性的挑战。写作机器人、新闻对话机器人、人工智能主播等在不同的生产环节甚至引起了取代与被取代的争论。

4. 记者的新闻理念受到挑战

媒体融合带来了技术、内容与运维三个方向人员的混编，也带来了对新闻专业理念的

---

① 唐铮. 能动的在场：融合背景下的职业权威性——对近百位中国媒体从业者的深度访谈[J]. 国际新闻界, 2019, 41(6): 86-98.

巨大冲击。新闻的客观、真实、公正、平衡等固有的专业理念在新闻生产中也不断与技术、运维等领域的思维观念相碰撞。这种碰撞其实早期在传统的广播电视领域里就已经存在，在媒体融合语境下更为凸显，跨领域、跨部门、跨工种的协同合作必然带来新闻观念、操作方式的不断碰撞与融合。比如，在新闻的创新过程中，是有时效的新闻故事还是相对独立的产品信息，是内容驱动还是技术驱动等，都形成了冲突。[①]有研究者考察了瑞士五家媒体融合编辑室围绕可视化的生产理念冲突，认为围绕可视化的编辑室冲突是数据的逻辑和新闻的逻辑在符号层面的彰显，美编更关注对信息做出准确而有美感的呈现，而记者旨在追求一种本质的真实、一种事实本身与各种宏大概念之间的终极关联。[②]

三、记者面临的机遇

我们必须要认真思考的是，"人人都有麦克风"并不等于"人人可以成为记者"。有研究者把数字时代的记者划分为专业记者、业余记者、普通信息传播者。[③]这样的划分，只是从技术可行的路径去定义，并没有考虑到政治、社会等诸多复杂因素。**尤其是我国新闻工作者作为党的耳目喉舌、人民群众的代言人、中国故事的讲述者，具有无可取代的地位，仅仅技术赋能，而不在政治、思想、专业上赋值，难以成为一个合格的记者，这也是新媒体语境下记者守正创新的应有之义。**

与此同时，我们也必须看到全员媒体时代带来的信息泥沙俱下、新闻反转不断涌现，海量信息对大众注意力的撕扯消解了社会信任。由此，大众对权威专业信息的迫切需求与参差不齐的海量供给产生了冲突。正是在挑战和供需不平衡的变局中，专业记者也面临着机遇。

更与时俱进的态度是，我们应该认识到互联网用户与专业记者形成竞争关系的同时，也成为信息传播和社交舆论场的重要组成部分，如何利用并挖掘用户和用户内容的价值，并在与用户的交互连接中创造更助于信息传播、社会治理的舆论环境，这是记者思维和能力转型的重点。

1. 从接受者到产消者，把握用户资源

随着移动互联网、智能移动设备和各类移动内容平台的普及，大众对信息的消费和生产可以同时完成。传统大众是信息的被动接受者——受众，当下，大众开始成为信息主动的使用者——用户，甚至是集生产者与发布者为一体——产消者。对于记者和主流媒体而言，海量的用户生产内容是争夺大众注意力的竞争者，但同时，用户更是生产力。

---

① 肖鳕桐，方洁. 内容与技术如何协作？——行动者网络理论视角下的新闻生产创新研究[J]. 国际新闻界，2020（11）：111–115.

② 常江. 图绘新闻：信息可视化与编辑室内的理念冲突[J]. 编辑之友，2018（5）：72.

③ 徐笛. 数字时代，谁是记者：一种分层理解的框架[J]. 新闻界，2021（6）：15–19.

一方面，用户生产内容可以成为记者的信息源之一，PUGC的协同生产模式让新闻更贴近第一现场、抓到第一落点、获取第一信源。比如，2020年新冠肺炎疫情期间，人民视频日播直播节目《武汉时间》（后更名为《人民战"疫"》）联合全国百家媒体、平台、政务机构以及全国人民拍客，实时报道各地疫情现状，在线陪伴用户。

另一方面，活跃用户的画像、偏好数据等都可以成为记者精准定位报道、改善策采编发及交互设计的重要依据。虽然有学者已经注意到算法"过滤泡"带来的信息封闭性、隐蔽性、强制性，但大部分用户仍然无法抵抗贴近自身个性和注意力所在的信息精准推送。专业记者想要突圈破壁，就需要掌握用户的垂直喜好，形成新闻产品的差异话语，善用算法技术助力深度传播，这也是专业记者由生产者思维向用户思维转变、由生产新闻报道向运营新闻产品转型，进而提升主流媒体信息传播力、影响力的重要能力。

2. 从单一渠道到多元端口，把握终端影响力

移动终端的普及使新闻信息的传播渠道由传统媒体的单通道传播，转向多渠道、多平台、多终端的全方位立体传播。商业平台、社交平台、聚合信息平台等层出不穷，迫使记者踏出传统媒体"自留地"的舒适圈，转向入驻各类新媒体平台，或自主研发主流媒体的移动平台，以期实现内容的立体传播与广泛辐射。

信息要想传得出去，首先要有与用户连接的渠道，也就是信息扩散的端口。主流媒体想要抢占舆论高地，并非一朝一夕的功夫，搭建、运营和维护多元端口是有效传播信息的基础。在突发重大公共事件的报道中，微博、微信等社交平台成为众声喧哗的信息集散地，强连接特征显著的朋友圈更是成为信任度极高的圈层传播场域。在万物皆可短视频的当下，抖音、快手等主打短视频的商业平台成为信息发布和有效下沉的新兴端口。处理好主流媒体和商业平台的关系，不仅需要体制机制的转变，更需要记者主动捕捉新兴平台信息，学习其话语风格和运作规则，让记者依托的信息发布端口形成有效的舆论引导。

有效引导舆论是记者报道的目的，也是衡量报道效果的优先原则。有人视流量为互联网商业逻辑的基础，主流媒体以矩阵账号形式入驻其他平台或许会为他人导流，削弱主流媒体自建平台的影响力，但记者工作的优先逻辑从来都不是经济效益，而是社会价值，垂直的商业平台、差异化的圈层用户、先进的信息处理技术会大大强化记者报道内容的传播力、引导力、影响力和公信力，理解好传统媒体和新兴媒体、中央媒体和地方媒体、主流媒体和商业平台、大众化媒体和专业性媒体的关系，记者就能尝试实现"借鸡生蛋"，用平台合作实现主流扩音。

3. 从大众传播到智能场景，把握技术优先

大众的传播环境是媒体主导的我传你受，而受技术驱动的智能传播场景以用户使用为主导，信息的传播往往在日常交互中完成，这就需要记者更懂用户的信息需求、媒介使用习惯和偏好，通过人工智能、大数据、云计算等智媒技术加强与用户全方位的连接，通过5G、

创新采编和可视呈现技术等提升新闻产品的质感和生产创意，让技术更好地为内容服务，为优先争取用户服务。

创新传播技术对于大部分主流媒体和记者而言是一块短板，而"轻文本质量，重技术分发"是在互联网信息平台萌芽的经营逻辑，算法分发、大数据、人工智能等让部分商业平台率先捕捉到用户喜好，通过满足需求打开用户市场，培养了用户的媒介使用习惯。**主流媒体记者当下的挑战与转机就是技术赋能、可视赋型，进行全媒体、智慧化、精准化的新闻报道和信息推送，在报道中先声夺人，扩大声量。**但是，技术赋能并不意味着媒体大包大揽地创新技术，或一味追赶热门与流行，从而造成自身运转的压力，甚至导致记者在专业内容生产上的力不从心、重心偏移。在互联网网罗天下资源的背景下，媒体应当采取自主开发和合作引进差异对位、适配定位、填补缺位的媒介技术，这才是记者在报道中正需要、能学习、可使用的转型攻略。

4. 从把关聚焦到信息爆炸，把握专业权威

曾经，记者是大众了解现场、认识事件的把关人，现在，任何个体都可以成为现场的传递者、解读者。低门槛、零成本、视频化的信息发布让情绪在新闻反转中不停发酵，无限的爆炸信息消费着大众的有限注意力，挑战着社会信任度的底线。

同时，传播环境愈发复杂，大众传播与圈层传播并行，信息的累积和扩散更加隐晦，不易被察觉，谣言传播速度极快，内容的解读视角多元，网络舆论放大各方意见并极易产生观点极化。正是在信息爆炸、不停反转的舆论环境中，大众对迅速、准确、及时、客观、专业、权威的内容需求更加迫切，尤其是在重大公共议题的报道中，记者的专业报道能力和社会关切回应就是对大众最大的吸引力。比如，新冠肺炎被发现伊始，面对互联网上纷纭的良莠信息，央视《新闻1+1》在节目中连线钟南山确定病毒可以人传人这一重要信息，成为我国战"疫"过程中的重要节点；《人民日报》与丁香医生迅速联合上线疫情地图，在疫情最受关注的关键时期，记者每天综合国家卫健委、中国疾病预防控制中心等权威发布渠道的数据，生动呈现各地确诊、治愈和死亡病例的汇总情况与地域分布，带给用户理性直观认识；第一财经、财新网、《三联生活周刊》等媒体的记者通过及时、立体、专业、深入的报道，不仅在社会效益上得到了用户的认可、尊重，还在当下免费信息甚嚣尘上的环境中实现了用户主动付费订阅的经济效益。

记　住

"人人都有麦克风"，不等于"人人可以成为记者"，仅仅技术赋能，而不在政治、思想、专业上赋值，难以成为一个合格的记者，这也是新媒体语境下记者守正创新的应有之义。

第二节　全媒体记者的守正创新

当我们在媒体融合转型中探索技术赋能下的记者创新与转型，思考新媒体语境下报道者和传播者的变与不变时，更应当思考在技术之上记者的坚守以及作为"人"的能动性和以"人"为核心的把握。这其中，"四力"是基础，全媒体报道能力是创新重点。早在民国初期，著名记者黄远生就提倡"记者四能"：脑筋能想、腿脚能奔走、耳能听、手能写，[①]这是我国早期新闻业对记者能力要求的精辟概括。在新时期，"四力"的提出不仅是对记者采编能力的具体要求，更应当从思想内涵和技术变革方面去加以深刻理解。

一、新闻记者的"四力"与创新

四力即脚力、眼力、脑力、笔力。"四力"锤炼是我国新闻工作者的优良传统，更是在媒体融合语境下的坚守。许多研究者和实践者都从不同角度诠释了记者"四力"的内涵。应当说，在媒体融合时代，新闻工作者锤炼"四力"要坚持守正创新，一方面秉持我国新闻工作的优良传统，另一方面要主动学习新的传播知识、传播技术、传播思维和传播方法，练就融合传播的真本领。

1. 脚力：线上与线下开展社会调查的基本功

新闻工作者有诗意和远方，更有艰辛和磨难。脚底板下出新闻，在我国，重视开展社会调查是党的新闻舆论工作的优良传统。毛泽东同志在《反对本本主义》中提出了"没有调查就没有发言权"的著名论断，此后延安《解放日报》的改版奠定了从中国实际出发办报办刊的党报思想传统。改革开放以来，在解放思想、实事求是的思想路线指导下，新闻舆论工作围绕党和国家工作，服务大局，深入人民群众的生活。党的十八大以来，习近平总书记在2016年党的新闻舆论工作座谈会上提出要增强脚力、眼力、脑力、笔力，此后在2018年全国宣传思想工作会议上总书记再次强调增强"四力"，将"四力"要求拓展到整个宣传思想战线。

（1）提升政治站位

增强脚力要不断提高政治站位，坚定政治立场，增强政治定力，提升政治领悟力和鉴别力。心怀"国之大者"，要站在符合党和人民利益的立场上，站在顺应历史潮流的方向中，站在与时俱进的创新里。在这方面，对新闻记者的"四向四做"也进一步明确了具体的要求，即坚持正确政治方向，做政治坚定的新闻工作者；坚持正确舆论导向，做引领时代的新闻工作者；坚持正确新闻志向，做业务精湛的新闻工作者；坚持正确工作取向，做作风优良

---

① 黄远生. 远生遗著：上册[M]. 北京：商务印书馆，1984：132–133.

的新闻工作者。

（2）扩展视野与理解力

增强脚力要提升观世界、看问题的视野与眼光，练就走得快、走得远、走得深的脚上功夫。尤其是在今天键盘侠闭门造车的时代，强化现场意识、快反意识和调查意识更能凸显记者的专业能力和权威发布，更能使记者获得理解问题的能力。

走得快——以现场新闻事实获取的快速、准确为目标，以融合技术为手段，努力获取新闻事实的第一落点、第一解释、第一传播，确立先人一步、先声夺人的权威把关人地位。

走得远——古人说"涉浅水者见虾，其颇深者察鱼鳖，其尤甚者观蛟龙。足行迹殊，故所见之物异也。……故入道弥深，所见弥大"[①]。媒体融合时代，新闻工作者首先要迈开双脚丈量大地，把报道做在不断变革的中国大地上，才能从党的中心工作和国家战略大局去把握整体方向，获得全局视野。

走得深——"纸上得来终觉浅，绝知此事要躬行。"记者要扎根基层，深入实际，要"俯下身""沉下心""察实情"，脚下有泥，心中有光，亲身走进基层、走进一线、走进田间地头，练就线下实地调查的基本功，拿出冒热气、沾泥土、带露珠的作品。比如，新华社记者坚持5年9次登上开山岛，记录了王继才、王仕花夫妇32年如一日守岛、护岛的先进事迹。中央广播电视总台记者为报道悬崖村，先后6次攀爬悬崖峭壁，体会并记录了上山下山的真实细节。

（3）数字时代的脚力

融合转型的记者也要深入互联网舆论场，掌握网络传播规律，做好线上社会调查，加强数字时代无形的"脚力"。习近平总书记多次强调"老百姓上了网，民意也就上了网""人在哪儿，宣传思想工作的重点就在哪儿"。媒体融合背景下，先进技术为支撑，新闻工作者不但要学会观察和分析，更要亲身实践，参与其中，否则便是隔岸观火，不能真正理解新一代网民的所思、所想、所感。

社交媒体平台尤其是短视频社交平台，已经成为人民群众火热生活的重要场域，新闻工作者要深入其中展开调查研究，俯下身段、放下姿态、转变语态、创新形态。比如，近年来流行的抖音、快手、B站、知乎等社交媒体平台，汇聚了数亿用户的火热生活，形成了无数网民的兴趣圈层，新闻工作者应当深入其中，开展线上社群和社区的调查研究。以人民日报、新华社、中央广播电视总台为代表的主流媒体，已经在这些平台上开设账号、传播内容、与网民展开互动，中央广播电视总台主播的短视频如《主播说联播》《康辉Vlog》也"圈粉无数"，主播俯下身段"与人民群众打成一片"，取得了一定的效果。

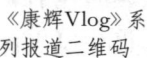

《康辉Vlog》系列报道二维码　　《主播说联播》代表作《刚强一口气说了约40个"美"，是什么让他美呆？》二维码

---

① 王充. 论衡［M］. 长沙：岳麓书社，1991:207–208.

图10-2-1　《主播说联播》《康辉Vlog》截图

2. 眼力：借助新媒体技术提升观察社会的视角

在宣传思想工作中，只有"胸怀大局、把握大势、着眼大事"，才能更好地找到工作的切入点和着力点。新时代我国的新闻工作者要围绕党和国家的中心工作，服务大局，因此，新闻工作者锤炼"眼力"，首先要把握国情、党情、社情和民情，要以中国本土为根基、以世界发展为眼光、以科学精神为追求，做到眼中有全局、胸中有情怀、笔下有细节。

（1）现场观察力

"好故事、好作品的背后，是一双双具有发现力、辨别力、判断力、预见力的'记者之眼'"，"好眼力就是要'看得见''看得准''看得深'"。[1]

看得见——现场观察力是选择和发现的能力，记者要善于从平淡无奇的生活中挖掘出不同凡响的答案。原中央电视台2017年新春走基层节目《铁路小夫妻：天涯的重复》选择从沈阳开往海南三亚的列车中一对分别在不同车次列车上值班的年轻夫妻，他们只有在两列火车擦肩而过的时候才能隔窗相望。看似平凡的工作，却因为极致化、个性化的戏剧故事和人物而充满了新意。

看得准——现场观察力更是抓取细节的能力。新闻中的细节[2]，不是对现实世界毫无取舍的呈现。报道太过琐碎，容易散，不容易聚焦；粗枝大叶，则容易虚，辨不清样貌。一切细节皆为主题服务，在报道中要做到"细而有节"，紧扣主题，多余的事不写，多余的话不说。

看得深——现场观察力更是记者经验与智识的结晶，由浅入深，由表及里，看到现象背后更深的意义和价值，这是对记者新闻敏感度更高的考验。

问到位——记者在现场不仅需要观察，也需要探索、采访、提问，"好的记者并非无所

---

① 高晓虹，赵希婧，付海钲. 增强"四力"培养卓越新闻传播人才［J］. 理论导报，2019（2）：36.

② 关于采访报道中的细节深入探讨，请参见曾祥敏. 电视采访［M］. 3版. 北京：中国传媒大学出版社，2018.

不知,但懂得如何提问"①,由此获得看不到的细节。

（2）历史洞察力

立足当下,观照历史,展望未来,把当下和现场的事件放在历史的坐标中去体察,把个体命运融入时代的洪流中去抒写,记者才能有洞察现象、挖到本质的能力。比如,新华社记者于2010年在南昌火车站广场拍摄的《春运母亲》,展现了四川彝族姑娘巴木玉布木"肩上扛的是生活,怀里搂的是希望"。11年后,记者深挖有追踪价值的报道题材,深耕有价值的新闻线索,多方找到了主人公,用"回响式叙事"讲好鲜活、接地气的人物故事,形成了《11年前那位感动中国的"春运母亲",找到了!》融合报道,从历史的发展中不仅看到了巴木玉布木这位母亲的坚强伟大,更看到了国家精准扶贫政策的利在千秋,小人物的命运之变彰显脱贫攻坚大主题。

（3）新技术呈现力

与此同时,新媒体技术的快速发展有效帮助新闻工作者丰富了观察世界的维度和角度。过去,不管是文字、摄影还是广电新闻工作者,都利用既有的媒介技术工具来观察社会与世界。用麦克卢汉的话说,"媒介是人的延伸",新媒体技术突破传统媒介的限制,呈现出全新的认知和把握世界的角度。记者激浊扬清,靠的就是多元的视角,而这个视角具体而言是我们借助媒介工具观察与发现的视角,抽象而言是指我们看问题的视角。今天,借助无人机拍摄、传感器采集、VR/AR/MR临场化呈现、大数据抓取等新技术手段,新闻工作者拥有了更广阔的视角、更沉浸的场景、更具体的事实。更为重要的是,掌握这些新技术可以有效提升新闻工作者观察和分析问题的层次与能力,进而练就一双"火眼金睛"。

3. 脑力：用主流价值导向驾驭互联网"云脑"

1939年2月7日,《新中华报》成为中共中央机关报,毛泽东同志为该报题词只有两个字——多想。②多思多想,思考深入,想得通透,报道才能真正高出一筹,富有穿透力、感染力和说服力。

（1）定力和判断力

图10-2-2　毛主席为《新中华报》题词"多想"

新闻工作者增强"脑力",主要体现为在时代浪潮中要保持定力,具备高超的判断力,不要随波逐流,人云亦云。作为党的新闻舆论工作者,要牢牢坚持马克思主义新闻观的基本立场、观点和方法,不断提高用辩证唯物主义和历史唯物主义来分析事物的能力。在具体的新闻工作中要坚持解放思想、实事求是的马克思主义方法论,要以党和国家以及人民的

① 韦斯廷. 最佳方案——公平报道的美国经验［M］. 郭虹, 李阳, 译. 汕头: 汕头大学出版社, 2003: 32.
② 毛泽东写了"多想"两个字［EB/OL］.（2007-01-14）［2022-03-17］. http://www.xinhuanet.com/zgjx/2007-01-14/content_5603978.htm.

利益为衡量工作的尺度。

（2）系统思维力

在互联网碎片化和移动化的语境下，信息的深度和理性受到前所未有的挑战，如何因应这一现实，又能正确引领网上舆论，更需要我们用马克思主义立场观点和方法去看待问题。碎片化不等于支离破碎，而是更细微的整体和系统，更需要我们用整体的真实对应局部的真实，用系统和历史思维对应片段思维，才能形成正确舆论导向和主流价值观。

（3）人机协同能力

如果说新闻传播者以往主要依靠自身的知识和经验积累，那么新媒体技术则为其提供了强大的智识资源。当前，人工智能的发展方兴未艾，大数据、云计算、算法推荐等技术已经十分成熟，数据已经成为新闻业运作必不可少的原料，人工智能可以成为新闻工作者增强"脑力"的重要帮手。人工智能辅助下的自动化新闻生产已见雏形，机器人写稿、智能语音转换、机器学习、视觉技术等已产生相当的影响，人机协同的智能生产方式已经到来。

未来，新闻工作者要适应与人工智能和谐相处的工作环境，掌握以新闻传播学科为基础兼具多学科、跨学科的知识素养，在增强自身"脑力"的同时科学地借助互联网"云脑"。

4. 笔力：夯实基础培育一专多能的"全媒体记者"

新闻工作者的"笔力"体现为具体的新闻报道作品和语言文字风格。优秀的新闻工作者都有一支"健笔"，能够铁肩担道义、妙手著文章。"看似寻常最奇崛，成如容易却艰辛"，优秀的新闻作品也蕴含了记者追求真相、真理和真实的执着与艰辛。

（1）短实新之"笔"

笔下做到言之有物、言之有理，这在于培养新闻工作者的基本报道语言功底，尤其是要语言平实、言之有物、实实在在、准确客观，新闻报道中要拒绝假大空，更要杜绝"低级红、高级黑"。言之无文，行而不远。近年来，在新闻宣传战线广泛开展的"走基层、转作风、改文风"活动也大力倡导短、实、新的文风，倡导接地气、生动、活泼的语态，推出了一批精品力作，受到用户的欢迎。

（2）融合创新之"笔"

媒体融合时代，适应互联网语态与全息传播形态的表达形式至关重要。记者手中的"笔"超出了传统"笔杆子"的范畴，朝着"口头、笔头、镜头"，适应全息形态和终端的方向发展。这其中，"全媒型、专家型"的新闻传播人才队伍至关重要。第一，提升记者的全媒体传播能力，成为一专多能（文字、影像、视频、数据等）的"全媒体记者"。第二，适应移动化、社交化、可视化、智能化发展的重要趋势，记者需要掌握这些新的表达思维和传播技巧，让用户愿意听、听得懂、喜欢听，最终实现新闻报道的传播效果。比如，全国两会中涌现出的《中国日报》记者彭译萱的《Vlog：两会小姐姐的初体验》，以Vlog第一人称视角报道两会，爽朗的笑声、个性化的自述呈现都使报道具有较强的代入感，而花字包装、音乐音效插入、灵活的剪辑方式更给两会报道带来了轻松愉悦的气氛。第三，精准把握垂直圈层的发展趋势,做到专门领域的知识精专,服务于分众化和个性化的需求。第四,转变话语方式,适应互联网的话语方式,降低姿态、转变语态、创新形态,探索"长话短说、官话民说、硬话软说"的融合话语。

《Vlog:小姐姐的两会初体验》代表作二维码

图10-2-3 《中国日报》记者彭译萱在两会的报道

新闻工作者应当在融合思维的统摄下锤炼"四力",克服本领恐慌,运用新理念、新技术、新手段创新报道作品,转型成为全媒体时代的全能记者。

二、记者的"四向四做"

我们从另一个维度来考察我国新时期新闻记者的素养,"四向四做"也对记者的政治素养、理论水平、政策水平、业务能力提出了方向性的要求,即一是要坚持正确政治方向,做政治坚定的新闻工作者;二是要坚持正确舆论导向,做引领时代的新闻工作者;三是要坚持正确新闻志向,做业务精湛的新闻工作者;四是要坚持正确工作取向,做作风优良的新闻工作者。如果说"四力"指向更具微观和具体,那么"四向四做"的提出更加中观,但二者在内涵解释上确有很多共通之处。

1. 坚持正确政治方向

这是思想站位层面的指向,以政治家办报的高度围绕中心,服务大局,围绕"为了谁,依靠谁,我是谁"的根本问题,坚持四个有利于,即有利于坚持党的领导和社会主义制度,有利于推动改革发展,有利于增进全国各族人民团结,有利于维护社会和谐稳定。

2. 坚持正确舆论导向

这是价值引领层面的指向，"准确、权威的信息不及时传播，虚假、歪曲的信息就会搞乱人心；积极、正确的思想舆论不发展壮大，消极、错误的言论观点就会肆虐泛滥"[①]。坚持**主动、主导、主流和主见**，积极把握舆论的主动权和主导权，形成主流价值引导，明确立场和观点，形成主见，赞同什么，反对什么，旗帜鲜明地做出判断。比如，在某"武林红人"频繁参加各种活动并在互利网频频亮相发声，以丑为美，大肆炫耀时，人民日报微博、微信、客户端相继发声，"审丑狂欢，不能无底线"，"如果靠哗众取宠就可以风生水起，靠招摇撞骗就能拓展商业版图，这是什么样的价值取向？"，有效引导话题，杜绝资本绑架舆论。

3. 坚持正确新闻志向

这是专业能力层面的指向，不断提升记者"四力"，重塑互联网语境下记者守正创新的专业能力，以适应全媒体发展的学习创新能力，实现业务工作的转型升级，充分理解并把握理念、内容、体裁、形式、方法、手段、业态、体制、机制等创新的实质和意义。

4. 坚持正确工作取向

这是精神作风层面的指向，发扬我国新闻工作者的优良传统，坚持以人民为中心的新闻报道，走深走实，发扬新闻职业精神，恪守新闻职业道德，在互联网的场域里，以严谨的工作作风、严格的道德遵循引领新闻发布和信息传播的专业水准。

三、如何理解全媒体报道

对于全媒体报道，许多人简单地理解为过去的记者单一介质的报道要转化为多媒体、多介质的报道，即由记者单一的采、摄、编、写技能，向全媒体综合技能发展。如果我们沉下心来思考，这样的工作方式固然高效，但仔细分析，却不能笼统对待。全媒体记者不是万精油，不能什么都会但什么都不精深。仔细思考，单个记者的能力和精力有限，从过去专业化的分工到现在的技能融合，是利还是弊？有学者研究发现，媒体融合带来的消极面为：整体新闻质量下降，全媒体新闻记者的报道能力不如传统媒体的记者。[②]因此，全媒体记者不能被简单理解为"全能记者""背包记者（所有的摄像摄影录音设备放在一个背包里，完成文字、图片、音频、视频等写作制作任务）"，并不是一个记者要精通所有的技术和技能，也不是要单独完成所有采访报道工作。根据我们2020年对全国各级主流媒体的调研，其中对全媒体记者采访模式的效果调查结果显示，"一专多能，团队协作，效果较好"的内容生产模

---

① 习近平. 加快推动媒体融合发展 构建全媒体传播格局［N］. 人民日报，2019-03-16（1）.

② WALKER T.Doing more with less? Convergence and public interest in the New Zealand news media［D］. Auckland: Auckland University of Technology, 2009.

式最受媒体人认可（见图10-2-4），"有时候过分强调新闻生产的单兵作战，可能会降低新闻质量，影响新闻产品的进一步传播"[①]。

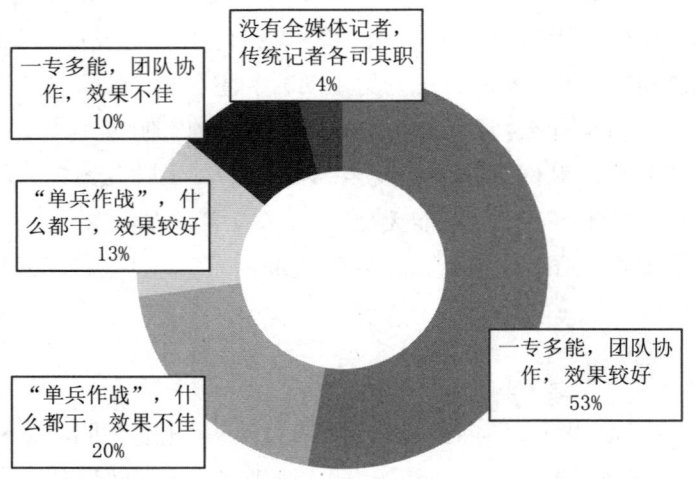

一专多能，团队协作，效果不佳
10%

没有全媒体记者，传统记者各司其职
4%

"单兵作战"，什么都干，效果较好
13%

"单兵作战"，什么都干，效果不佳
20%

一专多能，团队协作，效果较好
53%

图10-2-4   全媒体记者采访模式及对应效果调查结果

具体而言，如何理解全媒体报道？我们认为，至少应该从以下几个方面去厘清：

1. 作为意识的全媒体报道

全媒体报道是每个记者都应该具备的融合意识与观念，理解全息媒体的语境下信息呈现的融合形态和可以实现的手段，在采访报道中自觉地考虑报道在不同终端的呈现形态，并最大限度地在前采中获得信息。

2. 作为素养的全媒体报道

全媒体报道也要求每个记者都应该了解或把握全媒体报道的短视频、H5、VR、AR、MR、无人机、微信推文等基本技术原理、方法、可实现的效果，具备全媒体综合素养，具有鉴别、理解并把握一个优秀融合报道的能力。

3. 作为团队协同的全媒体报道

全媒体报道也是一个团队分工协同的报道机制和工作方式，技术、记者、编辑形成合力，打破原有的介质区隔，创新融合报道形态，形成全媒体报道产品。尤其是在技术赋能的生产语境中，新的技术工种接入融合新闻产品中，如前后端工程师、数据分析师、产品经理、UI设计师等，分工合作从产品流程中的开端贯穿始终，形成扁平化的协同机制。比如，在媒体融合探索进程中的实行项目制、小团队合作制的融合工作室，是生产融合创新

① 本研究团队2020年就我国主流媒体深度融合发展进行了问卷调查，并对主流媒体从业者进行了一对一半结构化访谈。问卷面向全国央、省、市、县各级主流媒体共发放5121份，最终收回有效问卷4537份；针对主流媒体从业者的一对一半结构化访谈同步开展，深度访谈15人，其中管理岗8人，采编岗7人。

的最小单位，人民日报的《侠客岛》《麻辣财经》《"军装照"H5》《中国一分钟》《中国24小时》①等产品团队，均是以打破过去界限分明的部门划分，以四跨组合——"跨部门、跨媒体、跨地域、跨专业"的机制重新进行混编，从而发挥联动效应的工作室模式，带动矩阵型传播资源形成探索。2015年以来，新华社建立了全媒体报道平台机制和工作室机制，全媒体报道平台机制形成"1+N"的跨部门、跨领域、跨终端的开放式业务平台，使用项目运作制，统筹总社和各分社资源，以脚本团队、可视化团队、互动团队协作的模式标准化产品制作流程，推出《父亲·我们·时代》《新中国密码：15665，611612！》②等优质融媒体产品。浙江日报报业集团"浙视频"团队、澎湃新闻的工作室模式都是适应全媒体趋势、团队协同的工作机制。

融媒体中心是生产流程再造、全媒体人才建设的集中之地。新创平台是更综合性的体制机制创新平台，通过融媒体客户端业务，带动队伍发展建设。比如，《华西都市报》的"封面传媒"采用"121"的转型模式进行升级探索，即一支人才队伍、两个媒体平台、一体化整合运营。上海报业集团的"澎湃新闻"通过新创平台，重组新建队伍和生产机制流程，进而形成整体推进。

4. 作为过程的全媒体报道

尤其是在突发事件报道中，全媒体报道是一个信息不断丰富发展深入的过程，也是一个媒体资源调配形成全媒体合力报道的过程，犹如水波纹，形成全媒体矩阵报道。"中央厨房"式的全媒体生产机制和业务流程引领不同产品生产，传播不同终端。比如，2021年9月25日晚，中央广播电视总台对孟晚舟回国进行了全媒体报道。25日10点29分05秒，央视新闻客户端全球首发快讯《独家视频｜孟晚舟即将回到祖国》，当日，央视新闻客户端全网首发17条文字、图片和视频快讯，19个话题登上热搜。随后，由总台北美总站拍摄的独家现场"孟晚舟：感谢我的祖国和人民！""中国驻加拿大大使馆相关人员到机场为孟晚舟送行""孟晚舟从加拿大法院前往机场"

图10-2-5 孟晚舟回国特别报道总台央视微博图片

---

① 分别荣获第二十八届中国新闻奖媒体融合奖项新媒体栏目一等奖（2018）、第二十九届中国新闻奖媒体融合奖项新媒体栏目一等奖（2019）、第二十八届中国新闻奖媒体融合奖项创意互动一等奖（2018）、第二十九届中国新闻奖媒体融合奖项短视频新闻一等奖（2019）、第三十届中国新闻奖媒体融合奖项短视频专题报道一等奖（2020）。

② 分别荣获第二十九届中国新闻奖媒体融合奖项新媒体创意互动一等奖（2019）、第三十届中国新闻奖媒体融合奖项融合创新特别奖（2020）。

等，形成20条自采的现场短视频，央视新闻及时根据抖音、快手等合作媒体平台特点制作稿件。与此同时，总台的直播信号第一时间通过美联社、法新社、路透社、欧广联向其全球媒体用户全程转发，新媒体小屏5小时独家现场直播，电视大屏在4小时后和小屏联动直播。在接送孟晚舟回国的包机进入中国空域后，总台第一时间发出评论文章《央视网评：强大的中国是每个中国人的坚强靠山》，在直播结束后迅速推出独家盘点微视频《独家全记录丨晚舟，回家！》。

《总台独家直播丨晚舟，欢迎回家！》二维码

由此，内容上形成快、准、深的层次递进和线性全媒体报道逻辑，形态上构成文字、海报图片、短视频、移动直播、电视直播的全媒体综合报道，平台和终端形成全媒体分发的矩阵。

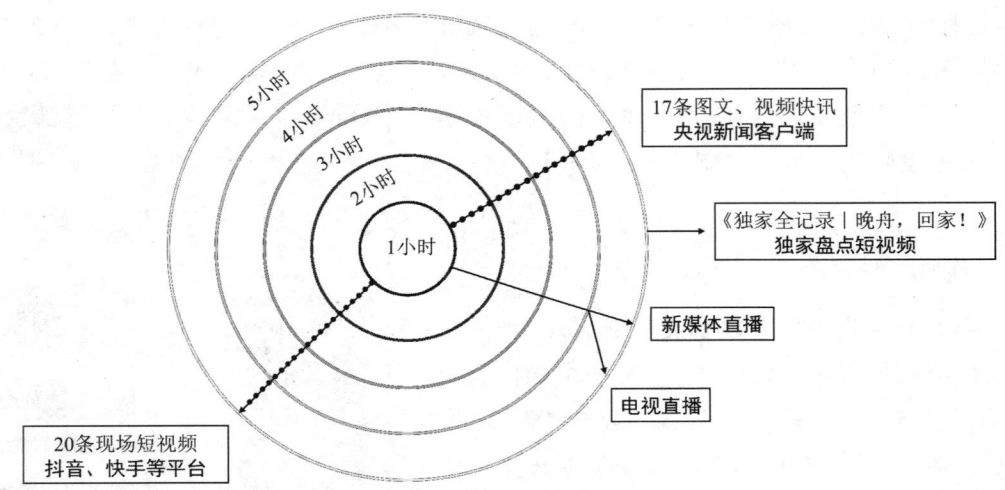

图10-2-6　孟晚舟回国总台全媒体报道矩阵

四、全媒体记者专业能力塑造

作为单个记者而言，一个全媒体记者应该在思维、技术、技能、运维四个方面形成融媒体标配，在这个基础上发挥所长。

1.全媒体思维

努力成为深刻理解媒体融合的创新性人才，打破原有的报纸、广播、电视等媒介界限，自觉地形成全媒体创新意识，灵活把握信息的不同媒介类型的呈现方式，根据新闻事件和不同媒介的传播特点，迅速判断并决定展开报道的方式。具体而言有如下几点：

- 分析判断新闻在什么平台上首发？
- 如何利用不同的媒介特点展开有针对性的报道？

- 不同终端的用户有何消费习惯和特点？
- 同一信息以怎样的流程在不同终端发布？

2. 全媒体技术

努力成为技术和创意融通的交叉型人才，理解在技术赋能基础上的内容融合创新。工欲善其事，必先利其器，智能媒体技术是主流媒体和记者在全媒体报道中的有力支撑。媒体从业者要将技术应用于全媒体报道的策、采、编、发各环节，丰富新闻产品的呈现创意和可视化融合体验，用"大连接"发挥报道的舆论引领作用，用智能技术精准满足用户偏好。近三年，中国新闻奖媒体融合奖项获奖作品《长幅互动连环画丨天渠：遵义老村支书黄大发36年引水修渠记》《海拔四千米之上》《AI剪辑大阅兵》《数说70年》等融合多种媒介技术的优质新闻产品的涌现，也体现出记者积极开发技术、创新内容的意识和能力。

具体而言，记者要综合把握采、写、摄、录、编等技术手段，了解计算机编程、HTML等网络技术，主要包括以下几方面：

- 把握音频视频制作、摄影摄像、图像处理、网站建设、移动终端、数据可视化技术等工作流程。
- 了解VR全景拍摄、无人机拍摄、Vlog拍摄、移动直播技术等新采访技术手段。
- 熟悉融媒体编辑呈现技术，比如H5、微信、微博等社交媒体写作、制作与运维方式。
- 了解算法的基本原理、数据处理技术、数据可视化的基本知识等。

3. 全媒体采编技能——一专多能

努力成为全媒体和一专多能融通的专家型人才，对于记者而言，传统的信息采集和整合能力、新闻价值的判断能力、采访和写作编辑能力仍然是必备技能。全媒体时代，尺有所短，寸有所长。的确，记者不可能精通所有的技能，但应该理解社交媒体写作，图片拍摄，视频、音频制作等技能与手段，熟悉社交媒体的信息传播与交互方式。

4. 全媒体运维能力

努力成为生产与运维融通的复合型人才，形成用户需求基础上的内容与服务创新。在互联网语境下，记者不再是单一的新闻报道输出者，而是发展出更多的数字化和多样化技能。[①]一方面，记者要适应新媒体圈层效应，进行突圈破壁。既要创新话语，把握话语转换，把宏大的理论、深刻的思想和严肃的政治话语转变为生动、易于传播的大众话语，做到深入浅出，通俗易懂，增强传播信息的鲜活性和亲近性。同时又要融通话语，把握圈层传播规律，满足圈层文化需求。另一方面，记者要具备用户意识，把单一报道变为品牌产品，在做好内容报道的同时，塑造有自身风格的产品品牌，维系垂直差异社群，树立协作、服务观

---

① 王维佳，周弘. 流量新闻中的"零工记者"：数字劳动转型与西方新闻记者角色的变迁[J]. 新闻与写作，2021（2）：20.

念，在内容生产和产品经营的过程中增强贴近性和亲近感。比如，在庆祝改革开放40周年之际，人民日报新媒体结合线上线下、融合纸媒移动端的"时光博物馆"系列报道，就通过沉浸式体验和创意互动的形式，展现了与人民群众最密切相关的衣食住行等生活方式的变迁，塑造了主流媒体在融合传播环境中的移动品牌。

5. 全媒体场景的个性化情感化维系

从总体发展趋势而言，记者拓展全媒体场景，尤其是突破传统媒体的局限，在社交平台创新表达传播方式，这是中外媒体都积极鼓励和倡导的。比如，我国2020年9月出台的《关于加快推进媒体深度融合发展的意见》对此有总体规定，"坚持移动优先"，"让分散在网下的力量尽快进军网上、深入网上"。《纽约时报新闻编辑室社交媒体使用指南》规定，鼓励记者使用社交媒体进行语言、框架和报道风格的创新实验，尤其是这样的实验能够促进时报数字平台的报道形式创新。[①]

（1）记者社交化的个人声誉塑造

全媒体时代，用户在获取内容的同时，也与媒体、记者、主持人建立着带有个人喜好的情感连接。媒体选择围绕记者、主持人，试水"船小好调头"的个人IP化品牌，用情绪资本、粉丝社区营销反哺媒体品牌的影响力，夺回舆论阵地，这也是符合用户媒介认知、媒介使用的创新尝试。比如中央广播电视总台记者王冰冰的出圈，成为主流内容的注意力密码，无论是新闻采访，还是青年大讲堂，王冰冰的"粉丝效应"都会吸引大批用户观看内容。而正是名人的"粉丝效应"、用户的情绪资本助力了主流内容的出圈，无形中发挥了主流价值引领的作用。成功的个人IP还可以对媒体的内容生产、平台运营、商业变现实现全方位反哺，比如走红抖音的湖南娱乐主持人品牌"张丹丹育儿经"、快手第一位百万粉丝记者主播内蒙古新闻综合频道的记者海燕等。但需要注意的是，个人IP的背后一定是专业团队运营，出镜记者、主持人是工作室品牌外化呈现的形象载体，团队如果没有互联网内容的持续创新能力，将无法维系品牌与用户的持续关系。

（2）记者社交化行为与媒体关系

目前对于专业记者在互联网上的个人与用户的社交互动和关系维护还处于探索阶段，而关于记者在社交媒体上互动对用户信任的影响研究，目前也没有得出一致性结论。例如，有研究发现，在社交媒体上与受众分享自己的性格特点和个人见解并不能提升记者信任[②]；有实验研究发现，受众认为经常在社交媒体上与其进行双向沟通的记者更为可信[③]。但同

① 纽约时报新闻编辑室社交媒体使用指南［EB/OL］.（2017-10-13）［2022-03-08］. https://www.nytimes.com/editorial-standards/social-media-guidelines.html.

② MEYER H K, MARCHIONNI D, THORSON E. The journalist behind the news: credibility of straight, collaborative, opinionated, and blogged "news"［J］. American behavioral scientist, 2010（2）：100-119.

③ JAHNG M R, LITTAU J. Interacting is believing: interactivity, social cue, and perceptions of journalistic credibility on twitter［J］. Journalism & mass communication quarterly, 2016（1）：38-58.

时，也有研究表明，对活跃在社交媒体上的职业记者而言，个人表露和受众互动虽然能够提升公众好感度，但却会显著降低专业性感知。[①]

我们从一些媒体的具体实践来看，中西媒体都比较积极但又审慎地处理记者的网络社交化行为，总体而言要处理以下几组关系：

第一，如何对待社交平台上的个人言论与所属媒体的关系。

社交媒体模糊了新闻工作个人意见表达与职业工作领域的边界。[②]记者在社交媒体的角色具有双重属性——职业身份与个体身份，因此在意见表达上往往会让用户指向所属媒体。西方有的媒体强调记者在社交平台上的言论观点与其所属媒体要严格分开。比如《澳大利亚广播公司社交媒体个人使用指南》规定，建议记者在社交媒体上填写个人职业情况，同时建议加上声明，任何观点都属于记者自己，而不是媒体，记者并不代表媒体发声。[③]而在实际操作中，也有媒体指出，记者在社交媒体上的言论与所属媒体很难区分，其言论必须审慎。比如，美国《洛杉矶时报新闻编辑室使用社交媒体指南》规定：无论你如何将职业和个人生活分开，在网络上我们都假设它们合而为一。[④]美国《纽约时报新闻编辑室的社交媒体指南》规定，虽然记者可能认为脸书、推特等社交媒体账户是私人领域，独立于其在时报的角色，但事实上记者在网上发布或"点赞"的所有内容在某种程度上都是公开的，在公共场合所做的一切都可能会与《纽约时报》相关联；记者在社交媒体上的创新并不意味着他们有权触及时报的社论和观点。[⑤]CNN社交媒体指南明确禁止记者在社交媒体上发表对媒体内容的情感和观点表达。[⑥]

我国媒体鼓励记者、主持人在社交平台上开设个人网红或工作室形式的账号，目前，从发展来看，越来越趋向于个人记录与工作室功能紧密结合，记者在个人网红账号或工作室账号的表达与媒体立场、观点必须完全一致，而在形态、语态和交互手段上可以探索创新。比如，2020年7月，内蒙古广播电视台在融媒改革中走网上群众路线，要求所有出镜记者和主持人必须开通自己的抖音和快手账号，借助新媒体平台提高栏目影响力，更加有效地解决百姓生活中的问题。[⑦]上文提及的内蒙古新闻综合频道记者海燕，就是借助电视媒体出镜记

① LEE J. The double-edged sword: the effects of journalists' social media activities on audience perceptions of journalists and their news products [J]. Journal of computer-mediated communication, 2015(3): 312-329.

② 牛静, 刘克取. 国外新闻机构对社交媒体使用的伦理规范探讨 [J]. 媒体融合新观察, 2021(4): 18-22.

③ 澳大利亚广播公司社交媒体个人使用指南 [EB/OL]. (2011-04-11) [2022-03-08]. https://about.abc.net.au/howthe-abc-is-run/what-guides-us/abc-editorial-standards/editorial-policies/.

④ 洛杉矶时报新闻编辑室使用社交媒体指南 [EB/OL]. (2014-06-16) [2022-03-08]. https://www.latimes.com/la-timesethics-guidelines-story.html, 2021.

⑤ 纽约时报新闻编辑室的社交媒体指南 [EB/OL]. (2017-10-13) [2022-03-08]. https://www.nytimes.com/editorial-standards/social-media-guidelines.html.

⑥ CNN社交媒体指南 [EB/OL]. (2020-05-28) [2022-03-08]. https://wmdocs.com/cnn-apac/download/cnn-apac-sm-guidelines.

⑦ 李盛楠. 记者海燕: "快手第一个百万粉丝记者主播"是怎样炼成的? [EB/OL]. (2021-10-16) [2022-03-17]. https://mp.weixin.qq.com/s/aJ0vvYEmcuTyF96X6s0cng.

者的优势,在社交媒体端强化互动和个性化表达。此外,B站认证为《中国日报》记者的面向垂直类的工作室账号"甲15号研究所",结合个人特色发布新闻的"小彭彭译萱"也是如此。《中国新闻工作者职业道德准则》也规定坚持网上网下"一个标准、一把尺子、一条底线",统一导向要求、管理要求。而对于个人的生活账号,我国有的媒体内部规定不得与所属媒体进行任何关联,尽管用户能够从其内容中识别出所属职业机构。①

第二,如何对待记者的社交行为。

媒体对记者个人在社交媒体上的点赞、转发、关注、评论也有严格要求,需遵守严格的职业操守,避免个人观点的表达。比如,《华盛顿邮报伦理政策》规定,当记者使用脸书、推特等社交媒体进行报道或记录个人生活时,必须坚持职业操守,并谨记《华盛顿邮报》的记者永远是《华盛顿邮报》的记者。②《加拿大广播公司新闻准则和实践》规定,记者应避免在个人账户、与媒体有关联的账户或帖子中表达个人观点。③《纽约时报新闻编辑室的社交媒体指南》也进一步规定,记者提供其他信源链接时,尽量做到观点多元,避免长期引用单一信源,给人以选边站队之嫌;引用没经《纽约时报》证实的独家信息或者煽动性新闻,用户会理所当然以为是"时报"在背书。④由此看出,媒体把记者在社交平台上发表的个人言论等同于在其所属媒体上发布的信息,二者是密切关联、高度一致的。

第三,如何使用社交平台上的用户生产内容。

目前,中外媒体机构鼓励记者审慎使用社交平台上的在线内容和用户生产内容。我国2020年9月出台的《关于加快推进媒体深度融合发展的意见》对此有比较宏观的规定,即"以开放平台吸引广大用户参与信息生产传播"。《澳大利亚广播公司社交媒体个人使用指南》规定:"鼓励新闻工作者发现并共享用户生产内容,以此吸引新受众。"⑤

各个媒体对记者使用用户生产内容都有严格规定,包括用户生产内容采用的必要性、信息真实性的核实、避免侵犯隐私等。比如,《半岛电视台媒体使用指南》规定,除非记者因为危险或难以到达而无法获取事发现场信息,否则使用YouTube上的用户生产内容是最后之选。⑥《英国广播公司编辑指南》规定,通过BBC播出的用户生产内容,必须保证内容及其

---

① 此为某央级媒体内部规定,未经公开、本书不作具体举例分析。
② 华盛顿邮报伦理政策[EB/OL].[2022-03-07]. https://www.washingtonpost.com/policies-andstandards/#readerengagement.
③ 加拿大广播公司新闻准则和实践[EB/OL].[2022-03-07]. https://cbc.radio-canada.ca/en/vision/governance/journalistic-standards-and-practices.
④ 纽约时报新闻编辑室的社交媒体指南[EB/OL].(2017-10-13)[2022-03-08]. https://www.nytimes.com/editorial-standards/social-media-guidelines.html.
⑤ 澳大利亚广播公司社交媒体个人使用指南[EB/OL].[2022-03-07]. https://about.abc.net.au/howthe-abc-is-run/what-guides-us-abc-editorial-standards/editorial-policies/.
⑥ 半岛电视台媒体使用指南[EB/OL].[2022-03-07]. https://network.aljazeera.net/about-us/our-values/standards.

具体情境的真实,以确保应有的真实性。[①]

　　总之,在媒体融合转型时期,传统媒体记者如何在社交平台上与用户互动交流,如何凸显个体品牌,如何把个体品牌与媒体的公信力形成良性互动,这是记者在社交平台融合创新中需要不断探索的命题。

　　技术赋能下的记者创新与转型,"四力"是基础,全媒体报道能力是创新重点。

？思　考:

　　1. 媒体融合语境下,记者如何在"人人都有麦克风"的舆论环境中进行价值引领?

　　2. 如何理解记者"四力"以及"四向四做"?

　　3. 如何理解全媒体报道?

　　4. 在媒体融合语境下,全媒体记者应具备的素养和能力有哪些?

---

① 英国广播公司编辑指南[EB/OL].[2022-03-07]. https://www.bbc.com/editorialguidelines.

第十一章
融合新闻伦理与道德

道德文章，文以载道，道因文传，但是，在后真相时代和碎片化语境下，用户新闻、个性化写作、沉浸性报道、情绪化传播、虚假新闻、新闻反转、算法"黑箱"等新闻现象不断涌现，技术变革不仅带来了新闻范式各个领域的转型，重塑着新闻价值和话语体系，同时也对传统的新闻伦理和道德形成了巨大的冲击和挑战。

非专业的生产者和传播者进入信息传播的场域，社交平台成为信息传播扩散交互的新载体。新闻伦理关系中的主体、客体及其相互关系均发生了变革，新闻伦理适用范围正在扩张，新闻伦理观念与方法在元规范（Protonorm）层面需要重新审视。[①]正是在这样的背景下，融合新闻学也亟须构建新时期的新闻伦理和记者的职业道德规范。

第一节 传统新闻伦理与道德

伦理道德基本包括社会公德、职业道德、家庭伦理和个人私德四个方面。新闻伦理道德作为职业道德，从属于一般伦理道德。因此，要理解新闻伦理，必须先从伦理和道德规范去考量。

一、伦理和道德

作为人和社会行为规范的伦理道德是不断演变的，但无论如何发展，其指向都是为促

---

① 陈昌凤，雅畅帕.颠覆与重构：数字时代的新闻伦理［J］.新闻记者，2021（8）：41.

进人的发展和社会进步。伦理分析可以帮助人们建立人生的目的——至善，即完善的生活和最终的幸福，引导人理解行为最终的价值。伦理分析也帮助人们选择正确的路径来实现至善这一目的。①伦理和道德构成了宏观和微观层面基本准则和行为规范的约束。

1. 伦理

我国的伦理较早源于《礼记乐记》，"乐者，通伦理者也"，指事物条理。后来，伦理指人伦道德之理，人和人相处的各种行为准则。汉代贾谊《新书时变》有"商君违礼义，弃伦理"。在西方，伦理是Ethics，源自希腊语，是指评价人类的自愿行为，根据决定性的原则评判对错。②伦理由基本原则（Principle）和具体规范（Rule）组成。

2. 道德

关于道德，我国古代较早源于《周易说卦传》，"和顺于道德而理于义，穷理尽性以至于命"。这里的道德即指人们共同生活及其行为的准则和规范。道德在儒家被称为义，荀子《礼论》有"礼起于何也""人生而有欲，欲而不得，则不能无求，求而无度量分界，则不能不争，……先王恶其乱也，故制礼义以分之……，是礼之所起也"。先王制定礼——个人行为准则和义——道德，以杜绝社会和思想的混乱。③在西方，道德是Morality，源自拉丁语，意味着风俗和人们的行为。马克思说"道德的基础是人类精神的自律"④，确定了人、行业和社会都需要对行为自律，这是道德的基础。由此，我们可以看出，道德指向人们共同生活的准则和规范，是建立在精神自律基础之上的。

有研究者把伦理与道德相区分，认为道德指向实践，而伦理是一套基本的评判原则。⑤伦理偏向静态的规则体系，而道德更适于实际行为的约束。也有研究者认为，伦理是道德的哲学研究，是对人的道德信念和行为的理性审视。⑥从思维观念上，伦理更高于道德。还有研究者把伦理与道德作含义相同的解释，即人际行为应该如何规范⑦，二者可以互为通用。

根据以上综合分析，我们认为，伦理指理性的规则，是整体地对社会和人的行为进行规定和规范。而道德更多从实践层面讲，是具体的对个体行为约束的指导与规范。实践的道德和理性的伦理，二者结合构成整体的伦理观，正如有研究者认为"当表示规范、

---

① 何精华. 网络空间的政府治理[M]. 上海：上海社会科学院出版社，2006：140–141.
② 克里斯琴斯，法克勒，理查森，等. 媒介伦理：案例与道德推理：第9版[M]孙有中，郭石磊，范雪竹，译. 北京：中国人民大学出版社，2014：4.
③ 冯友兰. 中国哲学简史[M]. 北京：新世界出版社，2004：154.
④ 中共中央马克思恩格斯列宁斯大林著作编译局. 马克思恩格斯合集：第一卷[M]. 北京：人民出版社，1995：119.
⑤ 克里斯琴斯，法克勒，理查森，等. 媒介伦理：案例与道德推理：第9版[M]孙有中，郭石磊，范雪竹，译. 北京：中国人民大学出版社，2014：4.
⑥ 奎因. 互联网伦理：信息时代的道德重构[M]. 王益民，译. 北京：电子工业出版社，2016：4.
⑦ 陈绚. 新闻传播伦理与法规概论[M]. 北京：高等教育出版社，2012：1，15.

理论的时候，我们倾向于用伦理一词，而当指称现象、问题的时候，我们倾向于使用道德一词"①。

二、新闻伦理和道德

新闻伦理和道德相辅相成，在实际的运用中也相互交织。如果要进行一定的区隔，不妨从客观规则和人的主观约束、宏观和微观等角度进行辨析。

1. 新闻伦理和道德的界定

新闻伦理是新闻范畴里的准则和规范，规定作为社会职业角色的记者和新闻组织应当做什么。②**新闻伦理"由新闻传播活动的基本原则和具体规范构成，通常会形成守则（Code）、准则（Guideline），主要目标是引导和帮助新闻工作者在日常新闻生产和分发的任务中快速地做出伦理相关规定，以自律的形式规范新闻传播活动"**③。由此，新闻伦理是新闻领域里的普遍规则和规范，偏向于客观层面、宏观层面。

新闻道德是一种职业道德，按照上文简要区分，道德趋向于部分，指向人的行为，更趋中观和微观。**新闻道德主要指新闻工作者的职业道德，即新闻工作者的行为规范，"新闻道德为记者所是，即记者之为记者的内在规定性"**④。各国针对记者都有职业道德规范，例如，美国职业新闻工作者协会1926年通过了《道德准则》（Code of Ethics），并于1973、1984、1987和1996年先后修订。我国全国新闻工作者协会于1991年修订并通过了《中国新闻工作者职业道德准则》，此后分别于1994、1997和2009年进行了三次修订。新闻道德的主体包括两个方面：一方面是作为个体的主体，即新闻工作者个体要恪守职业道德；另一方面是指作为组织的新闻媒体要承担社会责任。

2. 行为规范的软约束

与法律的强制性约束相对，新闻伦理和道德是软约束，而不是硬约束，是倡导性和示范引领性的规范。正如有研究者所言，"传播伦理学经常兜个圈子，最终把法律当成唯一可靠的准绳"⑤。

同时，需要注意的是，新闻伦理道德也具有差异性，不同的伦理原则和不同的伦理思想会产生不同的道德规范。不同国家的媒体由于其新闻价值观的差异，对新闻伦理道德

---

① 何怀宏. 伦理学是什么［M］. 北京：北京大学出版社，2002.

② WARD S. Journalism ethics［J/OL］. （2008-08-21）［2021-12-26］. https：//www. supportuw. org/wp-content/uploads/wwa_2010_ward_journalism. pdf.

③ 陈昌凤，雅畅帕. 颠覆与重构：数字时代的新闻伦理［J］. 新闻记者，2021（8）：39-47.

④ 陈绚. 新闻传播伦理与法规概论［M］. 北京：高等教育出版社，2012：3.

⑤ 克里斯琴斯，法克勒，理查森，等. 媒介伦理：案例与道德推理：第9版［M］. 孙有中，郭石磊，范雪竹，译. 北京：中国人民大学出版社，2014：3.

的理解也不一样。比如，克里斯琴斯（Clifford G. Christians）在《媒介伦理：案例与道德推理》一书中列举了一个案例[1]，英格兰利物浦的未成年人杀人案，围绕是否公布未成年杀人犯的姓名，英国媒体认为要保护未成年人的隐私，而美国媒体认为不能向读者隐瞒信息，应该公布其姓名。不同国家、不同文化产生对新闻自由和新闻价值的不同认识。遵循利他原则保护隐私，还是倾向于真相第一以及大多数受益的原则，这里存在着对新闻伦理理解的分野。

记 住

新闻伦理是新闻领域里的普遍规则和规范，偏向于客观层面、宏观层面和现象层面。新闻道德是一种职业道德，趋向于部分和人的行为，更趋中观和微观。

第二节　传统新闻伦理面临的挑战

在这里，我们要探讨的重点在于媒体融合语境下适应融合新闻、液态新闻的发展，新闻伦理和道德的转向以及其发展中的变与不变。新技术带来新变革的同时，也带来了传统新闻伦理的失效，许多新闻新现象、传播新问题超出了传统新闻伦理的适应范围，突破了传统伦理规则。如何认识并应对技术变革和融合新闻转向带来的伦理问题，是我们辩证审视融合新闻需要把握的重点和难点。

一、信息茧房效应与"破茧"

互联网"去中心化"的传播逻辑带来了用户主导的信息选择，同时也带来了信息传播与选择的窄化、固化甚至是极化，这其中最普遍的现象称谓是信息茧房效应。而在此基础上，相类似的现象以及研究都表明了圈层聚合和信息使用所带来的伦理风险。

1. 信息茧房及类似现象

信息茧房效应（Information Cocoons）是2006年凯斯·桑斯坦（Cass R. Sunstein）在《信息乌托邦》一书中明确提出的，我们只听我们选择的东西和愉悦我们的东西的通信领

---

[1] 克里斯琴斯，法克勒，理查森，等. 媒介伦理：案例与道德推理：第9版［M］. 孙有中，郭石磊，范雪竹，译. 北京：中国人民大学出版社，2014：2-3.

域。①而在此之前，对于相似现象的研究已经存在，早在1980年，《泰晤士报》文学副刊首次提出了"回声室"效应（Echo Chamber）②，即由观点相似的人在其中发言，放大并不断重复那些相同或相似的信息，成为网络社群聚集、排外进而极化偏激言论的空间。1997年，有研究者提出了"信息地域化割裂""网络巴尔干化"（Cyber-balkanization）现象③，这一研究把网络社群比喻为犹如巴尔干地区复杂而分裂的地理区域一样，虚拟网络可能连接社群，填补鸿沟，但也会分化圈层，让交互群体聚焦特殊兴趣而无视不关心的交往。2002年在互联网领域被提出的"围墙花园"（Walled Garden）指用户通过网络社交平台形成的"圈层文化"。随后，有研究者提出了过滤性气泡（Filter Bubbles）④，指互联网形成用户认知和现实世界的滤镜。这些研究都是与信息茧房概念相似的早期发现。此后，国内众多学者通过基于用户信息行为和智能算法机制下的信息茧房实证研究，都发现了信息茧房效应的存在。⑤

由此，信息茧房、回声室、网络巴尔干、围墙花园、过滤性气泡、同温层效应等概念和现象存在相似和区别，虽各有侧重，但总体反映了互联网语境下的信息生产、传播、接受所带来的负面影响，而算法推荐更加强化了这样的伦理风险。

信息茧房强调"作茧自缚"，用户根据个人偏好选择性接收使用信息，导致信息的窄化和固化，从而使自身束缚在像蚕茧一般的"茧房"之中。

回声室效应强调"回声放大"，在封闭的信息环境中，用户愿意听意见相近、志同道合的声音，排斥异己的观点，群体意见逐渐趋同化并不断强化，进而形成固化甚至产生极化。

网络巴尔干强调"群体分化"，虚拟网络分裂成不同的兴趣圈层，就像巴尔干地区分裂的地理区域一样，不同的网络群体存在较大的差异，形成信息空间的"巴尔干化"。

过滤气泡强调"算法滤镜"，算法推荐为用户个性化定制信息，过滤性气泡呈现出个体隔绝、过滤隐形、并非自愿等三种特征⑥，每个用户都被一个过滤气泡包围在独有的信息世界里。

围墙花园强调"平台垄断"，主要是指互联网电信企业组织的平台垄断行为，从有线电视系统发展到互联网领域，最初是为儿童提供一个安全的环境，后来演变为给目标消费群体提供内容，主要指一个提供给用户的封闭或具有排他性信息的服务，且没有外部组织参与的封闭生态系统。⑦

① 桑斯坦.信息乌托邦——众人如何生产知识［M］.毕竞悦，译.北京：法律出版社，2008：8.

② LEWIS P. Echo chamber［J］. The times literary supplement, 1980（4017）：312.

③ ALSTYNE M, BRYNJOLFSSON A. Electronic communities: global village or cyberbalkans? ［C］//Proceedings of the 17th International Conference on Information System. New York: Wiley, 1996: 32.

④ PARISER E. The filter bubble: what the internet is hiding from you［M］. New York: Penguin Press, 2011.

⑤ 朱红涛，李姝熹.信息茧房研究综述［J］.图书情报工作，2021（18）：144-145.

⑥ PARISER E. The filter bubble : what the internet is hiding from you［M］. New York: Penguin Press, 2011: 10.

⑦ 钟祥铭，方兴东."围墙花园"破拆：互联网平台治理的一个关键问题［J］.现代出版，2021（5）：63.

2. 信息茧房的形成机理

技术赋予用户权利，这种权利也似双刃剑，在带来自主选择的同时，也带来公共利益被忽略的风险，从而导致新的伦理责任和义务的缺失。

（1）用户自主选择

从用户角度而言，用户的自我选择促成信息茧房效应形成。信息茧房并非在互联网才产生的现象，而是在社会发展、媒体进化、信息认知的过程中逐渐形成的。传统媒体诸如杂志的分众化、电视专业频道等都已经在细分群体。互联网加剧了这种群体化和部落化的趋势。大众传播的"使用与满足"理论也从受众的立场解释了受众是有特定需求的个体，媒体的使用是为了获得满足。从信息选择的优化而言，用户从利益和效率去选择渠道和信息，互联网多元异质信息满足用户选择性接触心理和个性化需求，这构成了信息茧房形成的内在动因。有研究者基于用户视角，发现个体认知在信息茧房中起主导作用，而技术只是催化作用的因素。[1] 从信息选择的便利而言，面对信息过载，无论是从信息获取还是信息管理的角度，用户的成本、便利和效率等都呈现出窄化选择的趋向。

（2）群体趋同压力

从群体的社会性角度而言，现实的趋同和从众成为网络社群的助推剂，尤其是心理群体的形成——群体获得了"一种集体心理"[2]。新媒体技术驱动下，网络信息长尾导致用户按兴趣各取所需，逐渐形成趣缘群体，趋同性的群体压力使这样的群体自身的趣味和观点越来越集中，且越来越强化。网络社会抽离了现实社会情境，因此网络环境中形成的群体身份及社会认知成为人们进行判断和行为选择的重要影响因素[3]，个体获取信息和交流观点都受到圈层的影响。圈层和圈层之间出现高度隔阂和差异，比如B站所设立的注册门槛以及各个圈层的相对封闭性。同时，群体身份认同也是驱动极端道德判断乃至产生集群行为的重要中间机制。

（3）搜索与算法推荐

从技术角度而言，计算机搜索和算法机制形成了物理助推。传统媒体通过信息的把关人（Gatekeeper）——记者、编辑删选受众应该得到的或感兴趣的信息，从而决定让受众接收哪些信息，剔除哪些信息。互联网搜索与算法则成为新时代的把关人，用户根据个人兴趣搜索内容，社交平台依据大数据判断内容的热度以及与用户的关联度来实现个性化信息推送，根据关键词、来源、主题等相关特征和地理位置、时间等环境特征，精准匹配用户的需求。新闻成为满足特殊兴趣和利益的产品，算法只提供用户感兴趣的内容而过滤掉"不感兴趣""不认同"的异质信息，用户越来越沉迷于互联网为自己建造的围墙花园。"用的越

①　任秋菊, 赵昕, 韩毅. 用户视角下信息茧房的成因分析 [J]. 图书情报工作, 2021 (1): 120–127.

②　勒庞. 乌合之众——大众心理研究 [M]. 冯克利, 译. 北京: 中央编译出版社, 2017.

③　吴莹, 曾子珊. 网络道德事件中青年群体的不确定性认知与极端心理反应 [J]. 中央民族大学学报 (哲学社会科学版), 2021 (1): 73.

多，越是你想要的"理念支配着算法推荐，比如，抖音社交平台在用户冷启动后，采用瀑布流的方式为用户源源不断地推荐相似的内容，近似于强制性地遮蔽其他信息。虽然这种被推荐而受到的影响因人而异，但总体而言加剧了用户信息选择的封闭性。

3. 信息茧房效应的影响

总体而言，信息茧房效应带来了共同体和公共性危机、群体认知偏差甚至群体极化。

（1）共同体和公共性危机

大众媒体是促进共同体和公共性的重要媒介手段。安德森（Benedict Anderson）在《想象的共同体》里指出，"民族是一种想象的政治共同体"，而媒介（报纸）"为'重视'民族这种想象的共同体提供了技术上的手段"。[①]在我国，主流媒体做大做强主流舆论，巩固全党全国人民团结奋斗的共同思想基础。媒体对于建构社会公共领域、形成共同体意识具有重要作用。当用户沉迷于为自己量身订造的"我的日报"（Daily Me），作为产品的新闻只能满足用户个人兴趣，对涉及公共价值和公共利益的信息则漠不关心，信息获取的多元性受到影响，由此产生的信息茧房效应让社会公共领域支离破碎，破坏了社会共同体意识。有研究者通过实证研究个性信息传播的实践，发现虽然没有实证数据表明个性化传播导致信息茧房或过滤气泡，但是媒介效应的实证研究也表明，随着个性定制信息成为用户的主流信息来源，其对民主和公共领域的影响会大为增加。[②]

进一步而言，这种信息茧房效应加强了圈层亚文化的形成和固化，基于此，各类亚文化群体不断形成裂变，严重影响主流价值的进入和舆论引导。主流价值信息必须不断突圈破壁，寻求融合路径，重新建构价值和意识的共同体。

（2）群体认知偏差

个性化与定制化的内容限制了用户接触信息的多元性，尤其是移动社交媒体的碎片化和移动化的场景使用，更加剧了用户对信息认知的狭隘、破碎和偏差。用户犹如掉进了有研究者所称的"信息引力黑洞"[③]而难以自拔，迎合我们兴趣的信息通过算法滤镜不断加剧我们的认知，更加强化了认知窄化和偏差。有研究者通过研究用户对健康信息的搜索和认知，发现过滤气泡带来的错误信息使用户的认知偏差增强。[④]

（3）群体极化

群体极化指群体成员选择与他们初始倾向一致的，甚至更为极端的立场。在任何具有

---

① 安德森. 想象的共同体：民族主义的起源与散布［M］. 吴叡人，译. 上海：上海人民出版社，2003：5，26.

② BORGESIUS Z, TRILLING D, MOLLER J, et al. Should we worry about filter bubbles? ［J］. Internet policy review, 2016, 5（1）: 1–16.

③ HOLONE H. The filter bubble and its effect on online personal health information［J］. Croatian medical journal, 2016, 57（3）: 299.

④ HOLONE H. The filter bubble and its effect on online personal health information［J］. Croatian medical journal, 2016, 57（3）: 300.

某种初始倾向的群体中,大多数人的观点将不可避免地偏向初始倾向。[①]在这个圈层群体中,传统的"沉默螺旋"仍然起作用,群体协商代替少数人的最优选择出现"惊人的失败"。而在这其中,意见领袖的信息判断和观点传播更影响用户的认知和行为,加强其已有的看法,从而促使圈层群体的观点固化。

我国的不良粉丝文化和饭圈文化现象,就是典型的信息茧房效应的影响。个别"饭圈"甚至出现走向群体极化的现象,比如,某明星因为涉嫌犯罪被刑拘,其粉丝在互联网上甚至建群商量如何解救该明星,法盲和违法言论在互联网上甚嚣尘上。低龄化、群体圈层牢固、极端情绪化的青少年粉丝们本来就处于三观形成的时期,法律知识、社会常识也处于成长积累期,他们对偶像的崇拜往往来自偶像经纪公司的塑造、粉丝圈层的集体想象和个人认知的偏差。他们一旦沉迷于饭圈超话、贴吧论坛的信息茧房中,就容易被有话语权的"大粉""站子"主导观点立场、煽动情绪,往往容易感性跟风且对后果没有顾虑,从而导致舆论不良影响。

二、智能算法的伦理问题

在第三章中我们已经探讨算法赋能带来的新闻业革命,智能算法渗透到新闻采集、生产、分发、接收、反馈的全链条与全环节,成为融合新闻的重要变量。但与此同时,作为硬币的两面,新闻实践中的算法风险问题及其社会影响也不可忽视。算法在社交平台、数据挖掘、预测搜索、数字监视等方面的应用都对人和社会构成了威胁。有研究者归纳了智能技术伦理的核心理念"人文主义",以及包含的"人类尊严""人类自主""公平""透明""个人信息保护""安全""责任""真实"和"可持续发展"等九个维度。[②]这其中,与新闻传播密切相关的伦理问题涉及**公平、透明、个人信息保护和真实**等。

算法代表着多元意志的自动化决策,但是,一旦算法工具及其细节、算法设计和操作难以为公众所知,算法"黑箱"由此带来的影响就挑战着传统新闻信息的可访问性和可理解性。

1. 算法的伪客观性

算法是机器通过训练,对数据进行自动演算分析得出结果。其本身并无主观性,但看似科学、理性的工具,其实可以通过主观偏见渗透和人为操纵,这恰恰遮蔽了其隐藏的价值观。在算法设计中,人口统计学指标以及兴趣、偏好等类型化和标签化思想,以先入为主的刻板成见固化了社会偏见。脸书的"偏见门"、谷歌更偏向于给女性推送低薪广告、亚马逊的当日送达服务绕过了黑人街区等都是典型的案例。我国首例大数据"杀熟"案也是典型

---

① 桑斯坦. 信息乌托邦——众人如何生产知识 [M]. 毕竞悦, 译. 北京: 法律出版社, 2008: 94.

② 张梦, 俞逆思, 师文, 等. "开放伦理"何以可能? 微博场域中的公众智能技术伦理争议研究 [J]. 新闻界, 2021 (1): 51-63+74.

的例证[①]：浙江绍兴胡女士在携程App上预订客房，结算后发现支付房价比挂牌价高了近一倍，而作为常客，胡女士本应该享受8.5折优惠，其遂以上海携程商务有限公司采集其个人非必要信息进行“大数据杀熟”等为由诉至柯桥区法院。法院判决胡女士胜诉，判决该公司除向原告赔偿支付金外，应在其运营的App中为原告增加不同意其现有“服务协议”和“隐私政策”仍可继续使用的选项，或者为原告修订App的“服务协议”和“隐私政策”，去除对用户非必要信息采集和使用的相关内容。这个案例就是通过算法收集数据，对消费者的购买习惯、支付意愿、支付能力、对平台的信任度等形成用户画像，以此赋予算法设计和编程一定和更大的权重，用于定价决策。由此，我们看到平台趋利、人为操作的算法，除供求关系、边际成本等商品定价要素之外，更多偏向于非市场价值决定因素。这就是为什么对越了解的用户，反而会收取越高的费用，形成大数据“杀熟”、算法偏向现象。

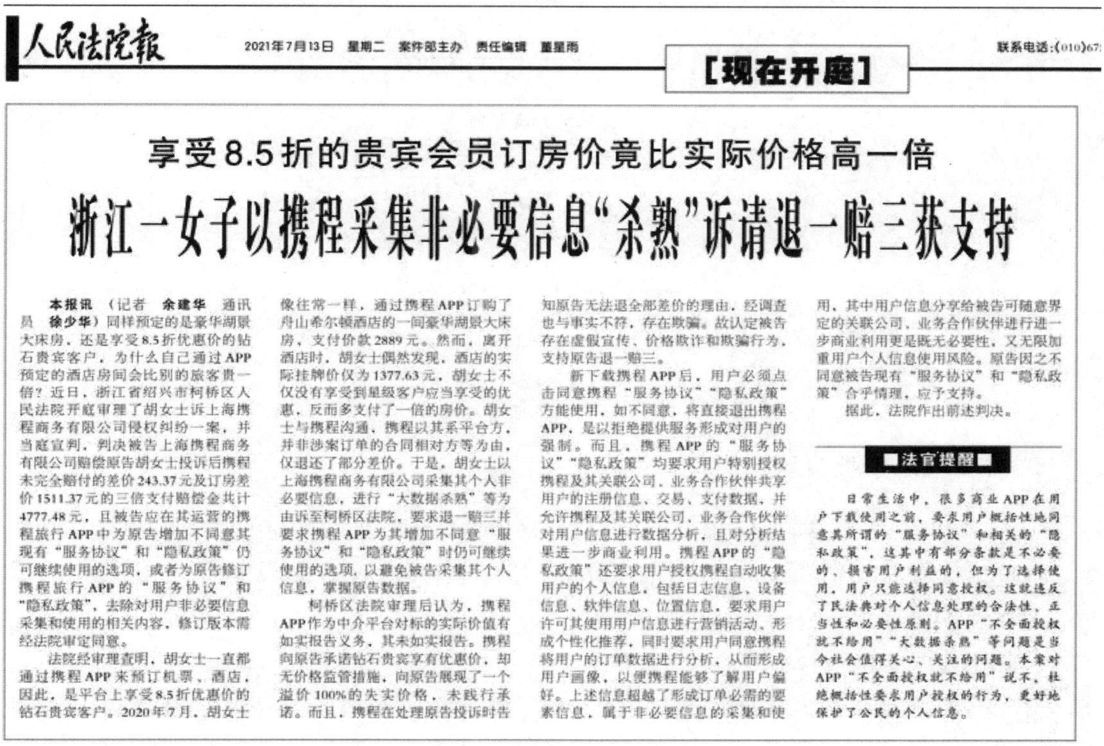
人民法院报　2021年7月13日　星期二　案件部主办　责任编辑　董星雨　联系电话：(010)67

[现在开庭]

享受8.5折的贵宾会员订房价竟比实际价格高一倍

浙江一女子以携程采集非必要信息“杀熟”诉请退一赔三获支持

本报讯（记者　**余建华**　通讯员　**徐少华**）同样预定的是豪华湖景大床房，还是享受8.5折优惠价的钻石贵宾客户，为什么自己通过APP预定的酒店房间会比别的旅客贵一倍？近日，浙江省绍兴市柯桥区人民法院开庭审理了胡女士诉上海携程商务有限公司侵权纠纷一案，并当庭宣判，判决被告上海携程商务有限公司赔偿原告胡女士投诉后携程未完全赔付的差价243.37元及订房差价1511.37元的三倍支付赔偿金共计4777.48元，且被告应在其运营的携程旅行APP中为原告增加不同意其现有“服务协议”和“隐私政策”仍可继续使用的选项，或者为原告修订携程旅行APP的“服务协议”和“隐私政策”，去除对用户非必要信息采集和使用的相关内容，修订版本需经法院审定同意。

法院经审理查明，胡女士一直都通过携程APP来预订机票、酒店，因此，是平台上享受8.5折优惠价的钻石贵宾客户。2020年7月，胡女士像往常一样，通过携程APP订购了舟山希尔顿酒店的一间豪华湖景大床房，支付价款2889元。然而，离开酒店时，胡女士偶然发现，酒店的实际挂牌价仅为1377.63元。胡女士不仅没有享受到星级客户应当享受的优惠，反而多支付了一倍的房价。胡女士与携程沟通，携程以其系平台方，并非涉案订单的合同相对方等为由，仅退还了部分差价。于是，胡女士以上海携程商务有限公司采集其个人非必要信息，进行“大数据杀熟”等为由诉至柯桥区法院，要求退一赔三并要求携程APP为其增加不同意“服务协议”和“隐私政策”时仍可继续使用的选项，以避免被告采集其个人信息，掌握原告数据。

柯桥区法院审理后认为，携程APP作为中介平台对标的实际价值有如实报告义务，其未如实报告。携程向原告承诺钻石贵宾享有优惠价，却无价格监管措施，向原告展现了一个溢价100%的失实价格，未践行承诺。而且，携程在处理原告投诉时告知原告无法退全部差价的理由，经调查也与事实不符，存在欺骗。故认定被告存在虚假宣传、价格欺诈和欺骗行为，支持原告退一赔三。

新下载携程APP后，用户必须点击同意携程“服务协议”“隐私政策”方能使用，如不同意，将直接退出携程APP，是以拒绝提供服务形成对用户的强制。而且，携程APP的“服务协议”“隐私政策”均要求用户特别授权携程及其关联公司、业务合作伙伴共享用户的注册信息、交易、支付数据，并允许携程及其关联公司、业务合作伙伴对用户信息进行数据分析，且对分析结果进一步商业利用。携程APP的“隐私政策”还要求用户授权携程自动收集用户的个人信息，包括日志信息、设备信息、软件信息、位置信息，要求用户许可其使用用户信息进行营销活动、形成个性化推荐，同时要求用户同意携程将用户的订单数据进行分析，从而形成用户画像，以便携程能够了解用户偏好。上述信息超越了形成订单必需的要素信息，属于非必要信息的采集和使用，其中用户信息分享给被告可随意界定的关联公司、业务合作伙伴进行进一步商业利用更是既无必要性，又无限加重用户个人信息使用风险。原告因之不同意被告现有“服务协议”和“隐私政策”合乎情理，应予支持。

据此，法院作出前述判决。

■法官提醒■

日常生活中，很多商业APP在用户下载使用之前，要求用户概括性地同意其所谓的“服务协议”和相关的“隐私政策”，这其中有部分条款是不必要的、损害用户利益的，但为了选择使用，用户只能选择同意授权。这就违反了民法典对个人信息处理的合法性、正当性和必要性原则。APP“不全面授权就不给用”“大数据杀熟”等问题是当今社会值得关心、关注的问题。本案对APP“不全面授权就不给用”说不，杜绝概括性要求用户授权的行为，更好地保护了公民的个人信息。

图11-2-1　浙江大数据“杀熟”报道

在数据处理阶段，算法的计算过程是“取某个值或值的集合作为输入，并产生某个值或值的集合作为输出”，“问题陈述说明了期望的输入/输出关系。算法则描述了一个特定的计算过程来拟合该输入/输出关系”。[②]于是，在问题陈述与期望的输入/输出之间就存在主

① 参见《人民法院报》2021年7月13日的报道。

② 科尔曼，雷瑟尔森，李维斯特，等. 算法导论：原书第3版［M］. 殷建平，徐云，王刚，等译. 北京：机械工业出版社，2013：6.

观成分的因素,这也容易被主观因素所左右。换言之,算法是在主观指导下完成的结果,一定会存在非中立的行为。比如,算法可以用数据证明一个"给定的结果",这个结果就可能推动在伦理上非中立的行为。①凯西·奥尼尔(Cathy O'Neil)在《算法霸权》中也指出,许多数学杀伤性武器都是依靠自己的内置逻辑来定义其所处理的情况,然后再以自己的定义证明其输出结果的合理性。②**这实际上是一种预置的结果或结论,方向完全掌握在算法设计者手中。算法新闻的生成过程也会被嵌入价值观、主观偏见和意识形态。**

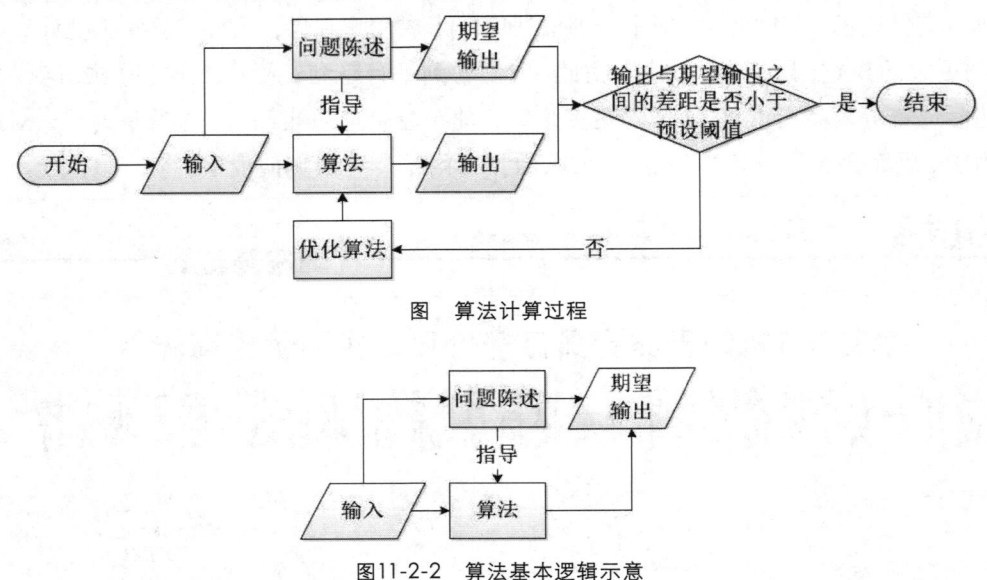

图　算法计算过程

图11-2-2　算法基本逻辑示意

2. 算法的科学性问题

算法在机器学习、数据使用等多方面的不确定性和非科学性都可能导致算法伦理问题。米特尔施泰特(Brent Daniel Mittelstadt)等从认知问题角度和规范问题角度提出了算法伦理的六个方面。③

（1）认知问题

第一,通过机器学习处理数据得出的结论,存在难以避免的不确定性,这种不确定性的证据会导致不正当行为。基于算法的新闻信息采集和处理,是通过"事实和观点"的模式对数据库的信息进行整合分析,数据信息的取舍过程中出现相似事实但对立的观点,则会导致自动生成错误的信息,形成虚假新闻。比如,2017年6月21日,《洛杉矶时报》在官方推特上发布了一则通知:"请注意:我们刚刚删除了一个自动的推文,说圣芭芭拉地区发生了6.8级地震。其实这场地震发生在1925年。"这是《洛杉矶时报》的算法机器人Quakebot自

①　MITTELSTADT B. The ethics of algorithms: mapping the debate [J]. Big data & society, 2016, 3 (2): 4.

②　奥尼尔. 算法霸权 [M]. 马青玲, 译. 北京: 中信出版社, 2018: 17.

③　MITTELSTADT B. The ethics of algorithms: mapping the debate [J]. Big data & society, 2016, 3 (2): 4–12.

图11-2-3　《洛杉矶时报》删除Quakebot自动生成推文的推特

2014年应用以来出现的第一次错误，是算法误判数据信息的结果。

　　第二，通过数据处理得出结论的过程不具透明性，不透明的证据会导致不透明的结论，这就影响了自动新闻的真实和准确的判断，由此导致算法"黑箱"现象的出现。作为控制论中的隐喻概念，"黑箱"指人所不知的那些既不能打开又不能从外部直接观察其内部状态的系统[1]，其实质是信息不对称不公开。"黑箱"的这种不透明性，包括主观认为的不透明性，也包括客观的不透明性。技术带来的客观不透明性是指，随着深度学习的发展、端到端网络的普及，算法其中的过程很难被知晓，无论是有监督学习，还是无监督学习，在算法和模型结构确定后，都是机器通过训练数据自主学习、训练模型参数以得到最终模型，最后聚合分析数据并输出内容，这些都存在不可控因素。此外，算法在数据聚类（相似的东西聚合在一起）过程中对相关关系比较容易发现，但更深层次的因果关系难以被证明。

　　基本而言，算法"黑箱"可以被归纳为三种情形。[2]第一种情形对应的是监督式机器学习技术，主要用于结构化数据比较完整的财经、体育、天气等报道中，根据设计好的模型输入数据，生成新闻报道，模型结构以及其数据输入端和输出端都处于可控之中，但模型的参数复杂，而且算法根据模型进行自动计算，导致算法本身存在"黑箱"。第二种情形属于算法"黑箱"的升级版，主要是指用户参与的新闻生产，即众包模式，算法在数据收集环节具有离散性和不透明性，用户无法获得数据收集的逻辑。第三种情形对应的是无监督学习技术，利用卷积神经网络（CNN）和对抗生成网络（GAN）的深度学习模型，无须人为引导和干预，机器依靠自主学习，自动收集数据，并进行新闻角度、叙事逻辑和语言生成等，完全自主生成新闻报道。这就使新闻自动生产的整个流程都存在不透明性。

---

[1]　陶迎春. 技术中的知识问题——技术黑箱[J]. 科协论坛（下半月），2008（7）：54–55.

[2]　关于"黑箱"的三种分法，参考了DIAKOPOULOS N. Algorithmic accountability: journalistic investigation of computational power structures[J]. Digital journalism, 2015, 3（3）：398–415；张淑玲. 破解黑箱：智媒时代的算法权力规制与透明实现机制[J]. 中国出版，2018（7）：49–53.

(A)输入输出两侧均为可知　　　　　　(B)只有输出侧可知　　　　　　　(C)输入输出两侧均为未知

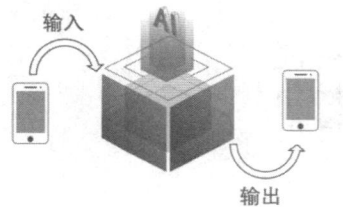
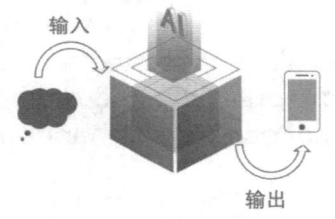
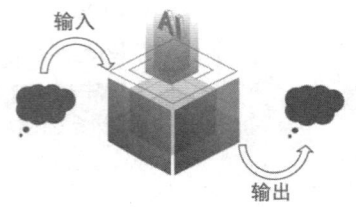

图11-2-4　算法"黑箱"的三种形式

此外,数据的不可追溯性也会导致对程序设计者、机器及其运行过程的道德追责问题,尤其是属于机器本身还是其背后人的责任判定,这些都带来了算法科学性和合理性的伦理问题。

第三,在数据的处理上,结果输出完全依赖并受限于数据输入,而数据处理的中立性完全依赖设计者和操作者。因此,误导性的证据导致偏见,价值观和倾向实际支配着算法。

（2）规范问题

第一,不公正的结果导致歧视,带有偏见的算法训练得出的结果导致对不同群体主观性地区别对待,如何减少和消除这种不公正?

第二,算法造成人类认知世界的"变革性影响",这也会导致用户因为信息自主选择而带来对个人和整体社会的不良影响,如何正向引导这样的变革?

第三,算法带来的这种变革也给用户信息隐私带来了巨大挑战,如何在信息共享与用户隐私保护间取得平衡?

以上这些问题,都需要在伦理和道德规范层面进行方向上的引导,在技术变革向前的趋势下进行辩证的反思和规制。

三、新闻质量

算法推荐的一个标准是用户对内容的转发量和点击率,互联网深度用户本身呈现出相对年龄较低、教育层次较基础的特征。综合第47、48次中国互联网络发展状况统计报告的数据[1],从年龄结构、学历结构、职业结构、收入结构来看,网民年龄和学历结构偏低,职业中学生、个体户/自由职业者、农村外出务工人员较多,月均收入5000元以下的网民居多。根

---

① 中国互联网络信息中心. 第47次中国互联网络发展状况统计报告［R/OL］.（2021-02-03）［2021-10-20］. http://www. cnnic. cn/hlwfzyj/hlwxzbg/hlwtjbg/202102/P020210203334633480104.pdf; 中国互联网络信息中心. 第48次中国互联网络发展状况统计报告［R/OL］.（2021-09-15）［2021-10-20］. http://www.cnnic.cn/hlwfzyj/hlwxzbg/hlwtjbg/202109/P020210915523670981527.pdf.

据第49次报告的数据①，网民的年龄有所上升，但39岁以下的网民仍然超过了54%。

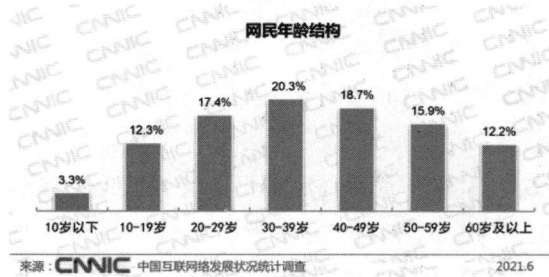
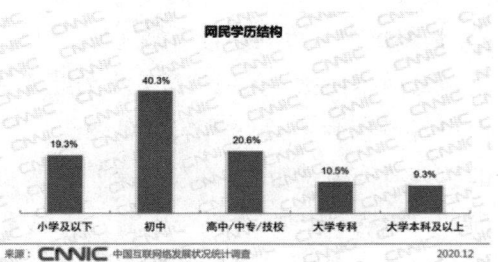

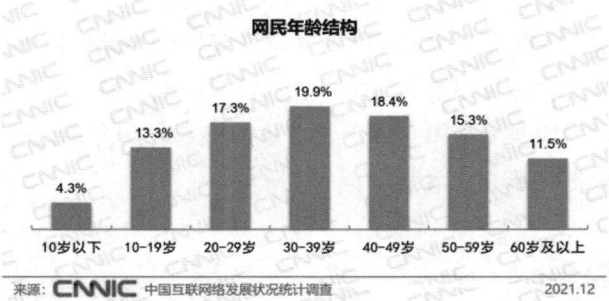

图11-2-5　互联网网民的年龄结构和学历结构

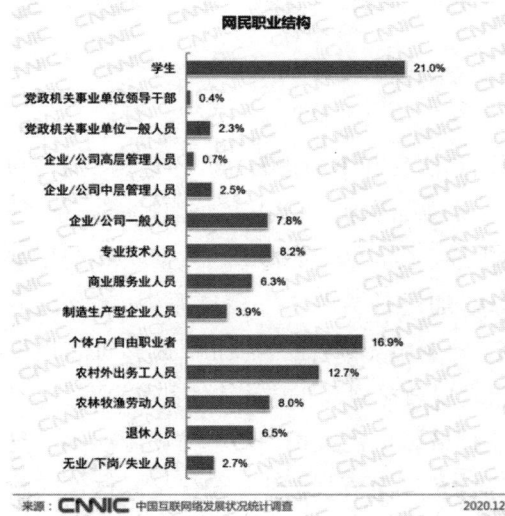

图11-2-6　互联网网民的职业结构和收入结构

由此，我们看到，符合这些层次群体品位和兴趣、满足本能或猎奇需求的一些内容更容易被推荐。"当平台系统默认猎奇、低俗等需求并据此进行个性化推荐时，算法便会被错

---

①　中国互联网络信息中心.第49次中国互联网络发展状况统计报告［R/OL］.（2022-02-25）［2022-02-25］.http：//www.cnnic.net.cn/hlwfzyj/hlwxzbg/hlwtjbg/202202/P020220311493378715650.pdf.

误的价值观俘获，低质内容就会在网络空间流行。"①用户需要什么就推荐什么的"母爱算法"更让用户的需求越来越单一，不断接收品位不高的内容，使得用户的趣味和价值难以提升，最终出现劣币驱逐良币的现象。例如，2018年，互联网商业平台今日头条因多次推荐低俗色情内容而被《人民日报》发文批评并被国家网信办约谈。同年，短视频平台快手和火山小视频因为传播低俗信息而被约谈和全面整改，要求暂停有关算法推荐功能。在这样的生产与传播逻辑中，高价值新闻只能得到传媒资源与注意力资源的低配置，而低价值新闻却可以得到传媒资源与注意力资源的高配置。②比如，抖音、快手等社交视频平台上的一些流量大号往往充斥着低俗的内容，这些低俗内容充满了感官猎奇的元素，形成了广泛传播。

因此，我们在了解用户深层需求的同时，也应该警惕满足其所需的新闻信息的质量与品位，从而在内容生产与传播上能够做更主动积极的引导和引领。从这一方面而言，监管者对互联网的引导和规制非常重要，而平台的运营者也应该承担引导用户的伦理责任，不能简单依赖算法，而应为用户提供更多引领性的内容。

四、沉浸性新闻的伦理探讨

新闻是新近发生或正在发生的事实的报道，新闻与事实、现实的关系以及新闻真实一直是新闻伦理不断探讨发展的问题。而在新技术建构事实信息的语境下，这些关系问题更加突出。

1. 新闻真实的问题

真实是新闻的生命，但在新闻业的发展中，新闻真实也在不断地被消解、重构、探讨与争论。在第一章中，我们简要探讨了虚拟现实（VR）、增强现实（AR）、混合现实（MR）等技术赋能下的沉浸叙事建构的真实对现实真实的挑战。其实，媒介的每一次演进和变化都促进新闻真实在学理和应用层面的探讨。报纸、杂志通过抽象的文字去还原事实，信息通过媒介符号的转换进而经过受众的想象还原现实。随着电影、电视的发展，摄影机和摄像机的记录是对现实直观的复原，摄影的记录功能能表现被摄对象的"具体性和实在性"。巴赞（André Bazin）谈到摄影的记录功能时说："唯有摄影机镜头拍下的客体影像能够满足我们潜意识提出的再现原物的需要，它比几可乱真的仿印更真切，因为它就是以这件实物为原型的。"③随着电视纪录片在中国的发展，20世纪90年代，中国电视纪录片掀起了"纪实潮"，由于电视纪实是对现实的直观记录，由此形成了对"纪实"和"真实"的探讨。电视纪实强调记录行为空间的原始面貌和行声一体化的行为活动，具有高度的逼真性。但纪实

---

① 算法推荐的伦理评价及反思［EB/OL］.（2019−09−27）［2022−03−15］.https://www.sohu.com/a/343769421_550967.

② 杜骏飞."瓦釜效应"：一个关于媒介生态的假说［J］.现代传播（中国传媒大学学报），2018（11）：31.

③ BAZIN A. The ontology of the photographic image［J］. Film quarterly, 1960, 13（4）：4–9.

不是真实，钟大年在《纪实不是真实》一文中说，纪实首先是一种美学风格，是一种与真实的关系。真实是电视片的本质属性，它要求现实生活的存在方式和本质意义通过创作者的创作活动体现在作品中。①纪实是创作者对现实的一种参与观察的过程，是这一种叙述动态过程的叙事方式。所以，这是摄影摄像技术对新闻真实的新诠释。

如果说摄影的记录性是对现实的复原，是直观还原式的呈现，那么我们今天所探讨的虚拟现实等沉浸性技术则是逼真再现现实，是再现还原式的呈现，是创造的真实，是人的"体验的真实"。虚拟现实等沉浸叙事打破了传统封闭、线性的叙事模式，创造人的感知系统和行为系统与模拟场景的交互，让参与者在虚拟世界中体验"真实"。媒介丰富性理论认为，媒介在感官细节上呈现得越丰富，用户的在场感越强。②虚拟现实提供了丰富的感官细节，隐藏了报道者，用户以第一人称的视角去感受，从而更强烈地与现实互动，由此为用户创造出真实的体验，以至于带来了人们以为这就是现实的真实伦理问题，也带来了虚拟现实创造的沉浸叙事真实与否的新闻伦理问题。

有研究者认为，通过技术在新闻报道中的革新，"人们比较全面、深入、准确认识一定新闻事实对象是可能的"③。真实的含义是指报道与客观事实相符，技术进步不断提升人们对世界的认识能力，让用户的体验不断接近现实和事实，获得临场化的真实体验，也为客观事实的呈现提供了多元化的手段。例如，2018年度普利策新闻奖作品《墙》以360度视频、虚拟现实技术呈现了美墨边境墙带来的风险及影响，评委会认为该作品提供了"无偏见的事实"。

但是，沉浸性新闻也是被建构的真实。如同报纸新闻用文字建构真实、电影电视用视听影像建构真实，虚拟现实是用计算机技术建构的真实，虚拟现实同样也只是一种立体、逼真的叙事方式，"是表达层面的行为表象，是客观现实的幕拟形态"④，不能等同于现实本身，也不等同于真实。从形态上看，沉浸性新闻可能更加真实，但是从内涵上讲，对真实的建构仍然需要强调记者审慎对待新闻报道的态度和严谨专业的能力。因此，我们再审视钟大年在《再论纪实不是真实》中所提及的"真实性是纪录片的本质属性。对于创作，它只存在于创作者的良心之中"⑤，这个良心就是记者和报道者的职业伦理，技术赋能的沉浸性新闻也概莫能外。

2. 新闻客观性问题

客观性是新闻报道的原则，主要指：第一，新闻报道的事实是客观存在的；第二，新闻

---

① 钟大年. 纪实不是真实[J]. 现代传播, 1992(3): 20.

② DAFT R, LENGEL R. Organizational information requirements, media richness and structural design[J]. Management science, 1986, 32(5): 554–571.

③ 杨保军. 论作为宏观新闻规律的"技术主导律"[J]. 国际新闻界, 2019(8): 108–134.

④ 钟大年. 再论纪实不是真实[J]. 现代传播–北京广播学院学报, 1995(2): 28.

⑤ 钟大年. 再论纪实不是真实[J]. 现代传播–北京广播学院学报, 1995(2): 29.

报道是主观见之于客观的过程,报道具有主观性,但要尽量符合客观事实;第三,新闻报道采用客观陈述的方式,比如平衡、多元的报道视角。从这个方面而言,沉浸性新闻无疑给新闻的客观性原则带来了影响。

首先,在虚拟现实技术中,用计算机模拟生成的内容,是对客观事实的重构和再现,不是对现实的复原,更不等同于发生的事实本身。比如,联合国推出的第一部VR影片《锡德拉湾上的云》(*Clouds Over Sidra*)中,一位12岁的叙利亚女孩儿随同家人逃到约旦札塔里难民营,其在难民营里的生活境遇被呈现在用户面前。影片着力隐去摄像机和拍摄者的存在,其中的许多细节也由计算机模拟生成,但却是逼真的呈现,最主要的宗旨就是"让用户在场"[1],零距离地感受中心人物的生活。虚拟现实的重构和再现是否与事实发生完全一致,已经很难分清。

其次,作为共情媒介(Empathetic Media)的虚拟现实技术,使"共情"或"移情"成为沉浸性新闻的重要目的,通过丰富的感知细节让用户深度卷入事件的情绪、现场的氛围和人物情感之中。这种深度的情感卷入已经影响用户的理性认知,记者的"煽情"报道在沉浸性新闻中也得到了放大。

最后,沉浸性新闻让用户以第一人称的视角感同身受,其主观介入和深入其中的感受限制了用户以第三者或全知的视角去审视报道。**在新闻报道中,我们看问题的角度越多元,对事实的理解就越完整**。新闻报道正需要平衡而多元的视角,才会接近事件的全貌。因此,对于这种沉浸其中的新闻体验,如何引入更多的视角和观点,形成平衡性的报道,需要重新审视"后真相"时代的新闻客观性。比如,《纽约时报》的VR纪录片《流离失所》中,记者采取了一些"间离"的手段,让用户与事件形成距离,而不是完全沉浸其中。记者用全景视频而不是三维技术,让用户只能360度感知拍摄的现场;通过置于影像中央的人物述说声而不是营造逼真的空间声场,让用户从场景中抽离出来;此外,让用户感知记者和采访拍摄的存在,通过完整的叙述而不是单一事件,让用户能够通过记者的叙述,相对客观地去审视报道,而不是完全沉浸其中。这些手法的运用,是**在沉浸中创造间离效果来保持报道的平衡和客观**。

我们不得不承认,基于技术基础的沉浸性新闻成为"后真相"时代新闻伦理的一个重要问题,也构成了后真相时代情感在前、事实在后的重要表征。**如何在沉浸性新闻中坚持新闻的客观性,这是新时代的命题。是让用户完全沉浸事件之中,还是保持抽离的距离,这不仅是沉浸新闻报道的风格问题,也是对新闻客观性的理解问题**。正如有的研究者所言,沉浸性新闻把用户置于事件中,是为了更好地理解事实,而不是创造戏剧性的体验。[2]

---

① KOOL H. The ethics of immersive journalism: a rhetorical analysis of news storytelling with virtual reality technology [J]. Intersect, 2016, 9(3): 3.

② LAWS S, LUISA A. Can immersive journalism enhance empathy? [J]. Digital journalism, 2020, 8(2): 213-228.

3. 逼真而残酷地呈现问题

从图片时代到视听影像时代，直观逼真地展示灾难、暴力等残酷的场面以及流血、死亡等触及人伦的细节往往受到争议，成为残酷呈现的新闻伦理问题。

在融合新闻发展中，类似的题材在沉浸性新闻的呈现中更加被放大，用户的第一人称视角临场化的感受加剧了残酷场景的呈现。比如，美国《新闻周刊》原记者诺尼·德拉·裴娜（Nonny de La Peña）拍摄的VR纪录片《洛杉矶的饥饿》（*Hunger in Los Angeles*）中，有一位糖尿病患者在排队领取食物时因血糖太低而昏倒的情景是导演和团队成员亲眼看见但并未记录下来的场景，创作者用计算机模拟再现了这一场景，倒地者的面部表情、抽搐的动作以及挣扎的神态被仔细描绘出来，甚至旁观者冷漠无助的表现也被模拟出来传达给用户，使用户感同身受这一再现的现实。而其随后推出的《叙利亚内战》（*Project Syria*）也用计算机模拟了唱歌的女孩和突然爆炸的场景。技术为报道者带来了更便利的手段去逼真再现和还原现实事件的发生，但某种程度上也成为一种报道的"诱惑"——逼真还原现实让用户沉浸其中的审美获得感。因此，在沉浸新闻的技术运用和报道方式中，需要报道者审慎面对科技赋能，从"人"的角度、从"人文关怀"的基准点出发思考问题，把握"时、度、效"中的"度"和"效"。无论是对当事人还是用户而言，"保护其身心健康""不渲染凶杀、暴力、色情等"[1]是应该恪守的新闻道德底线。

记 住

新技术带来了传统新闻伦理一定程度上的失效，如何应对技术带来的伦理问题，如何驾驭技术推动新闻正确转向以及社会的良性发展，是融合新闻需要把握的重点和难点。

第三节　融合新闻中的道德失范

用户不仅是互联网最大的增量，更成为最大的变量。基于"连接"本质的万物互联互通发展的同时，互联网Web2.0模式的去中心化、开放和共享，让多元主体成为内容的生产者和发布者，多元平台成为内容的聚合者和传播者。用户、社交平台、智能机器人、各级政务发布平台等介入新闻信息的传播链条，传统新闻媒体把关、垄断的角色被颠覆。从个体层面而言，技术催生了"全员媒体"时代，人人都有发布和传播信息的平台和渠道。但是，这些信息

---

[1] 中国新闻工作者职业道德准则［EB/OL］.（2019−12−16）［2022−03−17］. http://www.xinhuanet.com/2019−12/15/c_1125348618.htm.

发布者不再是有共同宗旨目标、有相近专业文化认同的专业媒体。①原来的专业共同体所确立的新闻道德规范已经难以发挥作用，未经新闻专业技能训练和素养培训的用户缺乏基本的新闻职业操守，挟带一己私利的发布和传播目的也让信息与事实、公共利益相去甚远。而业余生产者的介入加剧了专业新闻媒体在新闻时效、信源上的竞争，新闻媒体也出现为了抢发新闻、援引网络信息而导致新闻失实的情况。因此，新闻道德也面临着一系列由互联网带来的问题，亟须在规制、规则、规范上突破与重构。人人都有发布信息的工具与手段也扩展了传统道德的边界，传统媒体时代的价值约束体系需要不断完善，适应互联网融合新闻实践的新闻道德体系亟须建立。

一、价值导向问题

通过新闻信息传播进行价值引领和引导是媒体的重要功能，而互联网信息发布的去中心化和发布主体的多元化，也带来了价值离散和导向虚焦。

1. 信息发布者良莠不齐，价值混乱

信息发布从传统专业媒体扩展为"全员媒体"，其中包括不同层次的政务媒体、非专业的用户、不同利益诉求的群体和个人，其价值遵循和专业操守层次不一，甚至缺失。比如，2017年12月11日，湖南永州文明办员工周某擅自使用永州文明办官方微博为其喜欢的说唱明星"打call"，引起网友热议，反映出发布者的专业伦理操守和发布机构的审核管理机制的严重缺失。

2. 刻意煽情，缺乏人文关怀

在互联网情绪性的传播中，媒体报道要避免将温情报道做成"煽情"。尤其是面对灾难、灾害等突发事件，媒体对有关人物及故事的报道，要突出人文关怀，用温暖故事凝聚人心、凝聚力量。以情动人，也要注意把好"度"，要温情不要煽情，如果过分渲染、刻意煽情，就会适得其反，在"时""度""效"上失衡，模糊报道焦点，其价值引导效果也会不佳，甚至还会造成人文关怀的缺位和伦理道德的失范。比如，2020年新冠肺炎疫情早期，2月10日人民日报微博《87岁老人为抗疫捐出20万，她的家庭却让人泪目》，2月11日央视军事纪实的《怀孕9个月仍坚守在站"疫"一线的她，有一个心愿……》，2月12日《武汉晚报》的《流产10天后，武汉90后女护士重回一线：哭完还是好汉》等一系列煽情的新闻，简单讲述案例，缺乏分析引导，在防疫抗疫关键期将弱势群体作为"典型人物"进行报道，引发了公众的不满，有道德绑架之嫌。又如，新冠病毒是人类共同面对的灾难，每一个家庭、个人都遭受着不同程度的影响，这是全球要共同携手应对的问题。但是，有的媒体用"中国以外87182例，反超了"等标题进行报道，将新冠肺炎患者数量上涨视为一种竞

---

① 陈昌凤，雅畅帕. 颠覆与重构：数字时代的新闻伦理［J］. 新闻记者，2021（8）：43.

争，这无疑是具有伦理争议的。

3. 舆论监督缺位，价值导向失衡

面对社会现实问题，互联网声音多元，如果不积极回应群众关切，任由自媒体信息泛滥，必然导致主流价值声音缺失，而如果不直面现实问题，不切合实际，也会导致价值导向缺失。比如，2020年新冠肺炎疫情前期，媒体的报道过于平面，缺乏对疫情中出现的问题进行揭示和分析，没有尊重"实事求是"的原则，存在舆论监督的职责缺位。

二、虚假新闻

互联网时代，虚假新闻泛滥成为一大顽疾，尤其是借助社交网络平台病毒式传播，虚假新闻更似网络毒瘤，不断扩散。在西方，美国事实核查网站PolitiFact把2016年称作"撒谎年"，2017年，《柯林斯英语词典》将"假新闻"选为年度热词，2018年，《牛津词典》又将"有毒"（Toxic）定为"年度单词"。2016年皮尤研究中心的一份调查显示，64%的人认为假新闻令他们对基本事实产生"极大困惑"。正如有人所言："我们被信息淹没，但却缺乏知识。"[①]的确，在今天的信息传播语境下，"知道的多了，智慧却少了"。

虚假新闻广义上分有两种：一种是完全失实，新闻与客观事实完全不符，纯属编造和虚构，新闻的5个"W"无一成立；另一种是部分失实，新闻与客观事实部分相符，但新闻诸要素不全或与事实不相符。狭义的虚假新闻就是新闻完全失实。

1. 虚假新闻成因

互联网尤其是移动社交媒体语境下的虚假新闻成因与特点密切相连，呈现出鲜明的网络传播特点。

（1）用户专业素养缺失

用户在信息写作、拍摄、编辑等方面缺乏基本的专业素养，致使信息的基本要素不全，信息完整度不高。而移动社交媒体碎片化的信息传播和使用方式，也促使用户发布的信息支离破碎，难成系统。很多信息只是事件现象的描述，只触及事件表象，而缺乏系统的背景，更难以触及本质，这就使得信息形成偏差和误导。

（2）新闻生产发布机制缺失

在我国，专业媒体的发布机制是先审后发，尤其遵循严格的"三审"制度，"播前审查，重播重审"[②]，多信源核实保证新闻信息的真实性，不得刊发、转载未经核实的社会自由来稿和网络信息。但在互联网人人都有信息发布权的"去中心化"环境下，信息发布逻辑是先

① 转引自黑斯蒂，等.统计学习基础——数据挖掘、推理与预测［M］.范明，等译.北京：电子工业出版社，2004：前言.

② 参见中国网络视听节目服务协会常务理事会《网络视听节目内容审核通则》（2017年6月30日）；国家广播电视总局《广播电视管理条例》第四章第三十三条.

发后证，信息在网络传播后，经过多方补充，甚至反转、核实、求证，才能逐渐抵达事件真相。在信息发布之初，不仅审核环节缺失，用户也缺乏审核和核实的意识，从而导致信息失实。这样的语境也使得媒体竞争加剧，主流媒体时常被带节奏，出现报道"翻车"现象。比如，2020年新冠肺炎疫情期间，1月31日，"新华视点"微博首发《上海药物所、武汉病毒所联合发现中成药双黄连口服液可抑制新型冠状病毒》，人民日报新媒体进行了转载，造成双黄连口服液在各大电商平台和实体药店的秒空和断货。"哄抢"结束后，媒体和专家纷纷进行澄清。作为影响力广、用户范围大的主流媒体，发布报道后没有对专业信息进行必要的科学解读和直白科普，恐慌情绪的加持使缺乏专业能力的用户产生误读，造成了民众哄抢等一系列不良后果。虽然真实情况最终得到公布，但损害了媒体公信力。

（3）信息发布成本低

技术普及和信息发布的门槛降低，无论是作为信息发布者的用户，还是作为传播节点的用户，都能便利地通过社交平台，在任何时间、任何场景进行信息发布、转发、评论，无须现场核实、现场采访，由此催生了无须"四力"践行，不用现场求证，只做网上观、网上评的"键盘侠"。

（4）智能生产加大了新闻失实

尽管相关研究表明，人比机器更容易传播假新闻[1]，但借助智能技术进行假新闻生产、传播，能使假新闻变得更为隐蔽、更有效率、更加精准。比如，华盛顿大学的学者开发出了既能编写又能识别假新闻的人工智能。[2]如果社交机器人被人为利用，在传播假信息方面会更加便利。另外，大数据推动了舆情智能化，却难以避免技术背后的操纵者用新手段搬弄是非。恶意操作者通过社交媒体机器人干预舆情，网络舆论难以反映真实舆论，甚至还将通过舆论操纵升级为意识形态的斗争，"平庸之恶"被激化、放大，每一个身处舆论场的人被要求具备更高媒介素养和辨识能力。

另外，互利网信息茧房效应也让用户相信自己愿意相信的信息，强化固有的认知，加深认知偏差，这也助长了虚假新闻和群体极化的观点。算法"黑箱"带来的不透明性，也加大了新闻事实核查的难度，加大了新闻失实的风险。

（5）多利益主体的诉求

由于信息发布的多主体化，信息从具有严格职业操守的媒体分散到不同的个人和群体，不同的群体为了自身的利益诉求，进行虚假新闻的传播。"网络新闻被称为'点击率新闻'"[3]，追求更高的点击率就是结果和目的。"判断一则新闻是否成功的标准已经不再是它是否真实和足够深刻，而是能否吸引用户的点击，为新闻网站带来流量，进而将流量转换

---

① VOSOUGHI S, ROY D, ARAL S. The spread of true and false news online [J]. Science, 2018, 359 (6380): 1146-1151.

② 谁来识别AI生成的假新闻? 英媒: 解铃还须系铃"人"[EB/OL]. (2019-06-11) [2022-03-17]. http://www.cankaoxiaoxi.com/science/20190610/2382408.shtml.

③ 白红义, 江海伦, 陈斌. 2015年虚假新闻研究报告 [J]. 新闻记者, 2016 (1): 6.

为收益。"①流量等于收益，所以自媒体为了追求更多流量铤而走险去造假：一方面是自媒体利用用户对信息的刚性需求不断制造虚假健康信息以获取更多点击和流量；另一方面是网络中的媒体平台层出不穷，一些渴望在竞争中生存的新媒体成为炮制虚假新闻的来源地。而在网络技术与应用最发达的欧美地区，大量假新闻背后都存在明确的政治与经济目的。②

另外，虚假新闻的泛滥也涉及认知心理。比如，有研究者发现刻板印象、认知失调、证实性偏差、社会抗争等社会心理学机制也是虚假新闻的形成动因。③

2. 社交媒体时代虚假新闻特点

社交媒体中的虚假信息传播呈现"三高"特点——高信任度、高煽动性、高转发率。

（1）传播更精准——高信任度

切身利益的相关性和智能推荐使虚假信息能精准到达易感群体，假信息的传播不仅仅通过广播动态传播，更通过点对点传播。比如，我们在对健康信息传播的研究中也发现虚假健康信息多聚集于"关注度高、危害性大、实用性强"特性的事件中。健康信息中出现较多谣言的事件类别有共同规律。根据内容，健康信息大致可以分为公共卫生事件、健康饮食、中医养生、母婴、急救、职业病防治、药品使用、慢性病管控、减肥、母婴、心理等，而这其中有些内容极易成为谣言重灾区。

一是关注度高的突发公共卫生事件。这些突发公共卫生事件涉及用户切身利益，直接利益群体广泛，网络用户往往"宁可信其有，不可信其无"。比如，在长春长生疫苗事件中，社交媒介谣言四起，出现了"疫苗无用，损害健康""接种疫苗不给写生产商"等说法，在网络中广为流传，致使人心惶惶。又如"成都七中实验学校食堂事件"，在真相未查明之前，学生家长一面倒地相信食堂存在违规违法现象。

二是健康饮食。与老百姓健康密切相关的饮食问题，有的信息模棱两可，转发成本低，因此也成为谣言的重灾区。

三是命悬一线时的自救法。这类内容和急救、慢性病等相关，例如"床头救命三件宝""嚼服阿司匹林能救命"等，都是这类虚假健康信息的代表。

四是看似实用的一招灵。比如"牛奶炖香菇可以治鼻炎""熬醋杀死感冒病毒"等毫无科学依据的虚假健康信息现在依然被当作常识在流传。还有一些一招灵不仅无用，甚至会损害健康。比如，"发烧要捂汗"，实际上捂被子不利于散热，继而可能出现脱水、酸中毒等情况；"流鼻血快仰头"，实际上血液倒流，严重可能呛入气管引发窒息；"卡了鱼刺喝醋"，实际上强行吞咽可能会划伤食道和血管。许多耳熟能详的一招灵例子都是虚假健康信息。

---

① 白红义，江海伦，陈斌. 2015年虚假新闻研究报告［J］. 新闻记者，2016（1）：29.
② 汝绪华. 国外假新闻研究：缘起、进展与评价［J］. 新闻与传播评论，2019（9）：59.
③ 刘自雄，王朱莹. 被信任的假新闻——虚假信息的受众接受心理探讨［J］. 现代传播（中国传媒大学学报），2011（7）：56–59.

总的来说，**关注度、危害性、实用性这三个维度与虚假信息数量正相关，关注度越高、危害性越大、实用性越强，虚假信息数量越多。**

（2）情绪性的鼓动——高煽动性

美国麻省理工学院传媒实验室的研究发现，虚假新闻能激发用户的害怕、恶心和意外的回复等情感价值，而真实新闻更激发用户的期待、悲伤、快乐和信任等情感。[①]此外，从表达、形态而言，虚假信息更注重标题、叙述等的煽动性。比如，典型的标题党，运用对比、否定、反问等能引发用户好奇心的标题，能够获得更高的关注度。还有使用"警惕""千万不要""你想不到""免费测试""百病消""逆转疾病"等关键词怂恿诱惑用户关注点击内容。

媒体在应对突发公共事件时，带有"解决方案"色彩的新闻应该在得到充分核实后进行发布，如果为了追求轰动或流量而急功近利，容易造成公众的恐慌情绪，这也是媒体报道缺失真实性和社会道德的表现。2020年1月30日，@中国网直播发布《宠物也会感染新型肺炎！李兰娟：如接触到疑似患者一样要隔离》，造成了社会恐慌，更导致一些地区的宠物猫狗被捕杀遗弃。经事后核实，李兰娟院士在采访中回答："一般宠物不会被感染"，被部分媒体曲解为"宠物也会感染病毒"。虽已辟谣，但对无辜宠物的虐杀在一些地区仍没有停止。

（3）传播速度更快——高转发率

与传统的人际传播相类似，"真相还在穿鞋的时候，谣言已经跑遍了全世界"，但社交媒体时代传播更快更广。美国麻省理工学院传媒实验室的研究同时发现，在推特上，包含虚假信息的推文被传播给1500人的速度比内容完全真实的推文要快6倍。虚假新闻更注重猎奇，更能激起用户的好奇心，因此它的传播速度比真实新闻更快。[②]比如"新型冠状病毒是科学家搞出来的生化武器"等传言和谣言。

3. 新闻反转

移动社交媒体语境下，虚假新闻泛滥的同时，伴随而来的是不断出现新闻信息反转，并进而引起舆论高潮甚至极化以及舆论的强势反转。

（1）新闻反转界定

新闻反转事件实际上属于广义的虚假新闻，是新闻失实的一种。有研究者认为，虚假新闻是没有任何客观事实根源的"新闻"。而新闻反转事件可以被归类为失实新闻的一种。[③]失实新闻是具有新闻事实根据，但却没有全面、正确、恰当报道事实而形成的新闻。新闻反转事件是在失实新闻的基础上新闻事实或舆论方向发生了截然不同的变化。

---

① VOSOUGHI S, ROY D, ARAL S. The spread of true and false news online [J]. Science, 2018, 359 (6380) : 1146–1151.

② VOSOUGHI S, ROY D, ARAL S. The spread of true and false news online [J]. Science, 2018, 359 (6380) : 1146–1151.

③ 杨保军. 假新闻、失实新闻内涵辨析 [J]. 今传媒, 2008 (3) : 10–12.

国外学界对于新闻反转事件并没有专门的定义，较多的研究都集中在了"Fake News"即假新闻上。国外文献中虽然没有与"新闻反转"这一概念直接对应的学术解释，但通过搜索文献发现，"Retraction"即撤回、收回一词与新闻反转事件的概念相类似。在相关文献中，"Retraction"表示新闻媒体机构在发现不实报道后对新闻进行的撤回、删除、修改等行为。西方媒体如CNN、BBC等在实际操作中，除了会主动撤回文章，也会对已发表报道进行更正，即"Correction"[①]。根据国内外学者的定义，西方媒体这种承认报道失实并改变报道主要内容的行为也可以被看作新闻反转事件。

由此，新闻反转事件是一个动态变化的过程，呈现出事实或舆论前后变化的事件才属于新闻反转。**新闻反转主要指针对某一新闻事实，信息呈现与传播不全面，或与事实不符甚至截然相反，随着事件的进展，信息呈现逐渐多元全面，报道出现逆转，从而引发舆论态度立场的转变。因此，新闻反转应当包括两个层次：一个是新闻事件信息的反转；另一个是舆论的逆转。**有的事件和舆论，甚至出现两到三次的反转，如"重庆公交车坠江"和"男子开房就被抓，到底谁是影帝？"等事件经过两次反转才还原了事实真相。

（2）新闻反转的成因

造成新闻反转的原因，与上述提及的互联网信息生产与传播结构密切相关。除了用户参与信息生产传播的主动意识增强、用户缺乏专业技能和职业道德素养、专业人员的专业能力和素养不强以及媒体把关能力不强和把关角色弱化等因素之外，还有诸多因素：

第一，刻板印象和既有的偏见让媒体和用户先入为主。比如，我国"重庆公交车坠江"事件，网民根据现场的照片最初把事故原因归咎于小轿车"女司机"从而引发网络暴力。英国"冷冻货车案"中，英国媒体最初把矛头指向中国，CNN诬蔑香港警方的错误报道，这些国际主流媒体的涉华报道屡屡出现反转。

第二，意见领袖等有影响力的公众人物对信息放大、误读和误导。意见领袖成为互联网"去中心化"后"再中心化"的信息把关人，他们不仅传递信息，更对社会热点、公共事件发表评论，获得影响力，引导舆论。在新闻信息反转中，有研究发现，网络舆情传播中的话语权体系呈现出"金字塔"结构，少数"意见领袖"位居塔尖左右舆情的发展，塔底分散庞大的网民群体则是网络舆情翻转的重要推手。[②]除了拥有这样的影响力，意见领袖充分适应网络传播的特性，掌握较强的网络传播手段。有研究者把微博的意见领袖总结为"快速化""碎片化""直接化"三个特点[③]，他们快速思考、碎片发布，与用户零距离对话。意见领

① ECKER U, HOGAN J, LEWANDOWSKY S. Reminders and repetition of misinformation: helping or hindering its retraction? [J]. Journal of applied research in memory and cognition, 2017, 6（2）: 185-192.

② 芦彦清, 赵建国. 基于新媒体的网络舆情政策化议程设置研究——以多源流理论为视角 [J]. 电子政务, 2018（3）: 64-74.

③ 胡泳. 微博上的意见领袖 [N/OL]. 南方都市报, 2012-08-28 [2022-03-17]. https://www.huxiu.com/article/3122.html.

袖情绪化爆料更具传播性，引发网民情绪高涨，推动舆情事件掀起舆论风暴。[①]因此，当意见领袖一味为了获得或巩固自己的影响力，获得更大流量，就会出现不顾信息发布操守的行为，导致新闻失实。

第三，从个人利益诉求或个体视角出发，具有偏见或个人局限的事实难以构成平衡性的事实和观点，从而误导用户的判断。比如，2021年成都第四十九中学学生坠亡事件，最初由其母亲发出对坠亡质疑的信息，引发公众对学校的猜测，后来官方媒体披露信息证实该生确系自杀；2018年四川德阳女医生自杀事件，最初是涉事男生家长把事发视频片段和一面之词发布在网上，引起网民对女医生的网络暴力，导致女医生自杀。其后事件逐渐明了，舆论反转，男生家长和亲属也因侮辱罪获刑。

三、悲剧事件的传播

悲剧事件具有突发性、新奇性、冲突性，能够激发用户的关切，形成迅速而广泛的传播。在社交媒体情绪传播的语境中，悲剧事件更能形成话题性，甚至成为舆论引爆点，而社交平台更为用户发布传播悲剧事件提供了网络空间，成为更多悲剧和极端事件的温床。

1. 网络直播自杀

社交平台中的网络直播自杀是自媒体发布和群体围观下的共谋，具有鲜明的围观、交互等网络社交属性。据研究，我国第一例网络直播自杀事件发生在2010年，一位名为"苏小沫儿"的网友连发30多条微博，直播其整个自杀过程，后在社交媒体、公安等部门介入下得以获救。[②]此后，2014年11月30日，四川泸州市一名19岁的男青年因网恋分手，在微博上直播自杀。2021年10月15日，网名为"罗小猫猫子"的直播主播，在一场直播中自杀。网络直播自杀属于悲剧残酷呈现，过去在传统媒体诸如电视直播中就有类似的直播事件，但网络直播自杀具有独特的网络属性，不仅与自杀者利用网络进行极端呈现的心理因素有关，更与网络围观和群体性的情绪密切相关。这里我们不讨论网络直播自杀事件当事人的社会心理因素，只探讨网络环境影响下的自杀直播诱因。

（1）诱因

就当事人而言，借助社交平台，自杀者希望得到关注的弱势心理从线下迁移到线上，并能借助网络直播获得更大的影响力。而获取影响力的背后，是自杀者在网络虚拟社交空间中希望发出求助信号、宣泄情绪，并得到更多用户和社会的关注与关心，从而能够肯定自己存在的价值，心理需求得到满足。有研究者认为："一心求死的人，已经对这个世界无话可说，既不希望有人看到，也不想看到别人。所以，如果'直播自杀'，说明他即使求死的程度很强烈，仍想和这个世界打交道，也仍有生的留恋。"心理医师也说，这些通过微博直播自杀行

---

① 唐雪梅，赖胜强. 情绪化信息对舆情事件传播的影响研究[J]. 情报杂志，2018，37（12）：124-129.

② 徐玉，赵怀娟. 偏差行为理论视角下青年现象"网络直播自杀"行为探析[J]. 中国青年研究，2017（11）：87.

为的当事人,实际上对生活还都存在着一丝希望。他们希望通过这样的方式引起注意,得到关心和帮助。[①]在网红博主自杀事件中,"罗小猫猫子"的好友曾表示,那天"罗小猫猫子"并没有想过真的自杀,在农药里兑了饮料,喝下去也是因为直播间的人起哄,直播结束后也是自己打的120急救电话。此外,网络直播自杀具有延时性和展示性特征,从告知到真正采取极端行为之间,往往有几个小时和几天的时间,而在这个时间段内,当事人不断展示自己的心路历程、情绪和行为,这本身也是想获得围观者的帮助,比如四川泸州少年在4个小时之中发出了38条微博。2014年12月1日下午2点,山西大同一名网友发微博称准备自杀,并表示自己会在明天零点之前割腕自杀,凌晨1点被警方解救。

就直播用户而言,网民围观的群体情绪,推动了极端事件的发展。其实,自杀围观现象在线下就存在。比如,2018年,甘肃庆阳女孩李某奕爬上高楼意欲轻生,竟有多名围观者在楼下起哄"跳啊,快跳啊",甚至有人兴奋地发朋友圈:"终于有人真跳楼了,要跳就跳,果断一些,别给警察找麻烦。"最终女孩坠楼身亡。网络的匿名性和虚拟性、用户的从众和不必承担责任,都促进了"乌合之众"幸灾乐祸的极端评论和言语。网络直播自杀具有延时性和展示性特征更给这样的言语提供了空间。泸州网络自杀事件中,当事人曾有两次想放弃自杀,但众多网友却留言"你到底还死不死?""你必须死!""到底死了没有?""赶紧死!"等等,一些网络大V也极尽嘲讽,说出"忍不住哈哈哈""老板、加20串肉串"等话。"罗小猫猫子"的自杀直播中,众多网友也留言"快喝吧",怂恿其自杀。网络围观和留言激发了自杀行为,根据柯林斯的"互动仪式链"理论,情绪和情感体验在交互场中被激发,而意见领袖的引导更加剧了双方情绪的集聚,这都成为推动网络自杀行为的重要因素。环境情绪具有一定的传染性,围观者亢奋的情绪表象会影响自杀行为人的行为。"这种冷漠的亢奋,会传递给自杀者,让他们也处于一种亢奋状态,认为没人关心他、只希望他死。"[②]

就平台而言,网络直播自杀包括下文提及的残酷与暴力呈现,也与平台监管问题密切相关。在建设自主可控的平台型媒体语境下,平台在传播不适内容上应该有责任担当和伦理意识,加大技术研发和人工审核的力度,做有人文关怀、有道德引领和价值追求的平台。

(2)影响

网络直播自杀更加剧了自杀的传染效应,也就是人们常说的"维特效应"(Werther Effect)。1774年,歌德的小说《少年维特之烦恼》出版后,维特失恋而自杀的故事引发了整个欧洲社会不少男青年效仿,这是"维特效应"的缘起。后来有学者研究发现自杀新闻报道是促进自杀率明显增长的诱因,进一步印证了"维特效应"。内心脆弱的人受传媒过度煽情的自杀报道影响,而可能模仿自杀行为。[③]在永久在线、永久连接的互联网时代,在媒介社会化的时代,在社交网络深入人们生活的时代,这种虚拟的影响和不断刺激的效仿被不断

---

① 周頔. 网络"围观"漠视生命 专家呼吁立法规范[N]. 民主与法制报, 2014–12–08(017).

② 周頔. 网络"围观"漠视生命 专家呼吁立法规范[N]. 民主与法制报, 2014–12–08(017).

③ Word Health Organization. Preventing suicide: a resource for media professionals[R]. Word Health Organization, 2008: 5.

强化，因此，必须有道德自律和法律监管才能控制此现象的泛滥。

2. 残酷与暴力呈现

在传统媒体中，漠视生命和人文关怀的残酷呈现一直是备受争议也备受诟病的新闻职业道德问题。面对极端事实报道的诱惑和人文关怀，专业报道者也难以权衡。比如，凯文·卡特（Kevin Carter）拍摄的跪倒在地即将饿毙的苏丹女童，把虎视眈眈的秃鹰与女童置于强烈对比的场景中，引起了公众强烈谴责。2011年"9·11"事件，美国媒体直播中对世贸大厦因不堪火势而坠楼的人的拍摄画面，引起了公众强烈不适。2013年韩国KBS电视台直播一男子跳汉江自杀事件，引起了公众强烈质疑。

互联网自媒体为了博人眼球、获取流量，漠视道德操守，更加剧了网络暴力的呈现。比如，2017年，"极限咏宁"攀楼高空坠落，媒体未经死者家属同意公布了死者坠落的视频。2020年，河南邓州一女子在某跨河大桥欲投河轻生，围观男子杨某奇为了博人眼球，现场起哄怂恿该女子投河，并拍摄视频在网上发布。而脸书2016年开设直播功能（Facebook Live）后，屡屡出现"暴力直播"，2017年4月16日，美国克利夫兰黑人男子史蒂夫·史蒂芬斯的"杀人直播"更是震惊美国。自媒体用户内容对开放的社交平台的内容监管和网络信息监管部门都提出了巨大挑战，用户的媒介道德和法律意识也有待提升。

四、个人权利的侵犯

随着互联网成为个人获取信息、工作、生活等功能的工具，个人社交账号信息、浏览记录、电邮、即时消息、视频、照片、存储数据、语音聊天、文件传输、视频会议等各类隐私信息和公开发布的信息无所不包。随着互联网进入社会治理的深层领域，个人权利被侵害的风险也逐渐变大。其中，互联网信息传播出现了大量对个人公开或隐私信息的侵犯。

1. 个人隐私

个人隐私是人的基本权利之一，互联网隐私权发展和延伸了传统隐私权，具有明显的互联网特性。传统社会的个人隐私比较容易保护，但在数字时代，用户会在浏览使用的网络空间处处留下数字痕迹，大数据技术通过数据生产、收集、分析并对个人的行为和习惯进行预测和跟踪，使个人隐私侵犯成为焦点伦理问题。

在美国华盛顿大学法学院教授丹尼尔·J·索乐（Daniel J. Solove）看来，隐私是比较难以准确界定的概念，他总结出六种不同侧重的隐私界定：一是不受打扰的权利（The Right to Be Let Alone）；二是对自我接近的限制（Limited Access to the Self），即承认个人隐藏自身的愿望；三是秘密（Secrecy），隐私侵犯意味着公开个人的秘密；四是对个人信息的控制（Control Over Personal Information），即个人、群体和机构自主决定何时、如何向他人传播自身何种信息的权利；五是个人人格（Personhood），不可剥夺的个人人格；六是私密

（Intimacy）。①**不同维度的界定有的宽泛有的狭窄，但一个基本的共同点是，人们自主决定是否向他人传播自身的信息。**

　　有研究者认为，在抽象或纯粹个人层面并不能确立隐私的定义。隐私可以被定义为既定社会技术环境中对信息流的控制。②隐私同时也是一个动态的概念，不同的人对隐私有自己的理解，在互联网平台对个人信息属于隐私的界定，也因人因语境而定。对于自身数据信息以及在社交平台公开发布的信息，不同的用户对于隐私的边界有不同的理解。有的用户具有开放性，有的用户比较封闭，有的用户在某个阶段具有开放性，在某个阶段又不愿透露隐私。因此，维护隐私也可被理解为尊重人们自主决定的自身信息传播权利。

　　应当说，互联网尤其是社交平台极大地改变了人们对隐私的理解，隐私的边界也变得模糊不清，传统的隐私更多是指向私密、秘密、不可公开的个人信息。而在社交媒体人人都能发布信息的语境下，隐私问题更多指向公开、共享这些原本不涉及个人敏感的信息。因此，正如有研究者所言，在互联网语境下，我们关注的不是信息是否公开，而是信息能否受到我们的控制。③

　　（1）隐私边界演变与隐私管理失控

　　隐私关系到私人领域和公众（社会、政治、经济）领域之间的划界。随着社交媒体平台与用户的深度耦合，用户在社交媒体上的隐私边界也在不断拓展，用户对隐私的自我管理不断演变，从而带来了隐私管理的失控问题。这也为互联网信息传播侵犯隐私带来了新的道德问题：新闻媒体或用户在公开引用虚拟社区或个人社交账号公布的信息时，是否需要得到许可？引用哪些信息或数据即触犯了个人隐私？

　　桑德拉·佩特罗尼奥（Sandra Petronio）提出了传播隐私管理理论，并用"隐私边界"（Privacy Boundary）这一概念来区分私人信息与公共关系。④管理隐私边界包含三方面行为：

　　第一，控制边界链接（Boundary Linkages），即用户向谁公开自身的信息。在互联网社交关系网络中，由于用户存在诸如信息需求、社交需求、利益需求、认同需求、自我表达、社会生活需求等多元需求，其面向的网络群体以及公布信息的社交对象也呈现出多元、异质的特点，与不同对象关系的"强弱"不仅与线下不同，更因为需求的不同而不断变化。比如，用户在微信使用中根据自身喜好不断改变朋友圈信息分享的权限，并且设立不同好友看到自己信息的分组，体现出用户隐私边界链接的不确定性和流动性。这就让用户隐私在链接中很难控制信息披露的流向，造成隐私被滥用的潜在风险。

① SOLOVE D. Understanding privacy [M]. MA: Harvard University Press, 2008: 14–37.

② NISSENBAUM H. Privacy in context: technology, policy, and the integrity of social life [M]. Stanford, CA: Stanford Law Books, 2009: 147.

③ 吕耀怀. 信息技术背景下公共领域的隐私问题 [J]. 自然辩证法研究, 2014（1）: 54–59.

④ 徐敬宏, 张为杰, 李玲. 西方新闻传播学关于社交网络中隐私侵权问题的研究现状 [J]. 国际新闻界, 2014（10）: 146–158.

第二，边界渗透，即用户如何公开自身的信息，决定自己的隐私边界开放到何种程度。随着互联网的发展、用户网络素养的提升以及用户需求的变化，这种边界也在不断开放和收缩的过程中。**这里就涉及一个隐私悖论（Privacy Paradox）的问题，即网络用户虽然感知到隐私风险的存在，但却不会采取有效的隐私保护行动。**[①]一方面，用户在社交媒体中不断披露自己的各种信息，呈现自己的日常状态和轨迹，另一方面，其个人隐私受到潜在侵害，这二者处于一种矛盾状态。有研究者总结隐私悖论的原因为：信息和娱乐需求的满足、人际关系的维持、社会资本的报偿——人与人之间的社会关系带来的利益以及在线印象的管理——个人在线的自我呈现。[②]正是这种悖论，促使用户在社交平台上的隐私边界渗透，用户的隐私无时无刻不处于一种暴露的风险之中，如今的互联网人肉搜索就是典型的例证。

第三，边界所有权，即何处是边界，共有边界（Collective Boundaries）和私有边界（Private Boundaries）的界限在哪里。我们可以从两方面理解个人隐私边界所有权：一是谁合法拥有隐私信息，二是谁能控制隐私信息。[③]在社交平台，有的时候，合法拥有信息的个人未必能控制自己的信息，其信息往往会流向不愿让其看到的对象。比如，社交数据爬虫抓取信息，往往超出信息源的控制，初始发布者想删除发布的信息，但早已被社交数据爬虫传播到不同的平台和终端。社交网络也极大地扩展了共有边界，即自身和他人共同拥有的隐私权。而私有边界，即只能自己拥有的隐私权，其界限模糊不清。用户由此拥有多种隐私边界，用户的隐私可见可得者，不仅是自己允许可见的朋友，同时也可能是"熟悉的陌生人"——关注者和路人。

由此，社交媒体促成了个人隐私信息在边界构成的复杂性，从而也加大了隐私被侵犯的潜在风险。

（2）大数据侵犯隐私

如果说隐私边界失控是受侵犯个体在互联网语境下造成的潜在风险，那么通过大数据挖掘和收集信息者则是主动的风险制造者。进入大数据时代，数据成为创造价值的基本单位。[④]在万物源自比特的时代，任何事物都源自信息，"个人信息是互联网世界新的石油，也是数字世界新的流通货币"[⑤]。有研究机构预测，2025年全球数据量将高达175ZB。其中，中国数据量增速最为迅猛，预计2025年将增至48.6ZB，占全球数据圈的27.8%，平均每年的增长速度比全球快3%，中国将成为全球最大的数据圈（数据圈指被创建、采集或是复

---

① SUSAN B. A privacy paradox: social networking in the Unites States [J]. First Monday journal article, 2006, 11 (9).

② 李兵，展江. 英语学界社交媒体"隐私悖论"研究 [J]. 新闻与传播研究，2017（4）：98–112+128.

③ PETRONIO S. Boundaries of privacy: dialectics of disclosure [M]. New York: State University of New York Press, 2002: 105.

④ 王敏. 大数据时代如何有效保护个人隐私？—— 一种基于传播伦理的分级路径 [J]. 新闻与传播研究，2018（11）：69.

⑤ KOOPS B. Forgetting footprints, shunning shadows: a critical analysis of the 'right to be forgotten' in big data practice [J]. Social science electronic publishing, 2013 (8): 229–256.

制的数据集合）。[①]

人工智能算法通过收集用户数据、掌握用户消费和认知偏好以精准匹配用户需求，由此形成庞大的数据库。个人的数据信息也呈现出无边界流动的状态，在互联网上的任何操作都会留存数据脚印，即使原始的数据被删除，也留有数据痕迹。这些信息无时无刻不处于被搜集、分析的状态，由此带来的数据泄露、隐私侵权问题日益严重。2013年美国"棱镜门"事件暴露出的大量数据库被侵入就是典型的例证。

更值得深思的是，根据用户的公开信息进行分析获得更深层的信息，则是从共有边界向私有边界的渗透，形成隐私侵犯。比如，2018年3月，剑桥分析公司（Cambridge Analytia）非法获取脸书5000万用户的信息数据，通过对用户的点赞、评论、浏览和转发等社交行为进行分析，判断用户的政治倾向和选举意愿。这是对用户公开信息进行分析处理从而获得用户更深层的意愿，从用户的隐私共有边界侵入私有边界。

2. 侵犯肖像、名誉等人格权

与隐私侵犯相关的，还涉及用户肖像、名誉等人格权利受到侵害。用户在社交平台上的照片、视频等信息成为源头，一些自媒体为博流量，借助计算机P图技术以及深度伪造技术，为移花接木、炮制轰动信息提供手段，往往采用制造反差、猎奇等手法，不仅造成假新闻泛滥，更侵犯了公民的肖像权。比如，2021年11月21日，自媒体炮制的图文《老夫少妻》《73岁东莞清溪镇企业家豪娶29岁广西大美女，88万礼金+88万二房公寓+豪车一辆》，后被证明是几年前当事人发布在小红书上的外公和外孙女的照片。再如，2021年11月10日，一短视频账号抛出短视频《海王中的女霸王》，造谣一名年轻女性与百名男性有染，视频用的文字材料是传言，照片则是一名在北京读书的女生的美妆照，引发了巨大关注。

另外，涉及少年儿童的肖像，许多用户在隐私权问题上也出现了矛盾行为。比如"网红儿童"现象——2岁小孩吃播，5岁女孩进行美妆直播。一些家长为了利益，不惜把未成年人作为吸粉赚钱的工具，用透露孩子的隐私甚至诱导孩子做出出格行为的方式，积累人气、谋取利益，由此带来触犯未成年人合法权益的社会伦理风险及危害。《中华人民共和国未成年人保护法》第三十九条规定，"任何组织或者个人不得披露未成年人的个人隐私"，"网红儿童"现象集中展现了网络带来的表达、利益、隐私等伦理道德矛盾。

互联网的网络连接效应无远弗届，其道德自律和伦理约束也必须触达发展最本质的核心。

---

① 国家工业信息安全发展研究中心，华为技术有限公司. 数据安全白皮书［R］. 2021: 3.

> **记住**
>
> 　　新闻伦理和道德也面临着守正创新的问题，面临着规制、规则、规范的突破与重构，人人都有发布信息的工具与手段扩展了伦理约束的范畴。传统媒体时代的价值约束体系需要不断完善，适应互联网融合新闻实践的新闻道德体系亟须建立。

第四节　新闻伦理和道德的重构

　　媒体融合时代，传统新闻伦理的失效和道德失范亟须呼唤重构适应网络规律的伦理和道德规范。无论是总的伦理思想、基本原则还是具体有针对性的伦理原则和道德约束，都要把握守正创新原则，在经典理论与规范基础上探求边界突破与规则转向。

一、总体伦理思想

　　新闻信息传播的主体从专业新闻工作者扩展为公众，因此，也需引领专业的新闻伦理道德向普遍的媒介伦理扩展。而融合新闻业涌现出的新现象纷繁芜杂，见招拆招式的应对只是权宜之计，需要总体伦理思想进行引领和贯通。

　　1. 专业新闻伦理转向普遍媒介伦理原则

　　对于融合新闻范畴里新闻信息传播主体的扩展，我们应当从最基本的新闻职业伦理道德的内涵扩展去建立逻辑起点。

　　（1）元规范

　　针对数字时代的普遍新闻伦理思想，有研究者提出了"元规范"的理念[①]，以此建立融合新闻伦理普遍的、基础的思想。在伦理思想上，美国媒介伦理学者克里斯琴斯提出"生命的神圣性"作为伦理的元规范（Protonorm），即生命本身的存在、尊严和神圣性作为伦理的根本原则。[②]克里斯琴斯试图建立全球媒介伦理（Global Media Ethics），提出了全球跨文化普遍的媒介伦理规范，即"真实、人的尊严和非暴力"，提倡在承认多元观点和不同伦理观共性的基础上，建立一个适用于全球范围的媒介伦理原则。在网络空间中，由于信息超越地域、国界、民族，具有最大的普遍性、共享性以及传播的全球性，建立适应信息这一特性

---

① 陈昌凤，雅畅帕. 颠覆与重构：数字时代的新闻伦理［J］. 新闻记者，2021（8）：39-47.

② CHRISTIANS C . The ethics of universal being［M］//WARD S，WASSERMAN H. Media ethics beyond borders：a global perspective. NewYork：Routledge，2008：6-23.

的普遍伦理思想具有指导性的意义。美国伦理学者罗伯特·巴格（Robert N. Barger）认为，针对不同世界观的人，也有可能存在普遍相同的标准。为此，他提出了三条基本原则："诚实、公正和真实。"[1]这些原则可以被用来作为全球信息传播的指导性原则，以此防范不道德行为。

（2）底线伦理

在伦理学从传统伦理向现代性转化中，学者何怀宏也提出了底线伦理这一概念和思想。这一概念的提出，是在价值日趋多元的社会中约束群体的扩展，即从传统崇尚个人高尚道德的精英式伦理转向为普遍的社会伦理，也就是"作为一个社会的合格成员、一个人所必须承担的基本义务"[2]。**底线伦理是现代人的基本道德义务或行为规范，是人如何为"人"的基本要求，它所规定的行为导向是"人不能做什么"，而不是"人应该做什么"。**这一伦理思想对于今天的新闻伦理道德建构也具有重要的参考价值。比如，美国计算机伦理协会曾经列出的"计算机伦理十条戒律"[3]与底线伦理的思想不谋而合，包括不能用计算机伤害人、不能影响别人使用计算机、不能偷看他人计算机中的文件、不能用计算机去偷窃、不能以计算机为工具做伪证、不能使用没有购买的盗版软件、未经允许不能使用他人的计算机资源、不可侵占他人的智慧成果等。再如，2013年，中国互联网大会倡议共守"七条底线"[4]：法律法规底线、社会主义制度底线、国家利益底线、公民合法权益底线、社会公共秩序底线、道德风尚底线和信息真实性底线。

同时，需要注意的是，底线伦理不是关于个人的私德，而是关乎现代公共领域形成的公德。在社会公共交往中，应注重推己及人的同理心，把握"己不所欲，勿施于人"的基本道德，以不伤害他人的利益为底线，注重公共空间中的公民德性的养成。因此，底线伦理对于网络公共领域的伦理道德建构与网络传播行为约束具有一定的指导意义。

由此，在新闻伦理道德范畴里，应基于普遍伦理原则指导下，对融合新闻伦理在具体规范和操作层面进行实用性、针对性的引导和约束。

2. 基本媒介伦理价值

基本媒介伦理价值见之于对传统伦理价值的坚守，同时又适应网络信息传播转向的价值引导。从融合新闻实践发展而言，新闻伦理道德的重建略显迟滞，但与传统的新闻伦理道德相较，融合新闻伦理核心价值仍然有坚守传统价值原则的一面。有研究者在2015年考察了世界99个国家的新闻职业道德规范，其中在2001年后进行修订的有33个，但只有9个包含

[1] BARGER R. In Search of A Common Rationale for Computer Ethics [C]. Third Annual Computer Ethics Institute Conference, Washington DC: the Brookings Institution, 1994.

[2] 何怀宏. 良心论 [M]. 北京: 北京大学出版社, 2009: 335.

[3] CPSR. The Ten Commandments of Computer Ethics [EB/OL]. (2011-09-01) [2021-12-23]. http://cpsr.org/issues/ethics/cei/.

[4] 中国互联网大会倡议共守"七条底线" [EB/OL]. (2013-08-15) [2022-03-17]. http://news.xinhuanet.com/politics/2013-08/15/c_116961278.htm.

了互联网和信息通信技术。[①]应当说,除了新的伦理道德规范亟须建设之外,这也部分说明在线新闻业仍然要遵守传统新闻的规范与原则。比如,美国报纸主编协会(ASNE)的伦理与价值委员会制定了《针对社交媒体的十条最佳行动指南》,其中也明确说明传统的媒介伦理规则仍然适用于网络,记者在网上发布信息与传统信息发布的伦理规则并无二致,传统伦理道德指南并不过时。[②]那么这些经典的伦理道德规则包含哪些要素呢?

(1)真实与诚信

真实是新闻的生命,信息真实性原则是网络信息传播仍然要坚守的伦理规则。上文提及的媒介伦理学家克里斯琴斯和巴格都把真实作为普遍伦理准则。在网络语境下,无论是传统媒体和记者还是新兴网络平台和社交媒体,都应当把真实性原则作为新闻基本伦理规范。2019年修订的《中国新闻工作者职业道德准则》规定"坚持新闻真实性原则。把真实作为新闻的生命","报道做到真实、准确、全面、客观"。一些社交平台具体的伦理道德规范如《脸书社区守则》《推特内容发布规范》都把"真实""真实性"作为重要的规范写入其中。

真实作为新闻信息的伦理原则,反映在传播者就是"诚实"或"诚信"的道德规范,传播主体应遵循诚实守信的道德规范,不发布虚假不实信息。一些具体的规则,比如在《中国互联网行业自律公约》中,"诚信"被作为互联网行业自律的基本原则写入其中。

(2)透明公开

传统媒体时代的新闻生产都掌握在专业机构手中,从信源获得、事实采集,到编辑发行或播出,整个新闻生产流程相对封闭,一般公众难以获知。尽管如此,从公信力的角度,研究者越来越呼吁新闻生产的公开透明,"新闻工作者尽可能如实、公开地告诉受众,他们知道什么以及不知道什么","诚实地告诉人们你知道什么的唯一方法就是尽可能披露你的信源和知晓方法"。[③]从伦理道德而言,有研究者认为透明度与真实诚信一样,都是信誉的支柱。[④]

互联网产生海量信息和释放用户生产力带来了诸多对透明性原则的呼唤:

第一,新闻生产的信源和事实获得的可靠性被稀释,一篇新闻报道是否真实可信,应当依据什么标准,如何评判?从互联网海量信息中整合生成的新闻,其伦理正当性为何?这些都值得从信源的透明性去考量。

第二,媒体之间的竞争以及媒体同自媒体、意见领袖的新闻竞争逐渐加剧,媒体的权

① DIAZ-CAMPO J, SEGADO-BOJ F. Journalism ethics in a digital environment: how journalistic codes of ethics have been adapted to the Internet and ICTs in countries around the world[J]. Telematics and informatics, 2015, 32(4), 735-744.

② HOHMANN J. ASNE 10 Best Practices for Social Media[EB/OL]. (2011-05-01)[2021-12-24]. https://members.newsleaders.org/Files/pdf/10_Best_Practices_for_Social_Media.pdf.

③ 科瓦奇, 罗森斯蒂尔. 新闻的十大基本原则[M]. 刘海龙, 连晓东, 译. 北京: 北京大学出版社, 2011: 83.

④ 牛静. 新闻透明性: 技术变革下的媒体伦理新准则[J]. 新闻与写作, 2019(4): 22-28.

威和合法性也被前所未有地挑战。如何在竞合中充分发挥用户对事实报道的补充和修正，向其开放新闻制作的过程不失为一种途径，也是增强媒体与用户关系、获得公信力的一种方法。

第三，随着技术发展，移动端新闻手速的比拼也倒逼媒体逐渐开放新闻采集和核查的过程，第一时间使热点调查过程与向用户发布并行，即后台前置，边采边说，边说边采。因此，透明公开逐渐成为融合新闻显性的伦理原则。

第四，算法带来的生产传播过程的不确定性，主观和客观因素导致的算法"黑箱"。由此引发的算法透明性，我们将在下文探讨。

第五，连接交互手段的便利使媒体与公众围绕新闻生产的沟通和交流更加顺畅，新闻事实之外的业务操作信息更加丰富。比如，《纽约时报》通过社交平台、网络聊天，甚至聘请公共编辑与读者进行解释分享生产流程。

为此，有研究者还提出把透明原则作为替代客观性的新伦理准则，透明性被视为新的客观性。[①]美国职业新闻工作者协会也在修订的《伦理法则》中将"负责任"（Be Accountable）扩展为"负责任并保持透明"（Be Accountable and Transparent）。

那么，何为新闻的透明性？**从操作路径而言，新闻的透明性是指新闻生产的决策、方法和来源等都向受众公开，并将新闻生产制作过程开放给新闻机构以外的受众。**[②]这样使新闻业内业外的公众能够监督、核实和批判，甚至能够干预新闻生产传播过程。[③]《伦理法则》把透明性解释为向受众解释伦理选择及过程，鼓励与公众就新闻操作、报道和新闻内容进行对话。

总体而言，新闻透明性原则包含两个层次：

一是传播者向受众、用户开放新闻生产和传播过程，并接受监督，确保新闻发布的规范，提升公信力。目前，有两种探索，一种是增加透明性的专栏或超链接信息，为受众或用户提供新闻故事和报道之外的信息，包括媒体的新闻标准、运作理念、编辑思想、作者专业能力、信源、多元观点和纠错机制等。比如，美国《堪萨斯城星报》（*The Kansas City Star*）前线不仅播出调查性纪录片，同时也把有新闻价值的70小时的访谈素材公开，素材都进行

① 夏倩芳，王艳. 从"客观性"到"透明性"：新闻专业权威演进的历史与逻辑［J］. 南京社会科学，2016（7）：100；牛静. 新闻透明性：技术变革下的媒体伦理新准则［J］. 新闻与写作，2019（4）：22-28；BLANDING M. Can "Extreme Transparency" Fight Fake News and Create More Trust With Readers? ［EB/OL］.（2018-03-23）［2022-03-08］. https://niemanreports. org/articles/can-extreme-transparency-fight-fake-news-and-create-more-trust-with-readers/.

② KOLISKA M, CHADHA K. Digitally outsourced: the limitations of computer-mediated transparency［J］. Journal of media ethics, 2015, 31（1）：51-62.

③ DEUZE M. What is journalism? Professional identity and ideology of journalists reconsidered［J］. Journalism, 2005（6）.

了编目，便于用户检索，由此，让用户获得纪录片背后的更多信息。①当然，也有观点认为，与其通过透露报道背后的采编过程等信息，增加独立的透明性专栏，不如直接在报道中扩展报道过程和更多的报道背景，深度挖掘故事的内涵。②

二是适应互联网开放共享的文化，用户参与信息的补充、丰富和核查，促进报道的真实、准确。因此，新闻透明性的伦理原则，不仅作为传播技术发展、传播主体扩展、传播信息拓展下的媒体专业应对，也是伦理道德之变。比如，新华社的"问记者"、澎湃新闻的"问吧"产品等不仅是新闻交互探索，也是维护公信力的探究。

（3）自由和责任

互联网社交平台提供了技术和空间，极大地释放了用户自我表达、参与传播的欲望，改变了他们的传播理念和传播行为。从网络参与主体用户而言，公众被赋予了空前的传播自由，形成了当代媒介的"民众化转向"。同线下一样，公众在享有网络言论和行为自由的同时，也必须尊重他人的权利，人人都有平等的自由，而正如思想家严复所言，"人得自由而必以他人自由为界"③。同时，这种自由是合理而正当的，都是自律的而不是"放任"和"随意"的。④不加限制的自由必然会发生冲突，导致不自由。从平台和监管者而言，也要进行信息审核和过滤，实行有效管控，既能保障用户的言论和行为自由的权利，达到信息共享、情感交流和关系维系，又要防止谣言、诽谤、诋毁、谩骂等侵犯他人的言论和行为。只有对权利的正向认识才能保证网络清朗空间，并促进人和社会的良性发展。美国计算机应用伦理学学者认为，对善的认识是理解权利的重要前提，"权利只有符合善的要求，实现人类的幸福与繁荣才可称之为完整"⑤。**随着网络媒介与人们生活联系日益紧密，互联网参与社会治理的功能越来越重要，网络权利的向善才能促进人类和社会的进步。**

在享有自由权利同时，也需履行伦理责任和义务，这要求用户进行自我约束和自我管理。正如有研究者所言，"网络伦理实质上是一种责任伦理"⑥。英国学者斯塔尔（Stahl）对信息伦理学提出了明确的责任概念，他认为，责任这一概念结合了目的论（如负责任的行为必须考虑到预期结果或后果），也结合了道义论——（行为的一开始就带有精确的认识，即任何一个可以考虑的伦理规范等，人们都负责任地作决策和行动）。⑦用户应当对传

---

① BLANDING M. Can "Extreme Transparency" Fight Fake News and Create More Trust With Readers? [EB/OL]. [2022−03−08]. https://niemanreports. org/articles/can−extreme−transparency−fight−fake−news−and−create−more−trust−with−readers/.

② BLANDING M. Can "Extreme Transparency" Fight Fake News and Create More Trust With Readers? [EB/OL]. [2022−03−08]. https://niemanreports. org/articles/can−extreme−transparency−fight−fake−news−and−create−more−trust−with−readers/.

③ 严复. 译凡例 [M] // 穆勒. 群己权界论. 北京：商务印书馆，1930：2.

④ 牟宗艳，吕本修. 构建网络伦理的基本原则 [J]. 齐鲁学刊，2003（2）：81−84.

⑤ SPINELLO R. Global capitalism, culture and ethics [M]. London：Routledge，2014：112.

⑥ 刘大椿，张星昭. 网络伦理的若干视点 [J]. 教学与研究，2003（7）：20−26.

⑦ 霍文，等. 信息技术与道德哲学 [M]. 赵迎欢，宋吉鑫，张勤，译. 北京：科学出版社，2014：168.

播的信息、发表的言论负责，知道行为的后果，并承担相应的责任。网络赋予人们的自由权利空前巨大，言论、转发、数据搜集、获取注意力等，让用户借助网络媒介和平台在索取和发布上都有很大的权利。美国计算机产业分析家埃瑟·戴森（Esther Dyson）认为："网络赋予个人强大的权力——能够赢得全世界的观众，能够获取关于任何东西的信息。但是随着运用或滥用权力的本领的日益强大，个人需要为他们自己的行动以及他们所创造的世界担负起更大的责任。"[①]比如，所谓的网络"吃瓜群众"或者"不明真相的吃瓜群众"，面对谣言和流言，围猎明星八卦，认为以看客的身份就能超然于传播行为准则之外，只通过转发、评论就能不付出多大成本而逞一时之快，殊不知其每一次围观、转发、评论都成了谣言传播和网络负面情绪的助推手。而为了自己利益的网络黑手与网络推手、造谣博主与网络水军相互勾连，误导用户，则是把利益置于责任和道德之上。因此，每个用户在认识到自己权利的同时，也应该清醒认识到自己转发、评论和围观所带来的影响和后果，能够有清醒的责任意识。

自我约束也意味着自我保护，尤其是对于用户个人隐私信息，要有清醒自觉的意识，建立起自我控制、自我选择和自我防卫的保护体系。 在自我控制上，主动化解"隐私悖论"引起的问题，在信息分享与隐私保护之间找到平衡，形成自觉、理性的信息传播和隐私保护。在自我选择上，主动了解平台搜集和发布信息的政策，尤其是明确平台收集信息的权限、范围和期限，确认自我选择承担的责任和后果。在自我防卫上，了解相关技术原理，并能通过技术保障隐私安全，必要时诉诸法律保护自己的合法权益。

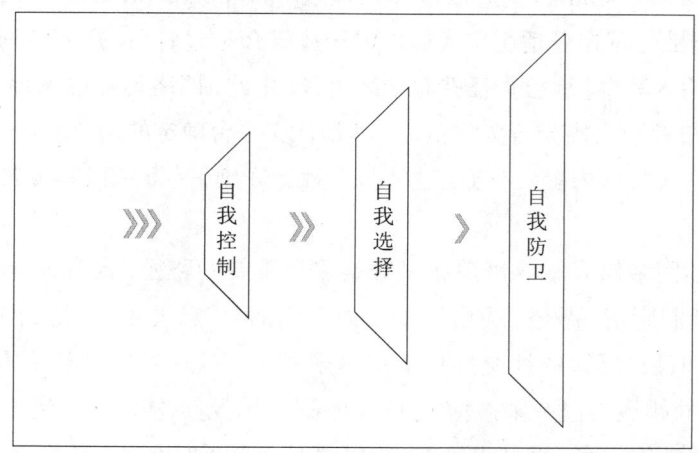

图11-4-1　网络自我保护体系

（4）公平与正义

公正是底线伦理要求，公正即公平正义。公平是人类社会最重要的价值追求，是在社会关系中平等享有权利和待遇，比如人格尊严平等、机会平等、权利平等。正义是作为公平

---

① 戴森.2.0版数字化时代的生活设计[M].胡泳，等译.海口：海南出版社，1998：18.

的正义,是社会制度的首要价值。①公平和正义应用于网络伦理中,是指平等分配网络主体的基本权利和义务,公平划分通过网络交互和合作关系产生的利益和责任,同时采取相应的手段调节不平等的分配。从这一点而言,无论是社交平台中的网络意见领袖和普通网民,还是网络技术发明者和使用者,其网络资源平等共享,每个用户都应该相互尊重彼此的网络技术使用、信息发布等权利,以及自律、维护清朗网络空间的义务。

二、主体——从专业伦理走向多元主体伦理

互联网信息时代,新闻信息发布和传播的主体从专业记者向普通用户拓展,原有针对专业从业者的新闻职业伦理道德的边界因此被打破,需要适应多元主体的媒介伦理规范从专业伦理向互联网用户道德转向。换言之,每个人都应有新闻伦理。而形成制度化的道德伦理规范关键在于规制网络主体行为,本质上是人与社会的发展以及网络主体创造力的解放。②

1. 主体扩展——开放的伦理观

互联网把过去一切的媒介形式都包含其中,更重要的是把用户也作为其内容。职业新闻活动和非职业新闻活动融合互补,专业新闻记者、自媒体意见领袖和互联网用户多主体参与生产与传播,这一切都呼喊涵盖更广泛主体的伦理道德。基于此,有学者提出了作为互联网"混合媒介"(Mixed Media)的开放媒介伦理(Open Media Ethics)③,**从原有的针对较小群体的、封闭的专业伦理向普适更广大群体的开放媒介伦理转向,把互联网平台上具有信息传播权利的用户纳入其中,承担责任并对结果负责**。由此,网络传播的伦理规范试图把业余的互联网信息发布者纳入媒介行为规范,尤其是社交平台确定的用户伦理规范,比如《微信朋友圈使用规范》《微博内容发布界定》《脸书社区守则》《推特内容发布规范》都面向公众进行规范约束。

同时,全民的网络媒介素养培训和提升是非常重要的路径,提升大众鉴别网络虚假信息的能力,自觉抵制庸俗、恶俗、媚俗等低质内容,加强信息发布、评论、围观的自我约束和责任规范,在新闻日益反转的社交媒体上提升辨别力,不做"黑流量"的助推者。比如,在微博有千万粉丝的姚晨发过一则微博:"昨儿愤慨之下,差点转发救小悦悦的陈贤妹被辞退的新闻,但脑子里瞬间闪念:消息来源准确吗?观望一下再发不迟。果然,今日又看见澄清的新闻,陈大姐没被辞退,也没被房东赶走。感慨之余庆幸:第一,不管怎样,好人没遭恶报,这再好不过。第二,这仨月饰演记者,俺都锻炼成记者思维了,入戏啊!"④

① 罗尔斯. 正义论[M]. 何怀宏,等译. 北京:中国社会科学出版社,1988:1.
② 王常柱,武杰,张守凤. 大数据时代网络伦理规制的复杂性研究[J]. 科学技术哲学研究,2020(4):107–113.
③ WARD S, WASSERMAN H. Towards an open ethics: implications of new media platforms for global ethics discourse [J]. Journal of mass media ethics, 2010, 25(4):275–292.
④ 见@姚晨微博 https://weibo.com/u/1266321801? tabtype=feed。

2. 主体约束——传播伦理的普遍规则

面对网络主体的扩展，结合底线伦理的理论，以禁令的方式设定网络行为的禁止规则，更有助于形成面向大众网民的具体规范。有研究者总结了"五不"作为网络行为的普遍原则，即不伤害、不偷盗、不造假、不盲从、不浪费。[①]基于此，我们总结起来看，大概可以从以下四方面来展开：

第一，不伤害，即"无害原则"。美国伦理学者斯皮内诺（Spinello）认为，人们不应该用计算机和信息技术给其他人造成直接或间接的伤害。[②]作为被动强制令的无害原则是网络最低道德标准。美国职业新闻记者协会（SPJ）的《伦理法则》为适应互联网信息传播语境，1996年也增加了"最小伤害"原则。[③]在实际的网络操作中，不伤害原则就是不散布非理性的情绪，不实行网络暴力，不煽动他人进行群体攻击，杜绝以言论攻击侮辱他人、散布谣言以诋毁伤害他人名誉。

第二，不偷盗。互联网信息丰富，转载、分享具有很大的自由空间，因此，要清醒认识免费发布与版权使用的界限，在信息传播和网络使用中，不窃取他人的知识成果，不侵犯他人的知识产权，不偷取他人的数据信息，不实施"人肉搜索"以侵犯隐私信息，使用公开信息要注明来源。

第三，不造假。严格遵从真实性原则，不为一己私利而进行有目的的造假，不凭空捏造子虚乌有的信息，不夸大事实也不做移花接木、混淆真假的拼接。提升媒介素养，鉴别虚假不实信息，不为虚假新闻推波助澜。

第四，不盲从。对网络信息保持独立、理性判断，不轻信，不跟风，不轻易转发、评论信息，以此增加网络负能量，占用网络公共空间，消耗网络公共资源；不被意见领袖带节奏，跟风盲从，无形中成为网络谣言、网络暴力的推手。

三、技术伦理

技术应该助力促进人类社会进步和人的道德完善，应该结出善之果，而不应当开出恶之花。新兴技术带来的伦理道德问题，更需要探索技术手段和相应的技术伦理提升防范伦理道德失范的路径。

1. 平台技术伦理

积极加强技术监管，采用先进技术对网络内容进行实时监控，有效控制不良网络信息

---

① 肖峰. 从底线伦理到担当精神：当代青年的网络文明意识［J］. 中国青年研究，2019（6）：41-45.

② 斯皮内洛. 世纪道德：信息技术的伦理方面［M］. 刘钢，译. 北京：中央编译出版社，1999：3-54.

③ SPJ. Code of Ethics: Society of Professional Journalists［EB/OL］.（2014-09-06）［2021-04-10］. https://www.spj.org/ethicscode.asp.

传播，对违反伦理道德的内容进行及时制止和纠偏。对于网络侵权、网络虚假信息、网络直播暴力等网络伦理失范行为能够分类管理、分类制止。

（1）物理性限制

利用网络平台基础设施和技术建设，对网络失范行为进行物理性限制。美国学者杰弗里·雷曼（Jeffrey Reiman）将高科技时代保护隐私的方式分为锁、门、篱笆、帘幕、区隔和距离等物理性限制，以及规则、道德、法律等规范性约束两种。[①]前者是基础性硬约束，后者是上层软约束。依靠平台基础性的设施和技术，从网络物质基础和技术条件上规制失范行为。因此，无论是监管方还是平台搭建方、运营方，都需在平台基础建设、技术规划和设计等物理基础设施方面确立伦理准则，同时要求各方承担与其能力、影响和技术相对应的伦理责任。

（2）规范性约束

技术驱动下，互联网平台用户通过提供个人数据和信息以获得服务，平台通过"告知—许可模式"获得数据使用权。而在这些数据的使用中，其主动权完全掌握在使用者手中，他们对数据的二次甚至三次以及多次使用讳莫如深。因此，虽然用户有被告知和许可的权利，但用户对信息使用的不可预知，也会造成对用户数据的滥用和隐私侵权。由此，事先明确其合法、合规的责任具有重要意义。有专家认为："在互联网时代，隐私规范的核心准则'告知与许可'不再起到很好的保护作用，我们需要设立一个不一样的隐私保护模式，这个模式应该更着重于数据使用者为其行为承担责任，而不是将重心放在收集证据之初取得个人同意上。"[②]因此，需要在制度和具体操作规则中建立起对数据使用者的约束规范。同时，用户也有自主选择数据被搜集与否的权利，2022年3月1日正式执行的国家互联网信息办公室就《互联网信息服务算法推荐管理规定》提出，算法推荐服务提供者应当向用户提供不针对其个人特征的选项，或者向用户提供便捷的关闭算法推荐服务的选项。用户选择关闭算法推荐服务的，算法推荐服务提供者应当立即停止提供相关服务。算法推荐服务提供者应当向用户提供选择或者删除用于算法推荐服务的针对其个人特征的用户标签的功能。[③]

2. 针对性技术伦理

针对用户隐私侵权、虚假新闻等不良现象，应当创新技术伦理安全，实行明确目的、有针对实效的解决方案。

---

① REIMAN J. Driving to the panopticon: a philosophical exploration of the risks to privacy posed by the highway technology of the future [J]. Santa Clara high technology law journal, 1995, 1(11): 27–44.

② 舍恩伯格，库克耶. 大数据时代 [M]. 袁杰，译. 杭州：浙江人民出版社，2013：215.

③ 参见国家互联网信息办公室、工业和信息化部、公安部、国家市场监督管理总局联合发布的《互联网信息服务算法推荐管理规定》第十七条。

（1）如何让算法透明

正如上文所言，算法的透明性是新闻透明性的重要组成部分。而算法的透明性是指其数据获取和新闻生成的可得性和可理解性，其全程是置于公众的了解和监督之中的。

算法的不透明，包括主观认为的不透明，也包括客观的不透明。主观的不透明是算法设计者不想让公众了解算法的原理或者具体细节，以达到一定的目的。而客观的不透明，正如上文所言，是由于深度学习的发展，端到端网络的普及，其中的过程与参数很难被知晓和理解，其相关关系比较容易被发现，但因果关系难以被证明。所以，我们也应从两个方向去解决算法的不透明性。

第一，针对主观的不透明，可设立政策法规，强制公开算法，尤其是涉及公共利益的算法。一方面，对数据质量、可信度、准确性、误差范围、采样范围、缺失值、机器学习过程中训练数据的规模等进行必要说明。[1]另一方面，向用户告知算法系统信息处理的过程，让用户知晓算法技术操作中可能带来的错误和风险，不能以知识产权为由，封闭算法信息。比如纽约时报、BBC等不同程度向公众公开其算法部分代码，BuzzFeed网站将其算法和相关数据设为开源。因此，对于媒体而言，将算法置于公众的监督之下，等于将信息生产和传播逻辑置于阳光下，这也将构成媒体和平台公信力的重要来源。

第二，针对客观的不透明，则应由科技来驱动。在传统的统计学习阶段，算法是在人的认知下逐步实现的，算法本身是相对透明的。随着深度学习的兴起，卷积神经网络（Convolutional Neural Networks）、循环神经网络（Recurrent Neural Networks）等逐渐占据主流地位，网络深度也在逐渐加深，这也导致了深度学习的"黑箱"属性逐步加重，模型缺乏可解释性。科技界也在尝试提高模型的可解释性，例如，近年兴起的图神经网络（Graph Neural Networks）可以被认为是深度学习在非欧几里得空间上的延伸，它在非规则数据、信息传播的可解释方面有天然的优势。**目前，在许多领域，可解释性已成为衡量模型好坏的重要指标之一。**

（2）如何减少对用户自主选择信息的侵害

由于算法造成了人类认知世界的"变革性的影响"，导致了用户对信息自主选择的侵害。如何减少对用户自主选择信息的侵害，其实也可以从技术制约的角度，从算法本身找到答案。

第一，在个性化推荐的算法中，可使用具有高阶连通性的网络将高阶特征注入用户和内容的表示中，从而获取更全面的用户画像。同时，也可以利用博弈论等理论，在用户喜爱以及道德需要中找到均衡点，使推荐的内容既满足用户喜好，又不会过分侵害用户的自主选择权，并具有教育意义。

第二，要强化算法的价值引导，就必须进行人机协同的探索。对于机器无监督学习技术，需要专门的"训练引导师"，把道德价值判断注入算法，引导机器形成"正能量"。

---

① 张淑玲. 破解黑箱：智媒时代的算法权力规制与透明实现机制［J］. 中国出版, 2018（7）：49-53.

　　第三，逆向工程技术监督。逆向工程（Reverse Engineering），又称反向工程，是一种技术过程，即对一项目标产品进行逆向分析和研究，演绎并得出该产品的处理流程、组织结构、功能性能规格等设计要素，以制作出功能相近但又不一样的产品。其目的是在不容易获得必要的生产信息下，直接从成品的分析中推导出产品的设计原理。①运用逆向工程的原理可以查找证据，对于倒推算法生成的新闻报道过程，监督算法偏向具有一定的借鉴意义。美国学者尼古拉斯·迪尔科普洛斯（Nicholas Diakopoulos）在《算法责任报告：黑箱探察》②里提出了运用逆向工程与人工核查、访谈、文件评估、对算法设计目的和动机的深入挖掘相结合的方式，利用算法的数据输入和结果输出，逆向推断黑箱里的运作。通过变换足够多的输入来观察其不同的结果输出，就能知晓算法如何运作以及每次数据输入如何得到输出结果。这其中，不需要理解算法编码，就可以推测出算法是如何运行的。比如，对于输入和输出都可见的情况，可以通过应用程序接口来获得算法运行机制。而对于输入不可见、输出可见的情况，除了对输入—输出关系的不断检验，得出结论之外，还可以采取访问、文件调查的方式了解数据输入、参数和算法路径，让设计者按照透明原则让算法输入可见。

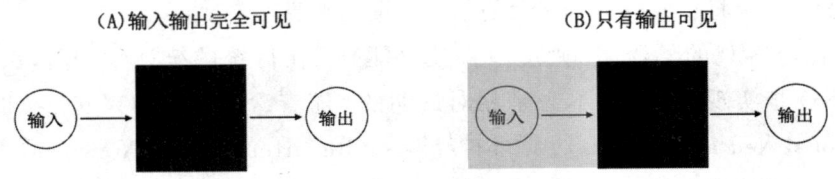

图11-4-2　算法黑箱两类可见情形

　　（3）如何减少用户隐私侵犯

　　保护用户的信息数据隐私，是互联网平台发展的基础，也是融合新闻信息传播的前提。在利用新技术获取信息、进行数据分享共享的同时，也必须审慎处理用户信息数据的隐私问题，依靠技术规范约束和遏制侵犯隐私行为的发生，这是技术伦理的针对性约束。

　　从技术主动防范的角度而言，运营者和信息使用者应对用户数据进行保护性处理。首先，对有可能涉及隐私的信息进行数据脱敏处理，"其技术本质在于对关键机密数据文本进行模糊化处理"③。一般而言，用户信息可以分为一般信息和敏感信息，其中，脱敏即针对用户敏感信息进行处理，通常涉及能够辨别标识用户的信息，移除所有可标识列，杜绝侵入者直接标识用户。其次，利用技术对数据加工、保存和共享等三个阶段的信息进行严格规范和保护。从技术阻止而言，无论是平台运营还是个人层面都要有意识地了解相关技术，并

①　维基百科. 逆向工程词条［EB/OL］.［2021-04-05］. https://zh. wikipedia. org/wiki/%E9%80%86%E5%90%91%E5%B7%A5%E7%A8%8B.

②　DIAKOPOULOS N. Algorithmic Accountability Reporting: On the Investigation of Black Boxes［R/OL］.［2021-04-05］. https://academiccommons. columbia. edu/doi/10. 7916/D8ZK5TW2.

③　SEDAYAO. J. Enhancing cloud security using data anonymization［J］. Intel It, 2012（3）.

能利用平台方所提供的技术进行拦截，阻止他人对隐私的侵犯，比如防止后门、弹窗以及小工具隐藏的侵权病毒。

（4）如何制约虚假新闻

对于算法造成的虚假新闻，需在基础建设和数据来源等方面形成制度设计和伦理规范。第一，需确保数据真实可靠，通过积极建设并完善数据资源的基础设施，保证数据在采集、生产、处理等各个环节都能真实可靠，在此基础上消除数据孤岛的藩篱，搭建清洁、开放、共享、规范的大数据库。第二，增强算法透明度，打开算法"黑箱"。比如，最新修订的美国职业新闻记者协会（SPJ）《伦理法则》[①]，专门增加了"解释和透明度"的伦理规范，让公众了解选择和采制过程。因此，通过介绍算法运行机制，公布部分源代码，设置开源数据和算法等方式，让公众理解算法运作流程和方式，并能监督算法运作过程中可能出现的偏见和错误。此外，要提升算法的科学性和数据的可靠性、准确性，避免算法设计者及其使用数据出现的偏见。算法设计者需在价值判断和价值引领上建立伦理约束，而不能只在个性定制、精准推送上强化轰动效应的信息，从而避免虚假新闻的传播。第三，完善人工审核的有效机制。从技术的伦理规范进一步对人的伦理道德提出新的要求，运用相关伦理道德规范过滤纠正清除机器的错误，建立起人机协同的良性约束机制。

同时，对于人为造成的虚假新闻，应该从源头规范因为各种利益而导致的人为操作和干预，加强监管和法律的追惩。第一，强化新技术促进新闻透明性；第二，清除大规模"网络水军"，包括人为和机器水军（社交机器人）；第三，对深度伪造技术进行有针对性的核查，具体内容我们已经在第三章中进行探讨。

四、具体制度规则规范

近年来，为适应融合新闻转型和互联网伦理转向，全世界各国各新闻协会、组织和平台都制定了不同层面的、不同针对性的伦理和道德规范，读者可以查阅其相关官方网络平台信息，具体分析不再赘述。

记　住

信息传播的主体从专业记者扩展为公众，专业的新闻伦理道德也向普遍的媒介伦理扩展。新兴技术带来的伦理道德问题，更需要探索技术手段和相应的技术伦理以提升防范伦理道德失范的路径。

---

① SPJ. Code of Ethics: Society of Professional Journalists [EB/OL]. [2021-04-10]. https://www.spj.org/ethicscode.asp.

❓ **思　考：**

1. 新闻伦理和道德有何联系与区别？

2. 如何理解互联网语境下的个人表达与个人隐私问题？

3. 虚假新闻和新闻反转的成因为何，又如何进行规制？

4. 如何应对人人都能发布信息的伦理道德转向？

5. 在新闻实践中，如何提升新闻的透明性？

参考文献

中文文献

[1] 阿恩海姆. 艺术与视知觉[M]. 滕守尧，朱疆源，译. 成都：四川人民出版社，1998：508.

[2] 构建用户安全评级，UGC智能化审核应用实践[EB/OL]. （2021-04-02）[2021-04-05].
https://blog. csdn. net/weixin_38753262/article/details/115410333.

[3] 快手知识社交生态——54万知识内容创作者28万分享职业技能[EB/OL]. （2020-05-26）
[2021-04-24]. http://news. iresearch. cn/content/202005/324769. shtml.

[4] 艾瑞：探究短视频行业的企业营销策略[EB/OL]. （2020-03-22）[2021-05-01]. https://xw.
qq. com/amphtml/20200416A0LFSG00.

[5] 2020年中国移动互联网内容生态洞察报告[R/OL]. （2020-06-22）[2021-01-13]. https://
www. sohu. com/a/403469789_445326.

[6] 安德森. 想象的共同体：民族主义的起源与散布[M]. 吴叡人，译. 上海：上海人民出版社，2003.

[7] 澳大利亚广播公司社交媒体个人使用指南[EB/OL]. [2021-04-05]. https://about. abc. net.
au/howthe-abc-is-run/what-guides-us/abc-editorial-standards/editorial-policies/.

[8] 奥尼尔. 算法霸权[M]. 马青玲，译. 北京：中信出版社，2018.

[9] AI+5G! 人民日报"智能创作机器人"亮相两会[N]. 人民日报，2021-03-06.

[10] 巴伦. 大众传播概论——媒介知识与文化[M]. 刘鸿英，译. 北京：中国人民大学出版社，2005：32.

[11] 白红义. 新闻创新研究的视角与路径[J]. 新闻与写作，2018（1）：24-32.

[12] 白红义，江海伦，陈斌. 2015年虚假新闻研究报告[J]. 新闻记者，2016（1）：6.

[13] 半岛电视台媒体使用指南[EB/OL]. [2021-04-05]. https://network. aljazeera. net/about-us/
our-values/standards.

[14] 鲍德温，麦克沃依，斯坦菲尔德. 大汇流：整合媒介、信息与传播[M]. 龙耘，官希明，译. 北京：
华夏出版社，2000.

[15] 贝尔. 资本主义文化矛盾 [M]. 赵一凡, 蒲隆, 任晓晋, 译. 上海: 上海三联书店, 2010: 83.

[16] 伯迪. 虚拟现实技术: 第二版 [M]. 魏迎梅, 等译. 北京: 电子工业出版社, 2005.

[17] 波斯特. 第二媒介时代 [M]. 范静哗, 译. 南京: 南京大学出版社. 2000.

[18] 布隆代尔. 《华尔街日报》是如何讲故事的 [M]. 徐扬, 译. 北京: 华夏出版社, 2006.

[19] 蔡骐. 网络虚拟社区中的趣缘文化传播 [J]. 新闻与传播研究, 2014 (9): 19.

[20] 蔡雯. 媒介大汇流下的"融合新闻" [J]. 传媒观察, 2006 (10): 28-30.

[21] 蔡雯. "融合新闻": 应用新闻学研究的新视野 [J]. 淮海工学院学报 (社会科学版), 2007 (3): 68-71.

[22] 蔡雯. 新闻传播的变化融合了什么——从美国新闻传播的变化谈起 [J]. 中国记者, 2005 (9): 74-76.

[23] 谁来识别AI生成的假新闻? 英媒: 解铃还须系铃"人" [EB/OL]. (2019-06-11) [2021-04-05]. http://www.cankaoxiaoxi.com/science/20190610/2382408.shtml.

[24] 常江. 图绘新闻: 信息可视化与编辑室内的理念冲突 [J]. 编辑之友, 2018 (5): 72.

[25] 常江, 胡颖. 莱文森. 媒介进化引导着文明的进步——媒介生态学的隐喻和想象 [J]. 新闻界, 2019 (2): 4-9.

[26] 陈昌凤, 师文. 智能化新闻核查技术: 算法、逻辑与局限 [J]. 新闻大学, 2018 (6): 42-49+148.

[27] 陈昌凤, 雅畅帕. 颠覆与重构: 数字时代的新闻伦理 [J]. 新闻记者, 2021 (8): 41.

[28] 陈海妮. 信息可视化: 改变传统纸媒阅读模式 [J]. 新闻与写作, 2013 (10): 61-65.

[29] 陈京炜. 游戏心理学 [M]. 北京: 中国传媒大学出版社, 2015.

[30] 陈默, 李军侠. 论"块茎思维"下的数字媒介空间观 [J]. 中国新闻传播研究, 2019 (5): 12.

[31] 陈绚. 新闻传播伦理与法规概论 [M]. 北京: 高等教育出版社, 2012.

[32] 陈莹. 传媒茶话会: 从一场沉浸式"云接机"看媒体融合传播趋势 [EB/OL]. (2021-09-30) [2021-10-01]. https://mp.weixin.qq.com/s/AHifwGSPpfXETBesdyD4Yg.

[33] 成都七中实验学校食堂管理问题事件经过通报: 家长见证下 13日凌晨食品取样送检 [EB/OL]. (2019-03-17) [2021-03-01]. https://baijiahao.baidu.com/s?id=1628228479039673046&wfr=spider&for=pc.

[34] 虚拟现实何以超越拟态环境 [EB/OL]. (2014-12-03) [2021-04-05]. http://media.people.com.cn/n/2014/1203/c382352-26141124.html.

[35] 100000000+网友看过的央视频"云监工"系列慢直播是如何诞生的? [EB/OL]. (2016-12-29) [2020-03-28]. http://feng.ifeng.com/c/7v5NgaqgZc1.

[36] CNN社交媒体指南 [EB/OL]. [2021-04-05]. https://wmdocs.com/cnn-apac/download/cnn-apac-sm-guidelines.

[37] 戴森. 2.0版数字化时代的生活设计 [M]. 胡泳, 范海燕, 译. 海口: 海南出版社, 1998.

[38] 邓建国. 机器人新闻: 原理、风险和影响 [J]. 新闻记者, 2016 (9): 10-17.

[39] 邓涛. 关于博加特新闻定义的多维思辨 [J]. 采写编, 2008 (6): 9-10.

［40］邓涛,张其平.话说新闻记者的定义与类型——兼论"记者节"之历史渊源［J］.中国广播,2010
（1）:72-73.

［41］邓崴.深化本地连接 形成价值闭环——钱江晚报深化媒体融合改革的探索［J］.新闻战线,
2021（11）:32-34.

［42］丁柏铨.深度报道:概念辨析及深度探源［J］.新闻记者,2014（10）:73-78.

［43］董向慧,张丽红.给算法推荐装上主流价值的"方向盘"［J］.中国记者,2019（7）:77-79.

［44］杜骏飞.深度报道原理［M］.北京:新华出版社,2001.

［45］杜骏飞."瓦釜效应":一个关于媒介生态的假说［J］.现代传播（中国传媒大学学报）,2018
（11）:31.

［46］杜振华,茶洪旺.政府数据开放问题探析［J］.首都师范大学学报（社会科学版）,2016（5）:74-80.

［47］范小军,蒋欣羽,倪蓉蓉,等.移动视频直播的互动性对持续使用意愿的影响［J］.系统管理学
报,2020,29（2）:294-307.

［48］方慧.数据可听化:声音在数据新闻中的创新实践［J］.新闻记者,2020（11）:68-74.

［49］方洁.美国融合新闻的内容与形态特征研究［J］.国际新闻界,2011,33（5）:28-34+46.

［50］方洁.数据新闻概论［M］.北京:中国人民大学出版社,2015:2-3.

［51］方洁,颜冬.全球视野下的"数据新闻":理念与实践［J］.国际新闻界,2013（6）:73-83.

［52］方秋玲.大数据支持的数据新闻可视化研究［D］.重庆:西南大学,2015.

［53］什么决定你的新闻:平台媒体新闻业务算法机制比较研究［EB/OL］.（2016-11-04）［2016-11-
06］.http://mp.weixin.qq.com/s/Yrvx9UuDtsvvWc1VX0CXMg.

［54］惊天大反转?成都七中实验学校食堂事件最新结果:只有粉条是真发霉……［EB/OL］.（2019-
03-17）［2021-03-01］.https://finance.ifeng.com/c/7l7f8QXrGEL.

［55］冯友兰.中国哲学简史［M］.北京:新世界出版社,2004.

［56］弗卢.新媒体4.0［M］.叶明睿,译.北京:人民日报出版社,2019.

［57］高晓虹,赵希婧,付海钲.增强"四力"培养卓越新闻传播人才［J］.理论导报,2019（2）:36.

［58］国家工业信息安全发展研究中心,华为技术有限公司.数据安全白皮书［R］.2021.

［59］桂宇晖,郑达,赵奎,等.游戏设计原理［M］.北京:清华大学出版社,2011:89.

［60］郭庆光.传播学教程［M］.北京:中国人民大学出版社,1999:172.

［61］国秋华.价值链重构:媒体中央厨房建设路径与模式创新［J］.现代传播（中国传媒大学学报）,
2019,41（9）:136-140.

［62］走好新时代新闻舆论工作的长征路——新媒体正确把握时度效的四组关系［EB/OL］.（2021-
11-25）［2021-12-5］.http://www.zgjx.cn/2021-11/25/c_1310330143.html.

［63］哈贝马斯.在事实与规范之间:关于法律和民主法治的商谈理论［M］.童世骏,译.北京:生
活·读书·新知三联书店,2003:446.

［64］海曼,韦斯廷.最佳方案——公平报道的美国经验［M］.郭虹,李阳,译.汕头:汕头大学出版
社,2003.

[65] 韩海燕. 从用户心理需求视角看主流媒体移动新闻直播发展前景[J]. 出版广角, 2020(7): 77-79.

[66] 何怀宏. 伦理学是什么[M]. 北京: 北京大学出版社, 2002.

[67] 何怀宏. 良心论 [M]. 北京: 北京大学出版社, 2009: 335.

[68] 何精华. 网络空间的政府治理[M]. 上海: 上海社会科学院出版社, 2006: 140-141.

[69] 洪红. 基于用户生成内容的群体智慧研究[D]. 厦门: 厦门大学, 2017.

[70] 黑斯蒂, 等. 统计学习基础——数据挖掘、推理与预测[M]. 范明, 等译. 北京: 电子工业出版社, 2004.

[71] 胡杨涓, 余树彬. 数据新闻对新闻生产实践与观念的重塑[J]. 编辑之友, 2019(7): 59-72.

[72] 胡泳. "报纸已死"还是"报纸万岁"?(上)——以《赫芬顿邮报》和《纽约时报》为例[J]. 传媒, 2012(6): 54-56.

[73] 胡泳. 微博上的意见领袖[N/OL]. 南方都市报, 2012-08-28[2021-04-05]. https://www.huxiu.com/article/3122.html.

[74] 胡泳, 刘纯懿. 现实之镜: 饭圈文化背后的社会症候[J]. 新闻大学, 2021(8): 65-79+119.

[75] 华盛顿邮报伦理政策[EB/OL]. [2021-04-05]. https://www.washingtonpost.com/policies-andstandards/#readerengagement.

[76] 黄鸣奋. 数字化语境中的新闻游戏[J]. 重庆邮电大学学报(社会科学版), 2014, 26(5): 94-100.

[77] 黄远生. 远生遗著: 上册[M]. 北京: 商务印书馆, 1984: 132-133

[78] 黄昭谋. 分享的创造性破坏: 从使用者自制内容到策展[J]. 现代传播(中国传媒大学学报), 2014, 36(5): 116-121.

[79] 黄志敏, 张玮. 数据新闻是如何出炉的——以财新数据可视化作品为例[J]. 新闻与写作, 2016(3): 86-88.

[80] 霍文, 等. 信息技术与道德哲学[M]. 赵迎欢, 宋吉鑫, 张勤, 译. 北京: 科学出版社, 2014.

[81] 算法推荐的伦理评价及反思[EB/OL]. (2019-09-27)[2021-04-05]. https://www.sohu.com/a/343769421_550967.

[82] 加拿大广播公司新闻准则和实践[EB/OL]. [2021-04-05]. https://cbc.radio-canada.ca/en/vision/governance/journalistic-standards-and-practices.

[83] 姜婷婷, 许艳闰. 国外过滤气泡研究: 基础、脉络与展望[J]. 情报学报, 2021, 40(10): 1108-1117.

[84] 蒋晓丽, 何飞. 互动仪式理论视域下网络话题事件的情感传播研究[J]. 湘潭大学学报(哲学社会科学版), 2016, 40(2): 120-123+153.

[85] 姜燕. 论纪录片声音元素的艺术表现力[J]. 现代传播(中国传媒大学学报), 2010(7): 66.

[86] 科尔曼, 雷瑟尔森, 李维斯特, 等. 算法导论: 原书第3版[M]. 殷建平, 徐云, 王刚, 等译. 北京: 机械工业出版社, 2013: 6.

[87] 克里斯琴斯, 法克勒, 理查森, 等. 媒介伦理: 案例与道德推理: 第9版[M]. 孙有中, 郭石磊, 范雪竹, 译. 北京: 中国人民大学出版社, 2014.

［88］ 科瓦齐,罗森斯蒂尔.新闻的十大基本原则［M］.刘海龙,连晓东,译.北京:北京大学出版社,2011.

［89］ 科瓦奇,罗森斯蒂尔.真相:信息超载时代如何知道该相信什么［M］.陆佳怡,孙志刚,译.北京:中国人民大学出版社,2014.

［90］ 奎恩.融合新闻报道［M］.张龙,侯娟,曾嵘,译.北京:北京大学出版社,2015:100.

［91］ 奎因.互联网伦理:信息时代的道德重构［M］.王益民,译.北京:电子工业出版社,2016.

［92］ 莱文森.数字麦克卢汉:信息化新千纪指南［M］.何道宽,译.北京:北京师范大学出版社,2014.

［93］ 勒庞,乌合之众——大众心理研究［M］.冯克利,译.北京:中央编译出版社,2017.

［94］ 雷跃捷,何晓菡,古丽尼歌尔·伊力哈木.“融合报道”的概念、内涵、特征及发展趋势——基于中国新闻奖与普利策新闻奖“融合报道”作品的比较分析［J］.新闻战线,2019（13）:40-47.

［95］ 李兵,展江.英语学界社交媒体“隐私悖论”研究［J］.新闻与传播研究,2017（4）:98-112+128.

［96］ 李凌燕.新闻叙事:客观真实性与主观倾向性间的博弈［J］.东华大学学报（社会科学版）,2009（3）:182-186.

［97］ 记者海燕:“快手第一个百万粉丝记者主播”是怎样炼成的?［EB/OL］.（2021-10-16）［2021-04-05］.https://mp.weixin.qq.com/s/aJ0vvYEmcuTyF96X6s0cng.

［98］ 梨视频版权库［EB/OL］.［2021-07-10］.https://banquan.pearvideo.com.

［99］ 李艳.互联网环境下的群体智慧［D］.武汉:华中师范大学,2017.

［100］ 李媛.如何以H5形式报道典型人物——澎湃《长幅互动连环画|天渠:遵义老村支书黄大发36年引水修渠记》策划笔记［J］.传媒评论,2018（12）:22-24.

［101］ 梁爽,喻国明.移动直播“新景观”:样态演进,情感价值与关系连接［J］.苏州大学学报（哲学社会科学版）,2021,42（4）:10.

［102］ 林品.青年亚文化与官方意识形态的“双向破壁”——“二次元民族主义”的兴起［J］.探索与争鸣,2016（2）:4.

［103］ 刘冰.融合新闻:互联网时代新闻样式重塑［J］.中国出版,2017（22）:22-25.

［104］ 刘大椿,张星昭.网络伦理的若干视点［J］.教学与研究,2003（7）:20-26.

［105］ 刘丽.近代中国新闻记者的称谓流变（1860-1900）［J］.编辑之友,2018（3）:108-112.

［106］ 刘明华,徐泓,张征.新闻写作教程［M］.北京:中国人民大学出版社,2002.

［107］ 刘鹏.“全世界都在说”:新冠疫情中的用户新闻生产研究［J］.国际新闻界,2020,42（9）:23.

［108］ 加快推进传统媒体和新兴媒体融合发展［EB/OL］.（2014-04-23）［2020-12-22］.http://politics.people.com.cn/n/2014/0423/c1001-24930310.html.

［109］ 刘奇葆.推进媒体深度融合,打造新型主流媒体［N］.人民日报,2017-1-11（6）.

［110］ 刘燕南.从“受众”到“后受众”:媒介演进与受众变迁［J］.新闻与写作,2019（3）:7.

［111］ 刘泽溪,余跃洪.“新闻真实”概念变迁与“新闻求真”路径演化［J］.中国记者,2021（10）:69-73.

［112］ 刘自雄,王朱莹.被信任的假新闻——虚假信息的受众接受心理探讨［J］.现代传播（中国传媒大学学报）,2011（7）:56-59.

[113] 龙坤,马钺,朱启超.深度伪造对国家安全的挑战及应对[J].信息安全与通信保密,2019 (10):21-34.

[114] 龙心如,周姜杉.信息可视化的艺术:信息可视化在英国[M].北京:机械工业出版社,2014.

[115] 芦彦清,赵建国.基于新媒体的网络舆情政策化议程设置研究——以多源流理论为视角[J].电子政务,2018(3):64-74.

[116] 罗崇宏."大众"概念的语义溯源[J].河北科技大学学报(社会科学版),2019,19(4):7.

[117] 罗尔斯.正义论[M].何怀宏,等译.北京:中国社会科学出版社,1988.

[118] 网易课堂|如何用游戏化思维做新闻[EB/OL].(2016-12-22)[2021-05-02].http://mp.weixin.qq.com/s/p1nL56Q7nJPURwiqcoTsNg.

[119] 洛杉矶时报新闻编辑室使用社交媒体指南[EB/OL].[2021-04-05].https://www.latimes.com/la-timesethics-guidelines-story.html.

[120] 吕耀怀.信息技术背景下公共领域的隐私问题[J].自然辩证法研究,2014(1):54-59.

[121] 1.15亿浏览量!新华网"看报告"又双又双叒叕刷屏的秘诀是?[EB/OL].(2019-03-20) [2021-04-05]https://www.sohu.com/a/302589063_181884.

[122] 麦克卢汉.理解媒介——论人的延伸[M].何道宽,译.北京:商务印书馆,2000.

[123] 麦奎尔.受众分析[M].刘燕南,李颖,杨振荣,译.北京:中国人民大学出版社,2006.

[124] 毛泽东.毛泽东选集:第一卷[M].北京:人民出版社,1952.

[125] 牟宗艳,吕本修.构建网络伦理的基本原则[J].齐鲁学刊,2003(2):81-84.

[126] 南瑞琴.从"独家新闻"到"标准生产"——人工智能时代新闻生产模式的"价值位移"[J].郑州大学学报(哲学社会科学版),2019,52(2):109.

[127] 牛静.新闻透明性:技术变革下的媒体伦理新准则[J].新闻与写作,2019(4):22-28.

[128] 牛静,刘克取.国外新闻机构对社交媒体使用的伦理规范探讨[J].媒体融合新观察,2021 (4):18-22.

[129] 纽约时报新闻编辑室的社交媒体指南[EB/OL].[2021-04-05].https://www.nytimes.com/editorial-standards/social-media-guidelines.html.

[130] 彭渤.新科技背景下文艺类电视节目在场分析[J].中国广播电视学刊,2021(7):63-65.

[131] 彭兰.媒介融合方向下的四个关键变革[J].青年记者,2009(4):3.

[132] 彭兰.场景:移动时代媒体的新要素[J].新闻记者,2015(3):20-27.

[133] 彭兰.移动化、社交化、智能化:传统媒体转型的三大路径[J].新闻界,2018(1):35-41.

[134] 彭兰.短视频:视频生产力的"转基因"与再培育[J].新闻界,2019(1):34-43.

[135] 彭兰.新媒体用户研究:节点化、媒介化、赛博格化的人[M].北京:中国人民大学出版社,2020:8-9.

[136] 彭兰.无边界时代的专业性重塑[J].现代传播(中国传媒大学学报),2018,40(5):1-8.

[137] 判决书:字节跳动两员工收钱将指定内容推上抖音热榜,自首获刑[EB/OL].(2021-11-29)[2021-12-01].https://baijiahao.baidu.com/s?id=1717761685836482150&wfr=spider&for=pc.

[138] 中国新媒体趋势报告2017：通向媒体新星球的未来地图[EB/OL].（2017-11-16）[2020-03-02]. https：//mp. weixin. qq. com/s/klp1sl9-GzNKPSLnDOg1Xw.

[139] 2018世界杯白皮书：一个千万亿市场的新变局[R/OL].（2018-07-17）[2020-12-22]. https：//tech. qq. com/a/20180717/035226. htm#p=3.

[140] 青年志. 游牧：年轻人的消费新逻辑[J]. 风流一代，2018（30）：59.

[141] 邱婷. 知识可视化作为学习工具的应用研究[D]. 南昌：江西师范大学，2006.

[142] 自动化新闻案例集结：国际媒体新闻编辑室如何利用？[EB/OL].（2019-09-18）[2019-09-19]. https：//36kr. com/p/1724373598209.

[143] 李良荣：未来，短视频新闻如何发展|复旦大学传播与国家治理研究中心出品[EB/OL].（2019-10-19）[2021-07-03]. https：//mp. weixin. qq. com/s/jvofYZ6NhRrRsDoK5TGobQ.

[144] 任秋菊，赵昕，韩毅. 用户视角下信息茧房的成因分析[J]. 图书情报工作，2021（1）：120-127.

[145] 汝绪华. 国外假新闻研究：缘起、进展与评价[J]. 新闻与传播评论，2019（9）：59.

[146] 三中全会《决定》：健全网络突发事件处置机制　重视新型媒介运用和管理[EB/OL].（2013-11-15）[2020-12-22]. http：//politics. people. com. cn/ywkx/n/2013/1115/c363767-23559183. html.

[147] 桑德斯. 道德与新闻[M]. 曹晋，周宪，译. 上海：复旦大学出版社，2007.

[148] 桑斯坦. 信息乌托邦——众人如何生产知识[M]. 毕竟悦，译. 北京：法律出版社，2008.

[149] 斯考伯，伊斯雷尔. 即将到来的场景时代[M]. 赵乾坤，周宝曜，译. 北京：北京联合出版公司，2014.

[150] 斯隆，麦克拉里，克利里. 普利策新闻奖最佳作品集[M]. 于利园，等译. 北京：中国新闻出版社，1987.

[151] 斯皮内洛. 世纪道德：信息技术的伦理方面[M]. 刘钢，译. 北京：中央编译出版社，1999：3-54.

[152] 舍恩伯格，库克耶. 大数据时代[M]. 袁杰，译. 杭州：浙江人民出版社，2013.

[153] 申金霞. 后真相时代社交媒体平台的事实核查分析[J]. 新闻与写作，2019（3）：57-58.

[154] 我们分析了1000+今日头条头部账号双标题文章，结果竟然发现……[EB/OL].（2019-10-17）[2019-10-19]. https：//zhuanlan. zhihu. com/p/87120671.

[155] 舒德森. 发掘新闻：美国报业的社会史[M]. 陈昌凤，常江，译. 北京：北京大学出版社，2009.

[156] 宋昭勋. 新闻传播学中Convergence一词溯源及内涵[J]. 现代传播（中国传媒大学学报），2006（1）：51-53.

[157] 苏涛. H5新闻的概念起源与技术逻辑——基于技术视角的考察[J]. 新媒体研究，2019，5（20）：1-5+12.

[158] 隋岩. 受众观的历史演变与跨学科研究[J]. 新闻与传播研究，2015（8）：17.

[159] 梨视频运营总监孙翔：如何利用社交媒体打造爆款短视频？[EB/OL].（2017-09-07）[2021-05-02]. https：//36kr. com/p/1721824903169.

[160] 塔娜，唐铮. 算法新闻[M]. 北京：中国人民大学出版社，2019：15-16.

[161] 塔奇曼. 做新闻［M］. 麻争旗, 刘笑盈, 徐扬, 译. 北京: 华夏出版社, 2008.

[162] 谭章禄, 方毅芳, 吕明, 等. 信息可视化的理论发展与框架体系构建［J］. 情报理论与实践, 2013, 36（1）: 16-19+32.

[163] 唐雪梅, 赖胜强. 情绪化信息对舆情事件传播的影响研究［J］. 情报杂志, 2018, 37（12）: 124-129.

[164] 唐铮. 能动的在场: 融合背景下的职业权威性——对近百位中国媒体从业者的深度访谈［J］. 国际新闻界, 2019（6）: 86.

[165] 陶亮. 政务抖音传播现状及发展对策研究［J］. 传媒论坛, 2019, 2（10）: 39.

[166] 陶迎春, 技术中的知识问题——技术黑箱［J］. 科协论坛（下半月）, 2008（7）: 54-55.

[167] "传媒业X游戏"案例打包: 报道/交互/IP开发, 用脑洞指挥注意力［EB/OL］.（2017-10-19）［2021-04-05］. http://mp. weixin. qq. com/s/pzXBeux0p1LU4Fs3ZJUVzw.

[168] 《中国新闻周刊》副总编辑陈晓萍: 找到那个"一针见血"的问题, 为历史留下一份底稿 | 传媒前线［EB/OL］.（2020-03-09）［2021-04-05］. https://mp. weixin. qq. com/s/jUNVIbL7X-1nKPqmfR6BbQ.

[169] 移动页面用户行为报告第一期［EB/OL］.（2015-05-06）［2021-07-09］. http://s. ku-h5. com/s/tgi-report-1/index. html.

[170] 童兵. 理论新闻传播学导论［M］. 北京: 中国人民大学出版社, 2000.

[171] 涂凌波, 田欣荷. 中国新媒体研究报告2020: 算法新闻的推荐机制、影响及其伦理问题探究［M］. 北京: 人民日报出版社, 2020.

[172] 王常柱, 武杰, 张守凤. 大数据时代网络伦理规制的复杂性研究［J］. 科学技术哲学研究, 2020（4）: 107-113.

[173] 王辰瑶. 新闻融合的创新困境——对中外77个新闻业融合案例研究的再考察［J］. 南京社会科学, 2018（11）: 99-108.

[174] 王辰瑶, 刘天宇. 2020年全球新闻创新报告［J］. 新闻记者, 2021（1）: 38-56.

[175] 王海燕. 数字新闻创新的变与不变——基于十家媒体客户端新闻与纸媒报道的对比分析［J］. 新闻记者, 2020（9）: 3-13.

[176] 王金礼. 元传播: 概念、意指与功能［J］. 新闻与传播研究, 2017（2）: 118-125.

[177] 王军, 王鑫. 国内外对失实新闻的核查机制初探［J］. 新闻爱好者, 2019（2）: 42-45.

[178] 王君超. 融合新闻的定义、实践与改进途径［J］. 中国报业, 2014（9）: 1.

[179] 王禄生. 论"深度伪造"智能技术的一体化规制［J］. 东方法学, 2019（6）: 58-68.

[180] 王敏. 大数据时代如何有效保护个人隐私? ——一种基于传播伦理的分级路径［J］. 新闻与传播研究, 2018（11）: 69.

[181] 王强. "数据驱动"与"叙述驱动": 数据新闻生产的双重动力［J］. 编辑之友, 2015（3）: 80-84.

[182] 王强. "总体样本"与"个体故事": 数据新闻的叙述策略［J］. 编辑之友, 2015（9）: 65-68.

[183] 王维佳, 周弘. 流量新闻中的"零工记者": 数字劳动转型与西方新闻记者角色的变迁［J］. 新闻与写作, 2021（2）: 16-17.

[184] 赴美学习记（四）：创新转型 稀缺为王——美国传统新闻机构的短视频策略[EB/OL].（2017-03-13）[2017-03-15]. https://www.jzwcom.com/jzw/20/16710.html.

[185] 微博话题#云监工#[EB/OL].（2020-01-29）[2020-04-05]. https://s.weibo.com/weibo?q=%23%E4%BA%91%E7%9B%91%E5%B7%A5%23.

[186] 魏玲芳.网络时代的"议程设置"[J].新闻世界，2009（2）：61-62.

[187] 魏叶敏，胡绍辉.脚本语言在基础地理信息数据更新中的应用[J].四川地质学报，2017，37（4）：664-666.

[188] 吴莹，曾子珊.网络道德事件中青年群体的不确定性认知与极端心理反应[J].中央民族大学学报（哲学社会科学版），2021（1）：73.

[189] 武晓立.当新闻遇上游戏——浅谈新闻游戏的现状和发展策略[J].新闻研究导刊，2016，7（21）：55-56.

[190] 习近平.习近平谈治国理政：第一卷[M].北京：外文出版社，2014.

[191] 习近平.习近平谈治国理政：第二卷[M].北京：外文出版社，2017.

[192] 习近平.论中国共产党历史[M].北京：中央文献出版社，2021.

[193] 习近平：推动媒体融合向纵深发展 巩固全党全国人民共同思想基础[EB/OL].（2019-01-25）[2020-12-26]. http://www.xinhuanet.com/politics/leaders/2019-01/25/c_1124044208.htm.

[194] 习近平主持召开中央全面深化改革领导小组第四次会议[EB/OL].（2014-08-18）[2020-12-22]. http://www.gov.cn/xinwen/2014-08/18/content_2736451.html.

[195] 习近平主持召开中央全面深化改革委员会第五次会议[EB/OL].（2018-11-14）[2020-12-26]. http://www.xinhuanet.com/politics/leaders/2018-11/14/c_1123714393.htm.

[196] 习近平主持中共中央政治局第十二次集体学习并发表重要讲话[EB/OL].（2018-08-22）[2020-12-26]. http://www.gov.cn/xinwen/2019-01/25/content_5361197.htm.

[197] 习近平总书记1.25讲话[EB/OL].（2019-03-05）[2020-12-26]. http://jhsjk.people.cn/article/30957671.

[198] 夏倩芳，王艳.从"客观性"到"透明性"：新闻专业权威演进的历史与逻辑[J].南京社会科学，2016（7）：97-109.

[199] 肖峰.从底线伦理到担当精神：当代青年的网络文明意识[J].中国青年研究，2019（6）：41-45.

[200] 肖鳕桐，方洁.内容与技术如何协作？——行动者网络理论视角下的新闻生产创新研究[J].国际新闻界，2020（11）：111-115.

[201] 肖志军.消失的地域：电子媒介对社会行为的影响[M].北京：清华大学出版社，2002.

[202] 中国互联网大会倡议共守"七条底线"[EB/OL].（2013-08-15）[2021-04-05]. http://news.xinhuanet.com/politics/2013-08/15/c_116961278.htm.

[203] 新华社发布国内首条MGC视频新闻，媒体大脑来了！[EB/OL].（2016-12-29）[2017-12-26]. https://baijiahao.baidu.com/s?id=1587837872338337274&wfr=spider&for=pc.

[204] 《新闻学概论》编写组.新闻学概论[M].2版.北京：高等教育出版社，2020.

[205] 熊慧,李海燕,钟玉鑫.话语视角下的记者角色研究:概念模型与未来进路[J].新闻记者,2020(6):62.

[206] 许向东.数据新闻:新闻报道新模式[M].北京:中国人民大学出版社,2018.

[207] 徐笛.数字时代,谁是记者:一种分层理解的框架[J].新闻界,2021(6):15-19.

[208] "网红"丁真:一场短时大流量到长效正能量的传播蝶变[EB/OL].(2020-12-15)[2021-03-13].https://www.hubpd.com/c/2020-12-15/982846.shtml.

[209] 徐敬宏,张为杰,李玲.西方新闻传播学关于社交网络中隐私侵权问题的研究现状[J].国际新闻界,2014(10):146-158.

[210] 徐蕾,常晓洲,姚雯雯.媒介融合背景下《人民日报》数字化转型研究[J].新闻爱好者,2018(1):88-93.

[211] 徐玉,赵怀娟.偏差行为理论视角下青年现象"网络直播自杀"行为探析[J].中国青年研究,2017(11):87.

[212] 许向东.转向、解构与重构:数据新闻可视化叙事研究[J].国际新闻界,2019,41(11):142-155.

[213] 严复.译凡例[M]//穆勒.群己权界论.北京:商务印书馆,1930:2.

[214] 延森.媒介融合:网络传播、大众传播和人际传播的三重维度[M].刘君,译.上海:复旦大学出版社,2014.

[215] 杨保军.假新闻、失实新闻内涵辨析[J].今传媒,2008(3):10-12.

[216] 杨保军.论作为宏观新闻规律的"技术主导律"[J].国际新闻界,2019(8):108-134.

[217] 杨保军.再论作为"中介"的新闻[J].新闻记者,2020(8):3-11.

[218] 杨保军."融合新闻学":符合时代特征的总名称——关于"后新闻业时代"开启后新闻学命名问题的初步思考[J].新闻界,2022(1):100-117.

[219] 杨保军,李泓江.新闻学的范式转换:从职业性到社会性[J].新闻与传播研究,2020(8):14.

[220] 杨纯.古永锵:微视频市场机会激动人心[J].中国电子商务,2006(11):112-113.

[221] 杨光宗,刘钰婧.从"受众"到"用户":历史、现实与未来[J].现代传播(中国传媒大学学报),2017(7):5.

[222] 杨继红.慢直播传播特征:场景介入+用户卷入[J].中国记者,2021(1):74-79.

[223] 杨青,钟书华.国外"虚拟现实技术发展及演化趋势"研究综述[J].自然辩证法通讯,2021,43(3):97-106.

[224] 杨伟光.电视新闻分类与界定[M].北京:中国广播电视出版社,1994:3.

[225] 阳西述,陈娟.虚拟现实系统中人机交互感官机理研究[J].湖南人文科技学院学报,2006(3):71-72.

[226] 姚君喜.新闻真实性的意义阐释[J].社会科学,2007(6):93-101.

[227] 英国广播公司编辑指南[EB/OL].[2021-04-05].https://www.bbc.com/editorialguidelines.

[228] 尤红.VR新闻的重构特征与伦理风险[J].现代传播(中国传媒大学学报),2020(4):50.

[229] 喻国明.融合转型的新趋势:"高维"媒介中的"平台型媒体"——对互联网逻辑下未来传

播主流模式的分析与思考[EB/OL].(2015-02-03)[2021-04-05].https://news.sohu.com/20150203/n408437118.shtml.

[230] 喻国明.互联网是一种"高维"媒介——兼论"平台型媒体"是未来媒介发展的主流模式[J].新闻与写作,2015(2):41-44.

[231] 喻国明."破圈":未来社会发展中至为关键的重大命题[J].新闻与写作,2021(6):1.

[232] 喻国明,李慧娟.大数据时代传媒业的转型进路——试析定制内容、众包生产与跨界融合的实践模式[J].现代传播(中国传媒大学学报),2014(12):1-5+11.

[233] 喻国明,马慧.互联网时代的新权力范式:"关系赋权"——"连接一切"场景下的社会关系的重组与权力格局的变迁[J].国际新闻界,2016,38(10):6-27.

[234] 于森.数据新闻实践:流程再造与模式创新[J].编辑之友,2015(9):69-72.

[235] 悦连城.新闻游戏:融合新闻的新尝试——概念、特征与功能[J].现代视听,2016(9):35-37.

[236] 曾祥敏.电视采访[M].3版.北京:中国传媒大学出版社,2018.

[237] 曾祥敏.《瞬间中国》破局传统电视节目,创新打造全媒体传播样本——评《瞬间中国》的融媒体创新之道[J].中国新闻传播研究,2019(3):233-238.

[238] 曾祥敏."中国一分钟"系列微视频[M]//中国新媒体研究报告2020.北京:人民日报出版社,2020:392-402.

[239] 曾祥敏.父亲·我们·时代[M]//中国新媒体研究报告2020.北京:人民日报出版社,2020:401.

[240] 曾祥敏,董小染.2016全国"两会"新闻报道信息可视化产品研究[J].传媒,2016(6):32-35.

[241] 曾祥敏,方雪悦.新闻游戏:概念、意义、功能和交互叙事规律研究[J].现代传播(中国传媒大学学报),2018(1):70-77.

[242] 曾祥敏,关伟娜.时政报道中的信息可视化产品研究——基于2015年全国"两会"报道的个案研究[J].现代传播(中国传媒大学学报),2015(7):29-33.

[243] 曾祥敏.微视频创作与创新策略[J].电视研究,2018(6):4-7.

[244] 曾祥敏,邢天鹜.形短流长、守正创新:短视频生产与运营的辩证逻辑[J].中国编辑,2020(11):79-84.

[245] 曾祥敏,杨丽萍.媒体融合作品创优路径探析——第三十届中国新闻奖媒体融合奖评析[J].新闻与写作,2020(12):83-88.

[246] 曾祥敏,张子璇.场域重构与主流再塑:疫情中的用户媒介信息接触、认知与传播[M].现代传播(中国传媒大学学报),2020(5):66-67.

[247] 曾祥敏,周逵.电视新闻学[M].北京:中国传媒大学出版社,2015:253.

[248] 今日头条算法原理[EB/OL].(2018-02-13)[2018-02-13].https://zhuanlan.zhihu.com/p/33803387.

[249] 如何用好热词分析功能,生产更优质的内容[EB/OL].(2017-03-10)[2017-05-11].https://www.toutiao.com/i6395069303682499073/.

[250] 邹湘军,孙健,何汉武,等.虚拟现实技术的演变发展与展望[J].系统仿真学报,2004(9):

1905-1909.

[251] 邹学麟. 新媒体语境下的网络深度报道研究［J］. 福建论坛（人文社会科学版），2011（4）：66-68.

[252] 詹晨林，陈洁. 移动新闻直播报道：定义、特征与趋势［J］. 电视研究，2018（3）：35-37.

[253] 张建中. 用新闻游戏吸引受众：《华盛顿邮报》的创新与实践［J］. 新闻界，2016（17）：53-57+72.

[254] 张建中，王天定. 迈向新的媒体融合：当新闻遭遇游戏［J］. 现代传播（中国传媒大学学报），2016，38（11）：111-116.

[255] 张超. 数据新闻的交互叙事初探［J］. 新闻界，2017（8）：10-15+45.

[256] 张超. 从开放数据到数据：数据新闻"数据"内涵的演变［J］. 编辑之友，2020（7）：85-89.

[257] 张梦，俞逆思，师文，等. "开放伦理"何以可能？微博场域中的公众智能技术伦理争议研究［J］. 新闻界，2021（1）：51-63+74.

[258] 张淑玲. 破解黑箱：智媒时代的算法权力规制与透明实现机制［J］. 中国出版，2018（7）：49-53.

[259] 张通. AR动新闻：在四川日报上看"动起来"的科博会！［N］. 川报观察，2019-09-07.

[260] 张昱辰. 理解"用户"：受众研究的拓展与创新［J］. 青年记者，2019（33）：9-10.

[261] 张志安. 深度报道从业者的职业意识特征研究［J］. 现代传播（中国传媒大学学报），2008（5）：50-53+56.

[262] 赵宇翔，朱庆华. Web 2.0环境下用户生成视频内容质量测评框架研究［J］. 图书馆杂志，2010（4）：7.

[263] 郑蔚雯，姜青青. 大数据时代，外媒大报如何构建可视化数据新闻团队？——《卫报》《泰晤士报》《纽约时报》实践操作分析［J］. 中国记者，2013（11）：132-133.

[264] 郑志亮，刘琦，闫依丹. 跨界融合背景下H5产品的非线性叙事表达——以新冠肺炎疫情期间多平台H5产品为例［J］. 中国新闻传播研究，2020（4）：127-136.

[265] 郑潇. VR+纪录片：建构新兴纪录片媒介环境［J］. 新媒体研究，2017，3（8）：22-24.

[266] 钟大年. 纪实不是真实［J］. 现代传播，1992（3）：20.

[267] 钟大年. 再论纪实不是真实［J］. 现代传播–北京广播学院学报，1995（2）：28.

[268] 中共中央马克思恩格斯列宁斯大林著作编译局. 马克思恩格斯合集：第一卷［M］. 北京：人民出版社，1995.

[269] 中共中央马克思恩格斯列宁斯大林著作编译局. 马克思恩格斯选集［M］. 北京：人民出版社，2012.

[270] 军装情节与裂变传播——人民日报客户端揭秘"军装照"H5为何"刷屏"［EB/OL］.（2021-01-12）［2021-03-22］. http://www.cac.gov.cn/2018-12/25/c_1123902380.html.

[271] 中共中央文献研究室. 习近平关于社会主义文化建设论述摘编［M］. 北京：中央文献出版社，2017：46.

[272] 中国传媒大学电视学院. "向网而生：网络原创节目发展系列研讨之短微视频"研讨会［C］. 2016-03-18.

［273］ 中国互联网络信息中心. 第47次中国互联网络发展状况统计报告［R/OL］.（2021-02-03）［2021-04-05］. http：//www. cnnic. cn/hlwfzyj/hlwxzbg/hlwtjbg/202102/P020210203334633480104. pdf.

［274］ 中国互联网络信息中心. 第48次中国互联网络发展状况统计报告［R/OL］.（2021-09-15）［2021-10-05］. http：//www. cnnic. cn/hlwfzyj/hlwxzbg/hlwtjbg/202109/P020210915523670981527. pdf.

［275］ 中国新闻工作者职业道德准则［EB/OL］.（2019-12-16）［2021-04-05］. http：//www. xinhuanet. com/2019-12/15/c_1125348618. htm.

［276］ 第三十一届中国新闻奖评选办法［EB/OL］.（2021-04-02）［2021-04-03］，http：//www. zgjx. cn/2021-04/02/c_139854653. htm.

［277］ 中国人民大学哲学系逻辑教研室. 逻辑学［M］. 北京：中国人民大学出版社，2002.

［278］ 中共中央办公厅国务院办公厅关于加快推进媒体深度融合发展的意见［EB/OL］.（2020-09-26）［2021-12-01］. http：//www. gov. cn/zhengce/2020-09/26/content_5547310. htm.

［279］ 克劳锐：2019中国MCN行业发展研究白皮书［R/OL］.（2019-06-10）［2021-07-08］. http：//www. 199it. com/archives/856334. html.

［280］ 钟祥铭，方兴东. "围墙花园" 破拆：互联网平台治理的一个关键问题［J］. 现代出版，2021（5）：63.

［281］ 周顿. 网络 "围观" 漠视生命 专家呼吁立法规范［N］. 民主与法制报，2014-12-08（017）.

［282］ 周建. 如何定义艺术——丹托艺术哲学再认识［D］. 上海：华东师范大学，2013：54.

［283］ 周宁，陈勇跃，金大卫，等. 知识可视化与信息可视化比较研究［J］. 情报理论与实践，2007，30（2）：178-181+255.

［284］ 周旭辉. "追风" 启示录——移动直播《超强台风 "利奇马" 登陆浙江温岭 浙视频记者勇闯台风眼》采访心得［J］. 传媒评论，2020（12）：18-19.

［285］ 如何打击假新闻？美国人说：玩游戏呗！l 媒前沿［EB/OL］.（2017-08-10）［2021-04-03］. http：//mp. weixin. qq. com/s/w3qA7J45Ss4u34OulDtu1g.

［286］ 朱红涛，李姝熹. 信息茧房研究综述［J］. 图书情报工作. 2021（18）：144-145.

［287］ 朱刘光. 重庆主流网络新闻媒体交互性研究［D］. 重庆：重庆工商大学，2010.

［288］ 朱永祥，李倩. 移动时代视频新闻直播的五大改变［J］. 传媒评论，2020（7）：27-29.

［289］ 朱育莹，罗威. "OGC+UGC" "网生化" "人格化"：地方媒体的 "出圈" 之路——以 "四川观察" 抖音号为例［J］. 西部广播电视，2020，41（24）：1-3.

外文文献

［1］ ABT C. Serious games［M］，New York：Viking Press，1970.

［2］ ADRIAN H. A Fundamental way news paper sites need to change［EB/OL］.（2006-09-06）［2006-11-12］. http：//www. holovaty. com/writing/fundamental-change/.

［3］ ALSTYNE M，BRYNJOLFSSON A. Electronic communities：global village or cyberbalkans?［C］// Proceedings of the 17th International Conference on Information System. New York：Wiley，1996：32.

［4］ Associated Press. Social media guidelines for AP employers［R/OL］.（2013-05-01）［2020-03-

01]. https: //www. ap. org/assets/documents/social-media-guidelines_tcm28-9832. pdf.

[5] AVEDON E, SUTTON-SMITH B. The study of games [M]. New York: John Wiley& Sons, 1971: 405.

[6] WERBACH K, HUNTER D. How game thinking can revolutionize your business [M]. Zhejiang People's Publishing House, 2014: 32.

[7] BARGER R. In search of a common rationale for computer ethics [C]. Third Annual Computer Ethics Institute Conference, Washington DC: the Brookings Institution, 1994.

[8] BAYM N K. The emergence of on-line community [M]. Sage Publications, Inc. 1998.

[9] BAZIN A. The ontology of the photographic image [J]. Film quarterly, 1960, 13 (4): 4-9.

[10] BLANDING M. Can "extreme transparency" fight fake news and create more trust with readers? [EB/OL]. [2022-03-08]. https: //niemanreports. org/articles/can-extreme-transparency-fight-fake-news-and-create-more-trust-with-readers/.

[11] BORGESIUS Z, TRILLING D, MOLLER J, et al. Should we worry about filter bubbles? [J]. Internet policy review, 2016, 5 (1): 1-16.

[12] BRAND S, CRANDALL R E. The media lab: inventing the future at MIT [J]. Computers in physics, 1988, 2 (1): 91-92.

[13] BRADSHAW P. The inverted pyramid of data journalism [EB/OL]. (2011-07-07) [2021-10-15]. https: //onlinejournalismblog. com/2011/07/07/the-inverted-pyramid-of-data-journalism.

[14] BRUNS A. Towards produsage: futures for user-led content production [C] //School of Information Technology. Proceeding of the 5th international conference on cultural attitudes towards technology and communication, 2006: 275-284.

[15] CAIRO A. Nerd journalism: how data and digital technology transformed news graphics [D]. Universitat Oberta de Catalunya, 2017.

[16] CARBONELL C . Convergence culture: where old and new media collide [J]. The journal of popular culture, 2007, 40 (4): 731-733.

[17] CHRISTIANS C . The ethics of universal being [M] //WARD S, WASSERMAN H. Media ethics beyond borders: a global perspective. NewYork: Routledge, 2008: 6-23.

[18] CLARK A, FOX C, LAPPIN S. The handbook of computational linguistics and natural language processing [J]. Theory of parsing, 2010: 105-130.

[19] Commute by Dataveyes [EB/OL]. [2021-04-05]. https: //iibawards-prod. s3. amazonaws. com/uploads%2F2019%2F85c01a9%2FCommute_Abstract. pdf.

[20] CPSR. The ten commandments of computer ethics [EB/OL]. (2011-09-01) [2021-12-23]. http: //cpsr. org/issues/ethics/cei/.

[21] CRAIG L S. Verification handbook: an ultimate guideline on digital age sourcing for emergency coverage [R/OL]. (2014-01-28) [2020-03-12]. https: //verificationhandbook. com/

downloads/verification. handbook. pdf.

［22］　DAFT R, LENGEL R. Organizational information requirements, media richness and structural design［J］. Management science, 1986, 32（5）: 554-571.

［23］　DE LA PENA N, WEIL P, LLOBERA J, et al. Immersive journalism: immersive virtual reality for the first-person experience of news［J］. Presence, 2010, 19（4）: 291-301.

［24］　DEUZE M. What is journalism? Professional identity and ideology of journalists reconsidered ［J］. Journalism, 2005（6）.

［25］　DIAKOPOULOS N. Algorithmic Accountability Reporting: On the Investigation of Black Boxes ［R/OL］.［2021-04-05］. https: //academiccommons. columbia. edu/doi/10.7916/D8ZK5TW2.

［26］　DIAKOPOULOS N. Algorithmic accountability: journalistic investigation of computational power structures［J］. Digital journalism, 2015, 3（3）: 398-415.

［27］　DIAZ-CAMPO J, SEGADO-BOJ F. Journalism ethics in a digital environment: how journalistic codes of ethics have been adapted to the Internet and ICTs in countries around the world［J］. Telematics and informatics, 2015, 32（4）, 735-744.

［28］　ECKER U, HOGAN J, LEWANDOWSKY S. Reminders and repetition of misinformation: helping or hindering its retraction? ［J］. Journal of applied research in memory and cognition, 2017, 6（2）: 185-192.

［29］　GANGESHWAR K, et al. A deep learning approach for multimodal deception detection［J］. arXiv preprint arXiv, 2018, 3（44）: 5-6.

［30］　GANT S. We're all journalists now: the transformation of the press and reshaping of the law in the internet age［M］. New York: Free Press, 2007.

［31］　GRAVES L. Deciding what's true: the rise of political fact-checking in American journalism ［M］. New York: Columbia University Press: Greenberg, 2016.

［32］　GREGORY B. Mind and nature: a necessary unity［M］. New York: E. P. Dutton, 1979.

［33］　HERMANN T. Taxonomy and definition for sonifications and auditory display ［C］// Proceedings of the 14th International Conference on Auditory Display, Paris.

［34］　HERMANN T, RITTER H. Sound and meaning in auditory data display［C］// Proceedings of the IEEE, 2004, 92（4）: 730-41.

［35］　HOLONE H. The filter bubble and its effect on online personal health information［J］. Croatian medical journal, 2016, 57（3）: 298-301.

［36］　HOHMANN J. ASNE 10 Best Practices for Social Media［EB/OL］.（2011-05-01）［2021-12-24］. https: //members. newsleaders. org/Files/pdf/10_Best_Practices_for_Social_Media. pdf.

［37］　JAHNG M R, LITTAU J. Interacting is believing: interactivity, social cue, and perceptions of journalistic credibility on Twitter ［J］. Journalism & mass communication quarterly, 2016（1）: 38-58.

［38］　JENKINS H. The cultural logic of media convergence［J］. International journal of cultural studies, 2004, 7(1): 33-43.

[39] JUNG I G, RYU W, KIM J. An efficient mobility management scheme for convergence mobile media multicast services in NGN[J]. Multimedia tools and applications, 2015, 74(7): 2201-2217.

[40] KAWAMOTO K S. Digital journalism: emerging media and the changing horizons of journalism [M]. Oxford: Rowman & Littlefield, 2003.

[41] KLEIN G, HOFFMAN M P R. Making sense of sensemaking 1: alternative perspectives[J]. IEEE intelligent systems, 2006(4): 70-73.

[42] KOLISKA M, CHADHA K. Digitally outsourced: the limitations of computer-mediated transparency[J]. Journal of media ethics, 2015, 31(1): 51-62.

[43] KOOL H. The ethics of immersive journalism: a rhetorical analysis of news storytelling with virtual reality technology[J]. Intersect, 2016, 9(3): 3.

[44] KOOPS B. Forgetting footprints, shunning shadows: a critical analysis of the 'right to be forgotten' in big data practice[J]. Social science electronic publishing, 2013(8): 229-256.

[45] LATAR N, NORDFORS D. Digital identities and journalism content—how artificial intelligence and journalism may co-develop and why society should care[J]. Innovation journalism, 2009, 6(7): 3-47.

[46] LAWS S, LUISA A. Can immersive journalism enhance empathy? [J]. Digital journalism, 2020, 8(2): 213-228.

[47] LEABEATER C, MILLER P. The pro-am revolution: how enthusiasts are changing our society and economy[M]. London: Demos, 2004.

[48] LEE J. The double-edged sword: the effects of journalists' social media activities on audience perceptions of journalists and their news products[J]. Journal of computer-mediated communication, 2015(3): 312-329.

[49] LEIMEISTER J M. Collective intelligence[J]. Business & information systems engineering, 2010, 2(4): 245-248.

[50] LEWIS P. Echo chamber [J]. The times literary supplement, 1980(4017): 312.

[51] LINDEN C G. Algorithms for journalism: the future of news work[J]. The journal of media innovations, 2017, 4(1): 60.

[52] LORENZ M. Data driven journalism: what is there to learn? [C]. Stanford, CA: Presented at IJ-7 Innovation Journalism Conference, 2010.

[53] MANOVICH L. The language of new media[M]. Cambridge, Mass.: MIT Press, 2002: 25

[54] MEYER H K, MARCHIONNI D, THORSON E. The journalist behind the news: credibility of straight, collaborative, opinionated, and blogged "news" [J]. American behavioral scientist, 2010(2): 100-119.

[55] MARCONI F, DALDRUP T. How the Wall Street Journal is preparing its journalists to detect

deepfakes［EB/OL］.（2018-11-15）［2021-03-01］. https：//www. niemanlab. org/2018/11/how-the-wall-street-journal-is-preparing-its-journalists-to-detect-deepfakes/.

［56］ MITTELSTADT B. The ethics of algorithms: mapping the debate［J］. Big data & society, 2016, 3（2）: 4.

［57］ NEGROPONTE N. Being digital［M］. London: Hodder & Stoughton, 1995.

［58］ Nieman Report. Inside the BBC's Verification Hub［R/OL］.（2012-07-06）［2021-03-01］ https：//niemanreports. org/articles/inside-the-bbcs-verification-hub/.

［59］ NISSENBAUM H. Privacy in context: technology, policy, and the integrity of social life ［M］. Stanford, CA: Stanford Law Books, 2009: 147.

［60］ OWEN D. Is Noise Pollution the Next Big Public-Health Crisis?［EB/OL］.（2019-05-13）［2021-04-05］. https：//www. newyorker. com/magazine/2019/05/13/is-noise-pollution-the-next-big-public-health-crisis.

［61］ Oxford Dictionary. Word of the Year 2016［EB/OL］.（2016-11-16）［2017-05-16］. https：//languages. oup. com/word-of-the-year/.

［62］ PARIS B, DONOVAN J. Deepfakes and cheap fakes: the manipulation of audio and visual evidence［M/OL］.（2019-09-18）［2021-03-01］. https：//datasociety. net/output/deepfakes-and-cheap-fakes/.

［63］ PARISER E. The filter bubble: what the internet is hiding from you［M］. New York: Penguin Press, 2011.

［64］ PETRONIO S. Boundaries of privacy: dialectics of disclosure［M］. New York: State University of New York Press, 2002: 105.

［65］ QUINN S, FILAK V. Convergent journalism an introduction: writing and producing across media ［M］. London: Routledge, 2005.

［66］ REIMAN J. Driving to the panopticon: a philosophical exploration of the risks to privacy posed by the highway technology of the future［J］. Santa Clara high technology law journal, 1995, 1（11）: 27-44.

［67］ ROSEN J. The people formerly known as the audience［M］. London: Cambridge Scientific Publishers Ltd, 2008.

［68］ SEDAYAO. J. Enhancing cloud security using data anonymization［J］. Intel It, 2012（3）.

［69］ SPJ. Code of Ethics: Society of Professional Journalists［EB/OL］.［2021-04-10］. https：//www. spj. org/ethicscode. asp.

［70］ SEVERIN, WERNER J, JAMES W T. Communication theories: origins, methods, and uses in the mass media［M］. New York: Longman, 1997.

［71］ SHU K, SLIVA A, WANG S, et al. Fake News Detection on Social Media: A Data Mining Perspective ［EB/OL］.［2021-04-05］. https：//arxiv. org/abs/1708. 01967.

［72］ SOLOVE D. Understanding privacy［M］. MA: Harvard University Press, 2008: 14–37.

［73］ SUSAN B. A privacy paradox: social networking in the Unites States［J］. First monday journal article, 2006, 11（9）.

［74］ SPINELLO R. Global capitalism, culture and ethics［M］. London: Routledge, 2014: 112.

［75］ SPJ. Code of Ethics: Society of Professional Journalists［EB/OL］.［2021–04–10］. https: //www. spj. org/ethicscode. asp.

［76］ TESICH S. A government of lies［J］. Nation, 1992, 254（1）: 12–14.

［77］ USHER N. Making news at The New York Times［M］. Michigan: University of Michigan Press, 2014.

［78］ VAN D J. Users like you? Theorizing agency in user-generated content［J］. Media, culture & society, 2009, 31（1）: 41–58.

［79］ VOSOUGHI S, ROY D, ARAL S. The spread of true and false news online［J］. Science, 2018, 359（6380）: 1146–1151.

［80］ WALKER T. Doing More With Less? Convergence and Public Interest in the New Zealand News Media［D］. Auckland: Auckland University of Technology, 2009.

［81］ WARD S. Journalism Ethics［J/OL］.（2008–08–21）［2021–12–26］. https: //www. supportuw. org/wp-content/uploads/wwa_2010_ward_journalism. pdf.

［82］ WARD S, WASSERMAN H. Towards an open ethics: implications of new media platforms for global ethics discourse［J］. Journal of mass media ethics, 2010, 25（4）: 275–292.

［83］ WARDLE C, DUBBERLEY S, BROWN P D. Amateur footage: A global study of user-generated content in TV and online news output［R/OL］.（2014–04–01）［2021–12–03］. https: //doi. org/10. 7916/D88S526V.

［84］ Word Health Organization, Preventing Suicide: A Resource for Media Professionals［R］. Word Health Organization, 2008: 5.

［85］ YAU N. One dataset, visualized 25 ways［EB/OL］.（2017–01–24）［2021–04–05］. http: //flowingdata. com/2017/01/24/one-dataset-visualized-25-ways/.

中文案例来源

［1］ 不要惊慌没有辐射［EB/OL］.（2016–04–26）［2022–03–20］. http: //c. 3g. 163. com/nc/qa/qiernuovr/index. html.

［2］ 测测你能当两会记者吗？［EB/OL］.（2016–03–11）［2022–03–20］. http: //hd. xuan. news. cn/2016lh/index. html.

［3］ 长幅互动连环画丨天渠：遵义老村支书黄大发36年引水修渠记［EB/OL］.（2017–04–23）［2022–03–20］. http: //image. thepaper. cn/html/zt/2017/04/tianqu/index. html.

［4］ 超强台风"利奇马"登陆浙江温岭 浙视频记者夜闯台风眼［EB/OL］.（2019–08–20）［2022–03–20］. https: //zj. zjol. com. cn/live. html? id=1262362&native=1.

［5］ 重返这五年［EB/OL］.（2018-03）［2022-03-20］. https：//c. m. 163. com/nc/qa/activity/20180223/ index. html.

［6］ 初心［EB/OL］.（2017-03）［2022-03-20］. https：//content-static. cctvnews. cctv. com/snow-book/ index. html? toc_style_id=feeds_default&share_to=copy_url&item_id=18422666403693387438&track_ id=CC6F9C36-1F94-4A68-8673-64B25A7EEAFB_668834524576.

［7］ 【创意MR艺术舞台秀】舞动"十四五"［EB/OL］.（2021-03-11）［2022-03-20］. http：//www. xinhuanet. com/multimediapro/2021-03/11/c_1211061003. htm.

［8］ 第43届世界遗产大会正在举行，有个"新生"来报到［EB/OL］.（2019-07-06）［2022-03-20］. https：//lib. zjol. com. cn/material/c0703/index. html? ref_aid=1237077.

［9］ 点击! 你将随机和一位陌生人视频通话［EB/OL］.（2019-03-03）［2022-03-20］. https：//mp. weixin. qq. com/s/epTSjkQTcPWeWSa2x1UtmA.

［10］ 独家直播! #美国空袭叙利亚# 央视驻叙利亚记者带来最新消息［EB/OL］.（2018-04-14） ［2022-03-20］. https：//m. weibo. cn/status/Gc1dQ18Bj? jumpfrom=weibocom.

［11］ 【独家V观】习近平看望"快递小哥"［EB/OL］.（2019-02-01）［2022-03-20］. http：//www. zgjx. cn/2020-06/28/c_139172243. htm.

［12］ 父亲•我们•时代［EB/OL］.（2018-11-16）［2022-03-20］. https：//v. qq. com/x/page/ i0813mpv858. html.

［13］ 公仆之路［EB/OL］.（2017-11-23）［2022-03-20］. http：//news. cctv. com/2017/11/23/ ARTI5KWewqrJ v0Nv472GqHTV171123. shtml.

［14］ 鼓岭! 鼓岭!［EB/OL］.（2018-04-02）［2022-03-20］. http：//m. news. cctv. com/2018/04/01/ ARTIrFK82W2Fx aBSSfrBQFIK180401. shtml.

［15］ 光明的故事［EB/OL］.（2018-03-04）［2022-03-20］. https：//s. cloud. gmw. cn/gmrb/c/2018- 03-04/1096015. shtml.

［16］ 后浪［EB/OL］.（2020-05-03）［2022-03-20］. https：//m. bilibili. com/video/BV1FV411d7u7.

［17］ H5|改革开放40年•长沙有多"长"［EB/OL］.（2018-12-12）［2022-03-20］. https：//h5. rednet. cn/c/hf2f/ig5z/index. html? t=1552975950220.

［18］ 海拔四千米之上［EB/OL］.（2018-11-19）［2022-03-20］. http：//www. zgjx. cn/2019-12/19/ c_138642663. htm.

［19］ 红白羊肉情缘［EB/OL］.（2017）［2022-03-20］. https：//m. v. qq. com/z/msite/play-short/index. html? cid=&vid=f0527icrl2j&qqVersion=0.

［20］ 红色追寻•足迹［EB/OL］.（2017-09）［2022-03-20］. https：//xhpfmapi. xinhuaxmt. com/ vh512/scene/2303491.

［21］ 红色气质［EB/OL］.（2016-06-20）［2022-03-20］. http：//www. xinhuanet. com/ politics/2016-06/20/c_1119074520. htm.

［22］ 火车"慢直播" EB/OL］.［2022-03-20］. https：//m. bilibili. com/video/BV1ss41127HY? share_ source=copy_web.

［23］急诊人生［EB/OL］.［2022-03-20］. http: //0media. tw/p/ergame/.

［24］江苏盐城一化工园区内发生爆炸 救援已展开［EB/OL］.（2019-03-22）［2022-03-20］. http: // xhpfmapi. zhongguowangshi. com/vh512/scene/5868418? channel=weixin&from=singlemessage &isappinstalled=0.

［25］【剧本杀】他深夜离奇死亡,迷雾重重,你能找出真相吗?［EB/OL］.（2021-10-22）［2022-03-20］. https: //mp. weixin. qq. com/s/kpDrX_B-h-5cvabhyEEFxQ.

［26］据说春运:"大数据"展现"大迁徙"［EB/OL］.（2014-01-25）［2022-03-20］. https: //tv. cctv. com/2014/01/25/VIDE1390659482603882. shtml.

［27］"据"说两会［EB/OL］.（2014-03-03）［2022-03-20］. http: //news. cntv. cn/special/2014lhml/ jslh/index. shtml.

［28］"军装照"H5［EB/OL］.（2017-07-29）［2022-03-20］. https: //www. html5case. com. cn/case/ people-cn/81/index2. html.

［29］老外看中国:英国小哥细数"两会"关键词［EB/OL］.（2017-03-03）［2022-03-20］. https: // qq. com/x/cover/5eqmbob5bfk50ia/q0380ij4kp5. html? .

［30］两会版成都［EB/OL］.（2017-03-06）［2022-03-20］. https: //wap. peopleapp. com/ article/549031/ 558000.

［31］两会进行时［EB/OL］.（2017-03-03）［2022-03-20］. http: //tv. people. com. cn/GB/411068/411120/ index. html.

［32］两会特别节目·C+真探［EB/OL］.（2021-03-08）［2022-03-20］. https: //zhibo. sina. com. cn/ wb/109623.

［33］慢直播|与疫情赛跑的中国速度:见证火神山、雷神山医院崛起［EB/OL］.（2020-01-27） ［2022-03-20］. https: //m. yangshipin. cn/video? type=0&vid=e000033gzp4&ptag=4_2. 4. 1. 23135_copy.

［34］盲界［EB/OL］.（2016-04-16）［2022-03-20］. https: //www. bilibili. com/video/BV12u411f7qx/.

［35］美术馆里看政府工作报告［EB/OL］.（2019-03-05）［2022-03-20］. https: //mp. weixin. qq. com/s/tsBPMQjzJCJgvBDvCSUT-Q.

［36］美英法空袭叙利亚 央视记者现场直播［EB/OL］.（2018-04-14）［2022-03-20］. https: //www. newsccts. net/219news/video. html? videoId=3010507C-30C0-4549-25C9-2726661B3169.

［37］"萌"婶代表记——全国人大代表赵会杰和小庙子村的故事［EB/OL］.（2019-03-07）［2022-03-20］. https: //xhpfmapi. xinhuaxmt. com/vh512/share/5819812.

［38］你不必、你可以［EB/OL］.（2017-12-01）［2022-03-20］. http: //v. ccdi. gov. cn/2017/12/01/ VIDEkp8y3ZHUh vGHhWRMZxr9171201. shtml.

［39］ofo迷途［EB/OL］.（2018-12-06）［2022-03-20］. http: //www. nbd. com. cn/corp/20181130ofo/ index. html.

[40] 去天安门，从一个前所未有的角度看升旗 [EB/OL]. (2016-03-03) [2022-03-20]. http: //fms. news. cn/vr/player/index. html#name=vrsqys.

[41] 全国两会喊你加入群聊 [EB/OL]. (2017-03-06) [2022-03-20]. https: //sso. h6app. com/ oauth/callback/wx95f30de6c5026cd8.

[42] 全息交互看报告 [EB/OL]. (2019-03-05) [2022-03-20]. https: //baijiahao. baidu. com/s? id=162716792582924 0292&wfr=spider&for=pc.

[43] 日出东方 [EB/OL]. (2019-09-29) [2022-03-20]. https: //m. weibo. cn/status/I97uOfkpA? jumpfrom=weibocom.

[44] 瑞丽需要祖国的关爱 [EB/OL]. (2021-10-28) [2022-03-20]. https: //mp. weixin. qq. com/s/ Hv2Z_zv2-HpqLHIYY1bDMg.

[45] 瑞幸咖啡是如何暴打资本主义的？ [EB/OL]. (2020-02-04) [2022-03-20]. https: //www. bilibili. com/video/av86712358/.

[46] 三星堆新发现 [EB/OL]. (2021-09-09) [2022-03-20]. https: //tv. cctv. com/2021/09/09/ VIDEoskY8ccUaYZgO Ht1Yhod210909. shtml.

[47] 膙子书记 [EB/OL]. (2018-10-17) [2022-03-20]. http: //www. app. tjyun. com/share/app/ve/ app/videoshare. html? newsId=036246016.

[48] 三星堆宝物清点大直播 [EB/OL]. (2021) [2022-03-20]. https: //m. yangshipin. cn/video? typ e=0&vid=z000008cuwl&ptag=4_2. 4. 1. 23135_copy.

[49] 四川乐山发现野生飞狐放生时突然飞下悬崖罕见一幕曝光 [EB/OL]. (2021-04-01) [2022-03-20]. https: //m. v. qq. com/z/msite/play-short/index. html? cid=&vid=a3237kb6jzp&qqVers ion=0.

[50] 山村里的幼儿园 [EB/OL]. (2015-09-11) [2022-03-20]. https: //www. utovr. com/video/5463651387. html.

[51] 谁是站到最后的人 [EB/OL]. (2018-02-04) [2022-03-20]. https: //wap. peopleapp. com/ article/9605 24/978646.

[52] 神秘的黑衣人 [EB/OL]. (2018-01-05) [2022-03-20]. https: //m. v. qq. com/z/msite/play-short/index. html? cid=&vid=n05332h0mmo&qqVersion=0.

[53] 十八洞村龙金彪的Vlog丨脱贫之后 [EB/OL]. (2019-11-03) [2022-03-20]. https: //m. voc. com. cn/wxhn/article/201911/20191103073 1042302001. html.

[54] "时光博物馆" [EB/OL]. (2018-10-26) [2022-03-20]. http: //www. xinhuanet. com/ zgjx/2019-05/24/c_138083032_3. htm.

[55] 石家庄为什么一定赢？硬核数据告诉你！ [EB/OL]. (2020-02-27) [2022-03-20]. http: // plusshare. sjzntv. cn/sy/syrd/2020/02/636236. html? _hgOutLink=vod/newsDetail&id= 636236.

[56] 十三五之歌 [EB/OL]. (2015-10-27) [2022-03-20]. https: //m. v. qq. com/z/msite/play-short/ index. html? cid=&vid=k0317soi3ma&qqVersion=0.

［57］ 实时更新:你的定制防疫地图［EB/OL］.(2020-02-09)［2022-03-20］. http: //z. cbndata. com/2019-nCoV/index. html? timestamp=1646875041088.

［58］ "十四五"是什么"舞"［EB/OL］.(2021-03-08)［2022-03-20］. http: //m. news. cctv. com/2021/03/08/ARTIXuuExsxP1ll0hWYrcW8h210308. shtml.

［59］ 数说|中蒙边境城市出现疫情,边境防疫压力有多大?［EB/OL］.(2021-11-22)［2022-03-20］. https: //www. thepaper. cn/newsDetail_forward_15005187.

［60］ "数说70年"数据新闻可视化系列短视频［EB/OL］.(2019-09-23)［2022-03-20］. https: // mp. weixin. qq. com/s/QC9AeoHBofwxgYkf4mEgTw.

［61］ 瞬间中国［EB/OL］.(2019-01-01)［2022-03-20］. https: //tv. cctv. com/v/vs2/ VIDAQABSnTBtWJObcSge4cfr 190102. html.

［62］ "天舟一号"发射任务VR全景直播［EB/OL］.(2017-04-20)［2022-03-20］. http: //app. cctv. com/special/cbox/subscribe/index. html? mid=183iaaMj0518&from=singlemessage&isappinstall ed=0.

［63］ 铁路小夫妻:天涯的重逢［EB/OL］.(2017-01-29)［2022-03-20］. http: //news. cctv. com/2017/01/29/ ARTIfoI5NqgQ8LHasHjrGett170129. shtml? open_source=weibo_search.

［64］ 铁血铸军魂［EB/OL］.(2017-08-01)［2022-03-20］. http: //www. html5case. com. cn/case/ cctv/5/.

［65］ 铁翼雄鹰,空中铁拳［EB/OL］.(2021-01-07)［2022-03-20］. https: //tv. cctv. com/2021/01/ 07/VIDEngUAG81m MizdD5YCbQNs210107. shtml.

［66］ 听·见小康［EB/OL］.(2020-12-31)［2022-03-20］. http: //jshare. xhby. net/xiaokang/.

［67］ VR带你观两会［EB/OL］.［2022-03-20］. http: //news. cctv. com/yuanchuang/2019 lianghuiVR/ index. shtml.

［68］ 我的阿勒泰［EB/OL］.［2022-03-20］. https: //m. youku. com/video/id_XMjc2NTkyMzgwMA==. html.

［69］ "我和我的村庄"系列直播［EB/OL］.(2020-11)［2022-03-20］. https: //m. yangshipin. cn/ video? type=0&vid=m000095k2zt&ptag=4_2. 4. 1. 23135_copy.

［70］ 我是谁［EB/OL］.(2016-06-27)［2022-03-20］. http: //gongyi. cctv. com/2016/06/27/ VIDEfcpKGG6GBMIY BTaWyvth160627. shtml.

［71］ 我是新华社记者张扬~我来B站啦!［EB/OL］.(2021-02-05)［2022-03-20］. https: //www. bilibili. com/video/BV1ay4y1n7kL.

［72］ 无耻无德,华春莹犀利反击六连问,火力全开［EB/OL］.(2020-04-02)［2022-03-20］. https: //m. weibo. cn/status/4489391907188833.

［73］ 武汉居民从楼上向正在考察的中央领导喊:"假的,假的"［EB/OL］.(2020-03-07)［2022-03-20］. https: //wap. peopleapp. com/smallVideo/rmh11979005.

［74］ 武汉:我的战"疫"日记［EB/OL］.［2022-03-20］. https: //w. yangshipin. cn/video? type=0&vid

=g000028vv4v&cid=tsq8ru04mbogee7&ptag=4_2. 4. 1. 23135_wxf.

[75] "【武汉vlog】这样的数字胜过千言万语"等系列短视频［EB/OL］．［2022-03-20］．https：//m. bilibili. com/video/BV1x741157Ww? spm_id_from=333. 999. 0. 0.

[76] 无人机航拍 换个姿势看报告［EB/OL］．（2017-03-05）［2022-03-20］．http：//www. xinhuanet. com/video/2017- 03/05/c_129501778. htm.

[77] "习近平关心的六件事"系列短视频［EB/OL］．（2017-03-08）［2022-03-20］．https：// xhpfmapi. xinhuaxmt. com/vh512/share/1641878.

[78] 习近平总书记的一天［EB/OL］．（2016-11-15）［2022-03-20］．http：//m. news. cctv. com/2016/11/15/ARTISAOLqzGeSn7cyFsVUHg0161115. shtml.

[79] 虾聊奥运［EB/OL］．（2016-08）［2022-03-20］．https：//m. v. qq. com/play. html? cid=d0d2cee car5c6a7&vid=y0021iospax&ptag=v_qq_com%23v. play. adaptor%233.

[80] 现场视频：京哈高速液化气罐车泄漏着火 两人受伤［EB/OL］．（2018-02-11）［2022-03-20］． https：//m. weibo. cn/status/G2DigEjUz? jumpfrom=weibocom.

[81] 小崔手撕范冰冰，称有一抽屉合同，监管部门不能装聋做哑！［EB/OL］．（2018-06-02）［2022-03-20］．https：//weibo. com/ttarticle/p/show? id=2309351003084246466204979729#_0.

[82] 笑哭！洪荒少女新表情包收好不谢［EB/OL］．（2018）［2022-03-20］．http：//www. nbtv. cn/ xwdsg/gn/30094990. shtml.

[83] 新中国密码：15665，611612！［EB/OL］．（2019-09-27）［2022-03-20］．https：//xhpfmapi. zhongguowangshi. com/vh512/share/6533428.

[84] 新华社2018两会MGC——政府工作报告［EB/OL］．（2018-03-06）［2022-03-20］．https：//v. qq. com/x/page/z0563ubk4ei. html.

[85] 幸福长街40号［EB/OL］．（2018-12-18）［2022-03-20］．https：//mp. weixin. qq. com/ s/3eCQhwIY9aSfmn dDMtn8yg.

[86] 幸福照相馆H5［EB/OL］．（2018-02-13）［2022-03-20］．https：//tu. qq. com/websites/2018family/.

[87] 星星之火 百年流光［EB/OL］．（2021-02-25）［2022-03-20］．https：//m. yangshipin. cn/video? type=0&vid=x000015xpah&ptag=4_2. 4. 1. 23135_copy.

[88] XR创意视频丨冰雪荧煌［EB/OL］．（2022-02-03）［2022-03-20］．https：//xhpfmapi. xinhuaxmt. com/vh512/share/10573921.

[89] 严查"百吨王"［EB/OL］．（2019-11-06）［2022-03-20］．https：//lizhibo. jstv. com/live/ tvchat-2049390396? v=0. 43520640077030714&ver=011d52a9ecb3435883d9bba3000d7626#/.

[90] "央广主播的朋友圈"系列H5报道［EB/OL］．（2017-03-02）［2022-03-20］．http：//m. creatby. com/v2/manage/book/kgyvab/.

[91] 疫情下的爱 不负使命不负卿［EB/OL］．（2020-02-14）［2022-03-20］．https：//content-static. cctvnews. cctv. com/snow-book/index. html? toc_style_id=feeds_default&share_to=copy_url&item_ id=7829424120457467739&track_id=A52F9C4E-8FA3-448F-BE6A-A88D001CE5A5_668843720638.

[92] 疫情24小时 [EB/OL]. (2020-01-27) [2022-03-20]. https://m. yangshipin. cn/static/2020/ c0126. html.

[93] 一带一路 世界合奏 [EB/OL]. (2017-05-13) [2022-03-20]. https://xhpfmapi. xinhuaxmt. com/vh512/share/1824915.

[94] "一带一路"特别报道 [EB/OL]. (2015-10-08) [2022-03-20]. 数说命运共同体, http://tv. cctv. com/2015/10/ 08/VIDE1444237374471506. shtml.

[95] 一路"象"北! 云南野生象群到哪了? [EB/OL]. (2021-05-30) [2022-03-20]. https://m. yangshipin. cn/video? type=2&pid=600081157&ptag=4_2. 4. 1. 23135_copy&vid=2012347401.

[96] 一张照片背后的这七年 [EB/OL]. (2020-11-03) [2022-03-20]. https://b. u. mgd5. com/c/ dujy/2hxc/index. html.

[97] 有多快? 5G在日常使用中的真实体验 [EB/OL]. (2019-06-06) [2022-03-20]. https://www. bilibili. com/video/av54737593/.

[98] 元旦假期出行, 看这里不"添堵" [EB/OL]. (2016-12-31) [2022-03-20]. https://m. weibo. cn/status/EoD9kd2x5? jumpfrom=weibocom.

[99] 再一次为平凡人喝彩 [EB/OL]. (2013) [2022-03-20]. https://m. v. qq. com/z/msite/play-short/index. html? cid=&vid=l0164o8w9t0&qqVersion=0.

[100] 震撼! 一张长图带你领略港珠澳大桥 [EB/OL]. (2018-10-23) [2022-03-20]. http:// news. cctv. com/2018/ 10/23/ARTIaFrzbcZjw3RM5EMKcksg181023. shtml? spm=C94212. PD4AmH7EHl2z. S78286. 4.

[101] 直播 | 百色大暴雨引发山洪, 公路塌方车辆被冲走! 通讯员黄文秀发回现场视频后却不幸遇 难…… [EB/OL]. (2019-06-17) [2022-03-20]. http://resource. cloudgx. cn/files/gxapp/ News/201906/17/ 277633. html? _s=1586347049259.

[102] 直播 | 孟晚舟归航祖国! [EB/OL]. (2021-09-25) [2022-03-20]. https://xhpfmapi. xinhuaxmt. com/vh512/scene/10281237.

[103] 直击普吉游船倾覆事故现场 救援仍在进行 [EB/OL]. (2018-07-07) [2022-03-20]. https:// v-cdn. zjol. com. cn/liveH5/index1161. html? from=singlemessage#/LivePc? liveId=1161&ref_ aid=980577.

[104] 致敬! 闪亮的名字 | "庆祝上海解放70周年群英展"邀你一起点亮星星! [EB/OL]. (2019-05-28) [2022-03-20]. http://h5. whb. cn/c/7jkj/7dm4/index. html.

[105] 重磅! 北京同仁堂蜂蜜: 过期品送入原料库还涉嫌更改生产日期 [EB/OL]. (2018-12-15) [2022-03-20]. https://h5. video. weibo. com/show/1034: 4317604580648480.

[106] "中国一分钟"系列微视频 [EB/OL]. (2018-03-05) [2022-03-20]. https://wap. peopleapp. com/article/1048632/1067556.

[107] 中国24小时 [EB/OL]. (2019-03-05) [2022-03-20]. http://www. zgjx. cn/2020-06/29/ c_139172829. htm.

［108］ 走进四川超级工程［EB/OL］.（2019）［2022-03-20］. https：//baijiahao. baidu. com/s? id=162
7057601967621140&wfr=spider&for=pc.

［109］ "最美逆行者"系列融媒报道［EB/OL］.（2020-02-20）［2022-03-20］. https：//m. mp. oeeee.
com/a/BAAFRD000020200214263776. html? layer=5&share=chat&isndappinstalled=0.

［110］ 主播说联播［EB/OL］.（2019-07-29）［2022-03-20］. http：//m. news. cctv. com/2019/07/31/
ARTIsaCKYG3YKSQOi2GoPSVx190731. shtml.

［111］ 总台独家直播丨晚舟，欢迎回家！［EB/OL］.（2021-09-24）［2022-03-20］. https：//w. yangshi
pin. cn/video? type=0&vid=a000047f76t&ptag=4_2. 4. 1. 23135_wxf.

［112］ 11年前那位感动中国的"春运母亲"，找到了！［EB/OL］.（2021-02-02）［2022-03-20］.
https：//baijiahao. baidu. com/s? id=1690552172990491041&wfr=spider&for=pc.

［113］ 2017年1月12日郑州高架桥坍塌微博直播［EB/OL］.（2017-01-12）［2022-03-20］. https：//m.
weibo. cn/status/Eqxa23N5T? jumpfrom=weibocom.

［114］ 2019对话1949：时代变了 初心未变［EB/OL］.（2019-10-07）［2022-03-20］. https：//
file5f926cb7023d. aiwall. com/v3/idea/mfLtvm4P.

［115］ 2020脱贫攻坚——阿中邀你助力奔小康［EB/OL］.（2020-05-22）［2022-03-20］. https：//e.
u. mgd5. com/c/_hh2/rsgx/index. html? token=9YwZxwrv6P6mTLbdQh9JloPHp0KB2bIpRfhnI
5g8uUg&avatar=https%3A%2F%2Fthirdwx. qlogo. cn%2Fmmopen%2Fvi_32%2FQ0j4TwGTfT
JrptJd4DQulAjbY8WqSaWHAib39WdAGmGU4tSgsMsmzh0PoZLlPgJNibTuLNR8hwuPhXh6Y
YpA6weg%2F0&nickname=%E5%88%98%E6%80%9D%E7%90%A6&openid=oLd0ut_gTKz
ADqzaOZ99nWzLC1W8&appid=wx75babd529e23776c.

［116］ 2021年#春运第一天#［EB/OL］.（2021-01-28）［2022-03-20］. https：//m. weibo. cn/status/
JFg82dIhi? jumpfrom=weibocom.

［117］ 53027条留言背后，网络树洞里绝望者的自救与互助［EB/OL］.（2019-09-01）［2022-03-20］.
https：//www. thepaper. cn/newsDetail_forward_4315606.

［118］ 6397公里的守护［EB/OL］.（2019-12-30）［2022-03-20］. https：//file02c25de25377. aiwall.
com/v3/idea/sVd4ha8y.

［119］ 72个红手印，究竟为了留住谁？［EB/OL］.（2019-06-13）［2022-03-20］. https：//file22fb51423c6f.
vrh5. cn/v3/idea/HLQ95eLi.

［120］ 8月CPI涨2%创12个月新高［EB/OL］.（2015-09-10）［2022-03-20］. https：//finance. qq. com/
a/20150910/019573. htm.

［121］ #最燃C大调#【#2019国庆阅兵#后再看这组外媒数据，忍不住又红了眼眶】［EB/OL］.（2019-
10-01）［2022-03-20］. https：//weibo. com/1663072851/I9vIyhY3D? sudaref.

外文案例来源

［1］ A deadly crisis: mapping the spread of America's drug overdose epidemic［EB/OL］.（2016-05-

25）[2022-01-23]. https：//www. theguardian. com/society/ng-interactive/2016/may/25/opioid-epidemic-overdose-deaths-map.

[2] A Disappearing Planet [EB/OL]. [2022-02-03]. https：//projects. propublica. org/extinctions/

[3] Earth temperature timeline [EB/OL]. [2022-02-03]. https：//xkcd. com/1732/.

[4] A 3-D View of a Chart That Predicts The Economic Future: The Yield Curve [EB/OL]. （2015-03-18）[2022-02-03]. https：//www. nytimes. com/interactive/2015/03/19/upshot/3d-yield-curve-economic-growth. html.

[5] Berlin-Marathon 2016 - So schnell läuft Ihre Stadt [EB/OL]. （2016-09-25）[2022-02-03]. https：//interaktiv. morgenpost. de/berlin-marathon-2016/.

[6] Bloomberg Billionaires Index [EB/OL]. [2022-02-04]. https：//www. bloomberg. com/billionaires/.

[7] Commute [EB/OL]. [2022-02-05]. https：//dataveyes. com/en/experiments/commute/.

[8] Fragments of a Life: A Curbside Mystery [EB/OL]. [2022-03-10]. https：//www. nytimes. com/video/multimedia/100000004526979/fragments-of-a-life-a-curbside-mystery. html.

[9] Francesco Totti: king of Rome [EB/OL]. [2022-03-10]. https：//lab. gedidigital. it/repubblica/2017/francesco-totti-king-of-rome/.

[10] Harvest of Change [EB/OL]. （2014-09-07）[2022-03-10]. https：//www. desmoinesregister. com/pages/interactives/harvest-of-change/.

[11] Kungfu Legend: Experience the Shaolin Way of Life [EB/OL]. （2019-04-20）[2022-03-10]. https：//news. cgtn. com/thelegendofkungfu/vrshaolin/index. html.

[12] Listen to the music of seismic activity in Oklahoma [EB/OL]. （2015-06-13）[2022-03-10]. https：//revealnews. org/article/listen-to-the-music-of-seismic-activity-in-oklahoma/.

[13] Mapping How the United States generates its electricity [EB/OL]. （2017-03-28）[2022-03-11]. https：//www. washingtonpost. com/graphics/national/power-plants/.

[14] Mariana: a gênese da tragédia [EB/OL]. （2016-11-04）[2022-03-11]. https：//cdn. nexojornal. com. br/content/escenic/esp/60219. html.

[15] No Eyes, No Arms, 1000 Tiny Miracle [EB/OL]. [2022-03-12]. https：//m. v. qq. com/play. html? vid=x0303tdv02d&cid=bejjdmx6swucqz7.

[16] Presidential Election Results: Biden Wins [EB/OL]. （2020-11-03）[2022-03-12]. https：//www. nytimes. com/interactive/2020/11/03/us/elections/results-president. html? action=click&pgtype=Article&state=default&module=styln-elections-2020&region=TOP_BANNER&context=election_recirc.

[17] Sounding out the border wall [EB/OL]. （2017-03-04）[2022-03-12]. https：//revealnews. org/blog/sounding-out-the-border-wall/.

[18] Swimming With Bears in Kamchatka [EB/OL]. （2016-11-30）[2022-03-12]. https：//www.

youtube. com/watch? v=OkLa7jkFXpU.

[19] The Displaced［EB/OL］. （2015-11-18）［2022-03-12］. https: //www. nytimes. com/video/ magazine/100000005005806/the-displaced. html.

[20] The Rhythm of Food［EB/OL］. ［2022-03-13］. http: //rhythm-of-food. net/.

[21] The Uber Game［EB/OL］. ［2022-03-13］. https: //ig. ft. com/uber-game/.

[22] The Wall［EB/OL］. （2017-09-20）［2022-03-14］. https: //www. usatoday. com/border-wall/.

[23] Under Our Skin［EB/OL］. （2016-06-12）［2022-03-14］. https: //projects. seattletimes. com/2016/under-our-skin/#.

[24] What if the Syrian civil war happened in your country? ［EB/OL］. （2016-03-16）［2022-03-14］. https: //theworld. org/stories/2016-03-16/what-if-syrian-civil-war-happened-your-country.

[25] What the world eat［EB/OL］. ［2022-03-14］. https: //www. nationalgeographic. com/what-the-world-eats/.

[26] What would it take to turn Blue States Red［EB/OL］. （2016-10-05）［2022-03-14］. https: //projects. fivethirtyeight. com/2016-swing-the-election/.

[27] What's Really Warming the World? ［EB/OL］. （2015-06-24）［2022-03-14］. https: //www. bloomberg. com/graphics/2015-whats-warming-the-world/.

后　记

时代是思想之母，实践是理论之源。在科技创新的机遇期、媒体变革的大时代、社会发展的新阶段、百年未有之大变局，新闻学的创新发展面临前所未有的挑战，同时也储备了前所未有的转型动力。新闻实践在变，新闻理念在变，作为一门学科的现代新闻学理应发生深刻的变革。因此，对转型时期的新闻学进行总结、对比和前向思考，并进行实践和学理的探索研究具有重要意义。从人际传播到大众传播，从口语、体态语到书籍、报纸、电影、广播、电视，媒介和渠道在分化、在丰富。到了互联网时代，互联网这张巨大的网络，把所有的媒介形式包容其中，媒介和渠道在融合、在创新。如何把握这一新闻变革的总规律和总方法，对融合新闻学的知识体系建构和学理探讨就被提上了日程，这也是本书写作的缘起。

本书从资料准备到书稿写成，前后花了近五年时间，而早在2014年我国媒体融合战略推进元年开始，我就在着手研究我国媒体融合发展的新闻实践，分析发展规律，探索具体方向。2015年开始的每年全国两会是媒体融合实践创新的高地，我连续跟踪分析，形成系列研究。2018年开始的中国新闻奖媒体融合奖项评选，我也持续观察总结，形成系列分析。我在担任中国记协新媒体专业委员会副主任委员期间，也与全国各层级媒体主管新媒体的负责人进行了充分交流。利用主编《中国新媒体研究报告》、参与策划组织"中国新媒体大会"的机会，我们访谈了许多一线的新闻编辑记者和主管领导，获得大量实践发展的具体探索和思考。基于此，我得以持续、近距离地观察我国媒体融合发展的历程，在此过程中，不敢懈怠，不断分析、梳理和总结新的实践和新的现象，在积累了大量研究资料的基础上，开始着手撰写本书。

本书的写作理念，一言以蔽之，坚持"守正创新"，这是媒体融合发展、新闻学创新的基石，也是本书在分析新闻现象和新闻作品，梳理新闻实践，总结新闻规律，思考新闻理念，创新新闻理论的逻辑起点和写作遵循。变与不变，是贯穿本书写作的辩证方法，由此指导具体写作中重点把握融合与分化、技术与内容、人文与科技、表现与内涵、新闻与艺术、虚拟与现实等诸多融合创新中的辩证关系。本书的结构思路，是从融合新闻学的概念厘清、特征分析开始，进而突出以用户为起点的新闻策划、生产与传播分析，然后聚焦最具融合创新特点的新闻类型进行学理和实践方法的探讨，之后对融合新闻传播的重要主体——记者的全媒体思维和能力塑造进行探究。在方法论之后，本书最后聚焦融合创新发展的批判性分析，试图对融合新闻伦理和道德的建构进行初步探索。为了深入浅出地诠释新理念与新方法，本书尽量选取了中外优秀融合创新作品和案例。在案例选择上，主要有三种途径：一是国内外典型获奖作品如中国新闻奖媒体融合奖项、美国网络新闻奖等代表性作品，特别是许多中国新闻奖媒体融合奖项获奖作品的分析，是我担任中国新闻奖评委，与诸多专家一道探讨分析，后又与获奖者进行交流的所得；二是日常的观察和收集，如全国两会的融合报道产品、重要历史节点和突发新闻的融合创新产品；三是我亲身参与策划制作的新闻产品，比如公益短视频《爱的重量》、表现南阳南水北调中线工程的短视频《一个都不能少》、庆建党一百周年短视频《生日·节目》、航拍中传形象片、中国传媒大学形象宣传片、扶贫项目科右前旗形象片等。此外，2017年11月8日起，我负责创办了电视学院的"中传新闻传播学部"官方微信公众号，2021年我们的官微入选了中宣部"首批高校思政类公众号重点建设名单"。2021年11月8日，我们以兴趣小组的方式创办了海外社交账号"B.Bear"，向海外传播中华文化。这些社交平台的运营也使我熟悉了新媒体写作和新媒体运维，并不断总结经验，提升规律。实践出真知，在媒体变革转型时期，有太多的实践现象和实践问题需要去阐释和回答，更需要有方向上的引领。因此，理论联系实际，以中国理论阐释中国实践，用中国实践升华中国理论，这是我国媒体融合发展实践中的守正创新之道，也是融合新闻学作为学理知识体系的路径。

本书的出版得到了很多支持和帮助，感谢我的研究团队成员——博士研究生翁旭东、刘日亮、刘思琦、杨丽萍，硕士研究生何旭东、周杉，他们参与了资料搜集、整理，以及部分章节的初步撰写和书稿最后的编辑工作，他们严谨认真的工作为本书的完成奠定了基础。特别感谢中央广播电视总台记者蒋林、央视频账号管理部副主任董大伟、"新湖南"总编辑颜斌、新华社记者李桢宇、《中国日报》记者彭译萱、央视频VR专家姜华、津云集团闫征、"浙视频"记者周莎莎，他们与我分享了许多融媒体采编运维经验，并为本书提供了一线报道的照片资料。

感谢电视学院涂凌波教授、孙竞舟博士、李泓江博士，他们就新闻理论、融合技术、新闻伦理等方面的内容给本书提供了非常宝贵的意见和建议。

感谢我的师长、领导高晓虹教授，她的国之大者的胸怀、开阔的眼界、孜孜不倦的努力为我们树立了典范。

感谢我的师长胡智锋教授对我的教导并对本书进行推荐。感谢杨保军教授、彭兰教授对本书进行推荐。

感谢我的爱人，她给予我大力支持和帮助，这两年几乎所有工作之余的时间，我都用在了本书的写作上。感谢我的母亲，她的坚韧深深影响了我。

感谢中国传媒大学出版社对本书出版的支持。

本书的写作难度超过我最初的想象，尤其是涉及算法、编程、融合、智能技术等方面的内容，的确是一个挑战。我解决的办法是，通过学习，掌握技术的基本原理和方法，并在写作中尽量深入浅出地予以阐释。技术是方法，内容是方向。我想，对于年轻学子们而言，在媒体融合和学科交叉发展的今天，在新文科建设的理念引领下，新闻传播与技术的交叉融合十分必要，必须接受挑战，成为更具复合型、创新型的人才。

　　融合是时代的命题，只有迎难而上，突破惯性，跳出舒适区，在守正中创新，把新闻的准确、数据的精确、艺术的创意、技术的创新和思维的突破充分结合起来，才能赋予融合新闻学生命力和创造力。

作者于中国传媒大学

2022年11月

图书在版编目(CIP)数据

融合新闻学 / 曾祥敏著. -- 北京:中国传媒大学出版社,2023.1(2025.8重印)
中传精品教材. 融媒体传播与数据新闻系列
ISBN 978-7-5657-3175-4

Ⅰ.①融… Ⅱ.①曾… Ⅲ.①新闻学—高等学校—教材 Ⅳ.①G210

中国版本图书馆 CIP 数据核字(2022)第 041387 号

融合新闻学
RONGHE XINWENXUE

著　　者	曾祥敏	
责任编辑	于水莲	
封面设计	拓美设计	
责任印制	李志鹏	

出版发行	中国传媒大学出版社		
社　　址	北京市朝阳区定福庄东街 1 号	**邮　编**	100024
电　　话	86-10-65450528　65450532	**传　真**	65779405
网　　址	http://cucp.cuc.edu.cn		
经　　销	全国新华书店		

印　　刷	唐山玺诚印务有限公司	
开　　本	787mm×1092mm　1/16	
印　　张	26.75	
字　　数	600 千字	
版　　次	2023 年 1 月第 1 版	
印　　次	2025 年 8 月第 4 次印刷	

书　　号	ISBN 978-7-5657-3175-4	**定　价**	88.00 元

本社法律顾问:北京嘉润律师事务所　郭建平